전쟁의 기술

The 33 Strategies of War

by Robert Greene
Copyright © Robert Greene and Joost Elffers, 2006.
All rights reserved.

Published by arrangement with Joost Elffers Books, New York,
through Danny Hong Agency, Seoul.

Korean translation copyright © Woongjinthinkbig Co., Ltd., 2007

THE 33 STRATEGIES OF
WAR
전쟁의 기술

승리하는 비즈니스와 인생을 위한 33가지 전략

로버트 그린 지음 | 안진환·이수경 옮김

ROBERT GREENE

웅진 지식하우스

프랑스의 영웅 나폴레옹과 병법서로 유명한 손자,
지혜의 여신 아테나, 내 고양이 브루투스에게 이 책을 바친다.

::목차

― 서문

PART 1 자기준비의 기술

STRATEGY 1
적이 누구인지를 명확히 하라 : 동지와 적 25

STRATEGY 2
과거의 방식으로 싸우지 마라 : 혁신자들의 전쟁법 43

STRATEGY 3
평정심을 잃지 마라 : 리더의 정신력 59

STRATEGY 4
절체절명의 순간으로 자신을 밀어넣어라 : 배수진 79

PART 2 조직의 기술

STRATEGY 5
자신만의 지휘계통을 확립하라 : 자기 사람 만들기 99

STRATEGY 6
스스로 작전을 수행하게 하라 : 재량권 부여 방법 117

STRATEGY 7
대의명분을 항상 심어주어라 : 동기 부여와 사기 진작 131

PART 3 방어의 기술

STRATEGY 8
참여할 전투를 신중하게 선택하라 : 경제성의 원칙 ··············· 155

STRATEGY 9
상대를 조급하게 만들어라 : 반격의 기술 ··············· 173

STRATEGY 10
위협적인 존재임을 과시하라 : 전쟁 억지와 경고 ··············· 193

STRATEGY 11
싸우지 말아야 할 때를 파악하라 : 작전상 후퇴의 방법 ··············· 211

PART 4 공격의 기술

STRATEGY 12
전투는 패배해도 전쟁에서는 이겨라 : 대(大)전략의 눈 ··············· 225

STRATEGY 13
적장의 심리를 파악하라 : 정보전과 심리전 ··············· 251

STRATEGY 14
상대보다 빠르게 판단하고 움직여라 : 기습 전략 ··············· 269

STRATEGY 15
역학 관계를 통제하라 : 상황 장악의 방법 ··············· 279

STRATEGY 16
아프고 약한 부위를 집중 공격하라 : 핵심 공략법 ··············· 297

STRATEGY 17
철저하게 각개 격파하라 : 분할 공격술 ··············· 309

STRATEGY 18
우회하여 공격하라 : 측면 공격 전략 ·············· 329

STRATEGY 19
포위하여 압박하라 : 저항 심리의 무장해제 ·············· 347

STRATEGY 20
책략으로 상대의 힘을 약화시킨 후 공격하라 : 공격의 경제성 ·············· 361

STRATEGY 21
협상 중에도 진격을 멈추지 마라 : 협상과 외교전 ·············· 385

STRATEGY 22
전쟁의 성공적인 마무리를 계획하라 : 마무리의 노하우 ·············· 403

PART 5 모략의 기술

STRATEGY 23
사실과 거짓을 섞은 정보를 유포하라 : 정보의 왜곡 ·············· 425

STRATEGY 24
상대의 기대와 예상을 뒤엎어라 : 예측 불가능의 위협감 ·············· 443

STRATEGY 25
도덕적 우위를 점하라 : 정의의 사도 전략 ·············· 465

STRATEGY 26
표적을 제공하지 마라 : 게릴라들의 전쟁법 ·············· 481

STRATEGY 27
타인의 이익을 위해 노력하는 것처럼 보여라 : 동맹의 기술 ·············· 497

STRATEGY 28
상대를 자멸로 이끌 심리적 계책을 이용하라 : 한발 앞선 수 읽기 ·············· 517

STRATEGY 29
야금야금 갉아먹어라 : 기정사실의 힘 ·················· 537

STRATEGY 30
적의 마인드에 침투하라 : 커뮤니케이션 기술 ·················· 549

STRATEGY 31
내부에 들어가 파괴하라 : 후방 교란 ·················· 569

STRATEGY 32
복종하는 것처럼 보이면서 조종하라 : 숨어서 공격하기 ·················· 587

STRATEGY 33
공포와 불확실성을 유포하라 : 테러와 혼란 ·················· 609

―― 역자 후기 ·················· 628
―― 참고문헌 ·················· 631
―― 색인 ·················· 633

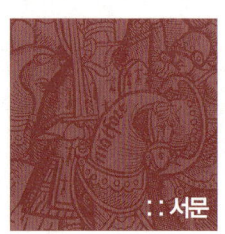

::서문

전략은 우리에게 가장 필요한 실용 지식이다

*세상에 있는 인생에게
전쟁이 있지 아니하냐.*
— 욥기 7장 1절

*평화를 원하는 자에게
전쟁을 준비하게 하라.*
— 베게티우스, 4세기

오늘날의 문화는 모두에게 공정해야 한다는 가치를 장려하며, 집단에 적응하고 다른 사람들과 협조하며 살 것을 강조한다. 우리는 어릴 때부터 호전적이거나 공격적 성향을 드러내지 말도록 배워왔다. 남들에게 인기도 못 끌고 고립되는 등의 사회적 대가를 치른다는 것이다. 조화와 협동을 중시하는 이러한 가치는 처세술에 관한 책들을 통해, 사회적 성공을 거둔 인물들이 대중에게 보여주는 평화로운 외양을 통해, 때로는 교묘하게 또 때로는 노골적으로 우리들 삶에 영향을 끼친다. 여기서 문제는 우리가 평화를 위해서는 이런저런 훈련도 받고 준비도 하는 데 반해 실제 세상에서 대면하는 것, 즉 전쟁에 대해서는 전혀 준비되어 있지 않다는 사실이다.

이 전쟁은 우리 삶에 다양한 모습으로 존재한다. 명백한 적으로 우리의 반대편에 존재하는 라이벌을 들 수 있다. 세상은 점점 더 거칠어지고 경쟁적인 양상으로 치닫고 있다. 정치계, 사업계, 심지어 예술계에서도 우리의 적수는 우위를 점하기 위해 무슨 짓이든 서슴지 않는다.

더 심란한 것은 때로 우리 편인 줄 알았던 이들과 전투를 치러야 한다는 사실이다. 겉으로는 팀을 위해 일하는 척하고 우호적이며 동조하는 척하면서, 뒤에서는 사보타주를 행하고 자신만의 이익을 위해 조직을 이용하는 자들이 있다.

수동적 공격이라는 게임을 교묘하게 수행하는 자들은 더욱 적발하기 힘든데, 돕는 것 같지만 전혀 도움이 되지 않을 뿐 아니라 죄책감을 불어넣는 자들이다. 겉으로는 모든 것이 평화로워 보이지만, 한 꺼풀 밑에서는 세상 사람들 모두 이러한 행위와 의도로 가족과 친척들까지 오염시키고 있다. 우리의 문화는 이러한 현실을 부정하고 평화와 조화를 장려하지만, 우리는 전투에서 얻은 참혹한 흉터를 보면서 현실을 인식하고 체감하지 않을 수 없다.

이는 우리가 평화와 이타심이 없는 비열한 동물이라서가 아니라, 현실에 부응하며 살 수밖에 없는 존재이기 때문이다. 인간에게는 무시하거나 억압하기 힘든 공격적 충동이 있다. 과거에는 개개인이 집단(국가나 대가족, 회사 등)의 보호를 받을 수 있었지만, 이제는 더 이상 그렇지 않다. 우리는 각자 자기 자신과 자신의 이익을 먼저 생각해야 한다. 이제 우리에게 필요한 지식은 평화와 협동이라는 낭만적인 이상과 그것이 안겨주는 혼란이 아니라, 일상적으로 접하는 전투와 충돌 상황을 다루는 방법에 관한 실제적인 지식이다. 이러한 지식은 갈등과 경쟁 상황에서 본연의 공격적 충동을 거부하거나 억압하는 대신 그것을 의도적이며 전략적인 방향으로 전환시키는 고도의 기술이다. 이제 우리가 목표로 삼아야 하는 이상이 있다면, 그것은 전략적인 전사(戰士)가 되어야 한다는 것이다. 여기서 전사라 함은 능숙하고 지적인 책략을 통해 어려운 상황과 타인을 잘 다루는 사람을 가리킨다.

여러 심리학자와 사회학자들이 인간사회에서는 충돌을 통해서 당면한 문제를 해결하고 의견 차를 조정해 나간다고 주장한다. 우리 인생의 성패는 우리가 사회에서 맞닥뜨리는 불가피한 충돌 상황을 얼마나 잘 다루는지에 달려 있다. 일반적으로 사람들이 충돌 상황을 다루는 방식, 즉 충돌이라면 무조건 피하려 들거나 또는 감정적이 되어 경솔한 행동을 하거나 얕은 속임수를 쓰는 등의 방식은 결국 여지없이 역효과를 낸다. 의식

[전략은] 학문 이상이다. 전략이란 실제 삶에 지식을 적용하는 것이며, 변화무쌍한 상황의 조명 속에서 본래 지침으로 삼았던 아이디어까지 능히 변경할 수 있는 사고(思考)를 개발하는 것이다. 그것은 극도로 어려운 조건의 압박 하에서 행하는 행위의 기술이다.
— 헬무트 폰 몰트케
(Helmuth von Moltke, 1800~1891)

> "그렇다면 좋다, 내 아들아. 네 전략을 발전시켜 게임의 상(賞)이 네 손아귀를 벗어나지 못하게 하려무나. 힘보다 전략이 더 나은 나무꾼을 만들게 마련이니. 전략은 청포도빛 바다에 세찬 바람이 몰아치더라도 키잡이가 뱃길을 벗어나지 않도록 해주느니라. 또한 전략은 이륜전차 경주에서도 승리를 안겨준다. 어떤 기수는 말들과 마차를 믿고서 생각 없이 이리저리 방향을 바꾸어 경주 내내 고삐를 조이지 못한다. 그러나 더 적은 말로도 이기는 법을 아는 자는 말뚝에 시선을 고정시키고 모퉁이를 돌 때 바싹 붙으며 처음부터 선두를 주시하면서 고삐를 늦추지 않는다."
> ─ 호메로스(Homeros), 《일리아스(The Ilias)》, 기원전 9세기경

적이고 합리적이지 못한 처신이 종종 상황을 악화시키기 때문이다.

전략적인 전사들은 이와는 사뭇 다르게 움직인다. 그들은 장기적인 목표를 향해 한발 앞서 생각하고, 어떤 싸움은 피해야 하고 어떤 싸움은 불가피한지를 결정하며, 감정을 조절하고 일정 방향으로 돌리는 방법을 알고 있다. 싸워야 할 상황에 내몰리면, 그들은 우회적이고 교묘한 책략을 통해 싸우지만, 상대는 그 책략을 결코 알아채지 못한다. 이런 방식으로 그들은 언제나 평화로운 외양을 유지하고 있는 것이다.

이렇게 이성적으로 싸운다는 이상(理想)은 조직화된 전쟁에서 유래한다. 일정한 규모를 갖춘 조직형 전쟁에서 전략 기술이 고안되고 다듬어졌다는 의미다. 인류 초기 전쟁은 전략과는 거리가 멀었다. 부족 간의 전투는 잔인한 방식으로 행해지는 일종의 폭력 의식(儀式)으로서 그 와중에 개인은 영웅적 행위를 과시할 수 있었다. 그러나 부족이 확대되고 국가로 진화함에 따라 전쟁에는 엄청난 비용이 들어간다는 사실이 명백해졌고, 무턱대고 전쟁을 벌이는 것은 소모적일 뿐 아니라 설사 승리했다 해도 때로는 자멸의 길로 접어듦을 의미했다.

'전략(strategy)'이라는 단어는 문자 그대로 '군대의 지도자'를 뜻하는 고대 그리스어 'strategos'에서 유래한다. 전략은 이런 의미에서 지휘의 기술, 즉 전쟁을 통솔하며 어떤 대형으로 배치하고 어떤 지형에서 싸우며 우위를 점하기 위해 어떤 책략을 써야 하는지 등을 결정하는 병술(兵術)을 뜻했다. 그리고 이러한 기술이 발전함에 따라 군 지휘관들은 상대보다 앞서서 더 많은 것을 생각하고 계획할수록 이길 확률도 더 높다는 것을 깨달았다. 알렉산드로스 대왕(Alexandros the Great)이 페르시아 군대에 승리를 거뒀던 것처럼, 기발한 전략을 동원하면 규모가 더 큰 군대를 격퇴할 수도 있었다. 하지만 그들 역시 전략을 활용하는 꾀바른 상대를 맞이하는 경우에는 고전을 겪었다. 유리한 고지를 점하기 위해 장수는 상대편보다 더욱 전략적이고 더욱 우회적이며 더욱 영리해져야 했다. 세월이 흐르면서 지휘의 기술도 복잡해졌고, 더불어 더욱 많은 전략이 고안되었다.

strategy(전략)라는 단어는 그리스어에서 유래했지만, 그 개념은 전 문화, 전 시대에 걸쳐 나타난다. 전쟁이라는 불가피한 사태를 다루는 방법과 궁극적인 계획을 정교하게 짜내는 방법, 최상의 군대를 조직하는 방법 등에 대한 확고한 원칙들을 고대 중국에서 현대 유럽에 이르는 다양한 전쟁 교범들에서 발견할 수 있다. 역습과 측면 및 포위 작전, 기만술 등은 칭기즈칸(Genghis Khan)의 군대나 나폴레옹(Napoleon Bonaparte)의 군대, 줄루족의 왕 샤카(Shaka)의 군대에도 예외 없이 나타나는 공통점이었다. 이러한 원칙과 전략들은 일종의 보편적인 군사적 지혜, 즉 승리의 가능성을 높이기 위해 적용할 수 있는 일련의 패턴을 보여준다.

역사상 가장 위대한 전략가를 꼽으라면 아마도 고대 중국의 병법서 《손자병법》으로 유명한 손자(孫子)일 것이다. 기원전 4세기경에 쓰인 《손자병법》에서 그 후 몇 세기에 걸쳐 개발되는 거의 모든 전략적 패턴과 원칙들의 흔적을 발견할 수 있다. 그러나 그 모든 것들을 연결시켜주는 것, 다시 말해서 손자가 보기에 사실상 병법 자체를 구성하는 것은 '피 흘리지 않고 승리한다'는 이상이다. 전략가는 상대의 심리적 약점을 이용함으로써, 책략을 통해 상대를 불안정한 위치에 몰아넣음으로써, 좌절감과 혼란스러운 감정을 유도함으로써, 상대방이 물리적으로 항복하기 전에 심리적으로 압도할 수 있다. 이것이야말로 적은 대가를 치르고 승리를 거두는 비법이다. 인명을 덜 손실하고 자원을 덜 낭비하며 승리를 거둔 국가는 한동안 태평성대를 구가하며 번성할 수 있다. 확실히 이러한 원칙을 따른 역사적인 전투들(스키피오 아프리카누스의 카르타고 군 기습작전, 나폴레옹의 울름 전투 등)은 다른 전투들에 비해 훨씬 돋보일뿐더러 이상적인 전쟁의 본보기가 되고 있다.

전쟁은 우리 삶과 동떨어진 영역이 아니다. 전쟁은 인간 본성의 악함과 선함이 적나라하게 드러나는 인간적인 격전장이다. 과거에 비해 비전통적이고 더 더러운 전략들(게릴라전, 테러 등)로 진화하는 모습은 온갖 것들이 다 통하는 사회의 진화상을 그대로 반영한다.

전쟁에서 성공하는 전략들은 전통적이든 비전통적이든, 시대를 초월

자아는 자아를 통해 스스로를 정복한 사람에게는 친구이나, 자아 정복을 이루지 못한 사람에게는 전쟁터의 적과 마찬가지다.
— 《바가바드기타: 크리슈나의 전시 조언 (The Bhagavad Gita: Krishna's Counsel in Time of War)》, 1세기경

한 심리학에 기반한다. 한편 군사상의 커다란 실패 사례는 어떠한 격전장에도 힘의 한계가 있다는 사실과 인간의 어리석음을 일깨워준다. 전쟁에서의 전략적 이상, 즉 이성과 감정의 균형을 유지하며 최소한의 인명 및 자원 손실로 승리를 거두는 전략은 우리 일상의 전투와도 전혀 무관하지 않으며, 얼마든지 거기에 적용할 수 있다.

우리 시대의 (평화적이고 민주적인) 가치를 추종하는 사람들은 조직형 전쟁이란 본래 야만적인 것이라고, 폭력적인 과거의 유물이자 반드시 극복해야 할 어떤 것이라고 주장할 것이다. 어떠한 이유에서든 전쟁 기술을 장려하는 것은 인류의 진보를 가로막고 충돌과 불화를 조장하는 것이라고 그들은 말할 것이다. 지금도 이미 충분하지 않느냐는 논리다. 이러한 주장은 무척 매혹적이긴 하지만, 전혀 이치에 닿지 않는다. 언제나 이 사회와 세계에는 우리보다 훨씬 더 공격적인 사람들, 원하는 것은 어떻게든 기어코 얻어내려는 사람들이 있게 마련이다. 우리는 방심해서는 안 되며 스스로를 그런 자들로부터 지켜내는 방법을 알아야 한다. 만약 우리가 교활하고 강한 자들에게 굴복하고 만다면 문명화된 가치들 역시 더 이상 전파되지 않을 것이다. 사실 그러한 늑대들의 면전에서 평화주의자가 되는 것은 끝없는 비극의 원천이 될 뿐이다.

비폭력을 사회 변혁을 위한 위대한 무기로 주창한 마하트마 간디(Mahatma Gandhi)는 말년에 가서는 단 한 가지 단순한 목표를 세웠다. 바로 수 세기 동안 인도를 불구로 만든 영국인 지배자들을 몰아내는 것이었다. 영국인들은 영리한 지배자였다. 간디는 비폭력이 성공하려면, 극도로 전략적이어야 하며, 정교한 사고와 계획이 필요하다는 점을 이해했다. 그는 비폭력을 전쟁을 수행하는 새로운 방식으로 표방하기까지 했다. 어떤 가치를 장려하려면, 그것이 심지어 평화나 평화주의라 해도, 그것을 위해 기꺼이 싸워야 하고 모종의 성과, 단지 그러한 아이디어를 표현하는 데서 오는 선하고 온화한 느낌이 아닌 실질적인 성과를 목표로 삼아야 한다. 성과를 목표로 삼는 순간, 당신은 전략의 영역에 발을 들여놓는 것이다. 전쟁과 전략은 냉혹한 논리가 지배한다. 뭔가를 원하거나 바란다면, 반드시 그것을 위해 준비하고 싸울 수 있어야 한다.

전쟁과 전략은 기본적으로 남자, 특히 공격적이거나 파워 엘리트에 속하는 자들에게만 의미가 있다고 논박하는 이들도 있을 것이다. 무릇 전쟁과 전략에 대한 연구는 남성의 전유물로서, 엘리트주의적이고 압제를 추구하는 것이며 권력을 영구화하기 위한 방안이라고 말이다. 이러한 주장은 위험천만한 난센스다. 물론 과거에는 전략이란 것이 선택된 소수(장군과 그의 참모, 국왕과 일부 신하들)의 전유물이었다. 병사들에게는 전략을 가르치지 않았는데, 전쟁터에서 별 도움이 안 될 게 뻔했기 때문이다. 게다가 반란이나 폭동을 조직화하는 데 이용할 수도 있는 일종의 실용 지식으로 부하 병사들을 무장시키는 것은 현명한 처사가 아닐 것이다. 이러한 원칙은 식민주의 시대에 접어들어 더욱 확장되었다. 유럽 식민지의 원주민들은 서구의 군대에 징집되었고 경찰 업무도 맡겨졌으나, 전략 지식에 대한 접근은 엄격하게 통제되었다. 그들이 알기에는 위험한 것으로 간주되었기 때문이다. 전략과 병법을 특수 지식의 한 부문으로 유지해야 한다고 생각하는 것은 사실 분열과 정복을 즐기는 엘리트들과 억압적인 권력의 계략에 놀아나는 것이다. 만약 전략이 성과를 얻어내고 아이디어를 실행에 옮기는 기술이라면, 그것은 널리 전파되어야 한다. 특히 여성을 포함하여 전통적으로 그에 대한 접근이 통제되어왔던 이들에게는 더욱 그러하다. 거의 모든 문화권의 신화에서 (고대 그리스의 아테나 여신을 위시하여) 위대한 전쟁의 신들은 모두 여신이었다. 결국 여성들이 전략과 전쟁에 관심이 적은 것은 생물학적인 이유가 아니라 사회적, 정치적 이유에 기인하는 셈이다.

전략의 이점과 이성적인 전쟁의 효능에 저항하거나 그런 것은 자신의 위신에 어울리지 않는다고 지레짐작하는 대신, 전략의 필요성을 직시하는 편이 훨씬 낫다. 그 기술을 정복하면 당신은 더욱 평화롭고 생산적인 인생을 누리게 될 것이다. 게임의 규칙과 폭력 없이 이기는 법을 터득했기 때문이다. 그것을 무시한다면 당신의 인생은 끝없는 혼란과 패배로 얼룩질 따름이다.

다음은 당신이 일상의 전략적 전사로 변모하고자 할 때 목표로 삼아야 할 여섯 가지 근본적인 원칙들이다.

비록 전쟁의 여신 아테나은 전투에서 기쁨을 얻지 않지만…… 분쟁을 해결하고 평화적인 수단을 통해 법을 떠받치는 데서 기쁨을 얻는다. 그녀는 평화로운 시기에는 무장하지 않고, 무기가 필요할 경우에도 제우스에게서 빌린다. 그녀의 자비심은 위대하다.…… 그렇지만 일단 전투에 개입하고 나면, 심지어 아레스와 맞설 때에도, 그보다 나은 전략 전술에 근거하여 결코 승리를 놓치지 않는다. 현명한 지도자들은 조언을 얻기 위해 언제나 그녀에게 다가간다.
— 로버트 그레이브스 (Robert Graves), 《그리스 신화(The Greek Myths)》 1권, 1955년

상황을 있는 그대로 바라보라(감정으로 덧칠하지 마라). 전략적 전사가 되려면 사건들에 대한 당신의 감정적인 대응을 반드시 치료해야 할 질병으로 간주해야 한다. 두려움은 적을 과대평가하게 하여 지나치게 수비적인 행동으로 이끈다. 분노나 초조함은 선택의 폭을 좁히는 경솔한 행동을 부를 뿐이다. 자만, 특히 성공의 결과로 생긴 자만은 도가 지나친 행동의 원인이 된다. 사랑과 애정은 외관상 자기편인 사람들이 저지르는 배신적인 책략에 취약하게 만든다. 이러한 감정들은 그 색채 변화가 가장 미묘할 때조차도 당신이 사건을 보는 방식에 영향을 미칠 수 있다. 유일한 치료법은 감정에 이끌리는 게 어쩔 수 없는 것임을 깨닫고, 그럴 때마다 그것을 감지하여 보완하는 것이다. 성공을 거둔 경우, 각별히 신중을 기해 행동하라. 화가 난 경우, 마음이 가라앉기 전에는 결코 행동을 취해서는 안 된다. 전쟁은 최대치의 현실주의를, 즉 상황을 있는 그대로 볼 것을 요구한다. 감정적인 대응을 자제하면 할수록, 감정을 다른 것으로 보완하면 할수록, 이 이상에 더욱 가까워질 것이다.

행동을 보고 사람을 판단하라. 전쟁의 후과는 너무나 크기 때문에 어떤 그럴듯한 핑계로도 전장에서의 실패를 변명할 수 없다. 한 장수가 부대를 패배로 이끌었고 아까운 인명이 손실되었다는 기록만 남을 뿐이다. 이것이 역사가 패한 장수를 평가하는 방식이다. 당신 역시 이렇게 무자비한 기준을 당신의 일상에 적용하려고 노력해야 한다. 사람을 판단할 때는 그의 행동이 가져온 결과로서, 가시적이고 계측 가능한 행위로서, 권력을 획득하려고 그가 사용했던 책략으로써 판단하라. 사람들이 스스로에 대해 어떻게 말하느냐는 중요하지 않다. 사람들은 제멋대로 지껄이게 마련이다. 그들이 지금껏 무엇을 이뤘는지를 살펴보라. 행위는 거짓말을 하지 않는 법이다. 이러한 논리를 당신 자신에게도 적용해야 한다. 실패 사례를 돌이켜보며, 다르게 할 수 있었던 것들을 가려내야 한다. 당신의 실패에 대해 책임질 사람은 불공정한 방법을 쓴 적이 아니라 당신 자신이다. 당신 인생의 좋고 나쁨은 스스로 책임져야 할 사안이다. 거듭 강조하건대, 다른 사람들이 행하는 모든 것을 전략적 행동으로, 승리를 획득하기 위한 시도로 봐야 한다. 예를 들어 당신이 불공정하다고 비난하는 자들과 당신에게 죄책감을 안기려는 자들, 정의와 도덕에 대해 논하는 자들은 모두 체스판에서 우위를 점하기 위해 노력 중인 것이다.

당신 자신의 무기에 의존하라. 성공을 추구하면서 사람들은 간단하고 쉬워 보이거나 이전에 효과가 있었던 것들에 의지하는 경향이 있다. 이것은 부나 자원, 다수의 동맹을 축적하는 것을 의미할 수도 있고, 최신 기술과 그 이점을 이용하는 것을 의미할 수도 있다. 이는 물질적이고 기계적인 방식에 의존하는 것이다. 그러나 진정한 전략은 심리적인 문제, 즉 물리력이 아닌 사고력의 문제다. 당신은 인생의 모든 것을 빼앗길 가능성이 있을 뿐 아니라, 일반적으로 어느 시점에서는 반드시 빼앗기게 되어 있다. 부는 사라지고 최신식 장치는 어느덧 고물이 되며 동맹은 당신을 저버린다. 그러나 당신의 마인드가 병법으로 무장된다면, 어떤 권력도 그것만큼은 앗아가지 못할 것이다. 어떤 위기에 처하더라도 당신의 마인드는 적합한 해결책에 이르는 길을 찾아줄 것이다. 탁월한 전략을 자유자재로 구사할 수 있는 능력은 누구도 당신의 책략에 저항할 수 없는 힘을 부여하게 마련이다. 손자가 말했듯이 "정복당하느냐 마느냐는 자기 자신에게 달려 있다."

아레스가 아닌 아테나를 숭배하라. 아테나는 어머니 메티스의 교묘함과 아버지 제우스의 전사적 기질이라는 은총을 입고 태어났다. 그리스인들이 전략적 전쟁의 여신으로 떠받든 아테나가 가장 아끼는 인간이자 추종하는 인간은 바로 능란한 전략가 오디세우스(Odysseus)였다. 이와는 달리 아레스는 노골적이고 야만적인 형태의 전쟁을 상징하는 전쟁의 신이었다. 그리스인들은 아레스를 경멸하고 아테나를 숭배했으니, 그것은 아테나가 항상 최상의 지혜와 계책으로 싸웠기 때문이다.

전쟁에서 당신의 관심사는 폭력이나 잔학행위, 인명 및 자원의 손실이 아니라, 전쟁이 우리에게 강요하는 합리성과 실용주의, 그리고 무혈 승리의 이상이 되어야 한다. 세상의 아레스적(的)인 인물들은 상당히 어리

아테나의 눈동자는 올빼미처럼 잿빛이었다. "티데우스의 아들, 디오메데스여…… 그대는 아레스나 다른 신들을 두려워할 까닭이 없노라. 누가 그대 곁에 있는지 보라. 그대의 말을 아레스에게 곧장 몰고 가서 공격 범위에 들어서면, 일격을 가하라. 아레스를 두려워하지 마라. 교활한 망나니에 불과하다." …… 디오메데스가 아레스를 찌를 때, 아테나는 그의 창을 길트로 덮인 아레스의 배꼽을 향해 곧장 밀어주었다. ……|아레스는 올림포스 산에 올라가 실쭉대며 제우스 옆에 앉아서는, 상처에서 흘러내리는 불멸의 피를 보여주고, 의미심장하게 이런 말을 하며 흐느꼈다. "아버지 신이시여, 이런 폭행을 보시고도 분노가 일지 않으십니까? 우리 신들은 인간들을 도와주려 할 때마다 서로에게 최악의 폭행을 당합니다……." 그러자 제우스는 뇌적운(雷積雲) 아래에서 이마를 찌푸렸다. "교활한 망나니, 내 옆에 앉아 징징대지 마라. 너는 올림포스 신들 중에서 가장 메스껍구나. 너는 싸움과 전쟁을 즐긴다. 냉정한 네 어미 헤라를 빼닮았구나. 그녀 또한 내가 감당 못하긴 마찬가지니…… 아무튼 네가 고통당하는 건 못 참겠노라." 제우스는 파이에온을 불러 그의 상처를 돌보게 했다. 그때 아레스의 인간에 대한 살육을 중지시킨 감시자 헤라와 보호자 아테나가 제우스의 궁전으로 돌아왔다.
— 호메로스, 《일리아스》

석으며 쉽사리 꾐에 넘어간다. 당신의 목적은 아테나의 지혜를 이용하여 그러한 유형의 폭력과 공격을 그들에게 불리하게 작용하도록 만들고, 그들의 잔학행위가 몰락의 원인이 되게끔 하는 것이다. 아테나처럼 당신은 항상 한발 앞서서 더욱 우회적으로 움직여야 한다. 당신의 목표는 철학과 전쟁을, 지혜와 전투를 무적의 경지에 이르도록 혼합하는 것이다.

높이 올라 전장을 굽어보라. 전쟁에서 전략이란 전체적인 군사작전을 지휘하는 기술을 말한다. 한편 전술은 전투에 맞춰 군대를 조직하고 전장에서 발생하는 즉각적인 필요사항들을 적절히 처리하는 기술을 뜻한다. 인생을 살아가는 우리는 대부분 전술가이지, 전략가가 아니다. 우리는 대개 충돌 상황에 직면할 경우 지나치게 말려든 나머지 현재 당면한 전투에 필요한 것들을 어떻게 얻을 것인지에만 골몰한다. 전략적으로 생각하기란 어렵고도 부자연스러운 일이다. 당신은 스스로 전략적이라고 착각하기 쉽지만, 아마 단지 전술적으로 굴고 있을 가능성이 높다.

오직 전략만이 가져다줄 수 있는 힘을 지니려면, 높이 올라 전장을 굽어봐야 한다. 다시 말해서, 장기적인 목적에 집중하며 전쟁 전반에 대한 계획을 정교하게 짜고 인생의 숱한 전투들로 인해 습관화된 반작용 모드에서 벗어나야 한다는 말이다. 전반적인 목표를 늘 명심하면, 언제 싸우고 언제 발을 빼야 할지 결정하는 문제는 훨씬 쉬워진다. 그와 더불어 일상의 전술적 결정들도 훨씬 간단하고 합리적으로 내리게 된다. 전술적인 사람들은 이것저것 걸리는 게 많아 바닥에 들러붙는다. 반면 전략가들은 발이 가벼워서 더 멀리 넓게 볼 수 있다.

정신적으로 당신 자신과 전쟁을 벌여라. 매일같이 당신은 전투에 직면한다. 이것이야말로 생존을 위해 투쟁하는 모든 생명체의 현실이다. 그러나 가장 싸우기 힘든 것이 바로 자기 자신과의 전투다. 당신 자신의 약점과 감정, 끝을 내려는 의지 부족 등과 싸우는 일은 언제나 힘겹다. 당신은 스스로에게 부단한 전쟁을 선언해야 한다. 일상의 전사로서, 전투나 충돌 상황을 기꺼이 맞이하여 스스로를 증명하거나 역량을 강화하거나 용기와 자신감과 경험을 얻는 방편으로 삼아라. 의심이나 두려움이 생기면 속으로 참는 대신, 그것들에 맞서 윽박지르고 전투를 벌여라. 더 많은 도전을 원하고, 더 많은 전쟁을 초대하라. 당신은 전사의 정신을 벼리고 있는 중이니, 지속적인 훈련을 통해서만 거기에 도달할 수 있음을 잊지 마라.

이 책은 전쟁의 교훈과 원칙들에 담긴, 시대를 초월한 지혜의 정수(精髓)를 소개한다. 이 책의 목적은 일상의 전투에서 당신을 공격하는 교묘한 적들을 다룰 실용적인 지식으로 당신을 무장시키는 것이다.

각각의 장(章)은 당신이 흔히 접하게 되는 문제를 해결하기 위한 전략을 다룬다. 그러한 문제들에는 이렇다 할 동기 없이 뒤에서 당신을 노리는 적과의 싸움, 너무 많은 전선에서 전투를 치르는 탓에 발생하는 에너지의 낭비, 압력에 의해 압도당하는 느낌, 계획과 현실의 불일치, 빠져나오기 힘든 상황에 빠져버리는 경우 등이 포함된다. 따라서 당신은 당면한 특정 문제를 해결하는 데 도움이 되는 장을 골라 읽어도 된다.

물론 그래도 더 나은 방법은, 모든 전략들을 읽고 속속들이 흡수하여 머릿속 군수창고에 저장해두는 것이다. 심지어 당신이 전쟁을 피하고자 노력 중일 때조차도 여기서 소개하는 전략들은 방어적인 목적을 위해서 또는 상대가 꾸미는 꿍꿍이를 감지하기 위해서라도 알아둘 만한 가치가 있다. 어쨌든 이 책의 전략들은 교리나 공식으로 답습되는 게 목적이 아니라, 전투의 열기 속에서 판단을 내리는 데 도움이 되고, 하나의 씨앗으로 당신 안에 뿌리내려 스스로 생각하고 잠재된 전략가적 기질을 발휘하도록 돕는 게 목적이다.

이 책의 전략들 자체는 역사상 위대한 전략가들(손자, 미야모토 무사시, 카를 폰 클라우제비츠, 아르당 뒤 피크, T. E. 로렌스, 존 보이드 대령 등)의 저술은 물론이고 위대한 장수들(알렉산드로스 대왕, 한니발, 칭기즈칸, 나폴레옹 보나파르트, 줄루족의 샤카 왕, 윌리엄 테쿰세 셔먼, 에르빈 로멜, 보 구엔 지아프 등)의 실제 사례에서 뽑아낸 것들이다. 그것들은 고전적 전쟁의 기초적인 전략에서부터 현대전의 더러운 비정규전 전략에 이르기까지 폭넓은

전쟁에 반대해서 이렇게 말할 수 있다. 그것은 승자를 어리석게, 패자를 악의에 차게 만든다. 전쟁에 찬성해서는? 이러한 두 가지 효과를 모두 발생시킴으로써 인간을 야만화하고 그 결과 더욱 본성에 가깝게 만든다. 그것은 문화의 겨울 혹은 동면기이며, 인류는 그것을 딛고 일어서면서 좋건 나쁘건 간에 더욱 강해진다.
— 프리드리히 니체
(Friedrich Nietzsche, 1844~1900)

전쟁이 없다면 인류는 안락과 풍요 속에서 정체되고, 위대한 사상과 감정의 능력을 잃으며, 냉소적이 되고 미개상태로 내려앉는다.
— 표도르 도스토예프스키
(Fyodor Dostoyevsky, 1821~1881)

> 자연의 여신은 스스로를 방어하지 못하는 것들은 방어해주지 않기로 결심했다.
> — 랠프 월도 에머슨(Ralph Waldo Emerson, 1803~1882)

범위에 걸쳐 있다. 이 책은 자기 준비의 기술(정신과 영혼을 전투에 준비시키는 법)과 조직의 기술(군대를 편성하고 동기를 부여하는 법), 방어의 기술, 공격의 기술, 모략의 기술(더러운 전쟁), 이렇게 5부로 구성되어 있다. 각 장은 전쟁 그 자체뿐 아니라 정치와 문화, 스포츠, 비즈니스 부문의 역사적 사례를 소개하며 군대와 사회의 밀접한 연관성을 보여준다. 이러한 전략들은 조직형 전쟁이나 비즈니스 전쟁, 조직 내부의 정치 역학, 대인관계 등 그 어떤 규모의 투쟁에든 적용이 가능하다.

끝으로 전략은 사고방식뿐 아니라 인생 그 자체에 대한 전혀 다른 접근방식을 요하는 기술이다. 실제 경험과 지식 간에는 괴리가 생기는 일이 매우 잦다. 우리는 하찮은 지식과 정보를 흡수하여 그 간극을 메워보고자 하지만 아무짝에도 쓸모없는 짓거리일 뿐이다. 우리는 기분전환으로 책을 읽지만 일상에는 별 도움이 되지 않는다. 우리는 고상한 아이디어를 지녔지만 실행에 옮길 줄은 모른다. 우리는 또한 충분히 분석하지도 못할 만큼 풍부한 경험을 지녔지만, 거기서 어떤 영감도 얻지 못하고 그것이 주는 교훈마저 무시한다.

전략은 이렇게 다른 두 영역 간의 지속적인 접촉을 요구한다. 전략이야말로 가장 고귀한 형태의 실용 지식이다. 인생의 사건들은 당신이 깊게 반추하지 않는 한 무의미하고, 책에서 얻은 아이디어들은 당신의 실생활에 적용하지 않는 한 요령부득하다. 전략에서는 삶의 모든 것이 당신이 참여하는 게임이 된다. 이들 게임은 흥미진진하지만, 깊고 진지한 주의를 요하기도 한다. 위험성 또한 매우 높다. 당신이 알고 있는 것은 반드시 행동으로 표현되어야 하고, 행동은 다시 지식으로 표현되어야 한다. 이러한 방식으로 전략은 일생에 걸친 도전이 되며, 어려움을 극복하고 문제를 해결하는 데 따르는 지속적인 즐거움의 원천이 될 것이다.

온갖 협잡으로 게임이 진행되는 이 세계에서 사람은 강철 같은 기질을, 운명의 일격을 막아낼 갑옷을, 사람들을 밀치며 나아가기 위한 무기를 지녀야 한다. 인생은 하나의 기나긴 전투다. 인생의 매 단계에서 싸워야 하기 때문이다. 그리고 볼테르가 정확히 말했듯이, 우리가 성공할 때는 칼날 바로 끝에서 성공하며, 우리가 죽을 때는 손에 든 그 무기로 죽는다.

— 아르투르 쇼펜하우어(Arthur Schopenhauer), 《여록과 보유(*Counsels and Maxims*)》, 1851년

PART 1

전쟁을 비롯한 모든 충돌 상황에서 승리는 전략을 통해 쟁취된다. 전략을 하나의 목표를 겨냥하는 일련의 선과 화살로 생각하라. 세상에서 확고한 지위를 차지하거나, 앞길을 가로막는 문제를 공략하거나, 적을 포위하여 물리칠 비책을 강구하려는 목표를 세웠다면 전략이 필요하다. 다만 이 화살들로 적을 겨누기에 앞서 가장 먼저 당신 자신을 겨누어야 한다.

당신의 정신은 모든 전쟁과 모든 전략의 출발점이다. 정신이 감정에 쉽게 휘둘리고, 현재보다는 과거에 집착하며, 분명하고 긴박하게 세상을 보지 못한다면, 전략을 세우더라도 결코 목적을 이루지 못한다. 진정한 전략가가 되기 위해서는 세 단계를 밟아야 한다.

첫째, 정신을 옭아맬 수 있는 약점과 결함을 감지하여 정신의 전략적 능력이 왜곡되지 않도록 조심한다. 둘째, 일종의 전쟁을 스스로에게 선포하여 일보 전진하라. 셋째, 확실한 전략을 적용하여 당신 내부의 적들과 무자비하고 지속적인 전투를 수행하라.

이어지는 네 개의 장은 당신의 정신에 십중팔구 빌붙어 있을 심적 장애들을 지금 당장 감지하고, 그것들을 제거하여 명확한 전략으로 당신을 무장시키도록 구성되었다. 이 장들은 당신 자신을 겨냥한 화살이다. 사고와 실행을 통해 소화시키고 나면, 앞으로 벌어질 모든 전투에서 이 화살들을 행동지침으로 삼아 당신 안에 잠자고 있는 야심만만한 전략가를 해방시킬 수 있을 것이다.

THE
33 STRATEGIES OF
WAR

자기준비의 기술

STRATEGY 1

적이 누구인지를 명확히 하라
: 동지와 적

삶은 끊임없는 전투와 충돌의 연속이다.
따라서 적이 누구인지 확인할 수 없다면 효과적으로 전투를 수행할 수도 없다.
사람들은 교활하고 종잡을 수 없는 데다 자신의 의도를 숨기고 당신 편인 척 연기한다.
그들을 분명하게 식별해야 한다.
이 장에서는 적을 알아채는 법, 적의를 드러내는 패턴과 신호로 그들을 찾아내는 법을 배운다.
적이 누구인지 확인하고 나면 마음속으로 전쟁을 선포하라.
자석의 양극이 운동을 발생시키듯, 적을 알고 나면 목적과 방향에 따라 움직일 수 있다.
앞길을 가로막는 자, 보기만 해도 메스꺼운 자, 앙갚음을 해주고 싶은 자들,
그들이야말로 활력의 원천이다. 순진하게 굴지 마라.
어떤 적들과는 타협이 불가능하며 중립지대도 없다.

적인가, 동지인가?

아테네 외곽에 살던 지방유지 크세노폰(Xenophon)은 서른 살 무렵이던 기원전 401년 봄에 흥미로운 제안을 받는다. 키루스(Cyrus)를 위해 싸울 그리스 병사를 모집하는 중이던 한 친구가 크세노폰에게 참가를 제안한 것이다. 키루스는 페르시아 왕 아르타크세르크세스(Artaxerxes)의 동생으로, 페르시아 제국 여러 도시에서 반란이 일어나자 그들을 징벌하고자 했다. 그리스와 페르시아는 오랜 앙숙지간이었기 때문에 그 요청은 다소 이례적인 것이었다. 실제로 80여 년 전에 페르시아는 그리스 정복을 시도한 적이 있었다. 그러나 투사로 이름 높은 그리스인들은 이제 누구든 몸값을 높이 쳐주는 쪽에 병력을 제공하기 시작했다.

크세노폰은 군인이 아니었다. 사실 그는 고생이라고는 해본 적이 없었다. 개와 말들을 기르고 아테네 시내를 돌아다니면서 절친한 친구 소크라테스와 함께 철학을 논했고, 물려받은 재산으로 풍요롭게 살고 있었다. 그럼에도 그는 모험을 꿈꿔왔다. 이제 흠모하던 키루스를 만나 전쟁을 배우고, 페르시아를 볼 기회가 생긴 것이다. 전쟁 경험을 책으로 쓸 수 있겠다는 생각도 들었다. 크세노폰은 용병으로서가 아니라(용병이라기에는 너무 부유했다) 철학자이자 역사가로서 참여하려 했다. 그는 델포이에 가서 신탁을 받고 난 뒤, 그 제안을 받아들였다.

약 1만 명의 그리스 병사들이 키루스의 용병이 되었다. 그들은 돈을 벌거나 모험을 즐기기 위해 그리스 도처에서 모여든 오합지졸이었다. 그들은 얼마 동안 즐거운 시간을 보냈다. 두세 달쯤 지나자 키루스는 그들을 페르시아 깊숙이 끌고 들어가 자신의 진짜 목적을 밝혔다. 키루스는 형을 왕좌에서 끌어내리고 자신이 왕이 되기 위해 바빌론으로 진격하는 중이었다. 기만당한 데 화가 난 그리스인들은 불평불만을 털어놓았지만 키루스가 더 많은 액수를 제안하자 금세 잠잠해졌다.

키루스와 아르타크세르크세스의 군대는 바빌론에서 멀지 않은 쿠낙사 평원에서 만났다. 하지만 전투 초반에 키루스가 살해당하면서 전쟁은 갑작스럽게 끝나고 말았다. 순식간에 그리스인들의 위치가 위태로워졌다. 그들은 내전에서 잘못된 편에 가담해서 싸웠고, 적개심에 찬 페르시아인들에게 포위된 데다 고향땅은 멀고도 멀었다. 다행히 그들은 곧 아르타크세르크세스가 그들과 싸울 생각이 없다는 말을 들었다. 왕은 그들이 페르시아 땅을 한시라도 빨리 떠나주기를 바란다고 했다. 왕은 티사페르네스(Tissaphernes) 사령관을 사절로 보내, 용병들에게 식량을 제공하고 그리스로 가는 길을 호위하도록 했다. 그리하여 그리스인 용병들은 귀향길에 올랐다. 2,400킬로미터가 넘는 기나긴 여정이었다.

행군 이틀째 그리스인들은 또 다른 두려움에 사로잡혔다. 페르시아 군대가 제공한 물자가 부족했을 뿐 아니라, 티사페르네스가 선택한 경로가 수상쩍었기 때문이다. 이 페르시아인들을 믿을 수 있을까? 그리스인들 사이에서 내분이 일어났다.

그리스 사령관인 클레아르쿠스(Clearchus)는 티사페르네스에게 부하들의 걱정거리를 전달했다. 반응은 호의적이었다. 클레아르쿠스가 중립지역까지 휘하 장교들을 대동해와서 회의석상에서 그리스인들의 신세한탄이든 뭐든 직접 전달하면, 쌍방이 서로의 입장을 이해하게 될 것이라고 티사페르네스가 말했다. 클레아르쿠스는 동의했고, 다음 날 부하들과 함께 약속 장소에 도착했다. 뜻밖에도 대규모의 페르시아 분견대가 그들을 포위해 체포했다. 바로 그날 그들은 처형당했다.

한 사람이 탈출에 성공하여 그리스인들에게 페르시아의 배신행위를 알려주었다. 그날 저녁 그리스인 야영지는 황량해졌다. 어떤 이들은 말다툼을 하고 서로를 책망했다. 또 어떤 이들은 술에 취해 곯아떨어졌다. 몇 안 되는 이들이 탈출도 생각해보았지만, 지도자가 죽어버린 상황에서 어떤 운을 바라겠는가.

원정 기간 내내 방관자적인 태도를 유지했던 크세노폰은 그날 밤 꿈을 꾸었다. 제우스의 천둥번개가 아버지의 집을 불태워버리는 꿈이었다. 크세노폰은 식은땀을 흘리며 잠에서 깨어났다. 머리에 섬광이 스쳤다. 죽음이 우리 그리스인들을 노려보고 있다. 하지만 우리는 주저앉아 징징대고 절망에 빠져 말다툼만 하고 있지 않은가. 문제는 우리의 머릿속에 있다. 어떤 목적이나 동기도 없이 오로지 돈을 위해 싸우고, 동지와 적을 구별하지 못하니, 싸우기도 전에 이미 패배한 상태나 진배없다. 우리와 고향땅 사이에 놓인 장벽은 강이나 산이나 페르시아 군대가 아니라 엉망진창이 된 우리의 정신상태다.

크세노폰은 이렇게 개죽음을 당하기는 싫었다. 그는 군인은 아니었지만 철학을 연구했고 사람들이 생각하는 방식을 알았으므로, 만약 그리스인들이 자신을 죽이려 하는 적들에 집중한다면 더욱 기민해지고 창조적으로 변할 것임을 믿어 의심치 않았다. 페르시아인들의 야비한 배신행위에 집중한다면 그리스인들은 분노할 것이고, 이 분노는 우리에게 동기를 유발할 것이다. 더 이상 혼란에 빠져 우왕좌왕하는 용병이 되어서는 안 되며, 진정한 그리스인으로 되돌아가야 한다. 우리에게 필요한 것은 분명한 인식과 방향 제시다.

크세노폰은 제우스의 천둥번개가 되어 사람들을 깨워 길을 밝혀주기로 결심했다. 그는 살아남은 장교를 모두 불러모아 계획을 설명했다. "우리는 페르시아인과 일체의 교섭 없이 전쟁을 선포할 것이다. 이제 목숨을 구걸하거나 논쟁을 벌이지 말자. 우리끼리 아웅다웅하느라 시간을 낭비해선 안 된다. 젖 먹던 힘까지 짜내어 페르시아인들을 향해 쏟아붓자. 우리 선조들은 마라톤 전투에서 수적으로 훨씬 우세한 페르시아 군단을 상대로 끝까지 싸워 결국 승리를 쟁취하지 않았던가. 우리도 선조들처럼 창의적이고 영감이 넘쳐야 한다. 마차를 불태워버리고 맨땅에서 숙식을 해결하면서 신속하게 움직여야 한다. 단 1초도 무기를 내려놓거나 우리를 둘러싼 위험을 잊어서는 안 된다. 우리가 죽느냐, 그들이 죽느냐 하는 결전이다. 누군가 얄팍한 사탕발림이나 해대고 유화책 따위의 흐리멍덩한 생각으로 우리를 현혹한다면, 우리는 그가 우리 편에 설 자격이 없는 멍청한 겁쟁이임을 당당히 선언한 뒤 멀리 쫓아버려야 한다. 페르시아인들 앞에서 우리는 무자비해져야 한다. 우리는 오직 하나, 고향에 살아서 돌아가는 생각에 사로잡혀 있을 테니."

그리스 장교들은 크세노폰이 옳음을 깨달았다. 다음 날 페르시아 장교가 찾아와 자신이 페르시아 왕과 그리스인들 사이에 중재자 역할을 하겠다고 제안했다. 크세노폰의 제안대로 그리스 장교들은 그를 신속하고 무례하게 쫓아버렸다. 이제 전쟁 외의 대안은 없었다.

그 뒤 크세노폰이 일어서서 프로크세노스의 부하장교들을 불러모았다. 그들이 모이자 크세노폰이 말했네. "제군, 본인은 잠을 못 이루겠네. 제군들도 마찬가지일 거라 생각하네. 우리가 처한 곤경을 생각하다 보면 여기 이렇게 누워 있을 수가 없지. 적들은 모든 준비가 갖추어지기 전까지는 우리와 전쟁을 벌일 생각이 없었음이 분명하네. 우리 중 아무도 적들에 저항해서 고통을 감수하려 하지 않는군. 하지만 우리가 항복해서 아르타크세르크세스 왕의 손아귀에 떨어진다면, 우리 운명이 어떻게 되겠는가? 그자는 자기 이복형제가 죽었을 때, 목을 따고 손을 잘라 장대 위에 걸어두었다네. 우리를 위해 간청해줄 자는 아무도 없네. 이곳까지 행진해온 이유가 그 왕을 노예로 만들거나 살해하려는 것인데, 우리 운명이 어떻게 될 거라 생각하는가? 다시는 누구도 감히 그를 상대로 전쟁을 벌일 생각을 하지 못하도록, 온갖 가혹한 고문을 동원하지 않을까? 당연히 왕의 힘이 우리에게 미치지 않도록 어떤 짓이든 해야만 하네! …… 곰곰이 생각해보니, 지금은 전쟁보다 휴전이 더 두렵다는 생각마저 든다네. 어쨌거나 지금 저들이 휴전을 파기했으니, 그들의 오만함과 우리의 의심도 끝이 날 것이네. 더 훌륭하고 용감한 쪽에게 주어지는 영광과 승리, 우리 앞에 놓인 것은 그것이라네. 신들은 이 경기의 심판이니, 자연히 우리 편이 되어주실 걸세.
— 크세노폰
(기원전 430?~355?),

사기가 오른 그리스인들은 크세노폰을 지도자로 선출했고, 고향을 향해 진군을 시작했다. 임기응변에 의지할 수밖에 없게 되자 그들은 지형에 적응하고, 전투를 피하며, 야간에 이동하는 방법을 빠르게 익혔다. 중요한 산의 관문을 습격한 뒤 추격당하기 전에 그 관문을 빠져나가면서 적을 성공적으로 따돌렸다. 그리스로 가는 길목에는 아직도 적의 부족들이 많았지만, 겁에 질린 페르시아 군대는 이제 뒤처져버렸다. 비록 몇 년이 걸리긴 했지만, 그들은 거의 모두가 그리스로 생환했다.

《아나바시스: 내륙으로의 행군(Anabasis: The March Up Country)》

해석 ──

삶은 전투와 충돌의 연속이다. 당신은 불리한 상황과 파괴적인 관계와 위험한 일들을 끊임없이 맞닥뜨린다. 이러한 난국을 어떻게 대처하느냐에 따라 운명이 결정된다. 크세노폰이 말한 바와 같이, 당신의 장애물은 강이나 산이나 다른 사람이 아니다. 장애물은 바로 당신 자신이다. 어찌할 바를 모르고 혼란에 빠져 있다면, 방향감각을 잃어버렸다면, 동지와 적을 구별하지 못하겠다면, 스스로를 책망해야 한다.

언제나 전투 직전 상황이라고 생각하라. 모든 것이 마음먹기와 세상을 어떻게 보느냐에 달렸다. 관점을 한 번만 달리해보면 당신은 수동적이고 혼란했던 용병에서 동기가 충만한 창의적인 전사로 탈바꿈할 수 있다.

우리의 존재는 다른 사람과의 관계에 의해 규정된다. 유아기에는 타인과 자신을 구별 지음으로써 자기정체성을 발전시킨다. 타인을 떼밀고 거부하고 그들에게 반항하는 것마저도 정체성 발전에 도움이 된다. 당신이 닮고 싶지 '않은' 사람을 분명히 인식하면 할수록 자기정체성과 목적은 뚜렷해진다. 이러한 대립성을 인식하지 못하면, 앙갚음해줄 적이 없다면, 그리스인 용병처럼 어찌할 바를 모르게 된다. 타인의 배신행위에 속아 넘어가도, 운명적인 순간에 머뭇거리고 영락하여 애처롭게 눈물이나 짜면서 허튼소리를 하게 될 것이다.

적에 집중하라. 적은 당신의 갈 길을 가로막거나 고의로 방해하는 자일 수도 있다. 방해 공작이 부지불식간에든 눈에 띄게 이루어지든 적은 적이다. 또 당신에게 해를 입히거나 부정한 방법으로 당신과 싸우는 개

> 정치적 사고와 정치적 본능은 적과 동지를 구별하는 능력에서 이론적, 실제적으로 입증된다. 정치학 점수는 적을 적으로 확연하게 인식하는 순간에 높아진다.
> — 카를 슈미트(Carl Schmitt, 1888~1985)

인이나 집단일 수도 있다. 멍청함, 독선적이고 점잖은 척하는 태도, 천박한 물질주의처럼 추상적인 것일 수도 있다. 동지와 적을 구분하는 것이 야만적이고 구시대적이라고 말하는 사람에게 귀 기울이지 마라. 그들은 싸움에 대한 두려움을 그릇된 온정으로 숨기고 있을 따름이다. 그들은 당신이 궤도를 벗어나게 하려고 애쓴다. 그들 자신에게 고통을 안기는 바로 그 애매한 태도를 당신에게 전염시키면서 말이다. 일단 당신이 분명해지고 동기 부여가 되었다면, 진정한 우정과 진정한 타협을 위한 공간이 마련된 것이다. 적은 당신을 인도하는 북극성이다. 그 북극성의 위치로 방향을 잡았다면 전투에 돌입할 수 있다.

> 나와 함께하지 않는 자는 나를 반대하는 자요 나와 함께 모으지 않는 자는 해치는 자니라.
> — 누가복음 11장 23절

대처 수상의 투쟁술

1970년대 초 영국의 정치계는 안정적인 양상을 보였다. 노동당이 정권을 잡고 나면 다음 선거에서는 보수당이 이기는 식이었다. 권력이 왔다 갔다 하는 와중에도 모두 품위와 예의를 지켰다. 사실 양당은 서로를 닮아가기 시작했다. 그러나 1974년 선거에서 보수당이 패하자, 당원들 중 일부는 이제 참을 만큼 참았다고 생각했다. 변화를 원했던 그들은 마거릿 대처(Margaret Thatcher)를 당수로 지명했다. 그해 보수당은 분열되었고 이후 그 분열을 기회로 이용한 대처는 당수의 자리에 올랐다.

그때껏 누구도 대처 같은 정치인을 본 적이 없었다. 남성이 주도하는 세계 속에 뛰어든 여성인 데다가, 전통적으로 귀족사회의 당인 보수당 내에서 자신이 중산계급(대처는 식료품상의 딸이었다) 출신임을 부끄러워하지 않았다. 옷차림도 수수해서 정치가라기보다 가정주부처럼 보였다. 또 그전까지 보수당 내에서 주도적 역할을 한 적도 없었다. 사실 대처는 우익 과격파였다. 무엇보다 충격적인 것은 그녀의 언행이었다. 다른 정치인들이 부드럽고 타협적이었던 반면, 그녀는 반대자를 대할 때 직설적으로 공격했다. 대처는 다분히 호전적인 성향을 지니고 있었다.

대부분의 정치인은 대처가 당수가 된 것을 한 번의 요행으로 여겼고 오래갈 것이라고 기대하지 않았다. 당을 이끌고 처음 2~3년 동안, 노동당이 정권을 잡은 이 시기에 대처를 바라보는 정치인들의 시선은 거의 바뀌지 않았다. 그녀는 사회주의 체제를 매도했다. 그녀가 보기에 사회주의는 경제적 이니셔티브를 모두 질식시켜서 영국 경제를 사양길로 접어들게 한 주범이었다. 그녀는 당시의 화해 무드를 깨고 소비에트연방을 힐난했다. 1978년과 1979년에 걸친 겨울, 몇 개의 공공부문 조합이 파업을 결의했다. 대처는 정면충돌을 감행하여, 노동당과 제임스 캘러핸(James Callaghan) 총리를 이 파업과 결부시켰다. 이것은 대담하고 분파적인 발언으로서 저녁 뉴스를 장식하기에 딱 좋았다. 그러나 선거의 승리에는 도움이 안 되는 행동이었다. 유권자들을 부드럽게 대하고 안심시켜야지, 겁을 주어서는 안 될 일이니 말이다. 최소한 그것이 전통적인 상식이었다.

1979년 노동당이 총선거 실시를 요청했다. 대처는 공격을 멈추지 않고 이 선거가 사회주의에 대항하는 십자군 전쟁이며 대영제국이 현대화할 수 있는 마지막 기회라고 규정했다. 캘러핸은 점잖은 정치인의 대표주자였지만, 대처는 그의 약점을 깊숙이 파고들었다. 그는 '가정주부 출신 정치인'인 대처에 대해 오로지 경멸만을 품고 있던 터라, 곧장 그녀에게 반격을 가했다. 캘러핸은 만약 대처가 승리한다면 경제를 충격으로 몰아넣을 것이라고 주장하면서, 이 선거가 분수령이 될 것이라는 점에 동의했다. 이 전략은 부분적으로 성공하는 듯 보였다. 대처는 많은 유권자들에게 위협감을 주었고, 여론조사에 따르면 대처가 캘러핸에 비해 한참 뒤처지는 형세였다. 그러나 또 한편으로는 그녀의 정치적 수사(修辭)와 그에 대한 캘러핸의 반응이 양당의 차이를 극명하게 보여주면서 유권자들을 양극화했다. 대중이 좌와 우로 갈라지자 그녀는 그 틈새를 집중 공략하여 부동층을 끌어들였다. 대처는 상당히 큰 표 차이로 승리를 거두었다.

> 나는 천성적으로 호전적이다. 공격은 내 본능의 일부다. 적이 될 능력을 갖추는 것, 적이 되는 것은 강한 천성을 전제로 하며, 그것은 강한 인간이 마땅히 갖추어야 할 조건이다. 강한 천성은 저항을 필요로 하며, 그 까닭에 저항을 찾아다닌다. …… 공격하는 자의 힘에 대한 일종의 척도는 그에게 필요한 적대자에게서 찾을 수 있다. 강력한 맞수를 찾아나서는 과정, 또는 문제를 찾아가는 과정에서 발전이 이뤄진다. 호전적인 철학자는 승부를 건 문제들에 도전하기 때문이다. 그래야만, 어쩌다 우연히 나타나는 저항이 아니라, 자신의 모든 힘과 유연함과 무기를 동원해야만 맞설 수 있는 저항들을, 그리고 자신과 동등한 힘을 지닌 적을 굴복시킬 수 있다.
> — 프리드리히 니체

대처는 지금까지 유권자들을 당황하게 해왔지만, 총리가 된 이상 논조를 절제하고 상처를 치유할 필요가 있었다. 여론조사에 따르면, 그것이 대중이 원하는 바였다. 그러나 대처 총리는 언제나 그랬듯이 정반대로 행동했다. 그녀는 예산 삭감 법안을 통과시켰다. 그것도 선거 때 공약한 것보다 훨씬 더 큰 규모의 삭감이었다. 대처 총리의 정책이 진행될수록 캘러핸이 주장했던 대로 경제는 충격에 빠졌고 실업률이 치솟았다. 같은 당의 남성 의원 다수가 수년간 자신들을 대해온 대처의 처신에 더 이상 분개를 참지 못하고, 공개적으로 그녀의 능력을 문제 삼았다. 대처는 보수당에서 가장 존경받는 온건한 의원들을 '웨츠(wets, 'wet'에는 '나약하고 감상적인 사람'이라는 의미가 있다-옮긴이)'라고 불렀고, 이들은 대처가 국가 경제를 파탄에 빠뜨림으로써 자신들의 정치 경력에 오점이 남을까봐 두려워했다. 대처 총리는 그들을 내각에서 추방하는 것으로 대응했다. 그녀는 작심하고 모든 반대자를 밀어낼 기세였다. 적들의 영역은 점점 커졌고, 그녀의 인기는 하락 일로에 놓여 있었다. 다음 선거에 그녀가 끝장날 것이 틀림없었다.

1982년 대서양 반대편에서 아르헨티나 군사정권이 국내에 산적한 문제로부터 주의를 분산시킬 목적으로 포클랜드 섬을 침공했다. 포클랜드는 영국령이었지만 아르헨티나는 자국의 영토임을 주장했다. 군사정권 관리들은 영국이 본토에서 멀리 떨어진 데다 불모지인 포클랜드를 포기할 것이라고 확신했다. 그러나 대처는 주저하지 않고 포클랜드에 해군 특수부대를 파견했다. 1만 3천 킬로미터에 달하는 먼 거리도 아랑곳하지 않았다. 노동당 지도자들은 무의미하고 희생이 큰 이 전쟁을 비난했다. 당내에서도 다수가 두려움에 휩싸였다. 섬의 재탈환에 실패한다면 보수당은 파멸할 것이라는 두려움이었다. 대처는 그 어느 때보다 고독했다. 그러나 다수 대중이 그녀의 자질을 새롭게 보기 시작했다. 지금까지 그들을 초조하게 만들어놓던 바로 그 자질을 말이다. 완고한 고집이 이제는 용기와 고결한 기품으로 보였다. 우유부단하고 겁 많은 데다 제 경력만 챙기는 주위의 남성들에 비하면 대처 총리는 단호하고 강해 보였다.

영국이 포클랜드를 탈환하는 데 성공하자 대처는 그 어느 때보다 위대해 보였다. 삽시간에 국내의 사회, 경제적 문제가 잊혀졌다. 대처는 정치 무대를 장악했고, 다음 두 번의 선거에서 노동당에 압승을 거두었다.

해석

마거릿 대처는 아웃사이더로서 권력의 정점에 도달했다. 중산계급의 여성이고 우익 과격파였기에 주류와는 거리가 멀었다. 대부분의 아웃사이더는 권력을 얻기 위해 본능적으로 우선 인사이더가 되려 하지만(아웃사이더로 살기는 고달픈 일이다), 그렇게 함으로써 자신의 정체성, 세간의 이목을 모으는 차별성을 잃어버린다. 대처가 주위의 남성들처럼 행동했다면 다른 남성이 그 자리를 빼앗는 것은 시간문제였다. 그녀의 본능은 아웃사이더로 머무르는 것이었다. 실제로 그녀는 가능한 한 멀리까지 아웃사이더로서의 영역을 확장했다. 남성들의 군대에 대항하여 한 명의 여성으로서 자리매김한 것이다.

모든 단계마다 적절하게 차이를 부각시킴으로써 대처는 반대자들(사회주의자들, 웨츠, 아르헨티나)과의 사이에 선을 그었다. 이러한 적들은 그녀가 결단력 있고 힘 있으며 자기희생적이라는 인상을 확립하는 데 도움을 주었다. 대처는 덧없고 피상적인 대중적 인기 따위에 영합하지 않았다. 정치꾼들은 지지도의 수치에 일희일비할지 몰라도, 유권자들의 마음(즉 정치가들이 전쟁을 하며 얻으려고 하는 목표물)은 호감을 주는 인사보다 우위를 차지한 인사에게 끌리게 마련이다. 일부 대중이 미워하더라도 내버려 두어라. 모든 사람을 만족시킬 수는 없는 법이다. 당신과 첨예하게 대립하는 자들, 적들이야말로 당신이 든든하게 의지할 토대를 구축하는 데 도움을 줄 존재다. 한가운데로 휩쓸려 들어가지 마라. 그곳에는 어중이 떠중이들이 모여들게 마련이고, 이 군중 속에는 결투를 벌일 공간이 없다. 사람들을 양극화시켜라. 그 중 일부를 쫓아내고 전투를 위한 공간을 만들어라.

인생의 이런저런 상황들이 복합적으로 작용하여 당신을 자꾸 한가운데로 밀어넣으려고 할 것이다. 이는 정치에 국한된 얘기가 아니다. 한가운데는 타협의 영역이다. 사람들과 사이좋게 지내는 것도 중요한 기술이긴 하지만 위험이 따른다. 언제나 저항이 가장 적고 우호적인 경로만을 찾다 보면, 자기가 누구인지 망각하게 되고 어중이떠중이들과 함께 한가운데로 가라앉고 만다. 스스로를 적들에게 둘러싸인 아웃사이더로, 투사로 여겨야 한다. 끊임없는 전투는 당신을 강인하고 기민하게 만든다. 남들의 반목을 두려워하지 마라. 반목 없이는 전투도 없고, 전투가 없으면 승리할 기회도 없다. 사람들의 호감을 사야 한다는 유혹에 빠지지 마라. 그보다는 존경받고, 심지어 두려움의 대상이 되는 편이 낫다. 적들에 대해 승리를 거둘 때 얻는 인기가 더 오래 지속되는 법이다.

적이 오지 않기를 바라지 말고, 적이 오기를 대비하라.
— 《손자병법》, 기원전 4세기

전쟁의 기술: 적이 누구인지를 명확히 하라

우리는 사람들이 직접적으로 적대감을 드러내지 않는 시대에 살고 있다. 교전 수칙이 변경되었으니, 적에 대한 관념도 바꾸어야 한다. 이는 사회, 정치, 군사적 측면 모두에 해당한다. 노골적인 적은 드문 세상이므로 그런 적을 만난다는 것은 축복에 가깝다. 사람들은 당신을 파괴하려는 욕망과 의도를 드러내놓고 공격하지 않는다. 그 대신 정치적이고 우회적인 방식을 택한다. 세계는 그 어느 때보다 경쟁이 치열해졌지만 외향적 공격은 환영받지 못하는 추세이기 때문에, 모두가 지하로 숨어들어 예측 불가능하고 교묘하게 공격하는 법을 익히게 되었다. 많은 사람들이 우정이라는 가면을 쓰고 공격적 욕망을 숨긴다. 그들은 가까이 다가와서 더 많은 해를 끼치려 한다(친구는 당신을 다치게 하는 방법을 가장 잘 아는 존재다). 친구까지는 아니지만 도움과 협조를 제공하는 이들도 있다. 당장은 같은 편처럼 보일지 몰라도 언젠가는 당신의 희생을 담보로 자신의 이득을 챙길 자들이다. 도덕성을 이용하는 전쟁을 완벽하게 아는 이들도 있다. 이들은 희생양을 가지고 놀며, 당신이 저지른 일을 딱 꼬집어 말하지 않으면서도 죄책감을 느끼게 만든다. 전쟁터는 이런 전사들, 요리

조리 잘 빠져나가고, 종잡을 수 없고, 머리 회전이 빠른 전사들로 가득하다.

명심하라. '적'이라는 단어('enemy'의 어원은 라틴어 'inimicus'로, '친구가 아닌 자'를 뜻한다)는 나쁜 의미로 변질했고 정치적인 의미로 바뀌었다. 전략가로서의 첫 번째 과제는 적의 개념을 확장하는 것이다. 교묘한 방법으로 당신에 반대하여 작업하고 훼방 놓는 자들의 집단을 적의 개념에 포함시켜라(무관심과 무시는 때때로 적극적 공격보다 효과적이고 교묘한 무기가 된다. 그 뒤에 감춰진 적대감을 알아채기 힘들기 때문이다). 당신이 잘못되기를 바라면서 간접적으로 작전을 수행하고 있는 자가 있다는 사실을 냉정하게 인식할 필요가 있다. 그들이 누구인지 알아내기만 해도 책략을 발휘할 공간이 생긴다. 한 발짝 물러서서 기다릴 수도 있고, 최악의 상황을 피하기 위해 공격적인 것이든 단순히 회피하기 위한 것이든 어떤 조치를 취할 수도 있다. 심지어 이 적을 친구로 만들기 위해 애쓸 수도 있다. 당신이 어떻게 하든, 순진한 희생양은 되지 말아야 한다. 끊임없이 후퇴하거나 적의 책략에 넘어가서는 안 된다. 신중함으로 무장하여, 절대로 당신의 무기를 완전히 내려놓지 마라. 친구 앞이라도 마찬가지다.

사람들은 보통 능숙하게 적대감을 숨기지만, 겉과 속이 다르다는 신호를 무심결에 흘리곤 한다. 린뱌오(林彪)는 중국 공산당 주석 마오쩌둥(毛澤東)의 최측근이자 정치국 최고위원이었으며 마오쩌둥의 후계자 1순위로 꼽히는 인물이었다. 1960년대 말에서 1970년대 초 마오쩌둥은 린뱌오에게서 수상한 낌새를 맡았다. 린뱌오가 지나칠 만큼 우호적으로 굴었던 것이다. 마오쩌둥이 보기에 이것은 뭔가 잘못되어간다는 뜻이었다. 린뱌오를 유심히 관찰한 뒤 마오쩌둥은 그가 모반을 꾀하고 있거나 최소한 마음속으로 주석 자리를 노린다고 판단했다. 마오쩌둥이 옳았다. 린뱌오는 분주하게 음모를 꾸미는 중이었다. 요점은 모든 우호적인 제스처를 의심할 필요는 없지만 주의해서 관찰할 필요가 있다는 것이다.

상대방의 감정적 온도에 변화가 생기면 반드시 유념하라. 평소와 다른 상냥한 태도, 서로 믿고 지내자는 새삼스러운 제의, 제3자에게 퍼붓는 당신에 대한 과도한 칭찬, 다른 사람은 몰라도 당신은 납득할 이유가

> 보르네오 섬의 큰 강을 따라 여행해보면, 대대로 호전적인 부족을 만날 수 있다. 해안 지역의 평화로운 공동체들이 자기방어 목적 외에는 절대 싸우지 않고 그나마도 싸움에 질 때가 많은 반면, 강물이 범람하는 중앙 지역에 위치한 극도로 호전적인 부족들은 홍수의 피해가 덜한 지역의 공동체들을 끊임없이 습격하여 공포를 안겨준다. 평화로운 해안가 사람들은 호전적인 이웃들보다 도덕적 자질에서 우월하다고 생각할지 모르지만, 실상은 정반대다. 거의 모든 측면에서 호전적인 부족이 유리하다. 주택은 더 낫게 지어져 있고, 더 크고, 더 깨끗하다. 가정 윤리도 우월하다. 육체적으로 더 강인하고 용감하며, 육체적 정신적으로 활동적이고 대체로 믿을 만하다. 무엇보다도 사회제도가 더 견고하고 효율적인데, 추장에 대한 존경심과 공동체에 대한 의무감이 해안가 종족보다 훨씬 높기 때문이다. 개개인은 자신과 공동체를 동일시하고 자신에게 주어진 사회적 의무를 충실하게 이행한다.
> ─ 윌리엄 맥두걸(William McDougall, 1871~1938)

없는데도 굳이 협조하겠다는 행동 등……. 당신의 본능을 믿어라. 어떤 사람의 행동거지가 수상해 보이면, 반드시 이유가 있다. 나중에 그것이 마음에서 우러나온 행동으로 밝혀질지라도 스스로 조심하는 것이 최선이다.

뒤로 물러나서 적대감을 나타내는 신호를 읽거나 적을 색출하기 위해 적극적으로 행동할 수도 있다. 중국 속담에서처럼 뱀을 놀래키려면 지팡이로 수풀을 쳐야 하는 법이다. 성경에서 다윗은 자신의 장인인 사울 왕이 은밀하게 자기를 죽이려 한다는 의심을 품는다. 그래서 다윗은 어떻게 했을까? 우선 절친한 친구이자 사울의 아들인 요나단에게 의혹을 털어놓는다. 요나단이 설마 하며 믿지 않자 다윗은 떠보기를 제안한다. 다윗은 궁전에서 열릴 잔치에 가기로 되어 있었다. 다윗은 가지 않을 생각이었다. 대신 요나단이 참석해서 긴급하지는 않지만 충분히 납득할 만한 이유를 들어 다윗이 참석하지 못한다는 말을 전했다. 그러자 사울은 노발대발하며 소리쳤다.

"당장 가서 그놈을 끌고 오라. 다윗은 죽어 마땅하다."

다윗의 떠보기가 성공한 이유는 그것이 애매했기 때문이다. 잔치에 못 간다는 변명은 어느 쪽으로든 해석 가능했다. 사울이 사위인 다윗에게 호의를 가졌다면, 그가 잔치에 불참한 것이 아무리 괘씸한들 "자기밖에 모르는 녀석"이라고 비난하는 정도로 넘어갔을 것이다. 하지만 그것을 방약무인한 짓거리라 여겼기 때문에 그의 반응 또한 도를 지나치게 된 것이다. 다윗의 예를 따르라. 두 가지 이상의 뜻으로 읽힐 수 있는 말이나 행동을 하라는 것이다. 겉으로는 정중하지만, 동시에 다소 냉정하거나 교묘한 모독으로 보일 수도 있도록 말이다. 상대가 친구라면 어리둥절해하다가도 그냥 지나칠 것이다. 그러나 숨어 있던 적이라면 버럭 화를 낼 것이다. 적이 어떠한 감정이든 강하게 표출한다는 것은 겉모습 아래 무언가 부글부글 끓고 있었다는 증거다.

사람들의 정체를 드러내게 하는 가장 좋은 방법은 긴장하게 만들고 말싸움을 거는 것이다. 유니버설 픽처스의 회장이자 프로듀서인 해리 콘(Harry Cohn)은 이 전략을 자주 사용해서 자기가 누구 편인지 감추려 드는 제작진들의 속내를 파악했다. 그는 느닷없이 그들의 작업을 헐뜯거나 말싸움을 벌여 극단적이고 공격적 입장을 취했다. 그러면 화가 치민 감독이나 작가들은 조심성을 잃어버리고 진짜 속마음을 드러냈다.

명심하라. 사람들은 애매하고 의도를 파악하기 힘들게 행동하는 편이 더 안전하기 때문에 어떤 입장을 표출하지 않으려 한다. 부하직원은 상관의 사고방식을 따라한다. 그들의 동의는 거의 아첨에 불과하다. 그들을 화나게 하라. 사람들은 말싸움을 벌일 때 진지해지는 법이다. 상대방에게 말싸움을 걸었을 때 줄곧 당신 사고방식대로 따라한다면, 그 사람은 특히 위험한 유형인 카멜레온 같은 인간이다. 애매한 이상과 공명정대함의 허울 뒤에 숨은 자들을 조심하라. 세상에 공명정대한 사람이란 존재하지 않는다. 날카롭게 질문하거나, 비위를 건드리는 의견을 제시하면 상대방이 반응을 보여 내 편인지 아닌지 알아낼 수 있다.

잠재적인 적들에 대해서는 덜 직접적으로, 즉 그들만큼이나 교묘하고 음모적으로 접근하는 편이 더 나을 때가 있다. 1519년 에르난 코르테스(Hernán Cortés)는 탐험대를 이끌고 멕시코에 도착했다. 500명의 부대원 중 충성심이 의심되는 자들이 있었다. 탐험기간 동안 코르테스는 부하들이 어떤 미심쩍은 짓을 하더라도 화내거나 질책하지 않았다. 그 대신 그들이 저지른 짓을 눈감아주며 순조롭게 지내는 척했다. 코르테스가 약하다고 생각하거나 자기네 편이라고 생각한 그자들은 한 단계 더 나아갔다. 이제 코르테스는 원하는 바를 얻었다. 분명한 신호, 즉 그뿐 아니라 다른 이들 눈에도 그자들이 배신자라는 사실이 분명한 신호를 말이다. 이제 그들을 고립시켜 제거할 수 있게 되었다. 코르테스의 방법론을 채택하라. 만약 저의가 의심되는 친구나 추종자가 교묘하게 적대적이거나 당신의 이익에 반하거나 미심쩍은 무엇인가를 제안하면, 즉각 대응하거나 거절하거나 화를 내거나 심지어 질문을 하고 싶은 유혹을 참아라. 내버려두거나 눈감아주는 척하라. 당신의 적들은 머잖아 한 걸음 더 나아가면서 마수를 드러낼 것이다. 이제 물증을 확보했으니, 공격해도 된다.

적의 규모가 크거나 정확하게 지정하기 힘든 경우(조직 또는 복잡한 인

> 인간은 대립하는 한에서만
> 존재한다.
> — 게오르크 헤겔(Georg
> Hegel, 1770~1831)

맥 뒤에 숨은 개인인 경우)가 있다. 이럴 때는 그 집단의 한 부분, 즉 리더나 대변인이나 내부조직의 핵심 구성원 등을 겨냥하는 것이 바람직하다. 이것은 행동주의자 솔 앨린스키(Saul Alinsky)가 기업체나 정부와 맞붙었을 때 썼던 방법이다. 1960년대에 시카고 공립학교의 인종차별을 철폐하자는 캠페인을 벌일 때, 그는 장학관에게 초점을 맞추었다. 그자가 자기에게 가해지는 비난을 상부로 미룰 거라는 사실을 알았기 때문이다. 장학관에게 끊임없이 공격을 가하여 투쟁을 공론화하자 장학관은 더 이상 회피할 수 없게 되었다. 결국 장학관의 배후 인물들이 장학관을 도울 수밖에 없었고, 그 과정에서 모습을 드러냈다. 앨린스키처럼 결코 모호하고 추상적인 적들을 겨냥하지 마라. 당신의 적들은 가능한 한 몸을 숨길 것이다. 싸움을 한 개인에게 초점을 맞추어 일대일로 대적하라.

위험은 어디에나 있다. 언제나 적대적인 사람들과 파괴적인 관계들이 있다. 부정적인 동력을 깨는 유일한 길은 그것을 대면하는 것이다. 분노를 억누르고, 당신을 위협하는 사람을 회피하며, 언제나 타협점을 찾으려 하는 식의 무난한 전략은 파멸을 부른다. 충돌을 회피하는 것은 버릇이 되며 당신은 전투에 흥미를 잃게 된다. 죄책감을 느끼는 것은 부질없는 짓이다. 당신에게 적이 있는 것은 당신 탓이 아니다. 부당한 취급을 받았거나 자신이 희생양이 되었다는 느낌도 똑같이 부질없는 감정이다. 두 경우 모두에서 당신은 내면을 바라보며 자기 자신과 자신의 감정에 집중한다. 나쁜 상황을 내면화하는 대신, 그것을 외면화하여 당신의 적과 대면하라. 탈출구는 그것 하나뿐이다.

아동심리학자 장 피아제(Jean Piaget)는 충돌을 심리발달 단계의 결정적인 부분으로 보았다. 처음에는 또래와, 나중에는 부모와의 싸움을 통해 아동은 세상에 적응하는 법을 배우며 문제해결 능력을 발달시킨다. 어떤 경우라도 충돌을 회피하려 하거나 부모가 과잉보호하는 아동은 결국 사회적, 심리적 장애를 갖게 된다. 이것은 성인에게도 똑같이 적용된다. 성인도 싸움을 통해 무엇이 통하고 무엇이 통하지 않는지, 어떻게 스스로를 보호할 수 있는지 배운다. 적이 생긴다는 생각으로 주눅 드는 대신 그 생각을 껴안아라. 충돌이 치료제다.

적은 많은 선물을 준다. 예를 들어, 적은 당신에게 동기를 부여하고 자신의 신념에 집중하게 한다. 화가 살바도르 달리(Salvador Dalí)는 일찍이 자기로서는 참기 힘든 많은 특징(순응주의, 낭만주의, 신앙심 등)을 보통 사람들이 갖고 있다는 것을 깨달았다. 달리는 인생의 매 단계마다 이러한 반이상(反理想)을 몸소 체현한 듯한 자, 즉 분노를 표출시킬 적을 발견했다. 첫 번째 적은 시인 페데리코 가르시아 로르카(Federico García Lorca)로서, 그가 낭만주의적인 시를 썼기 때문이다. 다음번 적은 앙드레 브르통(André Breton)이었는데, 그는 초현실주의 운동의 지도자였지만 정작 시작(詩作) 능력은 부족한 인물이라는 이유에서였다. 이렇게 대항할 적들 덕분에 달리는 확신과 영감을 얻었다.

적들은 또한 개인적, 사회적 측면에서 스스로를 평가할 잣대를 준다. 일본의 사무라이는 최고의 검객과 결투하지 않고는 자신의 우월함을 측정할 수 없었다. 또한 무하마드 알리(Muhammad Ali)는 진정 위대한 권투선수가 되기 위해 조 프레이저(Joe Frazier)를 제물로 삼았다. 상대가 완강해야 최선을 다하게 된다. 상대가 거물일수록 보상도 커진다. 심지어 패했을 때도 마찬가지다. 해롭지도 않은 조무래기를 뭉개느니 존경할 만한 상대에게 지는 편이 낫다. 당신을 동정하고 존경하는 사람이 생겨서, 다음번 대결에서는 당신을 응원해줄 것이다.

공격당한다는 것은 당신이 표적이 될 만큼 중요한 인물이라는 방증이다. 그 관심을 즐기면서 스스로를 증명할 기회로 삼아라. 우리 모두는 공격적 충동이 있지만 그것을 억압하도록 강요받는다. 적은 이 충동에 방출구를 제공해준다. 죄책감 없이 당신의 공격성을 해방시킬 대상을 마침내 찾아낸 것이다.

지도자들은 어려운 시기에는 문 앞에 적이 있는 편이 도움이 된다는 점을 알았다. 대중이 처한 온갖 어려움으로부터 주의를 돌릴 수 있기 때문이다. 당신의 부대를 결속시키기 위해 적을 이용한다면, 그들을 될 수 있는 한 양극화시켜라. 약간의 증오심을 가질 때 더욱 격렬히 싸우는 법이다. 당신과 적과의 차이점을 과장하라. 선을 분명히 그으라는 말이다. 크세노폰은 공정해지려고 노력하지 않았다. 페르시아인들이 악당이 아

살바도르 달리는 자신의 원칙에 동의하지 않는 자들과 시간을 허비하지 않았고, 레시덴시아(Residencia, 마드리드 대학의 '학생 기숙사'를 뜻함. 20세기 초 스페인 지성의 요람이었던 곳이다—옮긴이) 시절에 사귄 많은 친구들에게 모욕적인 편지를 보냄으로써, 적 진영에 전쟁을 선포했다. 달리는 편지에서 그들을 돼지라고 불렀다. 그는 자신을 투우사를 피하는 영리한 황소에 비유했으며, 명성에 걸맞은 카탈로니아 지성인들을 자극하여 분개시키는 데서 쾌감을 느꼈다. ……
"우리 달리와 영화감독 루이스 부뉴엘는 스페인 유명인사 중 한 명에게 악의에 찬 편지를 보내기로 결심했소." 달리는 나중에 자신의 전기작가인 알랭 보스케에게 말했다. "우리 목표는 순수한 전복이었단 말이오."
— 메러디스 에서링턴-스미스(Meredith Etherington-Smith), 《기억의 지속: 달리 전기(The Persistence of Memory: A Biography of Dalí)》, 1992년

니라거나, 문명 발전에 크게 공헌했다는 말은 하지 않았다. 크세노폰은 페르시아인들이 최근에 저지른 배신행위를 강조했고, 그들의 사악한 문화에서는 신들에 대한 어떤 경외감도 찾아볼 수 없다고 말했다. 바로 이 점을 명심하라! 승리가 목표이지, 공정성이나 균형이 목표가 아니다. 전쟁의 수사학을 구사하여 위기감을 고조시키고 사기를 자극하라.

　전쟁에서 작전을 수행하려면 공간이 필요하다. 좁은 구석에 몰리면 죽음을 자초한다. 적들이 있으면 선택의 여지가 있다. 적들 사이에 반목을 일으키고, 그 중 하나를 친구로 만들어 다른 적을 공격하는 수단으로 삼을 수 있다. 일찍이 율리우스 카이사르(Julius Caesar)는 폼페이우스(Pompeius)가 자신의 적이라고 판단했다. 카이사르는 폼페이우스의 행동을 측정하고 계산해봄으로써 그에 비하여 확고한 위치에 설 만한 것들만 행했다. 두 사람 간에 전쟁이 벌어졌을 때, 카이사르는 최상의 상태였다. 그렇지만 폼페이우스를 패배시키고 난 후 더 이상 맞수가 없어지자 카이사르는 분별력을 잃었다. 실제로 그는 자신이 신이라는 망상에 빠졌다. 폼페이우스에 대한 승리는 카이사르 자신의 파멸의 원인이었다. 적들은 당신의 현실 감각을 일깨우고 겸손을 알게 한다.

　기억하라. 언제나 당신보다 더 공격적이고 교활하고 무자비한 사람들이 있으며, 그 중 누군가는 당신이 가는 길과 엇갈릴 것임을 말이다. 당신은 그들과 화해하고 타협하고 싶은 경향을 보일 것이다. 그러한 유형의 인간은 대부분 대단한 사기꾼이어서 자신의 매력이 전략적 가치가 있음을 잘 알고 있으며, 당신에게 상당한 공간을 허락하는 것처럼 보여도 실제로는 욕심이 끝이 없어서 당신을 무장해제시키려 들기 때문이다. 어떤 사람을 대할 때는 스스로를 단련시켜서, 중립지대는 없으며 화해란 헛된 희망에 불과함을 인식해야 한다. 타협하고자 하는 욕망은 상대방이 당신에게 사용할 무기가 된다. 그들의 과거를 통해 위험한 적들을 가려내라. 그들이 권력을 빠르게 획득했거나, 재산이 갑자기 불어났거나, 이전에 배신행위를 한 적이 있는지 파악하라. 일단 상대방이 나폴레옹에 버금가는 전략가라는 의심이 든다면, 무기를 내려놓거나 남이 대신 행동에 나서기를 기대하지 마라. 최후의 방어선은 당신 자신이다.

| **이미지** | 지구. 적은 발밑의 땅바닥이다. 지구는 당신을 제자리에 서 있게 하는 중력과 저항력이 있다. 이 땅에 깊이 뿌리를 내려 확고함과 끈기를 갖추어라. 위를 짓밟고 다닐 적이 없으면 방향감각과 균형 감각을 모두 잃게 된다.

| **근거** | 안전함에 의지하여 위험을 생각지 않거나, 적들이 도착할 때를 감지할 만큼 신중하지 못하다면, 천막 위에 둥지 튼 참새꼴이요, 솥에서 헤엄치는 물고기꼴이다. 둘 다 그날을 넘기기 힘들다.

— 제갈량(181~234)

뒤집어보기

  항상 감정을 억제하면서 적을 포착하고 그들을 이용하라. 당신에게 필요한 것은 분명함이지 편집증이 아니다. 숱한 폭군들은 모든 사람을 적으로 보았기 때문에 몰락했다. 그들은 현실을 제어하지 못하고 편집증으로 혼란스러운 감정에 절망적으로 휩쓸린다. 당신은 적일지도 모를 사람에게서 눈을 떼지 않음으로써, 신중하고 조심성 있게 행동해야 한다. 의심이 생기더라도 혼자만 간직하여, 설령 잘못 짚었더라도 아무도 알아채지 못하게 하라. 또한 사람들을 편 가를 때는 완전히 돌이킬 수 없을 정도가 되지 않게 조심해야 한다. 마거릿 대처 총리는 대립 전략에 능수능란했지만 결국 조절에는 실패하고 말았다. 너무 많은 적을 만들어놓은 데다 똑같은 책략을 반복했기 때문이다. 심지어 퇴각해야 할 상황에서도 말이다.

  프랭클린 델러노 루스벨트(Franklin Delano Roosevelt)는 편 가르기 전략의 거장으로서, 언제나 자신과 적 사이에 그어진 선을 주의 깊게 살폈다. 선을 충분히 선명하게 그었다고 판단하면, 뒤로 물러서서 중재자처럼 행동했기 때문에, 평화애호가이면서도 어쩔 수 없는 경우에만 전쟁을 벌인다는 인상을 주었다. 비록 그 인상이 그릇된 것일지라도, 지혜의 높은 경지에 이른 사람만이 그렇게 할 수 있다.

STRATEGY **2**

과거의 방식으로 싸우지 마라

: 혁신자들의 전쟁법

당신을 종종 우울하거나 비참하게 만드는 것은 과거의 일이다.
과거는 불필요한 집착, 진부한 공식의 반복, 과거의 승리나 패배에 대한 기억이라는 형태로
당신을 옥죈다. 따라서 의식적으로 과거를 상대로 전쟁을 수행해야 하며,
스스로 현재에 반응하도록 노력을 기울여야 한다. 당신 자신에게 무자비하게 대하라.
과거에 썼던 방법을 다시 사용하는 우를 범하지 마라.
가끔은 위험을 감수하고 새로운 방향을 개척하도록 애써야 한다.
안락과 안정감에 빠져 있었다면 얻지 못했을 것을 성취할 것이며,
그로 인해 적은 당신의 다음 행동을 예상하기 어려워질 것이다.
머릿속으로 게릴라전을 수행하라. 고정적인 방어선을 정해두지 말고,
공격받기 쉬운 노출된 요새를 만들지 마라.
모든 것을 유동적이고 융통성 있게 유지하라.

천하무적 프로이센 군대의 패배

나폴레옹 보나파르트(1769~1821)는 역사상 그 누구보다도 권력의 정점에 빠르게 도달한 인물이다. 1793년 나폴레옹은 프랑스 혁명군의 대위에서 준장으로 진급했다. 이탈리아 원정군 사령관으로 임명된 1796년, 그리고 3년 후 두 차례에 걸쳐 오스트리아를 격파했다. 1801년에 제1통령, 1804년에 황제가 되었다. 1805년 아우스터리츠 전투(Battle of Austerlitz)에서는 오스트리아-러시아 동맹군에 굴욕적인 패배를 안겨주었다.

많은 이들에게 나폴레옹은 위대한 장군 이상이었다. 그는 천재이자 전쟁의 신이었다. 하지만 모두가 그렇게 생각한 것은 아니다. 프로이센의 장군들은 나폴레옹이 단지 운이 좋았을 뿐이라고 생각했다. 그들이 보기에 나폴레옹은 무모하고 공격적인 반면, 그의 적들은 소심하고 약해빠졌을 따름이었다. 그가 프로이센 군과 맞붙는다면 그 명성이 신기루에 불과함을 만천하가 알게 될 것이라고 생각했다.

프로이센 장군 중에는 프리드리히 루트비히 호엔로에-잉겔핑겐(Friedrich Ludwig Hohenlohe-Ingelfingen, 1746~1818)이 있었다. 화려한 전공(戰功)을 자랑하는 독일의 유서 깊은 귀족 가문 출신인 호엔로에는 프로이센을 대국으로 키워낸 프리드리히 대왕(Frederich the Great, 1712~1786) 밑에서 복무한 경력이 있었다. 그리고 진급을 거듭하여 쉰 살이라는, 프로이센 기준으로는 비교적 젊은 나이에 장군이 되었다.

호엔로에는 전쟁의 승리는 우월한 전략의 구사, 조직력, 군기(軍紀)에 달려 있다고 보았다. 프로이센 군은 이러한 덕목들의 전형이었다. 프로이센 군사들은 정교한 전술을 마치 한 대의 기계처럼 정확하게 수행할 수 있도록 끊임없이 훈련을 거듭했다. 프로이센 장군들은 프리드리히 대왕의 승전 사례를 맹렬하게 연구했다. 그들에게 전쟁이란 수학적 원리가 적용되는 과업이자, 시간을 초월한 원칙의 적용을 의미했다. 장군들에게 나폴레옹은 기강이 해이한 시민군을 이끄는 성미 급한 코르시카인에 불과했다. 그들은 지식과 기술에서 나폴레옹을 능가한다고 자신했다. 프랑스 군은 규율 잡힌 프로이센 군을 대면하면 혼비백산할 터였다. 나폴레옹의 신화는 붕괴되고, 유럽은 다시 옛날로 복귀할 것이다.

1806년 8월 호엔로에와 동료 장군들에게 기다리던 소식이 날아들었다. 나폴레옹의 거듭되는 협정 파기에 진력이 난 프로이센의 왕 프리드리히 빌헬름 3세(Friedrich Wilhelm III)가 6주 후에 전쟁을 선포하기로 결정했던 것이다.

호엔로에는 무아지경이었다. 이번 원정이야말로 자신의 경력에서 절정이 아닌가. 수년간 나폴레옹을 무찌를 방책을 연구해왔던 호엔로에는 마침내 장군들의 첫 전략회의에서 전략을 발표했다. 한 치 오차 없는 행군을 통해 완벽한 각도를 이루는 위치를 확보하여, 프로이센 남부를 통과하면서 전진하는 프랑스 군을 공격한다는 것이었다. 프리드리히 대왕이 즐겨 구사했던 사선(斜線) 전투 대형의 공격으로 적들에게 치명타를 가할 것이다. 육십대나 칠십대에 이르는 다른 장군들도 그들 나름의 계획을 발표했지만, 모두 프리드리히 대왕의 전술의 변형에 불과했다. 논의는 논쟁으로 변질되었다. 그렇게 몇 주가 흘러갔다. 결국 왕이 개입하여 장군 모두를 만족시키는 절충 전략을 도출해야만 했다.

영광의 시절이 다시 오리라는 기대가 전국을 휩쓸었다. 장군들은 자신들의 전략이 적에게 새어나갔다는 사실을 깨달았지만(나폴레옹은 뛰어난 첩자들을 두고 있었다) 프로이센 군의 '전쟁 기계'는 이미 작동에 들어갔다.

10월 5일 프로이센 왕이 전쟁을 선포하기 며칠 전, 장군들은 당혹스러운 소식을 접했다. 정찰대에 따르면, 분산되어 있는 줄 알았던 나폴레옹의 분대가 서쪽으로 진군하여 본대와 합류한 뒤, 프로이센 남부 깊숙이 모여들었다는 소식이었다. 정찰대를 이끄는 대위는 프랑스 군사들이 등에 배낭을 짊어지고 행군 중이라고 보고했다. 프로이센 군이 물자를 보급하기 위해 느러터진 짐수레를 이용하는 반면, 프랑스 군은 보급품을 각자가 소지하여 놀랄 만한 속도와 기동력으로 이동하고 있었던 것이다.

장군들이 계획을 수정할 겨를도 없이, 나폴레옹 군대는 북쪽으로 급선회하여 프로이센의 심장부인 베를린을 향해 직진했다. 장군들은 갑론을박, 우왕좌왕하면서 공격 지점을 찾지 못한 채 군대를 이리저리 이동시키고 있었다. 공포감이 엄습했다. 마침내 왕은 퇴각을 명했다. 북부에서

> 앙투안-앙리 드 조미니 남작은 독단적인 경우가 많았는데, 그는 나폴레옹의 공적을 자신의 군사이론 체계에 꿰어 맞추려 했고, 그럼으로써 나폴레옹의 진정한 위대성을 전혀 알지 못했다. 그 위대성이란 작전 구사에 있어서 무모할 정도의 과감함을 일컫는데, 나폴레옹은 온갖 이론들을 비웃으면서 항상 각각의 경우에 가장 적합한 시도를 행했다.
> ─ 프리드리히 폰 베른하르디 (Friedrich von Bernhardi, 1849~1930)

부대를 재결집한 후, 베를린으로 진군하는 나폴레옹 군의 측면을 치겠다는 생각이었다. 호엔로에는 퇴각하는 프로이센 군을 보호하는 후위대를 맡았다.

10월 14일 예나 부근에서 나폴레옹과 호엔로에는 맞닥뜨렸다. 호엔로에 입장에서는 바라 마지않던 결전을 드디어 맞이한 것이다. 양측 병력의 숫자는 동등했지만, 상대인 프랑스 군은 체계도 없이 무턱대고 전투하다가 여차하면 도망갈 기강이 해이한 병력인 반면, 호엔로에 자신은 휘하 부대가 엄격한 지휘체계를 준수케 했고 군사들을 마치 발레단처럼 일사불란하게 지휘하지 않았던가. 전투는 막상막하였지만 마침내 프랑스 군이 피어첸하일리겐 마을을 점령했다.

호엔로에는 마을을 탈환하도록 부대에 명했다. 프리드리히 대왕 시절의 의식(儀式)대로, 군악대 장교가 북으로 구령 박자를 연주하면, 프로이센 병사들은 군기(軍旗)를 휘날리며 헤쳐모이면서 완벽한 대열을 갖추었다. 하지만 그들은 탁 트인 평지에 있었고, 나폴레옹의 군사들은 정원 벽 뒤나 집 지붕 위에 있었다. 그들에게 프로이센 군은 볼링 핀처럼 차례로 모조리 넘어가기 딱 좋은 손쉬운 과녁이었다. 당황한 호엔로에는 병사들에게 진격을 멈추고 대형을 바꾸도록 명했다. 북소리가 다시 울리자, 프로이센 군은 언제나 멋진 구경거리가 되었던, 빈틈없이 열을 맞춘 행진을 선보였다. 그러나 프랑스 군은 사격을 계속 퍼부어 프로이센 군 대열을 무너뜨리며 그들을 살육해버렸다.

호엔로에는 이런 군대를 본 적이 없었다. 프랑스 병사들은 악마 같았다. 기강 잡힌 자신의 병사들과 달리 그들은 자기 멋대로 움직였지만, 그들의 "미친 짓에도 나름대로 조리가 있었다(셰익스피어의 《햄릿》에 나오는 폴로니우스의 대사—옮긴이)." 프랑스 군은 어디에서 나타났는지 모르게 느닷없이 양쪽에서 달려들어서는, 프로이센 군을 포위하면서 위협을 가했다. 호엔로에는 퇴각을 명했다.

프로이센 군은 삽시간에 카드로 만든 집처럼 무너졌고 요새는 차례차례 함락당했다. 프로이센 왕은 동쪽으로 피신했다. 이렇게 예나 전투는 한때 무적이던 프로이센 군의 굴욕적인 패배로 끝났다.

해석 ──

1806년 프로이센 군이 직면한 현실은 간단하다. 그들은 50년 정도 시대에 뒤떨어진 구식 군대였다. 늙어빠진 장군들은 현재 상황에 대처하기보다 과거에 잘 먹혔던 공식을 반복하려 했다. 군대는 느리게 이동했고, 병사들은 퍼레이드에 참가한 자동인형에 불과했다. 그동안 재앙을 경고하는 신호는 많았다. 프로이센 군은 최근의 격전에서 제대로 싸워내지 못했고, 많은 장교들이 개혁을 주창했으며, 무엇보다 나폴레옹을 연구할 시간이 10년이나 있었다. 그의 혁신적인 전략, 그리고 그의 부대가 적을 집중 공략하는 속도와 유동성을 연구할 시간은 넉넉했다. 현실은 그들을 노려보고 있었지만, 그들은 그것을 무시했다. 스스로의 운명을 나폴레옹에게 내맡긴 셈이다.

프로이센 군대의 패배를 그냥 흥미로운 역사적 사례로만 여길지 모르겠지만, 사실은 우리 역시 그들과 같은 방향으로 행진하고 있는 듯하다. 개인과 국가를 제한하는 것은 현실과 직면하는 능력, 즉 사물을 있는 그대로 보는 능력의 부재다. 우리는 성장하면서 더욱더 과거에 집착한다. 해묵은 습관이 우위를 점하고, 전에 잘 먹혀들던 그 무엇이 우리를 현실로부터 보호하는 조개껍데기, 즉 교리(doctrine)가 되어버린다. 반복이 창의력을 대체한다. 그런데도 자신이 이러한 행동 방식을 취한다는 사실을 거의 깨닫지 못하는데, 그것은 이 과정이 우리의 마음속에서 일어나기 때문에 거의 알아채기 불가능한 탓이다. 그런데 갑자기 젊은 나폴레옹, 즉 전통에 괘념치 않고 새로운 방식으로 싸우는 어떤 사람이 우리의 행로를 가로지르는 것이다. 그제야 우리는 우리의 생각과 반응이 시대에 뒤처져 있음을 깨닫는다.

과거의 성공들이 미래에도 당연히 계속될 것이라고 생각하지 마라. 실제로는 과거의 성공이야말로 가장 큰 장애물이다. 모든 전투, 모든 전쟁은 다르다. 예전에 통했던 것이 오늘도 통하리라고 가정해서는 안 된다. 과거와의 끈을 끊고, 현재를 향해 눈떠야 한다. 당신은 과거의 전쟁과 싸우려 하는 성향 때문에 결국 최후의 전쟁을 맞이할지도 모른다.

박쥐와 족제비

박쥐가 땅에 떨어져서 족제비에게 잡혔다. 이제 죽은 목숨이라고 생각한 박쥐는 제발 살려달라고 빌었다. 족제비가 말하기를, 자신이 온갖 새들의 천적임은 자연의 이치이기 때문에 박쥐를 놓아줄 수 없다고 했다. 박쥐는 자신이 새가 아니라 쥐의 일종이라고 대답했다. 박쥐는 가까스로 위험에서 벗어났다. 그 뒤 또 한 번 땅에 떨어진 박쥐는 또 다른 족제비에게 잡혔다. 이번에도 박쥐는 잡아먹지 말아달라고 애원했다. 두 번째 족제비는 쥐란 쥐는 못 견디게 싫다고 말했다. 그러자 박쥐는 자신이 쥐가 아니라 박쥐라고 분명하게 말했다. 이렇게 하여 박쥐는 또 한 번 풀려났다. 박쥐는 이렇게 단순히 자기 이름을 바꿈으로써 위험에서 살아났다.
이 우화는 언제나 똑같은 전술에 자신을 가둘 필요가 없음을 보여준다. 상황에 더 유연하게 적응한다면 위험을 더 잘 피할 수 있다.
─ 《이솝우화》, 기원전 6세기

> 나는 전략서를 읽지 않는다.
> …… 전쟁터에는 책을 갖고
> 나가지 않기 때문이다.
> — 마오쩌둥(1893~1976)

1806년 프로이센 장군들은…… 프리드리히 대왕의 사선 전투 대형을 사용함으로써 쩍 벌린 재앙의 입 속으로 빠져들었다. 이 전술의 유용함을 쓸모없이 만든 것은 단지 방식의 문제가 아니라 상투성에서 비롯되는 상상력의 극심한 빈곤이었다. 그 결과 호엔로에 휘하의 프로이센 군은 이전의 어떤 군대가 당한 것보다 더 철저하게 붕괴되고 말았다.
— 카를 폰 클라우제비츠(Carl von Clausewitz, 1780~1831), 《전쟁론(On War)》

미야모토 무사시의 상상력

1605년 사무라이 미야모토 무사시(宮本武藏)는 결투 신청을 받았다. 도전자는 마타시치로라는 청년으로 검술로 유명한 요시오카 가문 출신이었다. 바로 그해 무사시는 마타시치로의 아버지 겐자에몬과 결투를 벌여 물리쳤고, 그 며칠 후에는 겐자에몬의 동생을 결투에서 죽였다. 요시오카 가문은 복수를 원했다.

무사시의 친구는 마타시치로의 도전에 함정이 깔려 있다는 낌새를 알아채고 결투에 동행하자고 하였으나 무사시는 홀로 결투 장소로 향했다. 요시오카 가문과 결투가 벌어질 때마다 그는 몇 시간 늦게 도착하여 그들의 화를 부추기곤 했다. 하지만 이번에는 일찍 가서 나무에 몸을 숨겼다. 마타시치로는 한 무리의 부하들을 대동하고 도착했다. 그들 중 한 명이 말했다. "무사시는 평소처럼 예정보다 훨씬 늦게 올 것이다. 하지만 이제 그런 허튼 수작 따윈 어림없지!" 마타시치로의 부하들은 풀숲에 납작 엎드려 몸을 숨겼다. 그때 갑작스럽게 무사시가 나무에서 뛰어내리면서 소리쳤다. "기다릴 만큼 기다렸다. 칼을 뽑아라!" 그는 단칼에 마타시치로의 목숨을 끊고 나서 다른 자들을 향해 자세를 잡았다. 모두 제자리에서 뛰쳐나오긴 했지만, 순식간에 벌어진 상황에 너무 놀란 나머지 그들은 무사시를 포위하기는커녕 어정쩡하게 줄지어 서고 말았다. 무사시가 당황한 부하들을 차례차례 베어 죽이는 데는 몇 초 걸리지 않았다.

이 결투의 승리는 일본 최고 검객으로서 무사시의 명성을 각인시켰다. 그는 도전자를 찾기 위해 전국을 방랑했다. 한 마을에서 바이켄이라고

하는 무사에 대한 소문을 들었는데, 그자는 끝에 쇠공이 매달린 사슬과 낫을 무기로 쓴다고 했다. 무사시는 실전에서 이 무기들이 어떻게 쓰이는지 보고 싶었지만, 바이켄은 보여주기를 거부했다. 그러면서 말하기를 그것을 보고 싶으면 자기와 결투를 하는 길밖에 없다고 했다.

무사시의 친구는 이번에도 말렸다. 그의 말에 따르면 바이켄이 공중에 쇠공을 휘두르면 상대는 공포에 질려 저도 모르게 뒷걸음치게 된다. 그 순간을 놓치지 않고 쇠공이 그의 얼굴을 향해 날아간다. 상대방은 쇠공과 사슬을 가까스로 피할 수 있을지는 모르지만, 칼을 쥔 손을 움직여볼 새도 없이 바이켄의 낫이 그의 목을 그어 살해한다는 것이다.

무사시는 친구의 경고에도 아랑곳하지 않고 바이켄에게 도전하여 그의 천막 앞에 장검과 단검을 각각 한 자루씩 들고 나타났다. 바이켄은 칼을 두 자루 쓰는 무사를 본 적이 없었다. 무사시는 바이켄에게 공격할 틈을 주지 않고 먼저 공격하여 상대를 뒷걸음치게 만들었다. 바이켄은 쇠공 던지기를 망설였다. 무사시가 한 칼로 쇠공을 피하고 다른 칼로 그를 칠 수 있기 때문이었다. 그가 빈틈을 노리고 있을 때 무사시는 갑자기 단검을 후려쳐 그의 균형을 깨뜨리더니, 눈 깜짝할 순간에 장검을 찔러서 무적으로 소문난 무사 바이켄을 죽였다.

몇 년 뒤, 무사시는 사사키 고지로라는 위대한 사무라이에 대한 소문을 들었다. 그는 매우 긴 칼(놀랄 만큼 아름다운 무기로서, 그 자체가 호전적인 영혼이 깃든 듯하다는 칼)을 써서 싸운다고 했다. 이번 대결은 무사시에게 궁극의 시험이 될 터였다. 고지로는 도전을 받아들였다. 결투 장소는 고지로의 집 근처에 있는 작은 섬이었다.

결전의 날 아침, 섬은 구경꾼들로 가득 찼다. 경지에 이른 무사들 간의 대결은 전례 없는 구경거리였다. 고지로는 시간에 맞추어 도착했지만, 무사시는 늦게, 아주 늦게 왔다. 한 시간이 지나고, 두 시간이 지났다. 고지로는 당연히 분노했다. 마침내 섬으로 접근하는 배 한 척이 눈에 들어왔다. 승선자는 배에 드러누워 얼핏 졸린 듯한 눈으로 긴 노를 깎아내는 중이었다. 무사시였다. 생각에 잠긴 듯, 흘러가는 구름을 바라보고 있었다. 배가 해안에 당도하자 무사시는 머리에 지저분한 수건을 둘러매고는 배에서 훌쩍 뛰어내리더니, 머리 위로 긴 노를 휘둘렀다. 노는 고지로의 장검보다 훨씬 길었다. 이 야릇한 사내는 칼 대신 긴 노를 지니고, 머리띠 대신 수건을 두른 채로 일생 최대의 대결을 치르러 온 것이다.

고지로는 화가 나서 소리쳤다.

"여덟 시에 오겠다던 약속마저 어길 정도로 이 몸이 겁나더란 말이냐?"

무사시는 잠자코 한 발자국 다가왔다. 고지로는 자신의 명검을 빼들더니 모래에 칼집을 팽개쳤다. 무사시는 웃었다.

"사사키, 자네는 이제 최후를 맞이할 것이네."

"이 몸이? 패배한다고? 당치 않다."

"승자는 칼집을 팽개치지 않는 법이지."

수수께끼 같은 무사시의 이 말은 고지로의 성을 돋우었다.

무사시는 지체 없이 선공하여, 날카롭게 다듬은 노를 적의 미간을 향해 똑바로 겨누었다. 고지로는 잽싸게 장검을 들어 무사시의 머리를 향해 가격했지만 빗나가서 수건을 둘로 갈라놓았을 따름이다. 그는 이전에 결코 실수를 저지른 적이 없었다. 그 순간 무사시가 노로 만든 목검으로 고지로의 발을 후려쳤다. 구경꾼들은 숨이 턱 막혔다. 고지로가 가까스로 일어나자, 무사시는 머리를 강타해서 고지로를 죽였다. 그 뒤에 무사시는 대결을 관장하는 이들에게 정중히 인사하고 나서, 배에 올라 도착할 때와 마찬가지로 조용히 자리를 떠났다.

바로 그 순간부터 무사시는 대적할 상대가 없는 검객으로 간주되었다.

해석 ──

《오륜서(五輪書)》의 저자인 미야모토 무사시는 모든 결투에서 승리를 거두었는데, 승리의 요인은 단 한 가지였다. 적과 상황에 따라 적절하게 전략을 바꾸었다는 점이다. 마타시치로와의 결투 때는 평소와 달리 일찍 결투장에 도착하는 방법을 쓰기로 결심했다. 수적으로 우세한 적에게는 기습공격이 승패를 좌우하므로 상대방이 잠시 넋 놓을 때를 노려 갑자기 공격했다. 적장을 죽인 후에는 적들이 자신을 포위하게 하여 불리함에

이기고자 하는 생각에 사로잡히는 것은 병이다. 그대의 검도 실력을 사용하려는 생각에 사로잡히는 것 또한 병이다. 그대가 지금껏 배워왔던 모든 것을 써보려는 생각과, 공격하고자 하는 생각에 사로잡히는 것 또한 마찬가지다. 이러한 병을 제거하려는 욕망에 사로잡혀 이러지도 저러지도 못하는 것 또한 병이다. 여기서 병이란 하나의 것에 연연하는 사로잡힌 마음을 뜻한다. 그대의 마음속에 이 모든 병이 있기 때문에, 마음을 정돈하기 위해서 이 병들을 제거해야 한다.

— 다쿠안(澤庵, 1573~1645)

빠지는 대신 그들이 놀란 상태에서 어정쩡하게 줄지어 돌격자세를 취할 수밖에 없게 만드는 위치를 선점했다. 바이켄과의 결투는 칼을 두 자루 쓰는 것이 첫째 관건이었고, 그 다음으로는 상대방과의 간격을 좁혀서 무기의 새로운 운용에 대해 그가 영리하게 반응하지 못하도록 만들었다. 고지로와의 결투에서는 도도한 상대방의 화를 부추기고 모독하는 방법(목검, 태연한 태도, 지저분한 머릿수건, 수수께끼 같은 말 한 마디, 눈을 겨냥하기)을 시도했다.

무사시의 적들은 눈부신 기교, 섬광 같은 칼놀림, 비전통적인 무기에 의지했다. 그것은 과거와 똑같은 방식으로 전쟁을 수행하는 것과 마찬가지다. 당면한 순간에 반응하지 않고 훈련과 기술, 그리고 예전에 통했던 것들에 의존했던 것이다. 젊은 시절에 이미 전략의 본질을 파악한 무사시는 적들의 경직성을 이용해 그들을 물리쳤다. 무사시는 제일 먼저 적을 크게 놀라게 하는 책략을 쓴다. 그런 다음 당면한 순간에 집중한다. 적이 예상치 못했던 무엇인가로 스스로 균형을 잃게 만들고 나서 현재 상황과 적의 변화를 주의 깊게 관찰한 후, 그때그때 순간에 적절한 행동으로 대응하여 상대방의 불균형 상태를 순식간에 패배와 죽음으로 바꾸어놓는다.

전쟁에 대비하려면 스스로에게서 신화와 오해를 걷어내야 한다. 전략은 조리법에 따라 요리를 하듯 일련의 조치나 발상을 배우는 것이 아니다. 승리에는 마법의 공식이 없다. 발상이란 그저 땅에 주는 거름에 불과하다. 발상은 당신 머릿속에 하나의 가능성으로 존재하여, 바로 그 순간의 열기 속에서 가야 할 방향과 적합하고 창조적인 반응에 대해 영감을 불어넣을 뿐이다. 책이니 기교니 공식이니 하는 화려한 무기 같은 주물(呪物)들은 내다버리고, 스스로 전략가가 되는 법을 익혀라.

> 누구나 전쟁을 계획할 수는 있지만, 아무나 전쟁을 일으키지는 못한다. 진정한 군사적 천재만이 전쟁의 전개상황과 주변 환경을 제어할 수 있기 때문이다.
> — 나폴레옹 보나파르트

故其戰勝不復, 而應形于無窮
그러므로 한 번 승전을 거둔 방법은 되풀이하지 않으며, 때와 장소에 따라 응전하는 형태는 무궁무진하다.

— 《손자병법》 허실편(虛實篇)

제1부 자기준비의 기술

전쟁의 기술: 과거의 방식으로 싸우지 마라

용인하기 힘들거나 불쾌한 경험을 떠올릴 때마다 우리는 생각한다. x 대신 y라는 말이나 행동을 했더라면, 그것을 단 한 번이라도 다시 해볼 수 있다면……. 숱한 장수들이 전투의 열기 속에서 허둥대고 난 후에, 실수를 일거에 만회할 만한 작전이나 책략에 대해 생각한다. 하지만 문제는 해결방안을 너무 늦게 생각했다는 점이 아니라 우리가 지식이 모자랐다고 생각한다는 점이다. 더 많이 알기만 했더라면, 더욱 철저하게 속속들이 생각했더라면, 하고 생각하는 것이다. 이것은 명백히 그릇된 접근방식이다. 우리가 길을 잃는 이유는 당면한 순간에 주파수를 맞추지 않고 주변 환경에 둔감하기 때문이다. 우리는 자신의 머릿속 생각에만 귀를 기울이고, 과거에 일어난 일들에 반응하며, 오래전에 소화하긴 했지만 현재의 난관을 극복하는 데는 아무 도움이 안 되는 이론과 발상들을 적용하려 든다. 더 많은 책, 더 많은 이론, 더 많은 생각들은 문제를 악화시킬 뿐이다.

명심하라. 위대한 장수와 창의적인 전략가가 돋보이는 이유는 그들이 지식이 많아서가 아니라, 필요할 경우에는 선입견을 떨쳐버리고 당면한 순간에 온 신경을 집중하기 때문이다. 이것이 바로 창의력을 점화하고 행운을 거머쥐는 방법이다. 지식과 경험, 이론에는 한계가 있다. 미리 아무리 많은 생각을 하더라도, 어느 한순간에 발생하는 무한한 가능성과 인생의 혼돈에는 완벽하게 대비할 수 없다. 위대한 전쟁 철학자 카를 폰 클라우제비츠는 이것을 '마찰(friction)'이라 불렀다. 우리가 세우는 계획과 실제 일어나는 일의 차이를 일컫는 말이다. 마찰이 불가피하기 때문에 우리의 정신은 변화를 따라잡고 예측하지 못한 것에 적응해야만 한다. 변화하는 상황에 우리의 생각을 적응시키면 시킬수록, 그 상황에 대한 우리의 반응도 더욱 현실적으로 변한다. 이전에 소화했던 이론과 과거의 경험에서 헤어나지 못할수록, 우리의 반응도 부적절하고 자기 기만적으로 변한다.

과거에 무엇이 일을 그르쳤는지 분석하는 것도 가치 있는 일이지만, 이 순간 안에서 생각하는 능력을 계발하는 것이 훨씬 중요하다. 그렇게 함으로써 앞으로 분석해야 할 실수를 훨씬 더 줄일 수 있다.

정신을 강이라고 생각해보라. 강은 빠르게 흐를수록 현재의 순간을 더 잘 따라잡고 변화에 더욱 잘 대응한다. 빨리 흐를수록, 스스로 더 새로워지며 에너지 또한 더욱 커진다. 망상에 사로잡힌 생각들, 과거의 경험들(실패든 성공이든), 그리고 이전에 품었던 관념들은 강 밑바닥에 깔린 암석이나 진흙처럼 자리를 틀고 굳어가고 쌓여간다. 강물은 흐름을 멈춘다. 물은 고이면 썩기 시작한다. 당신은 정신의 이러한 성향에 대해 끊임없이 전쟁을 벌여야만 한다.

첫 단계는 단지 이러한 과정에 대해서, 그리고 그것에 맞서 싸워야 할지의 여부에 대해서 주의를 기울이는 것이다. 둘째는 정신의 자연스러운 흐름을 복구할 수 있는 작전을 몇 가지 받아들이는 것이다.

> 속이 빈 조롱박을 물에 띄워놓고 툭 건드리면 한쪽으로 미끄러지게 마련이다. 그대가 아무리 애써보아도 조롱박은 한곳에 머물지 않는다. 궁극의 경지에 다다른 사람의 마음은 어떤 것에도 단 1초도 머물지 않는다. 그러한 마음은 물에 띄워놓고 이리저리 떠밀리는 속이 빈 조롱박과도 같다.
> — 다쿠안

애지중지하던 신념과 원칙을 재검증하라. 나폴레옹은 그가 신봉하는 전쟁의 원칙이 무엇이냐는 질문에 대해 자신은 어떤 원칙도 신봉하지 않는다고 답했다. 그의 천재성은 상황에 대응하는 능력, 즉 자신에게 주어진 것을 가장 잘 활용하는 능력에 있었다. 나폴레옹은 기회주의자의 최고봉이었던 것이다. 당신도 무원칙을 유일한 원칙으로 삼아야 한다. 전략에 불변의 법칙이나 시대를 초월한 규칙이 있다고 믿는 것은 경직되고 정적인 입장으로, 결국 실패의 원인이 된다. 역사와 이론을 공부하면 세계에 대한 시야가 넓어짐은 말할 나위 없겠지만, 이론이 도그마로 굳어가는 성향에 대해서는 맞서 싸워야 한다. 과거에 대해, 전통에 대해, 케케묵은 일처리 방식에 대해 가차 없이 대해야 한다. 당신의 머릿속에서 속닥대는 관습과 '신성불가침의 법칙'에 대해 전쟁을 선포하라.

우리가 받는 교육도 자주 문제가 된다. 2차 세계대전 중 북아프리카에서 독일군과 싸우던 영국군은 탱크전에 잘 훈련된 군사들이었다. 탱크전에 관한 이론이라면 교리문답처럼 줄줄 외웠다고 해도 될 정도였다. 작전 후반 무렵 합류한 미군 부대는 그들에 비하면 이러한 전술에는 문외한이었다. 하지만 얼마 지나지 않아 미군의 전투 방식은 영국군에 비해 나았으면 나았지 못하지는 않았다. 사막 전투라는 낯선 전투의 기동성에 익숙해진 것이다. 전투가 한창일 때, 훈련받은 인물은 한 걸음 뒤처지기 쉽다. 시시각각 변화하는 전황(戰況)보다는 학습한 규칙에 더 집중하기 때문이다. 낯선 상황이 닥쳤을 때는 모든 것을 처음부터 다시 배워야 한다고 가정하는 편이 최선인 경우가 많다. 이미 알고 있다고 생각하는 모든 것들, 심지어 당신이 가장 애지중지하는 생각들마저도 머릿속에서 지워버리면 현재의 경험(그야말로 최고의 학교)을 통해 교육받을 마음의 여지가 생긴다. 타인의 이론이나 책들에 의존하기보다 스스로 전략적인 능력을 계발하게 될 것이다.

과거의 전쟁에 대한 기억을 지워라. 과거의 전쟁은 비록 승부에서 이겼다손 치더라도 하나의 위험요소다. 그 전쟁은 기억이 생생하다. 승리한 경우 당신은 그 전략을 되풀이하려는 성향을 보일 텐데, 이처럼 성공은 당신을 게으르고 자아도취적으로 만들기 쉽다. 패배한 경우 당신은 소심하고 우유부단해지기 쉽다. 과거의 전쟁에 대해서는 생각하지 마라.

타격으로 치면 아마도 최고의 야구선수로 남을 테드 윌리엄스(Ted Williams)는 항상 마지막 타석을 잊어버리려는 습관이 있었다. 홈런을 쳤든 삼진을 당했든, 모두 뒤로 제쳐두었다. 비록 같은 투수를 대할 때라도, 두 번째 타석은 첫 타석과 같을 리 없기에 윌리엄스는 마음을 열어두려 했다. 그는 더그아웃으로 돌아가자마자 의식적으로 모든 것을 망각하고 지금 진행 중인 게임에 온 신경을 집중했다. 현재의 세부사항에 주의를 기울이는 것이야말로 과거를 몰아내고 과거의 전쟁을 잊는 최선의 방법이다.

정신을 계속 움직이게 하라. 어렸을 때 우리의 정신은 결코 멈추지 않았다. 새로운 경험에 열려 있었고, 최대한 그 경험을 흡수했다. 우리는 무엇이든 빠르게 배웠는데, 우리를 둘러싼 세상이 흥미로웠기 때문이다. 좌절하고 당황했을 때, 우리는 원하는 것을 얻기 위한 창조적인 방법을 찾아낸 다음, 그 문제는 빠르게 잊어버리고 우리의 길을 가로막고 있는 새로운 문제에 대처했다.

패배는 쓰라리다. 일개 병사도 그렇겠지만 장군은 그 세 배 정도는 쓰라리다. 병사는 승패가 어떻든지 자신의 임무를 충실히 수행했다고 위안을 삼을 수도 있겠으나, 사령관은 승리하지 못했다면 임무 수행에 실패한 것이다. 그는 전투에서 벌어진 사건들을 마음속으로 곱씹어본다. '바로 이 지점에서 실수를 저질렀어. 과감했어야 할 대목에서 두려움에 굴복해버렸어. 그때는 찔끔찔끔 기습할 게 아니라 한꺼번에 몰아치기 위해 시간을 벌었어야 했어. 행운이 눈앞에 떠오른 바로 그 순간에 그 행운을 움켜쥐지 못한 거야.' 공격 작전에 투입됐지만 귀환하지 못한 병사들도 눈앞에 떠오를 것이다. 자신을 신뢰했던 부하들의 시선을 회상할 것이다. 그러면서 중얼거릴 것이다. '내가 저들을, 내 조국을 저버린 거야!' 패장이 된 자신의 신세를 한탄할 것이다. 깊은 밤, 그는 골똘히 생각에 잠겨서 자신의 지도력과 남자다움의 가장 근본까지 회의할 것이다. 거기서 멈추어야 한다! 다시 전투를 지휘하려 한다면, 이러한 미련들을 떨치고 짓밟아야 한다. 미련은 스스로의 의지와 자신감에 상처를 낸다. 스스로에게 가하는 공격을 멈추고, 실패에서 비롯한 의심을 추방해야 한다. 그것들을 잊고, 실패가 주는 교훈만을 기억하라. 승리보다는 패배에서 배워야 할 교훈이 더 많다.
— 윌리엄 슬림(William Slim, 1897~1970), 《승리를 향하여(Defeat into Victory)》

모든 위대한 전략가들(알렉산드로스 대왕, 나폴레옹, 무사시)은 이러한 측면에서 어린아이와 같았다. 그들은 실제로 아이처럼 행동하기도 했다. 이유는 간단하다. 우월한 전략가일수록 사물을 있는 그대로 보기 때문이다. 그들은 위기와 기회에 대단히 민감하다. 인생에서는 그 어떤 것도 같은 자리에 머물지 않으며, 변화하는 환경에 발맞추기 위해서는 유연한 마음을 지녀야 한다. 위대한 전략가들은 선입관에 따라 행동하지 않는다. 그들은 아이처럼 그때그때의 순간에 따라 반응한다. 그들의 정신은 언제나 움직이며, 언제나 흥미를 느끼고 호기심에 가득하다. 그들은 빨리 과거를 잊는다. 현재가 훨씬 더 흥미롭기 때문이다.

아리스토텔레스는 삶은 움직임에 의해 규정된다고 생각했다. 움직이지 않는 것은 죽은 것이다. 속도와 기동력이 있는 것은 더 많은 가능성과 활기를 지닌다. 우리는 모두 나폴레옹과 같은 기동력 있는 정신을 가지고 태어났지만, 나이 들면서 프로이센 군인들처럼 변해가기 쉽다. 젊은 시절에서 되찾고 싶은 것으로 외모, 육체적 건강, 단순한 즐거움들을 떠올릴지도 모르겠지만, 실제로 필요한 것은 바로 당신이 한때 지녔던 유연한 정신이다. 생각이 특정한 주제나 관념(강박관념, 원한 따위)의 주위를 맴돈다면, 억지로라도 그 생각을 떨쳐내라. 다른 것들에 주의를 돌려라. 아이들처럼 흠뻑 빠져들 새로운 어떤 것, 관심을 집중할 가치가 있는 어떤 것을 찾아보라. 당신이 변화시키거나 영향을 미칠 수 없는 것들에 시간을 낭비하지 마라. 다만 계속해서 움직여라.

시대의 분위기를 흡수하라. 전쟁사를 통틀어 보면, 과거의 방식이 절망적인 패배로 이어진 고전적인 전투들이 있다. 7세기에 페르시아-비잔틴 연합군은 무적의 이슬람 군대와 맞붙게 되자 사막전이라는 낯선 형식을 동원했다. 13세기 전반기에 몽골 군은 러시아와 유럽의 중무장 부대를 가차 없는 기동력으로 궤멸시켰다. 1806년 나폴레옹이 예나에서 프로이센 군을 격파했던 것도 한 예다. 이들 사례에서 승리한 쪽은 새로운 기술의 형식 또는 새로운 사회질서를 극대화시키는 전투 방식을 발전시켰다.

> 어떤 사람이 어떤 조건, 어떤 상태에 있음을 안다면 이미 해방의 과정에 들어선 것이다. 그러나 자신이 어떤 조건에 처했는지, 무엇과 싸우는지 인식하지 못하는 사람은 자신이 아닌 다른 어떤 것이 되려고 노력하며, 이는 습관으로 굳어진다. 어느 한쪽으로 기울지도 말고 어떤 해석도 내리지 않은 채로, 우리가 '존재하는 것'을 고찰하기를 원한다는 것을, 정확히 무엇이 실제인지 감지하고 관찰하기를 원한다는 것을 명심하자. 존재하는 것을 감지하고 추적하는 것은 비범하게 기민한 정신, 비범하게 유연한 감성을 요구한다. 존재하는 것은 끊임없이 움직이고, 끊임없이 변형을 겪으며, 정신이 신념이나 지식에 묶여버리면 정신은 더 이상 추구를 멈추고, 존재하는 것의 재빠른 움직임에 대한 추적을 멈추기 때문이다. 존재하는 것은 분명 정적(靜的)이지 않다. 당신이 긴밀히 관찰한다면 그것이 끊임없이 움직인다는 사실을 알 수 있다. 그것을 추적하기 위해서는, 날렵한 정신과 유연한 감성이 필요하다. 정신이 정적이거나, 신념에 얽매어 있거나, 편견이 있거나, 확인을 요구한다면 이러한 정신과 감성은 갖추어지지 않는다. 또한 건조한 정신과 감성으로는 존재하는 것을 느긋하고도 재빠르게 추적할 수 없다.
> — 지두 크리슈나무르티 (Jiddu Krishnamurti, 1895~1986)

당신도 시대정신과 조응함으로써 좀더 작은 단위에서 이러한 효과를 재현할 수 있다. 아직 절정에 달하지 않은 트렌드를 감지할 수 있는 촉수를 발전시키려면 트렌드에 적응할 유연성은 물론 노력과 연구가 필요하다. 나이가 들어갈수록, 정기적으로 당신의 스타일을 바꿀 필요가 있다. 끊임없이 자신의 스타일을 흐름에 맞게 적응시키고 변화시킴으로써, 과거의 전쟁들이 파놓은 함정을 피해야 한다. 타인들이 당신이 누구인지 가까스로 알게 될 즈음, 당신은 변화해야 한다.

방향을 선회하라. 러시아의 위대한 소설가 도스토예프스키는 간질 때문에 고생했다. 발작이 일어나기 직전에 강렬한 엑스터시를 경험하기도 했는데, 그는 그 순간을 갑작스럽게 실재(實在)가, 즉 세계가 정확히 있는 그대로 비쳐지는 순간적인 환영(幻影)이 홍수처럼 들이치는 경험이라고 묘사했다. 나중에 이 환영이 판에 박힌 일과와 습관들로 가득 차버리자 그는 우울증에 시달렸다. 이러한 우울상태가 지속되는 동안, 그는 실재와 근접한 순간을 다시 한 번 느끼기를 바라면서 집 근처 도박장에 드나들었고 전 재산을 탕진했다. 그곳에서는 실재가 그를 압도했다. 안락함과 판에 박힌 일과는 사라지고, 케케묵은 패턴은 파괴되었다. 도스토예프스키는 모든 것을 다시 생각해야 하는 상황에서 창조적인 에너지를 되찾으려 했다. 간질을 통해 겪었던 엑스터시의 감각에 가장 근접해지기 위한 극약처방이었다.

도스토예프스키의 방법론은 다소 극단적이지만, 가끔 당신 자신을 뒤흔들어 과거의 굴레에서 자유로워질 필요가 있다. 이러한 시도는 종종 반대쪽으로 방향을 선회해봄으로써 가능하다. 어떤 상황에서 평소와 정반대로 행동하여 스스로를 비일상적인 환경에 놓아보거나, 말 그대로 처음부터 다시 시작해보는 것이다. 그러한 상황에서 정신은 새로운 현실을 다루어야 하고, 본격적으로 인생을 시작하게 된다. 그 변화는 낯설기도 하겠지만, 자못 상쾌하고 후련하기까지 할 것이다.

타인과 관계를 맺다 보면 상대방에 대해 너무 익숙해진 나머지 단정하기 십상이다. 당신이 평소대로 행동하고 다른 사람들도 평소 방식대로 반응하다 보면, 대충 그런 식으로 흘러가게 된다. 만약 방향을 선회하여 참신한 태도로 행동하면, 당신은 전체적인 분위기를 쇄신하게 된다. 관계가 시시한 패턴으로 흘러갈 때마다 이런 방식을 시도하고, 새로운 가능성에 마음을 열어라.

정신을 하나의 군대라고 생각하라. 군대는 날이 갈수록 유동적이고 기동적으로 변화하는 현대전의 혼돈과 복잡성에 적응해야 한다. 게릴라전은 이러한 진화의 극단적인 확장으로서, 무질서와 예측 불가능성을 전략으로 삼음으로써 조장되는 혼돈을 활용한다. 게릴라 부대는 결코 특정한 장소나 마을을 방어하기 위해 멈추지 않는다. 언제나 움직이고 한발 앞서 있음으로써 승리하는 것이다. 정해진 패턴을 따르지 않기 때문에 적들에게 표적을 제공하지 않는다. 게릴라 부대는 결코 똑같은 전술을 되풀이하지 않는다. 그 상황, 그 순간, 우연히 가게 된 그곳의 지형에 반응한다. 전방도, 고정된 통신선이나 보급선도, 느리게 이동하는 짐수레도 없다. 게릴라 부대는 순수한 기동성으로 무장한다.

이것이 당신이 갖출 새로운 사고방식의 본보기다. 어떤 전술도 고집스럽게 적용하지 마라. 정신이 정적인 위치에 안주하여 특정한 장소나 생각을 방어하거나, 생명력 잃은 작전을 되풀이하도록 내버려두지 마라. 문제를 새로운 각도에서 공격하여, 새로운 전망과 새로이 주어진 것들에 적응하도록 하라. 당신이 끊임없이 움직이면 적들에게 어떠한 표적도 보여주지 않게 된다. 세상의 혼돈에 굴복하는 대신 그 혼돈을 이용하라.

| **이미지** | 물. 흐름에 따라 어떤 곳에든 적응하여 모양을 바꾸고, 거친 암석은 밀쳐내고, 둥근 암석은 다듬으며, 결코 멈추지 않고, 언제나 변화한다. 빨리 움직일수록 물은 더욱 맑아진다.

| **근거** | 아군의 장군들 중 일부가 패배한 원인은 모든 것을 규율대로 처리했기 때문이다. 프리드리히 대왕이 한 곳에서 어떻게 했고, 나폴레옹이 다른 곳에서 어떻게 했는지에 대해 그들은 알고 있었다. 그들은 언제나 '나폴레옹이

라면 어떻게 했을지' 골몰했다. …… 나는 군사지식의 가치를 폄하하지는 않지만, 부하들이 전쟁에서 멍청한 규율이나 지키려 한다면 반드시 패배하게 마련이다. …… 전쟁은 진보한다.

— 율리시스 S. 그랜트(Ulysses S. Grant, 1822~1885)

뒤집어보기

과거의 전쟁을 반복하는 것은 일고의 가치도 없다. 그러나 당신이 그 치명적인 성향을 제거하는 동안, 적 또한 똑같은 일을 하리라는 생각도 해봐야 한다. 현재에서 배우며 현재에 적응하는 것 말이다. 역사적으로 최악의 군사적 재앙은 과거의 전쟁을 반복했을 때가 아니라 상대편이 과거의 전쟁을 반복할 것이라고 추측했을 때 일어났다. 1990년 이라크가 쿠웨이트를 침공했을 때 사담 후세인(Saddam Hussein)은 미국이 '베트남 증후군(베트남 전쟁에서 발생한 사상자와 손실에 대한 뼈아픈 상처를 떠올리게 되는 두려움)'에서 회복하지 못했다고 생각했고, 그렇다면 전쟁을 피하거나 이전과 같은 방식으로, 즉 지상전 대신 공중전을 통해 승부를 걸리라고 생각했다. 후세인은 미군이 새로운 형태의 전쟁에 대한 준비를 완료했다는 사실을 깨닫지 못했다. 기억하라. 패자는 치유 불가능할 만큼 뼈아픈 상처를 입어 다시는 싸우지 않을 수도 있지만 경험을 통해 배우며 계속 전진하기도 한다. 낭패도 조심하다 당하는 편이 낫다. 항상 대비하라. 전쟁에서 절대로 적에게 허를 찔리지 마라.

STRATEGY 3

평정심을 잃지 마라
: 리더의 정신력

전투의 열기 속에서는 마인드의 균형을 상실하기 십상이다.
예상치 못한 실패, 동맹자의 의심이나 비난 등 많은 것들이 당신을 막아선다.
이때 두려워하거나 의기소침하거나 좌절하며 감정적으로 대응할 위험성이 있다.
환경이 어떠하든 마음의 평정을 유지하며 정신력을 유지하는 것이 지극히 중요하다.
그 순간에 감정적으로 이끌리려는 나약함에 적극적으로 저항해야 한다.
그 어떤 것과 부딪히더라도 공격성과 결단력, 자신감을 유지하라.
당신의 마인드를 역경에 노출시켜 더욱 강인하게 단련시켜라.
전장의 혼돈으로부터 스스로를 분리하는 법을 배워라.
다른 사람들은 그속에서 허둥대도록 내버려두어라.
그동안 평정심은 당신이 그들의 영향력에서 벗어나 전진하도록 인도해줄 것이다.

넬슨 제독의 명령 불복종

해군 중장 호레이쇼 넬슨(Horatio Nelson, 1758~1805)은 온갖 역경을 겪었다. 코르시카 섬의 칼비 점령 과정에서 오른쪽 눈을 잃었고 테네리페 섬 전투에서 오른팔을 잃었다. 1797년 상비센테 곶에서 스페인 군을 무찔렀고, 이듬해 나일 전투에서 나폴레옹의 해군을 무찌름으로써 그의 이집트 점령 계획을 좌절시켰다. 그러나 어떠한 시련이나 승리의 업적도 1801년 2월 덴마크와의 결전을 앞두고 상관과 대립했을 때와 비교할 순 없었다.

영국의 가장 영광스러운 전쟁 영웅인 넬슨이 함대를 지휘하는 것은 당연한 선택으로 보였다. 그러나 해군성은 하이드 파커 경(Sir Hyde Parker)을 사령관으로, 넬슨을 부사령관으로 임명했다. 이번 전쟁은 민감한 사안이었다. 영국이 프랑스로 가는 전쟁 물자에 대해 입출항금지 조치를 내렸음에도 덴마크인들이 따르지 않자 전쟁을 선포한 것이었다. 해군성은 넬슨의 성격이 불같아 침착성을 잃기 쉽다고 판단했다. 그는 나폴레옹을 증오했기 때문에 덴마크와의 전투에서 무리수를 둘 가능성이 다분했다. 하이드 경은 맡은 일만 충실히 하고 판을 더 이상 키우지 않을 연륜 있고 안정적이며 침착한 사람이었다.

넬슨은 자존심을 억누르며 보직을 맡았지만 앞으로 있을 난관을 짐작했다. 그는 시간이 관건임을 알고 있었다. 영국 해군이 더 빨리 항해한다면, 덴마크가 방어를 공고히 할 시간이 없을 터였다. 선박들은 항해 준비를 마쳤지만, 파커의 좌우명은 "모든 것을 순리대로"였다. 서두르는 것은 그의 스타일이 아니었다. 넬슨은 그의 태평스러움이 싫었고 곧장 행동에 돌입하고 싶었다. 그는 정보 문서를 검토하고, 해도를 연구했으며, 세부 전투계획까지 짜놓았다. 넬슨은 파커에게 선제공격을 주장하는 서신을 보냈다. 그러나 파커는 그의 의견을 무시했다.

마침내 3월 11일 영국 해군 선단은 항해를 시작했다. 코펜하겐으로 향하는 대신, 파커는 코펜하겐 항구 정북 방향에 정박한 뒤 함장들을 소집하여 회의를 열었다. 파커는 덴마크 군이 코펜하겐의 정교한 방어벽을 구축했다는 첩보를 입수했다고 설명했다. 보트들은 항구에 정박해 있고,

---

평정심은 예측 불가능의 영역인 전쟁에서 커다란 역할을 한다. 평정심이야말로 예측 불가능성을 처리하는 극대화된 능력이다. 위험을 맞이했을 때의 빠른 사고력이 높이 평가받는 것과 같이, 기민하게 임기응변하는 평정심 역시 높이 평가받는다. '평정심'이라는 말은 지성이 제공하는 도움의 속도와 즉각성을 정확히 전달한다.
— 카를 폰 클라우제비츠, 《전쟁론》

벌어진 상처보다 생각을 통해서 더 많은 생명력이 새어나갈지도 모른다.
— 토머스 하디 (Thomas Hardy, 1840~1928)

요새들은 남북으로 포진되어 있으며, 기동 포대는 영국군을 바다 속에 침몰시킬 태세라는 것이다. 끔찍한 손실을 입지 않고 어찌 이 포대를 상대할 수 있겠는가? 또한 코펜하겐 주변 해역에 정통한 도선사(배를 안전하게 수로로 인도하는 사람이다―옮긴이)들의 보고에 따르면 그곳은 모래톱 지대인 데다 해풍까지 종잡을 수 없는 까다로운 지역이었다. 집중포화 속에서 이러한 위험지대를 항해하는 것은 끔찍한 일이 될 터였다. 이 모든 난관을 감안하면, 덴마크 군이 항구를 떠나 공해(公海)상에 나오기를 기다리는 게 최선일 수도 있다는 말이었다.

넬슨은 더 이상 감정을 조절하기 힘들었다. 그는 마침내 폭발해서는 회의실을 활보하면서 열변을 토했고, 그때마다 잘린 팔의 밑동을 흔들어댔다. 그는 말했다. "기다려서 승리를 거둔 전쟁은 여태 한 번도 없었다. 덴마크의 방어벽은 '전쟁 애송이들'한테나 겁줄 따름이다. 나는 이미 몇 주 전부터 전략을 세워놓았다. 접근이 용이한 남쪽 방향에서부터 공격할 것이며, 파커와 예비 병력은 코펜하겐 북쪽에 대기한다. 기동력을 이용하여 덴마크 대포를 무력화할 것이다. 지도는 이미 연구해보았다. 모래톱은 위협적이지 않다. 해풍에 관해서 말하자면, 공격적인 행동이 중요하지 해풍 때문에 안달복달해서는 안 된다."

넬슨의 연설은 부하 함장들에게 힘을 불어넣었다. 그는 지금까지 그들을 가장 성공적으로 지휘해왔고, 그의 모습은 자신감과 호소력이 넘쳤다. 하이드 파커 경조차 연설에 감명을 받았고, 계획은 승인되었다.

다음 날 아침 넬슨 함대가 코펜하겐으로 전진했고 전투가 개시되었다. 덴마크 군 대포는 근거리에서 발사되며 굉음을 울려댔다. 넬슨은 기함(旗艦) 엘리펀트호의 갑판 위를 왔다 갔다 하며 부하들을 독려했다. 그는 거의 몰아지경이었다. 주장(主檣. 기선에서 두 개의 돛대 가운데 뒤쪽의 것―옮긴이)을 관통한 총탄이 아슬아슬하게 그를 비켜갔다. 넬슨은 그 일격에 약간 동요되어 한 중령에게 말했다. "힘든 전투로군. 오늘은 누구라도 한순간에 불귀의 객이 될 수 있다네. 하지만 명심하게. 이유 여하를 막론하고 나는 결코 이곳을 벗어나지 않을 걸세."

파커는 북쪽 위치에서 전투를 지켜보았다. 넬슨의 계획을 승인한 것이 점점 후회되었다. 만약 여기서 패배한다면 자신이 전투 결과를 책임져야 하는 것은 물론이고 경력에도 치명적인 흠집을 남길 것이다. 포격을 주고받은 지 네 시간이 지나자, 파커는 더 참을 수 없었다. 함대는 타격을 입었지만 조금도 우위를 확보할 기미가 보이지 않았다. 넬슨은 결코 멈춰야 할 때를 모르는 인물이었다. 파커는 39번 신호기(信號旗)를 게양하기로 결정했다. 퇴각하라는 명령이었다. 신호기를 먼저 목격한 선박은 신호를 접수한 후 다음 선박에 그 신호를 전달해야만 했다. 일단 신호를 접수하면 퇴각하는 수밖에 없었다. 전투는 끝난 것이나 다름없었다. 엘리펀트호 갑판 위에서 대위 한 명이 넬슨에게 신호기가 올랐다고 보고했다. 넬슨은 그 신호를 무시했다. 덴마크 수비벽을 향해 맹포격을 계속하다가 이윽고 한 장교를 불러놓고 물었다.

"16번 신호기가 여전히 올라가 있나?"

16번은 '적군에 더욱 근접하여 교전하라'는 뜻이다. 장교는 아직도 그 깃발이 게양되어 있다고 대답했다.

"명심하게. 깃발을 그대로 두게나."

넬슨이 말했다. 몇 분 뒤, 파커의 신호기가 여전히 산들바람에 펄럭이고 있는 것을 보고 함장에게 말했다.

"폴리, 자네도 알다시피 난 애꾸 아닌가. 가끔은 장님이 될 권리가 있다네." 그리고 망원경을 들어 불구가 된 눈에 갖다대며 나지막이 덧붙였다. "난 정말이지 신호가 보이지 않는군."

파커와 넬슨 사이에서 갈등하던 함장들은 넬슨을 선택했다. 넬슨에게 자신들의 전 경력을 건 것이다. 얼마 지나지 않아 덴마크 군의 방어선이 무너지기 시작했다. 일부 전함이 포위된 채 항구에 정박했으며, 함포 사격도 잦아들었다. 파커의 전투 중지 신호기가 게양된 지 한 시간도 안 돼 덴마크 군은 항복했다.

다음 날 파커는 마지못해 넬슨의 승전을 축하했다. 명령 불복종 문제는 언급하지 않았다. 단지 모든 일이, 자신의 용기 부족까지 포함해서, 조용히 잊혀지기만을 바랄 뿐이었다.

해석 ———

영국 해군성은 하이드 파커 경을 신임함으로써 군사상의 실수를 저질 렀다. 해군성은 조심스럽고 꼼꼼한 사람에게 군사 지휘권을 맡긴 것이다. 그런 자들은 평화 시에는 침착하고 심지어 강인해 보이기까지 하지만, 흔히 자신감 뒤에 약점을 감춘다. 그들이 그토록 조심스럽게 일을 처리하는 까닭은 실수를 저지를까 봐 두렵고 그 실수가 그들의 경력에 오점을 남길까 전전긍긍하기 때문이다. 그들이 전투에서 시험받기까지 이런 사실은 드러나지 않는다. 그렇지만 전투에 돌입하면 그들은 갑자기 우유부단해진다. 어느 곳에서나 문제를 발견하고 사소한 실패에도 패배를 예감한다. 그들이 망설이는 이유는 인내심이 아니라 두려움 때문이다. 이렇게 머뭇거리는 순간들이 운명을 결정지어버린다.

넬슨 경은 정반대 원칙으로 움직였다. 작고 호리호리한 체구를 가진 그는 불같은 결단력으로 자신의 육체적 약점을 상쇄했다. 누구보다 더 단호해지기 위해 스스로를 채찍질했다. 전투에 돌입하는 순간, 그는 자신의 공격 욕구를 서서히 끌어올렸다. 다른 해군본부 위원들이 사상자 수, 바람, 적군 대형의 변화에 대해 걱정했던 반면, 그는 자신의 계획에 집중했다. 넬슨만큼 전투에 앞서 적을 철저하게 연구하고 전략을 세운 사람은 없었다(그렇게 얻은 지식은 적이 약해질 시점이 언제인지 예상하는 데 도움이 되었다). 그러나 일단 교전이 시작되고 나면 우유부단이나 신중함은 용납하지 않았다.

평정심은 일종의 균형추로서, 전투의 열기 속에서 총체적 관점을 잃고 감정적으로 변하기 쉬운 우리의 성향과 심적인 약점에 대해 균형을 잡아준다. 우리의 가장 큰 약점은 용기의 상실, 스스로에 대한 의심, 불필요한 조심성이다.

혼란스럽고 걱정되는 순간에는 더욱 결의를 다져야 한다. 공격적인 에너지를 끌어올려 조심성과 무력감을 떨쳐내야 한다. 어떤 실수를 저질렀건, 더 힘 있는 행동으로 바로잡을 수 있다. 오랜 준비 과정을 위해 신중함은 아껴두되, 일단 전투가 시작되면 머릿속에서 의심을 모두 걷어내라. 실패에 주눅 들어 퇴각을 요청하는 자들은 무시하라. 공격 모드에서

도적의 대원수(大元帥)라 해도 과언이 아닐 만한 자가 있었으니 그의 이름은 하카마다레였다. 그는 강인한 정신과 강력한 체격의 소유자였다. 발이 빨랐고, 손놀림이 잽쌌으며, 계략을 생각하고 꾀하는 데 뛰어났다. 통틀어 봐도 그와 비교할 만한 자는 없었다. 사람들이 잠시잠깐 경계가 소홀한 틈을 타 물건을 훔치는 것이 그의 직업이었다. 10월 무렵, 그는 옷가지가 필요해서 몇 벌 훔치기로 결심했다. 자정 무렵 모두 잠자리에 들어 고요할 때, 흐릿한 달빛 아래 대로에서 산책하는 사내를 보았다. 사내는 치마식 바지를 걸어올려 끈 같은 것으로 고정시키고 몸을 부드럽게 감싸는 격식 차린 사냥복장으로, 혼자 피리를 불면서, 딱히 서둘러 갈 곳 없이 느긋하게 걷고 있었다. 요것 봐라, 제 옷을 헌납하려고 일부러 찾아오신 양반이 있군그래. 하카마다레가 생각했다. 보통때 같았으면 냅다 달려가 흠씬 두들겨팬 뒤에 옷을 빼앗고도 남을 시간이었다. 그러나 이번만큼은 딱히 설명하기는 어렵지만, 이 사내에 대해 뭔가 두려움을 느꼈고, 그래서 600보 정도 사내를 미행해보았다. 사내는 전혀 모르는 눈치였다. 그러기는커녕 계속 피리를 불었는데 피리 소리 때문에 정적이 더 커지는 듯했다. 한번 해봐? 하카마다레는 속으로 중얼거리고서, 그에게 가까이 달려가는데 발소리가 그렇게 요란할 수가 없었다. 그런데도 사내는 전혀 동요하는 낌새가 없었다. 흘끗 돌아보면서, 계속 피리를 불었다. 그에게 달려드는 건

기쁨을 찾아라. 여세를 몰아 끝까지 뚫고 나가게 될 것이다.

> 감각은 체계적인 사고보다 더욱 생생한 인상을 마음속에 남긴다. …… 현재 수행 중인 작전을 계획한 당사자마저도 자신이 일찍이 내린 판단에 대해 자신감을 잃는 것이 무리는 아니다. …… 전쟁에서는 무시무시한 유령들이 조잡하게 칠해진 장면으로 무대를 위장하는 일이 비일비재하다. 일단 이 장면이 걷히고 시야가 확보될 즈음에야 그(작전을 계획한 자)는 자신의 확신이 옳았음을 확인하게 된다. 이것이야말로 계획과 실행 사이의 거대한 간극이다.
> — 카를 폰 클라우제비츠, 《전쟁론》

히치콕의 수수께끼 같은 미소

앨프리드 히치콕(Alfred Hitchcock, 1899~1980) 감독이 세트장에서 작업하는 모습을 처음 본 사람들은 대개 놀라움을 금치 못했다. 대부분의 영화감독들이 마치 투수의 손끝에서 떠나기 직전의 야구공처럼 에너지가 넘치고 스태프들에게 고함을 지르며 명령을 외쳐대는 데 반해, 히치콕은 전용 의자에 앉은 채로 가끔씩 졸거나 대개 눈이 반쯤 감겨 있곤 했다. 1951년작 〈열차 안의 낯선 자들(Strangers on a Train)〉을 만들 당시 주연배우 팔리 그레인저(Farley Granger)는 히치콕의 이런 모습을 보고 화가 났거나 맘에 들지 않다는 의미로 해석하고 뭐가 잘못됐는지 물어보았다. "아, 정말이지 따분하구먼." 히치콕은 졸린 듯 대답했다. 제작진의 불평이나 배우들의 짜증, 그 어떤 것에도 히치콕은 동요하지 않았다. 그는 단지 하품하며 의자에 깊숙이 앉아서 무심한 태도를 보였다. 여배우 마거릿 록우드(Margaret Lockwood)는 이렇게 말했다. "히치콕은 우리를 감독하는 사람 같지 않았어요. 꾸벅꾸벅 졸고 있는 부처님이었죠. 얼굴에 수수께끼 같은 미소를 짓고서 말이죠."

히치콕의 동료들은 감독처럼 중압감이 심한 일을 어떻게 그토록 침착하고 초탈하게 해낼 수 있는지 신기하게 여겼다. 원래 타고난 성격이 그렇다고 생각하는 이들도 있었다. 냉혈 기질을 타고났다는 얘기였다. 그건 속임수이며 겉으로만 그런 체하는 것이라고 생각하는 이들도 있었다. 진실을 아는 사람은 거의 없었다. 그는 영화 제작에 돌입하기도 전에 세부사항까지 철저한 주의를 기울여 일이 틀어지지 않도록 모든 채비를 마쳐놓는 사람이었다. 그는 통제권을 완전히 장악했다. 여배우가 변덕스러워도, 미술감독이 못 미더워도, 제작자가 아무리 간섭해도 당황하거나 방해받지 않고 계획을 밀고 나갔다. 그는 자신이 세워둔 계획을 절대적으로 확신했기 때문에 그렇게 태평하게 등을 기대고 졸 수 있었던 것이다.

히치콕의 작업은 어떤 하나의 스토리에서 출발했으며 때로는 소설에서 영감을 얻었고 때로는 자신의 아이디어로 시작되기도 했다. 마치 머릿속에 영사기가 있는 것처럼 그는 영화의 장면 장면을 거의 완벽하게 그려두었다. 그 다음 각본가와 회의를 열었는데, 작가들은 이 일이 예사롭지 않음을 곧 깨닫곤 했다. 제작자의 설익은 아이디어를 가지고 각본을 쓰는 대부분의 경우와 달리, 그들은 히치콕이 마음속에 가둬두었던 꿈을 종이에 옮겨 적기만 하면 되었다. 인물에 뼈와 살을 붙이고 대사도 썼지만 그 외에 별로 할 일이 없었다. 히치콕이 〈현기증(Vertigo)〉의 각본 작업을 위해 새뮤얼 테일러(Samuel Taylor)와 처음 마주 앉은 자리에서, 몇몇 장면에 대한 그의 묘사는 너무나 생생하고 강렬해서 실제로 겪은 경험이거나 그가 꾼 꿈 내용 같았다. 그가 그려낸 영상이 너무나 완벽했기에 영화 제작 과정에서 일어날 수 있는 이런저런 갈등과 충돌은 원천 봉쇄되었다. 테일러는 비록 자신이 각본을 쓰지만, 그 각본이 히치콕의 작품으로 남으리라는 것을 알았다. 각본 작업이 끝나면, 히치콕은 그것을 바탕으로 정교한 촬영대본을 만들었다. 블로킹, 카메라의 위치, 조명, 세트의 규모를 상세하게 구술하여 옮겨 적게 했다. 대부분의 감독들은 몇몇 장면을 다른 각도에서 찍어두어 나중에 편집자의 몫으로 남겨두었다. 하지만 히치콕은 달랐다. 그는 순전히 촬영 대본에 나온 순서대로 전체 필름을 편집했다. 원하는 바를 정확히 알았고 그대로 대본을 작성했다. 제작자나 배우가 신(scene) 하나를 더하거나 수정하려고 할 때, 히치콕은 겉으로는 좋은 척했지만(들어주는 척할 여유는 있으므로) 속으로는 꿈쩍도 하지 않았다.

건네며 말했다.
"나중에 이런 게 필요하거든 와서 부탁만 하게. 자네 의중을 알 리 없는 사람한테 무턱대고 달려들었다가 다칠 수도 있잖은가."
그 뒤에 하카마다레는 이 집이 셋츠의 통치자인 후지와라노 야스마사의 소유라는 게 생각났다. 나중에 체포되고 나서 그는 이렇게 말했다고 한다.
"그분은 정말 괴상하고 소름 끼치는 사람이었소!"
야스마사는 무네타다의 아들이었으므로 가문 내력으로는 무사가 아니었다. 그렇지만 그는 무사 가문의 어느 아들에 조금도 뒤떨어지지 않았다. 그는 정신이 강인했고, 손놀림 또한 빨랐다. 그는 영리하게 생각하고 계략을 짰다. 그리하여 왕실에서도 안심하고 그를 무사 직책으로 등용했다. 결과적으로, 온 세상이 그를 두려워했고 그에게 위협감을 느꼈다.
— 히로아키 사토(Hiroaki Sato), 《사무라이의 전설 (Legends of the Samurai)》, 1995년

그의 영화 작업에서 우연히 일어나거나 계획 없이 진행되는 일은 없었다. 〈이창(Rear Window)〉 같은 영화 세트를 지을 때, 히치콕은 프로덕션 디자이너에게 정밀한 청사진과 평면도, 세세한 소품 목록까지 제시했다. 세트 제작의 과정도 일일이 챙겼다. 특히 주연배우들의 의상에 각별히 신경 썼다. 1954년작 〈다이얼 M을 돌려라(Dial M for Murder)〉를 비롯해 많은 히치콕 영화에서 의상을 담당했던 이디스 헤드(Edith Head)는 이렇게 말했다. "모든 색상과 스타일에 나름의 이유가 있었죠. 일단 결정한 것에 대해선 절대적으로 확신했어요. 그레이스 켈리에게 한 신에는 옅은 녹색 의상을, 다른 신에는 흰색 시폰을, 또 다른 신에는 황금색 의상을 입혀보았죠. 정말이지 스튜디오에서 꿈을 짜맞추는 거죠." 〈현기증〉을 찍을 때 여배우 킴 노박(Kim Novak)이 회색 의상 때문에 자신이 창백해 보인다고 하면서 입기를 거부하자, 히치콕은 그녀가 신비스러운 여인으로서 샌프란시스코의 안개 속에서 막 걸어나온 듯한 인상을 주었으면 한다고 대답했다. 그 말에 어찌 반박할 수 있겠는가? 그녀는 결국 그 의상을 입었다.

히치콕이 세트장에서 말없이 앉은 채로 반쯤 잠들어 있는 동안, 출연진과 제작진은 각자가 맡은 역할밖에는 보지 못했다. 그런데도 모든 게 어떻게 그의 구상대로 척척 맞아들어가는지 영문을 모를 일이었다. 테일러는 영화로 완성된 〈현기증〉을 처음 보았을 때, 마치 다른 사람의 꿈을 보는 듯한 기분이 들었다. 영화는 몇 달 전 히치콕이 그에게 들려준 구상 그대로를 완벽하게 화면으로 옮겨놓은 것이었다.

해석

히치콕의 처녀작은 1925년에 제작된 무성영화 〈쾌락의 정원(The Pleasure Garden)〉이었다. 그 작품은 모든 점에서 그야말로 엉망으로 진행됐다. 히치콕은 혼돈과 무질서를 싫어했다. 예측 못한 사건들이 벌어지거나, 스태프들이 우왕좌왕하거나, 어떠한 경우라도 통제력을 상실하게 되면 스스로가 초라하게 느껴졌다. 그는 영화 제작을 군사작전처럼 다루기로 결심했다. 제작자나 배우나 제작진들에게 그가 창조하고 싶은 어떤 것도 망쳐놓을 빌미를 주지 않기로 한 것이다. 그는 영화 제작의 전체 과정을 스스로 익혔다. 세트 설계, 조명, 카메라와 렌즈에 대한 전문적 사항들, 편집, 음향 등을 말이다. 그는 영화 제작의 모든 단계를 주도하여 계획과 실행 사이에 어떠한 그림자도 드리우지 못하도록 했다.

히치콕의 방식대로 사전에 통제력을 장악하는 것은 평정심처럼 보이지 않을 수도 있으나, 사실은 평정심의 정점에 해당하는 특성이다. 그것은 준비된 상태로 침착하게 전투(히치콕의 경우에는 영화 촬영)에 돌입하는 것을 뜻한다. 방해물이 나타나겠지만, 이미 예측하고 대안을 생각해두었으니 곧바로 대응할 수 있다. 그러니 어느 순간 머릿속이 하얗게 되는 일은 일어나지 않는다. 동료들이 의심이나 조급한 질문, 얼토당토않은 아이디어들을 쏟아낼 때, 고개를 끄덕이며 듣는 척하지만 실제로는 그들을 무시해도 좋다. 그들보다 한발 앞서 숙고해두었기 때문이다. 그리고 당신의 느긋한 태도는 다른 이들에게도 전염되어, 그들 역시 한결 여유롭게 상황에 대처할 수 있다.

낯선 상황에 직면할 때마다 당신은 의기소침해지기 십상이다. 많은 사람들이 이래라저래라 부탁하고 재촉한다. 어찌나 많은 중대사가 당신을 옥죄는지 목표한 바와 세워둔 계획을 놓쳐버리기 쉽다. 느닷없이 당신은 숲은 보지 못하고 나무만 보는 꼴이 되고 만다.

명심하라. 평정심을 유지할 때 당신은 그 모든 것들로부터 초탈하여 전체 전쟁터를, 전체 그림을 투명하게 바라볼 수 있다. 위대한 지휘관들은 어떤 상황에서도 평정심을 잃지 않았다. 이러한 심적 거리를 유지하는 동력은 미리 세부사항까지 완전히 익혀두는 것, 즉 준비 태세다. 사람들로 하여금 당신의 부처 같은 초연함이 어떤 알지 못할 신비한 원천에서 우러나오는 것이라고 믿게 하라. 그들이 이해하지 못하고 고개를 갸우뚱거릴수록 당신에게는 더 이로워진다.

> 마음을 추슬러 상황을 어둡게 보지 않도록 하시오. 첫 번째 후퇴는 군대에 나쁜 인상을 남기고, 두 번째는 위험하며, 세 번째는 치명적인 것이 된다오.
>
> ─ 프리드리히 대왕, 어떤 장군에게 보낸 편지에서

전쟁의 기술: 평정심을 잃지 마라

인간은 스스로를 합리적인 존재로 믿고 싶어한다. 우리는 동물과 우리를 구별 짓는 점이 사고능력과 이성이라고 생각한다. 그러나 그것은 일부만 사실이다. 감정을 느끼는 능력이 인간을 동물과 구별시켜준다. 우리는 합리적인 동시에 감정적인 존재이며, 자신의 행위를 이성과 사고를 통해 다스린다고 믿고 싶어하지만, 실제로는 그때그때 느끼는 감정이 우리 행동을 좌지우지하는 경우가 많다.

우리는 평소 합리적으로 행동한다는 환상을 가지며, 그 덕분에 외관상으로는 모든 것을 잘 통제하고 침착한 것처럼 보인다. 그러나 곤경에 처하게 되면 그러한 합리성은 자취를 감춘다. 점점 더 겁먹고, 참을성이 없어지고, 혼란에 빠진 채로 압박감에 굴복하고 만다. 그런 순간에 우리는 감정적인 존재라는 게 여실히 드러난다. 적이나 믿었던 동료로부터 공격을 받을 때 우리는 분노, 슬픔, 배신감에 압도된다. 이런 상태에서 벗어나 합리적으로 대응하기까지는 굉장한 노력이 필요하다.

명심하라. 정신은 감정보다 나약하다. 하지만 당신은 이러한 약점을 곤경의 순간(당신에게 힘이 필요한 바로 그 순간)에야 깨닫는다. 전투의 열기에 대처하기 위해 당신을 무장시키는 최선의 것은 더 많은 지식이나 지성이 아니다. 정신을 더 강하게 하고 감정을 더 잘 조절할 수 있게 해주는 것은 내면의 규율과 강인함이다.

아무도 당신에게 이러한 기술을 전수해줄 수 없다. 책에서도 배울 수 없다. 여타의 규율과 마찬가지로 그것은 훈련과 경험, 그리고 다소의 고생을 통해서만 얻어진다. 평정심을 유지하는 첫 번째 단계는 평정심의 필요성을 인식하는 것이다. 평정심이 두드러졌던 역사적 위인들(알렉산드로스 대왕, 율리시스 S. 그랜트, 윈스턴 처칠)은 곤경과 시행착오를 통해 그것을 획득했다. 그들은 평정심이라는 자질을 계발하지 않으면 침몰 위기에 몰릴 책임감 있는 지위에 있었다.

다음의 이야기는 그들의 경험과 힘겹게 성취한 승리에 기초하고 있다. 당신의 정신을 단련시키는 훈련 방법으로, 감정 쪽으로 쏠리는 것을 바로잡아줄 일종의 평형추로 생각하라.

갈등 상황에 스스로를 노출시켜라. 조지 S. 패튼(George S. Patton) 장군은 가장 특출한 미국의 군인 가문 출신이다. 그의 선조들 중에는 미국 독립전쟁과 남북전쟁에 참가하여 전사한 장군과 대령도 있었다. 유년 시절 선조들의 영웅적 행위에 대한 이야기를 들으며 자란 패튼은 그들의 발자취를 따라 군인의 길을 택했다. 그러나 패튼은 감상적인 청년이기도 해서, 마음 깊숙이 두려움이 있었다. 전투에서 비겁자가 되어 가문의 명성에 먹칠을 하지 않을까 하는 것이었다.

패튼이 처음으로 실전을 맛본 것은 1918년 1차 세계대전 중 아라곤에서 벌어진 연합 공격에서였다. 그는 탱크 사단을 지휘했다. 약간의 보병을 이끌고 주요 전략지점인 마을을 내려다보는 언덕배기에 가까스로 올라섰을 때 그는 함정에 빠졌음을 깨달았다. 만약 후퇴한다면 언덕 사방에서 총격을 받게 될 것이고, 전진한다면 독일군 기관총 포대 쪽으로 곧장 달려드는 셈이었다. 어차피 죽을 목숨이라면 전진하다 죽는 편이 낫겠다고 생각했다. 부대에 명령을 내리려는 순간, 강렬한 두려움이 그를 엄습했다. 몸이 부들부들 떨렸고 두 다리는 젤리처럼 흐느적거렸다. 가장 깊숙한 두려움에 직면한 그는 용기를 잃어버렸다.

그의 시선이 독일군 포대 너머의 구름 떼에 가닿은 순간, 그는 계시를 보았다. 무공(武功)을 빛낸 군인 선조들이 모두 제복을 차려입고서 준엄하게 그를 내려다보고 있었다. 그들은 패튼을 자기들의 모임, 즉 전사한 전쟁 영웅의 모임으로 초청하려는 듯했다. 선조들의 모습을 보는 순간 이상하게도 패튼은 침착할 수 있었다. 그는 자원자를 요청하면서 소리쳤다. "또 한 명의 패튼이 전사(戰死)할 시간이다!" 두 다리에 힘이 돌아왔다. 그는 일어나서 독일군 포대를 향해 돌진했다. 그리고 몇 초 후 허벅지에 총상을 입고 쓰러졌다.

그 경험은 패튼을 완전히 바꿔놓았다. 그는 최전방을 찾아가는 것을 원칙으로 삼아, 스스로를 끊임없이 시험했다. 선조들의 계시는 부단한 자극(그의 명예에 대한 도전)으로 남았다. 매 순간 두려움을 억누르기가 수월해졌다. 동료 장군들과 부하들이 보기에 어떤 자도 패튼만 한 평정심을 지닐 수 없었다. 하지만 패튼이 강인해지기 위해 얼마나 노력했는지

최고사령관의 으뜸가는 자질은 냉철한 두뇌를 지니는 것으로서, 그 두뇌는 사물에 대한 인상을 정확하게 수용하고, 절대 격분하지 않으며, 좋거나 나쁜 소식에도 현혹되거나 도취되지 않는다. 그는 하루 동안 계속 자신에게 일어나는 기분과 감각 경험을 현명하게 분류하고 그것을 적절한 자리에 안배해야 한다. 수많은 감각 경험을 비교하고 다룰 줄 알아야 비로소 상식과 이성을 지닐 수 있기 때문이다. 자신의 도덕적, 신체적 기질 때문에 자기가 보고 느끼는 모든 것을 이용해 머릿속 그림을 그리려는 자들이 있다. 그들은 얼마든지 기고만장한 이성과 용기와 의지가 있을 수도 있고, 어쩌면 고상한 자질들을 갖추었을 수도 있지만, 군대를 지휘하거나 훌륭한 작전을 감독하기에는 천성적으로 적합하지 않다.
— 나폴레옹 보나파르트

는 미처 알지 못했다.

패튼의 이야기가 주는 교훈은 두 가지다. 첫째, 두려움에 당당히 맞서 표출하는 편이 두려움을 애써 무시하거나 억누르는 것보다 낫다. 두려움은 평정심에 가장 해로운 감정이며, 미지의 것을 먹이로 삼아 무성하게 자라나 우리의 상상력이 제멋대로 날뛰게 만든다. 두려움에 맞서야만 하는 상황에 의도적으로 스스로를 노출시키면, 두려움에 익숙해지고 불안감이 무뎌질 것이다.

둘째, 패튼의 경험은 명예심과 품위라는 힘이 자극제가 된다는 사실을 여실히 보여준다. 두려움에 굴복하거나 평정심을 잃어버리면, 당신의 자아, 자기 이미지, 명성뿐 아니라 당신의 동료, 가족, 그룹에까지 치욕이 미치게 된다. 공동체 정신을 깎아내리는 짓이다. 아무리 작은 집단에서라도 지도자가 되면 당신에게는 기대에 부응할 대상이 생긴다. 사람들은 지도자인 당신을 지켜보고, 당신을 평가하고, 당신에게 의지한다. 냉정을 잃게 되면 스스로 버티기 힘들어질 것이다.

스스로를 의지하라. 타인에게 의존한다는 느낌은 최악의 감정이다. 의존은 온갖 감정(배신감, 실망감, 좌절감 등)에 취약하게 만들어 당신의 심적 균형 상태를 깨뜨린다.

남북전쟁 초기 북군의 원수 자리까지 오른 율리시스 S. 그랜트 장군은 자신의 권위가 약해지는 것을 느꼈다. 부하들은 그가 행군해가는 곳의 지형에 대해 부정확한 정보를 전하기 일쑤였다. 휘하 장군들은 그가 세운 계획을 헐뜯었다. 그랜트는 천성적으로 냉철한 사람이었지만, 부대에 대한 통제력의 약화가 스스로에 대한 통제력 상실로 이어져 결국 알코올 중독에 빠지고 말았다.

그랜트는 1862~63년에 벌어진 빅스버그 전투 무렵에 교훈을 얻는다. 그는 말을 달려 직접 지형을 연구했다. 스스로 정보 문서를 검토했다. 정확히 연마된 명령을 내려 대위들이 쉽사리 그 명령을 업신여기지 못하게 했다. 일단 결정을 내리면 동료 장군들의 의심을 무시하고 밀고 나갔다. 일들을 마무리 짓기 위해 그는 스스로를 의지했다. 무력감은 사라졌고,

---

태어나서 한 번도 사자를 보지 못한 여우가 있었다. 그러던 어느 날 여우는 이 야수와 마주쳤다. 여우는 너무 떨려 죽을 것만 같았다. 두 번째 사자와 마주친 날, 여우는 이번에도 무서웠지만, 처음만큼은 아니었다. 그러나 세 번째 마주친 날, 여우는 용기를 내어 사자한테 다가가서 수다를 떨기 시작했다. 이 우화는 친근감이 두려움을 덜어준다는 사실을 보여준다.
— 《이솝우화》

무력감에 빌붙어 평정심을 파괴하던 감정들도 더불어 사라졌다.

스스로를 의지한다는 것은 중대한 것이다. 타인에게 덜 의존적이고 소위 전문가가 되기 위해서는 스스로의 판단에 대해 자신감을 가져야 한다. 명심하라. 우리는 타인의 능력을 과대평가하고(사실 그들은 자신이 무엇을 하는지 잘 알고 있는 척하려고 애쓸 뿐이다) 자신의 능력을 과소평가하기 쉽다. 타인보다 자신을 더욱 신뢰함으로써 이러한 오해를 불식시켜야 한다.

하지만 스스로를 의지하는 것이 하잘것없는 세부사항들에 목매는 일은 아니라는 것을 명심해야 한다. 타인에게 맡기는 것이 최선인 사소한 문제와 스스로 관심과 주의를 기울여 챙겨야 할 중요한 문제를 구별할 줄 알아야 한다.

기꺼이 바보들을 견뎌내라. 말버러(Marlborough) 공작 1세 존 처칠(John Churchill)은 역사상 가장 성공한 장군에 속한다. 전략과 전술의 천재였던 처칠은 평정심이 대단했다. 18세기 초 처칠은 막강한 프랑스 군에 대항하는 영국·네덜란드·독일 동맹군을 이끈 경험이 많았다. 동료 장군들은 소심하고 우유부단한 데다 옹졸하기까지 한 사람들이었다. 그들은 처칠의 과감한 계획에 걸림돌이 되었고, 어디서에나 위험을 느꼈고, 사소한 실패에도 기가 죽었으며, 동맹군의 희생을 감수하고 자국의 이익을 추구했다. 비전도 인내심도 없었다. 그들은 바보였다.

공작은 노련하고 영민한 귀족이었기에 동료 장군들에게 직접적으로 맞서지 않았다. 자신의 의견을 강요하지 않았다는 뜻이다. 그 대신 그들을 어린아이 다루듯, 그들이 두려움에 빠지건 말건 내버려두고, 자신이 세운 계획에서 자연스럽게 그들을 제외시켰다. 이따금 그들을 달래는 의미에서, 그들이 제안한 사소한 일들을 들어주거나 그들 멋대로 부풀린 위험에 대해 염려하는 척했다. 그렇지만 절대 화내거나 좌절하지 않았다. 만약 그랬더라면 평정심을 잃어 그의 전쟁 지도력은 약화되었을 것이다. 그는 인내심 있고 쾌활한 상태를 유지하려 애썼다. 그는 기꺼이 바보들을 견뎌내는 법을 알았던 것이다.

> 옛사람의 말에, 일곱 번 호흡하는 사이에 결심한다고 한다. 다카노부 공은 "분별도 오래하면 썩는다."라고 말했다. 나오시게 공은 "무슨 일이든 지루하게 끌면 열 가운데 일곱은 그르친다. 무사는 매사를 민첩하게 처리해야 한다."고 말한다. 기분이나 마음이 가라앉지 않으면 판단도 좀처럼 잘 되지 않는 것이다. 답답하지 않고 산뜻하고 늠름한 기분이라면 일곱 번 호흡하는 동안에 좋은 판단을 내릴 수 있다. 각오가 바로 서서 상쾌한 기분이 되었을 때 말이다.
> — 야마모토 쓰네토모 (1659~1720), 《하가쿠레: 어느 사무라이가 들려주는 인간경영의 지혜》

내전 시기 어느 유명한 행사 때 일이다. 카이사르는 아프리카 해안에서 하선하다가 발을 헛디뎌 앞으로 고꾸라지고 말았다. 카이사르는 탁월한 임기응변을 발휘하여 두 팔을 벌리고는 정복의 상징인 양 땅바닥을 껴안았다. 민첩한 생각으로 그는 끔찍한 패배의 흉조를 승리의 길조로 탈바꿈시킨 것이다.
— 앤서니 에버릿(Anthony Everitt), 《로마의 전설 키케로(Cicero: The Life and Times of Rome's Greatest Politician)》, 2001년

명심하라. 당신은 모든 곳에 가거나 모든 이와 싸우지 못한다. 시간과 에너지는 제한적이기 때문에 그것들을 보존하는 법을 익혀야 한다. 기진맥진하거나 좌절감에 빠져서는 평정심을 잃기 쉽다. 세상은 바보들로 가득하다. 바보들은 결과에 조바심을 내고, 바람 부는 대로 갈팡질팡하며, 한 치 앞도 내다보지 못한다. 당신은 어디서나 바보들과 마주친다. 우유부단한 상사, 경솔한 동료, 툭하면 흥분하는 부하. 바보들과 함께 일할 때, 그들과 다투지 마라. 어린아이나 애완동물 다루듯 그들을 대하라. 당신의 심적 균형 상태에 아무런 영향을 주지 않는 것처럼 대해야 한다. 감정적으로 덤덤해져라. 그들의 바보스러움을 속으로 비웃으면서, 나름의 생각들 중에서 비교적 무해한 것에 그들이 푹 빠져 있도록 유도하라. 바보들 면전에서 쾌활한 상태를 유지하는 능력은 중요한 기술이다.

단순한 일에 집중함으로써 심리적 공황에서 벗어나라. 18세기 일본의 영주 야마노우치는 에도(지금의 도쿄)까지 다인(茶人)에게 동행해줄 것을 부탁했다. 에도에서 당분간 머물면서 자신이 거느린 다인의 훌륭한 다도(茶道)를 동료 신하들에게 자랑하고 싶었기 때문이다. 다인은 다도에 관해서는 모르는 게 없었지만 그 밖에는 문외한이었다. 그는 싸움을 잘하지도 즐기지도 않았지만 높은 지위에 걸맞게 사무라이 복장을 하고 있었다.

어느 날 다인이 에도 거리를 산책하고 있는데 사무라이 한 명이 다가와서는 그에게 결투를 신청했다. 다인은 자신은 무사가 아니므로 결투는 어울리지 않는다고 말했지만 그자는 듣지 않았다. 도전을 거절하면 다인의 가문뿐 아니라 야마노우치 영주에게도 치욕이 될 게 뻔했다. 비록 죽을 게 확실한 상황이지만 결투를 받아들였고 단지 다음 날 결투를 하자고 간청했다. 그자는 청을 받아들였다.

완전히 정신이 얼얼해진 다인은 근처 검도 도장으로 부리나케 달려갔다. 어차피 죽을 바에야 명예롭게 죽고 싶었다. 원래 관장을 만나려면 소개장이 있어야 하지만, 다인이 워낙 간곡하게 부탁했던 데다 겁에 질린 모습이 안쓰럽기도 했으므로 관장과 면담할 기회를 얻었다. 관장은 그의 이야기에 귀 기울였다.

관장은 측은한 마음이 들었다. 가련한 방문객에게 죽는 기술을 가르쳐야 하다니. 그러나 그에 앞서 다인에게서 차를 대접받고자 했다. 다인은 침착한 태도와 완벽한 집중력으로 다도 의식(儀式)을 진행했다. 마침내 관장은 흥분에 찬 목소리로 외쳤다. "죽음의 기술 따위는 배울 필요 없겠소! 지금 같은 평정심이라면 어떤 사무라이를 대하더라도 충분하오. 도전자와 마주했을 때, 손님에게 차를 대접한다고 상상해보시오. 웃옷을 벗어 반듯이 갠 후 부채를 올려두시오. 당신이 찻상에 앉았을 때와 똑같이 말이오." 다도 의식을 마치자, 다인은 차를 대할 때와 똑같이 예리한 정신으로 검을 대할 자신감이 생겼다. 죽을 준비가 된 것이다.

다음 날 그 사무라이는 웃옷을 벗어둘 때 상대방의 얼굴에 떠오른 완벽하게 침착하고 위엄 있는 표정을 눈치 채지 않을 수 없었다. 사무라이는 이 어설퍼 보이는 다인이 실은 노련한 검객일지도 모른다는 생각이 불쑥 들었다. 그는 허리 굽혀 절을 하고, 자기가 어제 저지른 무례를 용서해달라고 빌더니 황급히 자리를 떠버렸다.

주변 상황 때문에 겁에 질리기 시작하면, 상상력이 발동하여 끝없는 근심걱정이 정신을 압도해버린다. 근심걱정이 정신을 갉아먹지 않도록 조절할 줄 알아야 한다. 말이야 쉽지만 상당히 어려운 일이다. 스스로를 진정시키고 이와 같은 조절능력을 갖추기 위해서는 비교적 간단한 일, 이를테면 마음을 진정시키는 의식, 손에 익은 반복적인 일에 정신을 집중하는 방법이 최선일 때가 많다. 한 가지 일에 푹 빠져 있을 때 자연스럽게 평소의 침착성을 되찾게 된다. 뭔가에 몰두할 때 우리의 정신은 과도한 상상력이나 불안감이 들어설 여지를 주지 않는다. 일단 심적 균형을 되찾으면, 당면한 문제를 제대로 바라볼 수 있다. 어떤 종류든 두려움의 낌새가 보이기만 하면, 버릇이 될 때까지 반복해서 이러한 기법을 행하라.

스스로 위협감을 떨쳐내라. 위협은 언제나 당신의 평정심을 협박한다. 싸워내기 어려운 감정이기도 하다.

2차 세계대전 와중에 작곡가 드미트리 쇼스타코비치(Dmitry Schosta-

그는 어떤 병사들과 싸워야만 하는지는 그리 중요한 문제가 아님을 깨달았다. 싸운다는 사실이 중요하지, 그런 건 아무도 문제 삼지 않았다. 더 심각한 문젯거리가 있었다. 그는 침상에 누워 그 문제를 곰곰이 생각했다. 그가 전투에서 도망치지 않을 것임을 스스로 증명해보려고 애썼다. 마음속에 약간의 두려움이 일었다. 생각이 전투에 미치기만 해도 끔찍한 가능성이 떠올랐다. 미래에 잠복한 위험을 묵묵히 예상해보았지만, 그 위험 한가운데서 용맹하게 버티고 선 자신의 모습을 머릿속으로 그려내지는 못했다. 예전에 꿈꿨던 영광된 미래상도 새삼 돌이켜보았지만, 임박한 위험이 그에게 그늘을 드리웠는지 실현 불가능한 그림에 불과하다는 의구심이 들었다. 그는 침상을 박차고 나와 신경질적으로 이리저리 서성거렸다. "맙소사. 내가 대체 왜 이러는 거지?" 그는 큰 소리로 외쳤다. 이 위기 상황에서 인생에 대한 그의 원칙 따위는 무용지물인 것 같았다. 그동안 스스로 배우고 터득해온 것이 아무 소용이 없는 듯 느껴졌다. 자신의 능력에 한없이 의심이 들었다. 젊은 시절 그랬던 것처럼, 다시 한 번 시험대 위에 올려질 것 같았다. 그는 자기 자신에 대해 더 많이 알아야 한다고 생각했으며, 스스로도 깨닫지 못하는 자기 안의 어떤 자질과 성격들로 인해 영원한 치욕에 빠지지 않도록 경계하기로 결심했다. "맙소사!" 그는 절망에 빠져 다시 한 번 크게 외쳤다. 며칠 동안 그는 끊임없이 계획을 작성해보았지만,

> 죄다 불만족스러웠다. 아무런 계획도 세우지 못할 것 같았다. 마침내 그는 자신을 증명하는 유일한 방법은 불길 속으로 뛰어들어 두 눈으로 자신의 두 발이 뛰어난지 아니면 결점투성이인지 확인하는 것이라 결론지었다. 가만히 앉은 채로 마음속 칠판에만 썼다 지웠다 해서는 도저히 해답이 나오지 않으리라는 점을 마지못해 인정했다. 해답을 얻기 위해서는 불길과 피와 위험이 필요했다. 심지어 화상자도 그것들이 필요하지 않던가. 그래서 그는 기회가 오기만을 초조하게 기다렸다.
> — 스티븐 크레인(Stephen Crane, 1871~1900), 《붉은 무공 훈장(The Red Badge of Courage)》

kovich)와 몇몇 동료들은 소비에트의 지도자 스탈린(Joseph Stalin)이 주최한 회의에 소집되었다. 스탈린은 그들에게 새로운 국가(國歌) 작곡을 위임했다. 스탈린과의 회의는 끔찍한 것이었다. 한 발짝만 헛디뎌도 곧장 나락으로 떨어지고 마니까. 스탈린은 상대를 노려보곤 했기 때문에 그 앞에만 서면 목이 죄어드는 느낌이 절로 들었다. 스탈린의 회의가 종종 그랬듯이, 이번에도 뭔가 분위기가 험악하게 돌아갔다. 스탈린이 한 작곡가가 제출한 국가를 두고 편곡이 형편없다며 힐난하기 시작했다. 새파랗게 질려버린 가엾은 작곡가는 편곡자가 자신의 작품을 망쳐버렸다는 말로 어떻게든 책임을 모면하려 했다. 이 지점에서 그는 스스로 무덤을 파고 있었다. 그것도 몇 구덩이나. 불쌍한 편곡자가 질책을 받으리라는 사실은 명백했다. 편곡자를 고용한 책임이 있으므로, 작곡가 또한 실수에 대한 대가를 치러야 한다. 쇼스타코비치를 포함한 다른 작곡가들은 또 어떤가? 스탈린은 상대가 두려워하는 낌새를 보이기만 하면 가혹해지는 인물이었다.

쇼스타코비치는 더는 듣고 있을 수 없었다. 그는 단지 명령을 따랐을 따름인 편곡자에 대한 비난은 가당치 않다고 말했다. 그런 뒤 교묘하게 대화의 주제를 바꾸었다. 작곡가가 스스로 편곡을 해야 하는지에 대한 주제였다. 스탈린은 그 주제에 대해 어떻게 생각했겠는가? 언제나 자신의 전문가적 식견을 증명해 보이고 싶어하던 스탈린은 덥석 미끼를 물었다. 위험한 순간은 그렇게 지나갔다.

쇼스타코비치는 몇 가지 방법으로 평정심을 유지했다. 첫째, 스탈린이 그를 위협하도록 내버려두는 대신, 그자를 있는 그대로 보려고 노력했다. 독재자 스탈린의 악명 높은 노려보기는 속임수에 불과하고, 실은 내면의 불안정을 감추기 위한 신호일 뿐이었다. 둘째, 쇼스타코비치는 스탈린에게 과감히 맞서 직설적으로 이야기했다. 행동과 어조를 통해 자신은 결코 위협감을 느끼지 않음을 보여주었다. 스탈린은 상대의 두려움을 이용하는 인물이었다. 만약 공격적이거나 뻔뻔스러운 행동을 삼가면서 두려워하지 않는 태도를 보여준다면, 스탈린이 틀림없이 간섭하지 않으리라고 생각했던 것이다.

상대방의 위협적인 태도에 마음이 흔들리지 않으려면 당신이 마주한 사람 또한 한 명의 인간일 뿐 신적 존재가 아니라는 점을 인식해야 한다. 상대방이 어린아이라고 생각하라. 불안감에 안절부절하는 어떤 사람이라고 말이다. 과대평가된 타인을 있는 그대로 평가하게 되면 심적 균형을 유지하기가 한결 쉬워질 것이다.

직관력을 발달시켜라. 평정심은 어려운 상황에 처했을 때 정신 능력뿐 아니라 상황에 반응하는 속도에도 좌우된다. 적절한 대응을 찾느라 다음 날까지 기다린다면 아무 소용이 없다. 여기서 '속도'는 민첩하게 상황에 대처하고 전광석화 같은 결정을 내리는 것을 의미한다. 사막의 여우라 불린 에르빈 로멜(Erwin Rommel)은 2차 세계대전 때 북아프리카에서 전차전을 지휘했던 독일 장군으로서 직관력이 탁월했다. 그는 연합군이 언제 어느 방향에서 공격을 가할지 감지할 수 있었다. 전진 대형을 결정할 때, 그는 적군의 약점에 대해 불가사의할 정도의 감지력을 발휘했다. 전투가 개시될 즈음, 미처 구사하지도 않은 적군의 전략을 직관적으로 알아차렸던 것이다.

로멜은 부하들에게 전쟁의 천재로 보였고, 실제로도 누구보다 민첩한 정신의 소유자였다. 그러나 그것은 거저 얻어진 것이 아니었다. 그는 민첩함을 향상시키고 전투 감각을 강화시키는 훈련을 했다. 첫째, 게걸스러울 정도로 적에 대한 정보(적군 무기류의 세부사항에서부터 적장의 심리적 특성까지)를 수집했다. 둘째, 스스로 탱크 기술에 대한 전문가가 되어 아군 장비에서 최대한의 장점을 취했다. 셋째, 북아프리카 사막의 지도를 암기했을 뿐 아니라, 위험을 무릅쓰고 실제로 사막 위를 비행함으로써 전쟁터의 조감도를 얻었다. 마지막으로 부하와 개인적으로 친분을 맺었다. 항상 부하들의 군기상태가 어떤지 알았으며 그들에게 기대할 만한 게 무엇인지 정확히 파악했다.

로멜은 부하나 탱크나 지형이나 적을 단순히 연구한 게 아니었다. 껍질 밑으로 파고들어가서 그들의 생명력의 원천이나 작동원리를 이해했다. 그는 스스로 이러한 것들을 꿰뚫어보았으므로 전투 때도 평정을 유

'중심을 갖춘 자'는 침착하고 공명정대하게 판단한다. 그는 무엇이 중요하고 무엇이 중요하지 않은지 알고 있다. 차분하게 현실을 받아들이며 초연함을 가지고 분별력을 잃지 않는다. 그는 침착하게 인생을 대하고, 평온하며, 어떤 것에든 준비가 되어 있다. ……아무것도 그를 당황시키지 못한다. 갑자기 불이 나서 사람들이 혼란에 빠져 소리칠 때 그는 즉각적으로 조용하게 마땅한 조치를 취하는데, 풍향을 확인하고 가장 중요한 것들을 빼내고 물을 끌어와서 주저하지 않고 위급한 상황에 맞춰 행동하는 것이다. '중심이 없는 자'는 이와 정반대다. 즉 침착한 판단력이 결여된 자를 일컫는다. 그는 내키는 대로 변덕스럽게 반응한다. 중요한 것과 대수롭지 않은 것을 구별하지 못하며, 본질적인 것과 비본질적인 것의 차이도 모른다. 그의 판단력은 일시적인 조건에 기초하며 기분, 변덕, 기력 같이 주관적인 근거에 기댄다. 중심이 없는 자는 쉽게 놀라고 신경질적인데, 그가 특별히 민감해서가 아니라, 중심에서 이탈하지 않고 상황에 현실적으로 대처하게 해줄 내면의 축이 결여됐기 때문이다. …… 중심을 갖는 것은 약간 정도만 선천적이다. 그것은 집요한 자기수련과 수양의 결과이며, 책임감 있게 독자적으로 이룬 계발의 결실이다. '중심을(즉 자기 자신을) 확립한 사람'은 이미 성숙한 사람이다. 이러한 계발이 이뤄지지 않았다면 '중심을 확립하지 못한 사람'이며, 성장하지 않았고 미성숙한 상태이며 심리학적인 관점에서

지한 채 전투 상황에 대해 의식적으로 생각할 필요가 없었다. 총체적인 상황이 그의 핏속에, 손끝에 있었다.

당신에게 로멜과 같은 정신이 있건 없건 간에, 모든 동물이 소유한 직관적인 감각을 끌어내고 더욱 민첩하게 대응하기 위한 방법을 훈련을 통해 배울 수는 있다. 인간과 물질을 겉만 보고 판단하는 대신에 그 바탕에 대한 감각을 키워 그것들을 꿰뚫어볼 수 있다면, 의식이 아닌 무의식으로 보는 눈이 생길 것이며, 외부의 어떤 힘에 의해서가 아니라 자신의 직관으로 판단하는 능력이 생길 것이다. 직관을 신뢰하면서, 전광석화같이 결정을 내릴 수 있도록 정신을 길들여라. 당신의 정신은 일종의 심적 기습작전을 통해 전진하여, 상대편이 방금 자신들을 치고 간 것이 무엇인지 미처 알아채기도 전에 유유히 그들 곁을 스쳐 지나갈 것이다.

마지막으로 평정심을 역경의 시기에 유용한 자질로만 여기지 말고, 필요한 순간마다 스위치를 켰다 껐다 할 수 있는 일상의 것으로 생각하라. 매일매일 평정심이 유지되도록 연마하라. 자신감, 용감무쌍함, 자기의존성은 전쟁시기뿐 아니라 평화시기에도 필수적이다. 프랭클린 루스벨트는 비단 2차 세계대전뿐 아니라 평상시(가족이나 내각, 심지어 소아마비로 거동이 불편한 신체적 장애를 다룰 때)에도 압력에 굴하지 않는 품위와 강인한 내면을 보여주었다. 당신이 전쟁이라는 게임에서 더 나아질수록, 당신의 전사인 마음의 상태는 일상생활에서 더 큰 도움을 준다. 크나큰 위기가 닥쳐올 때, 당신의 정신은 침착하고 준비된 상태로 그것을 맞이할 수 있을 것이다. 평정심은 일단 습관으로 자리 잡고 나면, 결코 당신을 저버리지 않는다.

| 이미지 | 바람. 몰려드는 예측 못한 사건, 의심, 주변 사람들의 비난은 해상에서 몰아치는 바람과 같다. 사방 어느 곳에서든 불어올 수 있고, 몸을 피할 자리도 없고, 언제 어느 방향에서 급습할지 알 길도 없다. 바람이 불어 닥칠 때마다 이리저리 방향을 바꾸다 보면 바닷물에 빠질 뿐이다. 훌륭한 도선사들은 자기 손으로 제어하지 못할 것을 걱정하느라 시간을 허비하지 않는다. 그들은 자기

자신과, 그들 손의 확고한 솜씨와, 스스로 정해둔 항로와, 항구에 도착하고자 하는 목표에 집중한다. 무슨 일이 일어나든 아랑곳하지 않는다.

| **근거** | 용기는 대부분 한 번 실천해본 일에 대해 생긴다.

— 랠프 월도 에머슨(1803~82)

어린아이라고 할 수 있다. 또한 일본인들은 "중심을 확립하지 못한 사람은 다른 사람들 위에 설 수 없다(즉 지도자 자격이 없다)."라고 말한다.
— 카를프리트 그라프 폰 뒤르크하임(Karlfried Graf von Dürckheim), 《하라: 인간의 중심(Hara: The Vital Centre of Man)》, 1962년

뒤집어보기

평정심을 잃는 일이 결코 좋은 것은 아니지만, 평정심이 위협받는 순간을 활용하여 앞으로 어떻게 행동해야 할지를 알 수도 있다. 스스로를 가장 치열한 전투에 투입시킨 뒤 자신이 어떤 행동을 취하는지 관찰하는 법을 익혀야 한다. 자신의 약점들을 찾아내서, 그것을 상쇄시킬 대안을 생각해보라. 언제나 평정심을 잃지 않는 사람들은 실제로는 위험에 빠져 있다. 언젠가는 기습을 당하고, 참담하게 쓰러질 날이 올 테니 말이다. 카이사르에서 패튼에 이르는 모든 위대한 장군들도 때로는 인내심을 잃기도 했지만 결정적 순간에는 놀랄 만큼 인내심을 발휘했다. 당신이 균형을 잃으면 잃을수록, 바로 서는 법도 더 잘 알게 된다.

누구도 중대한 상황에서 평정심을 잃고 싶어하지 않는다. 그렇지만 적들이 평정심을 잃게 할 방도를 찾는 것 또한 현명한 대처다. 당신이 균형을 잃게 했던 바로 그것을 선택하여 적들에게 부과하라. 그들이 준비되기 전에 행동에 나서라. 허를 찔러라. 예측하지 못하고 행동을 취해야 할 때만큼 마음이 불안한 때는 없다. 그들의 약점을, 그들이 감정적이 되도록 하는 것을 찾아내어, 갑절로 선사하라. 그들을 감정적으로 만들수록, 진로에서 빗나간 방향으로 그들을 더 멀리 밀어붙일 수 있다.

STRATEGY 4

절체절명의 순간으로 자신을 밀어넣어라

: 배수진

당신의 가장 큰 적은 당신 자신이다.
현재에 전념하는 대신 미래를 꿈꾸느라 소중한 시간을 낭비하지 마라.
아무것도 긴박하게 느껴지지 않기 때문에 지금 하는 일에 반쯤만 열중하는 것이다.
변화하기 위한 유일한 길은 행동을 통해서 압박감을 표면화하는 것이다.
시간이나 자원을 허비하기에는 위험부담이 지나치게 큰 상황에 자신을 놓아보라.
도저히 패배를 용납하지 못하겠다면, 실제로도 패배하지 않을 것이다.
과거와의 끈을 끊고, 스스로의 재간과 에너지에 의존해서 통과해야만 하는
미지의 영토로 들어서라.
살아서 돌아가려면 당신은 배수진을 치고 죽기를 각오하고 싸워야 한다.

돌아갈 배를 불태워라

1504년에 스페인의 야심만만한 열아홉 살 청년 에르난 코르테스는 법률 공부를 포기하고 조국의 식민지들을 찾아 신세계를 향해 항해했다. 산토도밍고(오늘날 아이티와 도미니카 공화국으로 분리된 섬)를 거쳐 쿠바에 정박한 그는 서쪽의 땅 멕시코에 대한 소문을 들었다. 아스텍족이 지배하는 이 제국은 황금이 넘쳐나고, 고산지대에 수도 테노치티틀란이 있었다. 그때부터 코르테스는 오직 한 가지 생각, 언젠가는 멕시코 땅을 정복하고 거기에 정착하겠다는 생각뿐이었다.

그 뒤 10년에 걸쳐 코르테스는 느리게나마 진급을 거듭하여 쿠바 총독의 비서관에 이어 그의 재무 담당자가 되었다. 그는 내심 기회를 엿보고 있었다. 그가 끈기 있게 기다리는 동안, 스페인 정부는 다른 사람들을 멕시코에 보냈지만 대부분 돌아오지 못했다.

마침내 그에게도 기회가 왔다. 1518년 쿠바 총독 디에고 데 벨라스케스(Diego de Velázquez)가 그를 멕시코 원정대 지휘관으로 임명했던 것이다. 그에게 맡겨진 임무는 먼저 떠난 탐험가들의 소식을 알아내고 금을 찾아내어 정복을 위한 토대를 다지라는 것이었다. 하지만 벨라스케스 역시 정복의 야심이 있는 인물로서 정복 사업의 완수는 자신이 직접 하기를 원했다. 그래서 자신이 통제할 수 있는 지휘관을 원했던 그는 얼마 가지 않아 코르테스를 의심하게 된다. 이자는 똑똑한 데다 야망이 있는 것 같았다. 총독은 자신의 결정을 재고했다. 이를 눈치 챈 코르테스는 벨라스케스가 결정을 뒤집기 전에 먼저 움직여야 했다. 그는 한밤중에 열한 척의 선박을 이끌고 쿠바를 빠져나왔다. 해명은 나중 일이었다.

원정대는 1519년 3월 멕시코 동부 해안에 상륙했다. 그들은 베라크루스 마을을 건립하고, 아스텍족과 사이가 좋지 않은 지방 부족과 동맹을 결성하고, 아스텍 황제와 최초의 접촉을 가졌다. 그러나 한 가지 문제가 이 정복자의 속을 썩였다. 함께 온 500명의 병사들 속에는 벨라스케스가 첩자로 심어둔 자들이 섞여 있어 코르테스가 하는 일마다 딴죽을 걸기 일쑤였다. 벨라스케스 추종자들은 코르테스가 수집 중인 금을 함부로 관리하고 있다고 비난했으며 만약 그가 군사를 움직여 멕시코 정복의 야망

> 코르테스는 열 척의 함선을 그런 식으로 좌초시켰다. 저 푸른 바다 너머에, 농장과 소와 온순한 인디언들이 있는 쿠바는 여전히 존재했다. 그러나 이제 더 이상 쿠바로 가는 길은 위험이나 피나는 노력 없이, 햇살 넘치는 푸른 파도를 즐기며 편안하고 한가하게 갈 수 있는 길이 아니었다. 이제는 모테수마의 궁전을 통과해야만 책략이나 무력, 혹은 두 가지 모두를 통해 이 땅을 정복해야만 통과할 수 있었다. 포로를 먹어치우고 가죽을 벗겨 전리품으로 간직하는 호전적인 인디언들의 바다를 통과해야만 한다. 우두머리 코르테스의 노련한 수완으로 500명의 부하들의 영혼과 조국을 연결해주는 희망과 활기찬 기억의 흐름이 막혀버렸다. 그들이 등짝에 든든하게 업고 있던 고향에 대한 희망은 일거에 사그라졌고 생의 감각 또한 잃어버렸다. 이제는 저 험준한 산봉우리들을 향해가야만 모두가 생명을 부지할 수 있었다. 이제는 단순한 야심의 대상이 아니라 유일하게 남은 목표인 멕시코, 즉 싸우는 전사들 뒤에 숨은 신비롭고 강력한 멕시코에 접근하는 모든 길을 가로막는 듯 지평선에 우람하게 솟은 저 산봉우리들을 향해가는 길뿐이다.
> — 살바도르 데 마다리아가(Salvador de Madariaga), 《에르난 코르테스: 멕시코의 정복자(Hernán Cortés: Conqueror of Mexico)》, 1942년

을 드러내기만 하면 그가 미쳤다는 소문을 퍼뜨릴 것이라고 했다. 부하 500명을 이끌고 50만 아스텍인들을 대적하려는 것은 누가 보아도 명명백백한 규탄 사유였다. 아스텍인들은 포로의 살을 먹고 가죽을 전리품 삼아 옷으로 해 입는다는 무시무시한 전사들이 아니던가. 제정신이라면 그들의 금을 차지하고 쿠바로 귀환한 뒤 군대를 이끌고 나중에 오면 될 것이었다. 숱한 질병과 의식주의 부족을 감내하면서까지, 게다가 수적으로 열세인 상태에서 이 금단의 땅에 머무를 까닭이 대체 뭐란 말인가? 농장과 아내와 안락한 생활이 기다리고 있는 쿠바로 돌아가지 않을 이유가 뭐가 있을까?

코르테스는 말썽꾼들에게 적당한 조치를 취했다. 일부에겐 뇌물을 조금 주고, 일부는 긴밀히 주시했다. 그와 동시에 불평분자들의 입김이 다른 사람들에게 작용하는 것을 막기 위해 부하들과 신뢰관계를 구축하는 데 힘썼다. 모든 게 잘 돌아가는 듯 보였다. 그런데 7월 30일 밤 스페인 선원 하나가 코르테스의 잠을 깨우고는 자신이 음모에 가담했다고 용서를 빌면서, 음모자들이 선박을 탈취해서 쿠바로 돌아가 코르테스의 배신 행위를 벨라스케스에게 일러바치려 한다고 했다.

코르테스는 이번이야말로 결정적인 순간임을 직감했다. 그는 그 모의를 쉽게 진압할 수 있었지만 신중히 다룰 필요가 있었다. 부하들은 거칠었고 마음속으로는 금과 쿠바와 가족들에 대한 생각뿐이었다. 아스텍족과 일전을 벌인다는 생각은 추호도 없었다. 이렇게 분열되고 믿기 힘든 부하들을 데리고는 제국을 정복할 수 없는 노릇이긴 하지만, 어떻게 해야 그들의 마음을 움직여 그가 당면한 막중한 과업에 집중하게 한단 말인가? 그는 심사숙고한 후 신속하게 행동을 취했다. 음모자들을 붙잡아 주모자 둘을 교수형에 처했다. 다음으로 조타수들에게 뇌물을 주어서 모든 선박에 구멍을 뚫게 한 뒤, 선박의 갑판을 벌레가 쏟아버려서 항해 불가 상태가 되었다고 공표하게 했다.

코르테스는 이 소식에 충격을 받은 척했고, 벌레들이 그럴싸한 구실이었기 때문에, 병사들도 의심 없이 받아들였다. 하지만 조타수들이 구멍을 충분히 뚫지 않은 탓에 수장된 선박은 다섯 척에 불과했다. 며칠 후 오직 한 척만 남겨두고 나머지 배까지 모두 물속에 가라앉았다. 병사들은 그제야 모든 것이 코르테스가 꾸민 일임을 확신하게 되었다. 코르테스가 회의를 소집했을 때, 그들은 반항적이고 살벌한 분위기였다.

예민해져 있을 때가 아니었다. 코르테스는 부하들에게 연설했다. "본인이 이 재앙에 책임이 있다. 인정하겠다. 내가 그것을 명했으나 이제는 돌이킬 수 없는 일이다. 자네들은 나를 목매달 수 있지만, 적의에 찬 인디언들에게 둘러싸여 있는 데다가 돌아갈 선박마저 없다. 분열되고 지도자도 없다면 자네들은 비명횡사하고 말 것이다. 유일한 대안은 나를 따라 테노치티틀란으로 가는 것이다. 아스텍을 정복하고 멕시코의 지배자가 되어야만, 살아서 쿠바로 돌아갈 수 있다. 테노치티틀란에 당도하기 위해 우리는 맹렬하게 싸워야 한다. 단결해야만 한다. 조금이라도 의견이 불일치한다면 패배와 끔찍한 죽음의 나락에 빠질 것이다. 상황이야 끔찍하지만, 자네들이 필사적으로 싸워만 준다면 나 코르테스가 자네들을 승리로 이끌 것임을 약속한다. 우리 부대는 수적으로 적기 때문에, 그만큼 거둬들일 영광과 재산은 더욱 커질 것이다. 이 도전을 감당 못할 겁쟁이들은 남아 있는 선박을 타고 집으로 돌아가도 좋다."

아무도 그 제안을 받아들이지 않았고, 마지막 선박마저 물속으로 가라앉혔다. 그 뒤 몇 달 동안 코르테스는 부대를 해안과 베라크루스에서 멀리 떨어진 곳으로 이동시켰다. 그들의 관심은 오직 아스텍 제국의 심장, 테노치티틀란에 집중되었다. 불평불만과 이기심과 탐욕은 모두 사라졌다. 자신들이 처한 상황의 위험성을 이해한 정복자들은 무자비하게 싸웠다. 스페인 선박들이 침몰한 지 두 해가 지난 후, 인디언 동맹군의 도움을 받아 코르테스 부대는 테노치티틀란을 포위하고 아스텍 제국을 정복했다.

> 불가피한 죽음에 관한 명상을 나날이 수행해야 한다. 매일 몸과 마음이 평온할 때 화살, 소총, 창, 칼로 몸이 갈기갈기 찢기거나, 밀어닥치는 파도에 휩쓸리거나, 큰 화재의 한가운데 내동댕이쳐지거나, 큰 지진에 흔들려 목숨을 잃거나, 천길 낭떠러지에서 추락하거나, 병을 앓아 죽거나, 주군의 죽음을 따라 스스로 할복하는 것 등에 관해 명상해야 한다. 그리고 매일같이 어김없이 스스로 죽었다고 여겨야만 한다.
> — 야마모토 쓰네토모
> 《하가쿠레: 어느 사무라이가 들려주는 인간경영의 지혜》

해석 ──

음모의 밤에 코르테스는 빠르게 생각했다. 당면한 문제의 뿌리는 무엇인가? 벨라스케스의 첩자나 적개심에 불타는 아스텍인들도, 그가 무릎 쓴 믿기 힘든 승산도 아니었다. 문제의 뿌리는 부하들의 마음가짐과 항구에 정박한 선박들이었다. 병사들은 정신과 마음이 분산되어 있었다. 그들은 아내와 금에 대한 환상, 각자의 미래에 대한 계획 등을 생각하고 있었다. 그들 마음 한구석에는 언제나 탈출구가 있었다. 이 정복사업이 제대로 되지 않는다면 집으로 가면 된다는 생각 말이다. 항구에 정박한 선박들은 단순히 교통수단이 아니었다. 선박이 상징하는 것은 쿠바와 언제든 떠날 자유, 증원 부대를 요청할 수 있는 능력 등 숱한 가능성이었다.

병사들에게 선박은 언제라도 일이 틀어지면 기댈 수 있는 버팀목이었다. 코르테스가 문제점을 확인했을 때 해결책은 간단했다. 선박을 없애는 것이었다. 부하들을 절박한 상황에 밀어넣음으로써 그들로 하여금 치열하게 싸우게 하려는 의도였다.

위기감은 현재와의 강력한 연결고리에서 나온다. 구조되기를 꿈꾸거나 더 나은 미래를 바라는 대신, 당면한 이슈를 직시해야 한다. 실패하면 끝장이다. 긴급한 문제에 완전히 열중하는 사람들은 위협적이다. 그들은 실제보다 훨씬 강해 보인다. 위기감은 힘을 배가시키고 강한 추진력을 부여한다. 긴박함이 힘을 부여함으로써, 코르테스의 병사들은 단순히 500명이 아니라 그보다 훨씬 큰 병력의 군대가 되었다.

코르테스처럼 당신도 문제의 뿌리가 어디 있는지 알아내야 한다. 그것은 주변 사람들이 아니다. 그것은 당신 자신이며, 당신이 세상을 대할 때 지니는 정신이다. 당신은 마음 한구석에 탈출구와 버팀목, 즉 일이 잘되지 않을 때 기댈 수 있는 어떤 것을 마련해둔다. 부자 친척이 돈으로 길을 터주지 않을까? 딱히 꼬집어 말하기는 힘들지만 지평선 멀리 대단한 기회가 기다리고 있고, 눈앞에는 시간이 끝없이 펼쳐져 있을 것만 같지 않은가? 익숙한 일자리와 순조로운 인간관계가 있는데 실패한들 어떤가? 코르테스의 부하들이 자기들의 배를 보험으로 여겼듯이 당신 또한 이번의 후퇴가 오히려 축복처럼 느껴질지도 모른다. 실제로 그것은 저주인데도 말이다. 실패는 당신을 분열시킨다. 선택권이 있다고 생각하기 때문에 당신은 하나의 일을 철저히 완수할 만큼 열중하지 않고, 원하는 것을 제대로 얻을 수 없다. 가끔은 돌아갈 배를 수장시키고 불태워, 성공하느냐 추락하느냐 하는 단 하나의 선택권만 남겨두어야 한다. 배를 불

> 나오시케 영주가 말했다. "사무라이의 길은 절박함 속에 있는 것이다. 열이나 열을 넘는 자들도 그러한 자 하나를 죽이지 못한다. 상식으로는 위대한 일을 이루지 못한다. 다만 미치고 절박해지도록 하라."
> — 야마모토 쓰네토모, 《하가쿠레: 어느 사무라이가 들려주는 인간경영의 지혜》

태울 때는 가능한 한 현실감 있게 하라. 안전망을 철거해야 한다. 때로는 어떤 목표에 도달하기 위해서 다소 절박해질 필요가 있다.

> 고대의 군사 지휘관들은 절박한 필요성의 강력한 힘과, 그것이 병사들로 하여금 필사적으로 용기를 발휘하게 한다는 것을 잘 알았기 때문에, 부하들이 절박한 필요성을 느끼게 만드는 일을 우선적으로 행하였다.
> — 니콜로 마키아벨리(Niccolò Machiavelli, 1469~1527)

죽음과 마주한 경험

1845년 도스토예프스키는 스물네 살에 발표한 첫 소설 《가난한 사람들》로 러시아 문단을 뒤흔들었다. 그는 상트페테르부르크 사교계의 총아가 되었다. 그러나 이른 성공은 뭔가 공허감을 가져다주었다. 그는 방황 끝에 미하일 페트라셰프스키(Mikhail Petrashevsky)라는 사회주의자가 구심점이 된 급진주의 정치 조직에 가담했다.

3년 뒤인 1848년 전 유럽에 혁명이 발발했다. 서구에서 일어나고 있는 상황에 영감을 받은 페트라셰프스키파(派)와 같은 러시아 급진주의 조직들은 혁명의 물결에 동참하고자 했다. 그러나 당시 차르 니콜라스 1세(Nicholas I)는 의심스러운 조직마다 첩자들을 침투시켜 그들의 활동을 감시하고 있었다. 페트라셰프스키 조직도 예외가 아니었다. 농민반란을 선동하자는 내용을 비롯하여 그들의 일기수일투족이 일일이 보고되고 있었다. 도스토예프스키는 농노해방을 열렬히 지지했다. 1849년 4월 23일 그를 포함해서 페트라셰프스키파의 조직원 스물네 명이 체포되었다.

여덟 달이 넘는 고달픈 수감생활을 보내던 어느 추운 날 아침, 죄수들은 잠에서 깬 후 최종 판결을 받을 거라는 통보를 받았다. 그들 정도의 죄라면 몇 달간 유배 조치가 내려지는 게 통례였다. '이 끔찍한 고통도 몇 달이면 끝나겠군.' 그들은 이렇게 생각했다.

죄수들은 짐짝처럼 마차에 실려 상트페테르부르크의 얼어붙은 거리를 지나갔다. 마차에서 내려 세묘노프스키 광장에 발을 디디자 신부 한 명이 그들을 맞았다. 신부 뒤편에는 병사들이 줄지어 있었고, 그들 뒤로 구경꾼이 수천이었다. 그들은 검은 천에 싸인 교수대가 놓인 광장 한가운데로 끌려갔다. 교수대 앞쪽에는 말뚝 세 개가, 옆쪽에는 관(棺)들이 실린 손수레 행렬이 있었다.

도스토예프스키는 눈앞의 광경을 도저히 믿을 수 없었다. "우리를 처형하려 하다니, 있을 수 없는 일이야." 그는 옆 동료에게 속삭였다. 죄수들은 교수대 앞까지 행진해서 두 줄로 섰다. 지독하게 추운 날이었는데도 모두 체포될 때 입었던 얇은 옷 그대로였다. 둥둥둥둥 북소리가 울려 퍼졌다. 장교 한 명이 앞으로 나와 판결문을 낭독했다. "피고인 모두는 국가질서를 전복하려는 혐의에 대해 유죄가 인정되므로, 총살형에 처한다." 죄수들은 충격으로 할 말을 잃었다.

장교가 죄수 각각의 개별적인 혐의와 그에 대한 판결을 낭독하는 동안, 도스토예프스키는 무심코 근처 교회의 황금색 첨탑과 그 첨탑에서 반사되는 아침햇살을 응시했다. 머리 위로 구름이 지나가면서 빛줄기가 잠시 사라질 때, 그의 머릿속에는 이런 생각이 스쳐 지나갔다. '이토록 빨리, 또한 영원히 어둠 속으로 들어서야 할 찰나로구나.' 갑자기 또 다른 생각이 떠올랐다. '만약 내가 죽음을 당하지 않는다면, 내 삶은 갑작스럽게 무한하고 완전한 영원으로서 매 초가 한 세기를 살아가는 것처럼 느껴질 것이다. 스쳐가는 모든 것을 소중하게 여기리라. 인생의 단 1초도 허비하지 않으리라.'

죄수들에게 두건이 달린 상의가 주어졌다. 신부가 마지막 성사(聖事)를 행하고 각자의 고해를 들어주었다. 그들은 서로에게 안녕을 고했다. 먼저 총살당할 세 명이 말뚝에 묶였고, 두건이 그들의 얼굴을 덮어 씌웠다. 도스토예프스키는 앞줄에 서서 다음 차례를 기다리고 있었다. 병사들은 소총을 들어 조준했다. 그때였다. 마차 한 대가 질주하며 광장에 들어섰다. 한 사람이 봉투 하나를 꺼내들었다. 마지막 순간에, 차르가 그들을 감형해주기로 결정했다는 전갈이 도착했던 것이다.

그날 오전이 다 지나갈 무렵 도스토예프스키는 새로운 선고를 전해 들었다. 4년간의 시베리아 강제 노동 후 군대 복무를 마쳐야 한다는 내용이었다. 그날 도스토예프스키는 담담한 어조로 동생에게 편지를 써서 보냈다. "지난 일을 돌이켜보고 실수와 게으름으로 허송세월했던 날들을 생각하니 심장이 피를 흘리는 듯하다. 인생은 신의 선물…… 모든 순간은 영원의 행복일 수도 있었던 것을! 젊었을 때 알았더라면! 이제 내 인생은 바뀔 것이다. 다시 태어난다는 말이다."

며칠 뒤, 도스토예프스키는 5킬로그램에 가까운 쇠고랑을 팔과 다리에 매단 채 시베리아로 보내졌다(형기 내내 쇠고랑을 차고 있어야 했다). 그 후 4년 동안 그는 나락 같은 감옥의 조건을 견디어냈다. 글을 쓰는 것이 허락되지 않았기 때문에 그는 머릿속으로 소설을 쓴 후 모조리 외워두었다. 마침내 1857년 형기 중 남은 군대 기간을 보내고 있을 무렵, 작품을 출간해도 좋다는 허가를 받았다. 예전에는 한 페이지를 쓰면서도 스스로를 고문하듯 자책하고 상념에 빠져서 반나절을 넘기기 일쑤였지만, 이제 그는 쓰고 또 쓰기만 했다. 친구들은 그가 상트페테르부르크를 걸어가면서 작품의 대화 일부를 중얼대는 모습을 목격하곤 했다. 그의 새로운 좌우명은 "최단시간 내에 가능한 한 빨리 끝내기"였다.

어떤 이들은 도스토예프스키가 감옥에서 보냈던 시기를 애석하게 여겼다. 그럴 때마다 그는 오히려 화를 내면서 자신은 그 경험에 감사하고 있으며 어떤 괴로움도 느끼지 않는다고 말했다. 1849년 12월의 그날 그는 인생을 허비했다는 것을 깨달았다. 1881년 죽는 날까지 그는 미친 듯한 속도로 집필하여 《죄와 벌》, 《악령》, 《카라마조프의 형제들》 등을 발표했다. 마치 매일매일이 마지막 날이라는 듯이 말이다.

해석

차르 니콜라스는 페트라셰프스키 과격파를 체포하자마자 그들에게 강제 노동을 시킬 생각이었다. 그러나 그전에 그들에게 모진 교훈을 주기를 원했고, 그래서 사형선고라고 하는 잔인한 연극을 조심스럽게 세부사항(신부, 두건, 관, 마지막 순간의 사면)까지 신경 써서 꾸몄던 것이다. 이렇게 함으로써 그들의 콧대를 꺾고 굴복시킬 수 있을 거라고 생각했다. 실제로 몇몇 죄수들은 그날 사건 이후 미쳐버렸다. 그러나 도스토예프스키

오랫동안 알려진 바에 따르면, 엄격한 훈련을 거친 자가 생존하고자 하는 욕망이나 희망을 버리고 오로지 하나의 목표(적의 파멸)만을 남겨둔다면, 가공할 맞수이자 경이로운 전사가 되어 일단 검을 칼집에서 빼고 나서 한 치도 양보하거나 양보 받으러 하지 않는다고 한다. 널리 알려진 사례가 있다. 어떤 검도 사범이 처형으로 다스려야 마땅한 죄를 지은 그의 하인을 넘겨달라는 청을 상관에게서 받았다. 이 사범은 우리가 '절체절명'이라고 부르는 조건의 힘을 시험해보고자 했기에, 이 불운한 자에게 결투를 걸었다. 하인은 판결을 번복할 수 없음을 알고 어떤 길이든 가릴 처지가 아니었다. 이어 결투가 벌어졌고, 임박한 죽음을 받아들임으로써 결코 주저함이나 주의산만 없이 자신의 전략을 한계까지 구사할 수 있는(어쩌면 한계를 뛰어넘을 수도 있는) 사람과 직면하면, 비록 능수능란한 검객이나 검도 사범이라 할지라도 커다란 어려움에 처할 수 있다는 사실이 증명되었다. 하인은 마치 홀린 사람처럼 밀어붙였고 그의 주인은 벽에 닿을 지경까지 뒷걸음쳐야 했다. 마침내 사범은 최후의 힘을 다해 하인을 베어 넘어뜨렸다. 절체절명의 상황에서 그는 자신의 용기와 기술, 결단력을 최대치로 결합하여 발휘하였던 것이다.
— 오스카 라티(Oscar Ratti), 아델 웨스트브룩(Adele Westbrook) 공저, 《사무라이의 비밀(Secrets of the Samurai)》, 1973년

에게 일어난 효과는 전혀 달랐다. 그는 이전 몇 년간의 방황, 상실감, 어떻게 시간을 보내야 할지 모르겠다는 느낌 때문에 괴로워하고 있었다. 극도로 감성적인 인물이었던 그는 그날 말 그대로 뼛속 깊이 죽음을 느꼈다. 그리고 소위 '사면'의 순간을 재탄생의 경험으로 인식했다.

그 효과는 영구적이었다. 남은 일생 동안 도스토예프스키는 의식적으로 자신을 그날로 되돌려, 다시는 한순간도 허비하지 않겠다는 다짐을 되새기곤 했다. 또는 자신이 너무 편해지고 자기만족에 빠졌다고 느껴지면, 카지노로 가서 가진 돈을 탕진해버리곤 했다. 가난과 빚은 그에게 일종의 상징적인 죽음으로서, 자신의 인생에서 일어남직한 무(無)의 상태로 자신을 내던지는 것이었다. 어느 경우에든 그는 작품을 쓰려고 애썼으며, 결코 여타 작가들이 글을 쓰는 방식(마치 창작이 즐거운 예술적 취미에 불과한 듯, 그에 수반되는 살롱 생활과 강연과 겉치레로 대부분의 만족을 얻는)을 따르지 않았다.

우리는 결코 죽음을 헤아릴 수 없다. 죽음은 너무나 거대하고, 너무나 커다란 두려움을 주기 때문에 우리는 그것에 대한 생각에서 벗어나려고 갖은 애를 다 쓴다. 죽음은 눈에 보이지 않는 그 무엇, 우리에게서 몇 걸음 떨어져 있는 그 무엇이다. 그러한 거리감을 유지하는 한 우리 마음은 잠시 편해질지 모르지만, 나중에는 끔찍한 결과를 가져온다. 시간은 무한하다는 환상을 갖게 되고, 일상생활을 진지하게 대하지 않게 된다. 결국 우리는 직면한 현실로부터 도망치고 만다.

인생의 전사로서, 당신은 이러한 동력의 방향을 바꾸어놓아야 한다. 죽음에 대한 생각에서 도피할 것이 아니라 그것을 포용할 수 있는 대상으로 삼아라. 우리가 살아갈 날은 얼마 남지 않았다. 그날들을 반쯤 잠든 채로 마지못해 흘려보낼 것인가? 아니면 정신 바짝 차리고 살아갈 것인가? 차르가 꾸민 무대 따위는 필요하지 않다. 죽음은 무대장치 없이 어느 날 우리에게 찾아오는 것이다. 죽음이 하루하루 다가오고 있다고, 탈출구는 없다고 상상해보라. 실제로 진정한 탈출구 따위는 없다. 발뒤꿈치에 다가온 죽음을 느낀다면 당신의 모든 행동은 더욱 확신과 힘에 넘치게 된다. 이번 행동이 인생에서 주사위를 던지는 마지막 기회가 될 수도 있다. 그 기회를 무엇보다 소중하게 여겨라.

> 언젠가는 죽을 것을 알고 있음에도 불구하고, 우리를 제외한 다른 모든 사람들이 먼저 죽음을 맞이하고 우리는 마지막에 갈 것이라고 생각한다. 죽음이 저 멀리 떨어져 있는 듯이 여긴다. 이것이야말로 얄팍한 생각이 아니고 무엇인가? 일말의 가치도 없을뿐더러 꿈속에나 있을 법한 헛소리일 뿐이다. …… 죽음이 언제나 문 앞에 있는 한, 사람은 모름지기 항상 노력을 다하면서 재빠르게 행동해야 한다.
>
> — 야마모토 쓰네토모, 《하가쿠레: 어느 사무라이가 들려주는 인간경영의 지혜》

전쟁의 기술: 절체절명의 순간으로 자신을 밀어넣어라

우리는 자신의 행동에 대해 어찌할 바를 모를 때가 많다. 이렇게도 저렇게도 할 수 있고 선택의 여지는 많지만, 어떤 것도 절실해 보이지 않으니 영감이 잡히지 않는다. 오늘은 무엇을 할까, 어디를 갈까, 하는 우리의 자유는 하나의 짐이다. 일상 습관 덕분에 방향 상실감을 모면하기는 하지만, 우리는 지금보다 더 많이 성취할 수 있었을 거라는 생각에 사로잡혀 있다. 우리는 엄청나게 시간을 허비한다. 이따금씩은 누구나 위기감을 느낀다. 대개 그런 위기감은 외부에서 부과된다. 업무에서 뒤처지거나, 경솔하게 감당하지도 못할 일이나 억지로 강요된 책임을 떠맡게 될 때 모든 것이 바뀐다. 자유는 없다. 이건 반드시 해야 하고, 저건 반드시 고쳐놓아야 한다. 놀랍게도 위기감은 우리 삶에 활력과 생기를 불어넣는다. 이제 우리가 행하는 모든 일이 꼭 필요한 일로 느껴진다. 그러나 우리는 어느새 슬며시 일상의 습관으로 다시 돌아간다. 그리고 위기감이 사라져버리면, 우리는 그것을 다시 되돌릴 방법을 알지 못한다.

군대가 존재한 이래로 군사 지휘관들은 이 주제에 대해 고심해왔다. 어떻게 하면 병사들에게 동기를 부여하여 좀더 공격적이고 필사적으로 싸우게 할 수 있을까? 어떤 장수들은 강렬한 웅변에 의존했고 그 중 몇몇 달변가는 성공을 거두었다. 그러나 2천 년 전 중국의 전략가 손자는 아무리 각성을 촉구하는 내용이라 해도 연설을 듣는 것은 너무 수동적인 경험이라서 지속적인 효과를 발휘할 수 없다는 결론에 도달했다. 그 대신 손자는 '사지(死地)'라는 개념을 논한다. 사지란 어떤 군대가 산이나 강, 또는 숲과 같이 탈출경로가 없는 지형을 등지는 장소를 말한다. 퇴각할 길이 없을 때 군대는 평지에서보다 두 배 세 배의 기세로 싸우게 되는데, 죽음이 당면했음을 뼛속 깊이 느끼기 때문이다. 손자는 병사들을 사지에 배치하여 그들이 악마처럼 싸우도록 절박한 낭떠러지에 몰아붙이라고 말한다. 이것은 코르테스가 멕시코에서 사용한 전략으로서, 진정한 야심을 불러일으키는 유일하고 확실한 방법이다.

사지는 전쟁터의 범위를 초월하여 적용 가능한 심리학적 현상이다. 당신이 포위되어 있거나 선택의 여지가 없다고 느끼는 상황이 모두 사지라고 할 수 있다. 당신 눈앞에서는 적이 엄청나게 압박해오고 있지만 퇴각할 수도 없다. 시간은 다 되어간다. 실패(정신적 죽음의 한 형태)는 당신을 뚫어지게 노려보고 있다. 행동을 하거나 혹은 비참한 결말을 감수해야 한다.

명심하라. 우리는 환경에 밀접하게 얽매인 존재다. 우리는 상황과 주변 사람들에게 본능적으로 반응한다. 만약 우리가 처한 상황이 편안하고 느슨하다면, 사람들이 우호적이고 따뜻하다면, 우리는 긴장이 풀리게 된다. 심지어는 지루함과 피곤함까지 느낀다. 우리의 도전의식은 마비된다. 위험성이 높은 상황(심리적인 사지)과 동적인 변화에 스스로 뛰어들어라. 당신의 육체는 들끓는 에너지로 위험에 대응하고 정신을 집중할 것이다. 긴박함이 당신을 압도하고, 당신은 도저히 시간을 허비할 수가 없다.

이러한 효과를 의도적으로 간간이 사용하고, 일종의 모닝콜처럼 스스로에게 적용하도록 하라. 다음 다섯 가지 행동양식은 당신이 심리적인 사지에 몰리도록 하기 위한 것이다. 이것은 당신이 스스로에게 가할 일종의 압력이다. 당신이 일상적으로 활용할 강도가 낮은 충격을 원하는가, 또는 진정 강력한 충격을 원하는가에 따라서 그 수준은 조절 가능하다. 강도의 등급은 당신이 결정할 몫이다.

한 번의 패에 모든 것을 걸어라. 1937년 스물여덟 살의 청년 린든 존슨(Lyndon B. Johnson)은 딜레마에 빠졌다. 텍사스 하원의원 제임스 뷰캐넌(James Buchanan)이 갑작스럽게 사망하면서 공석이 생기자 존슨은 중대한 결정을 내려야 했다. 그는 서른 살을 전후하여 의회에 입성하고 싶었다.

그런데 텍사스 유권자들은 고집스럽게도 현직 의원에게 투표하려는 성향이 있었기 때문에, 텍사스 주의 의석은 일반적으로 10년 또는 20년이 지나야 주인이 바뀌었다. 10년이라는 세월을 마냥 기다릴 수는 없다. 그렇지만 그는 너무 젊은 데다 사실상 무명 인사였다. 게다가 유권자들이 강력하게 선호하는 정치적 혜비급들을 상대하게 될 터였다. 실패할 것이 뻔한데 고생을 사서 할 이유가 뭐란 말인가? 선거 출마는 엄청난 돈 낭비일 뿐 아니라, 만일 대패한다면 앞으로 장기적인 야심을 실현하는 데에도 큰 걸림돌이 될 것이다.

하지만 존슨은 결국 출마하기로 결정하고 본격적인 선거운동에 나섰다. 선거구의 모든 벽지들을 방문했고, 가난에 찌든 농부들과 일일이 악수를 나누었으며, 구멍가게에 앉아 지금껏 단 한 번도 후보자와 가까이 해본 적이 없는 사람들을 만났다. 그는 책에서 배운 것은 모두 활용했다. 고전적인 집회와 바비큐 파티, 최신식 라디오 광고까지 동원했다. 그는 밤낮으로 열심히 뛰었다. 경선 막바지에 극도의 피로와 맹장염으로 병원에 입원하기도 했다. 그러나 그는 승리했고, 그의 승리는 미국의 정치사에 가장 충격적인 사건의 하나로 기록되었다.

단 한 번의 패에 미래를 걸었던 존슨은 스스로를 사지에 내몰았던 것이다. 육체와 정신은 그의 기대에 부응하는 에너지로 반응했다. 우리는 한 번에 너무 많은 것을 시도하며, 그 중 하나쯤은 성공할 것이라고 기대한다. 그렇지만 그러한 상황에서 우리의 정신은 산만하고, 건성으로 노력할 따름이다. 다른 사람들이 우리를 바보라고 생각할지라도 무모하게 도전을 해보는 편이 낫다. 우리의 미래가 위기에 처해 있고, 패배는 결코 받아들일 수 없는 상황이라고 해보자. 그렇다면 결코 패배하지 않는다.

준비되기 전에 행동하라. 기원전 49년 카이사르의 권력이 커져가는 데

그 후 승리를 자축하는 자리에서 여러 장수들이 한신에게 물었다. "병법에는 '산을 오른쪽에 두어 배후로 삼고, 강은 왼쪽으로 하여 앞에 두어라.'고 되어 있습니다. 그런데 대장군께서는 병법과 반대로 강물을 등지고 싸우도록 명하시며 '우리는 조나라를 이긴 후 잔치를 벌이리라.'고 말씀하셨습니다. 저희들은 반대하였지만 이 전략으로 마침내 크게 이겼습니다. 이 전략은 대체 어떤 것입니까?"
한신이 대답하였다.
"이것 역시 병법에 나와 있는 것이다. 다만 그대들이 깊이 생각하지 못했을 뿐이다. 병법을 보면 이런 말이 있다. '죽을 땅에 빠진 후에야 비로소 살 수 있고, 망한 땅에 서본 후 비로소 흥할 수 있다.' 지금 우리 부대는 잘 훈련된 군대가 아니라 평소 아무 훈련도 받지 못한 자들을 마구잡이로 끌어모은 오합지졸이다. 따라서 이들에게 뒤로 물러서면 곧 죽는다는 것을 알게 해 죽기 살기식으로 싸우도록 해야지, 그냥 넓은 땅에서 싸우게 하면 모두 뒤로 도망치기에 급급할 것이다. 그래서야 어찌 이길 수 있겠는가?"
"과연 그렇습니다! 미처 그 생각까지는 못했습니다."
장수들은 감탄을 연발했다.
— 사마천
(기원전 145~86년경),
《사기(史記)》

두려움을 느낀 로마 원로원의 한 세력이 폼페이우스와 동맹을 맺었다. 그들은 대장군(大將軍) 카이사르에게 그의 군대를 해산시키라고 명령했고, 명령에 따르지 않는다면 공화국의 반역자로 낙인찍히게 될 것이라고 선언했다. 이때 카이사르는 갈리아(Gallia, 현재의 프랑스) 남부에 겨우 5천 명의 군사를 데리고 주둔해 있었다. 나머지 군단은 지금껏 그가 전쟁을 수행해왔던 북쪽에 멀리 떨어져 있었다. 그는 원로원의 포고를 받아들일 생각이 전혀 없었다. 그것은 자살 행위였다. 그렇지만 그의 부대 전체가 모이려면 몇 주가 걸릴 상황이었다. 기다리는 것이 내키지 않았던 카이사르는 참모들에게 말했다. "주사위는 던져졌다." 그리고 5천 명의 군사들을 이끌고 루비콘 강을 건넜다. 강은 갈리아와 이탈리아를 가르는 국경선이었다. 군대를 이탈리아 땅으로 이끌고 가는 것은 로마와의 전쟁을 의미했다. 이제 되돌리기는 불가능하다. 싸움 아니면 죽음뿐이다. 카이사르는 단 한 명의 부하도 낭비하지 않고, 기동력 있게 행동하며, 최대한 창의력을 발휘하도록 자신의 힘에 집중해야만 했다. 그는 로마를 향해 행군했다. 그가 주도권을 잡자 원로들은 겁에 질렸고 폼페이우스는 도망갈 수밖에 없었다.

우리는 행동하기에 앞서 너무 오래 기다리는 경우가 많다. 외부의 압박이 없을 때는 더욱 그러하다. 가끔은 준비가 갖추어졌다고 생각하기 전에 행동하는 편이 낫다. 억지로라도 결정을 내린 뒤 루비콘 강을 건너라. 상대편의 허를 찌르는 것 못지않게 자신의 자원을 최대한 활용하는 것 또한 중요하다. 이미 일을 벌여놓았으니 되돌릴 길은 없다. 압박하에서 당신의 창의력은 자라날 것이다. 종종 이런 방식으로 행동하면, 빠르고 순발력 있게 생각하고 행동하는 능력이 계발될 것이다.

새로운 영역으로 뛰어들어라. 할리우드의 MGM 스튜디오는 조앤 크로퍼드(Joan Crawford)를 훌륭히 대우해주었다. 그녀를 발굴했고, 스타로 만들었으며, 그녀의 이미지를 솜씨 있게 다듬어주었다. 그렇지만 1940년대 초반이 되자, 크로퍼드는 더 이상 참기 힘들었다. MGM은 그녀를 매번 똑같은 역할에 캐스팅했고, 도전적인 역할은 주지 않았다. 그

죽음은 아무것도 아니지만, 패배한 채로 사는 것은 매일 죽는 것이다.
— 나폴레옹 보나파르트

죽음이 위대해지는 때
— 사람이 살아가면서 위를 향해 애써 올라가려다가 다리가 부러지는 경우는 드물며, 오히려 만만히 생각하고 쉬운 길을 택하려고 할 때 그런 사고가 더 자주 발생한다.
— 프리드리히 니체

> 죽을 각오를 단단히 하시오.
> 그러면 죽든 살든 마음이
> 한결 가벼워질 테니까.
> 삶에 대해서 이렇게
> 생각해요.
> 내가 삶을 잃는다면
> 바보들이나 간직하려는 것을
> 잃은 것이라고.
> 삶이란 한 숨결에
> 지나지 않는 것.
> 하늘의 감응에 얽매여
> 잠시 빌려준 육신으로
> 시시각각 번뇌만이 찾아드는
> 것이 바로 삶이요, 삶은
> 죽음의 노리개에 불과한 것.
> 전력을 다해서 죽음을
> 피하려는 것이 오히려
> 죽음에 가까이 가는 꼴이지.
> 삶은 고상하지도 못해.
> 너에게 주어진 모든 것은
> 천한 데서 자라난 것이니까.
> 삶이란 용감하지도 못해.
> 한낱 벌레의 가느다란
> 침마저 두려워하니까.
> 너의 최상의 휴식은 잠.
> 그래서 매일 잠을 청하지만
> 잠에 불과한 죽음만은
> 그렇게도 무서워하지.
> — 윌리엄 셰익스피어
> (1564~1616),
> 《자에는 자로(Measure for
> Measure)》, 3막 1장

래서 1943년에 계약 파기를 요청했다.

다들 크로퍼드가 끔찍한 결말을 맞으리라고 생각했다. 스튜디오 시스템에 도전하는 것은 너무나 무모한 일로 여겨졌기 때문이다. 이후 워너 브라더스와 계약하고 나서도 그녀에게 주어진 대본은 예전과 다를 바 없이 평범한 것이었다. 그녀는 그 대본들을 거부했다. 해고당하기 일보 직전, 그녀는 마침내 바라던 역할을 발견했다. 〈밀드레드 피어스(Mildred Pierce)〉의 타이틀 롤이었다. 그 배역을 따내기 위해 마이클 커티즈(Michael Curtiz) 감독을 집중 공략했고, 결국 그의 마음을 바꿔놓는 데 성공했다. 그녀는 그 작품에서 최고의 연기를 펼쳤고, 오스카 여우주연상을 수상했으며, 배우로서 재기에 성공했다.

MGM을 떠나면서 크로퍼드는 크나큰 기회를 잡았다. 워너브라더스에서 성공하지 못한다면, 그것도 빠른 시일 내에 해내지 못한다면 그녀의 경력은 끝장날 판이었다. 그러나 크로퍼드는 위기에서 진가를 발휘했다. 도전받았을 때, 벼랑에 서 있다고 느낄 때, 그녀는 활력에 넘쳤고 최상의 상태였다. 크로퍼드처럼 당신도 가끔 사지에 스스로 뛰어들어야 한다. 진부한 인간관계와 안이한 일상을 뒤로 제쳐두고, 과거에 매인 끈을 잘라내야만 하는 것이다. 익숙한 과거를 떠나 미지의 영역으로 발을 내딛는 것이 마치 죽음처럼 느껴질지 모른다. 하지만 이번이 마지막이라는 절박함이 당신에게 삶을 빠르게 되돌려줄 것이다.

'세상과 대적하는' 상황을 만들어라. 메이저리그의 강타자 테드 윌리엄스는 화가 났을 때, 즉 자신이 세상에 대항한다고 느낄 때 최고의 경기력을 발휘했다. 이런 기분을 경기장에서 만들어내기는 힘들었지만, 윌리엄스는 일찌감치 비밀 병기를 발견했다. 바로 언론이었다. 그는 스포츠 기자를 모욕하는 버릇을 들였다. 취재에 협조하지 않거나 그들에게 욕을 퍼부으면 그만이었다. 기자들은 거기에 보답하듯 그의 성격을 혹평하거나, 그의 재능을 문제 삼거나, 타율이 조금만 떨어져도 나팔을 불어대듯 악의적인 기사를 써댔다. 그렇게 언론이 그를 연일 때려댈 때, 윌리엄스는 최고의 기량을 발휘했다. 마치 그들이 틀렸음을 증명이라도 하듯이,

맹렬한 타격을 멈출 줄 몰랐다. 1957년 언론과 1년 내내 반목하던 무렵 그는 최고의 시즌을 보냈고, 야구선수로서는 많은 나이인 마흔 살에 타격왕을 획득했다.

윌리엄스에게 언론의 악의와, 언론과 대중에 대한 그의 악의는 그가 읽고 듣고 느낄 수 있는 일종의 지속적인 압박이었다. 사람들은 그를 싫어했고 그를 의심했으며 그가 실패하는 모습을 보고 싶어했다. 윌리엄스는 그들에게 본때를 보여주려 했다. 그리고 실제로 그렇게 했다. 투지는 약간의 날이 선 비판과 분노, 그리고 그것에 기름을 부어줄 증오가 필요하다. 그러므로 마냥 앉아서 사람들이 공격해대기를 기다리지 마라. 일부러 그들을 안달나게 하고 발끈하게 하라. 당신을 싫어하는 다수의 사람들 때문에 코너에 몰려 있다고 느끼면, 당신은 틀림없이 필사적으로 싸울 것이다. 증오는 강력한 감정이다. 어떤 전투에서도 당신의 이름과 명성은 추락하기 직전에 있음을, 반면 적들은 당신의 패배를 한껏 즐길 것임을 명심하라. 그러한 압박을 이용하여 스스로를 더 열정적으로 싸우도록 이끌어라.

쉬지 않고 만족하지 않도록 스스로를 독려하라. 나폴레옹이 역사상 가장 위대한 장군이 된 데는 여러 가지 자질이 빛을 발했지만, 그를 그 높이까지 끌어올리고 정상의 위치를 지키게 해준 것은 바로 그의 한없는 에너지였다. 그는 전투 중에도 매일 18~20시간 동안 일했다. 며칠씩 눈을 붙이지 못할 때도 있었지만, 수면 부족도 그의 능력을 퇴색시키지는 못했다. 그는 목욕 중에도, 극장에 가서도, 만찬 도중에도 일했다. 전쟁의 모든 세부사항에서 눈을 떼지 않으면서, 지치거나 불평하지 않고 말안장 위에서 끝없이 행군을 했다.

나폴레옹은 분명 비범한 인내력을 갖춘 인물이었지만, 그보다 의미심장한 면이 있었다. 바로 스스로에게 휴식을 허락하지 않았고, 결코 만족하지 않았다는 점이다. 1796년 처음으로 지휘관이 된 그는 프랑스 군을 이끌고 이탈리아와의 싸움에서 괄목할 만한 승리를 거둔 뒤, 곧장 이집트로 출정하여 또 다른 전투를 이끌었다. 그리고 프랑스의 부족한 정치

> 제군들, 사람의 일생은 얼마나 짧은 것이냐! 그 짧은 세월도 비참하게 지나면 길게 느껴진다. 비록 그 인생이 시계의 바늘 끝에 걸려 흘러가서, 한 시간이면 충분히 걸어갈 수 있는 하염없는 시간이라 하더라도, 우리가 살아가기 위해서는 왕을 짓밟고 살자. 죽으려면 왕족 일가를 무찌르고 용감하게 죽자! 양심에 걸고 우리는 정의의 군대라고 말할 수 있다. 무기를 잡는 우리의 목적이 정당하기 때문이다.
> — 윌리엄 셰익스피어, 《헨리 4세(King Henry IV)》 1부 5막 2장 중 홋스퍼의 대사

력과 전쟁수행 방식이 군사 행동에 대한 그의 통제권을 제한한다고 여기고서는 프랑스로 돌아온 후 제1통령이 되려는 음모를 꾸몄다. 이 계획은 성공했고, 그는 즉시 두 번째 이탈리아 원정에 나섰다. 그는 새로운 전쟁과 새로운 도전에 몰두했으며, 그 모두가 그에게 한없는 활력을 요구하는 일이었다. 만약 그가 위기를 맞지 않았다면 그는 벌써 몰락하고 말았을 것이다.

우리가 지쳤다면, 그것은 지루해졌다는 의미이기도 하다. 진정한 도전에 직면하지 않는다면 심리적, 육체적인 혼수상태로 접어든다. "때로는 활기 부족으로 죽음이 찾아온다."는 나폴레옹의 말처럼, 도전이 부족할 때와 감당할 수 있는 것보다 더 적게 취하려 할 때 활력이 떨어진다. 위험을 무릅쓴다면 당신의 몸과 마음은 밀려드는 활력으로 대응할 것이다. 위험을 부단한 연습 대상으로 삼아라. 결코 머무르려 하지 마라. 사지에서 사는 것은 일종의 중독이 되어, 위험 없이는 견디기 힘들어질 것이다. 사지에서 살아남은 적이 있는 병사들은 그 경험에서 흥분을 느끼고 다시 한 번 느끼고 싶어한다. 당신이 계속 감수하는 위험들과 계속 극복하려 하는 도전들은, 인생의 진가를 더욱 강렬하게 느끼게 해주는 상징적인 죽음과도 같다.

| 이미지 | 불. 그 자체는 어떤 힘도 없으나 주변 상황에 따라 변화한다. 공기와 마른 장작과 불꽃을 부채질할 바람을 주면, 그것은 무시무시한 동력을 얻어 점점 뜨거워지고, 스스로를 연료로 삼아 더욱 타오르며, 자기 앞에 놓인 모든 것을 삼켜버린다. 그러한 파워를 결코 우연에 맡기지 마라.

| 근거 | 그대가 빠르게 싸운다면 살아남을 것이요, 그렇지 않으면 죽을 것이니, 이를 일컬어 사지라 한다. …… 병사들을 물러설 곳이 없는 곳에 투입하면, 도망가려 하기도 전에 죽을 것이다. 만약 거기서 죽겠다고 마음먹으면, 못할 게 무엇이 있겠는가? 병사들은 모든 힘을 발휘할 것이다. 병사들은 극도의 위험에 처하면 두려움이 없어진다. 갈 곳이 없을 때 그들은 굳건해지고, 깊이 빠져든다면 그들은 포기하지 않을 것이다. 선택의 여지가 없을 때 그들은 싸울

수밖에 없다.

— 《손자병법》

뒤집어보기

당신이 져도 잃을 것이 없다고 느낄 때 오히려 추진력을 얻는다면, 다른 이들도 그럴 것이다. 따라서 그러한 상황에 있는 사람들과의 충돌은 반드시 피해야 한다. 아마도 그들은 지독한 악조건에 놓여 있거나 이유를 막론하고 자살하고 싶을 만큼 절망적일지도 모른다. 그들은 절박하며, 절박한 사람들은 한 번의 싸움에 모든 것을 건다. 이것은 그들에게 엄청난 이점을 준다. 상황이 그들을 이미 패배시킨 상태이기 때문에 그들은 더 이상 잃을 것이 없다. 당신에 대해서도 마찬가지다. 그들을 내버려두어라.

역으로 적들의 사기가 떨어진 상태에서 공격하는 것이 당신에게 유리하다. 아마 그들은 싸우는 이유가 부당하다고 여기고 있거나 존경하지 않는 리더를 위해 싸우고 있는지도 모른다. 그들의 사기를 더욱 떨어뜨릴 방법을 찾아내라. 사기가 낮은 부대는 작은 실패에도 용기를 잃기 십상이다. 힘을 보여주는 것만으로도 그들의 투지를 박살 낼 수 있다.

상대편이 절박감을 덜 느끼게 하라. 마치 그들이 세상의 모든 시간을 다 가진 양 느긋하게 느끼도록 만들어라. 당신이 갑자기 그들 국경에 나타났을 때, 그들은 졸고 있을 테고 당신은 쉽게 그들을 쳐부술 수 있다. 당신의 투지를 날카롭게 가다듬는 동안, 언제나 그들의 투지를 무디게 만들 수 있도록 하라.

PART 2

당신은 훌륭한 아이디어를 가지고 있거나, 깨뜨릴 수 없는 전략을 창안해낼 수 있을지 모른다. 하지만 계획 실행에 협력해주어야 하는 당신 휘하의 조직이 기민함과 창의성을 보여주지 않는다면, 또 조직의 구성원들이 항상 개인적 어젠더만을 우선시한다면, 당신의 아이디어는 아무 의미도 없게 될 것이다. 전쟁의 가르침 중 하나인 군대의 구조를 익혀야 하는 것은 바로 이 때문이다. 군대에서 사용되는 명령의 계통과, 부분과 전체와의 관계는 당신의 전략에 힘을 실어줄 것이다.

전쟁의 일차적 목표는 당신이 이끄는 조직의 구조가 스피드와 기동성을 갖추도록 하는 것이다. 이는 최상부의 권력을 단일화해 리더십이 분열될 때 빚어지는 혼란과 지체를 피하는 것을 의미한다. 또 대원들에게 전반적 목표와 그 목표를 이루기 위한 행동 범위를 인식시키는 것을 의미한다. 대원들은 전장에서 벌어지는 일련의 사건들에 기계적으로 반응하는 대신 적극적으로 대응할 수 있어야 한다. 마지막으로 그것은 대원들에게 동기를 부여하는 것을 의미한다. 즉 대원들에게 단합심을 심어주어 저항할 수 없는 추진력으로 삼게 해야 한다. 이런 식으로 군사력을 정비한 장군은 적군보다 빠르게 전투 상황에 적응하여 결정적인 우위를 확보하게 된다.

군대의 이러한 모델은 어떤 조직에서든 활용 가능하다. 단, 한 가지 간단한 요건이 충족되어야 한다. 전략을 세우거나 조치를 취하기 전에 먼저 당신이 이끄는 조직의 구조를 이해해야 한다는 것이다. 당신은 항상 당신의 목적에 부합할 수 있도록 조직의 구조를 변화시키고 재구성할 수 있어야 한다. 5, 6, 7장은 바로 이 중대한 문제에 초점을 맞추고 있다. 또 피해야 할 실책들과 함께 본받을 만한 조직 모델 등 여러 가지 전략적 선택사항들을 고려해보게 될 것이다.

The
33 Strategies of
WAR

조직의
기술

STRATEGY 5

자신만의 지휘계통을 확립하라
: 자기 사람 만들기

집단을 이끌 때의 문제점은 사람들이 필연적으로 저마다의 어젠더를 가지게 된다는 것이다.
당신이 너무 권위적이라면 사람들은
말은 안 해도 속으로 당신을 원망하고 당신에게 반항할 것이다.
반면 너무 유약한 모습을 보이면,
그들은 본래의 이기심을 드러내어 당신의 통제권을 약화시킬 것이다.
따라서 당신은 당신의 영향력으로 속박한다는 느낌은 주지 않으면서도
당신을 따르게 만드는 지휘계통을 확립해야 한다. 적재적소에 알맞은 사람들을 배치하라.
당신의 명령을 기계적으로 따르는 사람들이 아닌
당신의 아이디어에 담긴 정신을 구현해낼 사람들로 말이다.
당신의 명령은 명확하고 사람들에게 영감을 주어야 하며,
리더가 아닌 팀에 초점을 맞추어야 한다.
참여의식을 높이되 비합리적인 집단 의사결정인 집단사고에는 빠지지 말아야 한다.
당신은 공평무사함을 보여야 하지만, 명령의 통일성을 결코 포기해서는 안 된다.

명령계통은 어떻게 붕괴되는가

장군 한 사람의 지휘 아래 일사불란하게 움직이는 군대와, 50개 혹은 100개, 심지어는 서로 다른 전선의 부대가 연합한 부대는 단결력에서 확연한 차이가 난다. 전자의 경우는 그 어느 때보다 단결력이 강하고 통합성이 크다. 한편 후자의 경우는 통합성을 찾아보기 어려우며, 통합성이 있다 하더라도 정치적 이해관계가 맞물린 경우가 많아 미미하고 불완전하다. 또 부분 간의 단결력 역시 대부분 취약하며 허상에 불과한 경우가 많다.
―카를 폰 클라우제비츠, 《전쟁론》

1914년 8월 1차 세계대전이 발발했다. 그해 말 서부전선의 영국군과 프랑스 군은 독일군에 의해 완전히 궁지에 몰려 있었다. 한편 동부전선의 독일군은 영국과 프랑스의 동맹국인 러시아 군대를 거세게 몰아붙이고 있었다. 영국의 군 고위 관료들은 새로운 전략을 실행해야 했다. 그들은 해군장관이던 윈스턴 처칠의 지원을 받아 터키 다르다넬스 해협에 있는 갈리폴리 반도를 공격하기로 했다. 당시 터키는 독일의 동맹국이었고, 다르다넬스 해협은 터키의 수도인 콘스탄티노플(현재의 이스탄불)로 들어가는 관문이었다.

이 계획은 1915년 3월에 승인되었다. 작전 지휘는 영국의 이언 해밀턴(Ian Hamilton) 장군이 맡았다. 당시 62세였던 해밀턴은 뛰어난 전략가이자 노련한 지휘관이었다. 해밀턴 장군과 처칠은 호주군과 뉴질랜드 군이 포함되어 있는 연합군의 군력이 터키의 군력보다 우세하다고 확신했다. 처칠이 내린 명령은 간단했다. "콘스탄티노플을 점령하라." 나머지 세부사항은 해밀턴 장군에게 위임되었다.

해밀턴은 갈리폴리 반도의 남서쪽 끝 세 지점에 상륙해 해안을 확보한 후 북쪽으로 급습한다는 계획을 세웠다. 4월 27일 상륙작전이 이루어졌다. 하지만 처음부터 모든 것이 어긋나기 시작했다. 부정확한 지도 때문에 군대는 다소 엉뚱한 곳에 상륙을 했고, 해안은 예상보다 협소했다. 무엇보다 상황을 어렵게 만들었던 것은 터키 군의 저항이 예상외로 격렬했다는 것이었다. 작전 수행 첫날 연합군의 7만 병력은 대부분 상륙을 했지만, 몇 주째 해안에서 더 진격하지 못하고 있었다. 연합군은 궁지에 몰렸고 갈리폴리 작전은 오히려 재앙이 되어버렸다.

6월에 처칠은 정부를 설득해 추가 병력을 파견하도록 했고 해밀턴은 새로운 계획을 고안해냈다. 그는 북쪽으로 약 32킬로미터 떨어진 수블라만에 2만 명의 병력을 보낼 작정이었다. 수블라는 공략하기 쉬운 곳이었다. 큰 항구가 있고 저지대의 평탄한 지형일 뿐 아니라, 그곳을 방어하고 있는 터키 군의 수도 소수에 불과했다. 이곳을 공격하면 터키 군대를 분산시켜 남쪽에 있는 연합군 군대가 활로를 모색할 수 있을 것이다. 그

작전은 궁지에 빠진 연합군을 구하고 갈리폴리를 함락할 수 있을 것으로 기대되었다.

수블라 작전을 지휘할 자로 해밀턴은 마지못해 프레더릭 스톱퍼드(Frederick Stopford) 중장을 임명했다. 임무수행을 맡을 자격이 있는 영국인 중 그가 최고위직에 있었기 때문이다. 프레더릭 해머슬리(Frederick Hammersley) 소장에게는 11사단을 이끌도록 했다. 이들 모두 해밀턴으로서는 최선의 선택이 아니었다. 61세의 스톱퍼드는 전쟁에서 군대를 이끈 경험이 전무했고, 전쟁에서 이기는 유일한 길은 대포를 이용한 포격뿐이라고 생각하는 인물이었다. 그는 건강상태도 좋지 못했다. 해머슬리 역시 지난해 신경쇠약을 앓은 전력이 있었다.

해밀턴은 장교들에게 곧 있을 전투의 목적은 전달하되, 그 목적을 달성하는 방법은 장교들의 몫으로 남겨두는 스타일이었다. 그는 결코 무례하거나 강압적으로 굴지 않는 신사였다. 해밀턴은 이번 작전을 앞두고 스톱퍼드에게 한 가지 사항을 지시했다. 터키 군이 수블라 상륙 계획을 알게 되면 신속히 군대를 증강할 터이니, 해변에 상륙하는 대로 테케테페로 최대한 빨리 진격해가라는 것이었다. 테케테페는 내륙 쪽으로 6.5킬로미터 떨어져 있는 구릉지대로서 그곳에 진을 치면 연합군은 반도를 점령하기 훨씬 수월해진다. 해밀턴의 명령은 지극히 간단한 것이었지만, 부하들의 심기를 거스르지 않도록 그 명령을 최대한 광범위하게 설명하느라 오해의 소지를 남기고 말았다. 세부적인 일정을 제시하지 않은 것은 치명적인 실수였다. 스톱퍼드는 그의 말을 완전히 오해하고 말았다. 그는 해밀턴의 명령을 테케테페에 '최대한 빨리' 도달하라는 것으로 이해하지 않고, '가능하다면' 구릉지대로 진격하라는 뜻으로 이해했다. 그리고 자신이 이해한 내용을 해머슬리에게 전달했다. 작전 전반에 의구심을 갖고 있던 해머슬리가 그 내용을 대령들에게 전달하자 명령은 더욱더 막연해지고 긴박성도 훨씬 떨어지게 되었다.

8월 7일 드디어 공격이 개시되었다. 하지만 상황은 좋지 않게 돌아갔다. 스톱퍼드의 '오해'가 혼란을 빚은 것이다. 해안에 도착하자 장교들은 자신의 위치와 목표를 확신하지 못해 언쟁을 벌이기 시작했다. 이들은

> 전쟁에서 중요한 것은
> 집단이 아니라 개인이다.
> ―나폴레옹 보나파르트

상부에 전령을 보내 진격해야 하는지, 진지를 강화해야 하는지 물었다. 해머슬리는 아무런 결정도 내릴 수 없었다. 근해의 배에 머물고 있던 스톱퍼드가 전장 지휘권을 가지고 있었기 때문이다. 하지만 그 배 위에서는 신속한 명령을 내릴 수 있을 만큼 빨리 전장의 상황을 파악하기가 불가능했다. 해밀턴은 훨씬 더 멀리 떨어져 있는 섬에 머물고 있었다. 결국 그날 하루는 논쟁과 전갈만 주고받다가 어영부영 지나가버리고 말았다.

　다음 날 아침 해밀턴은 뭔가 크게 잘못되었다는 사실을 감지했다. 정찰 비행선으로 전장을 돌아본 결과 수블라 근처의 평지가 거의 비어 있을 뿐 아니라 방어도 되지 않고 있었던 것이다. 테케테페로 가는 길은 완전히 뚫려 있어서 진격하기만 하면 되는데도 군대는 상륙한 자리에서 움직이지 않고 있었다. 해밀턴은 직접 전장에 가보기로 결심했다. 그날 오후 늦게 스톱퍼드의 배에 도착해서 보니 중장은 2만 명의 병사가 해안에 상륙했다는 사실에 들떠 자축하고 있는 분위기였다. 군대를 구릉지대로 진격시키라는 명령은 내리지도 않은 상태였다. 대포 없이는 터키 군이 해올 반격이 두려웠던 그는 자신의 진영이 강화되고 보급품이 도착할 날을 기다리고 있었다. 해밀턴은 자제심을 발휘하느라 애를 써야 했다. 이미 한 시간 전 그는 터키의 지원부대가 수블라를 향해 진격하고 있다는 소식을 들은 터였다. 해밀턴이 오늘 저녁 테케테페를 확보해야 한다고 말하자 스톱퍼드는 야간 행군에 반대했다. 너무 위험하다는 것이었다.

　거의 공포에 질린 해밀턴은 이번에는 수블라의 해머슬리를 찾아가 보았다. 놀랍게도 병사들은 마치 해변에서 휴일을 즐기고 있는 것 같았다. 게다가 해머슬리는 저만치 만 끝에서 자신의 임시 본부를 세우는 걸 감독하느라 바빴다. 구릉지대 확보에 실패한 이유를 묻자 해머슬리는 구릉지대 확보를 위해 몇 개 여단을 보냈으나 터키 군의 포병대를 만난 데다 대령들이 상관의 지시 없이는 더 이상 진격할 수 없다고 했다는 답변을 늘어놓았다. 전장의 대령들이 해머슬리와 스톱퍼드에게 상황을 보고하는 데만도 엄청난 시간이 소요되었고 마침내 스톱퍼드가 상황을 파악하고 해머슬리에게 내린 명령은 병사들을 쉬게 하고 다음 날까지 기다렸다 진격하라는 것이었다. 2만 명의 병력이 얼마 안 되는 무기를 가진 소수의 터키 군대에 가로막혀 6.5킬로미터조차 진격하지 못하고 있었던 것이다! 내일 아침이면 너무 늦을 것이었다. 터키의 지원부대가 길을 떠났으니 말이다. 날이 이미 저물었지만 해밀턴은 해머슬리에게 여단 하나를 즉각 테케테페로 보내라고 명령했다. 여단은 반드시 테케테페에 도착해야 했다.

해밀턴은 항구의 선박으로 돌아와 상황을 주시했다. 다음 날 아침 해가 떠오르자 그는 쌍안경으로 전장을 살펴보았다. 그의 눈앞에는 연합군이 수블라로 퇴각하고 있는 끔찍한 상황이 벌어지고 있었다. 터키의 대부대가 그들보다 30분 일찍 테케테페에 도착했던 것이다. 터키 군은 며칠 만에 수블라 주변의 평원을 재탈환하고 해밀턴의 군대를 해안에 묶어두는 데 성공했다. 약 4개월 후 연합군은 갈리폴리 공격을 포기하고 군대를 철수시켰다.

군대는 말에 비유될 수 있다. 말에는 타는 사람의 기질과 정신이 반영되기 때문이다. 불안과 의심이 있으면, 그것은 고삐를 통해 그대로 말에게 전해져 말도 불안과 의심을 느끼게 된다.
—존 W. 토머슨 주니어 (John W. Thomason, Jr.) 대령, 《한 훌륭한 목사의 고독한 행적(Lone Star Preacher)》, 1941년

해석 ——

수블라 침공을 계획할 때 해밀턴은 모든 것을 고려했다. 그는 상륙지점을 속여 터키 군대를 당황하게 만들어야 한다는 사실을 알고 있었으며, 육·해군 합동 공격과 관련한 세부적인 병참술도 완전히 섭렵하고 있었다. 연합군이 테케테페를 갈리폴리에서의 난국을 돌파할 핵심 거점으로 삼았을 때, 그는 테케테페를 확보할 탁월한 전략을 고안해냈다. 심지어 전장에서 일어날 수 있는 예기치 못한 우발적인 상황까지 염두에 두었다. 하지만 그는 결코 간과해서는 안 될 사항 한 가지를 잊고 있었다. 바로 명령계통과, 명령·정보·결정이 전달되는 커뮤니케이션 회로를 생각하지 못했던 것이다. 이 회로를 이용해 상황의 통제권을 얻을 수 있고, 이 회로에 의존해야만 그의 전략을 실행할 수 있었는데도 말이다.

명령계통의 첫 번째 연결고리는 스톱퍼드와 해머슬리였다. 두 사람 모두 위험 감수를 두려워했고 해밀턴은 이들의 나약함에 적절히 대응하지 못했다. 테케테페에 진격하라는 그의 명령은 정중하고 교양 있었으며 강압적이지 않았기에 스톱퍼드와 해머슬리는 자신의 두려움을 반영해 이 명령을 나름대로 해석했다. 이들은 일단 해안을 확보하면 테케테페 확보도 가능할 것이라고 생각했다.

그 다음으로 명령계통에 연결된 것은 테케테페 확보를 지휘했던 대령들이었다. 이들은 섬에 머물고 있던 해밀턴이나 선박의 스톱퍼드와 접촉할 수 없었고, 해머슬리는 너무 당황한 나머지 이들을 제대로 지휘하지 못했다. 명령을 정확하게 이해하지 못했던 대령들은 자신들이 멋대로 행동하다가 계획을 망칠까 겁이 났다. 이들은 한 걸음 한 걸음 내딛을 때마다 주저할 수밖에 없었다. 한편 대령 휘하의 장교와 병사들은 리더십 부재로 길 잃은 개미처럼 헤맬 수밖에 없었다. 최상부의 막연함이 말단부의 혼란과 무기력으로 이어지고 말았던 것이다. 작전이 성공하기 위해서는 명령체계의 양 방향으로 정보가 신속히 전달되어 해밀턴이 전장의 상황을 파악하고 적보다 빨리 조치를 취할 수 있어야 했다. 그런 명령계통이 무너지자 연합군은 갈리폴리를 내어줄 수밖에 없었다.

이렇게 천금 같은 기회를 아슬아슬하게 놓쳐버리는 안타까운 상황이 발생하면 우리는 자연스럽게 그 이유가 뭔지 생각해보게 된다. 이 때 우리는 무능한 장교를 탓하거나, 자신의 잘못된 기술이나 부족한 정보를 탓할 수 있을 것이다. 하지만 이는 세상을 거꾸로 바라보는 것으로, 더 많은 실패를 낳을 뿐이다. 이러한 실패를 통해 깨달을 수 있는 진실은 모든 것은 최상부에서 비롯된다는 것이다. 당신이 실패하느냐 성공하느냐는, 당신이 어떤 리더십을 발휘하느냐와 당신이 어떤 명령계통을 고안해내느냐에 달려 있다. 막연하고 정확하지 않은 명령은 몇 단계를 거쳐 전장에 도착하면 왜곡되거나 아무 의미가 없게 된다. 사람들은 일할 때 감독을 받지 않으면 본래의 이기적인 모습으로 되돌아간다. 그들은 자신이 원하는 바에 따라 당신의 명령을 해석할 것이고, 자신의 이득을 증대시키는 방향으로 행동할 것이다.

당신이 이끄는 조직에 있는 사람들의 약점에 대응할 수 있는 리더십 스타일을 찾아 활용하지 못하면, 십중팔구 명령계통은 붕괴되고 말 것이다. 제대로 된 명령계통과 거기서 비롯되는 통제력은 우연히 얻어지는 것이 아니다. 그것은 당신이 만들어내야 하는, 끊임없는 관심이 요구되는 예술작품과 같다. 이를 무시하면 당신은 큰 위험에 빠지게 된다.

> 부하들은 일반적으로 지휘관의 모습을 닮게 되어 있다.
>
> — 크세노폰

마셜 장군의 부하 키우기

1930년 대 말 미국 육군 준장 조지 C. 마셜(George C. Marshall, 1880~1958)은 대대적인 군대 개혁의 필요성을 역설했다. 육군이 보유한 병사의 수는 터무니없이 적었고, 병사들의 훈련 상황은 열악하기 이를 데 없었으며, 당시의 정책은 근대 기술에 전혀 부합하지 않는 등 문제점을 열거하자면 끝이 없었다. 1939년 프랭클린 D. 루스벨트 대통령은 차기 육군 참모총장을 지명해야 했다. 임명은 중요한 문제였다. 유럽에서 2차 세계대전이 발발했고 미국도 조만간 전쟁에 관여하게 될 것이 거의 확실한 상황이었다. 군대 개혁의 필요성을 절감하고 있던 그는 서열이 높고 경험이 많은 사람 대신 마셜을 육군 참모총장에 임명했다.

표면적으로 임명은 저주나 다름없었다. 당시 전쟁성은 제 기능을 발휘할 가망이 전혀 없어 보였기 때문이다. 전쟁성 장군 대다수가 엄청난 자의식과 권력을 가지고 제멋대로 일을 처리했다. 고위직 장성들은 은퇴하지 않고 전쟁성에서 한자리 차지해 권력 기반과 지배권을 쌓고 이를 보호하는 데 온갖 수단을 동원했다. 갈등, 낭비, 커뮤니케이션 붕괴, 중복된 직무로 점철된 전쟁성은 혼돈 그 자체였다. 이런 군 조직을 마셜은 어떻게 통제하지 않고도 개혁할 수 있었을까? 그는 어떤 방법으로 기강을 확립하고 효율성을 제고했을까?

육군 참모총장으로 임명되기 10년 전쯤 마셜은 조지아 주 포트베닝의 보병 학교에서 부지휘관으로 복무하면서 다수의 장교들을 훈련시킨 경험이 있었다. 그때 마셜은 촉망받는 젊은이들의 이름을 기록해두었다. 육군 참모총장이 된 직후 그는 나이 많은 장성들을 은퇴시키고 그 자리를 자신이 직접 훈련시킨 이 젊은이들로 메우기 시작했다. 그 중에서도 마셜이 가장 총애했던 인물이 있었으니 바로 드와이트 D. 아이젠하워(Dwight D. Eisenhower)였다.

> 자신이 낸 구상이 아니기 때문에 사령관이 어떤 작전을 일부밖에 이해하지 못할 경우, 그 작전은 필경 어떤 결과를 맞게 될까? 사령부 참모 시절, 어이없는 경험을 겪은 적이 있는 만큼, 나보다 이러한 상황을 잘 이해하는 사람도 없을 것이다. 특히 전쟁위원회에서 그런 부조리한 부분이 발견된다. 군 장성들의 숫자가 많고 지위가 높을수록, 이견이 아무리 적다 해도 진리와 이성이 승리하기는 더욱 어려워진다. 만일 나폴레옹이 아르콜라 전투의 진격이나, 세인트버나드에서의 작전, 울름, 게라, 예나 등지에서의 기동작전을 제시했다면 전쟁위원회는 어떤 반응을 보였을까? 소심한 사람들은 경솔하거나 심지어는 미친 짓이라고 생각했을 것이며, 작전을 실행할 때 생기는 수천 가지 어려움을 지적하는 사람도 있었을 것이다. 그리고 결국에는 나폴레옹의 제안을 채택하지 않는 쪽으로 의견을 모았을 것이다. 설령 나폴레옹의 제안이 채택되었다 해도 나폴레옹이 아닌 누군가가 작전을 수행했다면 결국 실패로 돌아갔을 게 뻔하다.
> ― 앙투안-앙리 드 조미니 남작

일본의 진주만 공습이 있은 지 며칠 뒤 마셜은 당시 대령이던 아이젠하워에게 극동지방에 취해야 할 조치에 대한 보고서를 작성하도록 지시했는데, 이를 계기로 두 사람은 깊은 인연을 맺게 된다. 마셜은 그 보고서를 통해 아이젠하워가 전쟁수행 방식에 대해 자신과 같은 생각을 가지고 있음을 확인했다. 이후 몇 달간 마셜은 아이젠하워를 전쟁 기획실에 배치하고 그를 면밀히 관찰했다. 둘은 매일 만났고, 그동안 아이젠하워는 마셜의 리더십 스타일에 완전히 매료되었다. 동료 장교들과 잘 어울리면서도 조용히 힘을 행사하는 아이젠하워는 마셜 자신과 닮은 점이 많았다.

1942년 마셜은 유럽 작전 현장 사령관에 아이젠하워를 임명하는 파격적인 조치를 취했다. 이때 아이젠하워는 중장으로 진급해 있었지만, 아직 잘 알려지지 않은 인물이었다. 그가 사령관직을 맡은 초기 몇 달 동안 미군이 북아프리카에서 초라한 성적을 거두자 영국군은 사령관을 교체하라고 목소리를 높였다. 하지만 마셜은 아이젠하워에게 조언과 격려를 아끼지 않으며 변함없는 지지를 보내주었다. 그가 아이젠하워에게 해준 핵심 제안 중 하나가 바로 부하를 하나 키우라는 것이었다. 마셜이 아이젠하워를 키워낸 것처럼, 그의 행동 방식을 고려하여 필요할 때마다 적재적소에서 부하들과의 중개인 역할을 해줄 부관을 말이다. 그리고 그 적임자로 소장 브래들리를 추천했다. 아이젠하워는 그의 제안을 수용해 마셜이 전쟁성에 만들어놓았던 것과 거의 똑같은 참모체제를 구축했다. 브래들리가 자리를 잡자 마셜은 아이젠하워에게 모든 것을 맡기고 떠났다.

마셜은 전쟁성 전반에 자신의 부하들을 배치했고 이들은 조용히 마셜의 업무 추진 방식을 전파했다. 마셜은 업무를 원활히 진행하기 위해 불필요한 낭비 요소를 가차 없이 제거해 나갔고, 자신에게 보고를 하는 부관의 수도 예순 명에서 여섯 명으로 줄였다. 마셜은 넘치는 것을 좋아하지 않았다. 복잡한 상황을 단 몇 페이지에 요약하는 탁월한 능력은 그가 루스벨트에게 제출한 보고서에서도 유감없이 나타났다. 그는 부하들의 보고서가 한 페이지를 넘어 너무 길어진다 싶으면 읽어보지도 않았다.

부하들이 구두 보고를 할 때면 열심히 귀를 기울였지만, 주제에서 벗어난다거나 철저하게 따져보지 않은 이야기가 나온다 싶으면 시선을 다른 곳으로 돌리고 지루해하며 관심 없다는 듯한 표정을 지었다. 이는 두려운 신호였다. 마음에 들지 않으니 그만 나가보라는 무언의 뜻이었기 때문이다. 여섯 명의 부관들은 사고방식조차 어느새 마셜과 닮아갔다. 이들도 부하들에게 효율성과 간결한 의사소통 방식을 요구하기 시작했던 것이다. 그 결과 상부로 올라갔다가 다시 하부로 내려오는 정보 전달 속도는 네 배나 빨라졌다.

마셜에게서는 은근히 권위가 느껴졌지만, 부하들에게 고함을 지르거나 앞에 두고 면박을 주는 일은 결코 없었다. 그는 자신의 바람을 간접적으로 전달하는 데 기가 막힌 재주를 가지고 있었다. 이런 간접 화법은 장교들 스스로 그의 의중을 짐작하도록 만들었기 때문에 그 무엇보다도 효과적인 기술이었다. 한번은 핵폭탄 개발 군사 분야 담당자인 레슬리 R. 그로브스(Leslie R. Groves) 준장이 1억 달러의 지출 승인을 받기 위해 마셜의 집무실을 방문했다. 그는 참모총장이 서류를 이것저것 부지런히 비교하고 메모를 하는 것을 보고 잠시 옆에서 기다렸다. 마침내 마셜은 펜을 내려놓고 1억 달러짜리 기안서를 살피더니 서명을 하고서는 단 한 마디 말도 없이 그로브스에게 돌려주었다. 준장이 인사를 하고 나가려고 몸을 돌렸을 때 마셜이 문득 입을 열었다. "내가 무슨 일을 하고 있었는지 알면 재미있어 할 것 같아서 말이야. 내 잔디에 쓸 종자를 사려고 3.52달러짜리 수표에 서명하고 있었네."

마셜 휘하에서 일한 수천 명의 병사들은(전쟁성에서 근무를 하건 전장에 나가 있건) 개인적으로 그를 만나지 않아도 그의 존재를 느낄 수 있었다. 이들은 그들의 부관에게서 전해듣는 간명하지만 통찰력이 넘치는 보고서 속에서, 또 질문 및 요청에 대한 응답의 속도 속에서, 그리고 전쟁성의 효율성과 협동 정신 속에서 마셜의 존재를 실감했다. 마셜의 매끄러우면서도 힘 있는 일처리 방식을 고스란히 물려받은 아이젠하워 같은 이들의 통치 스타일에도 마셜은 존재했다. 몇 년 안 되는 짧은 기간에 마셜은 전쟁성과 미 육군을 변모시켰다. 하지만 그가 어떻게 이를 성취했는지 진정으로 아는 사람은 드물었다.

> *"여기 있는 모든 그리스인들이 왕이 될 수 있겠는가? 사령관이 많은 것은 아무 소용이 없다. 우리에게는 한 명의 사령관, 한 명의 왕이 필요할 뿐이다. 크로노스의 아들 제우스가 자신의 백성을 위해 결정을 내릴 지위와 권리를 부여한 사람 말이다."*
> *이리하여 오디세우스는 군대를 장악하게 되었다. 사람들 모두가 함대와 막사에서 떠들썩하게 쏟아져 나왔다.*
> ─ 호메로스, 《일리아스》

해석 ──

마셜은 참모총장이 되었을 때 권력 행사를 자제해야 한다는 사실을 알고 있었다. 물론 마음 같아서는 장성들의 반항, 정치적 반목, 낭비의 누적 등 모든 문제에 대해 관련자들과 일일이 맞서 싸우고 싶었다. 하지만 현명했던 마셜은 이러한 유혹에 굴복하지 않았다. 우선 모든 문제에 일일이 대응하다간 끝도 없이 전쟁을 치르느라 기력을 잃게 될 것이었다. 혹은 낙담하거나, 시간을 지체하게 되거나, 심장마비를 일으킬지도 모를 일이었다. 두 번째로, 전쟁성의 일에 일일이 간섭했다간 사소한 분규에 휘말려 큰 그림을 그리지 못할 것이다. 마지막으로, 자칫하면 작정하고 마셜을 괴롭힐 악당을 만날 수도 있었다. 거리를 두는 것만이 머리가 여럿 달린 이 무시무시한 괴물을 처치할 유일한 방법이었다. 그는 다른 이들을 통해 간접적으로 권력을 행사했다. 자신이 철저하게 지배하고 있다는 사실을 그 누구도 깨닫지 못하도록 아주 느슨하게 고삐를 쥐는 방식을 택한 것이다.

마셜의 전략에서 핵심은 부하를 선발해 훈련시키고 배치하는 것이었다. 비유적으로 말하면 마셜은 이들을 자신의 복제품으로 만들어 자신을 대신해 개혁정신을 실행하게 함으로써 시간을 벌었다. 마셜은 이들을 통해 조작자가 아닌 대리인의 모습이 될 수 있었다. 낭비를 근절하고자 했던 계획은 처음에는 어설펐으나, 마셜이 일단 전쟁성에서 입지를 확실하게 굳히자 알아서 효율적으로 운영되기 시작했다. 매 단계에서 일에 관련되는 사람과 불필요한 보고서가 줄어들었으며, 시간 낭비도 적어졌다. 업무를 능률적으로 처리할 수 있게 되자, 마셜은 힘을 적게 들이고도 전쟁성을 움직일 수 있었다. 정치세력을 형성해 명령계통에 걸림돌이 되었던 이들은 은퇴하거나, 마셜이 주입한 협동정신에 동참했다. 그의 간접적인 커뮤니케이션 스타일 때문에 일부 참모들은 부담을 덜기도 했지만, 실상 이것은 마셜이 권력을 행사하는 지극히 효과적인 방법이었다. 마셜이 3.52달러짜리 영수증 하나에 법석을 떤 것을 본 장교는 집에 가면서 웃음을 터뜨렸겠지만, 자신이 1페니라도 낭비하면 상관이 당장 알 것이란 사실을 새겼을 것이다.

마셜의 전쟁성과 마찬가지로 오늘날의 세계는 복잡하고 혼란스럽다. 명령계통을 통해 통제력을 행사하기가 그 어느 때보다 어려워졌다. 모든 것을 직접 관리하는 것은 불가능하다. 모든 사람을 일일이 감시할 수도 없다. 독재자로 보이는 것은 결코 좋지 않지만, 복잡하다는 이유로 명령 체계를 자유롭게 풀어놓으면 혼란에서 헤어나오지 못하게 될 것이다.

이때 해결 방안은 바로 마셜의 방식을 활용하는 것이다. 일종의 원격 조종 방식으로 조직을 운영하라는 이야기다. 당신의 비전을 공유하면서 스스로 사고하는 능력을 가진 부하들을 고용하라. 이들은 자신의 위치에서 당신과 같은 행동을 하게 될 것이다. 다루기 까다로운 상대와 일일이 협상하느라 시간을 낭비하지 말고, 동료의식과 효율성을 전파하여 그것이 자기 감시 기능을 하게 하라. 조직의 능률을 높이면 의사결정을 더디게 하는 참모조직, 불필요한 보고서, 의미 없는 회의와 관련한 낭비를 근절할 수 있다. 사소한 사항에 주의를 덜 기울일수록 상황을 거시적으로 바라보고, 권력을 광범위하고 간접적으로 행사할 수 있는 시간을 벌게 된다. 사람들은 당신의 휘하에 있으면서도 억압을 받는다고 생각하지 않을 것이다. 통제의 궁극적인 지향점은 바로 이러한 모습이다.

> 광기는 개인에게는 예외적인 것이나, 집단에게는 통례적인 것이다.
> — 프리드리히 니체

전쟁의 기술 : 자신만의 지휘계통을 확립하라

오늘날은 효과적인 리더십을 위해 노련하고 교묘한 관리가 그 어느 때보다 필요하다. 그 이유는 간단하다. 권위에 대한 신뢰가 떨어졌기 때문이다. 또 우리는 자신을 나름의 권위자로 생각한다. 자신을 보병이 아닌 장교로 여기는 것이다. 오늘날 사람들은 자기 주장을 내세워야 한다는 필요성을 느끼고 있으며 팀보다는 개인의 이익을 우선시한다. 팀의 결속

나폴레옹에게 가장 중요한 정보의 원천은 참모진과 통계국 양측에서 수집하여 전달해주는 보고였다. 하지만 그러한 보고들은 명령계통을 따라 올라오다 보면 점점 구체성을 잃게 마련이었다. 거쳐야 하는 단계가 더 많아지고 보고 양식이 정형화될수록, 이러한 보고는 지나치게 분석되어(또 그럴싸하게 포장이 되거나 여러 번 요약을 거치면서 의미가 왜곡되어버릴 수도 있다) 거의 아무 의미가 없는 보고가 되어버리고 만다. 이러한 위험을 피하고 부하들이 항상 경계태세를 취할 수 있게 하기 위해 사령관에게는 이런 보고와 더불어 일종의 '유도 망원경'이 필요하다. 이 말의 의미는 간단하다. 통상적인 경로를 통해 전달되는 것보다 덜 형식적일 뿐 아니라 그 당시의 (구체적인) 필요에 맞는 정보를 얻기 위해 적군과 지형, 자신의 군대까지 마음대로 살펴볼 수 있는 수단을 갖춰야 한다는 것이다. 사령관은 통상적인 보고를 통해 의문을 갖고, 그 의문을 유도 망원경을 통해 해결하는 것이 이상적이다. 명령 체계의 혁명이 가능했던 건 바로 이 두 가지 시스템이 서로 결합하여 대가 나폴레옹의 손에 의해 다듬어진 덕분이었다.
— 마르틴 판 크레벨트, 《전쟁에서의 지휘(Command in War)》, 1985년

력은 약하고 또 쉽게 깨져버린다.

이러한 경향은 리더들에게도 영향을 미친다. 민주주의적으로 보이기 위해 리더들은 참모진 전체의 의견을 구하고, 집단이 결정을 내리게 하며, 전반적 전략을 고안해낼 때 부하들의 의견을 중시한다. 이러한 리더들은 자신도 모르는 사이 전쟁과 리더십의 가장 중요한 규칙 하나를 어기게 된다. 바로 명령의 통일성이다. 너무 늦기 전에 전쟁의 교훈을 배우기 바란다. 분열된 리더십은 재앙을 부르며, 역사상 가장 참혹한 군사적 패배의 원인이 되었음을 우리는 기억해야 한다.

그 대표적인 사례가 바로 기원전 216년 로마 군과 한니발이 이끄는 카르타고 군 사이에 있었던 칸나이 전투였다. 로마 군은 카르타고 군의 두 배에 달했지만, 카르타고 군의 포위 전략에 완전히 휘말리면서 거의 괴멸되다시피 했다. 한니발이 명장이었던 것은 분명하지만, 패배의 주된 원인은 로마 군에게 있었다. 로마 군의 명령체계는 두 명의 사령관이 함께 군대를 이끄는 취약한 구조였다. 이들은 한니발에 대응할 전략을 두고 의견이 어긋날 때면 한니발과의 전투만큼이나 격렬하게 다투며 일을 그르치곤 했다.

2차 세계대전 때 마셜 장군은 리더십이 분열될 경우의 위험을 잘 인식하고 한 명의 최고사령관이 연합군을 이끌어야 한다고 주장했다. 그의 주장이 관철되지 않았더라면 아이젠하워는 유럽에서 성공을 거두지 못했을 것이다.

분열된 리더십이 위험한 이유는 집단에 속한 사람들은 비논리적이고 비효과적인 방식으로 사고하고 행동하는 경우가 많기 때문이다. 이를 '집단 사고'라고 부를 수 있을 것이다. 집단에 속한 사람들은 정치적이 된다. 집단 내에서 자기 이미지를 높여줄 말과 행동을 골라 하는 것이다. 사람들은 사태를 냉정하게 파악하기보다는 다른 사람을 기분 좋게 하고 자신의 지위를 높이려고 한다. 개인이라면 과감하고 창의적일 수 있는 상황에서 집단은 리스크를 두려워하는 경향이 있다. 그토록 다양한 자아 사이에서 타협점을 찾으려 하다 보면 창의성은 죽어버리고 만다.

당신이 리더십을 행사하는 방식은 다음과 같아야 한다. 먼저 무슨 일이 있어도 명령의 통일성을 지켜야 한다. 당신이 고삐를 틀어쥐어라. 가장 중요한 전략적 비전은 반드시 당신에게서 나와야 한다. 하지만 의도를 드러내서는 안 된다. 막후에서 영향력을 행사하되, 집단이 당신의 결정에 자발적으로 동참하고 있다고 생각하게 해야 한다. 그들의 조언을 구하고, 훌륭한 아이디어는 통합하고, 나쁜 아이디어를 낼 때는 공손하게 변형을 가하라. 필요하다면 전략에 약간의 표면적인 변화를 가해 집단 내의 불안한 정치세력들을 다독일 수도 있지만, 자신의 비전만큼은 끝까지 신뢰해야 한다. 집단적 의사결정은 위험하다는 사실을 명심하라. 효과적인 리더십의 첫 번째 규칙은 당신이 확립한 명령의 통일성을 절대로 포기하지 않는 것이다.

무언가를 통제하기란 쉽지가 않다. 당신이 고삐를 세게 당기면, 통제력이 오히려 약해지기 쉽다. 리더십은 단순히 큰 소리로 명령을 내리는 것이 아니다. 리더십에는 미묘함이 필요하다.

스웨덴 출신의 위대한 영화감독 잉마르 베리만(Ingmar Bergman)은 초보 시절에는 절망감에 압도당하곤 했다. 그는 자신이 만들고 싶어하는 영화에 대한 비전은 있었지만, 감독 일이 너무나 힘이 들었고, 압박감이 심했다. 그래서 그는 배우들과 제작진들을 질책하고, 고함을 지르며 명령을 내리고, 자신이 원하는 대로 따라와주지 않는다며 그들을 거세게 몰아세우곤 했다. 일부는 그의 독불장군 같은 태도에 분을 삭이지 못해 씩씩거렸고, 일부는 순종적인 꼭두각시가 되어갔다. 새로 영화를 제작할 때마다 그는 배우와 제작진을 다시 구성해야 했다. 그것은 분명 일을 더욱 어렵게 만드는 상황이었다. 하지만 결국 그는 스웨덴 최고의 촬영기사와 편집자, 미술 감독, 배우들로 팀을 구성할 수 있었다. 이들은 그의 높은 기준을 공유하고 그가 신뢰하는 사람들이었다. 비로소 그는 통제의 고삐를 풀 수 있었다. 막스 폰 쉬도브(Max von Sydow)와 같은 배우와 함께 일할 때는 그저 머릿속 생각을 제시만 해도 그 위대한 배우가 자신의 아이디어에 생명력을 불어넣는 것을 지켜볼 수 있었다. 자유롭게 풀어주는 것에서 통제력이 더 발휘되었던 것이다.

효율적인 명령계통을 세우는 데 없어서는 안 될 중요한 단계는 당신의 내일 동이 트면 [세인트 클라우드를 출발해] 보름스로 가서 라인 강을 건넌다. 그리고 나의 호위병들이 그곳에서도 강을 건널 준비를 잘하고 있는지 확인한다. 그런 다음 카셀로 가서 방어체제가 제대로 갖춰졌는지, 군수물자는 확보되었는지 확인한다. 다음은 신변 안전을 충분히 확인하면서 하나우 요새를 찾아가 본다. 기습공격으로 그곳을 확보할 수 있을지 살펴보는 것이다. 필요하다면 마르부르크 성도 가봐야 할 것이다. 그 후에는 카셀로 와서 나의 대리대사를 경유하여 보고를 한다. 이때 그가 카셀에 있는지 반드시 확인해야 한다. 프랑크푸르트에서 카셀로 갈 때는 낮 시간을 이용한다. 그래야 내가 관심을 가질 만한 것들을 관찰할 수 있을 것이다. 카셀에 도착해서 일을 마무리하면 역시 낮 시간에 가장 빠른 길을 택해 쾰른으로 간다. 베셀, 마니츠, 카셀 사이에 있는 지역들을 사전 답사하는 것이다. 그곳에 어떤 길이 있고 훌륭한 통신시설로는 무엇이 있는지 살펴본다. 카셀과 파더보른 사이의 통신시설도 알아본다. 카셀의 중요성은 무엇인지, 그곳이 무장되어 있으며 저항 능력이 있는지 살펴본다. 그리고 현재 상태나 대포, 시민군, 방어가 튼튼한 지역 등과 관련해 선제후의 병력을 평가해본다. 쾰른의 일이 끝나면 나를 만나러 마니츠로 오면 된다. 라인 강 오른편 강둑을 따라가면서 뒤셀도르프, 베셀, 카셀 지역 근방에 대한 간략한 의견서를 작성한다. 난 자네의 보고를 받기 위해

목표와 가치를 공유하는 능력 있는 팀을 구성하는 것이다. 이러한 팀은 많은 이점을 가져다준다. 우선 스스로 생각할 수 있는 진취적이고 동기부여가 된 사람들을 얻을 수 있고, 대리인의 이미지를 구축하여 공평하면서도 민주적인 리더가 될 수 있다. 또 귀중한 에너지를 절약해 더 큰 그림을 그리는 데 활용할 수 있다.

이러한 팀을 만드는 과정에서 당신은 당신의 결점을 보완해줄 수 있는, 즉 당신에게 부족한 기술을 가지고 있는 사람들을 만나게 된다. 미국 남북전쟁 당시 링컨(Abraham Lincoln)은 남부군을 격파할 전략을 가지고 있었지만, 군사적 배경이 없어 장군들에게 멸시를 당하곤 했다. 하지만 링컨은 곧 동지를 만날 수 있었다. 링컨과 같이 남부군에 적극적인 공격을 가해야 한다고 믿었지만 지나치게 자기를 내세우지는 않는 율리시스 S. 그랜트 장군이었다. 링컨은 그랜트란 인물을 발견하자마자 그를 자기 사람으로 만들어 군 지휘권을 맡기고 그의 신념대로 전쟁을 이끌어가게 했다.

이런 팀을 구성할 때는 전문기술이나 지식에 현혹되지 않도록 조심해야 한다. 당신 아래에서 나머지 팀원들과 함께 일해 나갈 때 필요한 인품과, 책임을 받아들이고 독립적으로 사고하는 능력 역시 중요하다. 마셜이 그렇게 오랜 기간 아이젠하워를 시험한 것도 바로 이 때문이다. 당신은 그 정도로 시간이 넉넉하지 않을지도 모르지만, 화려한 경력을 자랑하는 이력서만으로 사람을 선택하는 실수를 저질러서는 안 된다. 더 큰 안목을 가지고 그의 기술만이 아닌 그의 심성까지 살펴야 한다.

명령계통의 핵심 기능 중 하나는 전장으로부터의 정보를 재빨리 제공하여, 당신이 상황에 민첩하게 대응하도록 하는 것이다. 명령계통이 짧고 효율적일수록 정보의 흐름이 원활해진다. 하지만 이때도 문제는 있다. 정보가 상부로 전달되면서 그 농도가 묽어지기 쉽다는 점이다. 상황을 생생하게 전달해주는 세부사항들이 공식적인 채널을 통해 여과되는 과정에서 표준적이고 일반적인 내용이 되는 것이다. 또 명령계통의 구성원 일부가 정보를 해석하여 당신에게 전달하면서 내용이 걸러질 수도 있다. 더 직접적인 정보를 얻기 위해서는 이따금씩 전장을 직접 방문할 필

요성이 있다. 마셜은 때때로 신분을 감춘 채 군 기지를 방문해 자신의 개혁이 효과를 발휘하고 있는지 눈으로 직접 확인하거나, 병사들이 보낸 편지를 읽기도 했다. 하지만 오늘날에 이런 조치를 취하려면 시간이 너무 많이 걸린다.

이때 유용한 것이 군사 역사학자 마르틴 판 크레벨트(Martin van Creveld)가 말한 '유도 망원경(directed telescope)'이다. 이는 명령계통의 다양한 부분 및 기타 부분에서 전장의 정보를 즉시 알려줄 수 있는 사람들을 뜻한다. 친구, 동맹자, 스파이들로 이루어진 비공식 네트워크인 이들은 명령계통이 정체되는 것을 막아준다. 이 분야의 달인으로 꼽을 수 있는 사람이 바로 나폴레옹이다. 그는 군대의 각 조직에 젊은 장교들로 구성된 일종의 비밀 첩보 사단을 심어놓았다. 그들은 충성심과 에너지, 지적 능력을 기준으로 선발되었다. 이렇게 유도 망원경을 개발해 조직 곳곳에 심어둘 필요가 있는데, 이는 일반적인 상황에도 두루 적용할 수 있다. 이들을 통해 당신은 명령계통의 융통성과 대체로 경직되어 있는 환경 속에서 책략을 사용할 여지를 얻을 수 있다.

명령계통에서 단연 최대의 위협은 조직 내의 정치세력이다. 어떤 조직에서나 이들은 갈대처럼 무성하게 자라난다. 이들은 자신의 이익을 추구할 뿐 아니라, 당파를 형성해 자신들의 주장을 관철시키고 당신이 만들어놓은 결속력을 깨뜨리려고 한다. 이들은 당신이 내린 명령을 자신의 목적에 맞게 해석하고, 불명료한 부분에서는 어떻게든 허점을 찾아 명령계통에 보이지 않는 장애물을 만들어낸다.

이런 이들은 애초에 싹을 뽑아버려야 한다. 팀원들을 고용할 때 후보자들의 전력을 살펴보라. 혹시 한 곳에 진득하게 머무르지 못하고 이리저리 옮겨다니지는 않았는가? 만일 그랬다면 한 곳에 머무르지 못하는 야심을 지녔다는 뜻이다.

사람들이 당신의 아이디어를 똑같이 공유하고 있는 것처럼 보일 때를 조심하라. 그들은 당신의 관심을 끌기 위해 당신을 똑같이 따라하는 것일 수 있다. 영국의 엘리자베스 1세(Elizabeth I)의 왕실은 온갖 정치세력이 난무했다. 엘리자베스 여왕은 자신의 의견이 외부로 새어나가지 못하

> 29일 마니츠에 있을 것이다. 이 일이 작전 초반에 얼마나 중요한지, 그리고 자네가 독일을 기억 속에 잘 담는 과정이 얼마나 중요한지는 본인이 더 잘 알 것이다.
> —나폴레옹이 야전군 지휘관에게 내린 서면 명령, 마르틴 판 크레벨트, 《전쟁에서의 지휘》에서 인용

게 함으로써 이 문제를 해결했다. 어떤 문제에 대해서든 핵심 측근이 아니면 그녀가 어떤 입장을 취하는지 전혀 알 수가 없었다. 이 때문에 사람들은 그녀의 방침을 따라하거나, 자신의 의도를 숨기고 완전히 동의하는 척하기가 어려웠다. 현명한 전략이 아닐 수 없다.

또 다른 방책은 정치 스파이를 고립시키는 것이다. 그들이 조직 내에서 술책을 사용할 여지를 완전히 없애는 것이다. 마셜이 군대 조직에 효율성 정신을 주입한 것도 이 때문이었다. 그는 효율성 정신을 방해하는 사람들이 있으면 골라내어 바로 고립시켰다. 조직 내에서 스파이를 발견하면 민첩하게 조치를 취해서 이들이 세력을 형성해 당신의 권위를 무너뜨리지 않도록 막아야 한다.

마지막으로 명령 자체에 주의를 기울여라. 내용은 물론 형식에도 신경을 써야 한다. 명확하지 않은 명령은 아무 가치가 없다. 그런 명령은 전달되는 과정에서 터무니없는 내용으로 바뀔 것이고, 당신의 참모진들은 그 명령을 불명확성과 우유부단함의 상징으로 보게 될 것이다. 명령을 내리기 전에 먼저 자신이 원하는 바가 무엇인지 명확히 인식해야 한다. 반면 당신의 명령이 너무 구체적이거나 범위가 좁으면 당신은 사람들에게 꼭두각시처럼 행동하고 스스로 생각하지 말 것을 주문하는 셈이 된다(물론 상황에 따라서는 그래야 할 때도 있지만). 이 두 방향 모두 가지 않는 것이 기술이다.

나폴레옹은 이 분야에서도 대가였다. 그의 명령은 구체적이고 명확해서 장교들은 나폴레옹이 원하는 것이 무엇인지 알 수 있었다. 그러면서도 그의 명령은 그들이 해석할 수 있는 여지를 주었다. 종종 그는 우연히 발생할 수 있는 상황을 일일이 일러주면서, 장교들에게 자신의 명령을 변용할 수 있는 방법을 제시해주곤 했다. 하지만 무엇보다 중요한 것은 그가 명령을 통해 영감을 불어넣었다는 것이다. 그의 언어는 그의 소망에 담긴 정신을 전달했다. 아름답게 가다듬어진 명령은 또 다른 힘을 발휘한다. 명령을 전달받은 이들은 자신이 단지 먼 곳에 있는 황제의 소망을 실현시키기 위해 존재하는 하인이라고 생각하지 않고, 위대한 대의에 동참한다고 생각했다. 무미건조하고 관료주의적인 명령은 아래로 전해지면 열의 없는 활동과 부정확한 실행을 낳을 뿐이다. 반면 명확하고 간결하고 영감을 불러일으키는 명령은 장교들에게 힘을 주며, 군대에 투지를 불어넣는다.

| **이미지** | 고삐. 고삐 없는 말은 아무 소용이 없다. 하지만 방향을 틀 때마다 고삐를 잡아당기는 것도 그만큼이나 소용없는 것이다. 결국 통제에 실패하기 때문이다. 제대로 통제하려면 거의 모든 것을 놓아주고 고삐를 아주 가볍게 잡아야 한다. 그래야 말이 아무런 힘도 느끼지 않으면서 동시에 고삐에 힘이 아주 조금만 들어가도 그 변화를 감지해 당신이 원하는 대로 움직이게 된다. 모든 사람이 이 기술을 섭렵할 수 있는 것은 아니다.

| **근거** | 훌륭한 장군 두 명이 있는 것보다는 형편없는 장군 한 명이 있는 편이 낫다.

— 나폴레옹 보나파르트

뒤집어보기

분열된 리더십으로 얻을 수 있는 이점은 하나도 없다. 혹시 권위를 공유해야 하는 자리를 제안받으면 거절하라. 그 기업은 실패할 것이고 그에 대한 책임을 당신도 함께 져야 할 것이기 때문이다. 이때는 낮은 직책을 맡고 다른 사람이 그 자리를 차지하게 하는 편이 낫다.

한편 상대방의 잘못된 명령체계를 이용하는 것은 백 번 현명한 전략이다. 여러 세력이 연합해서 당신에게 대항해도 결코 주눅 들지 마라. 그들이 리더십을 공유하고 있다면, 여러 사람으로 구성된 위원회로부터 지배를 받는다면, 당신은 그 어느 때보다 유리한 입장에 서 있는 것이다. 실제로 나폴레옹이 그랬던 것처럼 그런 명령체계를 가진 적을 찾아내라. 백이면 백 승리를 거둘 수 있을 것이다.

STRATEGY 6

스스로 작전을 수행하게 하라

: 재량권 부여 방법

적군보다 빨리 이동하고 더 신속하게 결정을 내리는 능력인
스피드와 적응성은 전쟁에서 꼭 필요한 요소다.
하지만 오늘날 이러한 스피드와 적응성을 갖춘다는 것은 힘든 일이다.
우리에게 주어지는 정보가 그 어느 때보다 많아져,
그 의미를 파악하고 결정을 내리기가 어려워졌기 때문이다.
또 관리해야 하는 사람들도 많아진 데다,
훨씬 광범위한 곳에 분산되어 있는 터라 우리가 느끼는 불확실성은 더욱 커진다.
이때 우리는 역사상 가장 뛰어난 전쟁의 대가인 나폴레옹에게서 한 수 배울 수 있다.
당신의 병력을 독립적인 조직으로 나누고,
조직이 스스로 운영되고 결정을 내릴 수 있도록 하는 것이다.
또한 출정의 정신을 주입하고, 달성해야 할 임무를 부여한 후 어느 정도의 재량권을 주면,
당신의 병력은 미묘하면서도 멈출 수 없는 강한 힘이 될 것이다.

나폴레옹의 계산된 혼란 전략

1800년 나폴레옹은 마렝고 전투(Battle of Marengo)에서 오스트리아를 무찌르고 이탈리아 북부를 장악했다. 이 패배로 오스트리아는 강제 조약을 맺어 프랑스의 오스트리아 및 벨기에 지방에서의 영토 확장을 승인해야 했다. 이후 5년 동안 불안정한 평화상태가 지속되었다. 그러다 나폴레옹이 스스로 프랑스 황제의 자리에 오르자, 유럽에서는 코르시카 섬 출신인 이 신출내기의 야심이 끝도 없는 것 아니냐는 의구심으로 긴장이 팽배해졌다. 당시 오스트리아의 병참감이자 군대의 원로 실세였던 카를 마크(Karl Mack)는 대규모 군대를 확보해 프랑스를 선제공격하자는 주장을 펼쳤다. 그는 "전쟁의 목적은 적을 격파하는 것이지, 단순히 패배를 피하는 것이 아니다."라며 동료들을 설득했다.

마크와 뜻을 함께하는 장교들이 늘어나 그의 주장이 서서히 힘을 얻으면서 1805년 4월 오스트리아, 영국, 러시아 3국은 동맹조약을 체결했다. 프랑스와 전쟁을 하여 나폴레옹에게 빼앗긴 영토를 모두 회복하자는 내용이었다. 그해 여름 3국은 전쟁 계획안을 마련했다. 먼저 9만 5천 명의 오스트리아 군대가 이탈리아 북부의 프랑스 군을 공격하여 1800년의 굴욕적인 패배를 씻는다. 그리고 2만 3천 명의 병력은 이탈리아와 오스트리아의 접경지대에 있는 티롤을 사수한다. 마크는 7만의 병력을 이끌고 도나우 강을 따라 서쪽으로 이동하여 바이에른 왕국으로 들어가 이 전략적 요충 국가가 프랑스와 동맹을 맺는 것을 막는다. 바이에른에서 진영을 잡은 후에는 러시아의 7만 5천 명의 군대가 도착할 때까지 몇 주 기다린다. 그리고 합쳐진 무적의 대군대가 서쪽으로 행군해 프랑스로 들어간다. 한편 영국군은 해상에서 프랑스를 공격한다. 각 교전 지역에서는 병력이 추가로 충원될 예정이었다. 그 숫자는 총 50만으로 당시까지 유럽에서 그 정도의 대규모 병력이 소집된 것은 전무후무한 일이었다. 아무리 나폴레옹이라도 두 배 규모의 병력이 사방에서 공격해오면 당해내지 못할 것이었다.

9월 중순 마크는 작전에서 자신이 맡은 역할에 따라 도나우 강을 따라 바이에른 왕국의 중심지인 울름으로 진격해갔다. 울름에서 진영을 갖춘 그는 크게 만족했다. 혼란과 불확실성은 질색이었다. 그는 사전에 모든 것을 고려하고 명확한 계획을 마련한 다음 그대로 이행해야 직성이 풀리는 스타일이었다. 따라서 그의 표현을 빌리면, "시계처럼 모든 게 정확하게 돌아가는 전쟁"이 될 것이다. 그가 마련한 계획은 완벽했으므로 잘못될 것은 전혀 없었다. 나폴레옹은 이제 끝난 것이나 다름없었다.

마크는 한때 프랑스에서 3년간 포로로 잡혀 있던 적이 있었다. 이때 그는 나폴레옹의 전투 방식을 연구했다. 그의 핵심 전략은 적군의 병력을 분산시키는 것이었는데, 이제 나폴레옹이 그 전략에 당할 차례였다. 이탈리아의 프랑스 군대가 공격을 받으면 나폴레옹은 라인 강 건너의 독일과 바이에른 지방에 7만 이상의 군대를 보내지는 못할 것이다. 게다가 나폴레옹이 라인 강을 건너려는 순간 오스트리아가 그들의 행군을 늦추기 위한 조치를 취할 것이다. 그렇게 되면 나폴레옹의 군대가 울름과 도나우 강에 도착하는 데는 적어도 두 달 이상이 걸릴 것이다. 그때쯤이면 오스트리아 군은 이미 러시아 군과 연합해 알자스 지방 및 프랑스를 완전히 장악하고 있을 것이다. 이것은 마크가 아는 한 결코 실패할 수 없는 전략이었다. 그는 나폴레옹을 무너뜨리는 과정에서 자신이 맡게 된 역할을 즐기고 있었다. 그는 나폴레옹과 나폴레옹을 나타내는 모든 특성들을 증오했다. 군기 빠진 병사들, 유럽 전역에서의 혁명 선동, 현 상태에 대한 끊임없는 위협 등 나폴레옹과 결부되는 모든 특징들을 말이다. 마크는 러시아 군이 빨리 도착하기만을 기다렸다.

하지만 9월 말이 가까워졌을 때 마크는 뭔가가 잘못됐음을 감지했다. 울름 서부, 그의 진지와 프랑스 국경 사이에 슈바르츠발트(Schwarzwald, 독일 남서부에 있는 '검은 숲'이라는 뜻의 삼림지대-옮긴이)라는 지역이 있었다. 그런데 갑자기 정찰병이 보고하기를, 프랑스 부대 하나가 이 삼림지대를 지나 마크의 진지 쪽으로 오고 있다는 것이었다. 마크는 당황했다. 정석대로라면 나폴레옹은 더 북쪽 지대에서 라인 강을 건너 독일로 들어가야 했다. 북쪽 길이 진군하기 더 쉬우면서도 진을 칠 때 유리하게 이용할 수 있는 험난한 장소가 많았기 때문이다. 그런데 지금 나폴레옹은 예상치 못한 행동을 하고 있었다. 슈바르츠발트에 난 좁은 통로를 이

우리는 소위 '전략의 조직적 측면'에 관심을 가졌다. 군대 조직 및 군대를 육성하는 국가들은 군사적 위험에 대처하는 스스로의 능력을 주기적으로 평가하곤 한다. 이때 그들은 수치를 살펴보려는 경향이 있다. 즉 병력 수, 무기의 양, 핵심 장비 보급률, 운송 수단의 양 등을 점검하는 것이다. 하지만 조직이, 특히 상부 조직이 그러한 도전에 대처할 수 있을 정도로 충분히 정비되어 있는지 살피는 일은 거의 없다. 진주만 공습을 비롯한 여타 경우에서 나타나듯, 불행을 잉태하는 것은 바로 조직의 결함이다.
— 엘리엇 A. 코헨(Eliot A. Cohen), 존 구치(John Gooch) 공저, 《군사적 재난: 실패한 전쟁을 해부하다 (Military Misfortunes: The Anatomy of Failure in War)》, 1990년

용하여 자신의 진영을 향해 행군해오고 있는 것이 아닌가. 이것이 일종의 양동작전이라 해도 진지는 지켜야 했기에 그는 군대를 슈바르츠발트 지역으로 보냈다. 러시아 원군이 도착하기 전에 일찌감치 프랑스의 진군을 완전히 차단할 작정이었다.

하지만 그로부터 며칠 후 마크는 극도의 혼란에 빠졌다. 마크에게 들어오는 보고들은 도대체 앞뒤가 맞지 않았다. 어떤 병사는 프랑스 군대가 울름에서 북서쪽으로 96킬로미터 떨어진 슈투트가르트에 있다고 보고하는가 하면, 누구는 그보다 더 동쪽에 있다고 하고, 또 누구는 훨씬 더 북쪽에 있다고 보고했다. 심지어는 울름에서 아주 가까운 도나우 강 근처에 있다는 보고도 있었다. 마크는 믿을 만한 정보를 얻을 수 없었다. 슈바르츠발트 지대를 통과한 프랑스 기병대 때문에 북쪽 지역을 정찰할 길이 막혀버렸기 때문이다. 자신이 가장 두려워하는 '불확실성'에 직면한 이 오스트리아 장군은 명확한 것을 좋아하는 그의 사고 능력을 전혀 발휘할 수 없었다. 마침내 그는 전 부대에 울름으로 돌아오라는 명령을 내렸다. 그는 울름에 병력을 집중할 작정이었다. 나폴레옹이 울름에서 전투를 할 심산이라면, 적어도 같은 병력을 가지고 싸울 수 있을 것이다.

오스트리아 정찰병들은 10월 초에 이르러서야 사태를 파악할 수 있었다. 악몽 같은 일이 일어나고 있었다. 프랑스 군은 도나우 강을 건너 울름 동쪽으로 이동해 마크의 군대가 오스트리아로 돌아가는 길을 차단하는 동시에 러시아 군의 이동로도 막고 있었던 것이다. 또 부대 일부는 남부에 자리를 잡고 이탈리아로 가는 길을 봉쇄하고 있었다. 어떻게 7만의 프랑스 병사가 동시에 그렇게 많은 곳에서 나타날 수 있단 말인가? 또 어떻게 그렇게 빠른 속도로 이동할 수 있었을까? 완전히 겁에 질린 마크는 이리저리 탈출구를 모색했다. 10월 11일 병사들이 공략 지점을 찾아냈다. 북동쪽 길에 자리 잡고 있는 프랑스 군의 규모가 작았던 것이다. 그곳을 돌파하면 프랑스 군의 포위망에서 벗어날 수 있을 것이었다. 마크는 진군을 준비했다. 하지만 이틀 후 후퇴를 명하려던 바로 그 시점에 하룻밤 사이에 대규모 프랑스 군이 나타나 북동쪽 진로마저 차단해버렸다는 보고가 날아들었다.

10월 20일 마크는 러시아가 원군을 보내지 않기로 했다는 소식을 듣고 프랑스 군에 항복했다. 6만 명이 넘는 오스트리아 병사가 총 한 번 제대로 쏴보지 못하고 포로 신세가 되었다. 피를 거의 흘리지 않고도 대규모의 군사적 승리를 거두는 보기 드문 광경이 연출되는 순간이었다.

이후 수개월 동안, 나폴레옹의 군대는 동쪽으로 진격해 러시아 군과 남은 오스트리아 군의 혼쭐을 빼놓았고, 아우스터리츠에서 또 한 번 대승을 거두었다. 한편 마크는 이 굴욕적인 패배에 대한 책임으로 2년형을 선고받고, 감옥에서 힘겨운 나날을 보내야 했다. 그는 감옥 안에서 머리를 쥐어짜며 생각을 거듭했다(그가 이 와중에 미쳐버렸다고 말하는 사람들도 있다). '도대체 계획의 어디가 잘못된 것일까?' '프랑스 군은 어떻게 오스트리아 군의 동쪽 지역에 난데없이 나타나서는 그렇게 손쉽게 승리를 가져가버릴 수 있었을까?' 평생 전쟁을 치렀지만 그런 일은 난생처음이었다. 마크는 생애 마지막 날까지 당시의 상황을 이해하려고 애썼다.

> 역사적으로 병사들을 일종의 단순한 기계로 전락시키지 않는 군대, 상부에서 모든 것을 통제하려고 하지 않는 군대, 부하 사령관에게 상당한 재량권을 주는 군대가 가장 큰 성공을 거뒀음을 보여주는 사례는 풍부하다. 로마의 백인대 및 군단 사령관이 그러하였으며, 나폴레옹 휘하의 장군들이 그러하였으며, 몰트케의 군대 사령관들, 루덴도르프의 습격대 등이 그러했다. …… 이것들은 모두 역사상 가장 큰 성공을 거두었던 군대가 나름의 기술 발전을 거칠 때 사용했던 방법들이다.
> ―마르틴 판 크레벨트, 《전쟁에서의 지휘》

해석

역사는 마크 장군에게 너무 혹독한 평가를 내리지는 말아야 할 것이다. 1805년 그가 상대했던 프랑스 군대는 군대 역사상 가장 위대한 혁명을 이룬 바로 그 군대가 아닌가. 그 이전의 수천 년간 전쟁을 치르는 방식은 기본적으로 동일했다. 사령관이 대규모의 통합된 군대를 이끌고 전장에 들어가 거의 비슷한 규모의 적과 맞서 싸웠다. 사령관이 부대를 더 작은 단위로 나누는 일은 없었다. 그것은 병력을 한 곳에 집중시킨다는 군대의 원칙을 거스르는 것이었다. 또 병력을 나누면 병사들을 통제하기가 어려워져 전투에 대한 통제권을 잃기 십상이었다.

그런데 나폴레옹의 전투 방식은 기존의 통념을 완전히 뒤집는 것이었다. 1800년에서 1805년 사이의 평화 시기 동안 나폴레옹은 프랑스 군대를 재조직해 여러 개의 다양한 부대를 21만의 병력을 갖춘 '위대한 군대(Grande Armée)'로 통합시켰다. 이 군대를 여러 개의 군단으로 나누고, 군단마다 기병대, 보병대, 포병대, 참모를 따로 두었다. 각 군단은 원수들이 이끌었는데, 대개 전투에서 능력을 인정받은 젊은 장교들이 맡았

> 패튼은 명령에 대해 다음과 같은 철학을 가지고 있었다.
> "절대 사람들에게 방법을 알려주지 마라. 해야 할 일만 알려주면 그들은 독창성을 발휘해 당신을 놀라게 할 것이다."
> ─ 카를로 데스테(Carlo D'Este), 《패튼: 전쟁의 천재(Patton: A Genius for War)》, 1995년

다. 1만 5천 명에서 3만 명까지 다양한 규모의 이 군단은 나폴레옹 군대의 축소판이었다.

이 체계의 핵심은 군단의 빠른 이동 속도였다. 나폴레옹은 장군들에게 임무를 주고 그들이 알아서 임무를 완수해내도록 했다. 그 결과 상·하부로 명령을 전달하느라 소모되는 시간이 거의 없었고, 규모가 비교적 작아서 충당해야 하는 군수품도 적었던 덕분에 이들 부대는 훨씬 빠른 속도로 진군할 수 있었다. 나폴레옹은 부대 하나를 한 방향으로 이동시키는 대신, 자신의 여러 군단을 패턴 파악이 불가능한 형태로 집중시켰다. 혼란스럽게만 보이는 움직임 속에서 적군은 나폴레옹의 의중을 파악할 수가 없었다.

바로 이것이 1805년 9월 나폴레옹이 풀어놓은 괴물의 모습이었다. 나폴레옹은 오스트리아의 공격으로부터 이탈리아를 지키기 위해 일부 군단은 이탈리아 북부에 배치하고, 일곱 개 군단은 대열을 분산시킨 채 동쪽으로 이동시켜 독일로 들어가게 했다. 그리고 많은 기병이 포함된 예비 부대 하나를 보내 슈바르츠발트를 통과하게 하여, 마크의 관심을 서부로 돌려놓았다. 그 결과 마크는 북부와 동부의 사태를 파악하기가 어려웠고, 그 틈을 이용해 프랑스 군은 오스트리아 군의 진영을 한결 수월하게 포위할 수 있었다(나폴레옹은 마크의 단순한 심리와, 그가 혼란스럽게 보이는 상황에 얼마나 무력해질지 꿰뚫고 있었다). 한편 독일로 들어갔던 일곱 개의 군단은 슈투트가르트에서 방향을 돌려 남쪽의 도나우 강으로 진군하여 마크의 탈출로들을 차단했다. 한 군단 장군은 북동쪽이 방어가 취약하다는 소식을 듣고는 나폴레옹의 명령을 기다리지 않고 직접 명령을 내려 재빨리 그 지역의 방어 태세를 강화했다. 이제 마크는 어느 곳을 가든지 뚫고 지나가기 어려운 대규모 군대를 만날 수밖에 없었다. 마크가 발이 묶여 있는 동안 나머지 프랑스 군은 포위를 강화할 것이다. 코요테 여러 마리가 토끼 한 마리를 잡는 수법이었다.

명심하라. 유동적이고 신속하며 단순히 한 방향으로만 움직이지 않는 조직만이 살아남을 수 있다. 리더라면 조직을 통제하고, 조직의 모든 활동에 관여하고 싶은 마음이 들 것이다. 하지만 그렇게 하다 보면 당신은

과거와, 민첩하지 못한 재래식 군대의 틀에서 벗어나지 못하게 된다. 어느 정도의 혼란과 불확실성을 용인하는 것, 즉 조직에 약간의 재량권을 부여하는 것이 쉬운 일은 아니다. 하지만 부대를 분산시키고, 여러 팀으로 나누게 되면 완벽한 통제가 이루어지는 상황 속에서는 얻을 수 없는 기동성을 획득하게 된다. 이러한 기동성은 조직의 힘을 키워주는 최고의 요소다. 기동성을 손에 넣으면 당신은 당신의 부대를 분산시키는 동시에 집중시킬 수 있다. 부대를 단순히 한 방향으로 진격시키지 않고 여러 가지 패턴에 따라 배치할 수 있는 것이다. 이때 적들은 이러한 여러 가지 패턴을 보고서는 혼란에 빠지고 무력해질 것이다. 당신의 전략적 목표에 맞는 명확한 임무를 당신의 다양한 군단에게 맡겨라. 그리고 임무 달성을 그들의 재량에 맡겨라. 소규모 조직이 더 빠르고 창의적이며 유연하다. 그리고 이러한 조직에 속한 장교와 병사들이 더 적극적이고 의욕에 차 있다. 사소한 일에 일일이 관여하기보다는 융통성을 갖는 것이 당신에게 더 많은 권한과 통제력을 가져다줄 것이다.

> 아가멤논은 미소를 지으며 앞으로 나아갔다. 그 옆을 아이아스라는 이름을 가진 두 명의 대장이 투구를 매만지며 따르고 있었다. 그들 뒤로 수많은 보병들이 나타났다. 아가멤논은 그들을 보고 즐거워하며 이렇게 말했다. "아이아스, 아카이아 사령관들이여, 나는 너희들에게 명령을 내리면 대열에서 빠질 것이다. 너희들이 알아서 부하들이 힘껏 싸우게 만들어라. 아버지 제우스와 아테나와 아폴로의 이름을 걸고, 나의 부하 모두가 너희들과 같은 마음을 가졌다면, 프리암 왕의 도시는 머리를 숙이고 우리 손에 들어와 파괴될지니."
> — 호메로스, 《일리아스》

> 흩어져서 살아남고, 모여서 싸워라.
> — 나폴레옹 보나파르트

전쟁의 기술 : 스스로 작전을 수행하게 하라

세상은 성공과 권력을 얻기 위한 비밀 공식을 찾는 사람들로 가득하다. 이들은 그 공식을 스스로 생각하고 싶어하지 않는다. 제시되는 방법을 따라하고 싶어할 뿐이다. 사람들이 전략이라는 아이디어에 매혹되는 것도 모두 이 때문이다. 이들이 생각하는 전략이란 목표에 이르기 위해 따라야 하는 일련의 조치다. 이들은 소위 전문가나 영적 지도자가 자신들을 위해 이 조치들을 자세히 일러주기를 바란다. 모방의 힘을 신봉하는 이들은 위대한 인물들이 과거에 정확히 어떤 일을 했는지를 알고 싶어한다. 이들은 생각할 때와 마찬가지로 삶의 방법 역시 다른 사람의 것을 따라한다.

이런 무리에 속하지 않으려면 한 가지 흔한 오해에서 벗어나야 한다. 전략의 본질은 여러 단계로 이루어진 거창한 계획을 실행하는 것이 아니라는 것이다. 그보다는 적보다 더 많은 대안을 확보하는 상황을 만들어야 한다. 'A'만을 유일한 정답으로 생각하기보다는 상황에 따라 A, B, C 등의 계획을 실행할 수 있는 여건을 만드는 것이 진정한 전략이다. 이것이 바로 판에 박힌 사고와 반대되는 전략적 사고다.

손자는 이 아이디어를 다른 방식으로 표현한다. 병법의 목적은 이른바 '세(勢)'로, 이는 언덕 위에 위태위태하게 자리 잡고 있는 바위나 팽팽하게 당겨진 활시위처럼 잠재적 힘을 가진 상태를 말한다. 바위를 살짝 건드리거나 활시위를 놓으면 잠재해 있던 힘이 맹렬하게 분출한다. 바위나 활은 어느 방향으로든 갈 수 있다. 그것은 적의 행동에 따라 결정된다. 중요한 것은 미리 정해진 조치를 따르는 것이 아니라, 세를 갖추어 여러 가지 대안을 선택할 수 있는 상황을 만드는 것이다.

손자가 말한 이 '세'라는 개념을 나폴레옹이 알았을 리는 없지만, 그는 인류 역사상 그 누구보다도 그 개념을 잘 이해하고 있었다. 일곱 개 군단을 겉으로 보기에는 혼란스러운 패턴으로 라인 강을 따라 배치하고 예비 부대를 슈바르츠발트 지역에 보냈을 때 그는 세를 갖춘 것이다. 마크가 어떤 방향으로 가든, 또 어떤 조치를 취하든, 오스트리아 군은 패배할 수밖에 없었다. 나폴레옹이 선택할 수 있었던 대안은 무수했던 반면, 마크가 이용할 수 있는 대안은 소수인 데다 모두 궁여지책으로 나온 것이었다.

항상 자기식의 세를 추구했던 나폴레옹의 전략은 1805년의 전투에서 완벽한 경지에 이르렀다. 구조와 조직화에 대해 끊임없이 생각했던 나폴레옹은 군단장이 독자적인 역량을 발휘할 수 있는 군단체계를 개발해 자신이 이끄는 군대의 기본 골격이라 할 수 있는 사단체계에 융통성을 부여했다. 여기서 우리가 얻는 교훈은 간단하다. 중앙으로 집중된 경직된 조직에서는 직선적인 전략밖에 취할 수 없다. 하지만 유동적이고 힘이 분산된 군대에서는 여러 가지 대안이 생기며, '세'를 갖추는 방법도 무수히 많다. 구조가 곧 전략이 된다는 이야기다. 구조는 가장 중요한 전략적 선택이라고 해도 과언이 아니다. 당신이 어떤 조직을 이끄는 리더라면, 그 구조를 분석하여 당신의 목적에 부합하도록 변형시켜라. 유동성을 목표로 삼고 조직의 체제를 정비하는 데 당신의 창의적 에너지를 쏟아부어라. 이것은 나폴레옹뿐 아니라 현대 역사상 가장 훌륭한 전쟁 기계라고 할 수 있는 프로이센(현재의 독일) 군대의 선례를 따르는 길이다.

1806년 예나 전투에서 나폴레옹 군대에게 처참한 패배를 당한 직후(strategy 2를 참고하라) 프로이센의 지도층은 자성의 시간을 가졌다. 이들은 자신들이 과거에 얽매여 있다는 사실을 깨달았다. 그들은 너무 완고한 방식으로 일하고 있었던 것이다. 갑자기 카를 폰 클라우제비츠와 같은 군대 개혁가들이 힘을 얻어 요직에 등용되었다. 그들이 내린 결정은 역사상 전례가 없던 것이었다. 이들은 뛰어난 군대 조직을 만들어 성공을 보장하려 했다.

이 개혁의 핵심은 전략, 전술 및 리더십에서 특별 훈련과 교육을 받은 장교들로 일단의 참모조직을 만드는 것이었다. 왕이나 총리, 심지어는 장군이 전쟁수행 능력이 부족해도, 총명하고 잘 훈련받은 장교들이 군대의 참모에 자리 잡고 있으면 그들이 저지른 실책을 만회할 수 있을 것이었다. 이 조직체의 구조는 고정되어 있지 않았다. 모든 신임 참모장은 자신의 필요와 상황에 따라 이 조직의 규모와 기능을 변경할 수 있었다. 전투나 훈련이 끝날 때마다 참모조직은 엄격한 자체 평가와 실적 평가를 내렸다. 정식 부서가 하나 생겨 이러한 평가 및 군대 역사 연구를 담당했다. 장교들은 자신의 실수 및 다른 이들의 실수를 통해 무언가를 배우곤 했다. 이는 영원히 지속적으로 해야 할 일이었다.

가장 중요한 개혁은 'Aufragstaktik(임무 중심의 명령체계라는 뜻)'를 개발한 것이었다. 독일어에서 'Auftrag'와 'Befehl'은 모두 '명령'이라는 뜻을 가지고 있다. 'Befehl'이 그대로 따라야 하는 명령을 의미하는 반면, 'Auftrag'의 의미는 훨씬 광범위하다. 이는 전체적인 임무를 담고 있는 것으로, 그 안에 담긴 정신을 따라야 하는 명령을 말한다. 프로이센의 최대 강적인 나폴레옹과 그가 군대 사령관에게 재량권을 주었던 것에 영감을 받아 확립된 이 '임무 중심 명령체계'는 프로이센 군대의 참모조직에 뿌리를 내리게 되었다. 장교들은 먼저 스피드, 공세를 취할 필요성 등 독일의 전쟁 철학을 전수받았다. 그러고 나서는 여러 가지 훈련을 거치면서 스스로 사고하고, 궁극적인 목적에 부합하면서도 당시의 상황에 적절한 결정을 내리는 능력을 계발했다. 전투 시의 군단에 해당하는 조직을 이끄는 장교들에게는 달성해야 할 목표가 주어졌고 나머지는 그들의 재량에 맡겨졌다. 이들은 결과를 달성한 방식이 아닌, 그들이 취한 조치의 결과를 가지고 평가를 받았다.

(중간에 잠시 없어진 적이 몇 번 있기는 했지만) 이 참모조직은 1808년부터 2차 세계대전이 끝날 때까지 유지되었다. 이 기간 동안 전장에서 독일군은 언제나 다른 군대를 능가했다. 참호전이라는 까다로운 제약 속에서 전쟁을 치러야 했던 1차 세계대전 때도 독일군은 연합군을 압도했다. 독일군 참모진의 성공이 가장 빛을 발한 것은 현대 역사상 가장 압도적인 군사적 승리를 거둔 전투에서였다. 1940년 프랑스 및 베네룩스 3국 대공습에서 독일군은 프랑스의 견고한 방어선을 포위하는 데 성공했다. 전쟁 상황에서 이들이 더 많은 대안과 잠재적 힘을 가질 수 있었던 것은 바로 독일 군대의 구조와 '임무 중심의 명령체계' 덕분이었다.

독일군의 이 참모조직은 기동성과 심층적인 전략을 목표로 하는 모든 조직에 본보기가 될 수 있을 것이다. 먼저 그 구조가 유연하여 리더들이 자신의 필요에 맞게 구조를 변형할 수 있었다. 두 번째, 독일군의 참모조직은 항상 자체 평가를 하고, 배운 바를 바탕으로 스스로 수정을 가했다. 세 번째, 군대의 나머지 부분에도 이와 똑같은 구조가 자리 잡고 있었다. 참모진의 장교들이 자신의 부하 장교를 훈련시키고, 그 장교들이 다시 자신의 부하 장교들을 훈련시키는 식이었다. 그리하여 부대의 가장 작은 팀까지 군대의 전체적 철학을 전수받을 수 있었다. 마지막으로 참모진들은 엄격한 명령을 내리기보다는 '임무 중심의 명령체계'를 활용했다. 이 전술로 장교 및 병사들이 더 창의적인 자세를 보이면서 그들의 성과가 향상되었고 의사결정 속도도 빨라졌다. 참모조직은 완전히 기동성을 갖추게 된 것이다.

'임무 중심 명령체계'에서 핵심적인 부분은 조직 전체의 철학이다. 이러한 철학은 싸움을 하는 명분 혹은 적이 악하다는 믿음을 중심으로 성립될 수 있다. 방어, 기동성, 가차 없는 공격 등 전체 철학에 가장 잘 부합하는 전투 방식 역시 이러한 철학에 포함될 수 있다. 당신은 반드시 이러한 철학을 중심으로 조직을 통합시킬 수 있어야 한다. 그 후에는 훈련과 창의적인 실전을 통해 그 철학이 사람들에게 미치는 영향을 더욱 강화하여 사람들 내부에 뿌리내리도록 해야 한다. 그렇게 되면 당신의 군단에 임무를 주어 전장에 내보낼 때 당신은 그들의 결정을 신뢰할 수 있고, 그들을 통합시킬 수 있다는 자신감을 가질 수 있을 것이다.

나폴레옹 이전 시대에 그의 군단과 가장 유사한 조직을 꼽으라면 13세기 초반 칭기즈칸이 이끌었던 몽골 민족을 들 수 있을 것이다. 몽골 민족의 우월성을 신봉했던 칭기즈칸은 기동성의 대가였다. 여러 개로 나뉜 그의 군사들은 복잡한 패턴으로 흩어졌다 다시 모이곤 했다. 이들을 상대했던 군대가 그 혼란스러운 모습에 당황해 정신을 차리지 못하는 와중에도 칭기즈칸의 부대는 놀라운 조화를 보이며 움직였다. 그들에게 당한 사람들은 그들이 악마에 씌었다는 말로밖에는 그 힘을 설명하지 못했다.

하지만 이들의 귀신같은 조직력은 사실 혹독한 훈련에서 나온 것이었다. 칭기즈칸은 전쟁이 없을 때면 겨울마다 '위대한 사냥'을 하곤 했다. 보통 3개월이 걸렸던 이 사냥에서 칭기즈칸은 중앙아시아의 스텝 지역(현재 몽골 지역)에 군사들을 128킬로미터에 걸쳐 한 줄로 세우곤 했다. 수백 킬로미터 떨어진 곳에는 사냥이 끝나는 지점을 나타내는 깃발이 꽂혀 있었다. 한 줄로 늘어선 대열이 전진하면서 사냥감들을 앞쪽으로 몬다. 그러고 난 후 대열의 양 끝이 복잡하게 짜인 기동 훈련에 따라 서서히 대열의 곡선을 형성하며 원을 만들고 사냥감을 포위한다(사냥의 끝 지점을 표시한 깃발이 원의 중심이 된다). 그리고 원을 점점 좁혀 나가면서 사냥감을 죽인다. 가장 위험한 사냥감인 호랑이는 가장 나중에 포획했다. 이 위대한 사냥을 통해 몽골 군은 멀리서 보내는 신호를 통해 의사소통을 하고, 정확성을 기해 움직임을 조화시키고, 다양한 상황에서 해야 할 일을 인식하며, 명령을 기다리지 않고 행동을 개시하는 능력을 훈련했다. 심지어는 개별 병사들에게 호랑이에 올라타게 하는 훈련을 통해 담

장교라면 상부의 명령은 왕의 명령과도 같다고 배운다는 것이다. 프레더릭 찰스는 곧바로 이렇게 대꾸했다. "폐하께서 자네를 소령으로 임명하신 것은 자네가 폐하의 명령에 복종하지 않아도 될 때를 알고 있다고 믿으셨기 때문이다." 이 짧막한 이야기는 이후 독일의 모든 장교들에게 소중한 지침이 되었다.
— T. N. 듀푸이 (T. N. Dupuy) 대령, 《전쟁의 천재: 독일 군대와 참모조직, 1807-1945(A Genius for War: The German Army and General Staff, 1807-1945)》, 1977년

요키가 레드 삭스 팀의 구단주가 된 것은 그가 30세 때였다. 당시 레드 삭스는 이전 시즌에서 이긴 경기가 43번에 불과하고, 돈을 내고 구장을 찾는 고객의 수가 2,365명밖에 되지 않을 정도로 가망이 전혀 없는 팀이었다. 이 야구 팀은 요키의 장난감이 되었다. 그는 자신의 선수들을 사랑했기 때문에, 그들이 원하는 것은 무엇이든 해주었다. 그리고 요키가 모든 것을 해주었기 때문에, 선수들은 요키를 한없이 치켜세웠다. …… 레드 삭스의 바비 도어와 뉴욕 양키스의 토미 헨리치가 나눈 다음 대화는 세간에서 유명하다. 바비 도어가 토미 헨리치에게 왜 레드 삭스가 큰 경기에서 양키스를 이기지 못하는지 묻는 내용이다. "우리 정도면 페 훌륭하지 않아?"라고 도어가 묻자, 헨리치는 레드 삭스 팀은 선수들의 실력이 문제가 아니라며 이렇게 대답한다. "너희 구단주는 선수들에게 너무 잘해줘. 너희들은 월드시리즈에 올라가지 않아도 캐딜락을 몰 수 있잖아. 우리 양키스 팀은 그렇지 않다고." …… 레드 삭스라는 조직은 아마추어 수준으로 운영되고 있었고, 그런 팀이 최고의 강인함과 최고의 프로 정신을 가진 팀과 싸우고 있었던 것이다.
— 에드 린(Ed Linn), 《타자: 테드 윌리엄스의 삶과 역경(Hitter: The Life and Turmoils of Ted Williams)》, 1933년

력을 키우기도 했다. 사냥이자 일종의 놀이인 이 훈련을 통해 칭기즈칸은 자신의 철학을 주입하고, 부하들 사이의 단결과 신뢰를 구축하고, 군대의 기강을 다지곤 했다.

당신도 당신이 이끄는 무리를 통합시키고자 할 때 병사들이 서로에 대해 알고 신뢰를 쌓을 수 있는 훈련을 찾아보라. 이런 훈련을 통해 조직원들은 무언의 의사소통 기술과 다음 조치에 대한 직관력을 향상시킬 수 있다. 그렇게 되면 끊임없이 메시지와 명령을 전달하고 쉬지 않고 전장의 병사들을 통제하느라 시간과 에너지를 소모하지 않아도 될 것이다. 몽골족의 위대한 사냥에서처럼 이러한 훈련을 일종의 놀이로 삼아 연습한다면 더욱 좋을 것이다.

1940년대와 50년대는 위대한 야구 팀이 전투를 벌인 시기였다. 테드 윌리엄스가 주축이 된 보스턴 레드 삭스와, 위대한 타자 조 디마지오(Joe Dimaggio)가 있던 뉴욕 양키스가 그 주인공들이다. 레드 삭스 구단주였던 톰 요키(Tom Yawkey)는 선수들에게 좋은 환경을 만들어주고, 그들과 우정을 쌓는 등 선수들을 최대한 배려하는 타입이었다. 팀원이 행복을 느껴야 좋은 플레이가 나온다는 생각에서다. 그래서 그는 선수들과 함께 술도 마시고, 카드 게임도 하고, 원정 경기를 할 때면 고급 호텔에 묵게 했다. 더 좋은 여건을 조성하여 선수들을 만족시키겠다는 일념으로 그는 감독의 의사결정에도 관여했다.

양키스의 철학은 이와는 사뭇 다르게, 팀의 기강과 승리를 강조했다. 양키스는 팀을 여러 부분으로 나누어 독립성을 유지했지만, 팀원들은 팀의 정신을 분명히 인식하고 있었고, 자신들이 오직 결과로만 평가받을 거란 사실을 잘 알았다. 감독에게는 독자적으로 결정을 내릴 권한이 보장되었다. 양키스 선수들은 목숨을 걸고 승리함으로써 팀의 전통을 지키려 애썼다. 진다는 것은 생각하기도 싫은 일이었다.

한편 20년 동안 레드 삭스 팀의 선수들은 팀 내에서 분열을 일으키며 당파를 만들고, 대우가 조금이라도 시원찮다 싶으면 투덜대고 불평했다. 이들은 딱 한 번 우승을 했을 뿐이다. 한편 양키스 팀은 단결력이 강하고 사기가 높았다. 양키스는 아메리칸 리그에서 열세 번, 월드시리즈에서

열 번 우승을 차지했다. 이 사례가 주는 교훈은 간단하다. 동호회와 같은 화기애애한 분위기와 팀의 사기 및 단결력을 혼동해서는 안 된다는 것이다. 병사들의 비위를 맞추고 마치 모든 사람이 평등하다는 듯 행동하면 팀의 기강이 무너지고 당파가 형성되는 빌미만 제공할 것이다. 팀원들의 유대를 더욱 강하게 다져주는 것은 가벼운 우정이 아닌 승리다. 그리고 승리에 필요한 것은 기강과 훈련, 가차 없이 높은 기준이다.

마지막으로 당신은 당신이 이끄는 병사들의 장·단점 그리고 그들이 처한 사회적 상황에 따라 조직의 구조를 정비해야 한다. 그러기 위해서는 당신의 군대가 어떤 사람들로 구성되었는지에 주의를 집중할 필요가 있다. 당신은 그들을 이해하고 시대의 풍조도 속속들이 파악해야 한다.

남북전쟁 당시 북부 연방군의 장군들은 오합지졸로 구성된 군대 때문에 고생을 해야 했다. 남부 연합군은 기강이 잡혀 있고 훈련을 잘 받은 상태였지만, 북군의 병사는 급하게 강제로 징집된 이들이 대부분이었다. 그들은 억센 기질을 가진 변경의 개척민들로, 지독히 독립적이었다. 일부 장군들은 이들 사이에 기강을 확립하려고 별의별 노력을 다했지만, 대부분이 수포로 돌아갔다. 한편 지도만 들여다보며 탁상공론식의 전략을 짜는 데 몰두한 장군들도 있었으나 줄곧 형편없는 성과밖에 내지 못했다.

이때 윌리엄 테쿰세 셔먼(William Tecumseh Sherman)은 색다른 방도를 취했다. 부하들의 개성에 맞추어 조직을 변화시킨 것이다. 그는 민주적인 군대를 만들고, 장교들이 솔선수범하도록 독려했으며, 복장에도 크게 관여하지 않았다. 외부적인 규율을 완화하여 군의 사기를 높인 것이다. 변경지대 개척자들이 으레 그렇듯, 셔먼이 이끄는 병사들은 지칠 줄 몰랐으며 유목민 기질이 다분했다. 셔먼은 병사들의 이러한 기동성을 활용하여 부대를 끊임없이 움직이게 했고, 그 결과 항상 적군보다 빠른 속도로 진군할 수 있었다. 셔먼의 부대는 북부 연방에서 가장 두려운 존재이자 최고의 성과를 자랑하는 팀이었다.

당신도 병사들의 독특한 개성을 바꾸느라 고생하지 말고 셔먼처럼 그 개성을 미덕으로 만들어라. 그것이 당신의 잠재적인 힘을 배가시키는 길이다. 창의력을 발휘해 조직의 구조를 정비하고, 당신이 이끄는 군대에 융통성을 부여하는 동시에 당신 역시 유연한 자세를 가져야 한다.

| **이미지** | 거미줄. 대부분의 동물은 일직선으로 공격을 한다. 하지만 거미는 자신의 위치에 따라 때로는 복잡하고 때로는 간단하게 적절한 거미줄을 친다. 거미줄만 치면 일은 끝난 것이다. 거미는 사냥할 필요 없이 바보가 또 한 번 눈에 보이지 않는 줄에 걸려들기를 기다리기만 하면 된다.

| **근거** | 군대는 유리한 고지를 향해 움직이며, 분산과 재결집을 통해 변형을 가한다. 그 속도는 바람과 같고, 그 진중함은 숲과 같으며, 공격할 때는 불과 같다. …… 그것은 암흑과 같이 잘 보이지 않으나, 그 움직임은 천둥과도 같다.

— 《손자병법》

뒤집어보기

당신이 이끄는 군대의 조직은 구성원들에게 맞는 것이어야 하기 때문에, 분권화 규칙은 융통성 있게 적용되어야 한다. 개중에는 엄격한 권위 아래 더 나은 성과를 내는 사람들도 있다. 조직을 느슨하게 운영하는 경우라 하더라도 때로는 고삐를 죄어 장교들의 재량권을 제한해야 할 것이다. 현명한 장군이라면 그 어떤 것도 불변의 규칙으로 정해두지 않는다. 그들은 상황 변화와 필요성에 맞추어 자신의 군대를 재조직할 수 있는 능력을 가지고 있다.

STRATEGY **7**

대의명분을 항상 심어주어라
: 동기 부여와 사기 진작

병사들에게 동기를 부여하고 병사들의 사기를 진작하는 비결은
자신보다는 집단을 더 생각하게 만드는 것이다.
병사들이 대의에 동참하게 하라.
그들은 혐오스러운 적에 맞서 싸우는 성전을 수행하고 있는 것이다.
자신의 생존을 군 전체의 성공과 결부시키게 만들어라.
진정한 결속력을 가진 집단은 병사들을 열정으로 감염시키기가 쉽다.
전방에서 부대를 이끌어라.
당신이 참호 속에서 대의에 헌신하고 있는 모습을 병사들에게 보여주어라.
그러면 당신을 따르고 당신을 기쁘게 하고 싶다는 열망이 병사들의 마음에 차오를 것이다.
때때로 보상과 징계를 하되, 의미를 갖게 하라. 기억하라.
동기를 부여받은 군대는 물질적 자원이 아무리 부족해도
그 한계를 극복하고 기적을 일구어낸다는 것을.

위대한 리더들의 용병술

인간은 본래 이기적인 존재다. 어떤 상황에서든 우리는 자신의 이득을 먼저 따져본다. 이 상황은 나에게 어떤 영향을 미칠까? 이 일은 나에게 어떤 도움이 될 것인가? 동시에 우리는 그러한 이기심을 감추어야 할 필요를 느끼고, 일신의 이익보다 남을 위하는 것처럼 보이려 노력한다. 그런데 리더인 경우에는 이 고질적인 이기심과 이기심을 위장하는 것이 문제가 된다. 당신은 당신을 위해 일하고 있는 사람들이 일에 열의를 다하고 있다고 생각할 수 있다. 그들의 말과 행동을 보면 그런 것만 같다. 하지만 사람들이 집단 내의 위치를 이용해 개인적 이익을 추구하려 한다는 표시가 서서히 나타나기 시작한다. 어느 날 문득 당신은 당신이 이끌고 있는 부대가 이기적이며 저마다 꿍꿍이가 있다는 사실을 깨닫게 된다.

이때 당신은 사기를 생각하게 된다. 당신이 이끄는 병사들에게 동기를 부여하고 그들을 하나의 집단으로 뭉치게 할 수 있는 방법을 궁리하는 것이다. 당신은 보상의 가능성을 제시하는 등의 칭찬 계책을 쓰고자 할 수 있다. 하지만 이 방법을 쓰면 사람들에게 나쁜 버릇을 들여 오히려 이기심이 더욱 활개를 칠 것이라는 사실 때문에 주저할 것이다. 징계를 활용해 기강을 확립하는 방법도 있다. 하지만 이 역시 사람들의 원망을 사고 그들의 마음만 닫게 하는 결과로 이어질 뿐이다. 연설과 단체 활동을 통해 사람들을 고무시키려 해보지만 뜻대로 되지 않는다. 회의적인 요즘 사람들은 당신의 의도를 꿰뚫어볼 것이다.

이때 문제는 당신이 어떤 조치를 취하느냐가 아니라, 너무 늦게 깨닫는다는 것이다. 문제가 불거지고 나서 사기진작을 생각해봐야 아무 소용이 없다. 이것이 바로 우리가 실수를 저지르기 쉬운 부분이다. 우리는 역사 속의 훌륭한 동기 부여자들과 군대 지도자들을 통해 한 수 배울 수 있다. 이들은 사람들의 마음속에 대의를 위해 싸우고 있다는 생각을 심어줌으로써 팀의 결속력을 다지고 사기를 유지했다. 사람들은 개인적인 이익을 떠나, 뭔가 가치 있고 거대한 무언가의 일부가 되고 싶은 욕구를 충족시키고자 한다. 그리고 자신의 성공을 집단의 성공과 결부시킨다. 개인적인 관심사와 더 거대한 관심사가 만나게 되는 것이다. 이러한 부대

여기서 100명, 저기서 100명씩 모은 군대로는 아무것도 할 수 없다. 서로 협력하여 단결된 병사들이라면 4천 명으로 달성할 수 있는 일도, 병사들이 내부 갈등으로 분열돼 이리저리 끌려 다닌다면 4만 명이나 40만 명으로도 해낼 수 없다.
— 무바라크샤(Mubarakshah), 《전쟁과 용맹의 법칙(Rules of War and Bravery)》, 13세기

에 속한 병사들은 이기적인 행동이 동료들에게 누가 된다는 사실을 잘 알고 있다. 일종의 집단의식에 발을 맞추게 되는 것이다.

사기는 전염성이 있다. 사람들은 단결이 잘되고 활기 있는 집단에 속하면 자연스레 그 정신을 따르게 된다. 반란을 일으키거나 이기적인 무리들은 금방 고립되어버린다. 당신은 집단의 리더가 되는 순간부터 이러한 역학이 작동하도록 해야 한다. 그리고 이러한 역학은 최상부, 즉 당신에게서 비롯된다.

올바른 집단 역학을 구축하고, 집단 정신을 유지하는 이 능력을 군사용어로는 '용병술'이라고 한다. 알렉산드로스 대왕, 한니발, 나폴레옹과 같은 위대한 장군들은 모두 이 기술의 대가들이었다. 이 기술은 단지 중요하다는 말만으로는 부족하다. 전투에서 이 기술은 생사가 걸린 결정적인 문제다. 나폴레옹은 전쟁 중 이런 말을 남기기도 했다. "물량을 1이라고 한다면 정신은 3이다." 이는 곧 부대의 출정 정신이 전투의 향방을 가른다는 의미다. 군사들이 정신력으로 잘 무장되어 있으면 세 배 더 막강한 적군도 격파할 수 있다.

가장 훌륭한 집단 역학을 창출하고 동시에 집단을 와해시키는 분위기가 형성되지 않도록 하기 위해서는 다음의 여덟 가지 단계를 밟을 필요가 있다. 모두 이 분야에서 대가의 경지에 오른 사람들의 경험과 저술에서 선별한 것이다. 가능한 한 많은 단계를 밟는 것이 좋다. 각 단계들은 경중을 비교할 수 없이 모두 중요하다.

1단계 : 특정 대의명분을 중심으로 군대를 통합시켜라. 병사들이 특정한 이상을 위해 싸우도록 하라. 오늘날 사람들은 무언가를 믿고자 하는 열망이 그 어느 때보다 강하다. 사람들은 혼자 남겨질 때면 마약이나 유행하는 영적 활동으로 마음의 공허함을 달랜다. 당신은 바로 이 부분을 이용해야 한다. 싸울 가치가 있다고 납득시킬 수 있는 대의를 그들에게 불어넣는 것이다. 사람들은 대의를 중심으로 모여들 것이며 당신은 진취적인 부대를 만들 수 있다.

당신의 소망과 관련된 모든 것이 대의가 될 수 있지만, 그 대의들은 발

> 더럽히지 않은 마음보다 더 튼튼한 방패는 없으니! 자신의 싸움에 정당성을 부여하는 자는 세 배로 무장한 것이나 다름없다. 강철로 된 갑옷을 입었어도 양심이 부정(不正)으로 물들어 부패한 자는 벌거벗은 것이나 다름없다.
> —윌리엄 셰익스피어, 《헨리 5세(King Henry V)》

전적인 것이어야 한다. 시기적절하면서도 미래 지향적인 것으로서 반드시 성공할 수 있는 것으로 말이다. 필요하다면 대의를 정신적인 것으로 만들 수도 있다. 가장 좋은 방법은 증오할 적을 만드는 것이다. 집단이 이러한 적과 반대되는 존재로서 자신을 정의하게 되기 때문이다. 이 단계를 무시하게 되면 용병 부대밖에 얻지 못할 것이다. 그리고 당신은 그런 부대가 맞게 마련인 운명에 처하게 될 것이다.

2단계 : 병사들의 배를 든든히 채워주어라. 사람들은 물질적 욕구가 충족되지 않으면 진취적이 될 수가 없다. 어떤 식으로든 착취를 당하고 있다고 느끼게 되면, 본래의 이기심이 솟구쳐 집단에서 이탈하기 시작할 것이다. 추상적이면서도 정신적인 대의를 활용해 병사들을 뭉치게 하는 동시에 그들의 물질적 욕구를 채워주어야 한다. 하지만 지나치게 대접을 해주면 나쁜 버릇을 들이게 된다. 그보다 자신들이 가족처럼 따뜻한 배려를 받고 있다는 느낌, 당신이 그들의 편의를 생각해주고 있다는 느낌이 더 중요하다. 병사들의 물질적 욕구를 채워주면 필요할 때 이들에게 더 많은 것을 부탁할 수 있다.

3단계 : 선두에서 이끌어라. 대의에 동참하는 사람들이 가진 열정은 언젠가 시들해지게 마련이다. 이런 열정은 리더가 말과 행동이 일치하지 않는 것처럼 보일 때 더욱 빨리 사라진다. 병사들은 리더의 표리부동함에 불만을 품게 된다. 당신은 병사들에게 전방에서 진두지휘하며 그들의 위험과 희생을 함께 나누는 모습을 보여주어야 한다. 당신도 그들만큼 대의에 진정으로 헌신하고 있음을 보여주어라. 뒤편에 서서 병사들을 앞으로 나가게 하지 말고, 앞에서 이끌면서 그들이 열심히 따라올 수 있게 해야 한다.

4단계 : 병사들의 '기(氣)'를 집중시켜라. 중국 문화에는 '기'라는 개념이 있는데, 이는 모든 생명체에 있는 에너지다. 집단도 물리적, 심리적인 면에서 '기'를 가지고 있다. 리더라면 반드시 이 에너지를 이해하고

사령관이라면 참모들이 아닌 부대원들과 자리해야 하는 때가 있게 마련이다. 사병들의 사기를 유지하는 것이 사령관 혼자만의 일이라고 말하는 것은 완전히 잘못된 것이다. 계급이 높을수록 그가 보이는 모범의 효과는 더욱 커진다. 사병들은 본부 어딘가에 앉아만 있는 사령관과는 어떤 종류의 연대감도 느끼지 못할 것이다. 그들이 원하는 것은 그와의 실질적인 접촉이다. 공포와 피로, 그리고 혼란의 순간, 또는 병사들에게 평소와 다른 무엇이 요구될 때는 사령관이 몸소 모범을 보이는 것이 기적을 행한다. 특히 그가 주변에서 일종의 전설을 만들어낼 만할 재치가 있을 때는 더욱 그렇다.
—에르빈 로멜

그것을 적절하게 사용하는 방법을 알아야 한다.

나태함은 기에 매우 부정적인 영향을 미친다. 병사들은 활동을 하지 않으면 사기가 떨어진다. 의구심이 고개를 들고, 이기적인 관심사를 생각하게 된다. 적이 행동하기만을 기다렸다가 반응하는 방어적인 태도 역시 '기'를 떨어뜨리는 요인이다. 따라서 당신은 병사들이 언제나 바쁘게 움직이고, 목적에 따라 행동하며, 방향을 갖고 이동하게 만들어야 한다. 공격 중간에 시간을 두지 마라. 병사들을 앞으로 몰아가야 병사들의 사기가 충천해지고 전투를 원하게 된다. 공격적인 움직임은 기를 집중시키며 기를 집중시키는 것은 곧 잠재된 힘을 모두 이끌어내는 것이다.

5단계 : 감정을 이용하라. 사람들에게 동기를 부여하는 가장 좋은 방법은 이성에 호소하는 것이 아니라, 감정에 호소하는 것이다. 하지만 인간은 본래 방어적인 기질이 있어 당신이 열변이라도 토하며 감정에 호소를 하려고 하면 사람들은 뭔가 꿍꿍이가 있다 여기고 한발 뒤로 물러선다. 감정적인 호소에는 일종의 장치가 필요하다. 사람들이 방어 자세를 풀고 하나의 집단으로 뭉치게 하려면 무대를 마련하여 이야기를 들려주면서 그들을 즐겁게 해야 한다. 이제 사람들은 경계심을 누그러뜨릴 것이고, 당신은 그들에게 허물없이 다가가 그들을 웃게도 하고 화나게도 할 수 있다. 병사 관리의 대가들은 드라마에 대한 감각을 가지고 있다. 그들은 병사들의 마음속을 파고들 때와 방법을 잘 알고 있다.

6단계 : 질책과 호의를 함께 활용하라. 병사 관리의 핵심은 징계와 보상의 균형을 적절히 맞추는 것이다. 너무 많은 보상을 해주면 병사들의 버릇이 나빠지고 병사들이 당신을 우습게 여기게 된다. 한편 징계가 너무 과하다 보면 사기가 떨어진다. 당신은 균형을 잘 잡을 필요가 있다. 이따금씩 보여주는 호의는 따뜻한 말 한마디나 관대한 조치보다 더 큰 효과가 있다. 화를 내고 징계를 내리는 상황 역시 그만큼 드물어야 한다. 극소수만이 달성할 수 있는 아주 높은 기준이 질책의 근거가 되어야 한다. 병사들이 당신을 기쁘게 하기 위해 경쟁하도록 만들어라. 그들이 질

춘추시대에 제(齊)나라가 진(晉)나라와 연(燕)나라의 침공을 받았다. …… 제나라 조정의 지위 높은 귀족 한 사람이 전양저(田穰苴)라는 군인을 제나라 군주에게 천거했다. 후에 사마양저라고 불린 이 사람은 유명한 군사 안내서인 《사마법(司馬法)》의 저자로 추정된다. …… 제나라 군주는 양저에게 군사문제를 논할 것을 요구했다. 군주는 양저가 말한 것에 매우 기뻐하여 그를 장군으로 임명해 그가 연나라와 진나라 군대의 침략을 저지할 군대를 이끌도록 했다. 양저는 "소인은 사회적 신분이 낮으나 군주께서 저를 사병에서 진급시켜주고 심지어 고관보다 더 높은 자리에 앉히셨습니다. 병사들은 아직 저에게 충성하지 아니하고 일반 사람들은 저를 잘 알지 못합니다. 저는 하찮은 사람으로 권위가 보잘것없습니다. 군주께서 가장 아끼는 대신 가운데 한 사람, 나라로부터 시혼을 받은 사람이 군대의 감독관이 되기를 청합니다." 군주는 이 요구에 응하여 귀족 한 명을 감독관으로 임명했다. 양저는 이 귀족과 다음 날 정오에 군사 본부에서 만나기로 약속하고 물러났다. 그리고 양저는 새로운 감독관을 기다리기 위해 해시계와 물시계를 맞춰놓으려고 서둘러 돌아갔다. 새로운 감독관은 오만하고 건방진 귀족으로 양저와의 약속을 서두를 필요를 느끼지 못했다. 그의 친척들과 지인들이 그에게 송별식을 열어주었고 그는 그들과 술을 마시기 위해 머물렀다. 이튿날 정오에 새로운

책을 줄이고 호의를 얻기 위해 분투하도록 만들어라.

7단계 : 전설을 만들어라. 가장 훌륭한 부대는 전투에서 시험을 거친 부대다. 여러 번의 전투를 통해 적과 싸우는 모습을 옆에서 지켜본 병사들은 과거의 승리를 바탕으로 전설을 만들어낸다. 그리고 그러한 전통과 집단의 명성에 따라 살아가는 것을 자부심으로 삼는다. 그러한 전설에 누가 되는 사람은 수치심을 느낀다. 이러한 전설을 만들어내기 위해서는 부대를 이끌고 가능한 한 많이 전투에 나가야 한다. 처음에는 이길 수 있는 쉬운 전투부터 시작하라. 자신감을 충전할 수 있기 때문이다. 성공하는 것만으로도 팀은 하나로 뭉칠 수 있다. 전설에 어울리는 상징이나 슬로건을 만들어라. 병사들이 소속되고 싶다는 마음을 가지게 될 것이다.

8단계 : 불평꾼들을 내버려두지 마라. 불평꾼들이나 불만스러운 분위기를 고질적으로 조성하는 사람들이 있다. 조금이라도 틈을 주면 이들은 집단 전체에 불안과 심지어는 공포까지 퍼뜨린다. 당신은 최대한 빨리 이들을 고립시키고 제거해야 한다. 모든 집단에는 다른 사람들에 비해 진취적이고 기강이 잘 잡혀 있는 핵심 멤버가 있게 마련이다. 이들이 최고의 병사들이다. 그들을 인정해주고, 그들의 선의를 장려하고, 그들을 타인의 모범으로 삼아라. 이들이 분란과 공포를 조성하는 무리들의 힘을 누그러뜨려 조직의 안정을 유지시키는 역할을 해줄 것이다.

전쟁에서 승리를 가져다주는 것은 병력의 숫자나 세기가 아니라는 건 만인이 아는 사실이다. 어떤 경우든 더 강한 정신력으로 무장한 부대가 적군이 전반적으로 감당하기 힘든 세력이 된다.

— 크세노폰

사례 1: 올리버 크롬웰의 대의명분

1630년대 초반 케임브리지셔의 지주였던 올리버 크롬웰(Oliver Cromwell)은 우울증에 빠져 죽음에 대한 생각에서 헤어나지 못하고 있었다. 우울증이 심각한 고비를 맞았을 때 그는 청교도로 개종했는데, 이때부터 삶을 전혀 다르게 보기 시작했다. 그는 자신이 하느님과의 직접적인 교통을 경험했다고 생각했다. 모든 일에는 이유가 있으며, 또 신의 뜻에 따라 일어난다는 신의 섭리를 믿게 되었다. 의기소침하고 우유부단한 인물이었던 그가 이제는 의지로 충만한 사람이 되었다. 그는 자신이 하느님의 선민에 속한다고 생각했다.

그 뒤 크롬웰은 하원의원이 되었고, 귀족들에 맞서 평민들의 고통을 대변했다. 하지만 그는 정치보다 원대한 무언가를 명하는 신의 계시를 느꼈다. 그는 위대한 성전(聖戰)을 머릿속에 그렸다. 1642년 찰스 1세(Charles I)와 격심하게 대치하던 의회는 왕실의 권력을 제한하는 것에 동의하지 않으면 왕의 재정을 삭감하기로 결정했다. 찰스 1세가 이를 거부하자 왕당파(Cavalier, 왕을 지지하는 세력으로 장발이었다)와 원두파(Roundhead, 반란파로 짧게 깎은 머리 때문에 이런 이름이 붙었다) 사이에 내란이 일어났다. 크롬웰과 같은 청교도들은 의회를 열렬하게 지지했다. 크롬웰은 왕에 맞서 싸우는 전쟁이 자신에게 주어진 기회, 나아가 자신에게 주어진 소명이라고 여겼다.

크롬웰은 군사 방면의 경험이 전혀 없었지만 자신의 고향인 케임브리지셔에서 기병 60명을 모아 급히 부대를 조직했다. 그리고 이 부대를 더 큰 연대에 통합시켜 다른 사령관 밑에서 전투하면서 군사 경험을 쌓은 후 서서히 자신의 능력을 입증해 보일 계획이었다. 그는 최후의 승리를 자신했다. 패배는 결코 그들의 것이 아니었다. 하느님이 그들의 편이었고, 그의 부하들도 모두 신앙심이 깊은 영국을 만든다는 대의를 굳게 믿고 있었다.

크롬웰은 경험이 없었지만 군사에 대한 비전을 가진 인물이었다. 그는 민첩하고 기동성 있는 기병대가 선봉에 서는 새로운 전투 양식을 고안해 냈고, 전쟁 초기 몇 달 동안 자신이 얼마나 용감하고 능력 있는 지도자인

규칙들도 있다." 그는 또한 규율 장교에게 말했다. "말을 달려 곧바로 막사를 통과해서는 안 된다는 것이 규칙이다. 그러나 지금 특사가 그렇게 했다. 그를 어떻게 해야 하는가?' 장교가 말했다. "처형시켜야 합니다." 특사는 대경실색했으나 양저가 말했다. "군주의 특사를 처형하는 것은 옳지 못하다." 그 대신 특사의 수행원 두 명을 사형시켰다. 이것 역시 군대에 알려졌다. 양저는 군주에게 보고하라고 특사를 돌려보냈고 그리고 나서 군대와 출발했다. 병사들이 캠프를 만들었을 때 양저는 우물 파는 것, 화덕 건설, 음식 및 음료수 준비 등을 직접 감독했다. 그는 장군용 공급품을 모두 병사들과 나누었고 자기는 일반 병사들과 같은 배급량을 먹었다. 그는 특히 지치고 약해진 이들에게 친절했다. 3일 후 양저는 부대원들에게 개전을 선언했다. 아픈 이들도 함께 가기를 원했고 양저를 위해 전투에 열정적으로 임하였다. 진나라와 연나라 군대가 이를 듣고 제나라에서 물러났다. 이제 양저는 그들을 쫓아 공격하기 위해 군대를 지휘했다. 마침내 그는 잃었던 영토를 회복했고 승리한 군대와 돌아왔다.
— 《손자병법의 이해: 손자의 고전에 대한 주재 량과 류지의 해석(Mastering the Art of War: Zhuge Liang's and Liu Ji's Commentaries on the Classic by Sun-tzu)》, 토머스 클레어리(Thomas Cleary) 번역, 1989년

지를 증명해 보였다. 크롬웰은 더 많은 부대를 지휘하게 되었다. 하지만 그는 자신이 이끄는 병사들의 출정 정신을 너무 과대평가했다는 사실을 곧 깨달았다. 기병대를 이끌고 적진에 들어갈 때마다 병사들이 명령을 어기고 적진을 약탈하는 모습에 넌더리가 났다. 때로 예비 병력을 마련해두고 전투 후반의 지원 병력으로 쓰려고 했지만, 병사들은 진격 명령에만 귀를 기울일 뿐이었다. 퇴각하는 군대의 모습은 무질서하기 그지없었다. 성전의 용사임을 자처했던 크롬웰의 병사들이 전장에서 보여주는 모습은 보수와 모험을 좇는 용병에 지나지 않았다. 그런 병사들은 소용이 없었다.

1643년 대령이 되어 연대를 이끌게 되자 크롬웰은 과거의 악습을 없애기로 마음먹었다. 이제부터는 특정 부류의 병사만 모집할 계획이었다. 자신과 같이 종교에 대한 비전과 계시에 대한 믿음이 있는 사람들로 말이다. 그는 지망자들에게 정말 뜻이 있는지 살펴보고, 그들이 얼마나 깊은 신앙심을 가졌는지 시험해보았다. 그리고 오랜 전통을 깨고 귀족이 아닌 평민들을 장교로 임명했다. 그가 친구에게 보낸 서신에는 다음과 같은 구절이 있다. "나는 가진 건 귀족이라는 계급밖에 없는 사람을 대장으로 삼고 싶진 않네. 값싼 옷을 걸쳤어도 자신이 무엇을 위해 싸우는지 알고, 그 대의를 사랑하는 사람을 원한다네." 크롬웰은 신병들에게 찬송가를 부르고 함께 기도하게 했다. 흐트러진 기강을 엄격히 바로잡으면서 병사들에게 자신들의 행동이 하느님의 계획의 일부로 생각하도록 가르쳤다. 또 병사들에 대한 처우 역시 당시로서는 파격적이었다. 충분한 음식과 의복을 차질 없이 제공했고, 급료를 지불했다.

크롬웰의 부대가 마침내 전쟁을 치를 때 그들은 훌륭한 부대가 되어 있었다. 기병대는 대열을 잘 갖춰 이동하면서 큰 소리로 찬송가를 불렀다. 왕당파 군대에 접근할 때도 다른 부대처럼 무턱대고 진격하지 않고 '아주 빠른 속보로' 질서 있게 진군했다. 심지어 적군과 대치할 때조차도 질서정연했고, 퇴각할 때도 진군할 때처럼 기강을 흐트러뜨리지 않았다. 이들은 하느님이 자신들과 함께한다고 믿었기에 죽음을 추호도 두려워하지 않았다. 이들은 언덕 위 적군의 포화 속으로 대열 하나 흩뜨리지 않고 곧바로 행진해갔다. 기병대를 완전히 통제하게 된 크롬웰은 병사들을 활용할 때 무한한 융통성을 발휘할 수 있었다. 그의 부대는 연이어 승전고를 울렸다.

1645년 크롬웰은 신형군(New Model Army, 청교도 혁명 때 조직된 의회파 군대-옮긴이)에서 기병대 중장으로 임명되었다. 잘 훈련된 그의 연대는 그해 네이즈비 전투(Battle of Naseby)에서 원두파가 승리하는 데 결정적 역할을 했다. 며칠 후 그의 기병대가 랭포트에서 왕당파의 병력을 섬멸하면서 청교도 혁명의 제1막이 막을 내렸다.

해석

크롬웰은 역사상 가장 훌륭한 군대 지도자의 한 명으로 꼽힌다. 그런데 그의 뛰어난 군사 기술이 군대에 있는 동안 익힌 것이라는 사실을 생각하면 놀라지 않을 수 없다. 크롬웰은 청교도 혁명의 제2막이 진행되는 동안 원두파의 우두머리가 되고, 찰스 1세를 격퇴하여 처형한 후에는 호국경의 자리에 오른다. 기동력을 갖춘 전투를 창안해낸 그가 당시 시대를 앞서간 것은 분명하지만 결코 뛰어난 전략가나 야전 전술가는 아니었다. 그가 성공할 수 있었던 것은 그의 기병대가 갖춘 정신과 기강 덕분이었다. 자질을 보고, 즉 자신의 대의를 진정으로 믿는지를 보고 사람을 뽑았던 것이 성공 비결인 셈이다. 이렇게 선발된 병사들은 당연히 크롬웰이 영향력을 행사하거나 군대의 기강을 잡을 때 반감을 갖지 않았다. 매번 승리를 거둘 때마다 병사들은 크롬웰에게 더욱 헌신하게 되었고, 군대의 단결력도 높아졌다.

따라서 당신은 무엇보다도 당신의 대의에 동참한 당신의 참모진에게 주의를 기울여야 한다. 이들 대다수는 당신과 신념을 공유하고 있는 척 할 것이다. 하지만 전투를 한 번만 치러 보면 그들이 원한 것은 일자리가 전부였다는 사실이 드러날 것이다. 이러한 용병들을 데리고서는 아무것도 이룰 수 없다. 당신에게 필요한 것은 진정한 믿음을 가진 사람들이다. 전문기술이나 화려한 이력서보다 더 중요한 것이 성품과 희생정신이다. 성품을 보고 사람을 뽑게 되면 당신의 영향력을 기꺼이 받아들일 준비가 되어 있는 참모진을 얻게 되고, 조직의 정신과 기강을 확립하는 일이 한없이 쉬워진다. 이 핵심 요원들이 당신을 위해 복음을 전파해주면서 군대의 나머지 조직도 전열을 가다듬게 된다. 이 세속적인 세상에서는 가능하면 전투를 일종의 종교적 체험으로 만드는 것이 좋다. 현세를 초월한 무언가에 자신을 잊고 몰입할 수 있는 경험이 되게 해야 한다.

사례 2: 한니발의 사기진작술

기원전 218년 5월 카르타고(현재의 튀니지)의 명장 한니발(Hannibal)은 대담한 계획을 실행에 옮기기 시작했다. 그는 부대를 이끌고 스페인과 갈리아를 지나 알프스 산맥을 넘어 이탈리아 북부로 들어갈 작정이었다. 그의 목적은 로마 군단을 격파하여, 궁극적으로 로마의 팽창주의 정책에 종지부를 찍는 것이었다.

알프스 산맥은 실로 엄청난 장애물이었다. 군대가 이 험준한 산맥을 행군한 것은 당시까지 전례가 없던 일이었다. 그해 12월 한니발이 수많은 곤란과 역경을 헤치고 이탈리아 북부에 도착했을 때 로마 군대는 무방비 상태였다. 하지만 한니발 역시 큰 대가를 치른 상태였다. 처음 출발할 때 10만 2천 명에 달했던 병력 중 살아남은 숫자는 2만 6천 명에 불과했으며, 녹초가 되고 굶주린 병사들의 사기는 완전히 꺾여 있었다. 설상가상으로 휴식을 취할 시간도 전혀 없었다. 이동 중인 로마 군은 카르타고 군의 막사에서 불과 몇 킬로미터 떨어진 포 강을 이미 건넌 상태였다.

무시무시한 로마 군과의 첫 전투를 하루 앞둔 한니발은 녹초가 된 병사들의 기운을 어떻게든 북돋아주어야만 했다. 이때 그가 택한 방법은 병사들에게 검투사 경기를 보여주는 것이었다. 그는 병사들을 모두 모아놓고 죄수들을 데려왔다. 그리고 죄수들에게 검투 시합에서 살아남아 이긴 자는 자유로운 신분이 되어 카르타고 군대에 들어올 수 있다는 조건을 내걸었다. 죄수들은 이 조건에 동의했고, 한니발의 병사들은 몇 시간 동안 유혈이 낭자한 검투 경기를 즐기면서 자신들의 고초를 잊을 수 있었다.

경기 후 병사들에게 한 연설에서 한니발은 경기가 그토록 재미있었던

한니발은 고대의 가장 뛰어난 장군이었다. 적군의 사기든, 아군의 사기든 전투의 사기, 병사의 사기에 대한 그의 이해력은 존경할 만한 경지였다. 그는 전쟁과 군사 행동, 전투와 관련된 모든 사건에서 그의 위대함을 보여주었다. 그의 병사들은 로마의 병사들보다 뛰어나지 않았다. 그들은 로마 군만큼 무장이 잘되어 있지도 않았고 수적으로는 2 대 1로 뒤졌다. 그러나 그는 항상 승리했다. 그는 사기의 가치를 알고 있었다. 그는 병사들을 절대적으로 신뢰했다. 게다가 그는 군대를 통솔할 때 항상 사기의 우위를 확고히 하는 기술을 터득하고 있었다.
— 찰스 아르당 뒤 피크 대령
(1821~1870)

것은 죄수들이 있는 힘을 다해 싸웠기 때문이라고 말했다. 패배는 곧 죽음을 의미했으므로 죄수들은 괴력을 발휘해 싸웠고, 그럴수록 시합의 열기는 고조되었다. 한니발이 노린 효과는 또 있었다. 그들은 비참한 죄수 신분에서 벗어나 자유로운 군인이 되어 혐오스러운 로마 군을 무찌른다는 위대한 대의를 위해 싸우고 싶다는 열망으로 그렇게 열심히 싸웠던 것이다. "여러분의 처지는 이들과 조금도 다르지 않다."고 한니발은 말했다. "적은 우리보다 훨씬 강하다. 고향을 떠나 먼 길을 와서 온갖 위험이 도사리는 적지에 들어선 여러분들에게는 어디도 갈 곳이 없다. 이 점에서는 여러분도 죄수나 마찬가지다. 문제는 계속 죄수의 상태로 남느냐 아니면 자유를 얻느냐, 싸워서 이기느냐 아니면 죽느냐 하는 것이다. 하지만 오늘 이들이 싸운 것처럼만 싸운다면 우리는 승리를 거둘 것이다."

검투 경기와 한니발의 연설은 병사들의 마음을 사로잡았고, 다음 날 이들은 죽을힘을 다해 싸워 로마 군대를 무찔렀다. 이후에도 규모가 훨씬 더 큰 로마 군단을 상대로 연이어 승전고를 울렸다.

근 2년 후 카르타고 군과 로마 군은 칸나이에서 만나게 된다. 전투를 앞두고 두 군대는 서로가 보이는 위치에 정렬해 있었다. 카르타고 군사들은 자신들의 숫자가 턱없이 부족하다는 것을 한눈에 알아보았다. 병사들 사이로 두려움이 번지기 시작했다. 모두 아무 말도 꺼내지 못했다. 이때 기스고(Gisgo)라는 한 카르타고 장교가 병사들 앞으로 나와 로마 군의 숫자를 가늠해보더니 한니발 장군 앞에 멈춰 서서 떨리는 목소리로 보고했다. "기스고, 자네가 알아채지 못한 게 한 가지 있네." 한니발이 말했다. "상대편 병사의 수가 저렇게나 많은데 기스고라는 이름을 가진 사람은 하나도 없다는 거지."

일순 기스고와 병사들이 웃음을 터뜨렸고, 대열 사이로 농담이 퍼져나가면서 긴장감이 깨졌다. 그렇다. 로마 군에 기스고는 없다. 기스고는 오직 카르타고에만 있었고, 한니발도 오직 카르타고에만 있었다. 리더가 이런 순간에 우스갯소리를 하려면 완벽한 자신감으로 무장되어 있어야 한다. 한니발은 충분히 그러고도 남을 만큼 자신감에 차 있었던 것이다.

조금 전만 해도 두려움에 압도되었던 병사들 사이로 이제는 자기 확신

서로 알지 못하는 네 명의 용감한 사람들이 있었다면 이들은 감히 사자를 공격하려 들지 않을 것이다. 그러나 덜 용감하지만 서로를 잘 알며 신뢰성과 상호 원조에 대해 확신하는 네 명이 있다면 이들은 결연히 사자를 공격할 것이다. 간단히 말하자면 이것이 조직의 과학이다.
— 찰스 아르당 뒤 피크 대령

이 번져나갔다. 이날 카르타고 군은 역사에 길이 남을 압도적 승리를 거두면서 로마 군을 완전히 짓밟았다.

해석

한니발 같은 동기 부여의 대가는 역사상 찾아보기 드문 유형이다. 다른 이들 같으면 병사들에게 말로 열변을 토했을 테지만, 한니발은 어떤 말로도 지치고 굶주린 병사들에게 전투 의지를 불붙일 수 없다는 것을 간파했다. 말로는 병사의 내면에 결코 다가가지 못한다. 리더라면 병사들의 마음을 사로잡아 그들의 피를 끓게 만들고, 마음속을 파고들어 분위기를 쇄신할 수 있어야 한다. 한니발은 간접적으로 병사들의 감정을 휘어잡았다. 그는 겁먹은 병사들의 마음을 침착하게 가라앉히고, 병사들이 당면한 문제 밖으로 눈을 돌리게 하고, 하나로 뭉치게 했다. 그러고 난 후에야 병사들이 처한 위험한 상황에 딱 들어맞는 연설을 해서 병사들의 감정을 흔들어놓았다.

그가 칸나이 전투에서 한 짤막한 농담 역시 극적인 효과를 냈다. 한니발은 전투에 대한 자신감을 말로 설득하지 않고 몸소 보여주었다. 기스고를 두고 한 농담에 웃음을 터뜨리는 순간 그들은 하나로 결속되었고 그 안에 숨겨진 의미를 이해했다. 말은 필요하지 않았다. 한니발은 병사들의 분위기를 조금만 바꿀 수 있어도 패배를 승리로 돌릴 수 있다는 사실을 잘 알고 있었다.

한니발처럼 당신도 사람들의 감정에 간접적으로 다가갈 수 있어야 한다. 당신이나 당면 이슈와 전혀 상관없어 보이는 것으로 사람들을 웃기거나 울려라. 감정은 전염되는 법이다. 감정은 사람들을 하나로 묶어주고 유대를 강화시켜준다. 그 후에는 피아노를 연주하듯 자유롭게 사람들이 갖가지 감정을 느끼게 할 수 있다. 미사여구를 동원한 고상한 연설은 거슬리고 반감만 불러일으킨다. 동기 부여는 그보다 더 미묘한 방식으로 이루어진다. 간접적으로 다가가 감정에 호소하면 진정으로 마음속을 파고들 수 있을 것이다.

사례 3: 어느 미식축구 감독의 훈련 방법

1930~40년대만 해도 그린 베이 패커스(Green Bay Packers)는 최고의 프로 미식축구 팀으로 꼽혔으나, 1950년대 말에는 최악의 팀으로 전락하고 말았다. 무엇이 문제였을까? 팀에는 미국 최고 선수로 뽑힌 적이 있는 폴 호넝(Paul Hornung)과 같이 뛰어난 선수들이 많았다. 구단주들은 팀의 부진을 크게 염려하며 계속 새로운 감독과 선수들을 고용했지만, 아무 소용이 없었다. 선수들은 노력을 하고 있었고 지는 것도 싫어했다. 사실 그들의 실력이 아주 형편없는 것도 아니었다. 그들은 거의 다 이긴 경기를 마지막에 내어주는 경우가 많았다. 선수들은 뭘 어떻게 해야 할지 알 수 없었다.

1958년 최악의 성적을 기록한 패커스는 이듬해 시즌을 위해 늘 그랬듯 새로운 감독을 영입했다. 이번에는 빈스 롬바르디(Vince Lombardi)였다. 선수들은 그가 뉴욕 자이언츠의 코치였다는 사실 외에는 그에 대해 그다지 아는 바가 없었다.

새 감독을 만나기 위해 모였을 때 선수들은 또 판에 박힌 연설이나 하겠지, 생각했다. 이번 해를 도약의 발판으로 삼자, 이제부터는 고생 좀 하게 될 것이다, 모든 게 전과 같지 않을 것이다, 하는 식의 연설 말이다. 롬바르디는 그런 선수들을 실망시키지 않았다. 그는 차분하면서도 힘 있는 목소리로 일련의 새로운 규칙들과 행동 원칙을 설명해주었다. 하지만 일부 선수들은 이번 감독은 뭔가 다르다는 점을 알아차렸다. 그에게서는 자신감이 배어나왔다. 그는 고함을 지르지도, 선수들을 다그치지도 않았다. 그의 어조와 태도는 이미 승리한 팀을 대하는 듯했다. 선수들은 이제 승리하는 팀의 일원으로 행동해야 했다. 이 새로운 감독이 멍청한 건지, 아니면 정말 비전을 가진 건지 아직 알 수가 없었다.

훈련 방식은 종전과 별반 다르지 않았지만, 그 뒤에 숨어 있는 정신은 분명히 달랐다. 선수들은 그것을 '느낄 수' 있었다. 훈련 시간은 전보다 짧았지만 거의 고문에 가까울 정도로 고되었다. 또 훈련은 하나의 간단한 플레이를 끊임없이 반복하는 방식으로 집중적으로 이루어졌다. 여느 감독과는 다르게 롬바르디는 자신이 하고 있는 일에 대해 설명을 해주었

그는 갑자기 신변 걱정을 잊었고 위험적인 그의 운명조차 생각할 여지가 없었다. 그는 한 인간이 아니라, 조직의 일원으로 탈바꿈해 있었다. 그는 자기가 소속되어 있는 조직, 그것이 연대건, 군대건, 대의명분이건, 국가건, 그것이 위기에 처해 있다고 느꼈다. 그는 오로지 한 가지 욕망에 지배를 받는 공통적인 하나의 특성에 융합되어 있었다. 얼마 동안 그는 도망칠 수 없었다. 그것은 마치 새끼손가락이 손을 떠나려고 허명을 일으킬 수 없는 것과 같았다. ……그는 자기 주위에 언제든지 전우들이 있음을 의식했다. 전쟁터에서 싸우는 전우에게는 병사들이 전쟁의 목적으로 내세우는 대의명분보다도 더욱 강한 것임을 깨달았다. 그것은 사선을 넘어 포탄 세례 속에서 움트는 신비한 형제애였다.
—스티븐 크레인, 《붉은 무공훈장》

다. 그는 좀더 간단한 시스템을 구축하고 있었는데, 여기서 중요한 것은 새롭고 놀라운 방식이 아니라 효율적인 실행이라는 것이었다. 선수들은 고도의 집중력을 발휘해야 했다. 조금이라도 실수하면, 해당 선수나 팀 전체가 운동장을 더 돌아야 했다. 또 롬바르디는 연습 내용에 항상 변화를 주어, 선수들이 지루해하거나 집중력이 떨어지지 않도록 했다.

다른 점은 또 있었다. 이전 감독들은 스타 선수들을 '특별' 대우를 했다. 이들은 약간 건방지게 굴었고, 훈련을 일찍 끝내고는 늦은 시간까지 개인 활동을 하는 경우가 많았다. 다른 선수들은 이를 일종의 서열로 받아들였지만, 마음속 깊은 곳에서는 원망이 일었다. 하지만 롬바르디는 어떤 선수도 편애하지 않았다. 그에게 스타 선수란 없었다. 디펜시브 태클(수비 라인 중앙에서 상대의 전진을 막는 선수—옮긴이)이었던 헨리 조던(Henry Jordan)은 이렇게 말한다. "롬바르디 감독은 아주 공평했다. 그는 우리 모두를 똑같이 개처럼 다루었다." 이런 방식은 선수들의 호응을 얻었다. 다른 선수들과 똑같이 호넝도 큰 소리로 꾸지람을 듣고 벌을 받는 것을 보는 게 즐거웠다.

롬바르디의 가차 없는 비판은 선수들에게 와닿았다. 그는 선수들의 약점과 불안정한 부분을 잘 알고 있는 것 같았다. 예를 들어, 롬바르디는 조던이 다른 사람들 앞에서 비판받는 걸 끔찍이 싫어한다는 것을 귀신같이 알아내고서는, 그런 특성을 이용하여 그가 더 열심히 노력하도록 만들었다. 이에 대해 한 선수는 이렇게 평하기도 했다. "우리는 항상 롬바르디가 틀렸다는 것을 보여주기 위해 노력했다. 하지만 그는 바로 그 점을 노렸다."

연습은 더욱 혹독해졌다. 평생 이토록 힘든 훈련은 처음이었다. 그런데도 선수들은 오히려 일찍 훈련장에 나타나 늦게까지 연습했다. 시즌의 첫 게임이 다가올 때까지 롬바르디는 모든 경우의 수에 대비했다. 훈련에 넌더리가 난 선수들은 드디어 경기를 치른다는 사실이 감사할 정도였다. 드디어 결전의 날이 왔다. 놀랍게도 그 지겨운 훈련 덕분에 선수들은 훨씬 쉽게 경기를 치렀다. 패커스는 그 어떤 팀보다 준비가 잘되어 있었고, 똑같이 4쿼터를 처라도 덜 지쳤다. 그들은 초반 세 경기에서 승리했다. 갑자기 찾아온 성공에 팀의 사기와 자신감은 급격히 올라갔다.

그해 패커스는 7승 5패라는 성적으로 시즌을 마무리했다. 1958년 1승 10패 1무라는 성적에 비하면 놀라운 발전이었다. 롬바르디 밑에서 한 시즌을 보낸 뒤 패커스는 프로 스포츠계에서 가장 탄탄한 팀으로 변모해 있었다. 1960년 패커스는 결승전에 올랐고, 1961년에는 챔피언 자리를 거머쥐었으며, 이후에도 몇 번이나 우승을 차지했다. 그때마다 선수들은 롬바르디가 어떻게 팀을 변모시켰는지 설명하려고 애썼지만, 그가 팀을 승리로 이끌었던 진정한 요인은 그 누구도 말해주지 못했다.

해석 ──

빈스 롬바르디가 패커스의 감독으로 부임했을 때 그는 곧바로 문제점을 알아차렸다. 팀은 사춘기 청소년들이 보여주는 패배주의에 젖어 있었다. 십대 청소년들은 반항적이면서도 동시에 무기력한 태도를 보이는 경우가 많다. 이는 현 상태에 안주하기 위한 방법이다. 좀더 어려운 일을 시도하다 보면 실패의 위험이 커지는데, 그런 위험을 감당하느니 차라리 기대치를 낮추고자 한다. 무언가를 이루느라 안달하기보다는 평범하게 지내는 게 좋다고 생각한다. 패배를 받아들이면 그만큼 상처받을 일도 없을 테니까 말이다.

집단에도 이런 기운이 퍼질 수 있다. 실패를 몇 번 경험하고, 팀 내에 사춘기 시절의 이런 태도를 가진 사람이 몇 명만 있어도 서서히 기대치가 낮아지고 패배주의가 똬리를 튼다. 리더가 고함을 지르고, 팀원들을 다그치며, 제재를 가하는 등 직접적인 방법을 통해 집단의 분위기를 바꾸려고 하면 그들은 십대 청소년들처럼 반항심만 더 커질 뿐이다.

롬바르디는 동기 부여에 있어서 천재였다. 그는 모든 것을 심리적인 관점에서 바라보았다. 롬바르디가 보기에 NFL(National Football League, 미국 미식축구리그)에서 뛰는 선수들의 실력은 거의 비슷했다. 차이가 있다면 태도와 사기였다. 패커스의 패배주의적인 분위기를 바꾸어놓으면 곧 승리가 따라올 테고, 한 번의 승리는 팀원들의 사기를 북돋아 더 많은 승리의 견인차가 될 것이다. 롬바르디는 선수들에게 간접적인 방식으로

한 번 더 저 돌파구로 돌격한다. 병사들이여, 한 번 더. 아니면 영국군의 시체로 그 구멍을 메워버려라. 평화 시엔 온건한 침묵과 겸손이야말로 사나이다운 미덕이다만, 일단 전쟁의 회오리바람이 불어 귓전을 때릴 때는 호랑이의 행동을 본뜨는 거다. 근육을 곤두세우고, 피를 용솟음치게 하고, 순한 성품을 무섭게 성난 표정으로 가장하라. 눈을 무섭게 번뜩여라. 성벽 틈새로 적을 노려보는 대포처럼 부릅뜬 눈초리로 노려보라. 눈 위에는 눈썹을 치떠 엄하게 보이는 거다. 깎아지른 듯한 벼랑이 거센 대양의 파도에 깎이고 파인 토대 위에 불쑥 튕겨나와 있듯이. 자, 이를 악물고 코를 넓히, 숨을 힘껏 들이마셔 용기를 최대한으로 발휘하는 거다! 돌진이다. 돌진, 용감무쌍한 영국의 귀족들이여, 백전백승으로 단련된 부친들로부터 이어받은 무용의 혈통이었느니라. 부친들은 한 사람 한 사람이 알렉산드로스 대왕이 되어 이 땅에서 아침부터 밤까지 싸웠으며, 적이 보이지 않을 때까지 검을 칼집에 꽂지 않았다. 그러한 아버지의 자식임을 증명하라. 안그러면 어머니의 정조를 욕되게 하는 거다. 이제야말로 천한 신분의 사람들에게 모범을 보이며, 싸우는 법을 가르쳐라! 자, 우리 향사들이여, 영국에서 태어나 갈고닦은 그 기개를 보여, 짐에게 조국을 위해 부끄럽지 않은 백성이라고 떳떳이 말하게 해다오. 짐은 의심치 않으니 눈빛에 기품이 넘치고 있으며, 비열하고 못난 자는 한

> 사람도 없느니라. 너희들은 지금 가죽 끈에 매달린 사냥개 같으며 뛰어나가려고 으르렁대고 있다. 자, 사냥이 시작됐다. 용기를 북돋아 돌격하자. 그리고 소리쳐라.
> "신이여, 해리 왕을 도우소서, 수호성자 세인트 조지여, 영국을 수호해주소서!"
> — 윌리엄 셰익스피어,
> 《헨리 5세》

다가가야 한다는 것을 알았다. 그는 자신감을 보여주는 것부터 시작했다. 그가 말하는 방식은 곤경에 빠진 승리자를 대하는 듯했다. 이 방식은 선수들의 마음을 움직였고, 그 효과는 선수들 자신이 인식한 것보다 훨씬 컸다. 또한 롬바르디는 훈련을 할 때 다그치지 않았다. 선수들에게 불만을 표시하는 것은 곧 불안하다는 뜻이기 때문이다. 대신 그는 훈련의 분위기를 바꾸었다. 훈련은 조용하고 격렬하고 집중적으로 이루어졌으며, 기술 향상에 초점을 맞추었다. 롬바르디는 의지는 가능성에 대한 믿음과 연계되어 있다는 사실을 잘 알고 있었다. 가능성에 대한 믿음을 키우면 더욱 열심히 노력하게 된다. 롬바르디가 첫 경기에서 팀을 승리로 이끌 수 있었던 건 선수들 스스로 가능성을 보게 했기 때문이다. 선수들은 더 이상 패배를 받아들일 수 없었다.

명심하라. 한 집단이 가지고 있는 집단적 개성은 시간이 흐르면서 점차 굳어지는데, 때로 그것은 반사회적이거나 미성숙한 것일 수 있다. 이러한 개성을 바꾸기는 힘들다. 사람들은 그것이 별 쓸모없는 것이라 해도 자신의 인식을 바꾸고 싶어하지 않는다. 만일 당신이 이러한 집단을 이끌고 있다면 그 부정적인 분위기에 휘말리지 않도록 해야 한다. 이때 목표를 제시하면서 사람들을 다그치면, 그들은 방어적인 자세가 되어 자신이 어린아이 취급을 당하고 있다고 생각할 것이다. 롬바르디처럼 꾀바른 부모가 되어라. 팀원들에게 더 많은 것을 부탁하고, 그들이 성숙한 어른으로 행동하길 기대하라. 사람들이 일을 처리하는 분위기를 조용히 바꿔라. 그리고 효율성을 강조하라. 효율성은 성공을 낳으며, 성공은 사기를 올린다. 집단의 정신과 개성이 일단 긍정적인 흐름을 타기 시작하면, 나머지도 모두 제자리를 잡을 것이다.

사례 4: 나폴레옹의 징계와 보상

1796년 4월 스물여섯 살의 나폴레옹 보나파르트는 프랑스 군대의 사령관으로 임명되어 이탈리아에서 오스트리아 군과 싸우게 된다. 대다수 장교들이 보기에 그것은 말도 안 되는 것이었다. 나폴레옹은 키가 작고,

너무 젊고, 경험도 없는 데다, 심지어 '장군' 대열에 속하기엔 외양도 너무 볼품없지 않은가. 한편 급료나 음식을 제대로 제공받지 못한 그의 병사들은 프랑스 혁명이라는 전투의 대의에 점차 환멸을 느끼고 있었다. 나폴레옹이 좀더 열심히 싸우라고 독려하면 병사들은 더욱 거세게 저항했다.

5월 10일 나폴레옹과 그의 지친 군대는 아다 강의 로디 다리에 다다랐다. 그곳에서 사력을 다해 싸웠지만 오스트리아 군은 다리 건너로 퇴각해버렸다. 오스트리아 군은 병사들과 대포를 배치해 방어를 위한 만반의 태세를 갖추었다. 프랑스 군이 다리를 탈환하는 건 극히 힘들어 보였다. 그런데 뜻밖의 상황이 벌어졌다. 나폴레옹이 말을 타고 병사들 앞으로 나서더니 극히 위험한 위치에서 공격을 지휘하는 것이었다. 나폴레옹은 한 차례 감동적인 연설을 하고는 "공화국 만세!"를 외치며 오스트리아 군대 쪽으로 척탄병들을 투입했다. 그의 의기가 고위 장교들의 용기를 자극했다.

프랑스 군은 다리를 탈환했다. 병사들은 이제 나폴레옹을 다른 눈으로 바라보았다. 그의 용기에 감탄하여 '꼬마 하사'라는 별명을 붙여주기도 했다. 로디 다리에서 나폴레옹이 적군에 맞서서 싸운 이야기는 병사들 사이에 널리 퍼져갔다. 이탈리아 원정에서 나폴레옹은 연거푸 승리를 거두었다. 병사들 사이의 유대감, 그리고 병사들과 장군과의 결속력도 한층 단단해졌다.

휴식 중일 때 나폴레옹은 병사들의 캠프파이어를 돌면서 그들과 어울리곤 했다. 나폴레옹 자신이 말단 병사부터 시작했기 때문에(한때 그는 일반 포병이었다), 그가 말하는 방식은 여느 장군들과 달랐다. 그는 병사들의 이름과 이력, 심지어는 그들이 어느 전투에서 부상을 당했는지도 기억했다. 때로는 병사들의 귓불을 꼬집으며 친근함을 표시하기도 했다.

병사들은 어쩌다 나폴레옹을 볼 때면 전기에라도 감전된 듯한 느낌이 들었다. 그것은 반드시 나폴레옹 개인의 존재감 때문만은 아니었다. 나폴레옹은 자신이 언제 모습을 나타내야 하는지 정확히 알고 있었다. 대규모 전투를 앞두기 전이나 특정 이유로 사기가 저하될 때마다 병사들

앞에 모습을 드러내 그들이 함께 역사를 만들고 있음을 상기시켰다. 어떤 분대가 진격을 이끌 예정이거나 혹은 곤경에 처해 있을 때면 그는 말에 올라타 이렇게 외쳤다. "38분대, 나는 자네들을 아네! 진격해서 저 마을 내 것으로 만들어주게!" 그의 병사들은 자신들이 단순히 명령에 복종하는 것이 아니라, 한 편의 위대한 드라마 속에 있다고 생각했다.

나폴레옹은 병사들에게 화를 내는 일이 거의 없었지만, 그럴 경우에도 단순히 죄책감이 들게 하거나 기분이 상하게 하는 것과는 다른 효과를 노렸다. 나폴레옹이 사령관이 된 후 처음 맡은 이탈리아 원정이 끝나갈 무렵, 그의 군대가 오스트리아 군에 밀려 퇴각하는 일이 발생했다. 변명의 여지가 없는 굴욕적인 퇴각이었다. 나폴레옹은 이들 부대를 몸소 방문했다. "제군들, 나는 실망했네." 그의 커다란 회색 눈동자가 불타는 듯했다. "제군들은 용기도, 기강도, 끈기도 보여주지 못했다. 몇 사람만으로도 부대 하나를 막을 수 있었던 요지를 자네들은 그냥 내어주었네. 39분대, 그리고 85분대 병사들은 프랑스 군인이 아니다. 장군, 이들이 입은 제복의 깃에 '우리는 이제 더 이상 이탈리아 원정 부대의 병사가 아니다!'라는 말을 새겨넣게." 병사들은 간담이 서늘해졌다. 우는 병사들이 있는가 하면, 다시 한 번 기회를 달라고 간청하는 병사들도 있었다. 그들은 나약했던 자신들에 대해 뼈저리게 후회를 했고 완전히 새로운 사람이 되었다. 이후 39분대와 85분대 병사들은 이전에는 결코 찾아볼 수 없었던 강인함을 보여주며 두각을 나타냈다.

몇 년 후, 바이에른에서 맞붙은 오스트리아 군과의 전투에서 프랑스 군은 가까스로 승리를 거두었다. 다음 날 아침 나폴레옹은 이 전투에서 핵심적인 역할을 했던 경보병 13연대를 사열하면서 대령에게 가장 용기 있게 행동한 병사가 누군지 물었다. 대령은 잠시 생각하더니 이렇게 말했다. "고적대장이었습니다, 장군님." 나폴레옹은 즉시 이 군악대원을 불렀다. 나폴레옹 앞에 선 병사는 잔뜩 긴장한 모습이었다. 나폴레옹은 모든 사람이 들을 수 있도록 큰 소리로 말했다. "자네가 이 연대에서 가장 용감한 병사라더군. 자네에게 남작에 준하는 레지옹 도뇌르 기사직을 내리는 바이며, 4천 프랑의 추가 봉급을 수여한다." 병사들은 놀라움을

용병대와 원군은 백해무익하다. 그리고 어느 군주가 용병에 의해 국가의 토대를 구축하였다면 절대 공고함이나 안정을 구하지 못할 것이다. 용병은 단결력이 없고 야심차며, 규율이 없고, 충직심이 결여되어 있기 때문이다. 그들은 동료들 사이에서는 용맹해 보이지만 적중에 들어가선 비굴하기 짝이 없으며, 신에 대한 두려움도, 인간에 대한 신의도 없다. 그리고 평화시에는 그들에게, 전시에는 적에게 시달림을 받게 된다. 용병이 전쟁터에 나가는 것은 얼마 안 되는 급료 때문이지, 다른 어떤 감정이나 목적도 없고, 그렇다고 그 급료는 죽음을 각오할 만큼 큰 액수도 아니다.
— 니콜로 마키아벨리, 《군주론(The Prince)》, 1513년

감추지 못했다. 원래 나폴레옹은 시의적절하게 또 공로에 따라 병사들을 진급시키는 것으로 유명했다. 말단 병사도 자신의 능력을 보여주기만 하면 언젠가는 원수의 자리에도 오를 수 있다는 꿈을 꾸어볼 수 있었다. 어쨌든 고적대원이 하룻밤 새 남작이 되었다는 꿈같은 이야기는 순식간에 군대 전체로 퍼지면서 병사들의 마음을 뒤흔들어놓았다. 군대에 갓 들어와 향수병과 우울증에 젖어 있던 신병들의 경우는 특히 더했다.

나폴레옹이 오랜 기간 힘겨운 전투를 치르는 내내, 심지어는 러시아에서 혹독한 겨울을 보내고 결국에는 엘바 섬으로 추방을 당하고 워털루에서 마지막 전투를 하며 뼈아픈 패배를 겪는 동안에도, 나폴레옹의 병사들은 바로 이 '꼬마 하사'를 위해 지구 끝까지라도 따라가려고 했다.

해석 ──

나폴레옹은 역사상 가장 뛰어난 용병가였다. 당시 프랑스 혁명으로 수백만의 젊은이들이 자유를 얻었는데, 나폴레옹은 질서, 기강, 군인의 면모는 조금도 찾아볼 수 없는 이들을 역사에 길이 남을 훌륭한 군대로 조직했다. 이들이 혹독한 고초를 겪으면서도 어떻게 그토록 높은 사기를 유지할 수 있었는지 그저 놀라울 뿐이다. 나폴레옹은 군대를 조직하는 데 책에 나와 있는 모든 기술을 활용했다. 그는 대의를 중심으로 병사들을 통합시켰다. 초기에는 프랑스 혁명이라는 이상을, 후기에는 번성하는 프랑스 제국의 영광을 대의로 삼았다. 그는 병사들에게 훌륭한 대우를 해주었지만, 결코 나쁜 버릇을 들이지는 않았다. 그는 병사들의 탐욕이 아닌, 병사들의 명예와 인정에 대한 욕구에 호소했다. 나폴레옹은 전방에 서서 병사들을 이끌면서 끊임없이 자신의 용기를 증명해 보였다. 그는 병사들을 계속 움직이게 했다. 제국의 영광을 위한 새로운 전장은 언제나 있었다. 병사들을 하나로 결속시킨 후에는 그들의 감정을 능숙하게 다루었다. 그의 병사들은 자신이 단순히 전쟁을 치르는 일개 병사가 아니라, 황제의 전설적인 독수리 휘장 아래 모여 신화의 일부를 만들어가는 존재라고 생각했다.

나폴레옹이 사용한 기술 중 가장 효과적이었던 것은 바로 징계와 보상

> 병사들에게 사랑받고자 한다면 그들의 피를 소중히 쓰고 그들을 학살로 이끌지 마라.
> —프리드리히 대왕(1721~1786)

이었다. 모든 징계와 보상은 최대한 극적 효과를 내기 위해 마련되었다. 그가 누군가를 심하게 질책하는 것은 극히 드문 일이었지만, 그가 화가 나서 내리는 징계는 혹독했다. 완전히 버림을 받았다는 느낌은 병사를 못 견디게 했다. 가족의 따뜻한 품에서 쫓겨난 것처럼 그는 다시 나폴레옹의 호의를 얻기 위해 있는 힘을 다해 노력했고, 두 번 다시는 그를 분노하게 하지 않았다. 진급과 보상, 그리고 공개적 칭찬 역시 극히 드물었지만, 그러한 보상은 항상 정치적인 계산이 아닌 병사들이 세운 공로에 따라 이루어졌다. 나폴레옹을 절대 실망시키지 않고 그의 인정을 받으려는 열망이 강했던 병사들은 헌신적으로 그의 뒤를 따르면서도 너무 바짝 따라 붙지는 않았다.

당신도 대가에게서 한 수 배워라. 사람들을 관리하는 비결은 그들이 당신의 의중에 대해 계속 생각하도록 만드는 것이다. 먼저 병사들과 당신 사이에 유대관계를 형성하라. 그들이 당신을 존경하고 동경해서 약간 두려워할 정도가 좋다. 이러한 유대관계가 돈독해지면, 한발 물러나 약간의 거리를 둔다. 사람들이 당신에게서 온화함과 동시에 약간의 거리감을 느끼도록 말이다. 그런 관계가 확실히 형성되면, 병사들과 만나는 횟수를 줄여라. 징계와 보상은 아주 이따금씩 그리고 예기치 않게 행하라. 당시에는 사소한 일이지만 상징적인 의미를 가진 실수나 성공이 그 근거가 되어야 한다.

다음의 사실을 분명히 인식하라. 사람들은 당신이 무엇에 기뻐하고 무엇에 화를 내는지 알게 되면 잘 훈련받은 푸들로 변해 확실히 칭찬을 받는 행동으로 당신의 관심을 끌려 할 것이다. 사람들이 당신의 의중을 계속 헤아리게 만들어라. 당신을 기쁘게는 하고 싶은데 그 방법을 확실히 알 수 없도록 하라. 일단 사람들이 이 덫에 걸려들면, 당신은 그들을 자석과 같이 이끌게 된다. 동기 부여는 자동적으로 이루어질 것이다.

| 이미지 | 조수(潮水). 조수는 아주 강력한 힘으로 밀려오고 빠져나가기 때문에 조수가 지날 때는 그 누구도 거기서 빠져나오거나 그 힘을 거스를 수가 없다. 당신은 달처럼 모든 것을 휩쓰는 그러한 조수를 움직이는 힘이다.

| 근거 | 도(道)란 백성으로 하여금 군주와 뜻을 같이하도록 하는 것이니 군주와 함께 죽고 군주와 함께 살되 위험을 두려워하지 않는 것이다.

— 손자

뒤집어보기

사기가 전염성이 있는 것이라면 그 반대도 마찬가지다. 두려움과 불만족 역시 병사들 사이에 순식간에 퍼질 수 있다. 이 문제를 해결하는 유일한 방법은 두려움과 불만족이 공포와 폭동으로 변하기 전에 일찌감치 그 싹을 자르는 것이다.

기원전 58년 로마가 갈리아 전투를 치를 때 카이사르는 게르만 군과의 결전을 준비하고 있었다. 게르만 군대가 잔학하며 수가 많다는 소문이 돌면서 카이사르의 군대는 겁에 질려 명령에 따르려 하지 않았다. 카이사르는 신속하게 조치를 취했다. 먼저 그는 소문을 퍼뜨리고 다니는 자들을 잡아 가두었다. 그리고 병사들에게 직접 연설을 하여 게르만족을 무찔렀던 용감한 조상들을 상기시켰다. 그는 오직 제10군단만이 어떤 공포에도 흔들리지 않는 것처럼 보였으므로 10군단의 병사들만 출정시키겠다고 선포했다. 카이사르가 용감한 10군단을 데리고 행군 준비를 하자 부끄러움을 느낀 나머지 병사들이 용서를 구하고 자신들도 전투에 나가게 해줄 것을 간청했다. 카이사르는 못 이기는 척하며 그 청을 들어주었다. 한때 공포에 질렸던 이들은 전투에 나가 힘껏 싸웠다.

이런 상황에서는 카이사르처럼 행동하여 공포의 물결이 더 이상 퍼지지 않도록 막아야 한다. 시간을 낭비하지 말고 조직 전체를 살펴보라. 공포와 반항심을 조장하는 자들은 일종의 광기 속에서 서서히 현실 감각을 잃어간다. 병사들의 자부심과 존엄성에 호소하여 나약하고 어리석었던 순간을 부끄럽게 여기도록 하라. 병사들에게 과거의 업적을 상기시키고, 그들이 이상에 얼마나 못 미치고 있는지 보여주어라. 수치심이 병사들을 일깨우고 겁먹은 분위기를 쇄신시켜줄 것이다.

PART 3

방어적인 자세로 싸우는 것은 나약함의 표시가 아니다. 그것은 전략적 현명함의 극치요, 강력한 전쟁수행 방법이다. 방어형 전쟁의 요건은 간단하다. 첫째, 당신은 완벽한 경제성을 가지고 싸우고, 필요한 전투에만 임하면서 당신의 자원을 최대한 활용해야 한다. 둘째, 저돌적인 적이 무모한 공격에 나서도록 유인하면서 언제, 어떻게 후퇴할지 간파하고 있어야 한다. 그리고 인내심을 가지고 적의 고갈의 순간을 기다렸다가 사나운 반격을 시작하라.

공공연한 공격성을 부정적으로 보는 세계에서는 방어적으로 싸우는 능력, 즉 다른 이들이 초수를 띄우게 한 후 그들을 파괴하기 위해 그들의 실수를 기다리는 것이 당신에게 숨겨진 파워를 가져다줄 것이다. 당신은 에너지도, 시간도 낭비하지 않기 때문에 언제나 전투를 치를 준비가 돼 있다. 당신의 이력은 길어질 것이고 많은 결실을 얻을 것이다.

이렇게 방어적으로 싸우기 위해서는 속임수의 기술을 터득해야만 한다. 실제보다 더 약하게 보임으로써 당신은 적을 경솔한 공격으로 유인할 수 있다. 그런가 하면 때때로 무모하고 대담한 행동을 통해 실제보다 더 강하게 보임으로써 적이 당신을 공격하지 못하게 방해할 수 있다. 방어형 전쟁에서 당신은 기본적으로 당신의 약점과 한계를 활용해 파워와 승리를 이끌어낼 것이다.

이어지는 네 개의 장은 방어형 전쟁의 기본적인 기술, 즉 수단의 경제성, 반격, 위협과 저지, 그리고 저돌적인 공격하에 후퇴하여 몸을 숨기는 방법을 당신에게 가르쳐줄 것이다.

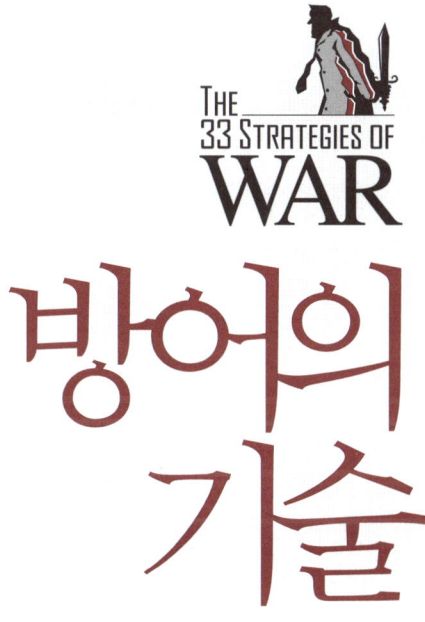

방어의 기술

STRATEGY 8

참여할 전투를 신중하게 선택하라

: 경제성의 원칙

우리 모두는 한계를 지닌다.
우리의 에너지와 기술을 총동원하더라도 갈 수 있는 한계가 있게 마련이다.
한계를 넘어서려 애쓰는 데서 위험이 시작된다.
눈부신 상(賞)에 현혹되어 능력 밖의 일을 하려 들면 우리는 결국 지쳐서 공격에 취약해진다.
당신은 자신의 한계를 알고 전투를 신중하게 선택해야 한다.
또한 전쟁에 따르는 숨은 비용, 즉 시간의 소비나 정치적 선의의 낭비,
패배한 적의 복수 결심 등도 충분히 고려해야 한다.
때로는 직접적인 공격보다 시기를 기다리며
암암리에 적의 토대를 침식하는 것이 더 나을 수 있다.
전투를 피할 수 없다면 당신이 바라는 대로 적이 싸우게 만들어라. 그들의 약점을 노려라.
전쟁이 그들에게는 값비싸며 당신에게는 저렴하게 만들어라.
완벽한 경제성이 있는 전투를 수행하면 어떤 강력한 적보다도 더 오래 버틸 수 있다.

피로스의 상처뿐인 승리

다른 모든 것과 마찬가지로 전역(戰域)의 활용에 있어서도 전략은 힘의 경제성을 요구한다. 누구든 더 적은 자원으로 살아남을 수 있다면 더 바람직하다. 그러나 살아남을 수 있을 정도는 돼야 한다. 교역에서와 마찬가지로 여기서도 적은 자원으로 살아남는 데는 단순히 인색하게 구는 것 이상의 무언가가 있다.
— 카를 폰 클라우제비츠

기원전 281년 이탈리아의 동해안에서 로마와 타렌툼(Tarentum) 간의 전쟁이 발발했다. 타렌툼은 그리스의 도시인 스파르타의 식민지였다. 타렌툼 시민들은 그리스어를 사용했고 스스로를 교양 있는 스파르타인으로 여겼으며 이탈리아의 다른 도시들을 미개하다고 생각했다. 한편 신흥 세력으로 떠오른 로마는 주변국들과 연이어 전쟁을 치르고 있는 상태였다.

신중한 로마인들은 타렌툼을 상대하기를 꺼렸다. 타렌툼은 당시 이탈리아에서 가장 부유한 도시였고 로마에 대항하는 동맹도시들에게 자금을 지원하기에 충분한 부를 가지고 있었다. 게다가 멀리 남동부에 떨어져 있어 즉각적인 위협을 가하기도 어려웠다. 그러나 이제 싸움은 피할 수 없는 것이 되었다. 표류하던 몇 척의 로마 선박이 타렌툼 항구에 이르자 타렌툼인들은 선박을 침몰시키고 함대 사령관까지 죽이는 사건이 일어났던 것이다. 로마가 협상을 통해 이 문제를 해결하고자 했을 때도 그들은 로마 사절단을 모욕하기 일쑤였다. 이처럼 나라의 명예가 위기에 처하자 로마는 전쟁을 준비했다.

타렌툼에게도 약점은 있었다. 부유했지만 실질적인 군대가 없다는 것이었다. 시민들은 안락한 삶에 길들여져 있었다. 그리하여 그리스 군대를 끌어들여 타렌툼을 대신해 싸우게 하자는 방안이 나왔다. 스파르타인들은 다른 일에 여념이 없었기 때문에 알렉산드로스 대왕 이후 가장 위대한 그리스의 전사, 이피로스(Ipiros)의 피로스(Pyrrhos) 왕에게 도움을 청했다.

그리스 중서부에 위치한 소왕국 이피로스는 인구도 자원도 별로 없는 빈곤한 나라였다. 하지만 피로스는 가족들이 조상이라고 주장하는 아킬레우스와 먼 친척뻘인 알렉산드로스의 이야기를 듣고 자란 터라 이름을 날린 조상들과 친척들의 선례를 좇아 이피로스를 확장해 제국을 세우겠다는 결의에 차 있었다. 청년 시절 그는 당시 이집트를 지배했던 알렉산드로스의 장군 프톨레마이오스를 포함한 다른 위대한 장군들의 군대에서 복무한 경력이 있었다. 피로스는 전사와 지도자로서 능력을 발휘했다. 그는 전투에서 위험한 진격을 지휘하는 것으로 명성을 날리며 '독수리'라는 별명을 얻었다. 그 후 이피로스로 돌아가 소규모 군대를 조직해 잘 훈련시켰으며 마케도니아의 군대를 여러 전투에서 격파하는 전공을 세우기도 했다.

하지만 이러한 피로스의 명성에도 불구하고 이피로스와 같은 소국이 마케도니아나 스파르타, 아테네와 같은 강력한 이웃 도시들에 대한 지배력을 얻기는 힘들었다. 타렌툼의 제안은 솔깃했다. 첫째, 타렌툼은 피로스에게 동맹 국가들에서 징집한 대규모 군대와 돈을 약속했다. 둘째, 로마를 격파하면 이탈리아에서 패권을 쥐는 동시에 이탈리아를 발판으로 삼아 시칠리아와 북아프리카의 카르타고를 점령할 수 있을 것이었다. 알렉산드로스가 제국 건설을 위해 동쪽으로 움직였다면 피로스는 서쪽으로 움직여 지중해를 장악할 수 있었다. 그는 제안을 수락했다.

기원전 280년 봄 피로스는 이탈리아로 건너가기 위해 사상 초유의 대규모 그리스 군대를 이끌고 항해에 나섰다. 보병 2만 명, 기병 3천 명, 사수 2천 명, 코끼리 20마리로 구성된 군대였다. 그러나 타렌툼에 도착했을 때 그는 속았다는 것을 깨달았다. 타렌툼은 군대도 없었고 징집하려는 노력은커녕 피로스에게 그 일을 떠넘겼다. 하지만 시간을 끌 여유가 없었다. 그는 최대한 빨리 타렌툼인들로 구성된 군대를 조직해 훈련시키기 시작했다.

피로스의 명성은 로마인들도 익히 알고 있었다. 피로스가 타렌툼에 도착했다는 소식을 듣고 그들은 우려하면서도 어쨌든 그에게 시간을 주지 않기 위해 신속하게 군대를 파견했다. 피로스는 이미 있는 병력만 가지고 출격할 수밖에 없었다. 두 군대는 헤라클레아라는 마을 근처에서 맞붙었다. 수적으로 열세였던 피로스의 군대는 패배가 눈앞에 보이자 마침내 비밀 병기를 공개했다. 그것은 다름 아닌 코끼리 부대였다. 육중한 무게를 자랑하며, 커다란 콧소리를 내는 코끼리들은 보는 것만으로도 사람들을 압도하며 두려움을 불러일으켰고, 코끼리 등에 올라탄 병사들이 화살을 쏘아댔다. 난생처음 코끼리를 맞아 싸우게 된 로마 군은 공포에 떨며 급히 퇴각하지 않을 수 없었다.

'독수리'는 대승을 거뒀다. 실로 알렉산드로스 대왕이 환생한 듯, 그의 명성은 이탈리아 반도를 가로지르며 퍼져나갔다. 이제 다른 도시들이 헤라클레아에서 잃은 병력을 충당하고도 남을 원군을 보내주었다. 그러나 피로스는 승리의 기쁨보다 걱정이 앞섰다. 전투에서 핵심 장군들을 포함해 많은 베테랑을 잃었을 뿐 아니라 무엇보다 로마 군단이 가진 힘과 기강에 적잖이 놀란 터였다. 그들은 그가 맞았던 여느 군대와는 달랐다. 결국 피로스는 이탈리아 반도를 나눠 갖자는 제안으로 로마와 협상해보기로 마음먹었다. 그러는 한편 로마인들이 평화협정 맺기를 거부하면 다시 결전을 치를 것임을 분명히 하기 위해 군사를 로마로 향하게 했다.

한편 로마인들은 헤라클레아에서의 패배를 마음속 깊이 새기고 있었다. 그들은 쉽게 주눅이 들지는 않았지만 패배를 가볍게 여기지도 않았다. 전투 직후 신병 소집령이 발표되자 청년들이 너나할 것 없이 지원했다. 로마는 협정 제안을 보란 듯이 거절했다. 이탈리아를 쪼개 가질 마음은 추호도 없었다.

기원전 279년 봄 두 군대는 로마에서 멀지 않은 도시 아스쿨룸에서 또 한 번 격돌했다. 양쪽 병력의 숫자는 비슷했다. 첫날 전투는 격렬했고 로마 군이 우세한 듯 보였다. 이튿날 피로스는 자신의 기동작전 스타일에 더 잘 맞는 지대로 로마 군단을 유인해 전투를 유리하게 이끌어나갔다. 이번에도 그는 자신이 즐겨 구사하는 전술에 따라 날이 저물 무렵 코끼리를 앞세워 직접 군대를 이끌고 로마 군단의 중앙으로 거세게 진군해 나갔다. 로마 군은 뿔뿔이 흩어졌고 피로스는 또 한 번 승전고를 울렸다.

어느 쪽 군사력이 더 강한지는 이미 판가름난 상대였지만 피로스는 여전히 침울함과 나쁜 예감을 떨칠 수 없었다. 그는 막대한 손실을 입었다. 그가 의지했던 장군들은 전사했고 그 역시 심한 부상을 입었다. 로마인들은 지칠 줄 모르고 몰아쳤고 패배에도 굴하지 않는 듯 보였다. 그는 아스쿨룸 전투에서 승리한 뒤 이렇게 말했다. "우리가 로마 군을 한 번만 더 이런 식으로 무찔렀다간 우리 역시 완전히 파멸당할 것이다."

그러나 피로스는 이미 파멸한 상태였다. 아스쿨룸에서의 병력 손실이 너무나 컸던 탓에 신속한 병력 교체가 불가능했다. 남아 있는 군사들은 로마 군과 싸우기에 턱없이 부족했다. 그의 이탈리아 출정은 이렇게 끝이 났다.

해석 ──

피로스 왕의 이야기와 아스쿨룸 전투 후에 내뱉었다는 그의 유명한 개탄에서 '피로스의 승리(Pyrrhic victory)'라는 말이 나오게 되었는데, 그 대가가 너무 커 패배와 다를 바 없는 승리를 의미한다. 비록 승리했지만 기력이 너무 소진되어 그 승리를 이용하지도 못할 정도로 큰 타격을 받은 경우다. 실제로 아스쿨룸에서 승리한 후 피로스는 연이어 재난을 맞으며 비틀거렸고 그의 군대는 날로 늘어나는 적의 무리를 격파하기엔 역부족이었다. 결국 피로스의 전사로 이탈리아 원정은 끝을 맺었고, 이와 함께 그리스의 유력자가 되겠다는 희망도 물거품이 되었다.

피로스는 이런 파멸의 소용돌이를 피할 수도 있었다. 사전 정보를 통해 로마 군의 기강과 용맹성에 대해 들었을 테고, 타렌툼인들이 약속을 어길 거라는 것을 알았을 것이다. 또 그랬다면 군대를 조직하는 데 더 힘을 들였거나 아니면 아예 원정을 취소했을 수도 있었다. 그가 속았다는 걸 알았을 때 깨끗이 물러날 수도 있었다. 심지어 헤라클레아 전투 후 승기를 잡은 상황에서도 내곽을 세워 수비를 보강하고 진지를 강화하거나 아니면 아예 그만둘 수 있는 시간이 충분했다. 이들 중 하나만 실행했더라도 그의 이야기는 다른 결말을 맞았을 것이다. 그러나 피로스는 자제할 수가 없었다. 그의 꿈은 너무 황홀했다. 뭐 하러 대가를 염려하는가? 마지막 한 번의 전투에서 마지막으로 한 번만 더 승리를 거둔다면 목적이 달성될 텐데 말이다.

'피로스의 승리'는 우리가 생각하는 것보다 훨씬 더 흔히 일어난다. 모험이 시작되기 전에는 모험에 대한 기대로 흥분하게 마련이고 마음을 끄는 목표 앞에서 우리는 부지불식간에 보고 싶은 것만 보게 된다. 미래의 이득은 크게 보이고 고난은 작게 보인다. 앞으로 더 나아갈수록 물러서서 상황을 평가하기란 쉽지 않다. 이런 상황에서 우리가 치러야 하는 비용은 통제 불능의 소용돌이처럼 급속도로 증가한다. 상황이 잘 풀리지 않으면 우리는 지치게 마련이고 그러면 실수를 저지르기 쉽다. 또 그로 인해 예기치 못한 문제들이 생기고, 새로운 비용을 낳는다. 이런 과정에서는 승리를 얻는다 해도 아무 의미가 없다.

명심하라. 승리를 원하면 원할수록 당신은 승리를 얻기 위해 더 많은 대가를 치러야 한다. 눈에 보이는 비용 외에도 무형의 비용을 고려해야 한다. 당신은 전쟁을 일으킴으로써 상대방의 선의를 잃게 될 수도, 또 승리할 경우에는 패배자의 분노를 살 수도 있다. 또 승리하기 위해선 시간도 걸리고 동맹에게는 빚도 지게 될 수 있다. 더 나은 시기가 분명 있을 것이다. 가지고 있는 자원에 더 부합하는 무언가를 시도할 때가 분명 있을 것이다. 기억하라. 역사는 비용을 무시한 이들의 시체로 어지럽혀졌다는 것을. 불필요한 전투로 기력을 소모하지 말고 다음번 전투에 임하기 위해 살아남아야 한다.

> 무릇 군사가 둔해지고 정예(精銳)가 꺾이며, 힘이 떨어지고 재정이 다하면, 제후는 그 폐단을 틈타 들고일어날 것이다. 모름지기 지혜로운 자가 있어도 그 뒷수습을 잘하지 못하게 된다.
>
> ―《손자병법》

상대의 강점을 약점으로 만드는 법

1558년 엘리자베스 1세(1533~1603)가 영국 왕위에 올랐을 때 그녀가 물려받은 세력 기반은 미약하기 짝이 없었다. 영국은 내전으로 고통받고 있었고 재정 상태는 엉망이었다. 엘리자베스 여왕은 긴 평화의 시기가 오기를 꿈꾸며, 그 기간 동안 영국의 기반, 특히 경제를 재건할 수 있기를 바랐다. 정부의 경제적 기반은 선택의 자유를 의미했다. 제한된 자원을 가진 작은 섬나라인 영국은 유럽의 거대 열강인 프랑스나 스페인과 전쟁으로 겨루는 것은 꿈도 꿀 수 없었다. 대신 영국은 교역과 경제적 안정을 통해 힘을 키워야 했다.

20년간 엘리자베스 여왕은 해마다 조금씩 진척을 거뒀다. 그런데

1570년대 후반 갑자기 급박한 상황에 처했다. 스페인과의 전쟁이 임박했던 것이다. 그것은 지난 20년간 쌓아올린 모든 것을 포기하라는 위협이나 마찬가지였다. 스페인 왕 펠리페 2세(Felipe Ⅱ)는 독실한 가톨릭 신자로서 신교(Protestant)의 보급을 막는 것을 개인적인 소명으로 여기는 인물이었다. 당시 스페인의 영토였던 저지국(지금의 네덜란드와 벨기에) 여기저기에서 신교도의 반란이 일어나 스페인의 통치를 위협하자 펠리페는 반란군들을 쳐부수겠다는 일념으로 직접 전장으로 향했다. 한편 그는 영국에도 가톨릭 교회를 부흥시키겠다는 야망을 품었다. 엘리자베스 여왕을 제거하고 그녀의 이복 여동생이자 가톨릭교도인 스코틀랜드의 메리 여왕(Mary Queen)을 영국 여왕자리에 앉히는 것이 단기 전략이라면 이 계획이 실패할 경우 대규모 함대를 조직해 영국을 침공한다는 것이 그의 장기적 전략이었다.

펠리페의 의중을 파악한 엘리자베스 여왕의 대신들은 전쟁이 불가피하다고 생각했다. 그들은 엘리자베스 여왕에게 저지국으로 군대를 보낼 것을 권했다. 그러면 펠리페 2세의 군대를 그곳에 묶어둘 수 있다는 계산이었다. 그러나 엘리자베스 여왕은 난색을 표했다. 신교도 반란군이 참변을 입지 않도록 소규모 군대를 보낼 예정이었지만 그 이상은 어떤 것도 약속하지 않았다. 엘리자베스 여왕은 전쟁을 몹시 두려워했다. 군대를 유지하는 데는 엄청난 비용이 들었고 전쟁을 치를 경우 그녀가 애써 쌓아온 안정을 위협할 것이다. 만약 스페인과의 전쟁이 불가피하다면 엘리자베스 여왕은 자신이 원하는 대로 전쟁의 양상이 전개되길 바랐다. 스페인을 재정적으로 파괴하되 영국은 안전하게 보호해줄 전쟁 말이다.

엘리자베스 여왕은 대신들의 말을 따르지 않았다. 그보다는 펠리페를 자극하지 않고 스페인과 평화를 유지하는 데 힘썼다. 그렇게 해서 영국 해군을 증강하기 위해 사금을 비축할 수 있는 시간을 벌고자 했던 것이다. 그리고 한편으로는 그녀가 보기에 스페인의 유일한 약점인 경제에 타격을 입히기 위한 조치를 취했다. 스페인은 신세계에서 점점 더 영토를 확장해가면서 한층 막강해졌지만 그 식민 제국은 너무 멀리 떨어져 있었다.

> 옛날에 용병(用兵)을 잘한다고 한 자는 이기기 쉬운 자에게서 이긴 것이다. 그러므로 용병을 잘하는 자의 승리에는 지혜롭다는 이름도 없고 용맹스럽다는 공로도 없다. 전쟁에서 이기는 것만은 틀림없는 일이다. 틀림이 없는 자는 조치하는 것이 반드시 승리하도록 하여 이미 패배한 자에게서 이기는 것이다.
> ― 《손자병법》 손자,

제3부 방어의 기술

식민지 제국을 유지하고 거기서 부를 실어나르기 위해 펠리페 2세는 거대한 함대에 전적으로 의존하고 있었는데, 이는 이탈리아 은행가들에게 막대한 자금을 빌려 마련한 것이었다. 이 말은 곧 은행가들에게 그의 신용을 입증하려면 신대륙에서 금을 싣고 오는 배의 항로가 안전하게 보장되어야 한다는 의미였다.

엘리자베스 여왕은 영국에서 가장 뛰어난 해군 제독인 프랜시스 드레이크 경(Sir Francis Drake)을 스페인 보물선이 지나는 항로에 파견했다. 그는 누가 보기에도 황금에 눈이 먼 해적에 지나지 않았다. 그가 배 한 척을 포획할 때마다 펠리페 2세의 대출에 붙는 이자율이 올라갔고, 마침내 이탈리아 은행가들은 특별한 손실이 있어서가 아니라 단순히 해적의 위협 때문에 이자율을 높였다. 펠리페 왕은 1582년 영국에 함대를 파견하려 했지만 자금 부족으로 연기할 수밖에 없었다. 덕분에 엘리자베스 여왕은 시간을 더 벌 수 있었다.

한편 펠리페 왕은 전투용 함대의 규모를 줄일 생각이 전혀 없었다. 배를 건조하는 데 시간이 오래 걸리겠지만 자금을 더 빌릴 계획이었다. 로마 가톨릭의 반(反)종교개혁의 옹호자였던 펠리페 2세는 영국과의 전쟁을 일종의 성전으로 여겼기에 단순히 재정 문제 때문에 물러설 생각은 추호도 없었다.

엘리자베스 여왕은 펠리페의 신용을 파괴하기 위해 힘쓰는 한편 영국의 정보 네트워크를 세워 이를 철저히 활용했으며 이를 유럽에서 가장 정교한 정보기관으로 만들기도 했다. 그녀는 스페인에 투입된 요원들에게서 펠리페에 대한 정보를 끊임없이 입수했다. 그 결과 함대의 규모가 얼마나 클지, 언제 출항할지 정확히 알 수 있었다.

1588년 여름 스페인의 무적함대는 마침내 준비를 마쳤다. 20척의 갈레온을 포함한 배 128척, 엄청난 숫자의 항해사들과 병사들로 구성된 함대였다. 영국의 전체 해군에 맞먹는 규모였다. 무적함대는 7월 둘째 주 리스본에서 출항했다. 그러나 벌써 정보를 입수한 엘리자베스 여왕은 작고 기동력 있는 함대를 보내 보급선을 가라앉히고 무적함대를 혼란에 빠뜨렸다. 영국 함대의 사령관 에핑엄(Effingham)의 하워드 경(Lord

Howard)은 "스페인 군대는 대단히 뛰어나고 강력하다. 그렇지만 우리가 서서히 그 숨통을 조여가고 있다."고 보고했다.

무적함대는 마침내 프랑스 칼레 항에 닻을 내렸다. 그곳에서 저지국에 주둔하고 있는 스페인 군대와 합류할 예정이었다. 한편 영국군은 이 원군 보강을 좌절시키기로 결의하고 커다란 배를 여덟 척 모아 가연성 물질을 가득 싣고 빽빽이 대형을 이룬 스페인 함대를 향해 나아갔다. 그리고 영국의 배가 전속력으로 항구로 향할 때 선원들은 배에 불을 붙였다. 수많은 스페인 선박이 화염에 휩싸인 칼레 항은 말 그대로 아비규환이었다. 배들이 앞 다투어 그곳을 빠져나가려다 서로 충돌하는 바람에 함대의 질서는 완전히 깨져버리고 말았다.

칼레에서 배와 보급품이 소실되자 스페인의 기강과 사기는 땅에 떨어졌고 침공 야욕은 좌절됐다. 남은 배들은 추격을 막기 위해 남쪽을 피해 북쪽으로 항해했다. 스코틀랜드와 아일랜드를 돌아 귀항할 계획이었다. 물론 영국군은 수고롭게 추격할 생각이 전혀 없었다. 그쪽 바다의 험한 날씨가 스페인 함대를 파괴할 것이기 때문이다. 무적함대가 상처투성이가 되어 스페인으로 돌아왔을 때는 44척의 배가 소실됐고 나머지 배 대부분도 항해가 불가능할 정도로 파손되었다. 바다에 수장된 선원과 병사들이 전체의 3분의 2에 달했다. 반면 영국은 단 한 척의 배도 잃지 않았으며 전사자 수는 채 100명도 되지 않았다.

통쾌한 승리였지만 엘리자베스 여왕은 승리감에 도취해 시간을 낭비하지 않았다. 예산을 절약하기 위해 즉시 해군의 규모를 축소시켰다. 대신들이 이번에는 저지대 국가들에서 스페인을 공격해 승리의 여세를 몰아갈 것을 종용했지만 듣지 않았다. 그녀의 목표는 분명했다. 펠리페 2세의 자원과 재정을 고갈시켜 유럽의 가톨릭 지배와 영향력을 행사한다는 그의 꿈을 좌절시키는 것이었다. 이것이야말로 궁극적으로 그녀의 위대한 승리가 될 터였다. 스페인은 무적함대의 패배 후 재정적으로 회복하지 못했고 얼마 가지 않아 영국을 향한 야욕을 포기했다.

아킬레우스는 이제 트로이인들을 추격했고 그들을 쫓아 트로이로 향했으나 그 역시 추적당했다. 포세이돈과 아폴로는 키크노스와 트로일로스의 죽음, 그리고 아킬레우스가 헥토르의 시신을 두고 한 오만한 발언에 대해 벌하겠다며 의논에 들어갔다. 구름에 가려져 스카이안 문(門) 곁에서 있던 아폴로는 격렬한 전투의 와중에서 파리스를 찾아냈고 아킬레우스에게 치명상을 입힐 화살을 건네줬다.
그것은 아킬레우스의 단 한 군데 약점, 오른쪽 발뒤꿈치에 꽂혔고 그는 고통 속에서 죽었다.
— 로버트 그레이브스,
《그리스 신화》 2권

해석 ——

영국의 스페인 무적함대 격파는 군사 역사상 가장 비용 효율이 높은 전쟁의 하나로 꼽힌다. 겨우 상비군을 유지하는 열악한 국가가 그 시대 가장 위대한 제국을 제압했던 것이다. 이 승리는 기본적인 군사 원칙을 적용한 덕에 가능했다. "당신의 강점으로 적의 약점을 공격하라." 영국의 강점은 작지만 기동성 있는 해군과 정교한 정보 네트워크였으며, 약점은 병사와 무기류, 재정적으로 제한된 자원이었다. 스페인의 강점은 막대한 부, 거대한 군대와 함대였으며 약점은 불안정한 재정구조였다. 한편 대규모의 함대는 육중한 크기와 느린 속도 면에서는 약점이 되기도 했다.

엘리자베스 여왕은 무조건 전투에 뛰어드는 대신 자신의 강점으로 치밀하게 스페인의 약점을 공격했다. 스페인의 갈레온선을 더 작은 배들로 약탈하고, 스페인 재정을 혼란에 빠뜨리고, 스페인의 전쟁 기계를 분쇄하기 위해 특별한 작전을 펴는 등의 방법을 통해서 말이다. 그녀는 전쟁에 총력을 기울이는 스페인이 점점 더 많은 비용을 치르게 하는 한편 영국 측의 비용은 낮게 유지함으로써 상황을 유리한 방향으로 통제할 수 있었다. 마침내 펠리페 2세는 진퇴양난의 순간에 직면했다. 무적함대가 가라앉는다면 스페인은 앞으로 몇 년간 허우적거릴 것이다. 설사 무적함대가 승리한다 해도 펠리페 2세가 승리에 집착한 나머지 영국을 침공하는 모험을 감행해 결국 자기파멸의 길로 들어설 것이었다.

명심하라. 전적으로 약하거나 전적으로 강한 사람이나 집단은 없다. 제아무리 천하무적으로 보인다 해도 모든 군대는 약점, 즉 제대로 방비를 갖추지 못한 부분이 있게 마련이다. 규모가 큰 것이 결국은 약점이 될 수도 있다. 반면 아무리 약한 집단이라 해도 승리의 발판으로 삼을 수 있는 숨겨진 강점을 가지고 있는 법이다. 전쟁에서 당신의 목표는 단순히 무기를 축적하거나 화력을 증강해 적에게 맹공을 퍼붓는 것이 아니다. 단순한 병력 증강은 낭비이며 비용이 많이 들고 오히려 당신을 게릴라식 공격에 취약하게 만들 것이다. 적의 강점을 아군의 강점으로 공격하는 것은 현명한 전략이 아니다. 대신 내부적인 정치 문제나 낮은 사기, 불안

절제는 성가시지만 요긴하다. 평상시에 경제적으로 살면 부족한 시기에 대비할 수 있다. 절약하는 것은 치욕에서 우리를 구제해 준다. 절제는 또한 세상사의 법칙에도 없어서는 안 될 것이다. 자연에는 여름과 겨울, 낮과 밤의 고정된 경계가 있고 이러한 절제가 매해에 의미를 더해준다. 마찬가지로 소비에 고정된 경계를 정함으로써 경제성이 재산을 보존하고 민중에게 해를 끼치지 않도록 작용한다.
— (주역)

정한 재정, 지나치게 중앙집권화된 통제력, 지도자의 과대망상증 등 적의 약점을 파악해야 한다. 전투에서 자신의 약점을 조심스럽게 보호하고 강점을 장시간 유지하면서 그들의 아킬레스건을 거듭 공격하라. 적의 약점을 노출시켜 먹잇감으로 삼는다면 그들의 사기는 떨어질 것이고, 피로해진 그들은 곧 새로운 약점을 노출할 것이다. 강점과 약점을 신중하게 따져본다면 당신도 골리앗만큼 거대한 적을 새총 한방으로 넘어뜨릴 수 있을 것이다.

> 풍요로움은 나를 가난하게 만든다.
> ─ 오비디우스(Ovidius, 기원전 43~기원후 17년)

전쟁의 기술: 참여할 전투를 신중하게 선택하라

모든 생명체는 한계가 있으며, 이 경계를 넘어서면 죽고 마는 것이 현실이다. 우리의 에너지는 기력이 다하면 사라져버리고 우리가 이용할 수 있는 음식과 자원에도 한계가 있다. 우리의 기술과 능력 역시 무한정으로 발전하지는 않는다. 동물은 그런 한계 내에서 살아간다. 자신의 한계보다 더 높이 날거나 더 빨리 달리려 하지 않으며 식량을 모으는 데 끊임없는 에너지를 소비하지 않는다. 그것은 그들을 지치게 하고 공격에 취약하게 만들기 때문이다. 그들은 단순히 가지고 있는 것을 최대한 활용하려고 노력할 뿐이다. 예를 들어 고양이는 본능적으로 움직임과 몸짓의 경제성을 체득하여 절대 헛된 노력을 들이는 법이 없다. 빈곤 속에 살아가는 사람 역시 자신의 한계를 정확히 안다. 가진 것을 최대한 활용해야만 하기에 이들은 무한히 창의적이다.

당신이 인생에서 전투를 치르려면 현실 감각을 지닌 전사가 돼야 한다. 다른 이들이 무한한 꿈속을 헤매는 동안 전사들은 한계를 인식하고 그들이 가지고 있는 것을 최대한 활용하고자 한다. 그들은 고양이처럼 움직임과 몸짓의 완벽한 경제성을 추구한다. 최소한의 노력을 들여 최대한의 힘을 발휘하고자 한다. 살 날이 제한되어 있다는, 즉 언제든 죽을 수 있다는 인식은 그들에게 현실적인 기반을 마련해준다. 절대 할 수 없는 일들, 절대 가질 수 없는 재능들, 절대 이루지 못할 높은 목표들은 그들의 관심 대상이 아니다. 전사들은 그들이 실제로 가지고 있는 것, 그들이 실제로 소유하고 있으며 창의적으로 활용할 수 있는 강점에 초점을 맞춘다. 그들은 언제 속도를 줄여야 할지, 언제 행동을 재개해야 할지, 언제 비용을 절감해야 할지 알고 있기 때문에 적들보다 오래 생존한다. 그들은 장기적인 관점에서 게임에 임한다.

베트남의 보 구엔 지아프 장군은 프랑스 식민 통치 말년 및 베트남전 동안 베트남 해방군을 이끈 군사 지도자였다. 그는 처음에는 프랑스, 다음에는 미국 등 막대한 자원과 화력, 잘 훈련받은 적과 상대했다. 그의 군대는 농민들로 구성된 오합지졸이었다. 그들이 가진 것이라곤 사기와 강력한 목적의식뿐이었다. 지아프 장군에게는 보급품을 운반할 트럭도 없었고, 통신수단은 19세기 방식이었다. 여느 장군이었다면 이런 차이를 따라잡기 위해 애썼을 테고 사실 그런 기회가 없었던 것은 아니었다. 중국에서 트럭과 라디오, 무기 등을 공급해주겠다고 제안했다. 그러나 그는 중국이 일종의 덫이라고 생각했다. 한정된 자금을 그러한 것들에 쓰고 싶지 않았던 탓만은 아니었다. 장기적으로 그들이 제공해줄 모든 것들이 북베트남을 더 약하게 만들 것이라 믿었다. 대신 그는 가지고 있는 것을 최대한 활용하는 쪽을 택했다.

트럭들은 상공에서 포착되어 미군의 폭격을 받을 것이다. 그러나 보이지도 않는 공급선에 폭탄을 투하할 수는 없는 일이다. 그래서 지아프 장군은 엄청난 농민 조직을 이용해 그들이 직접 등에 보급품을 져나르게 했다. 그들은 강에 다다르면 수면 바로 아래 걸려 있는 밧줄로 된 다리에 보급품을 연결해 보냈다. 전쟁이 끝나기 직전까지도 미국은 북베트남이 어떻게 전장에 물자를 공급했는지 알아내지 못했다.

한편 지아프 장군은 공격 직후 후퇴하는 게릴라 전술을 구사하여 미군의 보급선을 교란시키곤 했다. 미군은 전투를 수행하고 부대를 움직이고 보급품을 수송하는 데 헬리콥터를 이용하면서 엄청난 기동성을 확보했지만 실제 전투가 벌어지는 곳은 지상이었다. 지아프 장군은 미 공군력을 무력화하고 미국 보병들을 교란하는 동시에 자신의 부대를 위장하기 위해 정글을 최대한 활용했다. 또 미국의 월등한 무기에 대항해 정면승부를 거는 대신 미디어의 효과를 노렸다. 그래서 사람들의 이목을 끌 수 있고, 상징적이며 미국의 사기를 꺾어놓을 수 있는 공격에 집중하여 베트남전이 TV로 중계됐을 때 이 전쟁에서 미국이 거둘 득은 아무것도 없다는 것을 보여주고자 했다. 그는 자신이 가지고 있는 최소한의 자원으로 최대한의 효과를 창출했던 것이다.

자금과 자원, 그리고 화력에서 더 우세해 보이는 군대는 예측하기가 쉽다. 그들은 지식이나 전략 대신 장비에 의지하기에 정신적으로 나태해진다. 문제가 생기면 그들은 이미 가지고 있는 것을 더 축적함으로써 문제를 해결하고자 한다. 그러나 당신에게 승리를 가져다주는 것은 당신이 무엇을 가지고 있느냐가 아니라 그것을 어떻게 사용하느냐. 당신이 더 적게 가지고 있을 때는 자연히 더 큰 창의력을 발휘하게 된다. 창의력을 발휘하면 기술에 의존하는 적보다 우위에 설 수 있다. 더 많이 배우고 적응력을 더욱 높인 당신은 적의 의표를 찌르게 될 것이다. 한정된 자원을 조금도 낭비할 수 없는 상황에서는 그것들을 더 잘 활용하게 마련이다. 시간은 당신 편이 되어줄 것이다.

적보다 가진 것이 적다고 해서 절망하지 마라. 당신은 완벽한 경제성을 추구하여 얼마든지 상황을 역전시킬 수 있다. 만약 당신의 적이 당신과 동급이라면 더 많은 무기를 손에 넣는 것보다는 당신이 가지고 있는 것을 더 잘 활용하는 편이 낫다. 당신이 적보다 더 많이 가졌을 때도 경제적으로 싸워야 한다. 피카소(Pablo Picasso)는 부유하다 할지라도 가난한 듯 행동하라고 말했다. 가난한 이들은 더 창의적이며, 더 즐겁게 사는 경우도 있다. 가진 것을 소중히 여기며 자신의 한계를 알기 때문이다. 때로는 전략상 당신의 강점을 무시하고 최소한으로 최대한을 얻어낼 수 있도록 자기를 단련시켜야 한다. 기술이 있어도 농민전쟁에 임하듯 싸워라.

무장을 해제하거나 병력의 우월함을 이용하지 말라는 말이 아니다. 1991년 걸프전 때 미군의 군사작전이었던 사막의 폭풍 작전(Operation Desert Storm)에서 미국 군사 전략가들은 그들의 우월한 기술, 특히 공중

전에서의 기술을 최대한 활용했지만 승리를 위해 여기에 의지하지는 않았다. 20년 전 베트남전에서의 패배를 통해 교훈을 얻은 그들은 기만적인 양동작전을 구사하고 소규모 게릴라 부대를 연상시키는 기동성을 활용했다.

전쟁은 결국 목적과 수단 사이에서 균형을 잡는 것이라 할 수 있다. 어떤 장군이 특정한 목적을 달성하기 위해 최상의 계획을 가지고 있다 해도 그 목적을 성취하기 위한 수단이 없다면 그 계획은 아무 짝에도 쓸모가 없다. 그래서 역사적으로 뛰어난 장군들은 먼저 수중에 가지고 있는 수단이 무엇인지 파악한 뒤에 그 도구들에서 전략을 고안해내는 법을 배웠던 것이다. 한니발 장군이 뛰어난 전략가라는 것도 그런 이유에서다. 그는 자기 군대와 적의 군대의 구성, 기병과 보병의 상대적 비율, 전투가 벌어질 지역, 군대의 사기, 날씨 등 주어진 조건에 대해 먼저 생각했다. 그리고 그것을 토대로 공격 계획뿐 아니라 해당 전투에서 달성하고자 하는 목적을 정했다. 그는 다른 수많은 장군들처럼 한 가지 전투 방법에 얽매이는 대신 끊임없이 자기가 갖고 있는 수단에 맞게 자신의 목적을 조정했다. 바로 이것이 그가 거듭 사용했던 전략적 우위였다.

다음번 전투에서는 이런 실험을 해보라. 확고부동한 목표들이나 간절히 바라는 꿈에 대해서는 생각하지 않기. 탁상공론식으로 계획하지 않기. 대신 당신이 가지고 있는 것, 즉 당신이 사용할 도구들과 물자들에 대해 곰곰이 생각하라. 꿈이나 계획이 아닌 현실에 기반을 세워라. 당신만의 기술적 재능, 당신이 가지고 있는 모든 정치적 우위, 군대의 사기, 수중에 가지고 있는 수단을 얼마나 창의적으로 이용할 수 있는지를 말이다. 그런 과정 속에서 당신의 계획과 목적이 꽃을 피우게 만들어라. 그러면 당신의 전략은 더 현실성을 갖추게 될 뿐 아니라 창의성과 효과성까지 갖추게 될 것이다. 먼저 자신이 원하는 것을 꿈꾸고 난 후에 그것을 얻기 위한 수단을 찾으면 고갈, 낭비, 실패를 재촉할 뿐이다.

완벽한 경제성을 인색함과 혼동하지 마라. 군대는 너무 많이 소비해서 실패하기도 하지만 너무 적게 소비한 탓에 실패하기도 한다. 1차 세계대전 중 영국군 함대는 다르다넬스 해협을 통과해 콘스탄티노플로 향했다.

터키를 전쟁에서 완전히 쓰러뜨린 후 동쪽에서 독일을 공격하기 위한 작전이었다. 함대는 계획대로 꽤 많이 나아갔지만 몇 주 만에 배 몇 척이 침몰했고, 인명 손실도 예상보다 컸다. 이 항해에 들어가는 비용이 너무 크다는 사실이 곧 드러났다. 그래서 영국은 해군 작전을 취소하고 대신 군대 하나를 갈리폴리 반도에 상륙시켜 육로로 돌파하기로 결정했다. 이 경로가 더 안전하고 비용이 덜 들어 보였다. 그러나 몇 달 후 그마저도 대실패로 돌아갔다. 수천 명의 인명을 대가로 치른 뒤 연합군은 군대를 철수했다. 그런데 몇 년 뒤 터키에서 영국 함대가 성공 직전에 있었음을 보여주는 문서들이 발견됐다. 하루 이틀만 더 버텼다면 영국군은 돌파에 성공했을 것이고 콘스탄티노플은 함락됐을 것이다. 그랬다면 전쟁의 양상은 달라졌을지도 모를 일이다. 그러나 영국은 지나치게 인색하게 굴었다. 그들은 비용을 걱정하느라 마지막 순간에 공격의 효과를 거두지 못했다. 결국 싼값으로 이기려 했던 대가는 가혹할 정도로 비싼 값을 치르고서야 끝을 맺었다.

그러므로 완벽한 경제성은 단순히 자원을 비축해두는 것을 의미하지 않는다. 그것은 경제성이 아니라 인색함이다. 전쟁에서는 치명적인 결과를 부를 수 있다. 완벽한 경제성은 최적의 수단을 찾아내고 적에게 확실한 일격을 가하는 동시에 당신의 힘은 보존하는 것을 의미한다. 지나치게 인색하게 굴면 전쟁을 질질 끌게 되고 그 결과 비용만 늘어나 녹아웃 펀치는 영영 날려보지도 못하고 지치기만 할 것이다.

전투에서 경제성을 높이기 위한 전술은 여러 가지다. 첫째는 비용이 거의 들지 않으면서 강력한 결과를 낳을 수 있는 속임수를 사용하는 것이다. 2차 세계대전 중 연합군은 일련의 정교한 속임수를 사용해 독일군에게 여러 방향에서 공격이 있을지도 모른다는 인상을 주었다. 그러면 독일군은 군사망을 넓게 퍼뜨려 약화될 수밖에 없을 것이다. 러시아 출정 당시 히틀러(Adolf Hitler)의 군사력이 크게 약화되었던 것은 프랑스와 발칸 반도에도 공격에 대비한 군대를 남겨두어야 했기 때문이다. 사실 그런 공격은 일어나지 않았다. 속임수는 약한 쪽을 적과 동일한 수준으로 보완해주는 뛰어난 장치다. 정보의 입수, 잘못된 정보의 유포, 적군

> 모든 절제는 가치를 지니지만 끈기 있는 노력을 요구하는 절제는 너무 많은 에너지라는 대가를 수반한다. 그러나 절제가 자연스러운 것일 때(예를 들어 물이 위에서 아래로만 흐르게 하는 절제) 그것은 필경 성공으로 이어진다. 에너지의 절약을 의미하기 때문이다. 절제하지 않았을 경우 객체와의 헛된 몸부림으로 소모되어버릴 에너지가 전체적으로 당면한 일의 이점에 적용되고 성공이 보장된다.
> ─ (주역)

캠프 내 전쟁에 대한 좋지 않은 여론을 퍼뜨리기 위한 선전활동 등이 그러한 속임수 기술에 속한다.

둘째, 격파할 수 있는 적을 찾아라. 잃을 것이 없는 적은 피하라. 그들은 어떤 대가를 치르더라도 당신을 파멸시키려 애쓸 것이다. 19세기에 비스마르크(Otto von Bismarck)는 덴마크처럼 약한 적을 발판으로 프로이센의 군사력을 증강할 수 있었다. 손쉬운 승리는 사기를 진작하고 당신의 명성을 드높여주며 힘을 실어준다. 가장 중요한 것은 비용이 별로 들지 않는다는 것이다.

당신의 계산이 빗나갈 때도 있을 것이다. 쉬운 군사 행동으로 보였던 것이 알고 보니 어려운 경우 말이다. 모든 것을 정확하게 예측하기는 어렵다. 전투를 신중하게 선택해야 할 뿐 아니라 손해를 받아들이고 그만둬야 할 때가 언제인지도 알아야 한다. 1971년 경력의 절정기에 있던 두 권투선수 무하마드 알리와 조 프레이저는 세계 헤비급 챔피언십에서 맞붙었다. 격렬한 시합이었고 역사상 가장 흥미진진한 게임 가운데 하나였다. 15라운드에서 프레이저가 알리를 거의 KO시키면서 판정승으로 이겼다. 그러나 이 시합에서 두 선수 모두 끔찍한 고통을 겪었다. 둘 다 강력한 펀치를 수없이 날렸던 것이다. 복수를 원했던 알리는 1974년 재시합의 기회를 얻었다. 시합은 격렬하게 15라운드까지 갔고 이번에는 알리가 판정승으로 이겼다. 둘 중 어느 쪽도 결과에 만족하지 못했다. 확실한 결과를 원했던 그들은 1975년 그 유명한 '드릴라 인 마닐라(Thrilla in Manila)' 시합에서 만났다. 결국 14라운드에서 알리가 승리했지만 이후 두 선수는 결코 예전 모습으로 돌아가지 못했다. 이 세 번의 시합이 그들에게서 너무 많은 것을 앗아가 그들의 경력을 단축해버린 것이다. 자존심과 분노가 그들의 판단력을 덮쳤다. 그런 덫에 빠지지 마라. 멈춰야 할 때가 언제인지 알아야 한다. 절망이나 자존심 때문에 싸움을 계속하는 일은 없어야 한다. 너무 많은 것을 대가로 치러야 하기 때문이다.

인간사 모든 것은 결국 변하게 마련이다. 당신의 노력은 예전만큼 성과를 내지 못할 수 있다. 예기치 못한 외부 사건, 혹은 당신의 행동에서 생긴 마찰력이 쌓여 당신의 노력을 방해할 것이기 때문이다. 아니면 이와는 정반대로 가속도가 붙을 수도 있다. 당신의 자원을 쓸데없이 낭비한다면 마찰력이 생겨나 당신의 에너지와 사기를 떨어뜨릴 것이다. 스스로 자기 속도를 깎아먹고 있는 꼴이다. 반면 경제적으로 싸운다면 추진력이 붙을 것이다. 당신에게 가장 알맞은 수준, 즉 당신이 할 수 있는 일과 당면한 과제 사이에서 완벽한 균형을 찾아라. 당신이 하고 있는 일이 당신의 재능에 넘치지도, 모자라지도 않고 당신의 수준에 딱 맞는다면 당신은 지치지도, 권태로 인해 침체되지도 않을 것이다. 새로운 에너지와 창의력이 샘솟을 것이다. 완벽한 경제성을 가지고 싸우는 것은 정확히 그 수준을 조준하는 것과 같다. 당신의 앞길에 저항력은 줄이고 더 큰 에너지가 분출되도록 말이다. 아이러니컬하게도 당신의 한계를 아는 것이 당신의 한계를 확장할 것이다. 당신이 가지고 있는 것을 최대한 활용하는 것이 더 많은 것을 갖게 해줄 것이다.

| **이미지** | 수영선수. 물은 저항력을 만들어낸다. 당신은 저항력의 한계 내에서만 속도를 높일 수 있다. 어떤 수영선수들은 물을 세차게 때리면서 속도를 내는 데 힘을 사용하려 애쓴다. 하지만 물결이 일어 저항만 생길 뿐이다. 또 어떤 수영선수들은 너무 조심스럽다. 그들은 너무 살살 쳐서 거의 나아가지 못한다. 경지에 오른 수영선수들은 완벽한 경제성에 의거해 수면을 쳐서 그들 앞의 물을 부드럽고 평탄하게 유지시킨다. 그들은 물이 허락하는 만큼 빨리 나아가며 꾸준한 속도로 엄청난 거리를 주파한다.

| **근거** | 어떤 사물의 가치는 때로 사람들이 그것으로 무엇을 얻느냐가 아니라 사람들이 그것을 위해 무엇을 치르느냐, 즉 그것의 비용에 있다.

— 프리드리히 니체

뒤집어보기

비경제적으로 싸우는 것은 전혀 가치 없는 일이지만 적이 자원을 최대한 낭비하게 만드는 것은 언제나 현명한 전략이다. 이것은 적이 당신을 쫓느라 에너지를 소모하게 만드는, 치고 빠지는 전술을 통해 가능하다. 적이 한 번의 큰 공격으로 당신을 파멸시킬 수 있다고 믿게 유인하라. 그런 후에는 전쟁을 질질 끌면서 적이 귀중한 시간과 자원을 허비하게 만든다. 효과가 없는 펀치에 에너지를 소모한 적은 곧 실수를 저지르고 스스로를 엄청난 반격에 노출시킬 것이다.

STRATEGY 9

상대를 조급하게 만들어라
: 반격의 기술

먼저 움직여 공격하는 것은 당신을 불리하게 만들 수도 있다.
당신의 전략이 노출되고 당신이 선택할 수 있는 대안에 제약이 생기기 때문이다.
그보다는 한발 물러났을 때의 힘을 발견하라. 상대편이 먼저 움직이도록 하면
당신은 모든 각도에서 반격할 수 있는 융통성이 생긴다.
상대편이 공격적으로 나올 때 무모한 공격을 하도록 유도하면 허점을 잡을 수 있다.
적이 인내심을 발휘하지 못하고 맹렬하게 당신에게 달려들 때
그 힘을 이용하여 적이 균형을 잃고 넘어지게 만드는 법을 배워라.
곤경에 빠진 순간에도 절망하거나 물러나지 마라. 모든 상황은 역전될 수 있다.
한발 뒤로 물러나 적절한 시기를 기다려 예기치 못한 반격을 하는 법을 배우면,
당신의 약점은 강점이 된다.

적이 기대하는 약점을 보여줘라

적의 기대와 소망에
'부응해주는' 기술을
활용하기 위해서는 먼저
그들이 생각하고 바라는
바가 무엇인지 파악해야
한다. 그런 다음 상황을
적절히 활용할 수 있을
때까지 그들의 뜻에 따르는
것처럼 행동한다. 이 기술은
다음과 같이 정의할 수 있다.
적이 얻고자 하는 무언가가
있고, 당신이 그것을
이루어줄 때 이 기술을 '부응
전략'이라고 한다. ……
일반적으로 무언가에 반하는
것이 그것의 힘만 키우는
결과를 초래할 때는 오히려
그 뜻에 맞춰주며 약점을
드러내게 하는 편이 낫다.
적이 진격하길 원하면,
그 뜻에 완벽히 따라주면서
약점을 보여 진격을
유도한다.

적이 물러나고 싶어하면
군대를 분산시켜 퇴로를
열어준다. 적이 의지하는
부분이 강한 전선(前線)일
때는 멀리 떨어진 곳에
전선을 구축하고 방어
태세를 강화해 적이
오만해지도록 한다. 적이
의존하고 있는 것이
스스로에 대한 자부심이라면
겉으로는 존경을 표하되,
실제로는 그들이 방만함을
보일 때를 기다리며 계획을
세워라. 적이 진격하도록
유인한 뒤 포위하고, 적이
달아나도록 풀어준 뒤
붙잡아라. 적의 거만함을
이용하고, 적의 방만함을
활용하라.
— 17세기 중국 명대의 문헌,
랠프 D. 소여
(Ralph D. Sawyer)의
《염탐술의 도(The Tao of
Spycraft)》에서 인용

1805년 9월 나폴레옹 보나파르트는 최대 위기를 맞게 된다. 오스트리아와 러시아가 나폴레옹에 대항해 동맹을 맺은 것이다. 남부에서는 오스트리아 군이 이탈리아 북부를 점령하고 있는 프랑스 군대를 공격하고 있었고, 동부에서는 오스트리아의 카를 마크 장군이 대부대를 이끌고 바이에른 지방으로 들어가고 있었다. 또 러시아의 미하일 쿠투조프(Mikhail Kutuzov) 장군이 이끄는 대규모 부대가 마크의 오스트리아 군과 합류하기 위해 이동 중이었다. 이 동맹 부대는 합류하는 대로 프랑스로 진격할 계획이었다. 또 일군의 러시아와 오스트리아 부대가 위급 시에 대비해 빈 동부에 대기하고 있는 상태였다. 나폴레옹의 부대는 그들의 절반에 불과했다.

나폴레옹의 계획은 규모는 작지만 기동성 있는 자신의 부대를 활용해 동맹군이 합류하기 전에 각 부대를 차례로 격파하는 것이었다. 나폴레옹은 수세에 몰리지 않을 정도로 이탈리아에 병력을 충분히 배치해둔 상태에서 부대를 이끌고 쿠투조프 장군보다 먼저 바이에른으로 들어갔다. 마크 장군은 이 작전에 말려들어 울름에서 총 한 발 제대로 쏴보지 못하고 굴욕적인 항복을 해야 했다(strategy 6을 참조하라). 피를 흘리지 않고 거둔 승리도 걸작이었지만, 이 승리가 최대의 결실을 맺으려면 러시아나 오스트리아 부대의 지원을 받기 전에 쿠투조프의 군대를 따라잡아야 했다. 이를 위해 나폴레옹은 자신의 부대 대부분을 빈으로 행군시켜 퇴각하는 러시아 군대를 곤경에 빠뜨리고자 했다. 하지만 이 계획은 그만 어그러지고 말았다. 날씨는 궂었고, 프랑스 병사들은 지쳐 있었으며, 원수들은 실수를 저질렀다. 무엇보다도 노련한 쿠투조프 장군이 퇴각 시 현명한 계책을 쓸 줄 알았다는 점이 주효했다. 가까스로 프랑스 군을 피한 쿠투조프 장군은 오스트리아-러시아 부대가 머무르고 있던, 빈 북동쪽의 올뮈츠라는 마을로 들어갔다.

이제 형세가 역전되었다. 갑자기 나폴레옹은 커다란 위험에 처했다. 그의 부대가 지닌 강점은 다름 아닌 기동성이었다. 상대적으로 규모가 작은 그의 부대는 따로 움직일 경우에는 취약했으며, 서로 근거리에서 움직이며 재빨리 지원을 해줄 때 최고의 성과를 낼 수 있었다. 그런데 울름에서 승리하고 빈을 점령하면서, 나폴레옹 부대는 뮌헨에서 빈까지 분산되어버린 상태였다. 거기에다 병사들은 굶주리고 지쳐 있었으며, 군수품도 부족했다. 오스트리아 군은 이탈리아 북부에 있는 프랑스 군과의 싸움을 포기하고 퇴각하고 있었지만 북동쪽으로 진군해 나폴레옹의 남부전선에 위협을 가하고 있었다. 또 북쪽에서는 프로이센이 나폴레옹이 곤경에 처했다는 사실을 알아채고서는 동맹군 가담을 망설이고 있었다. 그렇게 되면 나폴레옹의 통신선과 보급선은 완전히 차단될 수 있었으며, 만일 북쪽과 남쪽 양측에서 동시에 공격해오면 나폴레옹은 옴짝달싹 못할 수도 있었다.

 나폴레옹은 고심에 빠졌다. 쿠투조프의 군대를 더 추격한다면 전선이 더 길어지게 된다. 게다가 이제 9만 명에 달하는 러시아-오스트리아 동맹군은 올뮈츠에서 최상의 요지를 점하고 있었다. 그렇다고 가만히 있는 것도 위험하기는 마찬가지였다. 사방에서 군대가 밀려와 서서히 압박을 가할 것이기 때문이었다. 퇴각만이 유일한 해결책으로 보였다. 하지만 기후 조건이 악화되고 있던 데다(당시는 11월 중순이었다) 적군이 퇴각을 막으려고 할 것이 분명했기 때문에 그 역시 값비싼 대가를 치르게 될 것이었다. 또 퇴각은 그가 울름에서 거둔 승리를 헛되게 만드는 것이었다. 병사들의 사기도 크게 떨어질 것이다. 그 밖에도 퇴각은 프로이센 군을 전쟁에 끌어들이는 결과를 가져올 것이고, 적국인 영국도 그가 수세에 몰린 틈을 이용해 프랑스를 침공할 가능성이 있었다. 어떤 길을 택하든 재앙으로 이어질 것이 뻔했다. 나폴레옹은 주위의 조언을 무시하고 지도를 뚫어지게 바라보며 며칠 동안 깊은 생각에 잠겼다.

 한편 올뮈츠에서는 오스트리아와 러시아의 지도자들이(여기에는 오스트리아 황제 프란츠 1세와 러시아의 젊은 황제 알렉산드르 1세도 끼어 있었다) 호기심과 흥분을 감추지 못하며 나폴레옹의 움직임을 주시하고 있었다. 이들은 자신들이 원하는 곳으로 나폴레옹을 움직이게 만들었으니, 곧 울름에서의 패배를 설욕하고도 남으리라고 기대하고 있었다.

 11월 25일 정찰병으로부터 나폴레옹이 군대 대부분을 빈과 올뮈츠 중

> 빠르고 힘차게 공격으로 전환해 번뜩이는 복수의 칼날을 들이대는 것이 가장 훌륭하게 방어하는 순간이다.
> ― 카를 폰 클라우제비츠

간에 있는 아우스터리츠로 이동시켰다는 소식이 전해졌다. 나폴레옹의 부대는 프라첸 고원을 점령하려는 것처럼 보였다. 그것은 곧 전투를 준비한다는 의미였다. 하지만 나폴레옹의 군대는 겨우 5만에 불과했다. 거의 두 배 가까이 병력 차이가 나는데 어떻게 동맹군에 맞서려는 것일까? 동맹군이 유리한 상황이었지만 프란츠 1세(Franz I)는 11월 27일 휴전 협정을 제안했다. 나폴레옹은 결코 만만치 않은 상대였고, 상황이 아무리 유리하다 해도 그와 전투를 한다는 것 자체가 위험한 일이었기 때문이다. 그러면서도 한편으론 시간을 벌어 프랑스 군을 완전히 봉쇄하려는 속셈도 있었다. 하지만 동맹군의 장군 중 누구도 나폴레옹이 이 함정에 걸려들 거라고 생각하지 않았다.

그런데 놀랍게도 나폴레옹은 휴전에 적극적으로 나서는 것처럼 보였다. 러시아 차르 알렉산드르 1세(Aleksandr I) 휘하의 장군들은 나폴레옹이 완전히 겁에 질려 지푸라기라도 잡으려는 게 아닌가 하는 생각이 문득 들었다. 그러한 생각은 곧 사실로 증명되는 듯했다. 11월 29일 나폴레옹은 프라첸 고원을 점령하자마자 주둔을 포기하더니 서쪽에 자리를 잡고 기병대의 위치를 계속 재배치했다. 나폴레옹은 갈팡질팡하는 듯했다. 다음 날 나폴레옹은 러시아 황제와 직접 만날 것을 요구했다. 러시아 황제는 특사를 대신 보냈고, 특사는 돌아와서 나폴레옹이 두려움과 근심을 감추지 못했다고 전했다. 그는 궁지에 몰려 완전히 이성을 잃은 듯한 모습이었다. 특사가 제시한 협상 조건에 나폴레옹은 결국 동의하지는 않았지만, 주눅 든 모습으로 조용히 그의 말에 귀를 기울였다. 이러한 소식은 나폴레옹과의 첫 교전에 안달이 나 있던 젊은 황제의 귀를 즐겁게 해주었다. 그는 기다리는 데 진력이 나 있던 터였다.

프라첸 고원을 포기한 나폴레옹은 스스로 자멸의 길에 들어선 것처럼 보였다. 나폴레옹의 남부전선은 취약했고, 빈으로 통하는 남서쪽 퇴각로는 노출된 상태였다. 동맹군이 남부의 핵심 거점인 프라첸 고원을 점령하여 남부전선을 무너뜨리는 동시에 퇴각로를 막은 다음 북쪽으로 이동해 프랑스 군대를 포위하면 나폴레옹은 파멸이었다. 기다릴 이유가 무언가? 이건 절호의 기회였다. 러시아 황제와 젊은 장군들은 주저하는 오스트리아 황제를 설득했다.

12월 2일 아침 일찍 공격이 시작되었다. 소규모 사단 두 개가 프랑스 군의 북쪽 측면을 공격하는 동안 동맹군 대부분은 프라첸 고원으로 진격하여 그곳을 점령한 다음 남쪽으로 대거 이동하기 시작했다. 프랑스의 취약한 남부전선을 공략하기 위해서였다. 이 과정에서 프랑스 군의 저항이 있었지만 곧 전선을 무너뜨리고 북쪽에 있는 나폴레옹을 포위할 핵심 거점을 점령했다. 하지만 오전 아홉 시 고원에 있던 마지막 동맹군 부대 (총 약 6만 명 정도)가 남쪽으로 향했을 때 뜻밖의 소식이 들려왔다. 프라첸 고원 너머 보이지 않던 대규모 프랑스 군대가 갑자기 동쪽으로 방향을 잡고 프라첸 마을과 동맹군 전선의 중심부로 곧바로 진격해 들어가고 있다는 것이었다.

쿠투조프 장군은 위험을 직감했다. 동맹군이 프랑스 군의 남부전선에 너무 많은 병력을 보내는 바람에 아군의 중심부가 뚫린 것이었다. 그는 맨 나중에 고원을 빠져나간 부대를 다시 돌려보내려고 해왔지만, 이미 늦은 뒤였다. 오전 열한 시 프랑스 군은 고원을 재탈환하는 데 성공했다. 설상가상으로 남서부에서 프랑스 군이 도착해 남부 병력이 증강되는 바람에 프랑스 군을 포위하려던 동맹군의 작전은 수포로 돌아갔다. 형세는 완전히 역전되었다. 이제 프랑스 군은 프라첸 마을을 통해 동맹군 전선의 중심부로 밀고 들어왔고 재빨리 남부로 통하는 퇴각로까지 차단해버렸다.

동맹군은 북부, 중앙, 남부로 분열되어 서로 완전히 고립되었다. 최남단에 위치하고 있던 러시아 군은 더 남쪽으로 퇴각하려고 시도하다가 수천 명의 병사가 꽁꽁 언 호수와 습지에 빠져 목숨을 잃었다. 그날 오후 다섯 시 휴전협정이 선언되었다. 오스트리아-러시아 동맹군은 엄청난 인명 손실을 입었다. 이 패배는 파장을 몰고 왔다. 동맹은 붕괴되있고 전투도 종결되었다. 한편 패배 직전에 승리를 거둔 이 아우스터리츠 전투는 나폴레옹의 생애에서 가장 빛나는 승리로 기록되었다.

해석 ——

아우스터리츠 전투 직전의 위기 상황에서 나폴레옹 휘하의 조언자들과 원수들은 오직 퇴각만을 생각했다. 때로는 불리한 상황을 기꺼이 받아들이고 방어 태세를 취하는 것이 더 낫다는 것이다. 상대는 러시아 황제와 그의 동맹국인 데다 나폴레옹은 수세에 몰린 상황이었다. 기다렸다가 포위를 하든, 바로 공격을 개시하든 공격권은 그들이 쥐고 있었다.

하지만 나폴레옹이 전략가로서 보인 면모는 그의 조언자나 원수, 그리고 러시아 황제와 동맹군의 장군들 모두보다 훨씬 뛰어난 것이었다. 특히 탁월했던 부분은 바로 유연한 사고였다. 그는 공격과 방어를 상호 배타적으로 바라보지 않았다. 그에게 공격과 방어는 불가분의 연관성을 지닌 개념이었다. 반격이라는 공격 전술을 위장할 수 있는 최상의 방법은 방어 태세를 갖추는 것이었으며, 취약한 부분을 방어하기 위한 최상의 계책은 바로 공격 전술을 취하는 것이었다. 나폴레옹이 아우스터리츠에서 연출해낸 것은 퇴각도 공격도 아닌, 훨씬 교묘하고 창의적인 것이었다. 그는 공격과 방어를 섞어 완벽한 함정을 팠다.

먼저 빈을 점령한 나폴레옹은 아우스터리츠로 진격해 공격 태세를 취했다. 이러한 조치는 병력이 압도적으로 우세한 오스트리아-러시아 동맹군을 놀라게 했다. 그 후 나폴레옹은 한발 물러나 방어 태세를 취한 다음 공격과 방어 사이를 왔다 갔다 하며 혼란에 빠진 듯한 모습을 보여주었다. 러시아 황제의 특사와 만났을 때 막막해하는 인상을 심어준 것도 치밀하게 계산된 전략이었다. 이 모든 것이 허점을 보여 상대로부터 공격을 유도해내기 위한 잘 짜여진 한 편의 드라마였다.

과연 동맹군은 이 책략에 속아 신중함을 잃고 나폴레옹에 대해 제멋대로 억측하면서 스스로 약점을 노출시켰다. 동맹군은 올뮈츠에서 도무지 깨뜨릴 수 없는 강력한 방어 태세를 유지하고 있었다. 그것을 깨는 유일한 방법은 동맹군이 스스로 올뮈츠에서 이탈하도록 하는 것이었다. 나폴레옹이 동맹군을 유인하면서 노린 것이 바로 이것이었다. 이 작전이 먹혀들자 나폴레옹은 방어에서 공세로 전환해 반격을 가했다. 이 과정에서 그는 전투의 물리적 역학뿐 아니라 심리적 역학까지 바꾸어놓았다. 공격

> 곤경에 처한 적이 결전을 치르고 싶어할 때는, 기다려라. 싸우는 것이 우리에게는 불리하고 적에게 유리할 때도, 기다려라. 누구라도 먼저 움직이는 쪽이 위험에 처하는, 조용히 지키는 것이 현명한 상황에서는, 기다려라. 두 적군 사이에 싸움이 붙어 한쪽이 패배하거나 피해를 입게 될 상황에서도, 기다려라. 적의 수가 많더라도 불신이나 서로를 모함하는 분위기가 팽배해 있다면, 기다려라. 적장이 현명해도 옆에서 그에게 해를 끼치는 동료가 있다면, 기다려라.
> — 《전쟁의 비결: 고대 중국의 군사전략 36계》(The Wiles of War: 36 Military Strategies from Ancient China)》, 쑨 하이첸(Sun Haichen) 번역, 1991년

을 하던 부대가 갑자기 방어를 해야 하는 상황에 처하게 되면 사기가 완전히 무너지게 마련이다. 실제로 겁에 질린 동맹군은 나폴레옹이 애초부터 그들의 묘지로 점찍어두었던 꽁꽁 언 호수로 퇴각을 했다.

우리는 대부분 공격이나 방어 둘 중 하나만 생각한다. 공격 태세를 취하고 우리가 원하는 것을 얻기 위해 목표물을 거세게 몰아붙이거나, 아니면 갈등을 피하기 위해(혹 필요할 경우에는 최대한 적을 피하기 위해) 피나는 노력을 한다. 하지만 공격과 방어가 배타적으로 사용되면 그 어느 것도 소용이 없다. 공세를 원칙으로 삼다 보면 적이 생기게 마련이고, 거칠게 공격적으로 행동하다가 스스로 통제력을 잃는 수가 있다. 반면 항상 방어 자세를 취하다 보면 뒷걸음쳐 구석에 숨는 나쁜 버릇이 생긴다. 어떤 경우에든 우리의 행동은 적에게 간파당하고 만다.

나폴레옹이 그랬듯이 제3의 안을 택하라. 때로 허점을 보이고 방어 태세를 취하면 상대방은 당신을 위협으로 인식하지 않고 경계를 늦출 것이다. 그러다 적절한 기회가 왔다 싶을 때 공세로 전환하라. 체계적으로 공격을 가하되 당신의 약점을 계략으로 삼아 진짜 의중을 숨겨라. 위험에 처해 주위 사람들이 비관적인 면만 보고 퇴각을 권유할 때가 기회를 포착할 순간이다. 약한 것처럼 보이면 공격적인 적이 전속력으로 당신에게 달려들 것이다. 그러면 이들이 방심한 틈을 타 전혀 예상치 못한 순간에 공세로 전환하라. 이렇게 유동적인 방식으로 공격과 방어를 혼합하면 당신은 유동적이지 못한 적보다 한발 앞서 나아갈 수 있다. 최고의 일격은 상대방이 전혀 생각하지 못하는 순간 가하는 것이다.

> 상황이 아무리 최악이어도 절망하지 마라. 모든 것이 두려울 뿐이라 해도 두려워하지 마라. 사방에 위험이 도사리고 있어도 그 무엇도 두려워하지 마라. 자원이 없을 때는 지략에 의지하고, 기습을 당했을 때는 기습으로 적을 잡느니라.
>
> ― 〈손자병법〉

유술(柔術), 상대방의 힘으로 상대방을 제압한다

1920년 민주당은 퇴임하는 우드로 윌슨(Woodrow Wilson) 대통령의 뒤를 이을 후보로 오하이오 주 주지사인 제임스 콕스(James Cox)를 지명했다. 그리고 부통령 후보로는 38세의 프랭클린 루스벨트가 지명되었다. 루스벨트는 윌슨 행정부 시절 육군 차관보로 일한 적이 있었으며, 무엇보다 그는 여전히 인기를 누리고 있던 시어도어 루스벨트(Theodore Roosevelt) 전 대통령의 조카였다.

민주당은 공화당 후보 워런 G. 하딩(Warren G. Harding)을 상대로 힘든 선거전을 치러야 했다. 선거 결과는 참패였다. 미국 선거 역사에 길이 남을 압도적 차이로 콕스를 누르고 하딩이 대통령에 당선된 것이다.

이듬해 루스벨트는 척수성 소아마비에 걸려 하반신을 쓰지 못하게 되었다. 1920년의 비참한 선거 직후에 찾아온 이 불운은 인생의 전환점이 되었다. 갑자기 육체적 한계를 절감하게 된 루스벨트는 자신과 주변을 되돌아보기 시작했다. 정치 세계는 악독하고 난폭한 곳이었다. 사람들은 선거에서 이기기 위해서라면 아무리 비열해 보여도 온갖 인신공격을 서슴지 않는다. 이러한 세계에서 공직자들은 자신도 다른 사람들처럼 양심을 버리고 어떻게든 살아남아야 한다는 압박감을 느낀다. 하지만 이 방식은 루스벨트 자신에게 맞지 않았고 신체조건을 봤을 때도 역부족이었다. 그는 다른 정치 스타일을 택했다. 이 방식을 통해 루스벨트는 대다수의 다른 정치인들과 차별화되었고, 이것이 그에게 이점으로 작용했다.

루스벨트는 뉴욕 주지사 임무를 마치고 1932년 민주당의 후보로 대선에 출마한다. 적수는 당시 대통령이던 공화당의 허버트 후버(Herbert Hoover)였다. 미국은 한창 대공황을 겪고 있었고 후버는 그 난국을 돌파할 능력이 없어 보였다. 자신의 전력에 약점이 많아 방어 태세를 취하기가 어려웠던 후버는 1920년 민주당원들처럼 거센 공세를 펴며 루스벨트를 사회주의자로 몰아세웠다. 한편 루스벨트는 미 전역을 돌면서 나라를 대공황에서 구해내기 위한 구상을 밝혔다. 그는 세부적인 내용에 대해서는 말을 아끼면서 후버의 공격에도 직접적으로 대응하지 않았지만 자신감과 유능함이 엿보였다. 한편 후버는 격하게 루스벨트를 공격하는 것처

"'힘에 힘으로 맞서지 말고 공격해오는 그 힘을 반대로 이용하라. 적의 힘만으로 적을 넘어뜨리고, 적의 술책만으로 적을 굴복시켜라.' 서양의 그 누가 이런 가르침을 생각해낼 수 있었겠는가?"(스미스, 128) …… 검술에 대한 저술을 남긴 다쿠안도 반격 전략에서 양 방향 원리의 가치를 언급하면서 제자들에게 조언한다. "상대방이 공격해올 때 그 힘을 역으로 이용하라. 그러면 너를 죽이려던 그 검은 너의 검이 되어 상대편을 찌르게 될 것이다. 선(禪)에서 이것은 '적의 검을 빼앗아 그를 죽이는 무기로 활용하는 방법'으로 알려져 있다."(스즈키, 96) 고대 유술파는 여기에 아주 정통했다.……(직역하면 '부드러운 기술'이란 의미의) 유술은 그 이름에 함축되어 있듯, 강함과 경직성에 부드러움과 탄력성으로 대항하는 원리에 기반하고 있다. 그 비결은 온몸에 기를 가득 채우고, 팔다리 힘을 뺀 후 자신의 물리적 힘은 최소한 사용하면서 적의 힘을 자신에게 유리하도록 바꾸는 데 온 힘을 기울이는 것이다.
— 오스카 라티, 아델 웨스트브룩 공저,
《사무라이의 비밀》, 1973년

럼 보였다. 루스벨트는 예상보다 훨씬 큰 차이로 승리를 거두었다.

선거가 끝난 후 몇 주 동안 루스벨트는 대중 앞에서 거의 모습을 감추었다. 그러자 보수파의 정적들이 그의 부재를 틈타 서서히 루스벨트를 공격하기 시작했다. 루스벨트가 대통령직이라는 과업을 수행할 준비가 되어 있지 않다는 말이 나돌았다. 비판은 집요하고 공격적이었다. 하지만 취임식에서 루스벨트는 감동적인 연설을 했고, '100일 의회'로 알려진 취임 초기 몇 개월 동안 그는 수동적인 태도에서 적극적인 공세로 모습을 바꾸고 신속히 입법 조치를 취했다. 국민들은 이제야 뭔가 조치가 취해진다는 기대감을 가졌고, 뒤에서 그를 헐뜯던 목소리도 사라졌다.

이후 몇 년 동안 이러한 방식의 싸움이 되풀이되었다. 루스벨트는 계속해서 저항을 받았다. 대법원은 루스벨트의 사회정책이 위헌이라고 판결을 내렸으며, 사방의 정적들이 적개심을 가지고 언론을 통해 공격을 가했다. 그러면 루스벨트는 일단 후퇴하여 집중 포화를 피했다. 그가 없는 사이 공격은 더욱 거세지는 듯했고, 루스벨트의 조언자들은 공포에 질리곤 했다. 하지만 루스벨트는 때를 기다렸다. 결국 사람들은 이러한 밑도 끝도 없는 공격과 비방에 지칠 것이라고 생각했다. 무엇보다도 그들에게 응수하지 않음으로써 그들의 공격을 일방적인 것으로 만들 필요가 있었다. 그리고 나서(보통 선거가 있기 한두 달 전) 루스벨트는 공세로 전환하여 자신의 전력을 방어하고 상대편에게 공격을 가했다. 이 갑작스럽고 거센 공격에 적들은 완전히 방심한 상태에서 격파를 당했다. 이때는 국민들에게 진상을 알려 관심을 끌 수 있는 절묘한 시기이기도 했다.

루스벨트가 침묵하는 동안 적들의 공격은 거세지고 격해졌다. 하지만 이것은 루스벨트에게 공격할 거리를 제공할 뿐이었다. 루스벨트는 그들이 이성을 잃고 떠드는 모습을 조롱거리로 만들었다. 이와 관련한 유명한 일화가 있다. 1944년 공화당의 대통령 후보였던 토머스 듀이(Thomas Dewey)는 루스벨트에게 인신공격을 퍼부었다. 루스벨트의 아내와 아들의 활동까지 문제 삼았다. 심지어는 스코틀랜드 테리어종인 그의 애완견 팔라까지도 납세자들의 돈으로 호사를 누리고 있다고 비난했다. 이에 루스벨트는 선거 유세를 통해 이렇게 반격했다.

공화당은 저나 저의 아들에 대한 인신공격으로는 만족하지 못하는 모양입니다. 이제 그들은 제 애완견 팔라까지 들먹이고 있습니다. 제 가족들은 참았는데, 팔라는 분노를 참지 못하더군요. 내가 팔라를 알류샨 열도에 두고 와서는 (200억, 혹은 300만, 혹은 800만, 혹은 2천만 달러를 들여) 구축함을 보내 찾아오게 했다는 이야기를 공화당에서 지어냈다는 것을 알고는 자신의 스코틀랜드 혈통을 감추지 못하고 진노했습니다. 이후 팔라는 전혀 다른 개가 되었습니다. 저에 대한 악의적 험담에는 이미 익숙합니다만, 저에게도 제 개를 중상하는 발언에 반대할 권리는 있다고 생각합니다.

루스벨트의 재치가 담긴 이 연설은 엄청난 효과를 발휘했다. 자신들이 했던 말을 그대로 인용해서 반박을 하는데 어떻게 응수할 수 있었겠는가? 해를 거듭하자 루스벨트의 적들은 그를 공격하다가 스스로 나가떨어지고 말았다. 중요하지 않은 순간에는 점수를 땄지만 정작 선거에서는 다시 한 번 대패를 하고 만 것이다.

해석

루스벨트는 코너로 몰리는 느낌이나 다른 대안이 없는 상태를 참을 수가 없을 만큼 융통성 있는 인물이었다. 그는 상황을 알맞게 변형하여 필요할 때 힘들이지 않고 방향을 바꾸는 방식을 선호했다. 신체적 한계도 한 요인으로 작용했다. 그는 속박이나 무력함에 빠지고 싶지 않았다. 초창기, 미국 정계에서 흔한 공격적인 방식으로 유세를 했을 때 그는 무력하게 갇힌 듯한 기분이었다. 시행착오를 거쳐 뒤로 물러나는 것의 힘을 배운 그는 상대방이 먼저 움직이도록 놔두었다. 그를 공격하던 자신의 입장을 상세히 설명하든 어디선가 약점이 드러날 것이기 때문이다. 그들이 한 말은 나중에 루스벨트가 그대로 인용해 공격할 빌미를 제공해주었다. 루스벨트는 상대방의 공격에 침묵으로 일관함으로써 그들이 도를 넘어서도록 했다(싸우면서 무반응으로 일관하는 것만큼 상대방을 화나게 하는 것도 없다). 그러면 결국 상대편은 감정이 격해져 이성을 잃고 마는데 이는 대중에게 아주 볼썽사나운 모습으로 비친다. 상대편이 이렇게 자신의 공격에 스스로 화를 입은 상황이 되었을 때 루스벨트는 비로소 적 앞에 모습을 드러내 최후의 일격을 가하곤 했다.

　루스벨트의 스타일은 일본에서 사용되는 자기 방어술인 유술에 비유될 수 있다. 유술을 사용하는 사람은 조용히 인내심을 가지고 기다리는 방법으로 상대방을 자극하여 먼저 공격하게 만든다. 그리고 상대방이 달려들어 치거나 낚아채거나 뒤로 밀려고 할 때 그 힘이 상대방에게 불리하게 작용하도록 만든다. 적절한 순간에 교묘하게 앞뒤로 움직이면서 상대방이 자신의 힘에 말려 균형을 잃도록 하는 것이다. 상대방은 중심을 잃고 넘어지기 다반사며, 넘어지지 않는다 해도 쉽게 반격을 받을 수밖에 없는 상태가 된다. 결국 뻔한 공격을 하게 되기 때문에 그들의 공세는 약점이 된다. 그러면 전략이 노출되는데도 공격을 멈추기가 어려워진다.

　정치에서 잘 활용할 경우 유술은 대단히 유용한 전략이 될 수 있다. 먼저 싸우되 공격자의 모습이 아니다. 또 에너지도 절약된다. 한편 당신이 싸움에 말려들지 않는 동안 상대방의 에너지는 소진될 것이다. 선택의 폭도 넓어진다. 당신은 상대방이 어떤 행동을 하느냐에 따라 대응 방식을 정할 수 있다.

　강하다고 공격이 나오는 것은 아니다. 본래 공격은 약점을 숨기기 위한 행동이다. 그러다 보니 공격하는 측은 자신의 감정을 통제하지 못한다. 그들은 적절한 시기를 기다리거나, 다양한 방식을 시도하거나, 상대방의 허를 찌르는 방법을 곰곰이 생각하지 않는다. 처음 공격을 몰아칠 때는 강해 보이지만, 공격이 길어질수록 그 안에 숨어 있는 약점과 불안함이 점점 더 명확하게 드러난다. 인내심을 발휘하지 못하고 먼저 공격하는 사람이 패하기 쉽다. 한 발짝 물러나 인내심을 가지고 상대방이 먼저 행동을 취하도록 놔두는 것이 더 유리하다. 이런 내향적 강인함은 외향적 공격을 누르고 승리를 거두게 마련이다.

　시간은 당신 편이다. 소리 없이 살금살금 다가가 갑자기 먹이를 덮치는 고양이처럼 불시에 민첩하게 반격하라. 유술을 당신의 스타일로 삼아라. 일상에서 부딪히는 모든 공격과, 일상의 모든 상황에 대응하는 방식으로 삼는 것이다. 일어나는 상황에 반응하지 않고 기다리면서 귀중한

군사작전을 수행하고자 한다면 동(動)보다는 정(靜)을 선호해야 한다. 정에는 어떤 형태도 드러나지 않지만, 동에는 형태가 노출되기 때문이다. 성급한 움직임으로 군대의 형태가 노출되면 적에게 희생되고 만다. 움직임이 없으면, 사자와 표범이 함정에 빠지거나, 사슴이 올가미로 뛰어들거나, 새가 그물에 걸리거나, 물고기와 거북이가 낚싯바늘에 걸리는 일은 없을 것이다. 이 모든 동물이 인간의 먹이가 되는 것은 다 그들의 움직임 때문이다. 그러므로 현명한 자는 정을 소중히 한다. 정을 유지하면 무모한 행동을 삼갈 수 있으며, 무모하게 행동하는 적에 대처할 수 있다. 적이 약점을 노출하면, 기회를 빼앗아 적이 그 약점을 없애지 못하도록 하라.
《위료자》에는 "군대는 정으로 승리를 거둔다."는 구절이 있다. 군대가 신중하게 생각하지 않은 상태에서는 움직이지 않으면, 무모한 행동도 훨씬 적어진다.

— 《전쟁의 비결: 고대 중국의 군사전략 36계》, 순 하이첸 번역

시간과 에너지를 절약하라. 그리고 단번에 힘찬 반격을 가할 때 유술을 활용하라.

> 전쟁에서 가장 좋은 전략은, 치명적인 타격이 쉽게 먹힐 수 있도록 적군의 사기가 무너질 때까지 작전 개시를 미루는 것이다.
>
> — 블라디미르 레닌(Vladimir Lenin, 1870~1924)

전쟁의 기술 : 상대를 조급하게 만들어라

군대의 역사가 시작된 수천 년 전, 다양한 문화 속의 여러 전략가들은 한 가지 특이한 현상을 발견했다. 전투에서는 방어를 하는 쪽이 승리를 거두게 되는 경우가 많다는 것이었다. 그 이유는 무엇일까? 먼저 일단 공격을 개시하게 되면 모든 방책을 동원해야 하므로 더 이상 상대방의 허를 찌를 계책이 없게 된다. 방어를 하는 쪽은 공격자의 전략을 간파하고 방어 조치를 취할 수 있었다. 두 번째, 방어자가 이 초기 공격을 무위로 돌리게 되면, 공격자의 입지가 약해진다. 군대의 질서가 와해된 데다 병사들도 녹초가 되기 때문이다(전투에서는 지킬 때보다 빼앗을 때 더 많은 에너지가 필요하다). 만일 방어자가 이러한 약점을 이용해 반격을 가할 수 있으면 공격자를 퇴각시키기는 그리 어렵지 않았다.

반격 기술은 이러한 관찰을 토대로 발전했다. 기본 원칙은 적이 먼저 움직이도록 만드는 것이다. 상대편이 먼저 공격을 하도록 적극적으로 유인하여 에너지를 소모시키고 전열을 무너뜨리는 전략이다. 손자와 같은 이론가들이 이 기술을 발전시켰고, 마케도니아의 필리포스 2세(Philippos II)는 이 기술을 완벽하게 이용했다.

사실 반격은 현대 전략의 기원이다. 간접적인 전쟁수행 방식의 첫 실례가 되는 반격 기술은 사고의 전환에서 나온 것이다. 반격은 잔혹하거나 직접적인 대신 미묘하고 실체 파악이 어려우며, 적의 에너지와 공격을 이용해 적을 파멸에 이르게 한다. 반격은 전쟁에서 가장 오래되고 가장 기본적인 전략에 속하지만, 여전히 가장 효과적인 전략으로 현대에도

헤파럼프의 함정

피글렛과 푸가 숲 속 구덩이에 빠졌다. 이것이 헤파럼프의 함정이라는 데 생각이 모아지자 피글렛은 언짢아졌다. 피글렛은 헤파럼프가 함정으로 떨어지는 상상을 한다.
헤파럼프(고소한 듯): "호호호!"
피글렛(아무렇지 않다는 듯): "랄라라 랄라라."
헤파럼프(놀랐지만 설마하며): "호호호!"
피글렛(여전히 아무렇지 않다는 듯): "둠비둠비둠, 둠비둠비둠."
헤파럼프(처음에는 호호하고 웃다가 멋쩍은 듯 기침 소리로 바꾸며): "흠! 이게 도대체 뭐람?"
피글렛(놀라며): "어, 안녕! 이건 내가 만든 함정이야. 헤파럼프가 빠지길 기다리고 있었지."
헤파럼프(실망한 듯): "아니!" (오랜 침묵 후) "정말이야?"
피글렛: "응."
헤파럼프: "이럴 수가!" (초조해하며) "내가 피글렛을 잡으려고 만든 함정인 줄 알았는데."
피글렛: "어머, 아냐!"
헤파럼프: "이럴 수가!" (미안한 듯) "그럼 내가 잘못 알았던 거네."
피글렛: "유감스럽지만 그런 것 같아."
(공손하게) "미안해."
(그러고는 계속해서 콧노래를 부른다.)
헤파럼프: "잠깐, 잠깐. 저, 내가 다시 나가는 게 좋겠지?"
피글렛(아무렇지 않다는 듯 쳐다보며): "꼭 그래야 한다면 어쩔 수 없지. 나가서 크리스토퍼 로빈을 보거든 내가 찾는다고 말해줘."
헤파럼프(아주 기쁜 듯): "알았어! 걱정 마!" (서둘러 나간다.)

활용도가 아주 높다. 반격은 나폴레옹 보나파르트, T. E. 로렌스(Thomas Edward Lawrence), 에르빈 로멜, 마오쩌둥이 택한 최상의 전략이었다.

반격의 원리는 인간의 본성과 관련한 진실에 기반하고 있기 때문에 경쟁적인 모든 환경과 모든 갈등 상황에 무한히 적용할 수 있다. 우리는 본래 인내심이 부족한 동물이다. 우리는 기다리는 걸 참지 못하며 우리의 욕구가 최대한 빨리 충족되기를 바란다. 이는 엄청난 약점이 된다. 충분히 생각하지 않고 행동하기 때문이다. 급하게 돌진하다 보면 선택권은 좁아지고 곤경에 빠지게 된다. 한편 인내심은 전쟁에서는 특히 무한한 이득을 가져다준다. 인내를 통해 우리는 기회를 감지할 수 있을 뿐 아니라, 반격을 가해 적의 허를 찌를 시간도 벌게 된다. 한발 뒤로 물러서서 적절한 시기를 기다릴 줄 아는 사람은 본성에 굴복해 인내심을 발휘하지 못하는 사람보다 언제나 유리한 고지를 점령할 수 있다.

반격 기술을 섭렵하는 첫 번째 단계는 자기 자신과, 특히 갈등 상황에서 감정적이 되는 경향을 다스리는 것이다. 훌륭한 야구선수였던 테드 윌리엄스는 메이저리그에서 보스턴 레드 삭스와 경기를 할 때면 서두르지 않고 먼저 상황을 살폈다. 당시 그의 팀에는 미국 최고의 타자들이 모여 있었다. 선수들은 공을 보는 눈이 날카로웠고, 반사신경도 빨랐으며, 강한 팔을 가지고 있었다. 하지만 타석에 들어서서 자신을 통제해 인내심을 발휘할 수 있었던 사람은 상대적으로 적었다. 투수들은 바로 이러한 약점을 이용해 타자들이 불리한 타구에 스윙을 하도록 만들었다. 윌리엄스는 자신을 분리했고, 그렇게 해서 미국 야구 역사상 가장 완벽하다고 칭송받는 타자가 되었다. 그가 사용한 방법은 다름 아닌 인내심과 일종의 반격 기술을 개발한 것이었다. 그는 방망이를 휘두르기에 가장 좋은 공이 날아올 때까지 기다리고 또 기다렸다. 훌륭한 투수들은 타자들을 짜증 나고 동요하게 만드는 데 대가들이지만, 윌리엄스는 말려들지 않았다. 투수들이 어떤 방법을 쓰든 자신이 노리는 공이 올 때까지 기다렸다가 형세를 역전시키곤 했다. 결국 투수들이 먼저 인내심을 잃고 실수를 했던 것이다.

인내심을 배우면, 당신이 고려할 수 있는 선택사항이 갑자기 늘어난

푸(꼭 등장할 필요는 없지만 그 없이는 우린 아무것도 할 수 없다.): "피글렛, 너 정말 용감하고 똑똑하구나!"
피글렛(겸손하게): "뭐, 이 정도 갖고."
(로빈이 오자 푸가 이 모든 이야기를 들려준다.)
— 밀른(A. A. Milne), 《푸 모퉁이의 집(The House at Pooh Corner)》, 1928년

> '상대방을 사로잡히게 하는' 전략은 많은 것에 적용될 수 있다. 하품이나 조는 행동도 여기에 포함된다. 시간 역시 '상대방이 사로잡힐 수 있는 것'이다. 대규모 전투에서 적이 멈출 줄 모르고 빨리 결말을 내리고 하면 무시하고 전투를 빨리 끝낼 필요가 전혀 없다는 듯 침착하고 조용하게 행동하라. 적은 당신의 침착함과 느긋한 태도에 경계심을 늦추게 될 것이다. 이렇게 적이 '사로잡히는' 순간에 재빨리 강한 공격을 가해 적을 무너뜨려라. …… '적을 취하게 만드는 전략'이라는 것도 있는데, '적을 사로잡히게 하는' 이 전략과 유사하다. 상대편의 마음을 태평하고 느긋하게 만들 수 있어야 한다. 이 부분에서는 많은 수련을 쌓아야 한다.
> — 미야모토 무사시, 《오륜서》

다. 사소한 전쟁을 치르느라 기력을 소모하는 대신, 당신은 적절한 순간을 위해 에너지를 아껴두고 상대방의 실수를 이용하게 되며 어려운 상황 속에서도 명확히 사고하게 된다. 또 상대방이라면 항복이나 퇴각밖에 생각하지 못할 상황에서도 당신은 반격 기회를 찾을 수 있게 될 것이다.

반격에서 성공하기 위한 핵심은 상대방이 초조하고 불안해하는 와중에서도 침착성을 잃지 않는 것이다. 16세기 일본에서는 신음류(新陰流)라는 독특한 전술이 등장했다. 이 방법을 쓰는 무사는 상대방의 모든 움직임을 똑같이 따라하면서 결투를 시작한다. 발걸음부터 눈의 깜박임까지 모든 동작 하나하나를 그대로 따라하는 것이다. 이것은 적을 아주 곤혹스럽게 만들었다. 상대편이 그 움직임을 읽을 수도, 앞으로 그가 어떤 행동을 할지도 전혀 파악할 수가 없기 때문이다. 어느 순간 상대방은 인내심을 잃고 갑자기 공격에 나서 방어벽을 허물어뜨린다. 무사는 이 순간을 놓치지 않고 공격을 받아 넘기고 이어서 치명적인 반격을 가한다.

신음류를 사용하는 사무라이는 생사가 걸린 검투에서는 공격적인 것보다는 수동적인 것이 더 유리하다고 생각했다. 적의 움직임을 하나하나 똑같이 따라하면서 적의 전략과 생각을 읽을 수 있었다. 또 인내심을 가지고 조용히 상대방의 움직임을 관찰함으로써 적이 공격을 결심하는 순간을 간파했다. 그런 순간은 상대방의 눈 또는 손의 미세한 움직임에서 포착되었다. 신음류를 쓰는 무사를 쓰러뜨리려는 마음이 격해지고 초조함이 더해질수록 그는 균형을 잃고 허점을 드러냈다. 신음류를 구사하는 사무라이를 이길 수 있는 사람은 거의 없었다.

사람들이 당신을 대하는 방식을 흉내 내어 그들에게 똑같이 하는 것은 강력한 반격 수단이 된다. 사람들은 일상에서 이러한 흉내 내기와 수동성에 현혹된다. 아부에 넘어가 방어벽을 낮추고 공격의 빌미를 제공하는 것이다. 또 이러한 행동은 사람들에게 초조와 불안을 유발하기도 한다. 그들의 사고가 곧 당신의 사고가 되면서 당신은 흡혈귀처럼 그들을 먹잇감으로 삼을 수 있다. 하지만 수동적인 겉모습에 가려 당신이 그들을 통제하는 힘은 보이지 않는다. 한편 상대방이 당신의 의중을 도무지 파악할 수 없기 때문에 당신은 그 무엇도 내주지 않게 된다. 당신은 완벽하게 상대방의 허를 찌르며 반격할 수 있다.

반격은 공격적인 성격이 천성적으로 유난히 강한 소위 '야만인들'에게 대항할 때 특히 효과적이다. 이런 부류의 사람들에게 주눅 들지 마라. 알고 보면 이런 사람들은 쉽게 흔들리고 잘 속는다. 이때 요령은 쉽게 얻을 수 있는 무언가로 그들을 유혹하면서 자신은 약하고 어리석은 것처럼 행동해서 그들을 궁지로 몰아넣는 것이다.

중국 춘추전국시대, 제(齊)나라는 위(魏)나라의 막강한 군대에 위협을 받는 처지였다. 제나라 장군이 손빈(손자의 후예다)이라는 유명한 전략가를 찾아가 계책을 물었다. 그러자 손빈은 위나라 장군이 제나라 군대를 멸시하고 있다는 점을 지적했다. 제나라 병사들을 겁쟁이로 얕잡아보고 있다는 것이었다. 그 점이 바로 승리의 열쇠라고 말하면서 한 가지 계책을 내놓았다. 대규모 부대를 이끌고 위나라에 들어가 먼저 아궁이를 수천 개 만든다. 그리고 다음 날 그 숫자를 반으로 줄이고, 그 다음 날에는 또다시 반으로 줄인다. 제나라 장군은 손빈이 일러준 계책을 실행에 옮겼다.

물론 위나라 장군은 제나라 군대의 움직임을 주의 깊게 지켜보고 있었다. 제나라 군사들을 겁쟁이라 얕보던 그였으니 아궁이 숫자가 줄어드는 것을 보고 제나라 군사들이 달아나는 것이라 생각한 것은 당연했다. 그는 기병대를 이끌고 진군해 이 약해빠진 군대를 짓밟고, 뒤따르는 보병들과 함께 아예 제나라로 쳐들어가리라 작정했다. 한편 손빈은 위나라 군대가 오고 있다는 소식을 듣고 그들의 이동 속도를 계산한 뒤 제나라 군대를 후퇴시켜 산 협곡에 배치해두었다. 그리고 커다란 나무를 하나 베어 껍질을 벗겨내고는 그 위에 다음과 같은 글귀를 적었다. "위나라 장군은 이 나무에서 죽게 될 것이다." 나무를 위나라 군대가 지나는 길목에 놓아둔 뒤 협곡 양편에 궁수들을 매복시켰다. 기병대 맨 앞에서 군대를 이끌던 위나라 장군은 한밤중에 나무가 길을 막고 있는 이곳을 지나게 되었다. 그런데 나무 위에 무슨 글귀가 쓰여 있는 듯했다. 그는 자세히 보기 위해 부하들에게 횃불을 밝힐 것을 명했다. 그 횃불을 신호로 제나라 궁수들이 위나라 기병들에게 화살을 퍼부었다. 그제야 계략에 빠졌음을 알아챈 위나라 장군은 스스로 목숨을 끊었다.

손빈은 위나라 장군이 거만하고 난폭한 사람이라는 걸 알고 그것을 미끼로 이용했다. 그는 이러한 특징들을 자신에게 유리하도록 활용했으며, 위나라 장군의 마음을 조종하여 적이 더욱 탐욕스럽고 공격적이 되도록 했다. 당신도 적이 가장 다루기 힘들어하는 감정을 찾아내야 한다. 적에게 그 감정이 일어나도록 하라. 그러면 조금만 노력을 기울여도 적이 알아서 당신에게 반격의 빌미를 제공해줄 것이다.

현대에도 이런 반격의 기술을 사용하는 예를 찾아볼 수 있다. 가족치료사 제이 헤일리(Jay Haley)가 관찰한 바에 따르면, 억압된 감정을 행동으로 표출하여 남을 곤란하게 하는 사람들이 있는데, 이는 자신이 통제권을 갖기 위한 일종의 전략이라고 한다. 그들은 내키는 대로 신경질적이고 얼토당토않은 행동들을 한다. 이때 당신이 그들의 행동에 화를 내거나 그들을 제지하려고 하면, 당신은 그들이 원하는 대로 움직이는 셈이다. 그들은 당신의 감정을 자극해 당신의 관심을 지배한다. 그렇다고 그들이 날뛰게 내버려두면 그들은 더욱 제멋대로 행동한다. 그런데 헤일리가 발견한 바에 따르면, 당신이 그들의 곤란한 행동을 독려하고 그들의 편집증에 공감하고, 그들에게 더 하라고 부추길 경우 역학의 작동 방식이 바뀌게 된다. 자신의 바람이나 예상과는 완전히 다른 상황에 부닥치면 그들은 당신이 원하는 것을 하면서 그것에서 재미를 느낀다. 이것이 바로 유술 전략이다. 상대방의 에너지를 상대방에게 불리하도록 역으로 활용하는 것이다. 사람들이 자신이 하고 싶은 대로, 즉 그들의 욕심이나 강박증에 따라 행동하려 할 때 제지하기보다는 부추겨라. 그러면 그들을 통제하기가 훨씬 수월해진다. 이때 사람들은 아주 곤혹스러워하거나 극도로 혼란을 느끼게 되는데, 어떤 경우든 당신에게 유리하다.

방어를 하다 곤경에 처했을 때 가장 큰 위험은 과잉 반응을 하게 된다는 것이다. 당신은 종종 적의 강점을 과장하고, 자신을 실제보다 더 약한 존재로 평가할 것이다. 반격의 핵심 원리는 절대 상황을 절망적으로 보지 않는 것이다. 적이 겉으로 얼마나 강해 보이든 당신이 노리고 반격할 수 있는 허점은 있게 마련이다. 그리고 당신의 약점은 연기만 제대로 하면 강점이 될 수 있다. 조금만 영리한 계책을 쓰면 당신은 언제나 형세를 뒤바꿀 수 있다. 도저히 풀리지 않는 문제를 만나거나 곤경에 처했을 때 당신은 이런 식으로 생각할 수 있어야 한다.

적이 강해 보이는 것은 그가 특별한 힘이나 이점을 갖고 있기 때문이다. 그것은 자금이나 자원이 될 수도 있고, 군대나 영토의 크기, 혹은 그의 윤리나 명성일 수 있다. 그가 어떤 강점을 가졌든 실제로 그것은 잠재적 약점이 된다. 그가 바로 그 강점에 의지하고 있기 때문이다. 강점을 무력화시켜라. 그러면 그의 취약점이 드러난다. 그가 자신의 이점을 이용할 수 없는 상황으로 적을 몰고 가는 것이 당신이 해야 할 일이다.

기원전 480년 페르시아 왕 크세르크세스(Xerxes)는 월등히 유리한 군사력을 가지고 그리스를 침공했다. 하지만 아테네의 장군 테미스토클레스(Themistocles)는 그 강점을 약점으로 바꾸었다. 페르시아 선단을 살라미스 섬의 좁은 해협으로 유인했던 것이다. 강점이었던 엄청난 함대의 규모는 오히려 악몽이었다. 빽빽이 대열을 이룬 함대는 완전히 통제 불능의 상태에 빠졌다. 그리스 군은 좁은 해협에 갇혀 움직이지 못하는 페르시아 함대를 공격하여 배를 파괴시키고, 페르시아의 침공에 종지부를 찍었다.

상대방의 우위가 명백한 전투 스타일을 무력화하는 가장 좋은 방법은 그 스타일을 익혀서 자신의 목적에 맞게 변용하는 것이다. 19세기 미국 서남부의 아파치족들은 몇 년째 미국 군대를 괴롭히고 있었다. 그곳의 지형에 완벽하게 맞는 게릴라 전술을 이용했기 때문이다. 아무것도 통하지 않을 것 같던 상황이 바뀐 것은 조지 크룩(George Crook) 장군이 아파치족 내부의 불만세력을 고용해 전투 방식을 배우고 그들을 정찰병으로 활용하면서부터였다. 아파치족의 전투 스타일을 변용함으로써 크룩은 그들의 강점을 무력화시키고 결국 아파치족을 물리칠 수 있었다.

적의 강점을 무력화시키는 동시에 당신이 가진 약점도 그와 비슷한 원리를 적용해 강점으로 만들어야만 한다. 예를 들어, 부대의 규모가 작은 것은 기동성이 있다는 의미이기도 하다. 그 기동성을 반격에 활용하라. 당신의 평판이 상대방에 미치지 못할 수도 있다. 하지만 이것은 당신이 잃을 게 더 적다는 뜻일 뿐이다. 상대방을 중상하라. 중상이 효과를 발휘하기 시작하면 적의 평판은 서서히 당신과 같은 수준으로 떨어질 것이다. 항상 당신의 약점을 이점으로 전환할 방법을 찾아라.

다른 사람들과의 갈등은 피할 수 없다. 당신은 기꺼이 자신을 방어해야만 하고 때로는 공격도 해야 한다. 그런데 오늘날 사회에서는 공격이 용인되지 않는다는 것이 딜레마다. 공격을 가하면 당신의 평판이 타격을 입고, 당신은 정치적으로 고립되며, 적들이 생겨나고 저항을 받게 될 것이다. 이 딜레마를 해결하는 길이 바로 반격이다. 적이 먼저 움직이게 놔두고, 당신은 희생자인 척한다. 노골적으로 표 나지만 않으면, 당신은 상대방의 마음을 조종할 수 있다. 그들이 무모하게 공격하도록 유인하라. 그 결과가 처참해도 그들은 자신을 탓하게 될 뿐이고, 주위 사람들도 모두 그들을 탓하게 된다. 당신은 외형상으로는 물론 전쟁의 실제적인 면에서도 승리를 거두게 된다. 이처럼 융통성과 힘을 동시에 제공하는 전략은 극히 드물다.

| 이미지 | 투우. 거대한 몸집에 무시무시하게 눈을 부라리며, 뿔은 당신의 살점을 도려낼 수 있을 정도로 날카롭다. 당신은 공격하는 것도 빠져나오는 것도 치명적으로 위험하다. 대신 자리를 잡고 서서 망토를 이용해 그 날카로운 뿔로 아무리 세게 들이받아도 전혀 소용없게 만들어라. 투우의 화를 돋우어 더욱 안달하게 만들어라. 투우가 화가 나서 격렬하게 달려들수록, 힘은 더 빨리 소모된다. 당신이 형세를 역전시켜 그 무시무시했던 짐승에게 창을 꽂을 때가 올 것이다.

| 근거 | 심사숙고하여 신중하게 방어하고, 이어 재빠르고 대담하게 공격하는 것, 그것이 전쟁 기술의 전부다.

— 나폴레옹 보나파르트

적군이 좋은 시기를 타고 진격해 올 때가 있다. 이럴 경우에는 퇴각하는 것이 옳으며, 퇴각을 통해 성공을 이룰 수 있다. 하지만 성공하기 위해서는 제대로 퇴각할 수 있어야 한다. 퇴각은 도주와는 엄연히 다른 것이다. 도주는 어떤 상황에서 자신을 보호하기 위해 하는 행동인 반면, 퇴각은 강함의 표시이다. 신중을 기해 퇴각의 적기를 놓치지 않으면서 힘과 입지를 완전히 갖추고 있어야 한다. 그러면 너무 늦기 전에 시간이 보내는 신호를 알 수 있을 것이고, 생사가 걸린 절망적인 싸움에 휘말리는 대신 일시적 퇴각을 준비할 수 있을 것이다. 그러므로 이는 적에게 전장을 그냥 내어주는 것이 아니다. 한 번이라도 저항을 해서 불굴의 의지를 보이면 적의 진격을 어렵게 할 수 있다. 이런 식으로 퇴각을 하면서 반격에 대비하라. 건설적인 퇴각의 법칙을 이해하는 것은 쉽지 않다. 퇴각에 숨겨진 의미를 아는 것이 중요하다.

— 《주역》

뒤집어보기

반격 전략이 모든 상황에 적용될 수 있는 것은 아니다. 당신 쪽에서 먼저 공격을 시작하는 것이 더 나을 때도 있다. 상대방이 생각할 겨를도 없이 방어하게 만들어 통제권을 쥐는 것이다. 상황을 꼼꼼히 살펴라. 적이 아주 영리해 인내심을 잃고 당신을 공격하는 일이 없다면, 또 기다릴 경우 너무 많은 것을 잃게 된다면 공격을 해야 한다. 또 다양한 방법을 마련해두는 것이 좋다. 의지할 수 있는 전략을 늘 하나 이상은 구상해두어라. 당신을 반격하려고 기다리는 것이 적의 스타일이라면 먼저 공격해 허를 찌를 수 있는 완벽한 조건이 갖추어진 셈이다. 여러 가지 방법을 적절히 조합하라. 상황을 잘 살펴 당신이 앞으로 무엇을 할지 상대방이 예상하지 못하게 만들어라.

STRATEGY 10

위협적인 존재임을 과시하라

: 전쟁 억지와 경고

공격자를 물리치는 최선의 방법은 애초에 공격할 생각조차 갖지 못하게 만드는 것이다.
이를 위해서는 당신이 실제보다 강하다는 인상을 심어줘야 한다.
다소 '또라이' 기질이 있다는 평판을 구축하라.
그러면 상대는 당신을 건드려서 좋을 게 없다고 생각할 것이다.
패배할 경우 곱게 물러서지 않는다는 평판을 구축하라.
그런 다음 거친 행동으로 강력한 인상을 심어줌으로써
그러한 소문이 거짓이 아니라고 믿게 하라.
때로는 불확실성이 명백한 위협보다 나을 수도 있다.
상대는 당신을 건드리는 데 어떤 대가가 따를지 확신하지 못하는 상황에서는
결코 함부로 나서지 못한다. 인간의 타고난 두려움과 걱정을 십분 활용하여
그들이 다시 한 번 생각하게 유도하라.

경고성 위협

인생을 살다 보면 당신보다 더 공격적인 사람들을 만나게 마련이다. 이들은 원하는 바를 얻기 위해 교활하고 잔인한 짓을 서슴지 않는다. 이들과 정면으로 부딪치는 것은 현명하지 않다. 이들은 싸움이 주특기 인데다 악랄하다. 당신은 십중팔구 패할 것이다. 그들에게 원하는 것을 주어 공격을 피하거나 그들을 달래려 하는 일은 재앙을 부를 뿐이다. 당신이 약한 모습을 보일수록 더 큰 위협과 공격을 부를 뿐이다. 상대방에게 완전히 주도권을 넘겨주거나 싸우지도 않고 항복하는 것은 완전한 굴복이며 상대방이 원하는 승리를 손쉽게 넘겨주는 것이다. 이로 인해 당신은 더욱 쓰라린 분노와 패배감에 시달리게 된다. 이는 나쁜 습관처럼 몸에 배어 어려운 상황에 처할 때마다 최소한의 저항도 하지 않고 쉽게 물러나게 될 것이다.

충돌을 피하려 하거나 상황이 불공정하다고 불평하는 대신, 군사 지도자와 전략가들이 거칠고 탐욕스러운 상대를 다루는 수단으로 수 세기에 걸쳐 개발해온 경고성 위협을 고려해보자. 이 억지 기술(art of deterrence)은 전쟁과 인간 본성에 관한 세 가지 기본적 사실에 기초를 두고 있다. 첫째, 인간은 상대가 힘이 없거나 취약한 모습을 보면 더 공격하는 경향이 있다. 둘째, 그들은 상대가 약하다는 사실을 확실히 알지 못한다. 단지 상대의 행적을 통해 나타나는 신호를 보고 판단할 뿐이다. 셋째, 그들은 빠르게 그리고 대가 없이 손쉬운 승리를 얻고자 한다. 그래서 저항하지 않는 힘없는 자들을 먹이로 삼는다.

억지 전략이란 이러한 역학관계를 반대로 이용하는 방법으로서, 당신에게 따라다니는 나약하고 순진한 이미지를 털어버리고 당신과의 싸움이 생각처럼 쉽지 않으리라는 메시지를 보내는 것이다. 즉 당신은 실제로 취약한 상태지만 그들은 확실히 알지 못한다. 약점을 숨겨서 그들의 관심을 다른 쪽으로 돌려라. 행동으로 보여주는 편이 단순한 협박이나 사나운 말보다 훨씬 더 효과적이다. 예를 들어, 상징적인 방식으로 조금이라도 반격을 가한다면, 당신이 말로만 떠드는 사람이 아니라는 사실을 보여주는 셈이다. 소심하고 만만한 먹잇감이라면 주위에 얼마든지

만일 군사의 수가 적다면 이스라엘의 영웅인 기드온의 전략을 본보기로 삼으라. 그는 군사들을 어둠 속에 숨기고, 요란한 소음과 군중의 함성으로써 적으로 하여금 군사의 숫자가 실제보다 훨씬 많은 것처럼 믿게 만들었다. …… 승리 전술의 제1원칙을 기억하라. 실제로 힘을 갖는 것만이 아니라, 적으로 하여금 당신이 힘을 가졌다고 믿게 만드는 것이 중요하다.
— 솔 D. 앨린스키, 《급진파의 원칙(Rules for Radicals)》, 1972년

있으므로, 공격자는 십중팔구 당신에게서 물러나 다른 사람에게 달려들 것이다.

이러한 형태의 방어전은 일상생활에서 일어나는 전투에 얼마든지 적용할 수 있다. 상대를 진정시키는 것도 싸우는 것만큼 그들을 약화시킨다. 도발을 억제하고 겁을 주어 그들이 공격을 멈추고 더 이상 당신을 방해하지 못하게 한다면, 귀중한 에너지와 자원을 절약할 수 있다. 공격자를 억지하려면 당신의 겉모습과 당신에 대한 인식을 조작하고 기만하는 데 능해져야 한다. 이는 일상적인 전쟁의 모든 측면에 적용되는 귀중한 기술이다. 이 기술을 익히게 되면, 당신은 억센 사람이며 존경과 두려움의 대상이라는 평판을 쌓게 될 것이다. 조금이라도 신중한 사람이라면 당신을 공격하기 전에 한 번 더 숙고할 것이다.

다음은 억지 전략과 경고성 위협에 관한 기본적 방법이다. 이 방법들은 공격형 전쟁에도 사용할 수 있지만 특히 방어형 전쟁, 즉 당신이 취약하거나 공격을 받고 있는 순간에 효과가 뛰어나다. 모두 이 분야의 위대한 대가들의 경험과 저술에서 나온 것이다.

어떤 사람이 내게 다음과 같은 말을 해주었다. 작전계획에는 내향적인 것과 외향적인 것 두 종류가 있으며, 둘 중 한 가지밖에 구사할 줄 모르는 사람은 아무 쓸모가 없다. 그런 사람은 칼날을 날카롭게 갈아 칼집에 넣어두고, 정기적으로 꺼내 미간을 찌푸리며 심각한 표정으로 바라보다가 칼날을 깨끗이 닦은 후 다시 칼집에 넣는 사람과 다를 바 없다. 언제나 칼을 뽑아들고 있는 자는 습관적으로 칼을 휘두르게 되며, 아무도 그의 곁에 다가가지 않으려 하므로 그는 동지를 얻지 못한다. 또 칼을 항상 칼집에만 넣어두면, 칼은 녹슬고 날은 무디어질 것이며 사람들은 칼의 주인 역시 그러하리라고 생각할 것이다.
— 야마모토 쓰네토모, 《하가쿠레: 어느 사무라이가 들려주는 인간경영의 지혜》

대담한 행동으로 기선을 제압하라. 당신의 약점을 숨기고 적을 속여서 공격 의지를 포기하게 만드는 최상의 방법은, 그들이 예기치 못한 대담한 행동을 취하는 것이다. 겁 없이 자신감 넘치는 행동을 함으로써 당신이 약할 거라는 적의 인식을 뒤집는 것이다. 이 방법에는 두 가지 긍정적 효과가 있다. 첫째, 적은 당신의 행동 뒤에 이를 뒷받침하는 무엇인가가 분명히 있다고 생각하게 된다. 단지 보여주기 위해서 그토록 대담무쌍한 행동을 한다고는 생각하지 않을 것이다. 둘째, 적은 전과 달리 당신을 강하고 위협적인 존재로 보기 시작할 것이다.

위협을 맞받아 쳐라. 적이 당신을 몰아붙이려 한다면, 소규모라도 기습적 공격을 가해 겁을 줌으로써 상황을 반전시킬 수 있다. 적이 소중히 여기는 것을 위협하라. 적의 취약해 보이는 부분을 아프도록 공격하라. 화가 나서 반격해오면, 잠시 후퇴했다가 그들이 예상치 못한 시점에 다시 공격하라. 당신은 그들을 두려워하지 않으며, 그들의 기대와는 달리 얼마든지 무모해질 수 있다는 점을 분명히 보여줘라. 하지만 싸움을 지나치게 크게 벌일 필요는 없다. 약간의 고통을 주는 것으로 충분하다. 얼마든지 더 힘하게 싸울 용의가 있다는 뜻을 짤막하고 위협적인 메시지에 담아 보내면 된다.

예측 불가능하고 비이성적인 모습을 보여라. 마치 아무것도 잃을 것이 없다는 듯이, 다소 자멸적인 성향을 보여준다. 적을 무너뜨릴 준비가 되어 있으며, 이 과정에서 적의 평판을 허물어뜨리겠다는 의지를 보여라 (상대가 훌륭한 평판을 지닌 권력가처럼 잃을 것이 많은 사람일 경우 특히 효과적이다). 당신을 패배시키는 대가는 값비싸며 자멸을 불러올 수도 있다는 것을 보여주어라. 그러면 적은 당신과 싸우는 것을 꺼리게 될 것이다. 감정적으로 행동하라는 의미가 아니다. 감정적 행동은 약자의 표시일 뿐이다. 다만 당신이 다소 비이성적이기 때문에 무슨 짓이든 벌일 수 있음을 넌지시 비치면 된다. 미친 상대는 두려운 법이다. 예측 불가능하고 잃을 것이 없는 자와 싸우고 싶어할 사람은 아무도 없다.

인간의 타고난 편집증을 이용하라. 상대편에게 공개적으로 위협하는 대신, 간접적이면서 그들을 고민하게 만드는 행동을 취하라. 중개자를 이용해서, 당신이 어떤 사건을 벌일지도 모른다는 불안한 이야기를 전달하는 방법이 여기에 해당된다. 혹은 그들이 당신의 말을 '우연히' 엿듣게 해서 적을 불안에 떨게 하라. 당신이 대항책을 준비하고 있다는 사실을 적 스스로 발견하게 하는 편이, 당신 입으로 말하는 것보다 더 효과적이다. 위협을 한 뒤에는 여기에 걸맞은 행동을 해야 한다. 그러나 당신이 그들에 대항해서 의심스러운 작업을 하고 있다고 그들이 믿게 하려면 방법이 달라진다. 위협이 베일에 싸여 불확실성이 클수록 그들의 상상도 커지며, 당신을 공격하는 일이 더 위험하다고 생각할 것이다.

두려운 사람이라는 평판을 쌓아라. 까다롭거나 완고하거나 난폭하거나 무모하게 효율적이거나 어떤 평판이든지 다 해당된다. 이 이미지를 장기간 쌓아올리면, 사람들은 당신을 괴롭히지 않으며, 당신을 존경하면서 다소 두려워할 것이다. 끝까지 싸우겠다는 사람을 괴롭히거나 다툴 이유가 어디 있겠는가? 그것도 전략적이면서 무자비한 상대를? 이러한 이미지를 만들어내기 위해서 당신은 때때로 강인한 모습을 연출해야 하지만, 결국은 충분한 억지력을 갖추게 될 것이고 연출의 필요성도 거의 없어질 것이다. 평판은 공격적 무기가 되어서, 사람들이 당신을 만나기도 전에 겁을 먹고 복종하게 만들 것이다. 어떤 경우에도 일관성 있는 평판을 세심하게 쌓아야 한다. 이러한 종류의 이미지는 허점이 보이면 아무 쓸모가 없기 때문이다.

> 사람의 열 손가락 모두에 상처를 입히는 것보다, 손가락 하나를 잘라버리는 편이 더 효과적이다.
> — 마오쩌둥

> 벼랑 끝 전술은 완전한 통제가 불가능하며 양측이 서로 인식할 수 있는 위험을 고의적으로 만드는 것이다. 상황이 어느 정도 통제 불가능하게 흘러가도록 고의적으로 만드는 전술이다. 이는 상대방이 그러한 상황을 견딜 수 없어 결국 순응하게 만들기 위함이다. 즉 공동의 위험에 적을 노출시킴으로써 적을 집요하게 괴롭히고 위협하는 방법, 만일 적이 반대로 움직일 경우 당신의 심기를 건드려 당신이 적과 함께 (당신이 원하든 원하지 않든) 벼랑 끝까지 돌진할 수 있음을 알려줌으로써 적을 억지하는 방법이다.
> — 아비나시 K. 딕시트(Avinashi K. Dixit), 배리 J. 네일버프(Barry J. Nalebuff), 《전략적 사고(Thinking Strategically)》, 1991년

사례 1: 잭슨의 이상한 기동작전

미국 남북전쟁이 일어난 지 1년이 채 지나지 않은 1862년 3월, 남부연합의 상황은 암울했다. 중요한 전투에서 잇달아 패했고, 장군들은 서로 입씨름을 벌였으며, 사기는 저하되었고, 신병 모집도 어려웠다. 이러한 남군의 약점을 간파한 북군의 매클렐런(George B. McClellan) 소장은 대규모 병력을 이끌고 버지니아 해안을 향해 출발했다. 그곳에서 남부연합의 수도인 리치먼드로 행군할 계획이었다. 버지니아 해안에는 매클렐런의 군대를 1, 2개월 억지할 수 있는 남군 병력이 있었지만, 워싱턴 근방에 주둔 중인 북군도 리치먼드를 향한 행군에 합류할 예정이었다. 링컨이 직접 약속한 대로 이 군대가 매클렐런의 군대에 합류한다면, 리치먼드의 운명은 끝이었다. 리치먼드가 함락되면, 남부연합은 항복해야 했다.

남군의 스톤월 잭슨(Stonewall Jackson) 장군은 그가 직접 모집하고 훈련시킨 오합지졸 3,600명을 거느리고 버지니아 셰넌도어 계곡에 주둔하

고 있었다. 그의 임무는 비옥한 계곡을 인근의 북군으로부터 방어하는 것이었다. 그러나 잭슨은 현재 전개되고 있는 북군의 리치먼드 출정을 숙고하면서 대단히 중요한 착상을 떠올렸다. 잭슨은 웨스트포인트(West Point, 미 육군사관학교) 시절 매클렐런의 급우였다. 매클렐런은 경솔하고 말 많은 겉모습과는 달리 사실은 소심하고, 자신의 경력에 대해 과할 정도로 걱정하며, 실수라도 할까 봐 무척 조심하는 성격이었다. 매클렐런에게는 이미 리치먼드로 행군 태세를 갖춘 9만 명의 병사가 있었고, 이 숫자만 해도 남군의 두 배가 되지만, 신중하기 그지없는 이 친구는 자신의 군대가 압도적 우위를 차지할 때까지는 결코 싸우지 않을 것이었다. 매클렐런은 링컨이 약속한 추가 병력을 기다릴 것이다. 그러나 다른 지역이 위험해지면 링컨은 군대를 보내지 않을 것이다. 셰넌도어 계곡은 워싱턴의 남서쪽에 있으므로 이곳에서 무슨 일인가 일어나는 것처럼 혼란을 일으킨다면, 북군의 계획을 중단시켜서 남군을 재난으로부터 구할 수 있을 것이다.

3월 22일 잭슨의 정보원이 보고한 바에 따르면, 너새니얼 뱅크스(Nathaniel Banks) 장군이 이끄는 셰넌도어 계곡 주둔군의 3분의 2가 매클렐런의 군대와 합류하기 위해서 동쪽으로 이동하고 있었다. 조만간 워싱턴 근교에 있는 어빙 맥도웰(Irvin McDowell) 장군의 군대도 리치먼드를 향해 이동할 것이다. 잭슨은 시간을 지체하지 않았다. 그는 군대를 이끌고 급히 북쪽으로 행군하여 컨스타운 근처 계곡에 남아 있는 북군을 공격했다. 전투는 격렬했으며, 잭슨의 군대는 결국 후퇴할 수밖에 없었다. 남군에게 이번 교전은 패배라기보다는 차라리 재난에 가까웠다. 2대 1의 수적 열세로 인해 끔찍한 피해를 입었던 것이다. 그런데 늘 이해하기 어려운 사람이었던 잭슨은 이상하게 만족해하는 것 같았다.

며칠 뒤 잭슨은 고대하던 소식을 들었다. 링컨이 뱅크스의 군대를 계곡으로 돌려보냈고, 맥도웰에게는 계곡에 계속 머물도록 명령했다는 소식이었다. 컨스타운 전투는 링컨의 관심을 끌었고 걱정거리가 되었다. 약간의 관심이었지만 그것으로 충분했다. 링컨은 잭슨의 의도를 알 리 없었고 그의 군대 규모도 몰랐지만, 어쨌든 셰넌도어 계곡이 평온해지기

1953년 여름 재키 로빈슨은 악의성 빈볼에 대한 하나의 대응방식을 보여주었다. 뉴욕 자이언츠의 샐 매글리는 타자의 턱을 스치듯이 지나가는 섬뜩한 위협구를 던지는 것으로 유명하여 '면도사 샐'이라는 별명을 갖고 있었다. "투수는 타자가 공을 두려워하게, 또는 타자 자신이 다칠 수 있다고 생각하게 만들어야 합니다." 어느 날 오후, 리버데일에 있는 그의 아파트에서 술을 한잔 하면서 그가 말했다. "투 스트라이크 노 볼일 때 타자를 향해 볼을 던지면 그렇게 만들 수 있다고 생각하는 투수가 많습니다. 하지만 이때는 투수가 위협구를 던지리라는 것을 타자가 이미 짐작하고 있다는 게 문제입니다. 타자가 이미 예견하고 있는 상태에서는 타자한테 진짜 겁을 줄 수가 없어요." "그럼 언제가 좋습니까?" 내가 물었다. "투 스트라이크 투 볼일 때죠. 타자는 스윙을 준비하고 있을 겁니다. 이때 투수가 위협구를 던지면, 타자는 놀라며 몸을 피하겠지요. 볼카운트는 투 쓰리가 될 테고, 그럼 그때 커브를 던져 아웃시키는 겁니다. 물론 이때 커브는 플레이트를 지나가게 던져야 합니다. 모든 투수가 할 수 있는 일은 아니지만요." 매글리는 볼카운트 투 쓰리에서 각기 다른 세 가지 커브를 스트라이크 존에 구사할 줄 알았다. 특히 로이 캄파넬라, 길 하지스 같은 강타자들을 맞아 이런 방법을 확실하게 써먹었다. 그렇다고 매글리가 캄파넬라나 하지스를 단순히 위협했다고만은 표현할 수

를 바랐다. 그런 후에야 뱅크스와 맥도웰의 군대를 매클렐런에게 보낼 작정이었다. 매클렐런은 링컨의 주장에 따르지 않을 수 없었다. 그에게는 당장이라도 리치먼드로 행군할 병력이 있었지만 공격에 만전을 기하기 위해서 증원군을 기다리기로 했다.

컨스타운 전투가 끝난 후 잭슨은 뱅크스에서 벗어나 남쪽으로 후퇴하여 몇 주 동안 숨어 있었다. 5월 초 셰넌도어 계곡이 안전하다고 판단한 링컨은 맥도웰을 리치먼드로 보냈고, 뱅크스도 그와 합류할 준비를 했다. 잭슨 역시 준비를 마쳤다. 그의 군대는 참으로 별난 방식으로 행군했다. 처음에는 맥도웰을 향해 동쪽으로 이동하다가, 다시 돌아서서 계곡을 향해 서쪽으로 행군해간 것이다. 그의 부하들조차 그가 도대체 어쩌려는 건지 종잡을 수 없었다. 링컨은 이러한 이상한 기동작전에 현혹되어, 잭슨이 맥도웰과 싸우려는 것이라고 짐작했다. 그래서 이번에도 맥도웰의 행군을 중지시키고, 뱅크스의 군대 절반은 계곡에 남겨두고 나머지 절반은 맥도웰의 지원 병력으로 보내서 잭슨의 공격을 방어하도록 했다.

완벽해 보였던 북군의 계획은 갑자기 엉망이 되어버렸고, 병력이 너무 분산되어 서로 지원할 수가 없었다. 드디어 잭슨은 본격적인 공격에 나섰다. 근방에 있던 남군 사단과 합류하여, 5월 24일 병력이 분산되어 위험할 정도로 약화된 채 계곡에 남아 있던 북군을 향해 전진했다. 잭슨이 기동작전으로 측면을 공격하자 북군은 포토맥 강을 향해 허둥지둥 퇴각했다. 잭슨이 북군을 추격하자 워싱턴은 공포의 도가니로 변했다. 이 무시무시한 장군이 밤새 병력을 두 배로 늘려, 수도를 향해 곧바로 진격해 오고 있는 게 아닌가.

육군장관 에드윈 스탠턴(Edwin Stanton)은 북부의 주지사들에게 전보를 쳐서 위기 상황을 알리고, 병력을 소집해서 도시를 방위하도록 지시했다. 남군의 행진을 억지하기 위한 증원군이 즉시 도착했다. 한편 잭슨 군대를 완전히 전멸시키겠다고 결심한 링컨은 맥도웰 병력의 절반은 잭슨을 공격하는 데 합류하고 나머지 절반은 워싱턴으로 복귀해서 수도를 방위하라고 명령했다. 이번에도 매클렐런은 명령에 따를 수밖에 없었다.

잭슨은 또다시 후퇴했지만, 그의 계획은 완벽하게 실현되었다. 그는 3

없다. 그보다는 그의 예측 불가능한 투구 패턴이 타자의 타이밍과 집중력을 교란시켰다고 하는 것이 적절하다. 그러나 그의 방법이 피 위 리즈와 재키 로빈슨 같은 선수에게는 먹히지 않았다. 언젠가 브루클린 디저스(LA 다저스의 전신)의 홈구장인 에베츠필드에서 그가 로빈슨의 뒤쪽을 향해 던진 어깨 높이의 강속구가 전혀 예치키 못한 상황을 불러왔으니 말이다. 당시는 쿠키 라바게토에게 던져진 녹다운 피치 사건과 투수가 던진 볼에 머리를 맞고 사망한 레이 채프먼 사건 등이 한창 사람들 입에 오르내리던 시기였다. 대개 타자는 위협구를 피하기 위해 뒤쪽으로 몸을 홱 젖힌다(채프먼처럼 뻣뻣한 반응은 흔히 않다). 그날 매글리는 타자인 로빈슨의 어깨 높이 몸 뒤쪽으로 그 어느 때보다도 빠른 강속구를 던졌다. 이는 용서하기 힘든 매우 위험한 행동이다. 이때 타자는 앞쪽으로 한 걸음 옮기면서 몸을 낮추고, 반사적으로 뒤쪽으로 몸을 홱 젖힌다. 그러면 뒤쪽 어깨 높이로 날아오는 속구의 경로에 타자의 머리가 놓이게 되니, 이 얼마나 위험천만인가. 로빈슨도 순간 몸을 굽혔지만, 놀라운 순발력을 발휘해 몸을 굽히다가 멈췄다. 다행히 볼은 로빈슨의 목 바로 뒤로 지나갔다. 그는 날카로운 눈초리로 투수를 노려보았지만 평정심을 잃지는 않았다. 이어서 매글리가 바깥쪽 커브를 던졌고, 그러자 로빈슨은 자이언츠 팀의 1루수인 화이티 로크먼 쪽으로 번트를 댔다. 이는 다분히 개월 동안 3,600명의 병력으로 6만 명이 넘는 북군의 관심을 엉뚱한 곳으로 돌려놓음으로써, 남군이 리치먼드 방위를 준비할 시간을 충분히 벌어주었고, 이로써 전쟁의 양상을 바꿔놓았다.

해석 ———

셰넌도어 계곡에서 있었던 스톤월 잭슨의 이야기는 단순한 진리를 말해준다. 인생에서도 그렇듯 전쟁에서 중요한 것은 당신의 실제 병력 규모나 보급 상태가 아니라 적이 인식하는 당신의 모습이다. 만일 그들이 당신을 힘없고 취약한 존재로 본다면, 그들은 공세로 나오고 당신은 자연히 곤경에 빠진다. 하지만 당신이 강하거나 예측할 수 없거나 숨겨둔 자원이 있다는 생각이 들면, 그들은 뒤로 물러서서 당신을 다시 평가할 것이다. 그들이 계획을 바꾸거나 당신을 더 조심스럽게 대하도록 만든다면, 그 자체로 전쟁의 양상이 바뀔 수 있다. 어느 전투에서든 통제할 수 없는 변수가 생기게 마련이다. 즉 대규모 병력을 모으거나 모든 약점을 방어할 수는 없다. 그러나 당신에 대한 사람들의 인식을 바꾸어놓는 일은 언제나 가능하다.

잭슨은 처음에 컨스타운에 대한 대담한 공격을 감행해 북군의 인식을 바꿔놓았다. 링컨과 매클렐런은 그의 병력 규모가 실제보다 더 많다고 생각했다. 북군의 요새를 단지 3,600명의 병사를 이끌고 공격할 만큼 무모한 사람은 없으리라고 믿었던 것이다. 그렇다면 셰넌도어 계곡에 병력을 증원해야 하므로, 리치먼드로 진군하려던 병력을 분할했다. 이어서 잭슨은 예측 불허의 행동을 보이면서, 대규모 병력이 있을 뿐만 아니라 기묘하고도 성가신 책략을 세운 듯한 인상을 북군에게 심어주었다. 링컨과 매클렐런은 잭슨의 작전을 파악하지 못했기 때문에 다시 한 번 리치먼드로의 행군 계획을 중단했고, 다가올 위험에 대비하기 위해서 병력을 잘게 분산했다. 마침내 잭슨은 한 번 더 대담한 공격을 감행했다. 잭슨의 병력 규모는 워싱턴을 위협하기에는 턱없이 부족했지만, 링컨은 실제 사정을 정확히 알 수가 없었다. 잭슨은 마법을 써서 가소로울 정도로 작은 군대를 가공할 만한 대군으로 부풀렸다.

의도적인 번트였다. 로크먼이 번트를 처리하러 들어오는 사이에 매글리로 하여금 마운드를 벗어나 1루 커버에 들어오도록 할 요량이었다. 그러면 로빈슨은 전속력으로 1루를 향해 달리며 매글리의 등짝에 스파이크 자국을 내줄 생각이었다. 냉소적인 성향의 매글리는 잠시 머리를 굴리더니 1루 커버에 들어가길 거부했다. 결정적인 순간에 이 유명한 면도사가 겁을 먹은 것이다. 결국 2루수인 데이비 윌리엄스가 1루를 향해 달렸고, 그가 1루에 발을 대며 로크먼의 송구를 처리하려 손을 뻗는 순간, 로빈슨은 그와 충돌하고 말았다. 로빈슨의 무릎과 윌리엄스의 등 아래쪽이 심하게 부딪힌 것이다. 로빈슨은 무릎이 퉁퉁 부어 다음 날 경기에 출전하지 못했고, 윌리엄스는 영영 회복되지 못한 채 메이저리그를 떠나야 했다. 며칠 후 로빈슨은 이렇게 말했다. "윌리엄스의 일은 유감입니다. 하지만 매글리가 나를 향해 공을 던진 것은 생각만 해도 아찔합니다. 매글리가 로이나 길, 피 위의 머리를 맞히기 전에, 그의 행동을 중지시켜야 했습니다." 그 후로 나는 매글리가 다저스 팀을 상대로 경기하는 모습을 여덟 번 봤지만, 그가 타자 몸 뒤쪽으로 강속구를 던지는 것은 한 번도 보지 못했다. 심술궂고 위험한 빈볼 투수가 겨우 번트 하나 때문에 된통 혼이 난 것이다.
— 로저 캔(Roger Kahn), 《두뇌 게임(The Head Game)》, 2000년

겉모습을 조작해서 당신에 대한 사람들의 인식을 통제함으로써, 그들을 현혹시키고 속여야 한다. 잭슨처럼 취약하거나 위험한 시점에는 무모하면서도 예측 불가하며 이례적인 방식으로 대담하게 행동하라. 이렇게 하면 사람들은 당신의 약점을 보지 못할 것이고, 그들이 알지 못하는 무엇인가가 당신에게 있을지 모른다고 두려워할 것이다. 이때 당신의 행동이 간파당하지 않는다면, 당신은 더 강력한 존재로 인식된다. 이해할 수 없는 행동은 관심, 걱정, 다소의 경외심을 불러일으키기 때문이다. 이런 방식으로 적이 당황해서 달아나게 할 수 있다. 거리를 유지하면 사람들은 당신의 허세를 알아차리지 못한다. 공격자들은 당신이 함부로 건드릴 상대가 아니라고 생각하고 물러설 것이다.

사례 2: 스코틀랜드 군대의 백파이프 소리

잉글랜드 왕 에드워드 1세(Edward I)는 13세기의 잔인한 전쟁광으로서, 영국제도 전역을 정복하겠다고 결심했다. 처음에 그는 웨일스 지역을 복속시켰다. 이어 스코틀랜드로 눈을 돌려 마을과 성을 포위 공격하고, 그에게 감히 저항한 지역은 쑥대밭으로 만들었다. 그는 윌리엄 월리스 경(Sir William Wallace)을 포함해 그에게 반격을 한 스코틀랜드인에게는 더욱 잔혹한 만행을 저질렀다. 끝까지 추격해서 체포한 뒤 공개적으로 고문하고 처형하기를 서슴지 않았다.

스코틀랜드의 영주 단 한 사람만이 에드워드의 칼날을 피해 달아났는데, 캐릭의 백작인 로버트 더 브루스(Robert the Bruce, 1274~1329)였다. 그는 간신히 탈출해서 스코틀랜드 북쪽의 외딴 성채로 들어갔다. 그러자 에드워드는 반역자의 가족과 친구들을 체포해서, 남자들은 죽이고 여자들은 옥에 가두었다. 브루스는 여전히 저항을 멈추지 않았다. 1306년 스스로 스코틀랜드 왕에 즉위한 그는 어떤 대가를 치르더라도 에드워드에게 복수하고 잉글랜드를 몰아내겠다고 맹세했다. 이 말을 전해들은 에드워드는 스코틀랜드 전쟁에서 마지막 잔존세력인 그를 잡고야 말겠다고 단단히 별렀지만, 1307년 뜻을 이루지 못하고 죽었다.

에드워드의 아들 에드워드 2세는 아버지와는 달리 전쟁에 대한 열정이 없었다. 에드워드 1세가 영국제도의 안전을 확보해놓고 떠났기 때문에 새 왕은 스코틀랜드에 대해 걱정할 필요가 없었다. 잉글랜드는 월등히 부유했으며, 그의 군대는 장비, 식사, 보수, 경험 등이 모두 풍부했다. 게다가 최근의 전쟁을 통해 그의 군대는 유럽에서 가장 무서운 전사라는 명성을 얻었다. 에드워드 2세는 원시적인 무기와 방패밖에 없는 스코틀랜드를 치기 위해 언제든지 막강한 군대를 보낼 수 있었다. 그는 브루스를 맘대로 주무를 수 있다고 확신했다.

에드워드 2세가 집권하고 몇 달이 지나서 브루스는 잉글랜드 군이 차지하고 있던 스코틀랜드 성채 몇 채를 빼앗아 잿더미로 만들어버렸다. 에드워드가 군대를 보내자 브루스는 교전을 피하고 소규모 군대와 함께 숲 속으로 몸을 숨겼다. 에드워드는 스코틀랜드에 남아 있는 요새를 지키고 브루스에게 복수하기 위해서 병력을 증파했으나, 이번에는 스코틀랜드 병사들이 갑자기 잉글랜드를 습격했다. 기동력이 뛰어난 말 탄 도적과 같은 스코틀랜드 병사들은 작물과 가축을 해치면서 잉글랜드 북부 지방을 황폐화시켰다. 그러나 스코틀랜드 출정은 너무나 많은 대가를 치러야 했으므로 포기할 수밖에 없었다. 그러다가 몇 년 뒤 에드워드는 다시 시도했다.

이번에 잉글랜드 군대는 스코틀랜드 깊숙이 치고 들어갔으나, 스코틀랜드 기병들은 또다시 남쪽의 잉글랜드로 달려가 농장과 재산에 막대한 피해를 입혔다. 게다가 스코틀랜드에서도 브루스의 군대가 작물을 모두 태워버려서, 잉글랜드 원정군은 먹을 것이 없었다. 잉글랜드 군대는 브루스를 쫓아다녔지만 스코틀랜드 군대는 전투를 회피했다. 야영을 할 때도 잉글랜드 병사들은 어둠 속에서 들려오는 백파이프와 뿔피리 소리 때문에 잠을 이루지 못했다. 굶주리고 지치고 끊임없이 시달리다가 잉글랜드 북부로 후퇴했을 때 그들을 기다리고 있는 것은 작물과 가축이라곤 그림자도 찾아볼 수 없는 불모지뿐이었다. 잉글랜드 군의 사기는 땅에 떨어졌다. 이제는 아무도 스코틀랜드에서 싸우려 하지 않았다. 성채가 하나씩 스코틀랜드의 수중으로 다시 넘어갔다.

1314년 마침내 스코틀랜드는 배넉번 전투(Battle of Bannockburn)에서 잉글랜드와 정면으로 맞서 싸워 이들을 물리쳤다. 치욕스러운 패배를 당한 에드워드 2세는 복수를 맹세했다. 1332년에 그는 그 어느 때보다 규모가 큰 군대를 조직해 손수 이끌고 에든버러 성으로 쳐들어갔다. 하지만 이번에도 적은 호락호락하지 않았다. 식량을 징발하러 갔던 병사들은 늙어빠진 황소와 빈 수레만 끌고 돌아왔을 뿐이다. 잉글랜드 군대에는 이질이 퍼졌다. 에드워드가 어쩔 수 없이 퇴각했을 때 잉글랜드 북부는 스코틀랜드 군대가 철저하게 파괴해놓은 뒤였다. 기아와 질병이 그의 군대를 덮쳤다. 출정이 끔찍한 재난으로 끝나자 영주들이 반란을 일으켰다. 결국 에드워드 2세는 1327년에 도주하였으나 붙잡혀 살해되었다.

다음 해에 에드워드의 아들 에드워드 3세는 스코틀랜드와 평화협정을 맺었고, 스코틀랜드의 독립을 인정하고 로버트 더 브루스를 합법적인 왕으로 승인했다.

해석

잉글랜드인들은 언제든지 스코틀랜드를 손쉽게 공격할 수 있다고 생각했다. 스코틀랜드는 무기도 부실했고 지도층도 심하게 분열되어 있었다. 이렇게 약점이 노출되었으니 어떻게 잉글랜드의 정복을 막을 수 있겠는가? 로버트 더 브루스는 잉글랜드에 대항할 기발한 전략을 수립했다. 잉글랜드의 공격에 절대 정면 대응하지 않고 대신 그들의 아픈 곳을 간접적으로 공격했다. 즉 그들이 스코틀랜드에 한 것과 똑같이 잉글랜드를 폐허로 만든 것이다. 그는 계속해서 잉글랜드에 그대로 되갚아줬고, 마침내 잉글랜드는 스코틀랜드를 공격할 때마다 그것이 어떤 대가로 돌아올지 깨달았다. 소중한 농장을 잃었고, 군대는 밤새 시달렸으며, 혹독한 조건에서 싸워야 했다. 그들은 서서히 전투 의지를 상실했고, 마침내 포기하지 않을 수 없었다.

이 억지 전략의 핵심은 다음과 같다. 누군가 당신을 공격하겠다고 협박하면, 그 대가로 그도 고통을 받게 되리라는 점을 분명히 밝혀라. 그가 더 강하고 전투에서 승리할지는 모르지만, 당신은 그 승리에 대한 대가

검술의 가장 높은 경지에 오른 한 뛰어난 무사에 관한 이야기가 있다. 검술의 진정한 의미는 사람들을 죽이거나 파괴하는 것이 아니라 그들의 안녕을 지켜주는 데 있음을 깨달은 이 검의 대가는 더 이상 칼을 들고 싸우는 데 관심을 갖지 않았다. 검술에 관한 한 그의 실력은 만인이 인정하였으며, 모든 이가 그에게 경외심을 표했다. 지팡이를 짚고 거리를 걸어가는 그의 모습은 남루한 노인과 다를 바 없었으나 그가 지나갈 때마다 사람들은 두려움과 존경심 가득한 눈빛을 보냈다. 사람들은 그의 화를 돋우지 않으려 조심했으며, 그는 늘 초연한 태도를 보였다. 이는 마치 산길을 지나는데 머리 위에 커다란 돌덩이가 튀어나와 있는 것과 흡사하다. 사람들은 혹시라도 돌덩이가 떨어질까 두려워 그 밑을 지날 때 숨을 죽이고 조심스럽게 걸어간다. 하지만 실제로 돌덩이는 매우 안전하게 고정돼 있어서 결코 떨어질 일이 없다. 그런데도 사람들은 행여 큰 소리를 내면 돌이 떨어질까 늘 두려워한다. 돌덩이는 주변 환경과 사람들의 두려움에 완전히 무관심한 채로 그저 자신의 자리를 지키고 있을 뿐이다.
— 《승리로 향하는 길: 오륜서 주해서(A Way to Victory: The Annotated Book of Five Ring)》, 하이디 오치아이(Hidy Ochiai) 번역, 2001년

를 받아낼 것이다. 그를 직접 공격하는 대신, 그가 소중히 여기는 것과 그의 아픈 곳을 공격하라. 당신을 괴롭힐 때마다 그도 규모는 작을지 모르지만 피해를 입게 된다는 사실을 그에게 납득시켜라. 당신으로부터 성가신 공격을 받지 않으려면 유일한 방법은 당신에 대한 공격을 멈추는 것임을 뼛속 깊이 깨닫게 될 것이다. 당신은 그의 피부에 앉아 있는 말벌 같은 존재다. 사람들은 대개 말벌을 그냥 내버려둔다.

사례 3: F16기의 탄생 비화

1950년대 초 존 보이드(John Boyd, 1927~1997)는 한국전쟁에서 전투기 조종사로 공훈을 세웠다. 1950년대 중반, 그는 네바다 주 넬리스 공군기지에서 가장 존경받는 비행 교관이었다. 특히 공중전 훈련에서는 그를 따를 자가 없었는데, 전투기 조종사 전술 교범을 다시 써달라는 요청을 받을 정도였다. 그는 상대편 머리 꼭대기에 올라앉아 사기를 꺾고 겁을 주어 대응 능력을 분쇄하는 스타일을 개발한 인물이었다. 그는 똑똑하고 대담했다. 그러나 1966년 경전투기 설계를 지원하기 위해 펜타곤(Pentagon, 미국 국방성)에 근무할 당시 그의 훈련과 기술, 조종사로서의 전과 등은 냉혈한 모함, 정치적 술책, 간접 공격이 판치는 국방성 생활에 전혀 도움이 되지 않았다.

보이드 소령은 국방성 관료들이 국방보다는 자신들의 경력을 더 염려한다는 사실을 알아챘다. 그들은 최고의 신형 전투기를 개발하는 일보다 도급업체를 만족시키는 일에 더 관심이 있어서, 장비의 적합성에 개의치 않고 새로운 기술 장비를 구입하곤 했다. 보이드는 전투기 조종사로서 모든 상황을 전략적 전투로 바라보는 데 익숙해 있었으므로, 이 정글과 같은 국방성 생활에 그의 전쟁 기술과 스타일을 도입하기로 결심했다. 상대를 위협하고, 낙담시키며, 두뇌로 앞지를 작정이었다.

보이드는 자신이 설계 중인 간소한 제트 전투기가 세계에서 가장 성능이 뛰어나다고 믿었다. 그러나 도급업체는 그의 설계를 싫어했다. 그 설계는 비용이 저렴하고, 도급업체가 팔려는 기술에 초점을 두지 않았기 때문이다. 한편 국방성 동료들에게는 나름대로 아끼는 프로젝트들이 있었다. 그들은 서로 자신들이 추진하는 프로젝트의 예산을 따내기 위해 치열하게 경쟁했다.

보이드는 방어 전략을 개발했다. 겉으로는 바보 같은 모습을 했다. 낡은 옷을 입고, 냄새 나는 시가를 피우며, 사나운 눈매를 했다. 그는 너무 빨리 그리고 너무 이르게 승진한, 감정적인 전투기 조종사 행세를 했다. 그러면서 막후에서는 모든 세부사항을 철저하게 파악했다. 상대방보다 더 많이 알기 위해 만전을 기했다. 통계, 연구, 공학이론을 동원해서 자신의 프로젝트를 지지하고, 상대편 프로젝트에 흠집을 낼 수 있을 정도였다. 도급업체들은 회의에 최고의 공학자를 동원해서 화려한 프레젠테이션을 하곤 했다. 이들은 환상적인 주장으로 청중을 사로잡았다. 보이드는 감명받은 듯 잠자코 듣고 있다가, 예고도 없이 갑자기 공세를 취하곤 했다. 그들의 낙관적 주장에서 거품을 걷어냈고, 주장의 앞뒤가 맞지 않는 점을 짚었으며, 과대선전과 속임수를 낱낱이 까발렸다. 그들이 항의를 하면 할수록 보이드는 더 심술을 부렸고, 그들의 프로젝트를 서서히 갈기갈기 찢었다.

상스럽다고 과소평가했던 보이드에게 허를 찔린 도급업체 사람들은 복수를 다짐하며 회의실을 빠져나가곤 했다. 그러나 그들이 할 수 있는 일이 무엇이겠는가? 보이드가 이미 그들이 제시한 숫자를 뭉개버렸고 그들의 제안을 망쳐놓았는데! 과대선전을 했던 탓에 그들은 신용까지 잃었다. 그들은 패배를 인정할 수밖에 없었다. 조만간 그들은 보이드를 피하는 방법을 찾아냈다. 그를 방해하는 대신, 그가 스스로 망하기를 바라는 것이다.

1974년 보이드의 팀은 그동안 작업해온 제트기 설계를 완료했고, 확실히 승인받을 것처럼 보였다. 보이드는 국방성의 다른 부서에 전략적으로 제휴망을 구축해놓았는데, 이 제휴망의 정보에 의하면 그의 프로젝트를 혐오하는 3성 장군 그룹이 프로젝트를 무산시키려 하고 있었다. 그들의 계획은 이러했다. 보이드는 지휘 계통에 따라 여러 관리들에게 보고를 하게 될 텐데 이들은 모두 그의 프로젝트를 통과시킨다. 그러고는 장성들과의 마지막 회의에서 프로젝트를 폐기해버린다. 보이드는 프로젝트에 대해 보고할 기회를 공정하게 부여받았고, 절차상의 문제는 하등 없어 보일 것이다.

제휴망 구축에 더해서, 보이드는 강력한 후원자를 적어도 한 명쯤은 확보해둘 필요를 느꼈다. 후원자를 구하는 일은 대개 어렵지 않았다. 국방성과 같은 정치적 환경에서는, 이 체계에 너무나 신물이 난 나머지 기꺼이 보이드를 지원해주려는 장군이나 힘 있는 관료가 있게 마련이었다. 보이드의 가장 강력한 협력자가 되어준 사람은 제임스 슐레진저(James Schlesinger) 국방장관이었다. 그는 장관을 방문해 이 프로젝트에 대한 승인을 직접 받아냈다. 드디어 장성과의 회의가 열렸다. 보이드는 속으로 회심의 미소를 지으며 앉아 있는 장성들을 향해 말했다. "신사 여러분, 저는 국방장관의 위임을 받아 이 회의가 의사결정을 위한 자리가 아니라는 사실을 알려드립니다. 이 보고는 단지 참고용입니다." 그는 프로젝트가 이미 승인되었음을 못 박음으로써 어떤 잡음도 허락하지 않았다. 그리고 가급적 장황하게 설명회를 진행하여 그들의 상처를 더 쓰라리게 했다. 그들에게 굴욕감을 주어 다시는 그를 방해하지 못하게 하려는 의도였다.

전투기 조종사였던 보이드는 상대보다 몇 발짝 앞서서 생각하도록 스스로를 훈련했고, 항상 위협적인 기동전략으로 상대를 기습했다. 국방성 관료들과의 전투에서도 이 전략은 주효했다. 한 장군이 그의 경전투기 프로젝트를 망치려는 의도로 명령을 내리면, 그는 웃으며 고개를 끄덕이고는 말했다. "기꺼이 명령에 따르겠습니다. 다만 서면으로 명령을 내려 주십시오." 장군들은 일이 잘못될 경우 스스로를 보호하기 위해서 서면보다는 구두로 명령하기를 좋아했다. 허를 찔린 장군은 명령을 철회하거나 서면으로 지시하기를 거부했다. 서면으로 지시하면, 공개될 경우 난처한 상황에 빠지기 때문이다. 어느 쪽이든 장군은 덫에 걸릴 수밖에 없었다.

몇 년간 그를 상대해본 장군들과 그의 무리들은 전염병 피하듯 그를 (냄새 나는 시가, 험한 욕설, 상처를 덧나게 하는 전술 등을) 피했다. 이들이 거리를 두자 보이드는 F15와 F16 설계를 추진하여 거의 불가능한 것으로 알려진 국방성의 승인 절차를 마칠 수 있었고, 가장 유명하고 효율적인 제트 전투기 2종을 개발함으로써 미 공군에 불후의 업적을 남겼다.

해석

보이드는 자신의 프로젝트가 국방성에서 반대와 저항에 부딪힐 것이라는 사실을 일찌감치 간파했다. 모든 도급업체와 장군을 상대로 싸우려 한다면, 그는 탈진해서 화염에 휩싸인 채 추락할 것이다. 그러나 보이드는 최고의 전략가였다(그의 사고방식은 나중에 사막의 폭풍 작전에 커다란 영향을 미치게 된다). 전략가는 힘에 힘으로 맞서지 않는 법이다. 대신 적의 약점을 철저하게 조사한다. 국방성과 같은 관료조직에는 필연적으로 약점이 있게 마련이며, 보이드는 이를 찾아낼 줄 알았다.

보이드가 본 국방성 관리들은 조직과 융화되고 인정받기를 원했다. 이들은 자신의 명성에 신경을 곤두세우는 정치적인 사람들이었다. 또한 바쁜 일정 때문에 시간을 낭비할 수 없었다. 보이드의 전략은 단순했다. 까다롭고 심지어 불결한 사람이라는 악명을 쌓기로 했다. 이는 보이드와 맞서면 공개석상에서 추한 싸움을 벌여 자기 이름만 더럽히고, 시간을 낭비하며, 정치적으로 상처를 입는다는 의미다. 보이드는 고슴도치로 변신했다. 몸집이 작아도 막대한 피해를 주는 동물에게는 다른 동물이 덤벼들지 않는다. 호랑이도 그냥 내버려둔다. 남들이 내버려두었기 때문에 보이드는 살아남았고 F15와 F16을 키워낼 수 있었다.

보이드는 명성이 핵심이라는 사실을 알았다. 원래 당신의 명성은 위협과는 거리가 멀 것이다. 당신은 조화를 이루어야 하고, 정치적으로 행동해야 하며, 친절하고 유순한 모습을 보여야 한다. 대개의 경우 이러한 모습이 잘 통하지만, 위기와 난관을 맞이했을 때는 당신에게 불리하게 작용할 수 있다. 사람들이 당신을 농락하고, 낙담시키며, 방해할 수 있기 때문이다. 당신이 한 번도 반격을 해본 적이 없다면, 아무리 위협적인 몸짓을 해도 사람들은 믿지 않을 것이다. 어떤 경우 당신은 친절한 모습을 벗어버리고 까다롭고 더러운 사람이 될 수 있다는 것을 사람들에게 알려야 한다. 난폭한 행동을 분명하게 몇 번 보여주는 것으로 충분하다. 일단 사람들이 당신을 싸움꾼으로 생각하면, 당신을 대할 때 다소의 두려움을 느낄 것이다. 마키아벨리가 말했듯이 사랑받는 것보다는 두려움의 대상이 되는 편이 더 쓸모가 있다.

| 이미지 | 호저. 호저라는 동물은 아담하고 움직임이 느려 쉬운 먹잇감으로 보이지만, 위협을 느끼거나 공격을 받으면 몸에 달린 가시를 꼿꼿하게 세운다. 손으로 만지면 가시는 금세 당신의 피부에 꽂히고, 가시를 빼내려고 하면 갈고리 모양으로 굽은 가시 끝이 더 깊게 피부를 뚫고 들어가 심각한 상처를 낸다. 호저에게 호되게 당해본 사람은 절대로 다시 이 동물을 만지지 않는다. 이런 경험을 굳이 해보지 않은 사람이라도 대개는 호저가 어떤 동물인지 알기 때문에 굳이 건드리지 않는 법이다.

| 근거 | 적이 당신과 싸우려고 들지 않는다면, 그것은 적이 자신에게 이익이 되지 않는다고 생각하기 때문이거나 또는 그렇게 생각하도록 당신이 적을 속였기 때문이다.

― 손자

뒤집어보기

억지 전략의 목표는 애초에 상대의 공격을 막는 것이며, 이는 대개 위협적인 존재감을 창출하거나 위협적인 행동을 보여줌으로써 가능하다. 그러나 상황에 따라서는 그와 반대로 행동함으로써 똑같은 목표를 좀더 용이하게 달성할 수 있다. 즉 조용하면서도 겸손하게 행동하는 것이다. 해를 끼치지 않는 존재나 이미 패배한 존재로 보이면 사람들은 당신을 건드리지 않을 것이다. 상대방에게 해롭지 않은 존재로 비치면 시간을 벌 수 있다. 이것이 바로 클라우디우스(Claudius)가 책략이 난무하는 로마의 정치판에서 살아남아 황제의 자리에 오를 수 있었던 비결이다. 그는 너무나 조용하고 무해한 존재로 보였기 때문에 아무도 그를 괴롭히지 않았다. 하지만 이 전략에는 인내가 필요하며 때로는 위험도 감수해야 한다. 의도적으로 당신 스스로를 늑대 무리 한가운데의 양으로 만들어야 하기 때문이다.

일반적으로 자신을 위협적인 존재로 보이려고 시도할 때는 신중해야 한다. 상대에게 일으키는 두려움이 당신에게 쥐어주는 파워에 도취되지 않도록 주의하라. 그것은 위험에 빠졌을 때 방어책으로 사용해야지 특별히 선택한 공격책으로 사용해서는 안 된다. 장기적으로 보면 사람들을 위협하는 행동은 적을 만들어내며, 실제로 승리함으로써 억세고 강인하다는 당신에 대한 평판을 증명하지 못하면 적은 다시 당신을 만만하게 볼 것이다. 또 만일 적이 분노하여 당신과 똑같은 전략을 택하기로 마음먹는다면, 별것 아니었던 싸움이 서로에 대한 보복전으로 확대될 수도 있다. 따라서 억지 전략을 사용할 때는 신중을 기해야 한다.

STRATEGY ⑪

싸우지 말아야 할 때를 파악하라

: 작전상 후퇴의 방법

강력한 적 앞에서 물러서는 것은 나약함이 아닌 강인함의 표시다.
공격자에게 대응하고자 하는 충동을 뿌리치고 귀중한 시간을 벌어라.
회복하고 생각해볼 시간, 전망을 따져볼 시간 말이다.
적이 돌진하게 하라.
시간은 공간보다 더 중요하다.
교전을 거부함으로써 적을 분노하게 하고 적의 거만함에 불을 지펴라.
적은 곧 무리한 전략을 세워 실수를 연발하게 될 것이다.
시간이 지나면 적이 무모했고 당신이 현명했음이 드러나리라.
때로는 아무것도 하지 않음으로써 가장 많은 것을 성취할 수도 있음을 명심하라.

후퇴도 전략이다

1930년대 초반 마오쩌둥은 중국 공산당의 떠오르는 샛별이었다. 공산당과 국민당 간의 내전이 발발했을 당시 공산당이 국민당에 비해 훨씬 열세였지만, 마오쩌둥은 게릴라 전술을 이용하여 연달아 국민당 당원들을 무찌르며, 국민당을 향한 공세를 이끌었다. 마오쩌둥은 또한 신생 중국 공산당 주석으로 활동했고, 전략과 철학에 대한 그의 도발적인 저서는 폭넓은 독자층을 형성했다.

그 후 공산당원들 간의 권력투쟁이 일어났다. '28인 볼셰비키'로 알려진 구소련에서 교육받은 지식인층은 당을 통제하고자 했다. 이들은 마오쩌둥을 경멸했다. 그의 게릴라 전투 방식이 소심하고 나약하며, 그가 주창하는 농민혁명이 도태한 방식이라고 했다. 이들이 주창하는 것은 전면전으로, 공산당원들이 러시아에서 했던 것처럼 주요 도시와 지역을 통제하기 위해 직접적으로 국민당원들과 맞붙는 것이었다. 28인 볼셰비키는 서서히 마오쩌둥을 고립시키면서 정치력과 군사력을 앗아갔다. 1934년 그들은 중국 후난 성의 한 농가에 그를 가택연금시켰다.

마오쩌둥 지지자들은 그의 명예가 완전히 실추되었다고 생각했다. 하지만 그들을 더 힘들게 했던 것은 마오쩌둥 자신이 이에 대해 공공연히 수긍한다는 점이었다. 그는 적에게 보복하기 위해 지지자들을 모으지도 않았고, 출판 작업도 멈추었으며, 실제로 자취를 감추기에 이르렀다. 28인 볼셰비키의 말이 어쩌면 옳았는지도 모른다. 마오쩌둥은 말 그대로 겁쟁이로 보였다.

같은 해에 장제스(蔣介石, 1887~1975) 장군이 이끄는 국민당원들은 공산당을 전멸시키기 위해 새로운 군사 계획을 수립했다. 국민당의 계획은 홍군(紅軍)을 요새에서 에워싸고, 마지막 한 명의 병사까지 죽이는 것이었는데, 이번에는 성공의 기미가 보이는 듯했다. 28인 볼셰비키는 공산당 통제 하에 있는 몇몇 도시와 지역을 끝까지 사수하기 위해 전투에 임하며, 용감하게 싸웠지만, 국민당원의 수가 압도적으로 많은 데다 장비력이 뛰어났으며, 독일 군사 고문단의 도움마저 받고 있었다. 국민당은 도시를 하나둘씩 점령했고, 서서히 공산당원들을 조여오고 있었다.

수천 명의 홍군이 탈영하는 사태가 벌어졌지만 남은 10만여 명의 군인이 가까스로 국민당의 포위에서 벗어나 북서쪽으로 향했다. 마오쩌둥도 그들의 도주에 합류했고, 그제야 입을 열고 28인 볼셰비키의 전략을 비판하기 시작했다. 28인 볼셰비키 당원들이 일직선으로 후퇴하고 있어서, 국민당원들의 추격을 용이하게 해주었다는 것이다. 또한 그들의 이동 속도는 너무나 느렸고, 수많은 문서와 서류 보관함 및 이전 집무실에서 가지고 온 여타 부속물을 소지하고 있었다. 마치 군대 전체가 거처만 이동하면서, 도시와 농촌에서 계속 같은 방식으로 국민당과 싸우려는 것처럼 보였다. 마오쩌둥은 새로운 진격은 안전한 곳으로 잠시 후퇴하는 개념이 아니라 그 이상의 것이 되어야 한다고 주장했다. 당 전체적으로 대대적인 재고가 필요했다. 볼셰비키 당원들을 따라하는 것이 아닌, 중국의 가장 큰 인구 집단인 농민계층을 근간으로 한 전적으로 중국적인 혁명을 실시할 것을 강조했다. 그러려면 시간이 필요했고, 공격으로부터 자유로워야 했다. 그들은 적이 도달할 수 없는 중국의 땅 끝 지역을 목적지로 삼고 남서부로 행군해가야 했다.

홍군 지휘관들은 마오쩌둥의 명령에 귀 기울이기 시작했다. 그의 게릴라 전술은 이전에 성공을 거둔 바 있고, 28인 볼셰비키 전략은 분명 실패로 드러나고 있었다. 그들은 서서히 그의 생각을 수긍했다. 그들은 짐을 줄였고, 밤에만 이동했으며, 여기저기에서 거짓 공격을 하여 국민당원들을 따돌리기도 했다. 가는 곳마다 집회를 열어 투쟁의 명분을 알려 농민들을 합류시켰다. 어느새 마오쩌둥은 사실상 군대의 지휘관이 되어 있었다. 수적으로는 100 대 1로 밀려 있었지만, 그의 지휘하에서 홍군은 국민당의 추격을 가까스로 피할 수 있었고, 1935년 10월 마침내 산시 성의 외딴 지역에 도달하여 안전한 거처를 마련할 수 있었다.

총 24개의 강과 18개의 산맥을 넘고, 수많은 일촉즉발의 위기를 넘긴 끝에 군대는 대장정(大長征)에 종지부를 찍었다. 군대의 규모는 크게 줄어 6천 명의 병사만 살아남았지만, 새로운 당이 결성되었다. 마오쩌둥이 고대해오던 당이었다. 농민혁명에 대한 신념이 있고, 게릴라 전투를 옹호하는 충직한 추종자들로 구성된 강경파 세력이었다. 산시 성에 자리 잡은 이 신당은 서서히 세력을 회복하면서 당원들의 신념을 전파해 나갔다. 1949년 공산당원들은 마침내 국민당을 철저히 패배시켜 중국 본토에서 쫓아내기에 이르렀다.

해석

마오쩌둥은 농가에서 태어나고 자랐다. 농가의 삶은 고된 일의 연속이었다. 계절과 변덕스러운 기후는 농부들에게 인내심을 배우도록 요구했다. 수천 년 전 도교는 이러한 고된 삶에서 탄생했다. 도교의 무위(無爲)사상은 행동하지 않음으로써 행동하는 것이요, 상황을 통제하지 않음으로써 통제하려는 것이고, 규율을 포기함으로써 통치하라는 것이다. 상황에 대응하고 반격하며 투쟁할 경우 실제로는 퇴보할 뿐이고 인생의 여정에 동란을 몰고 오며 어려움을 더할 뿐이라는 생각이 무위사상의 주를 이룬다. 가끔은 아무것도 하지 않고 겨울이 지나기를 바라면서 호기를 엿보는 것이 최상이라는 것이다. 기다리는 동안 심신을 정비하고 정체성을 강화해야 한다.

농가에서 성장한 마오쩌둥은 이러한 사상을 내면화하여 지속적으로 정치와 전쟁에 접목시켰다. 적이 강세를 취하는 위험한 순간에 그는 후퇴를 서슴지 않았다. 물론 어떤 이들은 이러한 행동을 나약함의 신호로 받아들였지만, 개의치 않았다. 시간은 적의 전략에 허점을 보여줄 것이다. 그는 후난으로 후퇴한 것을 부정적인 굴욕이 아닌 긍정적인 전략으로 간주했다. 시간을 자기편으로 삼아 전열을 가다듬고 전체 상황에 대한 조망을 따져본 것이다. 같은 맥락에서 그는 대장정을 통해 당의 정체성과 철학을 재정비하는 계기로 삼았다. 이윽고 겨울이 지나자 그는 다시 고개를 들었다. 그의 적들은 이미 나약함에 굴복하고 있었지만, 그는 후퇴의 시기를 넘기고 훨씬 강해져 있었다.

전쟁은 속임수다. 당신은 스스로 강하다는 생각에 적을 향해 돌진하고 있다고 생각할 수도 있지만, 시간은 당신이 엄청난 위험을 향해 돌진하고 있었다는 것을 보여주기도 한다. 현재에 몰입하다 보면 통찰력이 떨어지기 십상이다. 당신이 택할 수 있는 최선의 길은 게으르고 관습적인

'사륙(四六)'이 뜻하는 바는 군대가 후퇴하니 나무랄 데 없는 행위다. 전투에 임하는 것에 희망이 보이지 않는 우월한 적과 대면했을 때, 명령에 입각한 후퇴야말로 유일하게 옳은 절차다. 후퇴는 군대를 패배와 해산으로부터 보호해주기 때문이다. 상황이 어떠하든 희망이 없는 고전을 고집하는 것은 결코 용기의 증거도, 강인함의 증거도 아니다.
— 《주역》

사고방식을 없애는 것이다. 전진이 항상 좋은 것만은 아니고, 후퇴가 항상 나약한 것은 아니다. 위험이나 곤경의 순간에는 싸움을 거부하는 것이 최상의 전략일 수 있다. 적과 교전하지 않음으로써, 당신은 장기적인 관점에서 귀중한 것은 전혀 잃지 않고 내면을 정비하고 생각을 가다듬으며, 진정한 추종자와 진드기 같은 존재들을 구분할 수 있는 시간을 벌게 된다. 시간은 당신의 동맹군이 된다. 외부적으로 어떠한 행동도 취하지 않음으로써 내면의 힘을 얻게 되어, 나중에 행동을 취해야 할 때가 도래하면 엄청난 위력을 발휘할 것이다.

> 공간은 회복할 수 있지만, 지나간 시간은 절대 회복 불가능하다.
> — 나폴레옹 보나파르트

전쟁의 기술: 싸우지 말아야 할 때를 파악하라

우리가 전략을 수립할 때, 그리고 삶에서 직면하는 문제는 개개인의 개성이 다르고, 각기 유일무이한 특성을 갖고 있다는 데서 비롯된다. 우리가 처하는 상황 또한 마찬가지이며, 똑같은 상황이 그대로 벌어지지는 않는다. 하지만 우리가 남들과 어떤 면에서 다른지 제대로 알고 있는 사람은 거의 없다. 다시 말해, 우리는 자신이 실제로 어떤 사람인지 잘 알지 못한다. 우리의 생각은 책, 스승을 비롯한 온갖 종류의 비가시적인 요소로부터 영향을 받고 있다. 우리는 상황이 각기 어떻게 다른지 이해하려고 노력하지 않고, 습관적이고 기계적으로 상황에 대처한다. 대인관계에서도 다른 이들의 페이스와 기분에 쉽게 말려든다. 이 모든 것으로 인해 일종의 안개가 깔리는 것이다. 우리는 사건을 있는 그대로 보지 못하고, 우리 자신에 대해서도 잘 알지 못한다.

전략가로서 당신의 역할은 간단하다. 당신 자신과 다른 사람들 간의 차이를 간파하여 자신과 자신의 입장, 적에 대해 정확히 이해하는 것이다. 이를 통해 상황에 대한 통찰력을 얻고, 상황을 있는 그대로 볼 수 있다. 바쁜 일상 속에서 이렇게 하기란 쉽지 않다. 이는 후퇴할 시기와 방

> 기회는 끊임없이 변한다. 너무 일찍 도달한 이들은 너무 멀리 가버리며, 너무 늦게 도달한 이들은 남들을 따라갈 수가 없다. 태양과 달이 정해진 길로 지나듯, 시간은 사람들의 편의대로 움직여주지 않는다. 따라서 현자들은 크고 값비싼 보석보다 작은 시간을 더 소중히 여긴다. 찾기는 힘들고 잃기는 쉬운 것이 시간이다.
> ─ 회남자(淮南子), 기원전 2세기

법을 알고 있을 때만 가능하다. 만약 당신이 항상 전진과 공격만 일삼으며 사람들을 감정적으로 대한다면, 전망을 따져볼 시간이 없다. 당신의 전략은 과거의 상황이나 다른 이의 경험을 토대로 세우는 취약하고 기계적인 것일 수밖에 없다. 당신은 창조하는 대신 흉내만 내는 원숭이가 될 것이다. 후퇴란 자신을 발견하고 주변의 영향으로부터 거리를 두기 위해 가끔씩 이행해야 하는 덕목이다. 후퇴를 하기에 가장 좋은 시기는 역경과 위험에 맞닥뜨렸을 때다.

후퇴는 종교적, 신화적 상징성을 띤다. 모세와 유대인이 정체성을 공고히 하고, 사회 정치적 세력으로 거듭날 수 있었던 것은 사막으로 도주함으로써 가능했다. 예수는 40일을 광야에서 보냈고, 마호메트 역시 박해를 피해 메카로 망명했다. 마호메트와 그의 소수 추종 세력들은 이 시기 동안 유대감을 강화하고, 자신들의 정체성과 신념에 대해 이해하며, 시간에 모든 것을 맡겨두었다. 그러고 나서 이들 소수의 신봉자들은 메카와 아라비아 반도를 정복하기에 이르렀고, 마호메트의 서거 후에는 비잔틴과 페르시아 제국을 파멸시켰다. 그 결과 이슬람 세력이 광대한 영토 곳곳에 퍼지게 되었다. 전 세계적으로 모든 신화에는 일보 후퇴하는 영웅이 등장하게 마련이다.

만약 모세가 이집트에 남아서 싸웠다면, 유대인들은 역사에서 큰 비중을 차지하지 못했을 것이다. 만약 마호메트가 메카에서 적과 맞붙었다면, 그는 몰락하여 잊혀졌을 것이다. 자신보다 더 강력한 적과 싸울 경우, 자신의 소유물과 직위는 물론이고 그 이상의 것을 잃게 된다. 올바른 사고능력, 상황을 객관화하여 바라보는 능력을 잃게 된다는 말이다. 상상도 못할 방식으로 공격자의 감정과 폭력에 타격을 입게 될 것이다. 따라서 이럴 때는 일보 후퇴해서 내면 성찰을 위해 시간을 버는 것이 좋다. 적이 땅을 차지하고 전진하게 하라. 적당한 시기가 되면 당신은 회복하여 상황을 역전시킬 수 있을 것이다. 후퇴의 결정은 나약함이 아닌 강인함을 보여준다. 후퇴는 전략적인 지혜의 정점에 있다.

후퇴의 본질은 심리적으로든 육체적으로든, 어떠한 방식으로도 적과의 교전을 거부하는 것이다. 자신을 보호하기 위해 방어적으로 후퇴할 수도 있지만, 공격적인 적을 거부함으로써 적을 분노하게 하고 균형을 잃게 하는 긍정적인 전략이 될 수도 있다.

1차 세계대전 동안 영국과 독일은 각국이 식민지를 둔 동아프리카에서 전쟁을 치렀다. 1915년 영국 지휘관 잔 스머츠(Jan Smuts) 중장은 파울 폰 레토-포르베크(Paul von Lettow-Vorbeck) 대령의 지휘하에 있는 독일령의 동아프리카에 위치한 훨씬 작은 규모의 독일 군대와 접전을 벌였다. 스머츠 중장은 빨리 승전고를 울리고자 했다. 독일군을 격파한 뒤 곧바로 전략적으로 더 중요한 전장으로 이동할 생각이었다. 그러나 파울 폰 레토-포르베크 대령은 교전을 거부하고 남쪽으로 후퇴했다. 스머츠 중장은 야심을 갖고 돌진했다.

스머츠 중장은 자신이 폰 레토-포르베크 대령을 몇 번이고 코너에 몰았다고 생각했지만, 사실 대령은 몇 시간 일찍 전진하고 있었다. 자석에 이끌리듯 스머츠 중장은 산을 넘고, 강을 건너, 숲을 지나 폰 레토-포르베크 대령을 따라가고 있었던 것이다. 어느새 영국 군대의 보급선은 수백 킬로미터에 걸쳐 늘어졌고, 군인들은 이제 사기가 꺾여 독일 군대의 소규모 공격에 취약해진 상태였다. 얼마 후 스머츠 중장의 군대는 전염병이 득실거리는 밀림에 꼼짝없이 갇혀 기아와 질병으로 대거 죽어나가는 상황에 처했다. 그들은 제대로 한 번 싸워보지도 못했다. 폰 레토-포르베크 대령은 적에게 4년 동안 습격의 기회를 노리게끔 유도하여, 중요한 영국 병력을 묶어두는 동시에 조금의 보상도 허락하지 않았다.

스머츠 중장은 고집 세고 철저하며 공격적인 지도자였다. 전장에서 책략을 이용하여 적군을 패배시키는 방식을 즐겼다. 폰 레토-포르베크 대령은 바로 이 점을 노렸던 것이다. 그는 스머츠 중장과 전면전을 피하면서도 교전의 가능성을 열어둘 정도의 가까운 거리를 유지하여 영국군들이 황야로 계속 전진하게 만들었다. 스머츠 중장은 괜한 분노를 느끼며 계속해서 추격을 감행했다. 한편 폰 레토-포르베크 대령은 아프리카의 방대한 공간과 견디기 힘든 기후를 한껏 이용하여 영국군을 무력화시켰다.

대부분의 사람들은 어떤 방식으로든 공격에 관여함으로써, 공격에 대처하려 한다. 한 발짝 물러서는 것은 거의 불가능하다. 하지만 완전한 비

(非)교전과 후퇴 전략을 통해, 당신은 엄청난 위력과 절제력을 발휘할 수 있다. 당신의 적은 당신이 어떠한 반응이라도 해주길 필사적으로 기다릴 것이다. 이 때 당신이 후퇴하면 그들은 바짝 약이 올라 추가 공격을 하려고 들 것이다. 따라서 계속 후퇴하고, 공간과 시간을 교환하라. 평정과 균형을 잃지 마라. 적이 원하는 땅을 갖게 하라. 독일군처럼 적들을 행동의 부재 속으로 유혹하라. 적들은 공격을 서두르며 실수를 저지를 것이다. 시간은 당신 편이고, 당신은 의미 없는 전투를 위해 1분 1초도 할애하지 않을 것이다.

전쟁이란 최상의 계획마저도 더디게 하고 무용지물로 만드는 예측 불허의 온상으로 악명이 높다. 카를 폰 클라우제비츠는 이 상태를 '마찰'이라고 일컬었다. 전쟁은 머피의 법칙의 연속이다. 잘못될 소지가 조금이라도 있다면 결국 그렇게 되고 말 것이다. 하지만 후퇴한다면, 그리고 공간 대신 시간을 얻는다면 머피의 법칙은 당신에게 유리하게 작용할 것이다. 폰 레토-포르베크 대령의 경우처럼 말이다. 그는 스머츠 중장이 최악의 상황에 부딪히도록 충분히 뜸을 들이며 그를 머피의 법칙의 희생양으로 삼았다.

7년 전쟁(1756~1763) 동안 프로이센의 프리드리히 대왕은 그를 파멸시키려 혈안이 된 오스트리아, 프랑스, 러시아 군대와 모든 전장에서 대면했다. 보통 공격적인 공세를 선호했던 프리드리히 대왕은 이번만큼은 시간을 벌고, 그의 적들이 그를 붙잡으려고 깔아놓은 덫을 피하기 위해 자신만의 책략을 고안하며 방어 태세를 취했다. 해를 거듭하며 그는 재앙을 피하려고 노력했지만, 쉽지 않은 일이었다. 그러던 중 뜻밖에 러시아의 옐리자베타(Yelizaveta) 여제의 사망 소식이 전해졌다. 그녀는 프리드리히 대왕을 몹시 증오했지만, 그녀의 조카이자 왕위 계승자인 표트르 3세(Pyotr III)는 자신의 숙모를 싫어하고, 프리드리히 대왕을 존경하는 고집 센 청년이었다. 그는 러시아를 전장에서 빠져나오게 했을 뿐 아니라, 프로이센과 동맹을 맺기도 했다. 7년 전쟁은 종전을 맞았다. 프리드리히 대왕이 바라던 기적이 일어난 것이다. 만약 그가 최악의 순간에 항복하거나 공격을 감행하여 위기를 타파하려 했다면, 모든 것을 잃었을 것이다. 대신 그는 머피의 법칙이 적에게 손을 뻗치도록 시간을 벌기 위한 책략을 펴 재앙을 피할 수 있었다.

전쟁이란 특정 장소에서 벌어지는 물리적인 사건이다. 장군들은 특정 장소에서 이를 실행하기 위해 지도와 전략에 의존한다. 하지만 전략적 사고에서 공간만큼 중요한 것이 바로 시간이다. 시간의 활용법을 알고 있다면 우월한 전략을 세울 수 있고, 공격과 방어에 새로운 차원을 가미할 수 있을 것이다. 이를 위해서는 시간을 추상적인 개념으로 생각해서는 안 된다. 실제로 태어나는 순간부터 당신이 갖고 있는 것은 시간뿐이다. 시간만이 진정 유일한 생필품이다. 사람들은 당신의 소유물을 앗아갈 수는 있지만, 제아무리 강력한 공격자라 해도 당신이 허락하지 않는 한 당신에게서 시간을 앗아갈 수는 없을 것이다. 감옥에서조차 자기만의 목적을 위해 시간을 사용한다면, 시간은 당신의 것이다. 전쟁에서 본인의 선택과 무관하게 시간을 낭비하는 것은 단순한 실수 이상의 것으로, 가장 한심한 행위라고 할 수 있다. 잃어버린 시간은 되찾을 수 없다.

| **이미지** | 사막의 모래. 사막에는 먹을 것도, 전쟁을 위해 사용할 수 있는 것도 없다. 오로지 모래와 텅 빈 공간뿐이다. 가끔 사막으로 후퇴하여 명확한 사고와 식견을 회복하라. 사막에서 시간은 서서히 움직인다. 당신에게 필요한 것은 바로 시간이다. 공격을 받았을 때, 사막으로 들어가라. 적들이 시간 감각과 공간 감각을 잃고, 당신의 통제하에 들어오는 공간으로 적들을 유혹하라.

| **근거** | 적들이 무질서에 빠지도록 기다리는 동안 고삐를 늦추지 않고 마음을 가다듬는 것이 침착함의 기술이다.

— 손자

뒤집어보기

적들이 엄청난 위력으로 당신을 공격할 때, 후퇴하는 대신 직접 적과 교전하려고 할 수도 있을 것이다. 당신은 순교를 맞이해야 할 수도 있고 심지어 이를 바라고 있을지도 모른다. 그러나 순교 역시 고대부터 내려온 전략의 하나다. 순교는 당신을 상징으로, 즉 미래의 성지로 만들어줄 것이다. 당신이 어느 정도 중요한 인물이라면, 당신의 패배가 상징적 의미를 지니고 있다면 '순교' 전략은 성공할 것이다. 그러나 당신의 명분이 정당하며 적의 명분이 사악하다는 것을 내세우려면 상황도 뒷받침돼야 한다. 또한 당신의 희생은 유일무이한 것이어야 한다. 순교자의 수가 많아질수록 효과는 감소한다. 군대가 극도로 나약해진 상태에서, 또는 적의 규모가 비교도 되지 않을 만큼 클 경우, 순교를 통해 당신 측의 전투 정신이 꺼지지 않았음을 보여줄 수 있으며, 이는 사기를 진작하는 유용한 방법이다.

그러나 일반적으로 순교 행위는 위험한 무기요, 실패할 가능성이 크다. 정작 자신의 몸을 내던지는 사람은 그 결과를 볼 수도 없거니와 그 여파가 너무 커서 통제가 불가능할 수도 있기 때문이다. 또한 그 효과를 십분 발휘하려면 수 세기가 걸릴 수도 있다. 상징적으로 성공적이라고 판단될 때에도, 현명한 전략가라면 이 방법을 택하지 않는다. 후퇴가 더 나은 전략이다.

후퇴란 그 자체가 목적이 되어서는 안 된다. 어떤 시점에 가서 방향을 전환하여 싸움에 임해야 한다. 그렇지 못할 경우 후퇴는 항복이라고 칭하는 것이 더 정확할 것이다. 결국 승리는 적의 것이다. 장기적으로는 전투가 불가피하다. 후퇴는 잠정적인 것에 불과하다.

THE 33 STRATEGIES OF WAR

PART 4

전쟁과 삶에서 가장 큰 위험은 예기치 못한 사건에서 빚어진다. 사람들이 당신의 예상대로 반응하지 않고, 뜻밖의 사건이 발생해 당신의 계획을 엉망으로 만들고 혼란을 빚어내며, 상황은 통제 불능일 때가 있다. 전략에서는 이처럼 당신이 바라는 바와 실제 발생하는 사건의 차이를 '마찰' 이라고 한다. 재래식 공격형 전쟁의 이면에 내재된 개념은 단순하다. 즉 상대를 먼저 공격하고 상대의 취약점을 겨냥하며 기선을 제압함으로써 당신에게 유리한 상황을 만드는 것이다. 마찰이 일어나서 당신의 계획을 망치기 전에 당신이 먼저 공세를 취하면, 집요한 책략의 힘으로 인해 적에게 과도한 마찰이 가해지고, 결과적으로 적은 무너지게 된다.

이와 같은 방식은 역사상 가장 성공적인 지휘관이 실행한 전술 형태로서, 그들의 성공 이면에는 전략적인 현명함과 대담함이 조화를 이루고 있다. 전략적 요소는 계획 단계에 등장한다. 총체적인 목표를 설정하고, 목표를 향한 방법을 고안하여, 세부항목에 걸친 총체적 계획을 치밀하게 생각해내는 것이다. 즉 개별 전투가 아닌 개별 군사 행동의 관점에서 사고하는 것을 일컫는다. 이는 또한 상대의 취약점을 겨냥할 수 있도록 상대방의 강점과 약점을 알아내는 것을 의미한다. 계획이 세부적일수록 전투에 임할 때 자신감이 증폭되며, 일단 불가피한 문제가 발생해도 쉽사리 옆길로 빠지지 않을 것이다. 하지만 공격 자체에 있어서 상대를 궁지로 몰아넣고 당신의 공격에 저항할 수 없는 타성을 실어줄 수 있는 정신과 대담함을 가져야 한다.

제4부에서는 전투의 최상의 형태를 소개할 것이다. 이 내용은 '대(大)전략' 이라

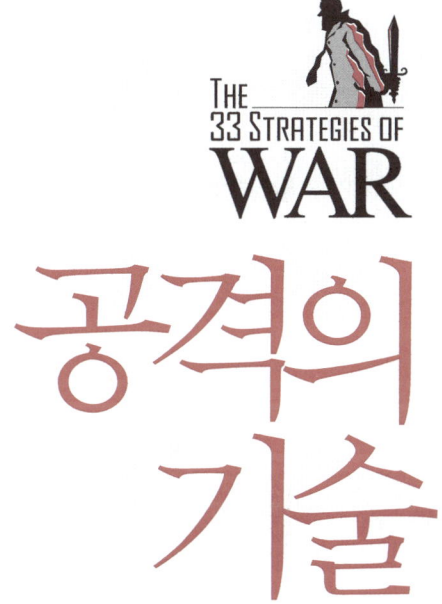

공격의 기술

고 알려진, 더 큰 틀 안에 당신의 요구와 목표를 맞추도록 도와줄 것이다. 당신은 적을 보는 올바른 방법과 그들의 치부를 들춰내는 법을 배울 것이다. 또한 치밀한 계획이 어떻게 공격을 위해 융통성 있는 선택권을 부여해주며, 전쟁에서 큰 힘을 발휘하는 구체적인 작전(측면공격 책략, 포위 등)과 공격 방식(중심 공략하기, 적을 극도의 취약지로 몰아넣기 등)이 삶에서 어떻게 응용될 수 있는지 알게 될 것이다. 마지막으로 출정을 마무리하는 방법을 소개할 것이다. 당신의 목표에 부합하는 강력한 결말이 없다면, 그전까지의 모든 행동은 물거품이 될 것이다. 공격형 전쟁의 다양한 요소를 숙지한다면 인생에서 행하는 모든 공격에 훨씬 더 큰 힘이 실릴 것이다.

STRATEGY 12

전투는 패배해도 전쟁에서는 이겨라
: 대(大)전략의 눈

당신 주변의 모든 이들은 종종 당신을 볼모로
자신들의 이해를 위해 권력을 향해 질주하는 전략가들이라고 해도 과언이 아니다.
매일 되풀이되는 그들과의 전투로 인해 당신은 진정 중요한 것을 제대로 보지 못한다.
진정 중요한 것이란 종국의 승리, 대의적 목표 달성, 권력 유지다.
대전략이란 당면 전투 이후 상황까지 내다보며 앞서서 계산하는 것을 말한다.
당신은 당신의 궁극적 목적에 초점을 맞추고 그것에 이르는 단계별 계획을 짜야 한다.
대전략에서는 당신의 행동이 미치는 정치적인 여파와 장기적 결과를 고려해야 한다.
감정적으로 사람들에게 반응하는 대신 통제권을 쥐고
당신의 행동을 좀더 다차원적이며 미묘하고 효과적으로 만들어야 한다.
상대는 전투의 전개 상황이나 방향 전환에 얽매여 사소한 승리나 향유하게 하라.
대전략은 당신에게 궁극적인 보상을 안겨줄 것이다.
당신은 마지막에 웃는 자가 될 것이다.

알렉산드로스 대왕의 위대한 원정

마케도니아 궁정에서 자란 알렉산드로스(기원전 356~322)는 다소 특이한 청년이었다. 승마, 전투와 같이 보편적으로 젊은 남성들이 좋아하는 것에 관심이 많았고, 아버지 필리포스 2세를 따라 몇몇 전투에 출정해 용감무쌍한 면모를 과감히 드러내기도 했다. 위대한 사상가 아리스토텔레스를 개인교사로 둔 그는 철학과 문학에 대한 소양도 깊었다. 두 사람은 함께 세상을 냉철한 눈으로 바라보며, 정치와 과학에 대한 담론을 즐겼다. 한편 그의 어머니 올림피아스(Olympias)는 영적인 세계를 보는 눈이 있어서 알렉산드로스가 태어났을 때, 아들이 언젠가 세상을 정복하리라는 것을 예견했다고 한다. 그녀는 아들에게 자신의 예언을 말해주었고, 선조인 아킬레우스 이야기도 들려주었다. 알렉산드로스는 (아버지는 경멸한 반면) 어머니를 매우 존경했고, 어머니의 예언을 진지하게 받아들였다. 어릴 때부터 그는 자신이 왕의 아들 이상의 존재라고 생각했다.

알렉산드로스는 성장하여 필리포스 왕의 후계자가 되었고, 그가 물려받게 될 도시국가는 아버지의 임기 동안 상당히 확장되어 있었다. 필리포스 왕은 마케도니아 군대를 그리스에서 가장 강력한 군대로 키웠다. 그는 테베와 아테네를 정복했고, (스파르타를 제외한) 그리스의 모든 도시국가를 자신의 지휘하에 고대 그리스 연맹으로 통합시켰다. 그러나 기원전 336년 앙심을 품은 한 귀족에 의해 암살되고 말았다. 그러자 갑자기 마케도니아가 취약해졌다고 본 아테네는 연맹에서 탈퇴해 독립을 선언했다. 다른 도시국가들도 하나둘 떨어져나갔다. 북부 지역의 부족들은 침공하겠다고 위협하기도 했다. 하루아침에 필리포스 왕의 소제국이 멸망의 위기에 처한 것이다.

알렉산드로스가 권좌에 올랐을 당시 그의 나이는 스무 살이었다. 많은 이들이 그가 권좌에 오를 준비가 되지 않았다고 생각했다. 장성들과 정치 지도자들이 새 왕을 자신의 세력하에 두려고 하는 등 그의 권좌는 순탄치 않아 보였다. 그들은 왕에게 서서히 움직여 군대와 마케도니아에 대한 그의 위치를 공고히 하고, 위력과 책략을 통해 연맹을 점진적으로 개혁하도록 조언했다. 필리포스 왕이라면 그렇게 했을 것이다. 그러나

> 준비 태세를 갖추는 것이야말로 가장 중요하다. 결심을 했다는 것은 신중함을 기했다는 것과 일맥상통한다. 주의를 기하고 자신에 대해 잘 알고 있다면, 마음이 들뜨거나 크게 놀랄 필요가 없다. 위험이 도사리기 전에 항상 경계를 게을리하지 않는다면, 위험이 다가올 때 이미 무장한 상태이기에 두려워할 필요가 없다. 승자는 눈에 보이지 않는 것을 경계하고, 들리지 않는 것에 깨어 있다. 따라서 마치 난관이 존재하지 않는 것처럼 난관의 한복판에 서 있다. 이성이 승리할 때, 열정은 제 스스로 물러선다.
> — 《주역》

알렉산드로스는 귀담아듣지 않았다. 그는 마케도니아의 안팎에 도사리고 있는 적들이 자신에게 대항하기 위해 조직적으로 움직일 시간을 주지 않고 남쪽으로 군대를 지휘해 번개 같은 일련의 기동작전으로 테베를 다시 정복했다. 그 다음에는 아테네로 진격했다. 그의 보복이 두려웠던 아테네인들은 용서를 청했고 연맹에 재가입시켜줄 것을 간청했다. 알렉산드로스는 그들의 간청을 들어주었다.

젊고 괴팍한 왕자였던 알렉산드로스는 대담하고 예측 불허의 왕의 면모를 과감히 보여주었다. 예상치 못한 공격을 감행하는가 하면 아테네인들에게는 예상치 못한 자비를 베풀었다. 그는 가늠하기 힘든 인물이었지만 왕으로서의 첫 번째 책략을 통해 많은 추종자를 얻었다. 그의 다음 계획은 더 대담하고 놀라운 것이었다. 그는 자신이 장악한 도시들을 통합하고 취약한 연맹을 강화하는 대신, 그리스의 적국인 페르시아 제국을 공격하고자 했다. 약 150년 전 페르시아는 그리스를 정복하려다 실패했고, 아직도 그 꿈을 버리지 못하고 있었다. 페르시아가 위협으로 남아 있는 한 그리스인들은 마음 편할 날이 없었다. 그리스의 해상무역도 페르시아 해군에 의해 주춤한 상황이었다.

기원전 334년 알렉산드로스는 다르다넬스 해협을 가로질러서 페르시아 제국의 극서부 지역인 소아시아를 향해 3만 5천 명의 그리스인으로 구성된 연합 군대를 이끌고 돌진했다. 그라니코스 강(Granicus, 지금의 마르마라해로 흘러 들어가는 코카바스 강—옮긴이) 전투에서 그리스는 페르시아를 무찔렀다. 알렉산드로스의 장군들은 그의 대담함에 경탄을 금치 못했다. 그는 페르시아를 정복할 준비가 되어 있는 것처럼 보였고 어머니의 예언이 곧 실현될 듯했다. 알렉산드로스는 속도를 내고 기선을 제압하여 승리를 거두었다. 그러자 병사들과 장성들 모두 그가 곧바로 페르시아 동쪽으로 진격해 들어갈 것으로 기대했다.

하지만 알렉산드로스는 다시 한 번 예상에서 빗나갔다. 시간을 두고 기다리려는 것이었다. 부하들이 보기에 그것은 페르시아 군에게 힘을 회복하고 재충전할 시간을 주는 것이나 다름없었다. 알렉산드로스는 동쪽이 아닌 남쪽으로, 소아시아 해안을 따라 군대를 지휘하여 페르시아의

여우와 원숭이가 뽑은 왕

원숭이는 동물들 사이에서 춤을 추고 그들의 신임을 얻어 왕으로 선발되었다. 그러자 여우는 질투심이 일었다. 어느 날 덫에 놓인 고기 한 조각을 본 여우는 원숭이를 고기 쪽으로 유인하고는 자신이 보물을 발견했다고 말했다. 하지만 원숭이는 고기를 가져가지 않고, 고기 주변에서 경계태세를 취하며 고기를 지켰다. 고기의 소유가 왕위의 특권이었기 때문이다. 여우는 원숭이에게 고기를 가져가라고 재촉했다. 원숭이는 고기 가까이 다가갔고, 아무 생각 없이 고기를 집는 순간 덫에 걸리고 말았다. 원숭이가 자신을 덫으로 유인한 것에 비난을 퍼붓자, 여우는 이렇게 대답했다. "원숭이님, 당신이 동물왕국을 통치하고 싶다고 하셨는데, 본인이 얼마나 한심한지 보세요." 고로 충분히 생각하지 않고 대담한 계획에 뛰어드는 자는 실패는 물론이요, 웃음거리가 된다.
— 《이솝우화》

지배를 받고 있는 지역을 해방시켜주었다. 그 다음 페니키아를 가로질러 이집트로 들어가 그곳의 취약한 페르시아 군대를 격파하며, 동쪽에서 남쪽으로 지그재그로 이동했다. 페르시아 통치자들을 증오하던 이집트인들은 알렉산드로스를 자신들을 해방시켜준 영웅으로 환대했다.

그리스 군대가 고향에서 멀어질수록 페르시아 해군으로부터 배후 공격이나 측면공격을 받을 위험성 또한 커져갔다. 알렉산드로스가 원정을 떠나기 전 많은 이들이 해군을 구축하여 해상에서도 페르시아와 싸울 것을 제안했지만 알렉산드로스는 이를 무시했다. 대신 그는 소아시아를 가로질러 페니키아 연안을 따라 지나가며 페르시아의 주요 항구를 점령하여 페르시아 해군을 무용지물로 만들었다.

이와 같은 소소한 승리는 더 큰 전략적인 대의를 띠고 있었다. 그렇다고 해도 만약 그리스가 전투에서 페르시아를 격파하지 못했다면 아무런 의미가 없었을 것이다. 사실 알렉산드로스의 행동은 승리를 요원하게 만드는 것처럼 보였다. 페르시아의 다리우스(Darius) 왕은 티그리스 강의 동쪽으로 세력을 집중시키고 있었다. 군사와 주둔지 선정을 모두 마친 그는 편하게 앉아 알렉산드로스가 강을 가로지르는 것만 기다리면 되었다. 알렉산드로스는 전투에 대한 생각이 시들해진 것인가? 페르시아와 이집트 문화가 그를 누그러뜨린 것인가? 정말 그래 보였다. 그는 페르시아 옷을 입고 페르시아 관습을 따르는 것처럼 보였다. 심지어 페르시아의 신을 숭배하는 모습까지 포착되었다.

페르시아 군대가 티그리스의 동부로 후퇴하자, 페르시아 제국의 큰 지역들은 그리스 차지가 되었다. 이제 알렉산드로스는 전쟁 대신 정치에 많은 시간을 보냈고, 어떻게 하면 점령 지역을 제대로 다스릴지 궁리했다. 그는 이미 구축된 페르시아 체제를 발전시키겠다고 결심했다. 즉 정부관료 직책을 그대로 가져가면서 다리우스가 했던 식으로 조공을 받는 것이었다. 그는 페르시아 정권의 가혹하고 호응을 얻지 못하는 면만 변화시켰다. 그의 관대함과 친절함에 대한 소문이 급속도로 퍼져갔다. 도시들은 그리스와 페르시아를 아우르는 알렉산드로스 제국의 일부가 되는 것을 환영하며 싸움 한 번 벌이지 않고 그리스에 굴복했다. 그는 자애롭게 굽어보는 신과 같은 통합의 지도자였다.

기원전 331년 알렉산드로스는 마침내 아르벨라에서 페르시아 주력 군대를 향해 행군했다. 사실 페르시아 제국의 해군, 이집트의 비옥한 땅, 백성들이 바치는 조공을 박탈당했을 때 페르시아 제국은 이미 몰락한 것이나 마찬가지였다. 아르벨라에서 거둔 승리는 이미 수개월 전에 그가 군사적으로 달성한 바를 입증하는 것일 뿐이었다. 이제 알렉산드로스는 거대한 페르시아 제국의 지배자였다. 그는 어머니의 예언대로 전 세계를 지배하게 된 것이다.

해석

알렉산드로스 대왕의 책략은 그의 부하들을 당황하게 했다. 어떤 논리나 일관성도 없는 것처럼 보였으니 말이다. 후세에 가서야 그리스인들은 과거를 돌아보고 그의 엄청난 업적을 진정으로 기릴 수 있었다. 그리스인들이 그를 이해할 수 없었던 이유는 알렉산드로스가 완전히 새로운 사고방식과 행동 방식을 고안했기 때문이다. 바로 대전략의 기술이었다.

대전략은 당면한 순간, 당면한 전투와 염려를 초월하여 볼 수 있게 해준다. 앞으로 달성하고자 하는 바에 집중하는 것이다. 사건이 일어나는 순간마다 이에 반응하고자 하는 유혹을 물리치며 궁극적 목적에 따라 각각의 행동을 결정할 수 있다. 개별 전투의 차원이 아닌 거시적인 군사 행동의 차원에서 사고하는 것이다.

알렉산드로스는 주의 깊게 계획을 수립하는 자신만의 방식을 어머니와 아리스토텔레스로부터 배웠다. 그의 어머니는 그에게 운명과 목표에 대한 감각을 키워주었다. 그 목표란 세계를 지배하는 것이었다. 세 살 때부터 그는 자신이 서른 살이 되었을 때 어떤 역할을 할 것인지 마음의 눈으로 읽을 줄 알았다. 아리스토텔레스로부터는 감정을 통제하고, 사물을 객관적으로 바라보며, 자신의 행동이 미칠 결과를 미리 예측하는 능력을 배웠다.

예상을 피해 움직이는 알렉산드로스의 책략을 하나하나 추적해보면, 대전략이라는 일관성이 있음을 알 수 있다. 알렉산드로스는 처음에는 테베, 그 다음엔 페르시아에 대해 신속한 조치를 취했는데, 이는 그의 군대와 그의 비판 세력에게 심리적 효과를 발휘했다. 전투만큼 군대의 불만을 빠르게 잠재우는 것은 없기 때문이다. 즉 알렉산드로스가 오랜 숙적이었던 페르시아를 공격한 것은 그리스를 한데 뭉치게 하는 완벽한 방법이었다. 하지만 페르시아에 들어선 후에도 계속해서 빠른 공격을 감행하는 것은 잘못된 전술일 것이다. 만일 전진을 했다면, 그는 너무 빠른 시간 안에 너무 방대한 영토를 통제해야 했을 것이다. 그 큰 영토를 관리하려면 자원이 모조리 고갈되고, 권력의 공백이 생겨 적들이 여기저기에서 고개를 들었을 것이다. 그는 서서히 전진하고, 이미 갖춰진 것으로 쌓아가며, 사람의 마음을 얻는 편을 택했다. 또한 해군을 조성하는 데 돈을 낭비하는 대신 페르시아 해군을 무용지물로 만들었다. 장기적 성공을 노리는 연장 전술은 분명 소모전이 될 터였기에 그는 일단 이집트의 비옥한 땅을 손에 넣은 것이다. 그의 전략은 탁월했다. 그의 계획이 도저히 예측할 수 없는 방식으로 결실을 거두는 것을 보며 사람들은 그를 신적인 존재로 바라보았다. 앞일에 대한 그의 통제력은 가히 초인적이라 할 만했다.

삶에서 대전략가가 되려면 알렉산드로스의 길을 따라야 한다. 우선 삶을 정화하라. 당신 인생의 수수께끼를 파악하라. 당신이 달성하려고 하는 것, 당신의 재능과 기술이 이끌어주는 방향을 제대로 파악하라. 이러한 목표를 하나하나 달성해가는 자신의 모습을 떠올려라. 아리스토텔레스가 조언했듯, 감정을 통제하고, 한발 앞서 생각하는 훈련을 하라. "이 행위는 내가 목표를 향해 전진하게 할 것이며, 저 행위는 아무 득이 되지 않을 것이다." 이러한 잣대를 마음속에 새겨두면 궤도에서 벗어나지 않을 것이다.

해야 하는 것과 하지 말아야 하는 것에 대한 틀에 박힌 생각은 집어치워라. 물론 이치에 맞는 말일 수도 있지만 그렇다고 해서 당신의 목표나 운명과 직결되는 것은 아니다. 앞으로 취할 몇몇 단계에 대한 계획을 세우고, 전투에 나서는 대신 작전을 세울 만큼 인내심이 강해야 한다. 목표로 향하는 당신의 여정은 우회로일 수도 있고, 당신의 행동이 다른 사람들 눈에는 이상하게 보일 수도 있지만, 오히려 다행으로 여겨라. 사람들이 당신을 이해 못하면 못할수록, 당신은 사람들을 더 쉽게 속이고 이용하고 유혹할 수 있다. 이 길을 따르면 어떤 상황에서도 침착함을 유지할 수 있을 것이다. 위엄 있는 식견이 생겨 자기 자신과 다른 사람들을 분리할 수 있는 능력이 생길 것이다. 아무 성과도 얻지 못하는 몽상가이건, 소소한 것들만 달성해내는 단조롭고 현실적인 사람이건 이러한 객관적인 눈이 생길 것이다.

> 내가 알렉산드로스에 대해 특히 감탄하는 부분은 그의 작전이 아니라 그의 정치적 감각이다. 그는 사람들로부터 애정을 얻는 기술을 지녔다.
>
> ― 나폴레옹 보나파르트

> 동서양 간에는 문화유산, 가치관, 사고방식의 차이가 존재한다. 동양적 사고는 전체로부터 시작하고, 모든 것을 총체적으로 바라보며, 종합적이고 직관적인 조화를 기반으로 뻗어나간다. 한편 서양적 사고는 전체가 아닌 부분에서 시작하고, 복잡한 문제를 요소별로 나누고 나서, 논리성에 주안점을 두고 요소를 하나씩 해결해 나간다. 따라서 서양의 군사적 사고방식에서는 무장 세력를 이용하는 것에 중점을 둔 직접적인 접근법을 옹호한다.
> ― 카오 샨(Cao Shan), 《전략적 우위: 전쟁에 대한 손자와 서양의 접근법(The Strategic Advantage: Sun Zi and Western Approaches to War)》, 1997년

전면전

1967년 베트남전 때 미국 측 지도자들은 드디어 진전을 보고 있다고 생각했다. 그들은 남베트남으로 침투하여 교외 지역 대부분을 통제하고 있는 베트콩(Vietcong)을 추적하여 그들을 소탕하기 위한 일련의 작전에 착수했다. 베트콩 게릴라들은 섬멸하기가 쉽지 않았으며, 미국은 몇 건의 전투에서 큰 인명피해를 입기도 했다. 미국이 지원하는 남베트남 정부는 상대적으로 안정되어 있었으며, 이로 인해 미국에 대한 베트남인들의 지지율이 높아지기도 했다. 한편 미군의 폭격으로 북베트남의 비행장 여러 곳이 파괴되고, 공군력이 크게 타격을 입기도 했다. 비록 미국에서는 대대적인 반전 시위가 벌어졌지만, 여론조사에 따르면 대부분의 미국인들은 전쟁을 지지했고, 끝이 보인다고 생각했다.

미국의 화력과 뛰어난 기술력도 게릴라전을 구사하는 베트콩과 북베트남 군대 앞에서는 별 효과가 없었다. 미국은 어떻게 해서든 그들을 대대적인 교전으로 끌어들이려 했다. 그것이야말로 전쟁의 전환점이 될 수 있었다. 1967년 말 마침내 북베트남을 함정에 빠뜨릴 수 있는 기회가 왔다. 북베트남군의 총책임자였던 보 구엔 지아프 장군이 미 해병대 기지

가 있는 케산을 목표로 대대적인 공세를 계획하고 있다는 정보가 입수된 것이다. 그는 분명 1954년 디엔비엔푸 전투에서 거둔 대성공을 재현하고자 했으리라. 당시 그는 프랑스 군대를 전멸시켜 프랑스를 베트남에서 영원히 몰아내는 데 성공했다.

케산은 주요 전략적 기지였다. 베트남의 남북을 가로지르는 비무장지대에서 불과 23킬로미터 떨어진 곳에 위치하고 있었다. 또한 그곳은 남부에서 활동 중인 베트콩들을 위한 보급로인 호치민 루트(Ho Chi Minh Trail)에서도 약 10킬로미터밖에 떨어져 있지 않았다. 미군 총사령관인 윌리엄 웨스트모어랜드(William Westmoreland)는 케산을 활용하여 북쪽과 서쪽에서 이루어지는 적군의 활동을 감시했다. 지아프 장군은 지금의 케산과 유사한 역할을 하는 디엔비엔푸를 고립시키고 파괴한 전력이 있었지만, 그러한 일이 다시 일어나는 것을 좌시하지는 않을 작정이었다. 웨스트모어랜드는 케산 주변에 비행장을 건설하여 헬리콥터를 십분 활용하고 상공을 통제하고자 했다. 그는 상당한 규모의 군대를 남부에서 케산으로 소집하여 대기시켰다. 6천 병력의 해병대에 해당 전초지를 강화해달라는 요청도 해두었다. 머지않아 케산에 대대적인 공격이 가해질 것이었고, 그 전투에서 미군은 반드시 승리해야 했다. 전면전에서 적은 결국 모습을 드러내 완패하게 될 것이었다.

1968년이 시작되고 첫 몇 주 동안 케산은 초미의 관심사였다. 백악관과 미국 언론은 베트남전의 승패를 가늠하게 될 전투가 곧 벌어지리라는 확신에 긴장했다. 마침내 1968년 1월 21일 새벽 북베트남 군대는 맹습을 감행했다. 양측 모두 자신의 진지를 지키기 위해 참호를 파면서 전투는 포위 공격으로 돌변했다.

교전이 벌어지자마자 베트남의 음력 설인 테트(Tet)가 시작되었다. 이 기간 동안 사람들은 먹고 마시며 흥청댔고, 전시에도 휴전을 선언하곤 했다. 그해도 예외는 아니었다. 양측은 테트 기간 동안 싸움을 멈추기로 합의했다. 그러나 테트 첫날인 1월 31일 이른 아침, 동시다발적으로 포성이 울렸다. 가장 중요한 미군 기지뿐 아니라 거의 모든 주요 마을과 도시가 베트콩의 공격을 받았다.

사이공의 일부 지역이 베트콩의 침략을 받았고, 미국의 베트남 주둔을 상징하는 미 대사관 벽이 폭파되었다. 미 해병대는 혈전 끝에 대사관을 다시 손에 넣었다. 이러한 장면들은 미국 텔레비전에 대대적으로 방영되었다. 도시의 라디오 방송국, 대통령의 궁, 탄손누트 공군기지에 있는 웨스트모어랜드 사령관의 사택 등이 모두 베트콩의 공격 대상이 되었다. 도시는 곧 시가전과 혼란 속으로 빠져들었다.

사이공 주변의 도시도 포위당하기에 이르렀다. 특히 고대 베트남의 수도이자 불교도들이 숭배하는 도시인 위에를 점령한 사건은 북베트남 군의 가장 큰 전과였다. 폭도들은 위에 시 거의 전체를 장악했다.

한편 케산에 대한 공격은 끊이지 않았다. 웨스트모어랜드 사령관은 주요 목표물을 가늠하기 힘들었다. 남쪽으로 향한 전투가 단지 케산으로부터 남베트남 군사들을 떨어뜨리기 위한 수단인지, 아니면 그 반대인지 알 수 없었다. 그로부터 몇 주 지나지 않아 미군은 남베트남의 모든 지역과 사이공을 재탈환하고 항공 기지를 확보함으로써 우위를 점했다. 위에와 케산에서의 포위 공격은 더 오랜 시간이 걸렸지만 대규모 대포와 공중폭격은 마침내 위에 전역을 무너뜨리면서 폭도들을 꺾어놓았다.

후에 구정공세(Tet Offensive)로 불린 이 전투가 끝났을 때 웨스트모어랜드 사령관은 이를 2차 세계대전 종전 무렵의 벌지 대전투(Battle of the Bulge)에 비유했다. 당시 독일군은 프랑스 동부를 대담하게 기습하여 연합군을 당황하게 했다. 처음 며칠 동안 그들은 빠르게 돌진하여 공황사태를 야기했지만, 곧 연합군의 저항에 부딪혔고, 연합군의 반격이 시작되자 퇴각하지 않을 수 없었다. 결국 그 전투는 독일군이 서부전선에서 편 마지막 공격이 되고 말았다. 케산의 북베트남 군대와 남베트남 전역에 퍼져 있는 베트콩도 같은 상황이라고 생각했던 것이다. 베트콩은 엄청난 사상자를 냈고, 실제로 북베트남의 경제기반은 완전히 무너진 상태였다. 그들은 결코 회복할 수 없는 지경에까지 이르렀다. 결국 적이 스스로 모습을 드러내 큰 상처를 입은 것이라고 할 수 있다.

미국은 구정공세가 북베트남의 전략의 실패였다고 생각했지만 여론은 뜻밖의 방향으로 흘러갔다. 미 대사관에 얽힌 스토리, 위에의 포위, 항공

어두운 타성에 젖으면 젖을수록, 모호함과 정지 상태, 태만과 착각이 더욱 고개를 든다. 명석함이 풍부하면 육체가 죽고 나서 자아는 현실을 인지하는 이들의 타락하지 않은 세상으로 들어간다. 열정을 안고 죽으면 행동하길 좋아하는 이들 속에서 환생한다. 따라서 어두운 타성 속에 죽으면 어리석은 여인네의 뱃속에서 나오게 된다. 좋은 품행의 열매는 순수하고 오점 없는 것이라고도 하지만, 고통은 열정의 열매요, 무지는 어두운 타성의 열매다. 지식은 명석함에서 나온다. 열정은 욕심을 낳는다. 어두운 타성은 태만, 망상, 무지를 낳는다. 명석한 자는 위를 지향하고, 열정이 있는 자는 중간에 머물며, 어두운 타성에 젖은 자는 비열한 방식의 끈을 놓지 못하고 아래로 꺼진다.
— 《바가바드 기타: 크리슈나의 전시 조언》

기지의 공격 소식은 수백만 명의 미국인들을 텔레비전 앞에 모여들게 했다. 그때까지 베트콩은 주로 교외에서 활동하면서 결코 실체를 드러내지 않았다. 이제 최초로 미국 대중들은 주요 도시에 나타나 파괴를 일삼는 적의 모습을 볼 수 있었다. 전쟁이 거의 끝나가고 있고, 이길 수 있다고 들었는데, 정작 텔레비전에 비친 모습은 그 반대였다. 갑자기 전쟁의 명분도 불확실해졌다. 어떻게 남베트남이 이처럼 산재한 적 앞에서 안정적일 수 있겠는가? 미국이 어떻게 과연 승전고를 울릴 수 있겠는가? 그것은 끝이 보이지 않는 싸움이었다.

즉각 반전의 목소리가 드높아졌으며, 반전 시위는 전국으로 확산되었다. 린든 존슨 대통령에게 남베트남이 통제권 안에 들어오고 있다고 보고해왔던 군사 자문관들은 더 이상 낙관론을 펼 수 없다고 고백했다. 그해 3월 뉴햄프셔 민주당 전당대회에서 존슨 대통령은 반전 분위기를 십분 활용한 유진 매카시(Eugene McCarthy) 상원의원에게 패하는 충격적인 일이 일어났다. 얼마 후 존슨 대통령은 재선 출마를 포기하고, 미군을 베트남에서 서서히 철수하겠다고 밝혔다.

구정공세는 베트남전에서 진정 전환점이었지만, 웨스트모어랜드 사령관과 그의 부하들이 예견했던 방향으로 흘러가지는 못했다.

해석 ———

미군 전략가들은 전쟁의 승패가 군대에 달려 있다고 생각했다. 미국의 군대와 최신 무기를 이용하여 베트콩들을 모조리 소탕하고 교외지역을 장악함으로써, 남베트남 정부가 안정적으로 자리 잡을 수 있기를 꾀한 것이다. 그렇게 되면 북베트남도 전투를 포기할 것이라는 계산이었다.

한편 북베트남은 전쟁을 매우 다른 각도에서 바라보았다. 그들은 타고난 천성과 경험을 바탕으로 전쟁을 매우 거시적으로 바라보았다. 그들은 미국 군대가 게릴라 소탕 임무를 수행하는 과정에서 남베트남 농민들을 소외시키고 있는 정치적 상황을 간파했다. 그리하여 북베트남 군대는 최선을 다해 농민들의 마음을 샀고, 말없이 자신들의 편이 되어준 수백만 군대를 구축할 수 있었다. 미국이 베트남 농민들의 민심을 잃었는데, 남베트남이 어떻게 안정적일 수 있었겠는가? 북베트남은 1968년에 실시될 미국 대통령 선거도 염두에 두었으며, 미국 내 반전 분위기도 십분 활용했다. 베트남전은 역사상 최초로 텔레비전으로 방영된 전쟁이었다. 군대는 전쟁에 대한 정보를 통제하려 했지만, 텔레비전 화면은 전쟁의 실상을 그대로 보여주었다.

북베트남 군대는 계속해서 돌진했고, 지속적으로 시야를 넓혀 세계 정세라는 정황 안에서 전쟁을 분석했다. 이러한 분석 작업을 통해 그들은 구정공세라는 엄청난 전략을 고안해낸 것이다. 남부 농민들의 민심을 얻고, 그들로 구성된 군대를 조직하고 활용하여 국가 전역을 파고들었다. 그 결과 구정 연휴라는 위장 속에서 무기와 공급물자를 밀수할 수 있었다. 그들의 공격은 전투적 목적뿐 아니라 미디어 효과를 염두에 둔 것이었다. 미국 언론의 기지(당시 CBS 앵커 월터 크론카이트는 현장을 방문 중이었다)였던 사이공을 공격한 것은 큰 볼거리를 제공했다. 위에와 케산도 미국 기자들의 주요 촬영지였다. 북베트남 군대는 대사관, 궁전, 항공 기지와 같은 상징적인 장소를 강타하여 언론의 관심을 끌었다. 텔레비전에 이 모든 장면이 그대로 나가자 미국의 폭격 공습과 평화주의 프로그램은 궁지에 빠진 반면 베트콩은 전역에 도사리고 있다는 극적인 (그리고 속임수로 위장한) 인상을 심어주었다. 사실상 구정공세의 목적은 군사적 목표물을 파괴하는 게 아니라, 텔레비전 앞에 모여든 미국 대중을 강타하는 것이었다. 특히 선거가 치러지는 해에 정부에 대한 국민들의 신뢰가 떨어지면서 전쟁의 운명은 이미 결정된 것이나 다름없었다. 북베트남 군은 전장에서 단 한 번의 혈투도 치를 필요가 없었고, 실제로도 치르지 않았다. 그들은 시야를 전장으로 국한하지 않고 정치와 문화로까지 넓혀 승전했던 것이다.

우리는 항상 눈앞에 보이는 것에 연연해하는 경향이 있다. 목표를 향해가는 가장 직접적인 길만을 고집하고, 최대한 많은 전투에서 승리함으로써 전쟁에서 이기려고 한다. 우리는 작고 미시적인 관점에서 생각하고 눈앞의 사건에 대응하기에 급급하지만, 그것은 하급 전략이다. 인생에서는 그 어떤 것도 독자적으로 발생하지 않는다. 모든 것은 서로 연관되어

> 회색 눈의 아테나 여신은 이것을 보고 미소 지으며, 그를 매만져주었다. 이제 달리 보이는 그녀는 훤칠하고 아름다운 여인으로 거듭났고, 바느질로 멋진 것들을 만드는 재주도 생겼다. 그녀는 기분 좋게 대답했다. "당신 오디세우스의 환심을 사려면, 뱀처럼 날카롭고 교활해야 해요. 심지어 신마저도 당신 앞에 속을 드러내지 않고 굴복할 것입니다. 당신! 당신은 카멜레온! 당신은 속임수로 가득한 밑빠진 독! 여기 자신의 국가에서마저라도 당신의 전략을 잠재우든가, 잠시라도 주문 외는 것을 멈추지 않으시렵니까? 당신과 나는 둘 다 책략가죠. 살아 있는 모든 인간 가운데, 음모와 거짓말에서만큼은 당신이 최고입니다. 저는 지혜와 속임수로 유명한 신이죠."
> — 호메로스, 《오디세이아》

있고, 더 광범위한 정황을 내재하고 있다. 이러한 정황 속에는 당신의 행동이 직접적으로 영향을 미치는 반경 외의 사람들, 나아가서는 전 국민, 전 세계인, 그리고 정치까지 포함된다. 현대인의 삶에서 모든 선택은 정치적인 여파를 지니기 때문이다. 여기에는 문화, 언론, 대중이 당신을 바라보는 방식도 포함된다. 대전략가로서 당신이 해야 하는 일은 모든 방향에서 당신의 비전을 확장하는 것이다. 미래만 바라보는 것이 아니라 자기 주변의 세상에 대해 적보다 더 멀리 바라보라는 말이다. 이렇게 하면 당신의 전략은 간교해질 것이며 저지하기가 불가능할 것이다. 당신은 사건 간의 관계를 이용하여, 한 전투가 다음 전투로 어떻게 이어질지, 문화적 일격이 정치적 일격으로 어떻게 이어질지 알 수 있을 것이다. 당신은 적이 간과한 전장으로 전쟁을 끌어와 적을 급습할 수 있을 것이다. 위대한 전략만이 위대한 결과를 낳을 수 있다.

전쟁은 다른 수단에 의한 정치의 연속이다.
— 카를 폰 클라우제비츠

전쟁의 기술: 전투는 패배해도 전쟁에서는 이겨라

수천 년 전 우리 인간은 동물세계로부터 진화하여 다시는 그때를 뒤돌아보지 않았다. 이러한 인류 진보의 비결은 앞을 내다보는 능력, 그리고 언어와 언어로 인한 사유를 통해 주변의 세상을 더 많이 볼 수 있는 능력에 있다. 감각과 본능에만 의존해 자신을 보호하는 동물의 경우 모퉁이를 돌아 숲의 다른 쪽에서 어떤 일이 벌어지는지는 알 길이 없다. 반면 우리 인간은 숲 전체의 지도를 만들어, 위험한 동물의 습관과 자연에 대해서 연구하며, 환경에 대한 더 깊고 광범위한 지식을 얻는다. 따라서 위험이 닥치기 전에 위험이 다가오는 것을 알 수 있다. 이처럼 광범위한 비전은 심원한 것이었다. 동물들이 현재에 발목이 잡혀 있을 때, 인간은 과거를 고찰하고, 사유의 과정을 통해 미래로까지 시야를 뻗칠 수 있다. 우리의 시야는 시공으로 더 멀리 확장되었고, 인간이 세상을 지배하기에 이른 것이다.

그러나 언제부터인가 우리는 이성적인 동물로 진화하는 것을 멈추게 됐다. 오랜 진화에도 불구하고 우리 안에는 동물적 성향이 항상 존재하며 이 동물적 부분은 어떤 상황에 부딪혔을 때 가장 급박한 것에만 반응할 수 있다. 동물적 부분은 당면한 순간을 초월해 사고하는 것이 불가능하다. 이러한 딜레마는 오늘날까지도 인간에게 영향을 미치고 있다. 즉 이성과 동물적 본능이 끊임없이 충돌하는 것이다. 그래서 우리는 사유하고 목표를 달성하기 위한 계획을 세우지만, 행동을 하는 과정에서 감정적으로 변하고 통찰력을 잃어버린다. 우리는 우리가 원하는 것을 얻기 위해 명석함과 전략을 이용하지만 과연 우리가 원하는 것이 필요한 것인지, 혹은 그것을 얻었을 때의 결과가 어떻게 될 것인지에 대해서는 깊이 사고하지 않는다.

고대 그리스인들은 오늘날의 인간보다 동물적인 측면과 이성적인 측면 간의 전쟁에 더 익숙했다. 그들은 우리의 두 가지 특성으로 인해 비극이 초래되고, 그 비극의 원천은 미래를 제한적으로 바라보는 것에서 시작한다고 생각했다. '오이디푸스 왕'과 같은 그리스 비극에서 주인공은 자신이 살아가는 세계와 진실을 알고 있다고 생각할지 모르지만 그의 비전은 그의 감정과 욕망에 의해 제한을 받는다. 오이디푸스가 마침내 자신의 운명에서 스스로가 어떤 역할을 했는지 이해하는 순간 그는 자신의 눈을 뽑아버린다. 그의 비극적 한계를 상징적으로 보여주는 대목이다. 그는 세상을 바라보는 눈은 있지만, 자신을 들여다보는 능력은 없었던 것이다.

그와 동시에 그리스인들은 인간에게는 그보다 더 높은 잠재성이 있음을 인식하고 있었다. 인간의 영역보다 훨씬 높은 올림포스 산에는 신들이 살고 있었다. 그들은 세상을 완벽하게 보는 눈이 있었고, 과거와 미래도 완벽하게 볼 수 있었다. 인류는 동물뿐 아니라 올림포스 신들과도 공통분모를 가지고 있었다. 우리의 일부는 동물적이기도 하지만 신성한 존재이기도 했던 것이다. 그리스인들은 인간의 어리석음(앞을 제한적으로 바라보는 시각)에 상반되는 특성으로 분별력을 꼽았다. 오디세우스는 그런 그는 오디세우스를 보고 물었다. "이 예쁜 아이에 대해 말해다오. 아가멤논보다 머리 하나는 작지만 어깨와 가슴은 넓구나. 그의 군복은 바닥에 있고, 그는 숫양처럼 군대를 돌아다니는구나. 바로 그것이다. 털이 두터운 숫양 같은 것이다. 은빛 양떼를 가로질러 활보하는 것이다."

그리고 제우스의 아이 헬레네에 대해 말했다. "저 아이는 라에르테스의 아들이구나. 대전략가 오디세우스가 이타카의 험난한 언덕에서 태어나 자랐구나. 이 아이는 모든 책략을 알고, 깊은 사고를 하겠다." 안테노르는 그녀에게 고개를 돌려 유심히 관찰했다. "당신의 말은 일리가 있군요, 부인. 오디세우스는 전에 이곳에 온 적이 있지요. 당신을 위해 메넬라오스와 함께 사명을 띠고 왔지요. 저는 예의를 갖춰 큰 방에서 그들이 즐거운 시간을 갖도록 했고, 각 인물의 특성과 사고의 깊이를 알았습니다. 메넬라오스는 트로이인들 가운데 서서, 어깨가 딱 벌어져서는 더 눈에 띄었습니다. 그러나 둘이 같이 앉자, 오디세우스가 더 위엄이 있어 보였습니다. 각자가 대중 앞에서 연설하고, 자신의 언어로 지혜의 말을 하는 시간이 되었을 때, 메넬라오스는 유창하고 분명하게 말했지만 말이 많지 않은 성향 때문에 짧게 얘기했습니다. 나이가 많기 때문에 먼저 얘기한 것이죠. 그 다음 대전략가 오디세우스가 재빨리 자리에서 일어나 시선을 바닥에 고정했습니다. 그는 창을 앞뒤로 움직이지 않았지만, 창을 갖고 있었습니다. 얼핏

특성을 상징하는 인물로, 항상 행동하기에 앞서 생각했다. 죽은 자의 땅에 속한 하데스를 방문했을 때, 그는 고대 역사와 과거를 접할 수 있었다. 그는 또한 호기심 많고, 지식에 대한 탐구욕이 넘치는 인물로, 인간의 행동, 자신과 타인의 행동을 객관적인 시각으로 바라보며, 이러한 행동이 장기적으로 미칠 결과를 내다보았다. 그는 신의 경지와 거의 흡사할 정도로 미래를 통찰하는 능력을 갖고 있었다. 그러한 이상적인 인간형은 실제 역사에서도 존재했다. 예를 들어 정치인이자 군사 지도자였던 테미스토클레스와 알렉산드로스 대왕은 지성과 행동을 겸비한 최고의 경지에 오른 사람들이었다.

신중한 인간은 냉정해 보일 수도 있다. 그의 이성이 인생의 쾌락을 앗아가버리는 것처럼 보일 수도 있다. 하지만 실제로는 그렇지 않다. 올림포스 산의 쾌락을 좋아하는 신들처럼 신중한 인간은 진정 앞을 내다보는 능력에 수반되는 균형 감각, 평정, 웃을 수 있는 능력을 갖고 있다. 이를 통해 모든 행동에 여유의 미덕을 부여하는 것이다. 이러한 특성은 바로 니체가 말하는 '아폴로적인 이상형'의 특성이기도 하다. 대전략가이자 활동가였던 알렉산드로스 또한 환락과 축제 분위기에 심취한 것으로 유명했다. 오디세우스는 모험을 좋아했고, 쾌락이 주는 기쁨을 향유할 줄 알았다. 그는 남들에 비해 더 이성적이고, 균형 감각이 뛰어났으며, 자신의 감정과 기분을 잘 통제했고, 비극적 상황과 소요사태를 덜 남기고 떠났다.

이러한 고요하고 객관적이며 이성적이고 앞을 내다볼 줄 아는 사람을 그리스인들은 '신중하다'고 일컬었고, 바로 이러한 사람이 '대전략가'인 것이다.

우리 모두 어느 정도 전략가의 면모를 갖고 있다. 우리는 천성적으로 자신의 삶을 통제하고자 하며, 의식적 또는 무의식적으로 원하는 것을 얻기 위해 권력을 탐한다. 즉 전략을 사용하기는 하지만 1차원적이고 반응적인 전략인 경우가 다반사이고, 감정적인 반응에 의해 중도에 일탈하거나 무너져버리고 만다. 현명한 전략가들은 더 멀리 나아갈 수 있지만, 소수를 제외한 대부분은 실수를 저지르게 마련이다. 성공을 거머쥘 경

우, 성공에 도취되어 무리해서 뻗어나가고, 실패를 경험할 경우 쉽게 압도당하고 마는 것이다. 대전략가가 남들과 다른 점은 자신과 타인을 더 깊이 들여다보고, 과거로부터 이해하고 배우며, 미래에 대한 확실한 감각을 갖고 있고, 심지어 미래를 예측하는 능력을 지니고 있다는 점이다. 간단하게 말하자면 대전략가는 더 많은 것을 보고, 더 멀리 바라볼 수 있는 능력을 통해, 주변인들은 가늠조차 할 수 없는 장기간에 걸친 계획을 세우는 것이다. 또한 대전략가는 문제의 현상이 아닌 근본 원인을 공략하며 과녁을 깔끔하게 맞힌다. 대전략가가 되는 과정에서, 당신은 오디세우스의 선례를 따라 신의 경지를 향해 올라서야 한다. 당신의 전략이 남들에 비해 더 영리하거나 더 교묘하다는 차원을 넘어서 더 고매한 경지에 있어야 한다는 뜻이다. 즉 질적으로 도약해야 한다.

대전략가가 되기 위해 수년간 공부하거나 성격을 완전히 바꾸어야 하는 것은 아니다. 현재 자신이 보유한 것, 즉 사고방식, 이성적 능력, 앞을 내다보는 능력을 더 효과적으로 사용하는 것을 의미한다. 대전략은 전투상의 여러 문제에 대한 해결책으로서 진화해온 군사적인 개념이다.

전쟁의 역사 초기에는 전략과 책략을 이해한 통치자나 장군이 권력을 행사할 수 있었다. 이들은 전투에서 이기거나 제국을 건립하거나 최소한 자신의 도시나 국가를 방어할 수 있었다. 그러나 이러한 차원의 전략에는 문제가 있었다. 전쟁은 어느 인간 활동보다도 더욱 인간의 감정을 교란시키고, 인간 내면의 동물적 본성을 흔들어 깨운다. 전쟁을 계획하는 과정에서 왕은 지역 형세에 대해 자신이 알고 있는 바와 적과 자신의 군대에 대해 이해하는 바에 의존하곤 했다. 성공의 핵심은 상황을 정확하게 바라보는 능력에 달려 있었다. 그러나 이러한 능력에는 안개가 끼게 마련이다. 승리에 대한 욕구로 인해 이들은 적의 강점을 과소평가하거나 자신의 강점을 과대평가하곤 했다. 페르시아의 크세르크세스 왕은 기원전 480년에 그리스를 침략할 당시 자신이 완벽하게 이상적인 계획을 갖고 있다고 생각했다. 그러나 그가 고려하지 못한 것이 많이 있었고 재앙이 이어졌다.

어떤 통치자들은 전투에서 이긴 후 승리에 취해 언제 멈춰야 할지 몰

보면 재치 없고 지루하고 촌스러운 사람이라고 생각하겠지만, 그가 입을 열고 목소리를 들려주었을 때, 마치 그의 말은 눈보라 속의 눈송이같이 떨어졌습니다. 오디세우스와 겨룰 사람은 하나도 없었을 것입니다. 그리고 우리는 더 이상 그를 겉모습으로 판단하지 않았습니다."
— 호메로스, 《일리아스》

> 인생의 여정에서 우리는 종종 목표를 망각한다. 거의 모든 직업은 목적을 위한 수단으로서 선택되고 시작되지만 결국은 그 자체가 목적이 되어버린다. 우리의 목표를 망각하는 것은 우리의 어리석은 행동 중에서도 가장 자주 발생한다.
> — 프리드리히 니체

랐다. 그들은 증오와 불신, 복수에 대한 욕망에 눈이 먼 나머지 전쟁을 극으로 치닫게 해 결국 패배를 맛보았다. 아시리아 제국과 영원히 모래 속에 묻혀버린 그 제국의 수도 니네베처럼. 그런 경우 전투에서 승리는 오직 위험만을 가져오며 정복자를 공격과 반격의 파괴적인 순환에 빠져들게 만든다.

손자에서 투키디데스(Thucydides)에 이르는 고대의 전략가들과 역사가들은 전투에 임하는 더 이성적인 방법을 고안해냈다. 첫 번째 단계는 현재 눈앞에서 벌어지는 전투를 초월하여 사고하는 것이었다. 전쟁에서 이겼다고 가정했을 때, 그 승리가 더 나은 결과를 가져다줄 것인가, 혹은 더 못한 결과를 가져다줄 것인가? 이 질문에 답하려면 앞일을 생각하고, 사슬처럼 연결되어 있는 향후 세 번째, 네 번째 전투에 대해서도 생각할 줄 알아야 한다. 그것이 바로 현실적인 목표를 세우고, 목표에 도달하기 위해 몇몇 단계를 미리 계획하는 전략가의 자세다. 개별 전투는 앞으로 다음 전투를 점친다는 의미에서만 중요할 뿐이며, 군대는 장기적 목표를 위해 특정 전투에서는 일부러 질 수도 있다. 진정한 승리는 전체적인 군사작전의 승리이고, 모든 것은 바로 그러한 목표에 종속되어야 한다.

이런 전략은 양적인 도약을 상징한다. 체스를 생각해보라. 그랜드 마스터는 현재의 이동에만 초점을 맞추어 상대가 방금 취한 행동에 대한 대응만을 생각하지 않고, 전체 체스판을 먼 미래까지 머릿속으로 그려보며 총체적 전략을 세우고, 추후에 더 강한 말을 움직이기 위해 졸(卒)을 이동한다. 전체적인 군사작전의 관점에서 사고한다면 전략에 새로운 깊이를 더해줄 수 있다. 전략가는 지도를 점점 더 많이 활용하게 된다.

이러한 차원의 전쟁에서 전략가는 출정 전에 모든 각도에서 깊이 있는 사고를 해야 한다. 세계를 이해해야 한다. 당면한 적은 큰 그림의 일부에 불과하다. 전략가는 또한 동맹국과 이웃나라의 반응도 예상해야 한다. 이들과의 역학관계에서 조금이라도 실수가 있으면, 계획 전체가 흔들릴 수 있다. 전쟁 후의 평화에 대해서도 상상해봐야 한다. 전략가는 장시간에 걸쳐 군대가 어떤 것을 할 수 있는지 알고, 잠재력을 십분 끌어내어야 한다. 또한 현실 감각이 있어야 한다. 복잡한 임무에 직면했을 때는 더 유연한 사고를 해야 한다. 이 모든 것은 총알이 하나라도 오가기 전에 진행되어야 하는 준비작업이다.

이러한 차원의 전략적 사고는 무한한 열매를 맺었다. 지도자는 전장에서의 승리에 눈이 멀어, 군사작전을 퇴보시키거나 패배로 인해 기력을 빼앗기게 될, 고려해보지도 않았던 조치를 취해서는 안 된다. 예기치 못했던 일이 발생하는 경우 이에 대한 해결책은 멀리 내다보았을 때 거시적 목표에 부합하는 것이 돼야 할 것이다. 감정을 자제하고 전략적 사고를 하다 보면 군사작전 내내 통제력을 더 발휘할 수 있을 것이다. 그러면 전투가 한창일 때도 통찰력을 잃지 않을 것이다. 또한 무수한 군대와 국가를 파멸로 몰아넣었던, 사태에 즉각적으로 반응하는 자기 파괴적인 패턴에 말려들지 않을 것이다.

이러한 군사전략의 원칙은 최근에 와서야 '대전략'이라는 개념이 붙여졌지만, 이미 고대부터 다양한 형태로 존재해온 개념이다. 알렉산드로스 대왕이 페르시아를 정복했을 때, 로마와 비잔틴 제국이 소규모 군대로 방대한 영토를 통제했을 때, 몽골인들이 질서정연한 군사작전을 폈을 때, 엘리자베스 1세 여왕이 스페인의 무적함대를 패배시켰을 때도 바로 이 대전략 개념이 사용되었다. 북베트남이 처음에는 프랑스를, 그 다음에는 미국을 단 한 번도 대전투에서 승리해본 적 없이 패배시킨 것은 대전략의 최고봉으로 간주된다.

전쟁의 역사에서 대전략을 단순하고 흔해빠진 전략과 구분하는 가장 큰 특징은 선견지명이다. 대전략가는 행동을 취하기 전에 먼 앞일을 생각하고 계획한다. 대전략가의 계획이 단지 지식과 정보의 축적으로 가능한 것은 아니다. 그들의 계획에는 냉철한 시각으로 세상을 바라보고, 군사작전의 차원에서 사고하며, 전쟁 내내 간접적이고 미묘한 방식으로 계획하여, 다른 이들이 계획의 진짜 목적을 서서히 알게 되는 비결이 숨어 있다. 이런 계획은 적을 속이고 따돌릴 수 있을 뿐 아니라 전략가가 냉정함, 균형 감각, 최종의 목표를 염두에 둔 채 매 순간 융통성을 발휘할 수 있게 하는 심리적인 효과도 있다. 감정 통제는 쉬워지고, 비전은 확장되며 명확해진다. 대전략은 이성의 정점이라 할 수 있다.

난관을 대비하여 사태가 쉬워 보일 때 계획을 세워라. 문제가 아직까지 사소할 때 큰 문제를 대비하라. 힘든 사건은 항상 쉽게 시작하고, 큰 사건은 작은 사건으로 시작하게 마련이다. 이러한 이유로 현자는 큰일에 대항하여 행동하지 않고, 위대함을 완성시킬 수 있다. 고요한 것은 쉽게 간파할 수 있다. 징조에 크게 어긋나지 않은 것은 대책을 세우기가 쉽다. 부서지기 쉬운 것은 쉽게 깨진다. 미세한 것은 쉽게 분리되어 퍼진다. 존재로서 형성되기 전에 이에 대한 행동을 취하라. 양 팔로 안아야 겨우 안을 수 있는 나무조차 흔해빠진 묘목으로 시작한다. 9층짜리 건물도 작은 흙더미로 시작한다. 천리 길도 양 발 아래에서 시작한다.
— 노자(기원전 551~479년경), 《도덕경》

대전략은 다음과 같이 가장 성공적인 전술 사례에서 도출된 네 가지 원칙에 입각한다. 이러한 원칙을 계획에 도입할수록 결과는 더욱 만족스러울 것이다.

당신의 운명, 더 큰 목표에 초점을 맞춰라. 대전략가가 되는 첫 번째 단계는 명확하고 세부적이며 목적의식이 있는 현실에 뿌리를 둔 목표를 마음에 새기는 것으로 시작한다. 이 단계를 통해 다른 모든 것을 하나로 모을 수 있다. 우리는 종종 일종의 계획에 따라 움직이면서 어떤 목표를 향해가고 있다고 생각한다. 그러나 실제로는 그렇지 않다. 우리는 명성, 성공, 안정과 같은 더 크고 추상적인 것을 바란다. 이러한 애매한 것들로 인해 계획은 균형을 잃고 흔들리게 된다. 대전략가의 특징은 구체적이고 세부적이며 초점이 명확한 목표를 지닌다는 것이다. 매일 이러한 목표를 염두에 두고, 이 목표를 달성하면 어떤 기분일지, 그리고 어떤 결과가 나올지 상상해보자. 이런 식으로 목표의 결과를 마음속으로 그려보는 것은 자기 암시적 효과를 발휘한다.

나폴레옹 또한 명확하고 세부적인 목표를 세우는 것을 중요하게 여겼다. 그는 극도로 세부적인 방식으로 자신의 목표를 시각화했다. 군사작전 초반에도 마지막 전투까지 세세하게 상상해보았고, 보좌관들과 함께 지도를 검토하며 어디서 전쟁이 끝날지 정확한 지점을 짚어냈다. 그는 군사작전 이후의 일들도 시각화해보곤 했다. 조약에 서명하는 것과 조약의 조건들, 패배한 러시아와 오스트리아의 황제가 어떤 모습을 보일지, 그리고 이 특정 목표의 달성이 다음 군사작전에 어떤 영향을 미칠지 등을 예측했다.

린든 존슨 대통령은 어렸을 적 교육은 제대로 받지 못했지만 언젠가는 대통령이 되겠다고 결심했다. 그는 자신이 대통령이 되어 세계무대를 누비고 다니는 모습을 상상했다. 정치 경력을 쌓을 때도 대통령이라는 궁극적인 목적에서 결코 벗어나는 일이 없었다. 1957년 존슨은 당시 텍사스 상원의원이었는데, 민권법안을 지지했다. 이로 인해 텍사스에서는 이미지가 실추되었지만, 전국적으로 그의 이미지는 부상했다. 남부 출신의 상원의원으로서 직위를 잃을 수도 있는 상황에서 국민들 앞에 모습을 드러낸 것이다. 존슨의 부상은 존 F. 케네디(John F. Kennedy)의 관심을 끌었다. 케네디는 1960년 당시 선거 운동에서 그를 부통령 후보로 지명했다. 존슨에게 부통령이란 직위는 대통령이 되기 위한 디딤돌이었다.

명확한 장기적 목표는 크건 작건 모든 행동의 방향을 제시해주므로 중요한 결정을 내리기가 한결 쉬워질 것이다. 목표에서 멀어지게 하는 번지르르한 유혹이 있어도 쉽게 뿌리칠 수 있을 것이다. 궁극적인 목적에 도움이 된다면 졸을 희생시키거나 심지어 전투에서 패배해야 할 때를 알 수 있을 것이다. 당신의 시선은 오로지 군사작전을 승리로 이끄는 것에 초점이 맞춰질 것이다.

목표는 현실에 기반을 두어야 한다. 당신의 능력으로는 도저히 이룰 수 없는 목표를 세울 경우 쉽게 낙담하게 될 것이며 이러한 낙담은 곧 패배주의로 이어질 것이다. 반대로 당신의 목표가 명확하지 않다면, 계속해서 동기를 부여받기가 힘들 것이다. 담대해지는 것을 두려워하지 마라. 거시적 관점에서 당신은 알렉산드로스가 자신의 운명으로 경험한 것과, 프리드리히 니체가 '일생의 과업'이라고 부른 것을 스스로의 노력으로 얻어가고 있는 것이다. 즉 자신의 성향, 적성, 재능, 욕구가 당신을 그 목적을 향해 이끌어줄 것이다. 일생의 과업이 일단 정해지면 이는 당신을 고취시키고 방향을 제시해줄 것이다.

시야를 넓혀라. 대전략은 앞을 내다보는, 즉 적보다 더 멀리 시간과 공간을 내다보는 능력에 달려 있다. 하지만 예측이라는 것은 인간의 타고난 본성이 아니다. 우리는 오로지 현재만을 살 수 있고, 우리 의식의 기반이 되는 것 역시 현재다. 우리의 주관적인 경험과 욕망은 우리의 시야를 좁게 만든다. 때로 우리의 경험과 욕망은 우리를 가두는 감옥이나 마찬가지다. 대전략가가 되려면 시야를 넓혀 있는 그대로 상황을 바라보는 한편 향후 상황이 어떻게 될지를 내다보아야 한다. 모든 사건에는 이유가 있고, 일련의 인과관계로 묶여 있다. 따라서 사건의 표면만 보지 말고 거기에 감춰진 의미까지 깊이 들여다보아야 한다. 객관성을 유지할수록

야생 수퇘지와 여우

어느 날 야생 수퇘지는 나무에 앉아 자신의 엄니를 갈고 있었다. 여우 한 마리가 그에게 사냥꾼도 없고 그를 위협하는 위험도 도사리지 않는데 왜 엄니를 가는지 물었다. "이유가 있지." 여우는 대답했다. "위험이 발생해서 갑작스레 놀라게 되면, 엄니를 날카롭게 갈 시간이 없을 것 아니니. 그래서 엄니가 나중에 역할을 다하게 하도록 미리 대비하는 거야."
이 이야기는 준비 태세를 갖추기 위해 위험이 발생하기 직전까지 기다리는 것이 해롭다는 것을 보여준다.
— 《이솝우화》

전략이 개선되고 목표를 향한 여정이 쉬워질 것이다.

　전쟁에 돌입하기 전에 적의 시각에서 세상을 바라보려고 노력한다면 대전략가가 되기 위한 방향으로 한걸음 내디딜 수 있다. 문화적인 편견은 세상을 객관적으로 바라보는 데 큰 걸림돌이 된다. 다른 사람들의 눈으로 세상을 바라보는 것은 정치적인 옳고 그름의 문제나 감수성의 문제가 아니다. 다른 사람들의 눈으로 바라보는 것은 당신의 전략을 더 효과적으로 만들어준다. 베트남전 당시 북베트남 군대는 미국의 문화에 대해 깊이 연구했다. 그들은 여론의 변화를 주시했고, 미국의 정치계와 텔레비전이 사회적으로 미치는 영향을 이해하려 노력했다. 반면 미국의 전략가들은 자신들이 옹호하는 남베트남의 문화든 자신들이 배격하는 북베트남 문화든 베트남의 이국적 문화에 대한 이해 수준이 극히 미미했다. 공산주의의 전파를 막아야 한다는 강박관념에 사로잡힌 나머지 문화와 종교가 북베트남의 전투 방식에 미치는 영향력을 간과한 것이다. 이것이 대전략의 가장 큰 실수였다.

　대전략가들은 모든 정치적 상황에 촉각을 곤두세운다. 정치는 자신의 이익을 도모하고 보호하는 기술이다. 주로 정당이나 파벌에 대한 문제라고 생각할지도 모르지만, 개개인이야말로 자신의 지위를 안정적으로 확보하려고 하는 정치적 동물이다. 당신의 행동 방식은 항상 정치적인 영향을 낳으며 당신을 둘러싼 사람들은 그것이 자신에게 도움이 되는지, 아니면 해가 되는지의 관점에서 그것을 분석할 것이다. 잠재적 동맹군을 소외시키거나 난공불락의 적을 만드는 대가를 치르고 전쟁에서 승리하는 것은 현명하지 못하다.

　정치적 메커니즘을 고려하여 다른 이들로부터 지지를 얻고자 하는 마음으로 대전략을 세워야 한다. 즉 기반을 만들어 강화하고자 노력해야 한다. 기원전 49년 로마의 내전에서 카이사르는 당시 경험이 더 많은 군인이었던 폼페이우스와 대항했다. 카이사르는 로마의 여론을 주의 깊게 살피는 책략으로 우위를 점했다. 원로원의 지지율이 저조했기에 일반 대중의 지지율을 높이고자 한 것이다. 카이사르는 영리한 정치적 인간이었다. 그는 대중이 추구하는 바를 이해했고, 이에 맞춰 전략을 수립했다.

'정치적'이라는 것은 사람들을 이해하고, 그들의 눈을 통해 세상을 바라본다는 의미다.

뿌리를 근절하라. 겉모습이 지배하는 사회에서 문제의 진짜 원인을 가늠하기 힘든 경우가 많다. 적에게 대항해 대전략을 수립하려면, 당신은 적에게 동기 부여가 되는 것, 혹은 적의 권력의 원천이 되는 것을 알아야 한다. 수많은 전쟁과 전투가 지루할 정도로 장기전으로 이어지는 이유는 양측 모두 상대의 뿌리를 강타하는 법을 모르기 때문이다. 대전략가로서 당신은 멀리 내다볼 뿐 아니라 깊이 있게 볼 수 있도록 시야를 넓혀야 한다. 심사숙고하고, 깊이 파고들어라. 겉모습을 현실로 혼동하지 마라. 문제의 뿌리를 들추어내면, 뿌리를 절단할 수 있는 전략을 세워서 전쟁이나 문제를 단호하게 종식시킬 수 있을 것이다.

카르타고의 한니발 장군이 기원전 218년에 이탈리아를 침략했을 때, 여러 로마 장군들이 그를 패배시키려고 각고의 노력을 폈지만 아무런 소용이 없었다.

로마의 스키피오 장군은 상황을 다르게 바라보았다. 문제는 한니발이라는 인물 자체나 스페인에서의 그의 기반, 또는 바다를 통해 카르타고에서 들어오는 보급품을 보충하는 그의 능력이 아니었다. 카르타고는 로마에 대한 경멸심으로 가득 찬 나라였고, 양국 사이에는 오랜 권력 투쟁이 있었다. 스키피오는 이탈리아에서 한니발을 공격하는 대신 카르타고를 침략하여, 한니발이 이탈리아를 떠나 자신의 고국을 방어하도록 유도했다. 카르타고에 대한 공격은 단지 한니발의 관심을 돌리는 수준이 아니었다. 대대적인 침략이었다. 스키피오의 대전략은 주효했다. 그는 전투에서 한니발을 패배시켰을 뿐 아니라, 경쟁 상대였던 카르타고를 파멸시켜 영원히 로마에 대항하지 못하도록 쐐기를 박았다.

뿌리를 근절하는 것과 관련된 대전략 중에는 위험이 퍼져나가기 전 이를 감지하여 위험의 뿌리를 뽑아버리는 것도 있다. 대전략가는 선제공격의 가치를 알고 있다.

목표를 향한 간접적인 길을 택하라. 전략에 있어 당신이 직면할 수 있는 가장 큰 위험은 주도권을 잃고 계속해서 상대방의 행동에 반응하게 되는 것이다. 물론 해결책은 미리 계획하는 것, 그것도 교묘하게 계획하는 것이다. 간접적인 경로를 택하라는 뜻이다. 상대가 당신 행동의 목적을 알지 못하도록 만들면 당신은 상당히 유리한 고지를 차지할 수 있다.

따라서 당신의 초수를 단순히 하나의 장치로 삼아라. 다음 공격에 적을 노출시킬 만한 반응을 이끌어내기 위해 설계된 장치로 말이다. 직접적으로 강타하면 적은 방어적인 자세를 취해 당신의 다음 번 공격을 피하게 될 것이다. 그러나 상대가 당신 공격의 요지를 간파하지 못하는 경우, 혹은 다음 공격의 원천에 대해 잘못 알고 있을 경우, 상대는 방어를 취할 수도 없고 앞을 내다볼 수도 없다. 비결은 당신의 감정을 지속적으로 통제하고, 체스판 전체를 보며 당신의 수를 미리 계획해두는 것이다.

앨프리드 히치콕 감독은 이런 전략을 일생의 원칙으로 삼았다. 그의 모든 행동은 미래의 어떤 결과를 겨냥하여 설계된 장치였다. 그의 목표는 자기 고유의 인생관과 맞아떨어지는 영화를 만드는 것이었다. 배우, 제작자 및 여타 스태프의 간섭 따위는 조금도 받고 싶지 않았다. 제작자가 촬영할 때 간섭할라 치면, 히치콕은 필름이 없는 카메라를 준비해놓았다. 제작자가 원하는 추가 장면을 찍는 척하고, 제작자의 영향력을 존중하되, 최종 결과에 영향이 미치지 않도록 했다. 배우를 다룰 때도 마찬가지였다. 그는 어떻게 하라고 직접 말하는 대신, 세트장에서 배우들을 대하는 방식을 통해 자신이 바라는 감정, 즉 공포나 분노, 욕망과 같은 감정을 그대로 이입시켜주곤 했다. 히치콕의 모든 움직임은 완벽하게 다음 움직임과 맞아떨어졌다.

전투가 아닌 전체적인 군사 행동의 차원에서 첫 단계는 매우 중요하다. 첫 단계는 통상 강해 보이지 않아야 하며 간접적이어서 간과하기가 힘들어야 한다. 2차 세계대전 당시 일본의 진주만 폭격은 미국을 경악시켰지만 군사 행동의 초수로는 최악이었다. 일본인들은 자신의 패를 너무 빨리 보여준 것이다. 이는 미국 여론을 극심한 분노로 들끓게 했고 더욱더 처참한 결말이 나올 때까지 전쟁을 속행하게 만들었다. 군사력이 더 월등한 쪽도 미국이었다. 군사 행동의 첫 번째 단계에 주의를 기울여라. 첫 번째 단계는 속도와 적의 태도를 결정하고 당신을 올바른 방향으로 인도한다.

프로이센의 군사 이론가인 카를 폰 클라우제비츠는 "전쟁은 다른 수단에 의한 정치의 연속이다."라고 주장했다. 그에 따르면 모든 국가는 안보, 안녕, 번영과 같은 목표를 갖고 있어서 대개는 정치를 통해 목표를 추구하지만 여타 국가나 내부세력이 정치를 통한 목표 달성을 좌절시킬 경우 전쟁이라는 결과를 부른다는 것이다.

전쟁은 단순히 전장에서의 승리나 영토 정복을 위한 것이 아니다. 전쟁은 힘을 통하지 않고는 다른 어떤 방식으로도 달성될 수 없는 정책을 추구하려는 행위다.

그러나 전쟁에서 지게 되면 모든 비난의 화살은 군대로 쏟아진다. 사령관의 조치를 비난하면서, 각 전투에 대해 면밀히 검토하고 비난한다. 물론 계획을 세우고 싸움에 임한 것은 군대다. 그러나 그렇다고 하더라도 실질적인 문제는 대전략상의 문제다. 카를 폰 클라우제비츠는 전쟁에서의 실패는 곧 정책상의 실패라고 말했다. 전쟁의 목표와 전쟁을 유도한 정책의 목표가 비현실적이고 부적절하며 여타 요소들을 간과한 것이다.

바로 이것이 대전략가의 철학이다. 어떤 것이라도 잘못될 경우, 남을 탓하는 것이 인간 본성이다. 눈앞의 결과에만 연연해하면서 다른 이들도 이러한 어리석음에 동참하게 하여 비난을 퍼부어댄다. 그러나 당신은 상황을 다르게 보아야 한다. 사업, 정치, 인생에서 어떤 행동이 잘못될 경우, 애초에 그 행동을 자초한 정책으로 거슬러 올라가야 한다. 목표부터 잘못되었기 때문이다.

결국 당신에게 일어난 부정적인 상황에 원인 제공을 한 것은 당신 자신이다. 더 신중하고 현명한 정책을 수립하고, 더 위대하게 앞을 내다볼 줄 알았더라면 위험을 피할 수도 있었을 것이다. 따라서 어떤 것이 잘못될 경우, 자신을 깊이 들여다보라. 단 감정적인 방식으로, 또는 자신을 질책하며 죄책감에 빠지지 말고 다음 작전 때는 확고한 단계와 더 넓은 시야를 갖고 시작하면 된다.

| 이미지 | 산의 정상. 아래의 전장까지 모든 것이 희뿌옇고 혼란스럽다. 적군과 아군을 구분하는 것, 누가 이기고 있는지, 적이 어떻게 움직일지 예측하는 것 모두 힘들다. 장군은 난투 현장을 넘어 모든 것이 선명하고 중심이 보이는 정상에 도달한다. 그곳에서 장군은 전장 너머를 볼 수 있다. 예비군의 움직임, 적군의 진영, 전투의 향후 상황을 본다. 정상에 올라가야 장군은 전쟁에 대한 지시를 내릴 수 있는 것이다.

| 근거 | 잘못된 목표로 전쟁을 시작하고, 먼저 행동하여 참혹한 상황이 닥치기를 기다리는 것은 전쟁에 임할 때 저지르는 흔한 실수다.

— 투키디데스(기원전 460/455년 사이~400년경)

뒤집어보기

대전략은 당신이 고려해야 하고 맞서 싸워야 하는 두 가지 위험을 내포한다. 우선 대전략이 첫 작전에 가져오는 성공은 전장에서의 손쉬운 승리가 장군에게 미치는 영향과 같다. 승리감에 취해 현실 감각과 향후 어떤 움직임을 취해야 하는지에 대한 균형 감각을 잃게 된다. 카이사르와 나폴레옹과 같은 위대한 대전략가들조차 결국 이러한 인간의 심리에 무릎을 꿇고 말았다. 현실 감각을 잃고 자신들의 본능에 오점 하나 없다는 생각에 빠져든 것이다. 위대한 승리일수록 위험하다. 나이가 들수록 다음 작전으로 넘어갈 때 감정을 통제하고 현실 감각을 유지하기 위해 노력하고 자제력을 잃지 말아야 한다.

둘째, 대전략에 필요한 초연함이 생기면 행동하기가 힘들어지는 경지까지 갈 수 있다. 세상을 너무나 잘 알고 선택권도 많으면, 햄릿처럼 우유부단해지게 마련이다. 얼마나 멀리 전진하건, 인간의 일부 근성은 동물적인 것이고, 바로 이러한 동물적 근성이 전략에 불을 지피고, 생명력을 부여하여, 열정을 갖고 싸울 수 있게 해준다. 싸우려는 욕구가 없다면, 폭력을 다룰 역량이 없다면, 전쟁은 혼란에 빠지고 우리는 위험에 대처할 수 없게 된다.

　신중한 오디세우스 같은 타입은 인간의 두 가지 근성을 모두 편하게 받아들인다. 최선을 다해 사전 계획을 세우고 더 멀리, 더 깊이 보지만 전진해야 할 시점이 오면 가차 없이 움직인다. 감정을 절제하는 법을 아는 것은 감정을 완전히 억누르는 것이 아니라 최상으로 활용하는 것을 말한다.

STRATEGY 13

적장의 심리를 파악하라
: 정보전과 심리전

전략의 타깃은 당신이 마주한 군대보다는 그 군대를 움직이는 사람의 마인드로 잡아야 한다.
그 마인드의 작용 방식만 이해하면 상대를 현혹하거나 통제하는 열쇠는 당신이 쥘 수 있다.
사람의 마인드를 읽는 법을 익히고,
그들이 자신의 깊숙한 생각이나 의도와 관련해 무의식적으로 표출하는 신호를 잡아내라.
친절한 태도는 당신이 상대방에 가까이 접근하여 정보를 수집할 수 있는 기회를 줄 것이다.
당신 자신의 감정과 정신세계를 상대방에게 투영하여 판단하는 우를 범하지 마라.
상대방의 사고를 따라가라.
상대방의 심리적 약점을 찾아내어 정신교란 전략을 구사할 수 있다.

적의 투영

적을 알고 나를 알면
백전백승이다.
— 손자

1838년 6월 인도의 영국 총독 오클랜드 경(Lord Auckland)은 최고 참모들을 모아 아프가니스탄 침공 계획을 논의했다. 오클랜드 경과 영국 관료들은 아프가니스탄 지역에 대한 러시아의 영향력이 커지는 데 주목하고 있었다. 러시아는 이미 페르시아와 동맹관계에 있었고, 만약 아프가니스탄과 동맹을 맺게 되면 영국은 인도의 서쪽 육로를 통한 러시아의 침공에 그대로 노출되는 셈이었다. 오클랜드 경은 러시아의 야욕을 무마시키고, 아프가니스탄의 통치자 도스트 모하마드(Dost Mohammad)와 동맹을 협상하는 방안보다 더욱 확실한 묘안을 내놓았다. 그것은 아프가니스탄을 침공하여 수자(Soojah) 국왕을 복귀시키는 것이었다. 25년 전에 축출된 수자 국왕이 영국의 힘을 빌려 왕좌에 복귀한다면, 그는 영국에 빚을 지게 되는 셈이었다.

이성에 근거하지 않은
아무것도 쉽사리 믿어선
안 된다. 많은 경우에 적은
당신에게 이로운 조건을
제시하지만, 거기에 미끼가
있거나, 함정이 있다고 믿고
행동해야 한다. 적군의 수가
아군 수보다 많은데도 적이
도망간다거나, 아군의 수가
더 많은데 적이 공격하거나,
적이 갑자기 항복한다면,
반드시 함정이 있음을
유의하라. 절대로 적이
무엇을 해야 하는지
모른다고 생각하지 마라.
차라리 당신 자신이 속지
않기를 바라는 쪽이 낫다.
적이 약해질수록,
당신의 위험은 줄어든다.
또한 적이 신중하지
못할수록
더더욱 적을 살펴라.
— 니콜로 마키아벨리,
《전쟁의 기술》

오클랜드 경의 주장에 동조하는 사람들 중에는 그의 수석 보좌관인 윌리엄 맥노튼(William Macnaghten)도 있었다. 그는 영국이 아프가니스탄을 침공한다는 전략에 적극 찬성했다. 아프가니스탄은 영국에 우호적이었으므로 영국의 이익을 위해 협조해줄 게 틀림없었다. 침략 작전은 실패할 확률이 매우 낮았다. 영국군은 자신들이 아프가니스탄을 러시아의 폭정에서 해방시켜주고, 영국의 발전된 문물을 전해줄 존재임을 부각시키려 했다. 수자 국왕이 안정된 정권을 수립하면, 영국군은 철수하되 뒤에서 수자 국왕을 조종할 터였다. 침공 계획에 대한 맥노튼의 명쾌하고 열정적인 반응에 고무되어 오클랜드 경은 작전을 추진하기로 결정하고, 맥노튼을 여왕의 사절단장으로 임명하여 아프가니스탄의 수도 카불로 파견했다.

1839년 8월 영국군은 순조롭게 카불에 입성했다. 도스트 모하마드는 산속으로 달아났고, 수자 전 국왕은 다시 돌아왔다. 그러나 아프가니스탄 국민들은 달가워하지 않았다. 기억에서조차 가물가물해진 전 국왕이 어느 날 갑자기 이방인을 대동하고 나타나 왕좌에 앉더니 그에게 연신 굽실거리는 게 아닌가. 아프가니스탄에게 맥노튼은 타조 깃털로 둘레가 장식된 닭 볏 모양의 삐딱한 모자를 쓴 낯선 이방인에 지나지 않았다. 저들은 대체 무슨 속셈으로 이 나라에 들어온 것인가? 또 무슨 음모를 꾸미고 있는 것인가?

수자 전 국왕이 다시 권좌에 올랐지만, 맥노튼은 날로 악화되고 있는 사태를 재평가해야 했다. 북쪽 산악지대에서는 쫓겨난 모하마드가 군대를 조직하고 있다는 정보가 입수되었고, 남쪽 지역에서도 영국 군대가 식량을 약탈하기 위해 원주민 토지를 일방적으로 점유하여, 족장들의 분노를 사고 있었다. 설상가상으로 새로운 국왕에 대한 대중의 지지율은 극도로 저조하여 국왕과 영국의 세력을 보호하기 위한 조치가 필요했다. 맥노튼은 내키지 않았지만 사태가 안정될 때까지 영국 군대가 아프가니스탄에 주둔할 것을 명령했다.

영국군이 장기 주둔하게 되자, 맥노튼은 장병들의 외로움을 덜어주고자 가족들을 아프가니스탄으로 부를 것을 허락하였다. 곧 주둔군의 처자식들이 인도 하인들을 데리고 속속 도착했다. 가족들을 불러들여 군사들을 격려하는 한편 아프가니스탄에 자연스럽게 서구문명을 전파하려는 게 맥노튼의 의도였지만 결과는 빗나갔다. 주둔군의 가족이 도착하자 아프가니스탄인들은 경악을 금치 못했다. 영국이 이 나라를 영구점령하려는 수작이 아닌가? 도처에 영국의 이익을 대변하는 사람들이 길거리에서 큰 소리로 떠들며 와인을 마시고, 경마장과 극장을 드나들었다. 이러한 가당치 않은 일탈 행위는 도저히 수용할 수 없는 문화였다. 이제 사람들은 밖으로 나가기를 거부하고 집 안에 틀어박힌 채 영국에 대한 증오심을 키워갔다.

사람들은 맥노튼에게 아프가니스탄 내부에 도사리고 있는 적대세력을 주의하라고 경고했다. 그때마다 맥노튼은 영국군만 철수하면 모든 상황이 좋아질 것이라고 대수롭지 않게 넘겼다. 그가 생각하기에 아프가니스탄인은 그저 순수하고 감정에 충실한 민족일 뿐이었다. 일단 영국이 가져다준 문명의 이기에 적응하면, 그들도 영국에 감사할 것이었다. 다만 걱정거리는 영국 본토 정부가 주둔군에 투입되는 막대한 군사비용을 탐탁지 않게 여기고 있다는 사실이었다. 그는 막대한 군비 지출의 해결 방안을 고심했다. 우선은 군비를 줄여야만 했고 이를 어디서 시작해야 할지 알고 있었다.

아프가니스탄의 주요 교역 루트가 통과하는 대부분의 산길은 길자이(Ghilzye)라는 부족의 소유였다. 길자이 부족은 오래전부터 아프가니스탄의 여러 부족으로부터 통행료를 받아왔다. 맥노튼은 이 통행료를 반으로 낮추었다. 그러자 길자이 부족은 반발하여 산길을 봉쇄하고, 다른 동맹 부족들을 선동하여 반란을 일으켰다. 맥노튼은 의외의 일격을 당했지만, 이번에도 대수롭지 않게 생각했다. 오히려 군인들이 행여 과잉 대응하여 문제를 일으키지 않을까 근심했다.

1841년 10월 상황이 급격하게 악화되었다. 폭도들이 한 영국 장교의 집에 난입하여 장교를 살해했으며, 카불에서는 지역 부족장들이 연합하여 영국인들을 축출하고자 하였다. 수자 국왕은 겁에 질려 공황 상태에 빠졌다. 그는 아프가니스탄의 지배자들이 정적을 죽임으로써 자신의 지위를 공고히 다졌던 전통을 들먹이며 맥노튼에게 그의 정적을 죽여달라고 부탁했다. 맥노튼은 민주국가에서는 정적을 죽여 정권을 유지하지 않는다며 거절했다. 수자 국왕은 아프가니스탄 국민들이 힘과 권력에는 복종하지만, 소위 문명화된 가치에는 불복종한다는 사실을 알고 있었다. 대중은 정적을 처리하지 못하는 통치자를 우습게 생각하고, 맹주로서의 권위가 떨어지면 적들에게 포위당할 것이라는 사실을 정확히 간파했던 것이다. 그러나 맥노튼은 그의 주장을 귀담아듣지 않았다.

폭동이 나라 전체로 번져 진압이 불가능한 사태에 이르렀다. 그런데도 맥노튼은 아프가니스탄 사람들과 그 지도자들이 이수룩하다고 보고, 음모와 지략으로 그들을 제압할 수 있다고 믿었다. 이것은 진정 재앙의 씨앗이었다. 그는 아프가니스탄을 떠날 테니 음식물을 제공해줄 것을 요구하는 한편 비밀리에 몇몇 부족장들과 협상을 벌였다. 만약 폭동을 진압하고 영국이 머물 수 있게 협력해준다면, 와지르(wizir, 원래는 아바스 왕조의 총리나 칼리프의 대리인을 일컫는 칭호였지만, 나중에는 아랍, 페르시아, 터키, 몽골을 비롯한 동양 민족들이 세운 이슬람 국가의 고관을 가리키게 되었다―옮긴이)의 직위와 돈을 주겠다고 약속한 것이다.

동쪽 지역의 길자이 부족 추장 아크바르 칸(Akbar Khan)이 맥노튼의 제안을 수락하였다. 1841년 12월 23일 맥노튼은 협상을 마무리 짓기 위해 몰래 그에게 달려갔다. 아크바르는 인사를 나누자마자 맥노튼에게 비밀 협상의 내용을 그대로 이행할 것인지 다시 한 번 확인했다. 상황을 전환할 수 있다는 생각에 흥분한 맥노튼이 그렇다고 대답하자, 아크바르는 즉시 심복들에게 신호를 보내어 맥노튼을 결박하게 했다. 아크바르는 동족을 배반할 의사가 전혀 없었다. 폭동이 심화되고, 영국 사절단을 구금하는 과정에서 몇 년 동안 쌓였던 아프가니스탄 사람들의 분노가 일거에 폭발하면서 맥노튼의 몸은 말 그대로 갈기갈기 찢겼다. 그의 갈비뼈와 머리는 카불의 길거리에서 끌려다니고, 나머지 시신은 장터의 갈고리에 걸려 고깃짝처럼 전시되었다.

이후 상황은 급속도로 빨리 전개되었다. 남아 있던 영국 주둔군은 약 4,500명, 그들의 가족은 1만 2천 명 정도였다. 이들은 혹독한 겨울 추위에도 불구하고 아프가니스탄을 즉시 떠나는 데 합의했다. 아프가니스탄 사람들은 떠나는 영국군에게 음식물과 물품 공급을 약속했으나 지키지 않았다. 철군을 강제하지 않았다면 언제까지고 주둔했을 영국인들에 대한 증오심으로 그토록 모질게 대했던 것이다. 민간인과 군인들은 뼛속까지 아리는 혹독한 추위와 눈보라 속에서 급격히 쓰러지기 시작하였다.

1842년 1월 13일 잘랄라바드 요새를 향해 말 한 마리가 힘겹게 다가오고 있었다. 말 위에는 반쯤 죽어가는 윌리엄 브라이든(William Brydon)이 타고 있었다. 그는 아프가니스탄을 침공하고 생환한 유일한 영국 병사로 역사에 기록되었다.

해석

맥노튼은 원정을 떠나기 전부터 대실패를 막는 법을 알 수 있었을 것이다. 아프가니스탄에 살고 있었던 인도인들과 영국인들은 맥노튼에게 아프가니스탄인들이 극도로 자존심이 강하고, 외세의 간섭을 지독히 싫어하는 독립심 강한 민족이라는 점을 알려주었을 것이다. 외국 군대가 수도 카불을 행진하는 것은 그들에게 씻을 수 없는 모욕이었을 것이다. 무엇보다도 그들은 평화, 번영, 융합을 갈망하기보다는 거칠고 험난한

늙은 사자와 여우
노쇠하여 더 이상 사냥을 할 수 없게 된 사자가 꾀를 부려 살아갈 결심을 하였다. 그래서 사자는 동굴로 가서 아픈 시늉을 했다. 다른 동물들이 사자를 병문안 올 때마다 사자는 이들을 모두 잡아먹었다. 동물들이 계속 사라지자, 여우는 무슨 일이 벌어지고 있는지 알아챘다. 여우는 사자를 찾아갔지만, 충분한 거리를 두고 안부를 물었다. "나는 괜찮다. 그런데 왜 밖에서 그러고 있는가. 안으로 들어오게." 하고 사자가 말하였다. 하지만 여우는 "밖에서 보니 안으로 들어가는 발자국은 있는데 나오는 발자국은 없어 들어가지 못하고 있습니다." 라고 대답했다.
— 《이솝우화》

제4부 공격의 기술 **255**

도전을 삶의 요소로 여기는 민족이었다.

맥노튼은 이를 알고 있었지만, 받아들이지 않았다. 맥노튼은 "모든 길은 로마로 통한다."는 말처럼 모든 문화의 표준은 영국 문화이며, 아프가니스탄에도 영국 문화를 전파해야 한다고 생각했다. 그는 자신의 생각이 잘못되었다고는 추호도 의심하지 않았다. 이처럼 자기만의 생각에 사로잡힌 그는 모든 신호를 왜곡하여 해석했다. 카불을 점령한 주둔군을 계속 유지시킨 것, 길자이 부족의 통행료를 반으로 낮춘 것, 반항세력의 저항에 느슨하게 대응한 것. 이 모든 경우에 그는 정반대로 대응했어야 했다. 그의 목이 잘려나간 최후의 날에도 그는 일생일대의 계산 착오를 범하고 말았다.

그의 가장 큰 패인은 탐욕스럽고 의리 없다고 여긴 민족으로부터 그들의 신의를 돈으로 사려고 한 것이었다. 그가 그토록 굴욕을 안겨준 바로 그 민족의 신의를 돈과 이기적인 동기로 살 수 있다고 생각한 것은 커다란 착각이었다.

우리는 매일 이러한 폐쇄적인 사고와 자기도취에 빠져 살아간다. 욕망과 가치를 추구하는 데 있어 타인은 단순한 수단에 지나지 않는다고 생각한다. 타인이 원하는 바를 이해하지 못하기 때문에 타인이 우리의 예상과 상반된 행동을 하면 무척 놀란다. 우리는 무의식적으로 타인을 공격하며 배타적으로 행동한다. 그러다 손해를 입으면, 타인을 이해하지 못한 우리 자신보다는 상대방을 비난한다.

만약 자신과 타인 사이에 자아도취가 개입되면, 타인의 의향을 제대로 파악할 수 없고, 전략은 실패하게 마련이다. 그러므로 타인을 사심 없이 볼 수 있도록 노력해야 한다. 개개인은 각자 나름의 고유문화를 향유한다. 또한 감성적 차원이 아닌 전략적 필요성에 의해 상대의 사고과정을 들여다봐야 한다. 적에 대해 정확히 알고 난 후에만 적을 정복하고자 하는 희망을 품을 수 있다.

상대가 당신을 신뢰하여, 상대의 현 상황에 대해 알 수 있도록 저자세로 일관하라. 상대와 당신이 마치 쌍둥이인 것처럼 상대의 생각을 수용하고 그가 하는 일에 반

"모든 사람은 나름대로 가치가 있다"라는 말은 사실이 아니다. 하지만 알면서도 걸려들고 마는 미끼는 분명 존재한다. 사람들에게 구실을 만들어 이기려면 그 구실에 인류애, 존엄, 박애, 헌신 등을 덧씌우면 된다. 그 이상의 다른 이유가 어디 있겠는가? 이것들이야말로 사람들의 영혼에 사탕과 우유와 같은 것들이다. 그것을 싫어하는 이는 없다.
— 프리드리히 니체,
《인간적인, 너무나 인간적인》,
1886년

응하라. 모든 것을 알게 되었을 때 그의 세력을 교묘하게 모아라. 바로 그날이 왔을 때 마치 하늘이 그를 파멸한 것처럼 보일 것이다.

— 《태공육도(太公六韜)》, 4세기경

메테르니히, 나폴레옹을 속이다

1805년 나폴레옹 보나파르트는 울름 전투와 아우스터리츠 전투에서 오스트리아를 격파하여 오스트리아인들의 자존심에 큰 상처를 입혔다. 두 번에 걸친 전쟁 후 맺은 조약으로 나폴레옹은 오스트리아 영토를 분할하여 이탈리아와 독일에 편입시켰다. 나폴레옹에게 전쟁과 영토 분할은 체스게임과 같은 것이었다. 그는 오스트리아가 약해져 주변국에 종속되는 동시에, 유럽 중앙으로 진출하기 위한 발판이 돼주기를 원했다. 당시 오스트리아는 유럽 정치의 한복판이었기 때문이다. 이 정책의 일환으로 당시 베를린 소재의 프로이센 궁정의 오스트리아 대사로 있던 클레멘스 폰 메테르니히(Klemens von Metternich)를 프랑스 주재 대사로 보내줄 것을 오스트리아에 요구하였다.

당시 서른두 살의 메테르니히는 유럽의 유서 깊은 가문 출신으로 프랑스어를 완벽하게 구사했고, 보수적 정치성향을 지녔다. 또한 사교계 여성들이 흠모하는 상냥하고 기품 있는 남성상의 전형이었다. 나폴레옹은 그의 출현이 자신이 세우려는 왕실을 더욱 빛내주리라 생각했다. 사교계의 거물이며 훌륭한 가문의 귀족을 자신의 지배 아래 둠으로써 (나폴레옹이 사교계에서도 매력적인 인물이라는 것을 증명하는 동시에) 오스트리아가 프랑스의 위성국에 불과하다는 것을 알리고 싶었다. 그리고 메테르니히의 여성편력을 이용하여 이익을 챙기고자 했다.

1806년 8월 메테르니히가 자신의 신임장을 바치면서 두 사람은 처음 만났다. 나폴레옹은 그를 냉정하게 대했다. 행사를 위해 잘 차려입었지만 모자는 벗지 않았다. 이는 당시의 예법에는 다소 무례한 것이었다. 메테르니히의 짧은 인사말이 끝나자 나폴레옹은 방 안을 걸어다니며 자신이 이 회의의 주재자임을 확실히 하기 위해 정치에 관한 이야기를 꺼냈

권력을 잡을 때마다 탐욕과 불의를 보여 이 나라에서 저 나라로 도망쳐 다녀야 했던 양호에 대한 공자의 평가는 인간 본성의 불변성을 근거로 한 행동 양식 예측의 간단한 예를 제공한다. 이처럼 반복적으로 나타나는 양호의 뒤됨이를 보고, 공자는 양호의 비참한 미래를 정확히 예측했던 것이다. 맹자는 "노력을 접어야 할 때를 아는 사람은 언제든 그 노력을 접을 수 있다. 관대하게 굴어야 할 사람에게 궁색하게 대하는 사람은 어디에서든 궁색하다."라고 말했다. 사람의 성격이 이럴 때 형성되는 것을 고려하면, 젊은 시절의 모습을 보고 늙을 때를 예측할 수 있다. "40세가 되도록 사람들에게 좋은 평을 듣지 못하면 죽을 때도 그런 것이다."

— 랠프 D. 소여, 《염탐술의 도》

다(나폴레옹은 다른 사람들은 의자에 앉히고, 자신은 서서 이야기하는 것을 좋아했다). 그는 요점을 조목조목 짚어내면서도 간결하게 말했다. 세련된 메테르니히에게 자신이 프랑스의 식민지였던 작은 코르시카 섬의 만만한 촌뜨기가 아니라는 점을 확실히 인지시켜주고 싶었던 그는 회의가 끝나갈 즈음 자신이 의도했던 대로 되었다고 생각했다.

몇 달 후 나폴레옹과 메테르니히는 여러 번 회의를 열었다. 나폴레옹은 자신의 매력으로 메테르니히를 자신의 추종자로 만들고자 하였다. 과연 메테르니히는 주의 깊게 듣고 적절하게 추임새를 넣어가며 대화의 흥을 돋우면서 상대방을 한껏 우쭐거리게 만들었다. 둘의 만남이 지속되자 나폴레옹은 깊은 내면에서 올라오는 희열을 느꼈다. 자신의 천재성을 진실로 알아주는 사람을 만났다는 확신에 빠진 것이다. 나폴레옹은 메테르니히라는 존재를 필요로 하기 시작했고, 특히 유럽 정세에 관한 대화를 할 때는 점점 숨김없이 솔직해졌다. 둘은 거의 친구 사이로 발전했다.

메테르니히가 여자에게 약한 것을 이용해 나폴레옹은 자신의 여동생 카롤린 뮈라(Caroline Murat)와의 만남을 주선하기도 했다. 메테르니히는 카롤린으로부터 외교적 가십거리와 나폴레옹의 사생활에 대한 정보를 몇 가지 얻어들을 수 있었다. 그녀를 통해 나폴레옹이 황후 조세핀과의 사이에 아이가 없어 불만이며, 이혼을 고려하고 있다는 것도 알았다. 1809년 오스트리아는 과거의 패배를 설욕하기 위하여 프랑스에 전쟁을 선포했다. 나폴레옹은 오히려 오스트리아를 손볼 수 있는 기회라고 생각했다. 참혹한 전쟁 속에서 프랑스는 대승을 거두고 오스트리아에 치욕적인 강화조건을 제시하며, 오스트리아의 전 황실을 합병하였다. 오스트리아 군대는 해산되고, 정부조직은 와해되었다. 나폴레옹은 오스트리아의 외무장관에 '친구' 메테르니히를 앉혔다.

몇 달 후 나폴레옹은 오스트리아 황제의 딸 마리-루이즈(Marie-Louise)의 청혼을 받았다. 나폴레옹은 오스트리아 귀족들이 자신을 싫어한다는 것을 알고 있었고, 메테르니히가 이 문제를 잘 처리해주리라 믿었다. 오스트리아 황녀와 결혼함으로써 동맹을 맺는다면 전략적으로 훌륭한 수완이 될 것이라 생각했다. 그래서 기꺼이 결혼 제안을 받아들여

조세핀과 이혼한 후 1810년 마리-루이즈와 결혼하였다.

　오스트리아 황녀와의 결혼은 그가 유럽 황실 가문의 일원으로 편입된다는 것을 의미했다. 그는 오랫동안 바랐던 정통성을 확보할 수 있었다. 메테르니히와도 더욱 친밀하게 속을 털어놓는 사이로 발전했다.

　1812년 나폴레옹은 러시아를 침공했다. 그러자 메테르니히는 나폴레옹 휘하에 있는 3만 명의 오스트리아 병사로 군대를 조직하도록 허용해줄 것을 요청하였다. 얼마 후 나폴레옹은 오스트리아 군대의 재건을 허용하는 파격적인 조치를 취해주었다. 오스트리아의 군대 재정비는 오스트리아 황실의 일원인 자신에게도 좋은 방향으로 작용하리라 기대했던 것이다. 몇 달 후 러시아 침공은 참혹한 결과를 낳았고, 나폴레옹은 철수해야만 했다. 그의 군대 10분의 1이 전사했다. 이때 메테르니히는 프랑스와 다른 유럽 제국 사이의 조정자 역할을 자청했다. 유럽 중앙에 위치한 지정학적 요인 때문에 과거에 수행했던 오스트리아의 역할을 다시 자청한 것이다. 나폴레옹은 선택의 여지가 없었다. 그는 자신의 제국을 재정비할 시간이 필요했다. 비록 오스트리아가 다시 조정자 역할을 자처하여 프랑스의 종속국이 아닌 독립국으로서의 위치를 공고히 하더라도 결혼 동맹관계에 있는 오스트리아가 프랑스에 해를 주지는 않으리라 예측했다.

　1813년 봄 협상이 결렬되자 새로운 전운이 온 유럽을 뒤덮었다. 전쟁은 상처 입은 프랑스와 러시아·프로이센·영국·스웨덴의 강력한 동맹군의 싸움이 될 양상이었다. 당시 오스트리아 군대도 상당히 힘을 길러둔 상태였기에 나폴레옹은 오스트리아의 힘을 빌리고자 했다. 그런데 뜻밖의 정보가 입수됐다. 메테르니히가 비밀리에 동맹국 측에 섰다는 것이다. 그는 믿지 않았다. 어떻게 오스트리아의 황제가 사위의 나라 프랑스를 배반하고 동맹국 편에 선단 말인가? 하지만 그것은 곧 사실로 드러났다. 오스트리아는 프랑스가 평화협상을 수용하지 않을 경우 동맹국 편에 설 것임을 공식적으로 선언했다.

　나폴레옹은 믿을 수 없었다. 그는 메테르니히를 만나기 위해 드레스덴으로 갔다. 6월 26일 회의에 참석한 나폴레옹은 깜짝 놀랐다. 메테르니

> 모든 무술에서, 모든 공연 예술에서, 나아가서는 모든 인간의 행동양식에서, 인간의 자세나 동작은 자신의 (보이지 않는) 심리상태를 반영한다. '그림자 스타일'의 무술에서 무사는 적의 자세나 동작을 통해 적의 심중을 읽는다. 어떻게 적의 정신세계를 뚫고 들어갈 수 있을까? 완벽한 자유를 갖고 모든 것에 초월하는 경지에 이르기까지 정신을 훈련하고 수양한 상태면 가능할 것이다. 적과 마주할 때, 마음이 동작의 형태로 드러나서는 안 된다. 대신 달을 비추는 물처럼 무사의 마음은 적의 마음을 투영해야 한다.
> — 마코토 스가와라, 《대(大)무사들의 삶(Lives of Master Swordsmen)》, 1988년

히에게서 예전의 다정다감하고 천연덕스러웠던 모습은 조금도 찾아볼 수 없었다. 그는 냉랭한 어조로 나폴레옹에게 강화조건을 무조건 받아들이고, 전쟁으로 획득한 영토는 모두 반환할 것을 요구했다. 비로소 메테르니히의 진실이 드러나는 순간이었다. 그는 조국 오스트리아의 이익과 유럽의 안정을 위해 그토록 철저히 위장해왔던 것이다. 자신과 다정한 친구가 되고 결혼을 성사시키고, 이 모든 것이 오스트리아를 재건하기 위한 계획이었단 말인가? 나폴레옹은 엉겁결에 "오스트리아 황실과 결혼한 것이 나의 패인이란 말인가?" 하고 내뱉었다. 메테르니히는 "황제께서 나의 솔직한 의견을 물으신다면, 결혼은 황제의 큰 실수였습니다."라고 응대했다.

나폴레옹은 메테르니히의 강화조건을 거부했다. 오스트리아는 그에 대응하여 동맹국 편에 섰고, 실제적으로 동맹군대의 선봉이 되었다. 1814년 봄 동맹국과의 전쟁에서 프랑스가 패배한 뒤 나폴레옹은 지중해의 엘바 섬으로 유배됐다.

해석

나폴레옹은 자신이 사람들의 심리를 이용하는 데 누구보다 뛰어나다고 자부했다. 그러나 심리전에서는 메테르니히가 그보다 한 수 위였다. 그가 구사한 방법을 살펴보자. 그는 면전에서는 웃음으로 대하면서, 뒤에서 조용히 상대방을 연구했다. 또한 우아한 외양과 유연한 태도로 상대방이 마음을 열도록 유도하였다. 나폴레옹과의 첫 만남에서 메테르니히는 나폴레옹이 자신의 이미지에 크게 신경 쓰는 모습을 보면서 그의 성격을 꿰뚫어보았다. 체구는 작으나 앙팡진 이 프랑스 황제는 키가 커 보이도록 발뒤꿈치를 세워 걸었으며, 말할 때는 코르시카 사투리를 쓰지 않으려고 애썼다. 계속된 회의를 통해 메테르니히는 나폴레옹이 코르시카 섬 출신이 아닌 유럽의 귀족과 같은 일원으로 보아줄 것을 간절히 열망하고 있다는 것을 알아챘다. 즉 프랑스 제국의 황제 나폴레옹은 다른 사람들이 자신을 어떻게 생각하는지 불안해하고 있었던 것이다.

이러한 통찰력은 멋들어지게 맞아떨어졌다. 메테르니히는 전략을 수

립하기 위해 이를 이용했다. 오스트리아 황실과의 결혼을 제안했던 것이다. 프랑스의 작은 식민지 코르시카 출신이라면 자신의 신분을 높일 수 있는 유럽 왕실과의 결혼은 그 무엇보다도 중요한 사안으로 받아들여질 것이라고 생각했다. 반면 메테르니히나 오스트리아 황실의 입장에서는 정략결혼이라는 허울에도 불구하고 왕조의 존립이 절실한 상황이었다.

메테르니히의 천재성은 전략 달성을 위해 가장 필요한 것이 무엇인지 식별해내는 데 있었다. 그의 목표는 나폴레옹의 군대가 아니었다. 나폴레옹은 불세출의 전쟁 영웅으로 그의 군대를 힘으로 꺾는 것은 거의 불가능했다. 대신 그는 나폴레옹의 심리를 이용하고자 하였다. 메테르니히는 아무리 강력한 영웅도 인간적인 약점을 가지고 있다는 점에 주목했다. 메테르니히는 순종적인 이미지로 나폴레옹에게 접근하여 그의 약점을 파악하고, 어떠한 군대도 가하지 못했던 상처를 줄 수 있었다. 메테르니히는 나폴레옹의 여동생 카롤린, 오스트리아의 황녀 마리-루이즈도 십분 활용하여 나폴레옹과 심리적 연대감을 쌓으면서 완전히 친구라고 믿게 했다.

명심하라. 당신의 진짜 적은 상대방의 심리다. 상대의 군사력, 자원, 지적 능력은 상대방의 약점인 감정적인 사각지대를 공략하여 상대를 속이고, 관심을 흩뜨리고 조정하여 극복할 수 있다. 세상에서 가장 강력한 군대라고 해도 그 지도자의 마음을 흩뜨리면 패배시킬 수 있다.

또한 지도자의 약점은 스파이를 파견하지 않고도 직접 대면해 친밀해지면 바로 알 수 있다. 면전에서는 친근하고 아첨하는 듯 대하며 뒤에서 상대를 면밀히 살피면, 마음을 열고 자신을 드러내도록 할 수 있다. 상대방의 마음을 사로잡아라. 상대가 사고하는 방식으로 사고하라. 통제되지 않는 성격, 이성에 약한 태도, 불안감 등과 같은 아킬레스건을 발견한다면, 당신은 상대방을 굴복시킬 수 있는 수단을 얻은 것이다.

> 전쟁이란 기계와 같이 생명이 없는 대상을 향한 의지가 아니다. 오히려 살아서 반응하는 대상을 향한 의지다.
> — 카를 폰 클라우제비츠

무네노리는 이에미스 장군의 알현을 맞이했을 때, 자리에 앉아서 가신들처럼 양손을 다다미 바닥에 내려놓아, 주군에게 존경의 표시를 했다. 갑자기 이에미스는 '아무렇지 않게 보이는' 무네노리를 향해 창을 던졌는데, 무네노리가 이를 피해 바로 바닥에 누워버리는 모습을 보고 경악을 금치 못했다. 무네노리는 이에미스 장군이 어떠한 동작을 취하기도 전에 그 의도를 간파했고, 습격의 순간 이에미스 장군의 발을 걸어 넘어뜨린 것이었다.
— 마코토 스가와라, 《대(大)무사들의 삶》

전쟁의 기술: 적장의 심리를 파악하라

삶에서 힘은 무한 자원이나 완벽한 전략에서 나오는 것이 아니다. 그것은 주변 환경에 대한 정확한 관찰로부터 얻을 수 있다. 책을 읽는 것처럼 사람을 읽을 수 있는 능력 같은 것이다. 이러한 지식은 당신의 친구와 적을 구분해준다. 당신은 상대방의 악의를 예측하고, 그들의 전략을 꿰뚫을 수 있다. 그리고 방어조치를 취할 수 있다. 상대방이 아무리 투명한 척하더라도, 통제할 수 없는 감정까지 숨길 수는 없다. 그러한 정보를 알아내면 상대를 덫으로 몰아 파멸시킬 수 있다.

이러한 지식은 역사의 여명기에서부터 군사적인 목표였다. 정보수집기술과 스파이 활용술의 등장은 이러한 배경에서 탄생하였다. 그러나 정탐꾼은 신뢰할 수 없다. 그들이 전해준 정보는 그들의 선입견과 편견으로 한번 걸러진 것이다. 그리고 정보의 거래는 아군 진영과 상대방 진영 사이에서 이루어진다. 스파이는 점조직으로 운영되고, 다루기 어려운 존재로 정평이 나 있다. 무엇보다 그들은 배신할 가능성이 있다. 사람의 특성을 나타내는 미묘한 뉘앙스(통화 시의 목소리, 응대할 때의 눈빛 따위)는 보고서에서 빠질 수 있다. 그 결과 스파이가 아무리 정보를 습득해도 당신이 인간 행위 및 심리학에 정통하지 않으면 그들이 전해준 정보는 아무런 의미가 없다. 즉 정보에 대한 객관적이고도 정확한 해석 능력이 없는 상태에서 정보를 접하면, 당신이 원하는 것만 보게 될 것이다.

이러한 정보전의 고수들인 한니발, 카이사르, 메테르니히, 처칠, 린든 존슨 같은 이들은 모두 탁월한 인간 본성의 연구자들이었으며 인간의 마음을 읽는 데도 발군의 실력을 보였다. 그들은 사람들을 관찰하면서 끊임없이 그들의 기술을 연마했다. 그러한 기반이 있을 때라야 스파이들의 정보를 실제 현장 보듯이 해석할 수 있다.

이러한 과정의 첫 단계는, 인간은 꿰뚫어볼 수 없는 신비로운 존재로서 몇 가지 속임수로만 그들의 심리를 엿볼 수 있다는 생각을 뛰어넘는 것이다. 만약 타인이 알쏭달쏭하게 느껴지면, 그것은 우리가 어려서부터 진실된 감정을 위장하거나 의도적으로 숨기는 방법을 배워왔기 때문이다. 만약 주변 상황을 보고 느끼는 대로 이야기하거나, 어떤 행동을 취할 것인지 이야기한다면, 쓸데없이 남의 원한을 살 수 있다. 끊임없이 자신의 심리상태를 이야기하는 것도 불필요하게 적을 만드는 요인이다. 이런저런 이유로 우리는 어느새 생각하는 바를 숨기는 것을 제2의 천성으로 삼게 되었다.

고의적으로 숨기는 것은 정보 입수 게임을 어렵게 하지만 그렇다고 전혀 불가능한 것은 아니다. 사람들은 의식적으로는 자신들이 품고 있는 바를 숨기려고 노력하지만, 무의식적으로 자신을 드러내고자 하기 때문이다. 느끼는 바를 매번 감추다 보면 지치게 마련이고, 그럴 때 자신을 보여줄 수 있는 탈출구를 찾게 된다. 우리는 은밀하게 다른 사람들이 자신을 인지하길 원한다. 심지어 내적으로 어두운 면까지도 누군가 알아주길 바란다. 한편으로 이러한 갈구를 통제하려고 노력하면서도, 다른 한편으로는 무의식적으로 우리 자신의 내부에서 일어나는 감정을 여러 가지 표식으로 흘린다. 이를테면 말할 때 더듬거리는 모습, 목소리 톤, 옷 스타일, 신경질적 경련, 돌발적인 비상식적 행동, 말과 반대되는 눈빛, 취중의 말 등으로 말이다.

명심하라. 매일같이 사람들은 그들의 의도와 마음 깊은 곳의 욕구를 나타내는 신호를 보낸다. 그런데도 그것들을 잡아내지 못하고 있다면, 그것은 자신의 세계에 고립되어 주의를 기울이지 않고 있기 때문이다. 자아를 극복하고, 다른 사람을 있는 그대로 볼 수 있는 단계가 되면, 그들이 보내는 신호들에 민감해질 것이다.

타인을 읽는 능력은 일본 사무라이에게는 가장 중요한 생존 수단이었다. 특히 신음류(新陰流) 검술학교에서는 더욱 강조되었다. 이 학교의 초기 대가 중 한 사람인 야규 무네노리는 17세기의 사무라이였다. 그는 어느 봄날 벚꽃을 감상하며 정원을 한가로이 걷고 있었다. 그의 뒤로 시동 하나가 당시의 관습대로 칼을 빼든 채 뒤따르고 있었다. 갑자기 무네노리는 가던 길을 멈추었다. 그는 문득 위험을 느끼고 주위를 둘러보았으나 이상한 조짐을 발견하지 못했다. 그럼에도 그는 집으로 돌아와서 등을 기둥에 기댄 채 자리에 앉아 급습에 대비하였다.

어느 정도 시간이 지나자, 시동이 주인에게 그 까닭을 물었다. 무네노

> 나는 두 종류의 눈이 존재한다고 생각한다. 단지 사물을 바라보는 눈과 내면의 특성을 인지하기 위해 바라보는 눈이다. 전자는 가능한 한 많은 것을 관찰하기 위해 긴장감을 유지할 필요가 없다. 한편 후자는 적의 심중을 확실히 파악하기 위해 강력해야 한다. 타인의 심중을 읽을 수 있는 때가 있다. 자신의 방어를 위해서는, 눈을 통해 자신의 의지를 표현하는 것은 상관없지만, 눈을 통해 마음이 드러나도록 해서는 안 된다. 이는 신중하게 고려하고 끊임없이 연구해야 하는 부분이다.
> — 미야모토 무사시

> 스파이처럼 화를 낼 것
> ―분노는 영혼이 텅 비게
> 하고, 하찮은 감정마저 빛에
> 노출시킨다. 이러한 이유로
> 분노하는 것 외에는 다른
> 방식으로 사건의 진실을
> 발견하지 못한다면 지인,
> 적군과 아군을 분노하게
> 하여, 그들이 어떠한 생각을
> 하고 있고, 우리 자신에 대한
> 생각은 어떠한지를
> 알아야 한다.
> ― 프리드리히 니체,
> 《인간적인, 너무나 인간적인》

리는 자신이 벚꽃을 보고 있는 동안 갑작스러운 위험, 적이 공격할 것 같은 위험을 느꼈다고 고백했다. 지금 그는 자신의 예측이 빗나갔다는 사실에 괴로워하고 있었다. 아마도 환상에 시달린 것이 틀림없을 터였다. 사무라이는 상대방의 공격을 자신의 예민한 본능에 의존해 방어해야 한다. 만약 그러한 능력이 없었다면, 그의 무사로서의 생명은 끝났을 것이다.

그런데 갑자기 시동이 땅에 엎드려 고백하였다. 주인이 벚꽃 구경에 정신 팔려 있을 때, 뒤에서 칼로 친다면 아무리 뛰어난 검객이라 해도 그 칼을 피할 수 없을 것이라는 생각이 문득 들었다는 것이다. 무네노리의 능력은 전혀 녹슬지 않았다. 오히려 말이 기수의 상태를 파악하고, 개가 주인의 마음 상태를 읽는 것처럼, 다른 사람의 생각과 감정을 파악해내는 능력이 극도로 발달하여, 등 뒤에서 누군가가 마음속에 품은 것도 감지할 수 있는 능력을 소유한 것이다. 대개 동물이 그러한 능력을 지니는 것은 모든 주의를 거기에 쏟기 때문이다.

신음류 검술학교에서는 무사들에게 마음을 비우고 동물처럼 상황에 몰입하도록 훈련시켰다. 또한 어느 특정한 생각에 지배되는 것을 경계하였다. 이러한 연습으로 무사들은 싸울 때 상대방의 팔꿈치, 팔 근육의 움직임 등을 보고도 공격 신호를 읽을 수 있었다. 무사는 상대방의 눈을 보는 동시에, 상대방의 공격 의지나 두려움이나 혼란을 나타내는 발의 미세한 움직임도 느껴야 한다. 무네노리 같은 대가들은 심지어 상대가 보이지 않을 때도 다른 이의 생각을 시각적으로 읽을 수 있었다.

신음류 검술학교에서 가르쳤으며, 메테르니히도 똑같이 소유하였던 이 능력은 바로 에고(ego)에서 벗어나 자신을 녹이고 상대방의 정신상태가 되는 것이다. 끊임없는 내면 독백을 멈추고, 생각을 비우고, 그 상황에 몰입할 때, 다른 사람의 생각과 감정을 읽어낼 수 있다. 이렇게 해서 당신이 보게 되는 미세한 부분들이 전혀 여과되지 않은 정보를 제공하고, 그것들을 정확하게 짜맞출 수 있다면 다른 이들의 약점과 욕구를 파악할 수 있다. 특히 그들의 눈에 집중하라. 내면 상태를 나타내는 눈의 메시지를 숨기는 것은 많은 노력을 요하기 때문이다.

또한 당신은 상대방을 주의 깊게 관찰하고 있음을 들키지 말아야 한다. 메테르니히가 그랬듯이 상대방 앞에서 친근하게 굴면 당신의 의도를 숨길 수 있다. 하지만 너무 많이 물어서는 안 된다. 사람들이 편안한 상태에서 무심코 자신의 마음을 열어 보이고, 당신이 지금 정보를 캐고 있다는 사실을 모르게 하는 것이 묘미다.

정보는 당신이 그것을 어떻게 해석하고, 그 겉모습과 실제를 어떻게 구분할지 모르면 아무 소용이 없다. 당신은 반드시 심리적 유형을 어떤 범위로 나누어 인지할 것인지 배워야 한다. 실제 상황과 정반대로 해석하게 하는 정보에 주의하라. 만약 누군가 지나칠 정도로 어떤 성격적 특성을 강조한다면, 그 특성은 은폐를 위한 수단일 수 있다. 아첨을 아끼지 않는 입담 좋은 이가 있다면 아마도 그는 적대감과 악의를 숨기고 있는 것일지도 모른다. 싸움닭처럼 공격적인 사람은 내면의 불안함을 감추고 있을지 모른다. 도덕군자처럼 행동하는 사람은 사악한 본심을 숨기기 위한 쇼를 하는 것일지 모른다.

그들이 우리의 눈을 가리든 혹은 자신의 눈을 가리든 그것은 중요하지 않다(그들은 스스로 인정하고 싶지 않은 자신의 모습을 부인하려 애쓰고 있는 것인지도 모른다). 중요한 것은 겉모습과 상반된 내면에서는 은밀한 활동을 준비하고 있을지도 모른다는 것이다.

일반적으로 위기 상황에서 상대방이 취하는 모습을 보고 상대방을 더욱 잘 관찰할 수 있다. 이때야말로 자신의 약점을 드러내거나 약점을 감추기 위해 지나치게 애를 쓰므로 가면 아래 숨겨진 모습을 볼 수 있는 좋은 기회다. 또한 악의 없이 반응을 끌어낼 수 있는 적극적인 행동을 통해 상대방을 관찰할 수도 있다. 즉 약간 오만하거나 약을 살짝 올리는 말을 던져보고 상대방의 반응을 관찰하는 방법이다. 사람들을 감정적으로 행동하게 만들고, 감정의 물꼬가 터지게 하면 내면 깊은 본성을 건드리게 된다. 그들이 자신의 본성을 조금 나타낼 수도 있고 시험실 상황처럼 얼굴에 가면을 쓸지 모르지만, 당신은 그들의 이면을 관찰할 수 있다.

사람을 파악할 때 가장 중요한 요소는 저항할 수 있는 힘이다. 이러한 지식이 없는 상태에서는 당신의 잣대로 판단하여 상대방을 과대평가 혹은 과소평가하게 된다. 당신은 상대방의 전투 전력을 파악해야 한다. 나

다윗이 라마에 있는 나욧에서 도망쳐 요나단을 찾아가 항의하였다. "내가 무슨 짓을 했다는 말인가? 내가 무슨 못할 짓을 했는가? 자네 아버님께 무슨 잘못을 저질렀기에 이렇게 내 목숨을 노리신단 말인가?" 요나단은 "자네를 죽이시다니, 그럴 리가 있나? 우리 아버지는 큰일이든 작은 일이든 나에게 알리지 않고 하시는 일이 없다네. 그런데 이 일만은 나에게 숨기실 리가 있겠는가?" 하고 말하였다. 다윗이 다시 항의하였다. "자네가 나를 끔찍이 생각해주는 것을 아시고 이 일만은 알리지 않기로 하신 게지. 나는 한 발만 까딱해도 영락없이 죽을 몸이야. 이것은 하느님도 아시고 자네도 아는 일 아닌가?" "그럼 내가 어떻게 하면 좋을지 말해보게." 요나단의 제의에 다윗이 부탁하였다. "내일이 초하루, 내가 왕의 정찬에 나가는 날이 아닌가? 그러니 내가 3일 저녁까지 들에 나가 숨어 있게 해주게나. 만일 자네 아버님께서 내가 보이지 않는다고 찾으시거든, 문중의 주년제가 있어 속히 고향 베들레헴에 다녀오겠다며 휴가를 청하더라고 말해주게. 그래서 만일 오냐고 하시면 내 몸이 무사하겠지만, 화를 내신다면 나를 해치려고 결심하신 걸로 알게. 제발 우정을 지켜주게. 자네는 야훼 앞에서 나와 엄숙히 의형제를 맺지 않았는가? 만약 나에게 허물이 있다면 차라리 자네가 날 죽이게. 자네 아버님의 손을 빌릴 것까지는 없지 않은가?" "천만에!" 하면서 요나단이 말하였다. "만약 우리 아버님이 자네를 해치려고

약하고 결단력이 없는 사람은 단 한 번 겁을 주는 것만으로도 굴복할 것이다. 그러나 더 이상 잃을 것도 없을 만큼 절박한 사람은 참혹한 결과가 나올 때까지 싸울 것이다. 몽골인들은 단지 상대방의 힘과 결의를 시험하기 위해 출정하곤 했다. 그들은 상대방의 전의를 파악하지 않은 상태에서는 절대로 전쟁을 시작하지 않았다. 이런 방식의 전쟁수행은 적의 전략과 의중을 알아낼 수 있다는 이점이 있다.

정보는 양보다 질이 중요하다. 극도로 단순하지만 중요한 정보는 상대방을 파멸로 이끌 수도 있다. 카르타고의 한니발은 로마의 장군이 건방지고 다혈질이라는 점을 파악하고, 자신은 의도적으로 약하게 행동하며, 상대방이 경솔한 공격을 시도하게 만들었다. 처칠은 히틀러의 편집증 증세를 보고, 조그마한 패배에도 지극히 예민해진다는 사실을 간파했다. 독일 총통을 어떻게 흥분시켜야 할지 파악한 것이다. 발칸 지역과 같은 전략상 중요하지 않은 곳을 공격하는 것처럼 위장한 처칠은 히틀러의 군대를 여러 전선으로 분산시키는 데 성공했다. 이러한 군사 배치는 독일군에게는 치명적인 군사작전이었다.

1988년 리 애트워터(Lee Atwater)는 조지 부시(George Bush) 대통령의 전략팀 소속이었다. 공화당 대통령 후보자 경선에서 부시의 가장 큰 라이벌은 로버트 돌(Robert Dole) 상원의원이었다. 로버트 돌은 성질이 괴팍해서 그의 캠프진조차 그의 성격을 통제하지 못했다. 애트워터는 돌을 끊임없이 자극하는 전략을 짜냈다. 그리하여 돌이 대통령으로서 부적합하다는 이미지를 대중들에게 심어주었을 뿐 아니라, 돌 의원 자신이 흥분하여 제대로 유세를 치르기 힘들게 만들었다. 마음이 흐트러지면 당신은 상대방을 당신 뜻대로 조정할 수 있다.

물론 직접적인 관찰을 통해서 얻을 수 있는 정보의 양은 한정되어 있다. 스파이 조직은 당신의 시야를 넓혀줄 수 있다. 스파이 조직은 비공식적인 사조직이 가장 좋다. 즉 당신의 눈과 귀가 될 수 있는 사람을 시간을 두고 모아야 한다. 당신의 라이벌 측과 연관 있는 사람을 사귀어라. 친구처럼 사귄 관계는 돈으로 산 스파이보다 유용한 정보를 훨씬 많이 제공한다. 나폴레옹은 세상에서 가장 뛰어난 정보조직을 운영하고 있었

마음 잡수신 것을 알게 된다면, 내가 어찌 자네에게 알려주지 않겠는가?' 다윗이 "자네 아버님께서 역정을 내실 경우, 누가 그것을 알려주겠는가?" 하고 묻자 요나단이 "들로 나가자." 하며 다윗을 들로 데리고 나갔다. 이리하여 다윗은 들에 숨었다. 초하루가 되어 왕이 잔치에 나와 자리를 잡았다. …… 다윗의 자리는 비어 있었다. 그러나 그날은 아무 말도 하지 않았다. 다윗이 어쩌다가 부정을 타서 못 나왔거니 생각했던 것이다. 초하루는 그렇게 지났으나 그 다음날도 다윗의 자리가 비어 있자, 사울은 아들 요나단에게 "이새의 아들이 어제도 오늘도 잔칫에 나오지 않았으니 웬일이냐?" 하고 물었다. 요나단이 왕에게 대답하였다. "다윗이 고향 문중제사에 다녀와야 하니 허락해달라고 저한테 간청했습니다. 그래서 나오지 못했습니다." 이 말을 듣고 사울은 버럭 화를 냈다. "이 몹쓸 자식놈아! 그래 네가 이새의 아들놈과 단짝이 된 것을 내가 모를 줄 아느냐? 네 망신이 이미 망신이 될 줄 알아라. 이새의 아들놈이 땅 위에 살아 있는 한 너와 네 왕관은 안전하지 못하리라. 당장 그 죽일 놈을 잡아들이어라." 요나단이 "대체 다윗이 무슨 짓을 했다고 그러십니까?" 하고 항의하자, 사울은 창을 뽑아들고 아들을 죽이려 하였다. 요나단은 아버지가 다윗을 죽이기로 작정했다는 것을 알아차렸다.

— 사무엘 전서 20장 1~11절, 24~34절

다. 그러나 가장 좋은 정보는 유럽 외교가에 자리 잡은 친구들로부터 얻었다.

항상 상대방의 내부조직의 스파이(상대 조직의 내부에 불만이 많은 사람이나, 조직에 꿍꿍이가 있는 사람)를 포섭하라. 그들을 당신의 목적하에 끌어오기만 하면, 외부 인사를 그 조직에 심어서 가져올 수 있는 정보보다 훨씬 많은 정보를 가져다줄 것이다. 상대방이 해고한 사람을 고용하라. 그들은 상대방이 어떻게 행동할지 알려줄 것이다.

빌 클린턴 전(前) 대통령은 딕 모리스(Dick Morris)를 통하여 공화당에 관한 최고급 정보를 얻었다. 모리스는 수년간 공화당에 몸담고 있었기 때문에 공화당 내부의 인사와 조직의 약점들을 속속들이 알고 있었던 것이다. 정보의 질이 아무리 좋더라도 한 사람에 의해 수집된 정보를 근거로 판단하지 마라. 편향된 정보에 의존하여 행동하는 것은 위험하기 짝이 없다.

많은 사람들은 글, 인터뷰 등과 같은 형태로 자신의 과거를 탐색케 하는 실마리를 남긴다. 2차 세계대전 전에 아돌프 히틀러는 《나의 투쟁(Mein Kampf)》이라는 저서에서 그의 심리상태에 관한 무한한 단서는 말할 것도 없고, 그의 생각과 주장이 담긴 청사진을 제시했다. 그의 참모 장군들인 에르빈 로멜과 하인츠 구데리안(Heinz Guderian)도 그들이 준비하던 새로운 형태의 전쟁에 관해 기술했다. 사람들은 글을 통해 자신에 대해 많은 것을 드러낸다. 부분적으로는 의도적일 수도 있고(결국 글을 쓰는 것도 자기의 명분을 설명하기 위한 것이 아닌가?) 의도하지 않았지만 행간을 읽을 줄 아는 뛰어난 독자들에 의해 드러나기도 한다.

마지막으로 당신이 상대하고 있는 적은 당신의 예측에 따라 단순히 반응하는 무생물이 아니다. 상대방은 항상 변하며 당신의 전략에 적응하려 한다. 상대방도 자신이 겪은 실수와 당신의 성공을 통해 한 수 배울 것이다. 그러므로 상대방에 대한 지식이 멈추어서는 안 된다. 정보를 업데이트하고 상대방이 두 번 속으리라 생각하지 마라. 실패는 스승이다. 당신이 오늘 패배시킨 적이 내일 당신보다 더 현명해질 수 있다. 상대방에 관한 정보는 심오해야 하는 것은 물론이요, 시의적절해야 한다.

> 작년 어느 큰 회의에서 한 남자가 자신의 의견을 피력하며 이것이 수락되지 않으면 회의 총괄자를 살해할 의향도 있다고 밝혔다. 그의 제안은 통과되었다. 회의가 끝난 후, 그 남자는 이렇게 말했다. "회의석상에서 사람들은 나의 제안에 급히 동의했다. 그들은 주군에게 고문역할을 하기에 너무나 나약하고 신뢰할 수 없는 부류라고 생각한다."
> ― 야마모토 쓰네토모, 《하가쿠레: 어느 사무라이가 들려주는 인간경영의 지혜》

| **이미지** | 그림자. 사람들은 자신의 은밀한 자아, 즉 자신만의 그림자가 있다. 그 그림자는 세상에 숨기고 싶어하는 자신의 단점, 은밀한 욕망, 이기적인 의도 등 모든 것을 포함한다. 그림자는 멀리서는 보이지 않는다. 상대방의 그림자를 보기 위해서 당신은 물리적으로, 그리고 심리적으로 가까이 다가가서 살펴보아야 한다. 그러면 답이 떠오를 것이다. 목표물의 발자국을 밀착해 따라가라. 상대방은 자신의 그림자가 얼마나 노출되었는지 알지 못할 것이다.

| **근거** | 통찰력 있는 왕과 그의 신하들은 어디를 가도 적을 정복하고, 범인(凡人)이 생각할 수 없을 정도로 성공을 거둔다. 그 이유는 그들이 사전 정보를 지녔기 때문이다. 그러한 정보는 유령이나 귀신으로부터 나오는 것이 아니고, 과거의 사실들을 비교 검토하여 이끌어내거나, 별자리를 보고 계산하여 확인된 것도 아니다. 그것은 사람으로부터, 즉 상대편을 아는 사람으로부터 나온다.

— 손자

> 존 크레모니 대령은 '사라지는 것'처럼 보이는 숙련된 기술에 대해 다음과 같이 썼다. "북아메리카 원주민인 아파치족이 갈색 관목이나 회색 바위 뒤의 녹색 잔디에서 가무잡잡한 몸을 드러낼 것이라고 생각할 것이다. 하지만 이때 아파치족은 숙련된 기술과 판단력을 발휘하기 때문에 2~3미터 내에서 관찰하는 것이 아니라면, 쉽게 모습을 알아볼 수 없을 것이다." 크레모니 대령은 또한 이렇게 덧붙였다. "그들은 며칠 동안 당신의 모든 동작을 간파하고, 모든 행동을 관찰하며, 당신의 무리와 소지품을 모두 정확히 파악하면서, 관찰에 전념할 것이다. 이러한 공격 태세가 하루아침에 우연히 갖춰진 것이라고 생각하지 마라. 이와는 반대다. 오랜 시간, 인내를 갖고 기다리며, 주의 깊고 철저하게 관찰하며, 심혈을 기울인 의도한 결과일 확률이 매우 높다."
> — 노먼 밴크로프트-헌트(Norman Bancroft-Hunt), 《전사들: 전쟁과 미국 원주민 인디언(Warriors: Warfare and the Native American Indian), 1995년

뒤집어보기

적을 알기 위해 노력하는 과정에서도 당신은 최대한 자신을 모호하고 파악하기 힘든 인물로 보여야 한다. 사람들은 겉모습을 통해 심중을 드러내기 때문에 즉각 속임수에 걸려든다. 언제든지 예측 불허의 행동을 하라. 당신 내면을 드러내는 듯한 소중한 정보를 던지되, 실제로는 당신 자신과 무관한 날조된 정보를 던져라. 사람들이 당신을 계속해서 철저하게 파고든다는 것을 기억하고, 어떠한 정보도 주지 않거나 잘못된 정보를 주어라. 자신을 모호하고 파악 불가능한 인물로 만들면, 사람들은 당신에게 대항해 방어할 수 없을 것이고 당신에 대해 수집한 정보도 무용지물이 될 것이다.

STRATEGY 14

상대보다 빠르게 판단하고 움직여라
: 기습 전략

많은 사람들이 우유부단하고 지나치게 조심스러운 세상에서는
속도를 이용하여 파워를 얻을 수 있다.
상대가 생각하고 준비하기 전에 기습공격을 가하면,
상대는 감정적이 되고 균형을 잃으며, 실수를 저지르기 쉽다.
불시의 지능적 기습공격을 감행하면 상대는 공황 상태에 빠지고 혼란스러워진다.
이러한 전략은 체계적으로 조용히 감행할수록 효과가 크다.
즉 상대가 모르게 공격하면 상대는 중심을 잃는다.
공격을 감행할 때는 사정없이 상대를 격파하라.
빠르고 결단력 있는 작전을 수행하면 상대는 당신을 존경하고 두려워하며
결국 저항할 수 없는 존재로 인식한다.

칭기즈칸의 속도전

전쟁은 스피드를 중요한 가치로 생각해야 하는 분야다. 적이 도달할 수 없는 부분을 이용하고, 예측하지 못한 길을 이용하며, 상대의 미약한 점을 공격하는 것이다.
— 손자

1218년 호라즘 왕국의 샤(Shah) 무하마드 2세(Muhammad II)는 칭기즈칸이 파견한 세 명의 사절단을 만났다. 몽골의 사절단은 진귀한 선물과 더불어 중요한 협약의 제안을 준비해왔다. 그 제안은 중국과 유럽을 잇는 매혹적인 실크로드의 통행을 재개하자는 것이었다. 당시 호라즘 왕국은 지금의 이란과 아프가니스탄의 대부분에 해당되는 광대한 영토를 소유하고 있었다. 호라즘의 수도 사마르칸트는 부유한 도시이자 그의 힘의 상징으로, 실크로드 교역을 통해서 막대한 부를 축적하고 있었다. 몽골이 교역 조건에 무하마드 2세가 몽골 황제보다 우위에 있다는 점을 확실히 했기 때문에 무하마드 2세는 기꺼이 조약에 서명했다.

몇 달 후 몽골 상인들이 몽골 제국으로 가져갈 비싼 물품을 사기 위해 호라즘의 북동쪽에 위치한 오트라(Otrar)라는 도시에 당도했다. 그런데 오트라의 총독은 몽골 상인들을 스파이로 의심하여, 그들을 모두 살해하고, 그들이 가져온 교역 물품을 압류하였다. 이 소식을 들은 칭기즈칸은 불같이 노하여 대사를 무하마드 2세에게 파견해 사과를 요구했다. 몽골의 사과 요구에 무하마드 2세는 호라즘과 몽골이 같은 지위에 있다는 전제에 격분하여 대사의 목을 베어 칭기즈칸에게 보냈다. 이 행위는 당연히 전쟁을 의미했다.

무하마드 2세는 몽골과의 전쟁에 대해 전혀 걱정하지 않았다. 그의 군대는 잘 훈련된 투르크 기마병을 주축으로 하고 있었고, 몽골 군사력의 두 배에 달하는 40만 병력을 보유하고 있었다. 나아가 몽골 군을 무찔러 몽골 제국의 영토마저 흡수하리라 생각했다. 그는 몽골 군이 호라즘의 최동단 트란스옥시아나를 공격하리라 예상했다. 트란스옥시아나는 동쪽으로 800킬로미터에 이르는 시르다리아 강이 막고 있고, 북쪽으로는 키질쿰 사막이 위치하고 서쪽에는 아무다리아 강이 흘러 천연의 요새가 될 뿐 아니라, 사마르칸트와 부하라라는 가장 중요한 도시가 그곳에 위치하고 있었다. 무하마드 2세는 몽골 군이 침입하려면 반드시 건너야 하는 시르다리아 강변을 따라 진지를 구축했다. 북쪽의 키질쿰 사막은 군사들이 가로지를 수 없을 정도의 혹독한 사막이었고, 남쪽으로 돌아오는 행군 길은 너무 멀기 때문에 동쪽의 시르다리아 강을 건널 것이라 예측한 것이다. 그는 트란스옥시아나 지역에 군대를 집중 배치하여 다가올 전쟁을 대비하고자 했다. 난공불락의 진지를 구축하였고, 병력 규모 또한 절대적인 우세를 자랑했다. 몽골 군이 쳐들어오면 패퇴시킬 만반의 준비가 갖춰졌다.

1219년 여름 호라즘의 정찰대는 몽골 군이 페르가나 계곡을 지나 시르다리아 강의 남쪽으로 접근 중이라고 보고했다. 무하마드 2세는 그의 아들 잘랄 앗 딘(Jalal ad-Din)에게 많은 군사를 주어 시르다리아 강으로 보냈다. 잘랄 앗 딘은 몽골 군과 치열한 전투를 벌인 끝에 몽골 군을 패퇴시키고서는 명성과 달리 몽골 군은 두려운 존재가 아니었다고 아버지에게 보고했다. 또한 몽골 군은 원정길로 인해 초췌한 모습이었고, 말들은 메말라 있더라는 말과 함께 그들이 더 이상 전쟁을 원하지 않는 듯하다는 내용도 첨부했다.

몇 달 후 몽골 군은 선전포고도 없이 북쪽에서 나타나 오트라를 공격하더니 몽골 상인들을 살해한 총독을 사로잡았다. 그들은 사로잡은 총독의 눈과 귀에 끓는 은을 부어 죽였다. 몽골 군이 전혀 예상 못한 방향으로 오트라에 쳐들어온 것에 당황한 무하마드 2세는 군대를 파견해 북쪽 전선을 보강했다. 그러면서도 야만적인 몽골 병사들이 신속히 이동할 수는 있을지언정 숫자 면에서 압도적으로 우세한 자신의 군대 앞에서는 당해내지 못할 것이라 생각했다.

그러나 무하마드 2세의 생각과 달리, 몽골 군대는 오트라에서 시르다리아 강을 따라서 남쪽으로 진격하는 전략을 채택했다. 몽골 군은 군사를 둘로 나누어, 일군은 주치(Jochi, 칭기즈칸의 네 아들 중 맏아들로 몽골 제국 건설에 기여했다— 옮긴이) 장군의 지휘 아래 강변을 따라서 주요 요새들을 공격했고, 나머지는 제베(Jebe, 몽골의 유명한 장수)의 지휘 아래 남쪽으로 사라졌다. 주치의 군대는 언덕과 강 주변의 둔치를 따라 움직였다. 무하마드 2세는 사마르칸트에 주둔군을 일부 남겨두고, 강가를 따라 군사를 파견하여 배치했다. 주치의 군대는 호라즘의 병사 수보다 적어 기껏해야 2만 명을 넘지 않았다. 몽골 군은 신속하게 군대를 이동시키며,

선전포고 없이 연달아 일련의 요새를 공격하며 불사르고 황폐화시켰다.

전방에서 들려오는 암울한 소식에 무하마드 2세는 이 전쟁을 재고하지 않을 수 없었다. 몽골 기병들은 말 몇 마리를 여분으로 끌고 다니면서 그 말이 지치면 다른 말로 바꾸어 타고 달렸다. 몽골 말은 가볍고 빨랐다. 또한 몽골 군사들은 보급 마차를 활용하여 편하게 움직였다. 그들은 마차에 음식을 넣고 다니며, 암말의 젖을 짜서 먹고, 말들이 약해지면 말을 죽여 양식으로 삼았다. 그들은 적보다 두 배나 빨리 움직였다. 그들의 활 솜씨 역시 남달랐다. 진격하거나 후퇴하면서도 그들은 능숙하게 활을 쏘아 호라즘 군사에게 치명적인 손상을 입혔다. 멀리 떨어져서도 깃발이나 봉화 등으로 의사소통을 했다. 그들의 기습공격은 정교하고 조직적이었으며 예측 불허였다.

무하마드 2세의 군대는 몽골 군의 끊임없는 공격에 시달리며 점점 지쳐갔다. 그 와중에 사라졌던 제베의 군대가 갑작스레 나타났다. 오트라에서 남하하는 것처럼 보이다 없어진 군대가 엄청난 속도로 북서 방향의 트란스옥시아나를 향하여 진격하고 있다는 소식이 날아든 것이다. 무하마드 2세는 5만의 군사를 그 지역으로 급파했으나, 아직도 상황을 낙관하고 있었다. 그의 군대는 기습전이 아닌 정규전에서 페르가나 계곡의 전투처럼 강한 면모가 있었기 때문이다.

그러나 이번에는 상황이 달랐다. 몽골 군사들이 이상한 무기를 선보인 것이었다. 그들은 화살에 끓는 타르를 묻혀 쏘아댔다. 타르에서 나오는 연기를 활용하여 중무장한 몽골 기마병들은 그들의 공격 루트를 숨긴 채 진격했다. 보급 마차들은 몽골 진영에서 끊임없이 보급품을 실어날랐다. 몽골 병사들은 하늘을 화살로 뒤덮으며 전장을 압도했다. 반면 호라즘 군사들이 쏘는 화살은 그들이 입고 있는 두꺼운 비단옷을 뚫고 들어가지 못했다. 몽골 군은 말을 타고 달리면서 옷에 맞은 화살을 뽑아냈다. 제베의 몽골 군사들은 무하마드 2세의 군사들을 철저하게 유린했다.

이제 무하마드 2세는 서쪽으로 퇴각해서 다시 진영을 정비하는 길밖에 없었다. 그러나 그것마저 여의치 않은 상황이 되었다. 칭기즈칸이 직접 이끄는 몽골 군사들이 사마르칸트의 서쪽 도시 부하라에 나타난 것이다. 무하마드 2세는 경악했다. 그들은 도대체 어디서 나타났단 말인가? 그들이 키질쿰 사막을 건너 북쪽으로 진격했단 말인가? 주술사들이 마법을 써서 영혼을 불러낸다는 것처럼, 그들의 등장은 도무지 납득할 수 없는 것이었다. 몽골 군은 곧 부하라를 점령했고, 며칠 후에는 호라즘의 자랑인 사마르칸트마저 폐허로 만들었다. 군사들은 도망가고 장군들은 낙담했다. 무하마드 2세는 목숨이나마 부지하기 위해 약간의 수하 군사들을 데리고 도망쳤다. 몽골 군은 사정없이 그를 뒤쫓았다. 몇 달 후 가장 부유한 나라의 황제였던 무하마드 2세는 카스피해의 작은 섬에서 누더기 옷을 입고 굶주림 속에서 삶을 마감했다.

해석

몽골 제국의 황제가 된 칭기즈칸은 지구상에서 가장 빠른 군대를 소유할 수 있었다. 그러나 기동성은 그의 군사작전상 부분적 요소에 불과했다. 몽골인들은 마상(馬上) 전투술에는 뛰어났지만 체계가 전혀 잡혀 있지 않아 싸움에서 전리품을 얻지도 못하고, 대규모 전투를 수행할 능력도 없었다. 칭기즈칸의 천재성은 여기서 나타난다. 그는 질서 없이 빠르기만 한 몽골 군사들을 체계적으로 훈련시켰고 규율과 전략을 수행할 수 있는 조직적인 군대로 만들어냈다. 그는 '슬로 슬로 퀵 퀵'이라는 고대 중국 전략을 채용하여 그의 군대를 변화시켰다.

첫 단계인 '슬로(천천히)'는 몽골인들이 중요한 목표를 추진할 때 그랬듯, 출정 전에 철저히 준비하는 것이다(호라즘을 치려면 키질쿰 사막의 오아시스를 알고 있는 길 안내자가 필요했다. 칭기즈칸은 길을 안내할 수 있는 사람을 포로로 잡아, 나중에 그의 도움으로 키질쿰 사막을 가로질렀다). 두 번째 단계인 '슬로(천천히)'는 상대가 준비를 느슨히 하고, 자기만족에 취해서 준비를 게을리하게 만드는 단계다. 몽골 군은 페르가나 계곡 전투에서 일부러 져주어 호라즘 왕국이 자만에 빠지게 하였다. 한편 '퀵(빠르게)'은 제베의 공격이 반향을 불러일으킨 것처럼 기습공격을 통해 적군의 관심을 한 방향으로 쏠리게 하는 것이다. 그리고 마지막 '퀵(빠르게)'은 상대가 예기치 못한 방향에서 더욱 신속하게 공격을 감행하는 것이다. 칭기

판단
*충격이 성공을 부른다.
오! 충격의 소리는
웃음소리를 불러오리니,
하하!
충격은 수백 리에 걸쳐
사람들을 놀라게 한다.*
— 《주역》

즈칸이 키질쿰 사막을 건너 부하라에 바로 나타난 것은 군사학에서도 역사적인 사건으로 간주된다. 심리전에 탁월한 칭기즈칸은 예기치 못할 때 정체불명의 적이 나타나면, 병사들이 위협을 느낀다는 사실을 십분 활용했다. 상대의 허를 찌르는 그의 전술은 군 전력보다 배 이상의 효과를 나타냈다.

현재는 속도가 최우선시되어 상대보다 먼저 시작하는 것 자체가 목표가 될 수 있는 시대다. 그러나 그저 급하게 행동하거나 반응하여 종국에 가서는 실수하거나 시간을 낭비하는 경우가 허다하다. 그러한 실수를 저지르지 않고 파괴력이 내재된 스피드 전술을 구사하려면 체계적이고 전략적인 준비 태세를 갖추어야 한다.

행동하기 전에 먼저 준비 태세를 갖추고 상대의 약점을 찾아라. 그 후 상대가 당신을 과소평가하고, 무장을 늦추는 방법을 알아내라. 만일 당신이 불시에 기습한다면, 상대는 놀라 얼어붙을 것이다. 당신이 한 번 더 공격할 때, 이때는 측면 공격이자 출발점을 알 수 없는 공격이어야 한다. 공격 효과를 가장 극대화하는 것은 예기치 못한 공격이다.

상대가 예측하지 못하는 방법일수록 공격의 효과가 극대화된다. 훨씬 더 막강한 상대조차 급습을 당할 수 있는 전쟁에서야말로 이 효과가 최상으로 나타난다.
— 크세노폰

전쟁의 기술: 상대보다 빠르게 판단하고 움직여라

1940년 5월 독일군은 새로운 유형의 전술(전격전)을 사용해 프랑스와 저지국가들을 공격했다. 놀라운 속도로 전진하면서 독일군은 전차와 항공기로 합동 공격을 가했는데, 이는 군사 역사상 가장 신속하고 파괴적인 승리를 가져다주었다. 전격전의 성공은 주로 연합군의 고정적이고 비유동적인 방어 형태 덕분에 가능했다(무하마드 2세가 몽골 공격 당시 수립했던 방어 전략과 같다). 독일군이 한 전선을 돌파하면 연합군은 시의적절하게 방어선을 재조정하거나 반격을 가하지 못했다. 독일군은 적이 상황을 판단하는 데 걸리는 시간보다 더 빨리 전진했다. 연합군이 대응 전략을 마련했을 때는 이미 늦은 뒤였다. 상황이 변한 것이다. 독일군은 이미 프랑스 영토 깊숙이 파고 들어와 있었다.

우리는 지금 그 어느 때보다도 방어적이고 신중하며 정적인 위치에서 행동하는 이들을 상대해야 하는 경우가 많아졌다. 오늘날의 사회는 너무도 산란하고, 근심거리와 성가신 일들로 가득 차 있으며, 발을 맞추어 나가기에는 속도가 너무나 빠르기 때문이다. 이런 세상 속에서 대부분의 사람들은 본능적으로 사회를 바꾸려는 노력보다 자신의 내부로 후퇴해서, 각박한 세상으로부터 자신만의 보호 장벽을 쌓는다. 사람들은 서두르는 것을 싫어하며, 실수를 저지를까 걱정한다. 또 무의식적으로 더디게 반응하려 한다. 결정을 뒤로 미루거나, 아무것도 하지 않거나, 방어적으로 주의하는 성향을 보면 잘 알 수 있다.

만일 우리가 기습전을 일상생활에 적용한다면, 이 시대에 구사할 수 있는 가장 좋은 전략이 될 것이다. 상대가 방어적이고 안정적일 때, 상대가 미처 준비를 하기도 전에 갑작스러우면서도 결단력 있는 행동으로 대응하면 상대를 당혹스럽게 할 수 있다. 상대는 평소처럼 회피하거나 심사숙고하여 행동하기보다는, 오히려 감정적이 되거나 신중하지 못한 행동을 할 것이다. 상대의 방어선을 돌파하고, 예상 못한 의표를 찌른다면, 상대는 당황하여 실수를 연발하게 되고 더욱 혼란에 빠질 것이다.

속도전과 기습전의 귀재였던 카이사르는 실생활에 기습공격을 이용한 전형적인 인물이다. 카이사르는 원로원의 적들과 손잡고 자신에게 협력하도록 하거나, 위기의식을 조장했다. 같은 방법으로 카이사르는 자신을 반대했던 사람들을 갑작스레 용서해주었다. 기습을 당한 상대는 그와 동맹을 맺었다. 카이사르의 이러한 예측 불가한 면으로 인해 사람들은 그의 앞에서 더욱 신중하고 심사숙고했다.

기습 전략은 결정을 내리는 데 주저하거나 실수를 두려워하는 사람들에게 효과적이다. 당신의 상대가 내부에서 존경받는 리더가 아니거나 내부조직에 문제가 있는 경우에도 기습전은 리더십과 내부조직에 강한 영향을 주어 적 진영을 붕괴시킬 수 있다. 나폴레옹의 기습전이 성공한 것은 대개 전략 담당 장군들 사이에 의사소통의 문제가 있을 때였다. 일단 나폴레옹의 군대가 상대편 방어진을 뚫고 나가면 상대 조직에서는 의견 충돌이 발생하고 이내 붕괴했다.

헨리 키신저(Henry Kissinger)가 증명하였듯, 기습전은 외교정책에서도 효과적이다. 미국의 전 국방장관이었던 키신저는 정치 협상을 시작할 때 상대와 악의 없는 농담을 주고받으며 시간을 보냈다. 그 후 협상 막바지에 요구사항들을 늘어놓아 상대를 놀라게 했다. 그러면 상대는 당황하여 협상에 굴복하거나 실수를 저질렀다. 이것이 키신저판 '슬로-슬로-퀵-퀵' 전술이었다.

2차 세계대전 때 독일군은 주력부대를 프랑스로 진입시키기 위해, 벨기에 남부의 아덴 숲을 통과하여 공격하는 전략을 수립했다. 당시 아덴 숲은 기계화 부대의 운용에 부적합하다는 판단으로 연합군의 방비가 허술한 지역이었다. 이 취약점을 공략하여 독일군은 속도와 기세를 구축할 수 있었다. 기습전을 개시할 때는 이처럼 상대의 약점을 찾아야 한다. 저항이 약한 지점을 공략함으로써 속도와 기세를 확보하는 것이 승리의 관건이다.

기습전의 세 가지 성공요인은 다음과 같다. 첫째는 기동대(작으면 작을수록 좋다)를 편성하고, 조직단위 간에 확고한 협력체계를 구축하며, 명령계통의 상하부 간 지시 전달을 신속히 하는 것이다. 기술 장비에 의존하지 마라. 베트남전 때 미국은 상부 조직의 의사소통 문제로 작전수행에 방해를 받았다. 너무 많은 정보가 오히려 늦장 대응을 하게 만든 것이다. 북베트남 군은 기계장치가 아닌, 스파이와 정보 제공자 조직을 체계적으로 운영하여 신속한 의사결정을 내림으로써, 지상전에서 민첩한 작전수행을 이끌어냈다.

프랭클린 루스벨트는 1932년 대통령에 당선된 직후 공개석상에서 사라진 것처럼 보였다. 그러다가 취임 연설 시점에 루스벨트는 템포를 바꾸어 미국이 당면한 상황을 어떻게 극복해야 할지 심사숙고했다는 취지의 연설을 하여 국민을 고무시켰다. 몇 주 후 그는 의회에 대담한 입법안들을 신속하고 적극적으로 제출하였다. 루스벨트가 선보인 강렬한 정책

알리의 천재성은 자신의 단점을 찾아내어 장점으로 승화시킨 능력에 있다. 천천히 살펴보자. 알리보다 주먹이 약한 헤비급 챔피언을 찾을 수 없을 정도로 알리의 주먹이 약했다. 그러나 당시 캐시어스 클레이라는 이름으로 활동했던 알리는 스무 번 싸우는 동안 열일곱 번 KO승을 거두며, 상대를 때려눕혔다. 어떻게 이러한 신화가 가능했을까? 전문가들은 하나같이 알리의 주먹이 약하다고 생각했는데도, 첫 지명 방어전에서 소니 리스턴을 한방에 KO시키는 등 어떻게 다른 선수들을 이길 수 있었을까? 비결은 시의적절하고 빠른 공격에 있다. 알리는 극도로 빠른 펀치를 날렸고, 가장 중요한 점은 상대 복서가 본능으로 알리의 주먹을 예측하기 직전이라는 기막힌 시점에 상대에게 주먹을 작렬시켰던 것이다. 이때 상대 선수는 알리의 주먹을 볼 수 없다. 대비하지 못한 상태에서 주먹을 맞게 되면, 순간적으로 뇌 기능이 떨어져 주먹의 충격을 몸이 흡수하지 못한다. 주먹을 맞을 부위에 대비하여 근육을 긴장시키지 못하는 것이다. 우리는 여기서 KO처럼 확실한 결론에 이를 수 있다. 상대를 잠재우는 펀치는 강력한 펀치가 아니라 보이지 않는 펀치다.
— 호세 토레스(José Torres), 버트 랜돌프 슈거(Bert Randolph Sugar) 공저, 《벌처럼 쏴라(Sting Like a Bee)》, 1971년

들은 초기의 조용한 준비 단계와 대비되어 종국에는 큰 영향을 미쳤다. 조잡한 각본에 의한 행보보다 갑작스러운 정책을 선보이는 전략으로 루스벨트는 위기 상황에서 대통령직을 수행하며, 미국을 올바른 방향으로 이끈다는 확신을 국민들에게 심어주었다.

왔노라, 보았노라, 이겼노라(Vendi, vidi, vici).
— 율리우스 카이사르

속도는 상대에게 강력한 공격수단이 될 뿐 아니라, 당신 편에 있는 사람에게도 긴장감과 동시에 긍정적인 영향을 준다. 프리드리히 대왕은 신속히 이동하는 군대가 사기도 높다고 말했다. 속도는 호전성을 부른다. 빠른 움직임은 당신과 당신 군대에게 실수할 시간이 적어짐을 의미한다. 또한 밴드왜건 효과(bandwagon effect, 악대차가 연주하면서 지나가면 사람들이 무슨 일인지 궁금하여 모여들기 시작하고 이들을 보고 다른 사람들도 뒤따라가게 되어 군중이 더욱 불어난다는 데서 착안한 용어로 남이 하는 행동을 따라서 하는 것을 말한다— 옮긴이)도 일으킨다. 즉 당신을 경외하는 사람들이 많아질수록 더 많은 사람들이 당신 편에 서게 된다. 루스벨트와 같이 결단력 있는 행동을 가능한 한 드라마틱하게 연출하라.

| **이미지** | 폭풍. 하늘은 잔잔하고 고요해진다. 아늑한 석양은 평화롭고 아름답다. 그 순간 갑작스럽게 번개가 치고 바람이 강해지며 하늘은 폭발한다. 가장 무서운 것은 갑작스러운 돌풍이다.

| **근거** | 천천히 심사숙고하고, 빠르게 행동하라
— 나폴레옹 보나파르트

뒤집어보기

신중함은 중요한 덕목이다. 특히 준비 단계에서는 더욱 그렇다. 느리면서 신중한 태도, 심지어 바보처럼 어수룩해 보이는 태도는 상대의 태도를 변화시켜 경계심을 누그러뜨린다. 일단 상대가 경계심을 풀면, 예기치 못한 일격을 가하여 상대를 제압할 수 있다. 이때 당신은 반드시 이성적으로 완급을 조절해야 한다. 절대로 충동적인 행동은 삼가라. 적과 대치했을 때, 신속함만이 진정한 방어책은 아니다. 신속함은 신속함을 무력화시킬 뿐이다. 무하마드 2세가 몽골 군에게 당한 예에서 보듯이, 기동성 있게 움직이는 적에 맞서 융통성 없는 대응을 하는 것은 적에게 이로울 뿐이다.

STRATEGY ⓞ

역학관계를 통제하라
: 상황 장악의 방법

사람들은 당신을 통제하기 위해 지속적으로 애쓰고 있다.
당신이 그들에게 이익이 되도록 행동하게 만들고
자기가 원하는 방향으로 역학관계를 유도하면서 말이다.
우세를 점하는 유일한 방법은 통제력을 더 지능적이고 교활하게 만드는 것이다.
상대의 모든 수를 지배하려고 애쓰지 말고 관계 자체의 성격을 정의하기 위해 노력하라.
페이스와 이해관계를 당신에게 유리한 쪽으로 변경하면서
당신이 정하는 영역으로 갈등을 이동하라.
상대의 마인드를 통제하고 감정을 자극하며 실수를 저지르도록 유도하는 책략을 써라.
그들의 긴장의 끈을 늦추기 위해 필요하다면 그들이 통제력을 쥐고 있다고 느끼게 만들어라.
당신이 전투의 전체적인 방향과 구조를 통제한다면 그들이 무슨 짓을 하든,
그것은 당신에게 유리하게 작용할 것이다.

통제력을 확보하는 4가지 기술

통제력은 어떤 관계에서든 중요한 문제다. 무력감을 혐오하고 힘을 갈구하는 것은 인간의 본성이다. 두 사람, 또는 두 집단이 상호작용할 때 둘 사이에는 언제나 그 관계를 정의하고 누가 이런저런 문제에 대해 통제권을 가지고 있는지 결정하기 위한 책략이 끊임없이 펼쳐지게 마련이다. 전략가로서 당신의 임무는 두 가지다. 첫째, 삶의 모든 면에서 통제권을 향한 싸움을 인식하고, 통제권에는 관심이 없다고 주장하는 이들에게 절대 넘어가지 않는 것이다. 그런 부류의 인간들이야말로 책략에 가장 능한 경우가 많다. 둘째, 당신은 체스판의 장기를 다루듯 목적의식과 방향 감각을 가지고 상대방을 움직이는 기술을 통달해야 한다. 이 기술은 고금에 걸쳐 가장 창의적인 장군들과 군사 전략가들에 의해 고안되었다.

전쟁은 상대편의 행동을 누가 더 많이 통제하느냐에 대한 싸움이다. 한니발, 나폴레옹, 로멜 같은 군사학의 귀재들은 통제권을 획득하기 위한 최상의 방법이 전쟁의 전체적인 페이스와 방향, 형태를 결정하는 것임을 발견했다. 이는 적에게 익숙하지 않지만 당신에게 잘 맞는 영역으로 적을 유인해 당신의 템포에 맞춰 싸우도록 만드는 것을 의미한다. 여기서 가장 중요한 것은 적의 심리적 약점을 이용할 수 있는 책략을 마련하는 것이다.

발군의 전략가라면 적이 이 수에는 어떻게 반응하고, 저 수에는 어떻게 움직일지 정확히 통제할 수 없다는 것을 알고 있을 것이다. 모든 수를 지배하려 들면 돌아오는 것은 낙담과 기진맥진함뿐이다. 전쟁과 인생에는 예측 불가능한 요소들이 너무나 많다. 그러나 전략가가 적의 심리상태와 정신상태를 통제할 수 있다면 적이 그의 책략에 어떻게 반응할지는 별로 중요하지 않다. 적이 겁에 질리고 당황하도록, 그리고 지나치게 공격적이고 분노하도록 만들 수 있다면 그들의 행동반경을 통제하고 있는 것이며 물리적으로 그들을 구석으로 몰기 전에 정신적으로 함정에 빠뜨릴 수 있다.

통제력은 적극적일 수도, 수동적일 수도 있다. 통제력은 적이 물러서서 주도권을 잃게 만드는 즉각적인 돌진일 수도 있으며, 적이 방심하도

'베개로 누르기'는 적이 머리를 들지 못하게 하려는 노력을 일컫는다. 군사전략을 바탕으로 한 전투에서 적에게 주도권을 내주어 자신을 수세로 모는 것은 금기시된다. 무슨 수를 써서라도 적을 완전히 통제해 적을 앞서야 한다. 전투 중에는 당신이 적을 제압하려는 것만큼이나 적도 당신을 제압하려 할 것이다. 그러므로 적의 의도와 전술을 간파해 그를 통제하는 것은 생사가 걸린 일이다. …… 군사전략의 원칙에 따르면 적을 항상 통제할 수 있어야 한다.
— 미야모토 무사시, 《오륜서》

록 만들거나 경솔한 공격을 하도록 미끼를 던지기 위해 죽은 척하는 것일 수도 있다. 통제의 달인은 이 두 가지 방법을 모두 사용해 치명적인 타격을 가한다. 치고 빠졌다가 미끼로 살살 꾀어 섬멸하는 것이다.

> 나는 프리드리히 대왕에 동의한다. 항상 선공을 하는 사람이 돼야 한다.
> — 나폴레옹 보나파르트

이 기술은 일상생활의 전투에 무한하게 적용할 수 있다. 많은 사람들이 무의식적인 통제력 게임을 벌이거나 상대의 모든 수를 지배하려 애쓴다. 너무 많은 것을 조정하고 결정하려 들면 기진맥진해 실수를 저지르고, 사람들을 밀어내 결국에는 상황에 대한 통제권을 상실하게 된다. 당신이 이 기술을 이해하고 통달한다면 상대방에게 영향력을 행사하고 상대방을 지배하기가 훨씬 쉽다. 사람들의 심리상태와 그들이 움직여야 하는 속도, 관련된 이해관계를 결정함으로써 상대방이 취하는 당신의 책략에 대한 모든 반응이 당신이 형성해놓은 전체적인 역학관계에 맞아떨어질 것이다. 그들은 자신이 제압당하고 있지만 이에 맞서 싸우는 것이 부질없는 일이라고 느낄지도 모른다. 아니면 그들은 이를 알아차리지 못한 채 당신이 원하는 방향으로 움직여줄 수도 있다. 그것이 궁극의 통제 기술이다. 다음은 이 기술의 네 가지 기본 원칙이다.

지속적으로 적을 압박하라. 적이 행동을 취하기 전에, 우연의 요소나 예기치 않은 적의 행동이 당신의 계획을 망쳐놓기 전에, 주도권을 획득하기 위한 공격적인 행동을 취하라. 그리고 나서 이 순간적인 우세를 최대한 활용하며 계속해서 가차 없는 압박을 가하라. 포격을 개시하기 위한 기회를 기다리지 마라. 기회는 스스로 만들어내는 것이다. 당신이 현재 더 불리한 입장에 있다면, 이로써 양쪽의 전세를 동일하게 하는 것 이상의 효과를 볼 것이다. 적을 수세로 몰아 공격에 대응해야 하는 상태로 유지시키는 것은 그들의 사기를 꺾는 효과를 가져올 것이다.

전장을 이동하라. 당신의 적은 당연히 자신이 선호하는 전장에서 싸우기를 원할 것이다. 자신의 힘을 최대한 유리하게 사용할 수 있는 곳에서 말이다. 그런 힘을 양보하면 결국은 상대방이 원하는 조건대로 싸우게 될 것이다. 당신의 목표는 당신이 선택한 전장에서 충돌이 벌어지도록 교묘히 조종하는 것이다. 전투에 응하되 그 전투의 성격을 바꿔라. 만약 돈을 놓고 싸우고 있다면 이를 도덕적인 문제로 변화시켜라. 만약 적이 어떤 특정한 사안을 놓고 싸우기를 원한다면 그 전투를 재구성해 더 거대하고 적이 다루기 어려운 문제를 포함하도록 만들어라. 만약 그들이 느린 페이스를 선호한다면 속력을 높일 수 있는 방법을 찾아라. 적을 편하게 해주거나 그들이 통상 하던 방법으로 싸울 수 있도록 해주어서는 안 된다. 결국 낯선 전장으로 유인된 적은 역학의 통제권을 잃은 셈이다. 일단 그런 통제권이 적의 손에서 빠져나가면 그는 타협하고 후퇴하며 실수를 저질러 자기 파멸을 초래할 것이다.

실수할 수밖에 없게 만들어라. 적은 과거에 효과가 있었던, 그들에게 우세하게 작용하는 전략의 실행에 의존할 것이다. 당신에게는 두 가지 임무가 있다. 적이 자신의 강점이나 전략을 활용할 수 없는 방식으로 싸우는 것, 그들이 전투 과정에서 실수를 저지를 정도로 좌절하게 만드는 것이다. 그들에게 어떤 조치를 취할 시간적 여유를 줘서는 안 된다. 그들의 감정적 약점을 공략해 최대한 그들을 예민하게 만들어라. 치명적인 덫으로 그들을 끌어들여라. 당신에게 통제권을 넘겨주는 것은 당신의 직접적인 행동보다는 적의 실족이다.

수동적으로 통제하라. 제압의 궁극적인 경지는 통제력이 상대편에게 있다고 생각하게 만드는 것이다. 자신이 우위를 차지하고 있다고 믿으면 그들은 당신에게 저항하거나 방어적인 자세를 취하지 않을 것이다. 상대방의 에너지에 맞춰 움직이고 기반을 내주는 동시에 눈에 띄지 않게 당신이 원하는 방향으로 그들을 유인함으로써 이런 인상을 심어줄 수 있다. 이는 때로 지나치게 공격적인 이들과 수동-공격형 적을 지배하기 위한 최상의 방법이다.

> 전쟁에 능한 자는 다른 이들을 압도하며 다른 이들에게 압도당하지 않는다.
> — 손자

사례 1: 예고 없이 돌격하는 로멜의 탱크

1940년 말 중동에 주둔하던 영국군은 이집트에서 입지를 굳히고 이탈리아 군(독일의 동맹군)이 2차 세계대전 초기에 점령했던 리비아의 요지를 되찾을 수 있었다. 방가지라는 중요한 항구 도시를 획득한 영국군은 이탈리아 군을 리비아에서 영원히 몰아내기 위해 서쪽으로 더욱 뻗어나가 트리폴리까지 곧장 진군할 각오가 돼 있었다. 그런데 진군 도중 예상치 못한 중지 명령이 떨어졌다. 당시 중동 지역의 영국군 총사령관은 아치볼드 웨이벌(Archibald Wavell) 장군이었다. 그는 이탈리아 군이 사막전에 약하다는 것을 노려, 리비아에서 방어선을 구축하고 병력을 증강해 다음 해 4월쯤 이탈리아 군을 공격할 계획이었다.

에르빈 로멜 장군의 지휘 아래 여단을 강화한 독일군이 1941년 2월 트리폴리에 도착했다는 소식이 전해졌지만 영국군은 계획을 바꾸지 않았다. 로멜은 1년 전 프랑스 전격전에서 크게 활약하여 명성을 떨친 바 있었다. 그러나 이곳에서 그는 이탈리아의 지휘권 아래 있었으며, 보급품도 무능력한 이탈리아 군에게 의지하고 있는 상황이었다. 그의 군대는 영국군을 위협하기에는 규모가 너무 작았다. 게다가 트리폴리를 방어하는 것 이상의 어떤 군사적 행동도 하지 말라는 게 히틀러의 명령이었다.

1941년 3월 말 로멜의 탱크가 예고 없이 동쪽으로 돌격했다. 로멜은 그의 소규모 병력을 여러 사단으로 나누어 영국군의 방어선을 향해 돌격시킴으로써 적이 그의 의중을 알기 힘들게 했다. 이 기계화 사단은 엄청난 속도로 움직였다. 그들은 불빛을 낮추고 밤에 진군하여 적군의 측면과 후방으로 신출귀몰하며 여러 차례 적군을 불시에 습격했다. 영국군은 방어선 여기저기에 구멍이 뚫리자 하는 수 없이 동쪽으로 후퇴할 수밖에 없었다. 카이로에서 이 사태를 지켜본 웨이벌은 큰 충격과 함께 굴욕감을 느꼈다. 로멜은 터무니없이 적은 수의 탱크와 보급품의 극심한 제약에도 적을 대혼란에 빠뜨렸다. 몇 주 후 독일군은 이집트 국경까지 진군했다.

이 공격에서 로멜은 대담한 전투 방식을 선보여 아군과 적군의 감탄을 자아냈다. 그는 사막이 바다라도 되는 듯이 이를 이용했다. 보급품 문제와 험한 지세에도 불구하고 탱크를 끊임없이 가동했다. 한순간도 긴장을 늦출 수가 없었던 영국군은 점점 정신적으로 지쳐갔다. 그러나 얼핏 보기에 제멋대로인 듯한 로멜의 행동은 언제나 하나의 목적을 향하고 있었다. 그는 특정 도시를 점령하고자 하면 반대 방향에서 침투해 예상치 못한 쪽에서 포위하고 공격했다. 그는 자신이 어디로 향하고 있는지 적이 헤아릴 수 없게 만들었을 뿐 아니라 실제보다 병력이 훨씬 커 보이게 할 의도로 먼지바람을 일으킬 트럭 부대를 투입했다.

로멜의 전략가로서의 천재성은 영국군과는 반대되는 방법으로 탱크를 활용한 데서도 빛을 발했다. 그는 적군의 전선에 구멍을 뚫기 위해 탱크를 전방으로 돌진시키는 대신 가장 약한 탱크들을 보내 첫 번째 접촉에서 탱크들을 후퇴시키곤 했다. 영국의 탱크는 한결같이 덫에 걸려들어 탱크를 추격했다. 그 과정에서 너무나 많은 먼지를 일으켜, 자신이 독일의 대(對)전차 포격선으로 곧장 돌진하고 있음을 알아차리지 못했다.

영국군은 끊임없이 궁지에 몰렸으며, 로멜의 움직임에 대응해 신속한 결정을 내려야 한다는 압박에 시달리며 실수를 연발했다. 로멜이 다음에는 어디서, 또 어떤 방향에서 나타날지 감을 잡을 수 없었기 때문에 위험할 정도로 방대한 지역에 걸쳐 병력을 포진시켰다. 얼마 지나지 않아 영국군은 수적으로 로멜의 사단보다 훨씬 우세했음에도 로멜의 독일 사단이 다가오고 있다는 말이 나오기만 해도 진지를 포기하기 일쑤였다. 결국 로멜을 막아낸 것은 엉뚱하게도 러시아에 대한 히틀러의 집착이었다. 그것은 로멜이 이집트 정복을 위해 필요로 했던 보급품과 증원 부대를 앗아갔다.

해석 ——

로멜은 자신이 처음 맞닥뜨렸던 상황을 다음과 같이 분석했다. 적은 동쪽으로 강력한 입지를 차지하고 있으며 이집트에서 더 많은 보급품과 병력을 얻어 점점 막강해질 것이다. 반면 그의 병력은 규모가 작았으며 오래 기다릴수록 이 군대는 쓸모없어질 것이다. 그래서 그는 프랑스 전격전에서 배웠던 한 가지 진실에 그의 경력을 담보로 맡기고 히틀러의 명령에 불복종하기로 했다. 선제공격을 하는 것이 역학을 완전히 바꿔놓을 수 있는 길이었다. 만약 현재 적이 더 우세하다면 갑작스럽게 수세에 몰릴 경우 동요를 일으키고 사기가 떨어질 것이다. 규모는 크지만 준비가 되어 있지 않으면 질서 있게 후퇴를 조직하는 것이 더욱 어려워지기 때문이다.

로멜의 전략이 효과를 거두기 위해서는 적군을 최대한 혼란에 빠뜨릴 필요가 있었다. 거듭되는 혼란 속에서 독일군은 실제보다 더 막강해 보일 것이다. 그런 대혼란의 동인으로 작용할 수 있는 속도, 기동력, 그리고 기습공격 자체가 전투의 목적이 되었다. 일단 적이 수세에 몰리자 적을 교란시키는 책략은 더욱 효과를 발휘했다. 생각할 틈 없이 후퇴 중인 적은 당신이 압박을 계속하면 끊임없이 실수를 저지를 것이다. 결국 로멜의 성공의 열쇠는 한 번의 대담한 책략으로 주도권을 잡아 이 순간적인 우세함을 최대한 활용하는 것이었다.

세상에 존재하는 모든 것은 당신을 수세로 몰아넣기 위해 음모를 꾸민다. 직장에서 당신의 상사는 자기만의 영광을 원하며 당신이 주도권을 잡지 못하도록 훼방 놓을 것이다. 사람들은 끊임없이 당신을 밀고 공격해, 당신을 공격에 대응해야 하는 위치로 몰아넣는다. 그들은 끊임없이 당신의 한계가 무엇이며 당신이 성취하고자 희망해서는 안 되는 것이 무엇인지 일깨워주고자 한다. 그들은 당신이 이런저런 문제들에 대해 죄책감을 느끼도록 부추긴다. 당신의 수동적인 자세는 결국 현실로 나타나는 예언이 될 수도 있다. 우선 당신은 이런 감정에서 놓여날 필요가 있다. 다른 이들이 싸울 준비를 갖추기 전에 대담하게 행동하고 주도권을 잡음으로써 삶이 당신에게 무엇을 던져주는지 기다리지 않고 자신의 환경을 만들어내는 것이다. 당신의 선제공격은 당신이 바라는 조건으로 상황을 바꿔놓는다. 사람들은 당신을 실제보다 더 크고 더 강력한 존재로 보며 당신에게 반응할 것이다. 또한 당신에게는 로멜과 같은 약간의 광기가 필요하다. 상황에 구애받지 않고 계속 전진해 나가기 위해서는 상대가 방향 감각을 잃게 하고 혼란을 불러일으키는 것 자체를 목적으로 삼고 이를 실행할 준비가 돼 있어야 한다는 뜻이다. 이는 당신에게 달려 있다.

> 전쟁에서 동일한 수준의 통찰력이라면 그 통찰력은 대담성보다는 주저함 때문에 손상되는 경우가 훨씬 더 많다.
> — 카를 폰 클라우제비츠

끊임없이 방어할 것인가, 아니면 상대방이 방어의식을 느끼도록 만들 것인가?

사례 2: 종잡을 수 없는 셔먼의 기동작전

1864년 초엽 미국 남북전쟁은 교착상태에 빠졌다. 북부 버지니아 군 총사령관인 로버트 E. 리(Robert E. Lee) 장군은 북군이 리치먼드로 진입하는 것을 가까스로 저지한 상태였다. 남군은 북군이 남부의 요충 산업도시인 애틀랜타로 진군하는 것을 막으며 서쪽으로 조지아 주 돌턴에 난공불락의 방어선을 세웠다. 그해 재선을 눈앞에 두고 있던 에이브러햄 링컨 대통령은 교착상태가 계속되면 승산을 잃을까 염려하여 율리시스 S. 그랜트 장군을 총사령관으로 임명했다. 남군에 맞서 공세를 펼칠 인물이었다.

그랜트는 첫 조치로 조지아 주에 있는 북군 지휘관에 그의 휘하 중장인 윌리엄 테쿰세 셔먼 장군을 임명했다. 전장에 도착했을 때 셔먼은 돌턴을 점령하려는 시도는 애초부터 가망이 없음을 깨달았다. 남부연합 사령관인 존 존스턴(John Johnston) 장군은 방어전의 대가였다. 존스턴은 후면의 산들과 전방으로의 굳건한 진지 덕분에 그곳을 지킬 수 있었다. 포위 공격은 시간이 너무 오래 걸릴 것이며 정면공격은 손실이 너무 클 것이었다.

셔먼은 포위 공격이 어렵다면 다른 전략을 취하겠다고 결심했다. 보수적이고 신중하기로 유명한 존스턴의 공포감을 공략해 그의 정신을 마구 뒤흔들어놓기로 말이다. 1864년 5월 셔먼은 군대의 4분의 3 정도를 돌턴으로 진격시켜 공격하게 했다. 존스턴이 이 공격에 정신이 팔려 있을 때 셔먼은 산악지대를 돌아 돌턴에서 24킬로미터 정도 떨어진 레사카라는 도시에 있던 테네시 군에 몰래 접근해 존스턴의 유일한 후퇴로와 보급선을 차단했다. 순식간에 적에게 포위당하자 겁에 질린 존스턴은 돌턴의 진지를 포기할 수밖에 없었다. 그러나 이대로 셔먼의 손에 놀아날 수는 없었다. 그는 가장 안전한 방어지로 후퇴해 다시 셔먼이 공격해오기를 기다렸다. 이는 곧 춤을 추듯 끊임없는 방향 전환으로 이어졌다. 셔먼은 다른 쪽으로 이동하는 척하며 어떻게 해서든 존스턴의 서쪽으로 부대의 일부를 보낼 계획이었다. 존스턴은 계속 후퇴하여 애틀랜타까지 밀려갔다.

남부연합 정부의 대통령인 제퍼슨 데이비스(Jefferson Davis)는 존스턴이 교전을 피하자 넌더리를 내며 그 자리에 존 후드(John Hood) 장군으로 교체했다. 후드 사령관은 공격적이고 무모한 인물이었다. 셔먼은 애틀랜타를 포위 공격할 시간도 없었고 병력도 충분하지 않았지만 링컨은 신속한 승리를 요구했다. 그는 적을 유인하기 위해 일부러 군대를 작고 약하게 만들어 애틀랜타 요새를 위협했다. 후드는 애틀랜타의 요새를 떠나 공격에 나설 수 있는 이 유혹을 뿌리칠 수 없었고 결국 매복 기습을 위해 돌진했다. 이 공격은 여러 차례에 걸쳐 일어났고, 그때마다 번번이 후드의 군대는 패배해 점점 규모가 작아졌고 병사들의 사기도 급속도로 떨어졌다.

이제 지친 후드의 부대가 닥쳐올 재앙을 기다릴 수밖에 없는 상황이 되자 셔먼은 또 다른 책략을 동원했다. 8월 말 보급선을 포기하고 애틀랜타를 지나 남동쪽으로 군대를 행군시켰던 것이다. 후드에게 이것은 셔먼이 애틀랜타 점령을 포기한 것으로밖에는 보이지 않았다. 애틀랜타 전역은 전승을 축하하는 분위기로 들썩거렸다. 그러나 셔먼의 행군은 옥수수가 익는 시기에 맞춘 것이었다. 병사들은 옥수수로 배를 든든히 채웠다. 후드가 방심한 틈을 타 그는 애틀랜타로 통하는 마지막 철도 선로를 끊고, 무장해제된 도시를 공격하기 위해 선회했다. 후드는 결국 애틀랜타를 포기했다. 이는 후에 링컨의 재선을 보장해줄 위대한 승리였다.

다음으로 셔먼은 기묘한 기동작전을 펼쳤다. 부대를 4종대로 나눈 다음 보급선으로부터 완전히 이탈하여 애틀랜타에서 사바나와 대서양을 향해 동쪽으로 진격했다. 병사들은 행군로에서 식량을 얻으며 지나가는 길에 있는 것을 모두 파괴했다. 보급품 수송체계의 제약에서 벗어나자 그들은 엄청난 속도로 움직일 수 있었다. 네 개 종대는 서로 충분히 간격을 두었기 때문에 남군은 그들이 어디로 향하고 있는지 알 수가 없었다.

심지어 대담성은 전쟁에서 독특한 특권을 지니고 있음을 인정해야 한다. 대담성의 가치는 공간, 시간, 전투력의 규모 등을 계산하여 얻는 결과를 능가한다. 대담성은 적의 약점에서 이점을 끌어낸다. 따라서 대담성은 진정한 창조적 힘이다. 이것은 그리 어렵지 않게 철학적으로 입증될 수 있다. 대담성은 두려움과 맞서게 되면 성공의 확률을 높인다. 왜냐하면 두려움은 이미 균형을 깨뜨리기 때문이다. 그러나 대담성은 사려 깊은 신중함과 맞설 경우 불리하다. 왜냐하면 사려 깊은 신중함은 대담성 못지않게 대담하고 항상 강하고 굳건하기 때문이다. 그러나 이런 경우는 매우 드물다. 신중한 사람들의 대다수는 두려움 때문에 신중해진다.
…… 높은 지위에 올라갈수록 대담성은 사려 깊은 정신의 도움을 필요로 한다. 따라서 대담성은 맹목적으로 발휘되거나 분출되는 열정이 되어서는 안 된다.
— 카를 폰 클라우제비츠, 《전쟁론》

남쪽 종대는 마콩을 향하는 것처럼 보였고 북쪽 종대는 오거스타를 향하는 것처럼 보였다. 남군은 그 두 지역으로 서둘러 병력을 파견했다. 이 때문에 중심부가 무방비 상태가 됐는데, 이곳이야말로 셔먼의 진짜 목적지였다. 셔먼은 남군이 진퇴양난에 빠진 틈을 이용해 거의 전투를 벌이지 않고도 사바나까지 행군해갈 수 있었다.

이 행군의 결과는 파괴적이었다. 버지니아에서 전투 중인 남군 병사들은 북군이 조지아를 폐허로 만들었다는 소식에 사기가 엄청 떨어졌다. 수많은 병사들이 조지아 집을 뒤로하고 출전했던 것이다. 셔먼의 행군은 남군 전체에 침울한 분위기를 짙게 드리웠다. 서서히 그러나 분명히 남군은 싸움을 계속할 의지를 잃어갔고 그것이 바로 셔먼이 목표한 바였다.

해석 ——

충돌 상황에서 역학관계를 지배하는 것은 세력이 더 약한 쪽인 경우가 많다. 이 사례에서 전략적인 면에서나 대전략의 면에서나 통제권을 쥔 쪽은 남군이었다. 남군은 즉각적이며 지엽적인 전략에 따라 조지아와 버지니아의 강력한 방어 진지에 대피해 있었다. 그렇게 남군에게 유리한 상황이었음에도 북군 장군들은 남군 진지들을 정복하고픈 욕심에 차례차례 사단들을 동원해 공격을 감행했다. 그러나 그때마다 수많은 인명피해만 따랐을 뿐 전진에 대한 기대는 별로 충족되지 않았다. 그것은 바로 적군이 바라는 바이기도 했다. 교착상태가 지속될수록 링컨이 대통령직에서 밀려날 가능성도 커졌다. 그렇게 되면 전쟁은 협상을 통해 종결될 것이다. 남군이 전투의 속도를 (서서히 압박하는 것으로) 결정했고 이해관계를 통제했다.

셔먼은 한 도시를 함락시키거나 전투에서 남군을 패배시키는 것을 목표로 삼지 않았다. 그의 관점에서 전쟁을 이기는 유일한 방법은 역학의 통제권을 쥐는 것이었다. 그는 돌턴이나 애틀랜타를 무모하게 정면공격하지 않았다. 이는 남군의 손아귀에서 놀아나는 꼴이 될 것이기 때문이다. 대신 간접적으로 작전을 취했다. 그는 겁 많은 존스턴이 강력한 통제력을 포기하도록 위협했고, 호전적인 후드가 무모한 공격을 감행하도록 몰아붙였다. 두 경우 모두 조속히 결말을 짓고 싶어하는 심리적 허점을 노린 것이다. 원래의 진지에 계속 머무르건 이동하건 똑같이 위험한 진퇴양난의 상황에 적을 밀어넣음으로써 그는 병력을 낭비하지 않고 전투 상황을 통제했다. 무엇보다 중요한 것은 파괴적인 행군을 통해 전쟁을 오래 끌수록 상황이 점점 불리해질 것임을 적에게 보여줌으로써 전쟁의 대전략적 통제권을 다시 거머쥐었다는 사실이다. 남군에게 전투를 계속하는 것은 스스로 숨통을 서서히 끊어놓는 일이었다.

전쟁에서, 그리고 인생에서 최악의 역학관계는 교착상태다. 이때는 무슨 짓을 하더라도 정체를 심화시키는 것처럼 보인다. 이런 일이 한번 발생하면 일종의 정신적 마비가 당신을 무력화한다. 이 시점까지 갔다면 모든 것을 잃은 것이나 다름없다. 만약 당신이 방어 자세로 참호에 꽁꽁 숨은 적을 상대해야 하거나 작용과 반작용의 관계에 발목이 잡히는 등 그러한 역학 상태에 빠진다면 셔먼 장군이 그랬듯 창의력을 발휘해야만 한다. 비이성적으로 보이는 행동을 함으로써 왈츠의 느린 박자를 계획적으로 빠르게 높여라. 셔먼이 스스로 보급품을 차단했을 때 그랬듯이 적이 경험해보지 못한 행동을 하라. 빨리 움직일 때가 언제이고 천천히 움직일 때가 언제인지 파악하며 움직여라. 정적인 역학관계에서는 단 하나의 결정적인 충격만 가해져도 속도가 빨라지고 적은 다른 행동을 취해야만 한다. 당신은 아주 미묘한 차이로 더 큰 변화와 통제권을 위한 여유를 갖게 될 것이다. 참신함과 기동력을 발휘하는 것만으로도 경직되고 방어적인 적의 마음의 균형을 깨뜨리는 데는 충분하다.

사례 3: 흑인 노예의 생존법

1833년 메릴랜드의 이스턴쇼어의 농장 소유주 토머스 올드(Thomas Auld)는 당시 열다섯 살의 노예 프레더릭 더글러스를 볼티모어로부터 다시 불러들였다. 더글러스는 그곳에서 7년째 올드의 형을 위해 일하고 있었다. 이제 그는 다시 농장의 벌판에서 고되게 일해야 했다. 그러나 도시에서의 삶은 여러 면에서 더글러스를 바꾸어놓았고, 안타깝게도 이러한 변화를 올드가 눈치 채지 못하게 숨기기는 어려웠다. 볼티모어에서 그는 비밀리에 읽고 쓰는 법을 배웠다. 그것은 위험한 사상을 자극할 수 있었으므로 노예에게는 허용되지 않는 일이었다. 농장에서 더글러스는 노예들에게 글 읽는 법을 가르치려고 애썼다. 하지만 이런 노력은 얼마 가지 않아 짓밟히고 말았다. 그러자 그는 반항적인 태도로 나갔다. 올드에게 말대답을 했고, 어떤 명령에는 문제를 제기했으며, 식량을 더 얻어내기 위해 온갖 속임수를 동원했다(올드는 자신의 노예들을 거의 굶기다시피 하는 것으로 악명 높았다).

어느 날 올드는 이 시건방진 노예를 더 이상 참지 못하고 1년간 에드워드 코비(Edward Covey)라는 이웃 농장의 소작인에게 보냈다. 코비는 '젊은 검둥이들의 조련사'로 악명 높은 인물이었다. 노예 주인들은 가장 길들이기 어려운 노예를 그에게 보내곤 했다. 코비는 그들을 무료로 부려먹는 대가로 철저히 순종적인 노예로 길들여 주인에게 돌려보냈다. 그는 특히 더글러스에게 힘든 일을 시켰다. 몇 달 만에 더글러스는 몸과 마음이 완전히 망가져 있었다. 더 이상 책을 읽거나 동료 노예들과 토론을 벌이고 싶은 마음조차 생기지 않았다. 쉬는 날이면 나무 그늘 아래로 기어들어가 그의 무력감과 절망감을 잠으로 떨쳐버리곤 했다.

1834년 8월 유난히 무더운 어느 날 몸이 허약해질 대로 허약해진 더글러스는 실신하고 말았다. 정신이 가물거리는 와중에 코비가 손에 회초리를 들고 어서 일어나 일을 하라고 명령하는 소리가 들렸다. 그러나 더글러스는 일어날 기력조차 없었다. 코비는 회초리로 그의 머리를 내리치며 여러 차례 그의 몸을 걷어찼다. 그래도 꼼짝하지 못하자 나중에 손봐주겠다며 마침내 자리를 떴다.

더글러스는 간신히 일어나 비틀거리며 옛 주인에게 돌아갔다. 그는 코비의 잔인함을 호소하며 이곳에 머물게 해달라고 빌었다. 올드는 눈 하나 깜짝하지 않았다. 더글러스는 다음 날 아침 코비의 농장으로 돌아가야만 했다.

더글러스는 최악의 상황을 떠올리며 공포에 떨었다. 무조건 코비에게 복종할 것이며, 어떻게 해서든 살아남겠다고 다짐했다. 그날은 마구간

친애하는 독자여, 이에 대해 설명하는 것조차 두려울 정도로 불명예스러웠던 코비와의 전투는 '노예의 삶'에서 전환점이었다. 그것은 내 가슴속의 자유를 향해 타오르던 불씨가 다시금 되살아나게 했다. 그것은 볼티모어를 향한 나의 꿈을 일깨웠고 나 역시 한 명의 인간임을 다시 깨닫게 해주었다. 나는 그 싸움 후로 다른 존재가 되었다. 그전에 나는 아무것도 아니었다. 이제 나는 한 인간이다. 그것은 나의 짓밟힌 자기 존중과 자신감을 소생시켰고 나에게 자유로운 인간이 되기 위한 새로운 결심을 불어넣었다. 힘이 없는 인간은 인간으로서의 근본적인 존엄성이 없는 것이다. 인간 본성은 무력한 인간을 동정할지언정 그를 존중하지는 않는다. 그리고 자신의 힘을 행사하지 않는 한 그 동정 역시 오래갈 수 없다. 독재자의 잔인한 공격과 부당함을 저지함으로써 위험을 자초해본 자만이 이 전투의 효과를, 내가 느낀 그대로 이해할 수 있을 것이다. 코비는 독재자였고 그것도 비겁한 독재자였다. 그에게 반항하고 난 후 나는 그전에는 한 번도 느껴보지 못한 것을 느꼈다. 그것은 어둡고 해로운 노예제도의 무덤에서 나와 자유의 천국으로 향하는 부활이었다. 나는 더 이상 더러운 벌레 같은 인간의 찡그린 얼굴에 벌벌 떠는 비굴한 겁쟁이가 아니었다. 오랫동안 억압당한 나의 정신은 인간다운 자주성으로 깨어났다. 나는 죽음이 두렵지 않은 경지에 도달했다. 이 정신은 내가 형식적으로 노예로 남아

일을 하기로 되어 있었다. 그런데 코비가 한 마리 뱀처럼 소리 없이 손에 밧줄을 들고 나타나더니 더글러스에게 달려들었다. 그의 다리를 옭아매 묶으려는 것이었다. 마치 끝을 보려는 듯 가혹한 매질이 그를 기다리고 있었다.

이대로 더 당할 수는 없다는 생각이 들었다. 더글러스는 코비를 밀쳐냈다. 그 순간 잔인한 노역으로 보낸 몇 달간 억눌려 있던 반항심이 꿈틀거렸다. 그는 이제 죽음도 두렵지 않았다.

그때 코비의 사촌이 매질을 거들기 위해 나타났다. 그런데 상상조차 할 수 없는 일이 벌어졌다. 더글러스가 그 남자에게 주먹을 날려 그를 바닥에 때려눕힌 것이다. 교수형을 당하고 싶다면 백인 남자를 폭행하는 것만큼 좋은 방법이 없었다. '전투적 광기'가 그를 사로잡았다. 그는 코비에게 당한 구타를 그대로 되갚아주었다. 싸움은 두 시간가량 계속됐다. 마침내 피범벅이 되어 기진맥진한 코비가 숨을 고르더니 비틀거리며 밖으로 나갔다.

더글러스는 코비가 총을 들고 쫓아오거나 그의 목숨을 끝장낼 누군가를 데려올 것이라고 생각했다. 그러나 그런 일은 일어나지 않았다. 그를 죽이거나 가혹한 방법으로 벌하는 것은 코비에게도 위험부담이 너무 컸던 것이다.

코비가 검둥이를 길들이는 데 실패했고 그의 공포 전술이 효과가 없어 총에 의지했다는 소문이 떠돌게 될 것이다. 그것은 노예 조련사의 명성을 크게, 그리고 널리 손상시킬 것이다. 더구나 그의 일은 그의 완벽한 명성에 의존하고 있지 않은가. 이 거친 열여섯 살짜리 노예는 그냥 내버려두는 게 좋을 것이다. 더글러스가 광적이며 예측 불가능한 대응을 할 수 있음을 보여준 이상 그 위험을 감수하는 것보다는 그 편이 나았다. 그가 흥분을 가라앉히고 계약 기간이 끝나는 대로 조용히 떠나보내는 편이 나을 것이다.

남은 기간 동안 이 백인 남자는 더글러스에게 두 번 다시 손대지 않았다. 더글러스는 노예 소유주들이 매질을 해도 반항하지 않는 가장 손쉬운 노예들을 매질한다는 것을 깨달았다. 이제 그는 스스로 교훈을 얻었

있었을 때도 실질적으로 자유로운 인간으로 만들어주었다. 노예가 채찍질당하지 않을 때 그는 반 이상은 자유로운 셈이다. 그는 수호해야 할 인간다운 정신만큼이나 드넓은 영역을 소유하게 되며 그야말로 '지상의 권력'이 된다. 노예들은 눈앞에 닥친 죽음보다는 매 맞는 삶을 선호하지만, 그들은 항상 그들의 선택에 따라오는 코비와 같은 잔학한 주인들을 만나게 될 것이다. 코비와의 싸움 이후로 내가 노예제도에서 벗어날 때까지 나는 절대 심하게 채찍질당한 일이 없었다. 그들은 나를 채찍질하기 위해 여러 번 시도했지만 항상 실패로 돌아갔다. 앞으로 독자들에게 털어놓을 테지만 나도 멍든 시절이 있었다. 그러나 내가 설명하고 있는 이 사건이 노예제도로 인해 내가 겪었던 짐승과 같은 대우를 종결시켜주었다.
— 프레더릭 더글러스 (1818~1895), 《나의 속박과 자유》

다. 다시는 복종하지 않으리라. 그런 나약함은 독재자들이 더 잔인해지도록 조장할 뿐이다. 차라리 죽음을 각오하고 구타에는 구타로, 주먹에는 주먹으로 앙갚음해주리라 마음먹었다.

해석

더글러스는 북부로 도망쳐 노예폐지 운동의 선봉자가 된 후 그의 저서 《나의 속박과 자유(My Bondage and My Freedom)》에서 이 순간을 회상하며 다음과 같이 썼다. "코비와의 이 전투는 '노예의 삶'에 전환점이 되었다. …… 나는 그 싸움 이후 완전히 다른 존재가 되었다. …… 나는 '죽음이 두렵지 않은' 경지에 도달했다. 이 정신은 내가 '형식적으로' 노예로 남아 있었을 때도 '실질적으로' 자유로운 인간으로 만들어주었다." 그는 이런 전투적인 자세를 평생 유지했다. 결과를 두려워하지 않음으로써 더글러스는 육체적으로나 심리적으로나 그가 처한 상황에 대한 일정량의 통제권을 얻었다. 일단 그가 자신에게서 두려움의 뿌리를 뽑아버리자 행동을 위한 가능성을 열어두게 되었다. 때로는 공개적으로 싸움에 응하고, 때로는 영리하고 기만적인 사람이 될 필요가 있었다. 그는 통제권이 전혀 없는 노예에서 선택권과 일정량의 힘을 지닌 존재로 거듭났다. 그리고 기회가 찾아왔을 때 이 모든 것을 활용해 진정한 자유를 얻었다.

역학관계를 지배하려면 자신과 자기 감정을 통제할 수 있어야만 한다. 화를 내거나 비난을 퍼붓는 것은 선택권을 제한할 따름이다. 그리고 충돌 상황에서 공포는 사람을 가장 약하게 만드는 감정이다. 어떤 일이 일어나기도 전에 공포는 당신을 당황하게 하고 주도권을 적에게 양보하게 만든다. 상대편에게는 당신의 공포감을 이용해 당신을 제압하고 수세로 몰 수 있는 무한한 가능성이 있다. 독재적이며 군림하는 유형의 인간들은 당신의 불안을 감지하고서는 더욱 포악을 떨게 된다. 무엇보다도 우선 공포를 떨쳐내야 한다. 죽음에 대한, 대담한 책략의 결과에 대한, 당신을 향한 다른 이들의 의견에 대한 공포를 말이다. 그 단 한순간이 순식간에 가능성의 지평을 열어줄 것이다. 결국 어느 쪽이든 긍정적인 행동을 위한 더 많은 가능성을 가진 쪽이 더 큰 통제권을 쥐게 된다.

사례 4: 환자를 장악하는 정신과 의사의 비법

미국의 정신과 의사인 밀턴 H. 에릭슨(Milton H. Erickson, 1901~1980)은 경력 초창기에 환자들이 환자와 치료사 사이의 관계를 통제하기 위한 수많은 방법들을 가지고 있음을 깨달았다. 그들은 의사에게 정보를 숨기려 할 수도 있고 최면상태로 들어가는 것에 저항할 수도 있었다(에릭슨은 치료 과정에 최면술을 자주 사용했다). 그들은 치료사의 능력을 의심하여 치료사가 말을 더 많이 하도록 요구할 수도 있고 그들이 안고 있는 문제에 희망이 없다거나 치료가 무익함을 강조할 수도 있었다. 사실 통제권을 장악하려는 그러한 시도 속에는 그것이 무엇이든 환자들이 일상생활 속에서 겪는 문제들이 반영되어 있다. 그들은 온갖 종류의 무의식적이고 수동적인 주도권 잡기 게임에 의지하면서도 자신들이 그런 술수를 쓰고 있음을 부인했다. 그래서 에릭슨은 몇 년에 걸쳐 그가 '활용 테크닉'이라고 부른 기술을 개발해냈다. 말 그대로 환자들을 변화시키기 위해 환자들의 수동적인 공격성과 그들의 교묘한 기만행위를 활용했던 것이다.

에릭슨은 종종 제3자(가령 배우자나 부모 등)의 강요에 못 이겨 온 환자들을 치료했다. 분개한 환자들은 고의적으로 그들의 삶에 대한 정보를 숨기는 것으로 복수하려 들곤 했다. 에릭슨은 이런 환자들에게 그들이 치료사에게 모든 것을 털어놓길 원치 않는 것이 자연스러운 일이며 지극히 건강한 일이라고 말하며 상담을 시작했다. 그러면서 민감한 사안이라면 말하지 않아도 된다고 강조했다. 그러면 환자들은 덫에 걸린 것 같은 기분이 드는 것이다. 비밀을 털어놓지 않으면 치료사에게 복종하는 격이었다. 물론 그들은 그럴 마음이 추호도 없었다. 대체로 두 번째쯤 되면 그들은 순전히 반항할 목적으로 입을 열고 자신에 대한 모든 것을 다 털어놓을 정도였다.

한 남자는 에릭슨의 치료실에 처음 찾아온 날 초조하게 방을 왔다 갔다 했다. 그는 자리에 앉아 마음을 가라앉히기를 거부함으로써 에릭슨이 자신에게 최면을 걸거나 치료에 임하는 것을 방해했다. 에릭슨은 우선 그에게 "협조해주십시오. 지금 하고 계신 것처럼 방을 계속 배회해주세요."라고 요청했다. 그 환자는 이 이상한 요구에 응했다. 그리고 에릭슨은 어디서, 얼마나 빨리 걸어다녀야 하는지 지시해주어도 좋을지 물었다. 환자는 여기에도 기꺼이 응했다. 몇 분 후 에릭슨은 지시사항을 뜸하게 내리기 시작했다. 환자는 이제 어디로 걸어가야 하는지 에릭슨의 지시를 기다렸다. 이를 몇 번 반복한 후에 에릭슨은 마침내 그에게 의자에 앉아달라고 요청했고 그 남자는 의자에 앉아 순식간에 최면술에 빠져들었다.

에릭슨은 치료에 대해 공공연히 회의적인 태도를 보이는 환자들에게 일부러 실패할 최면술을 걸었고 그러고 나서는 이 방법을 사용한 것에 대해 사과했다. 그는 자신의 부족함을 강조했고 자신이 여러 번 실패를 경험했다고 말하곤 했다. 에릭슨은 이런 유형의 환자들은 치료사를 이겨야 직성이 풀리며, 일단 그들이 우위를 차지했다고 느끼면 무의식적으로 치료사에게 마음을 열고 쉽게 최면에 빠져든다는 것을 알았다.

한번은 한 여성이 찾아와 털어놓기를 남편이 건강하지 못한 심장 탓을 하며 끊임없이 그녀를 긴장시키고 사사건건 그녀를 지배하려 든다는 것이었다. 의사들은 그에게 아무 이상이 없다고 했지만 그는 확실히 병약해 보였고 심장마비가 임박했다고 믿고 있었다. 그 여성은 불안과 분노, 죄책감을 동시에 느꼈다. 에릭슨은 그녀에게 남편의 상태에 대해 지속적으로 동정심을 보이라고 충고하면서 몇 가지 처방을 내렸다. 그 여성은 에릭슨이 말한 대로 따랐다. 남편이 심장마비에 대한 이야기를 꺼내자 정중하게 집을 청소해야 한다고 말했다. 그러고 나서 장의사들에게 받은 안내 책자를 집 안 곳곳에 두었다. 남편이 또 그런 행동을 하면 이번에는 거실에 가서 그의 생명보험 액수를 계산해보기 시작했다. 처음에 남편은 격분했지만 얼마 지나지 않아 그런 책자들이 눈에 띄거나 계산기 두드리는 소리가 들리기만 하면 두려워하게 되었다. 그는 더 이상 심장 운운하지 않았고 좀더 진솔한 방법으로 그의 아내를 대하게 됐다.

해석

　당신은 간혹 어떤 관계에서 상대방이 통제권을 쥐고 있다는 생각에 고통스러워한다. 그러나 어떻게, 그리고 언제부터 그렇게 되었는지 콕 집어 말하기는 쉽지 않을 것이다. 단 하나 분명한 것은 당신이 상대방을 움직이거나 관계의 방향에 영향을 주는 것이 불가능하다고 느낀다는 것이다. 당신이 하는 모든 일이 통제권을 쥐고 있는 쪽의 위력을 더욱 부추기는 것처럼 보일 것이다. 그것은 상대방이 교묘하면서도 교활한 형태의 통제권을 선택했기 때문이다. 이는 쉽게 위장할 수 있고 무의식적이며 수동적인 사람에게 훨씬 더 효과적인 통제권이다. 이런 유형의 사람들은 침울해하거나 지나치게 불안해하고 일에 대한 과중한 부담을 스스로 짊어지는 것으로 통제력을 행사한다. 그들은 지속적인 부당성의 희생자들이다. 그들은 자신이 처한 상황에 손을 쓸 수가 없다. 그들은 관심을 요구하며 당신이 거기에 부응하지 못하면 죄책감이 들게 한다. 그들을 파악하기란 쉬운 일이 아니며 싸우는 것 역시 불가능하다. 그들은 매번 통제에는 도통 관심이 없는 척하기 때문이다. 그들은 당신보다 더 계획적이지만 그것을 숨기는 데 능하다. 실제로 절망감을 느끼고 그들의 게릴라 같은 전술에 당혹감을 느끼는 쪽은 당신이다.

　역학관계를 바꾸기 위해서는 우선 겉보기처럼 그들의 상황이 그렇게 심각한 것은 아님을 인식해야 한다. 둘째, 이런 사람들은 모든 것이 자기가 마음먹은 대로 돌아가고 있다고 느끼게 해야 한다. 그런 욕망을 위협하면 그들은 음흉하게 반격할 것이다. 절대 논쟁하거나 불평하거나 특정 방향으로 그들을 끌고 가려고 애씀으로써 무의식중에라도 그들의 반항심에 불을 지펴서는 안 된다. 그러면 그들은 공격당하고 있으며 희생양이 되고 있다고 느끼는데, 이는 그들의 수동적인 복수심을 부추긴다. 대신 그들의 통제 시스템 안에서 움직이며 에릭슨의 활용 테크닉을 적용하라. 그들의 곤경을 동정하되 그들이 어떤 행동을 하든 사실 그 행동은 당신의 통제권에 순응하는 행동인 것처럼 보이게 만들어야 한다. 이렇게 하면 그들은 균형을 잃을 것이다. 그들이 현재 반항하고 있다면 그들은 당신의 계략에 빠져들고 있는 것이다. 역학이 교묘하게 이동할 것이며 당신은 서서히 변화를 주입할 수 있는 여유를 갖게 될 것이다. 마찬가지로 다른 사람이 근본적인 병약함을 무기로 휘두른다면(일명 심장마비 전술) 우스꽝스럽거나 고통스러울 정도로 한술 더 떠 그런 위협이 당신에게 불리하게 사용되는 것을 막아라. 수동적인 적을 이길 수 있는 유일한 방법은 미묘한 통제권에 있어 그들을 능가하는 것이다.

| **이미지** | 권투선수. 뛰어난 권투선수는 강펀치나 빠른 반사작용에 의지하지 않는다. 대신 그는 그가 정한 페이스대로 치고 빠지면서 자신에게 맞는 싸움의 리듬을 만들어낸다. 그는 적을 중앙으로, 로프로, 자신에게 가까이, 또는 멀리 움직이며 링을 통제한다. 시간과 공간의 정복자인 그는 좌절감을 불러일으키고 실수를 강요하며 정신적 붕괴를 유도하고 이것이 육체적 붕괴로 이어지게 한다. 그는 주먹으로 이기는 게 아니라 링을 통제함으로써 승리할 수 있다.

| **근거** | 휴식을 취하려면 적을 바쁘게 만들어야 한다. 이는 그들을 수세로 몰고 간다. 그리고 일단 그들이 그런 상황에 빠지면 그들은 출정 내내 다시는 일어설 수 없게 된다.

— 프리드리히 대왕

뒤집어보기

이 전략에는 뒤집어보기가 없다. 상황을 통제하고 있지 않은 것처럼, 관계에 영향력을 발휘하기를 거부하는 척하는 노력도 실은 통제의 한 형태다. 파워를 상대에게 양보함으로써 당신은 후에 당신의 목적을 위해 사용할 수 있는 일종의 수동적인 권한을 얻은 셈이다. 또한 통제권을 상대편에 양도함으로써 누가 통제권을 줄 것인지 결정하는 사람은 당신이 된다. 역학의 지배에서는 벗어날 길이 없다. 스스로 역학의 지배에 관심이 없다고 말하는 이들은 가장 교활한 통제권 게임을 즐기고 있는 것이다.

STRATEGY 16

아프고 약한 부위를 집중 공격하라
: 핵심 공략법

모든 사람마다 의존의 대상으로 삼는 파워의 원천이 있게 마련이다.
라이벌을 관찰하여 그러한 원천의 표면 밑에 감춰진 무게중심,
즉 전체 구조를 지탱하는 중심을 찾아내라.
그 중심은 그들의 부가 될 수도 있고,
그들의 인기나 요충지 혹은 승리의 전략이 될 수도 있다.
그곳에 공격을 가하면 상상외의 고통을 안겨줄 수 있다.
상대가 가장 소중히 여기며 보호하고자 애쓰는 것이 무엇인지 찾아내라.
그곳이 바로 당신이 공격할 지점이다.

카르타고와 한니발의 몰락

기원전 210년 푸블리우스 소(小)스키피오(Publius Scipio the Younger, 후에는 스키피오 아프리카누스라고 불렸다)라는 한 젊은 로마 장군이 스페인 북동부 지역으로 파견됐다. 그의 임무는 강력한 카르타고 군에 맞서 에브로 강을 지키는 비교적 단순한 것이었다. 카르타고 군은 강을 건너 반도의 지배권을 차지하겠다고 위협하고 있었다. 사령관으로서 첫 임무를 맡은 스키피오가 강을 바라보며 전략을 구상하는 심경은 남달랐다.

8년 전 카르타고의 뛰어난 사령관인 한니발이 북쪽을 향해 이 강을 넘어온 적이 있었다. 그는 갈리아까지 진격했고 불시에 로마를 공격하기 위해 알프스 산맥을 넘어 이탈리아로 진입했다. 당시 열여덟 살이었던 스키피오는 장군인 아버지와 함께 한니발에 대항한 첫 전투에 참전했다. 이때 북아프리카 전장의 기술들을 그의 눈으로 직접 목격할 수 있었다. 한니발은 소규모 부대를 뛰어난 지략으로 움직이고 우수한 기병대를 최대한 활용했으며 지칠 줄 모르는 독창성으로 로마 군을 끊임없이 놀래키며 여러 차례 수치스러운 패배를 안겨주었다. 그리고 기원전 216년 칸나이 전투에서 로마 군대를 사실상 섬멸했다. 스키피오는 한니발과 기지로 대적하는 것은 헛된 일임을 알았다. 그 당시에는 정말 로마의 운이 다한 것처럼 보였다.

스키피오는 칸나이 전투 후 그에게 엄청난 영향을 미쳤던 두 사건을 회상했다. 첫째, 파비우스(Fabius)라는 로마 장군이 마침내 한니발을 궁지에 몰 전략을 고안해냈던 것이다. 파비우스는 군대를 구릉지대에 배치시켜 직접적인 전투를 피하며, 고향에서 멀리 떨어진 지금의 튀니지 지역에서 싸우고 있던 카르타고 군을 지치게 할 목적으로 게릴라 습격을 감행했다. 하지만 스키피오가 보기에는 그렇게 오랜 시간 싸우며 여전히 적을 눈앞에 두고 있는 것은 로마 군에게도 똑같이 지치는 일이었다. 또한 이 계획으로는 한니발의 실질적인 패배를 이끌어낼 수는 없었으므로 근본적인 결함이 있었다.

둘째, 한니발의 침략이 있고 1년 후에 로마는 스키피오의 아버지를 스페인으로 파견했다. 그곳에 주둔 중인 카르타고 군을 섬멸하기 위한 것

인간은 부드러운 호흡과 생명 유지를 위해 목구멍에 의존한다. 목을 조르면 그의 오감 기관들은 그 감각을 잃고 더 이상 정상적으로 기능하지 않을 것이다. 그는 무감각해지고 마비되어 사지를 쭉 뻗을 수 없을 것이다. 결국 그는 생존을 위협받게 될 것이다. 그러므로 적의 깃발이 시야에 들어오고 전투를 알리는 북소리가 들려오면 우리는 우선 그 등과 목의 위치를 확인해야 한다. 그러면 우리는 적을 등 뒤에서 공격하고 목을 조를 수 있다. 이는 적을 괴멸시킬 수 있는 뛰어난 전략이다.
— 《전쟁의 비결: 고대 중국의 군사전략 36계》, 순 하이첸 번역

이었다. 카르타고는 오랫동안 스페인에 식민지를 건설하여 그곳 광산으로부터 나오는 부를 축적하고 있었다. 스페인은 카르타고의 군사 훈련 기지 및 로마 전진 기지 역할을 했다. 6년 동안 스키피오의 아버지는 스페인에서 카르타고 군과 싸웠으나 기원전 211년 전사했다.

에브로 강 너머의 정황을 입수한 보고서를 살펴보면서 스키피오는 마음속으로 한 가지 계획을 떠올렸다. 그것은 아버지의 죽음을 되갚아주고, 한니발과 카르타고를 섬멸할 수 있는 대담한 기동작전이 될 것이었다. 남쪽으로 해안을 따라가면 뉴카르타고라는 도시(현재의 카르타헤나)가 있었다. 그곳에서 카르타고 군은 막대한 부와 군대 보급품, 그리고 반란이 일어날 경우 인질로 삼을 여러 스페인 부족 출신의 포로들을 잡아두고 있었다. 당시 로마 군의 두 배에 달하는 카르타고 군의 병력은 스페인 부족에 대한 지배권을 넓히고자 곳곳에 흩어져 있었고 뉴카르타고로부터 여러 날 행군해왔다. 게다가 카르타고 사령관들은 권력과 돈을 두고 서로 다투고 있었다. 한편 뉴카르타고에는 1천 명의 병사들이 주둔하고 있었다.

스키피오는 에브로 강에서 대기하라는 명령을 어기고 배를 타고 남쪽으로 진군했으며 뉴카르타고에서 대담한 기습공격을 펼쳤다. 성벽으로 둘러싸인 이 도시는 난공불락처럼 보였다. 스키피오 군대는 도시의 북쪽에 있는 개펄에서 조수가 빠질 때를 노렸다가 성벽을 기어올라가 도시를 함락시켰다. 단 한 번의 움직임으로 스키피오는 극적인 반전을 꾀했다. 이제 로마 군은 스페인의 중심지를 장악했다. 그들은 카르타고 군이 차지하고 있던 돈과 보급품을 손에 넣었다. 포로들은 정복당한 부족들이 반란을 일으킬 경우 효과적으로 이용할 수 있을 터였다. 그 후 몇 해 동안 스키피오는 이런 상황을 철저히 활용하여 스페인을 서서히 로마의 통제권으로 끌어들였다.

기원전 205년 스키피오는 영웅이 되어 로마로 돌아왔다. 그러나 한니발은 여전히 이탈리아에게 위협적인 존재였다. 스키피오는 이제 카르타고로 행군함으로써 아프리카에서 전쟁을 벌이고자 했다. 그것만이 한니발을 이탈리아에서 쫓아버리고 카르타고의 위협을 영원히 잠재우는 유

3대 쇼군 이에미스는 검술시합을 즐겼다. 한번은 무사들의 검술 시범을 보기 위해 자리를 마련했고 군중 속에서 스와 분쿠로라는 뛰어난 기수를 눈여겨보아 그 자리에서 그에게 참가를 권유했다. 분쿠로는 말을 타고 싸울 수 있다면 기꺼이 참가하겠다고 대답하며 말 위에선 누구라도 물리칠 수 있다고 말했다. 이에미스는 기뻐하며 분쿠로가 원하는 대로 무사들에게 말 위에서 싸울 것을 명령했다. 나중에 보니 분쿠로는 자신만만해할 만했다. 날뛰는 말을 타고 검을 휘두르는 것은 대부분의 검객들에게는 익숙치 않은 일이었고 분쿠로는 말을 타고 대담하게 덤빈 모든 이들을 쉽게 물리쳤다. 약간 약이 오른 이에미스는 무네노리에게 시도해볼 것을 권유했다. 무네노리는 구경꾼이었지만 즉시 수락하고 말에 올라탔다. 그의 말이 분쿠로에게 돌진하자 무네노리는 갑자기 자신의 말을 멈춰 세웠고 목검으로 분쿠로가 탄 말의 코를 내리쳤다. 분쿠로의 말이 뒷발로 일어섰고 이 유명한 기수가 균형을 회복하기 위해 애쓰는 순간 무네노리가 그를 공격해 말에서 떨어뜨렸다.
— 《검과 정신(The Sword and The Mind)》, 히로아키 사토 번역, 1985년

일한 방법이었다. 그러나 로마의 전략을 맡고 있는 사령관 파비우스를 비롯하여 많은 사람들이 그토록 먼 곳에서 전쟁을 벌일 이유가 무엇인지 이해하지 못했다. 그래도 스키피오에 대한 신망이 두터웠던 원로원은 군대를 내줬다. 소규모의 열악한 군대였다.

스키피오는 논쟁을 벌이며 시간을 낭비하는 대신 카르타고에 이웃한 매실레즈의 왕인 마시니사(Masinissa)와 동맹을 맺고 잘 훈련된 대규모의 기병대를 공급받기로 약속했다. 기원전 204년 봄 스키피오는 아프리카를 향해 항해에 나섰고 카르타고에서 멀지 않은 유티카 근처에 정박했다. 이에 당황한 카르타고 군은 집결했고 스키피오의 기병중대를 도시 외곽의 반도에 붙들어놓았다. 가망이 없어 보이는 상황이었다. 어떻게 해서든 그의 길을 가로막고 있는 적군을 돌파해 진군할 수만 있다면 적 중심부로 진입할 수 있을 테지만 불가능해 보였다. 철통같은 카르타고의 방어선을 뚫을 수 있다는 생각은 가당치 않았다. 그렇다고 시간을 지체하다간 보급품이 바닥이 나 항복할 수밖에 없을 것이다. 스키피오는 협상을 벌였다. 물론 카르타고 군을 염탐하기 위한 것이었다.

스키피오의 사절은 적이 두 개의 캠프를 가지고 있는데 하나는 카르타고 군의 캠프이고 다른 하나는 그들의 주요 동맹군인 누미디아 군의 캠프라고 보고했다. 그들의 막사는 모두 갈대로 만들어져 있으며, 그 중 누미디아 군 캠프가 다소 어수선하더라는 말도 전했다. 그 후 몇 주간 스키피오는 협상을 망설이는 것처럼 보였다. 처음에는 협상을 결렬하더니 다시 협상을 재개해 카르타고 군을 혼란스럽게 했다. 어느 날 밤 그는 드디어 행동을 개시했다. 그의 병사가 누미디아 군의 캠프로 몰래 들어가 불을 지른 것이다. 불길이 순식간에 번져나가자 놀란 아프리카 병사들은 사방팔방으로 흩어졌다. 소란스러운 소리에 잠이 깬 카르타고 군은 동맹군을 구조하기 위해 자신의 캠프로 통하는 문을 열었다. 이때 혼란을 틈탄 로마 군이 몰래 숨어 들어가 카르타고의 캠프에도 불을 질렀다. 이어진 전투에서 카르타고는 부대의 반을 잃었고 나머지는 가까스로 누미디아와 카르타고로 후퇴했다.

스키피오 군대는 신속하게 카르타고 내륙으로 진입해 들어가 도시들을 차례대로 함락시켰다. 그의 활약은 이탈리아를 누빈 한니발의 활약에 못지않았다. 스키피오는 드디어 카르타고의 성벽을 눈앞에 두고서는 튀니스의 항구에 분견대를 정박시켰다. 카르타고가 위험에 처하자 한니발은 로마를 포기하고 조국으로 돌아올 수밖에 없었다.

한니발은 군대를 카르타고의 남쪽에 정박시키고 스키피오와 결전을 치르고자 했다. 이 로마의 장군은 서쪽의 바그라다스 계곡으로 후퇴했다. 이곳은 카르타고에서 가장 비옥한 농지로 카르타고의 경제적 기반이었다. 그는 그곳을 마구 휘젓고 다니며 눈에 보이는 대로 파괴했다. 한니발은 피난처와 증원 보급물자의 기반을 마련해놓은 카르타고 근처에서 싸우고 싶었다. 그러나 카르타고의 가장 풍요로운 영토를 빼앗기기 전에 스키피오를 따라잡아야만 했다. 스키피오는 한니발을 자마라는 도시로 유인하기 위해 전투를 거부하며 계속 후퇴했다. 그곳에서 그는 튼튼한 입지를 확보하고 물이 없는 지역에 한니발이 캠프를 치도록 만들었다. 드디어 결전의 날이 왔다. 스키피오를 추격하느라 진이 빠진 한니발의 기병대는 마시니사 군의 공격을 받았다. 한니발은 항복할 수밖에 없었다. 카르타고는 신속하게 평화를 청했고 스키피오와 원로원이 제시한 가혹한 조건 아래 로마의 속국으로 전락했다. 지중해의 권력자로 로마를 위협했던 카르타고는 영원히 멸망했다.

해석

일류 장군과 이류 장군을 가르는 것은 그들의 전략이나 책략이 아니라 그들의 비전이다. 일류 장군은 똑같은 문제를 다른 시각에서 볼 줄 안다. 관습에 얽매이지 않는 뛰어난 장군은 자연히 적절한 전략을 생각해낸다.

로마인들은 한니발의 천재적인 전략에 혀를 내둘렀다. 그들은 그를 너무나 두려워한 나머지 그에게 대항할 수 있는 유일한 전략은 싸움을 지체하고 피하는 것이라고 생각했다. 그러나 스키피오 아프리카누스는 이 상황을 다른 관점으로 보았다. 그가 눈여겨보았던 것은 적군이나 그 지도자가 아니라 그들이 지지하고 서 있는 기둥이었다. 그들이 상처받기 쉬운 부분을 본 것이다. 그는 군사력이 군대 자체에 있는 것이 아니라 그

헤라클레스는 직항로를 통해 미케네로 돌아오지 않았다. 그는 우선 리비아를 횡단했다. 리비아의 왕이자 포세이돈과 가이아의 아들인 안타이오스는 여행자들에게 지칠 때까지 싸움을 걸어 그들을 죽이는 버릇이 있었다. 그는 강력하고 노련한 싸움꾼이었을 뿐 아니라 그가 땅을 만질 때마다 힘이 되살아났다. 그는 희생자들의 두개골로 포세이돈의 신전 지붕을 장식했다. 헤라클레스는 이런 야만적인 습관에 종말을 고했다고 결심했지만, 헤라클레스가 안타이오스에게 도전했는지, 아니면 안타이오스가 그에게 도전했는지는 알려져 있지 않다. 그러나 우뚝 솟은 절벽 아래 동굴에 살았던 거인 안타이오스가 쉬운 상대가 아니었음은 분명했다. 그는 사자고기를 즐기고, 엄청난 힘을 유지하고 그것도 모자라 힘을 더 키우기 위해 맨땅에서 잠을 잤다. 기간테스를 출산한 후에도 여전히 자식을 가질 수 있었던 대지의 여신은 리비아의 동굴에서 안타이오스를 잉태했고 티폰, 티티오스, 브리아레오스 등 무시무시한 다른 자식들보다도 안타이오스를 더 자랑스러워했다. 만약 그가 플레그라이 평원에서 그들에게 맞서 싸웠다면 올림포스의 신들을 거슬리게 했을 것이다. 레슬링 시합을 준비하며 두 싸움꾼은 그들의 사자 가죽을 벗어버렸지만 헤라클레스가 신들의 방식으로 자신의 몸을 향유로 문질렀던 반면 안타이오스는 뜨거운 모래를 그의 사지에 퍼부었다. 발바닥만으로는 대지와의

| 접촉이 불충분할까 염려해서였다. 헤라클레스는 그의 힘을 보존하여 안타이오스를 지치게 할 계획이었지만 그를 바다에 내동댕이친 후에 대지의 여신이 그를 회복시켜 이 거인의 근육이 부풀어오르고 건강한 홍조가 그의 사지에 번지는 것을 보고 놀라지 않을 수 없었다. 둘은 다시 맞붙어 싸웠고 이제 안타이오스는 내던져지기를 기다리지 않고 자진해서 쓰러졌다. 이를 본 헤라클레스는 어디를 공략해야 할지 알았다. 그를 공중으로 들어올려 그의 갈비뼈를 부러뜨리고 대지의 여신의 신음소리에도 불구하고 그가 죽을 때까지 그의 몸을 하늘 높이 들어올렸다.
— 로버트 그레이브스, 《그리스 신화》 2권 |

토대, 즉 자금과 보급품, 공적인 친선관계, 동맹 등 그 군대가 존재할 수 있도록 지원해주는 것에 있음을 간파했다. 그는 그런 기둥들을 찾아내서 조금씩 허물어뜨렸다.

스키피오의 첫 번째 방책은 이탈리아가 아닌 스페인을 한니발의 중요한 무게중심으로 본 것이었다. 스페인의 핵심은 뉴카르타고였다. 그는 로마 군을 일일이 추격하는 대신 뉴카르타고를 점령해 전쟁의 방향을 전환했다. 자신의 주요 군사 거점과 보급품의 공급책을 빼앗긴 한니발은 자금과 자원을 위해 그의 또 다른 지원 기지, 즉 카르타고 본국에 더욱더 의존해야 할 것이다. 그래서 스키피오는 전쟁을 아프리카로 끌고 간 것이다. 그는 유티카 근처에 몸을 숨기고 적에게 힘을 주는 것이 무엇인지 알아냈다. 그것은 다름 아닌 그들이 점령한 진지였다. 정면 전투로 인력을 낭비하지 않고 적군이 그 진지에서 이탈하게 만든다면 카르타고의 취약점이 노출될 것이다. 스키피오는 캠프를 불태움으로써 카르타고 군이 움직이게 했다. 그리고 대부분의 장군들을 자석처럼 끌어당기는 빛나는 수훈이라 할 수 있는, 적국의 수도를 향한 진격을 포기하고 카르타고의 형세에 타격을 가할 수 있는 곳을 공격했다. 카르타고의 부의 원천인 비옥한 농경지대가 바로 그곳이었다. 마지막으로 한니발을 추격하는 대신 한니발이 그를 추격하도록 유도했다. 한니발을 카르타고의 중심부로 유인해 증원부대와 지원부대를 분쇄할 계획이었다. 이제 스키피오는 카르타고의 균형을 완전히 깨뜨렸으므로 자마 전투에서 그들의 패배는 불 보듯 뻔한 결과였다.

힘은 믿을 게 못 된다. 적이 권투선수라고 상상해보자. 우리는 그의 편치에 초점을 맞추는 경향이 있다. 그러나 그가 펀치보다 더 크게 의지하는 것이 있다. 바로 그의 다리다. 일단 다리에 힘이 빠지면 균형을 잃고 상대방 선수에게서 빠져나갈 수 없게 된다. 그는 치명적인 공격을 되돌려받을 것이고 그의 펀치는 힘을 잃어 결국 KO당하고 말 것이다. 당신의 라이벌을 살필 때는 그들의 펀치에 한눈을 팔아서는 안 된다. 삶에서나 전쟁에서나 주먹을 주고받는 것은 다시없는 어리석음과 낭비다. 힘은 균형과 지지기반에 달려 있다. 그러므로 적을 붙들어주고 있는 것이 무엇인지 파악하고, 그것이 그를 쓰러뜨릴 수도 있음을 기억하라. 인간도 군대와 비슷해서 서너 개의 원천에서 위력을 얻는다. 돈, 인기, 교묘한 책략, 그가 발전시켜온 특정한 우위 등이 그 원천이 될 수 있다. 당신이 그것들을 쓰러뜨리기만 한다면 적은 패배한 것이나 마찬가지다. 권투선수의 다리를 약하게 하면 그는 휘청대고 비틀거릴 것이다. 그리고 그가 휘청거리고 있을 때는 인정사정 볼 것 없다. 어떤 힘도 그것을 지탱하는 다리가 없이는 설 수 없다.

  화살에서 화살의 깃을 뽑아버리면 화살대와 화살촉이 남아 있더라도 깊숙이 꽂히기 힘들다.
  ─ 명나라 전략가 지에 수안(17세기 초)

전쟁의 기술: 아프고 약한 부위를 집중 공격하라

전쟁에 임할 때는 신체적 조건, 장비, 물자 등 전쟁의 물리적인 면에 초점을 맞추는 것이 당연하다. 현명한 전략가조차도 우선 적의 군대, 화력, 기동성, 비축품 등을 보는 경향이 있다. 전쟁은 직관적이고 감정적인 작업이며 물리적 위험이 따르는 경기장이다. 그리고 이런 단계를 넘어 색다른 질문을 해보려면 큰 노력이 필요하다. 적군을 움직이는 것은 무엇인가? 적군에게 기동력과 지구력을 부여해주는 것은 무엇인가? 누가 그들의 행동을 지휘하고 있는가? 적군이 지닌 강점의 숨겨진 원천은 무엇인가?

대부분의 사람들은 전쟁을 인간 삶의 다른 영역과 관련이 없는 분리된 활동으로 여긴다. 그러나 사실 전쟁은 힘의 한 형태다. 카를 폰 클라우제비츠는 전쟁을 "다른 수단에 의한 정치의 연속"이라고 일컬었다. 그리고 모든 형태의 힘은 근본적으로 공통된 구조를 가지고 있다.

힘에 있어 가장 눈에 띄는 것은 그것의 대외적 표명, 즉 목격자들이 보고 느끼는 것들이다. 군대는 규모와 무기, 원칙의 표명, 공격적인 기동작전 등을 가지고 있다. 군대에 속한 개개인은 자신의 입장과 영향력을 보여주기 위한 여러 방법을 가지고 있다. 강력한 전선을 과시하는 것, 위협적이고 상대방을 위축시키며 강하고 결단력 있게 보이려 하는 것이 힘의 성격이다. 그러나 이런 대외적인 과시는 때로 과장되며 심지어 완전히 허풍일 수도 있다. 힘은 절대 그 약점을 보여주는 법이 없기 때문이다. 그리고 그 과시의 표면 아래, 그 힘이 의지하는 지원책이 있다. 즉 '무게중심'이 있다. 무게중심이라는 말은 클라우제비츠가 사용한 것으로 그는 이것을 "모든 것이 의지하고 모든 힘과 움직임의 중심이 되는 곳"이라고 설명했다.

이 무게중심을 공격해 그것을 무력화하거나 파괴하는 것은 최상의 전략이다. 그것이 없이는 구조 전체가 붕괴될 것이기 때문이다. 적은 위대한 장군과 강력한 군대를 보유하고 있을지 모른다. 한니발과 이탈리아에서 활약한 그의 무적의 군대처럼 말이다. 그러나 무게중심이 없이는 아무리 강한 군대도 움직일 수 없고 어떤 힘이나 단결력도 발휘하지 못한다. 중심을 공격하는 것은 적의 균형을 무너뜨리고 서서히 공포를 불러일으키며 치명적인 심리적 효과를 가지고 올 것이다. 기존의 장군들이 적군의 심리적 측면을 살펴 그들의 약점에 집중하고 그것을 이용하려 했다면 뛰어난 전략가들은 그것을 넘어 그 뒤에 숨겨진 것, 지원 체계를 본다. 적의 무게중심은 상처가 날 경우 그가 가장 아픔을 느낄 만한, 그의 가장 큰 취약점이다. 그곳에 공격을 가하는 것은 갈등 상황을 명확히, 경제적으로 종결할 수 있는 최상의 방법이다.

무게중심을 찾을 때는 적의 위협적이며 놀라운 외면에 속지 않고, 외양과 그것을 작동시키는 내부를 혼동하지 않는 것이 가장 중요하다. 이 궁극적인 힘의 원천을 찾아내기 위해서는 겹겹의 층을 벗겨내며 수많은 단계를 거쳐야 할 것이다. 한니발이 스페인에 의지하고 있음을, 스페인이 카르타고에 의지하고 있음을, 카르타고는 자국의 물질적인 풍요로움에 의지하고 있음을, 그리고 그 물질적인 풍요 자체도 특정 원천을 가지고 있음을 꿰뚫어본 스키피오를 기억하라. 마침내 스키피오가 카르타고의 풍요로움에 타격을 가하자 그 전체가 무너져 내리지 않았는가.

적의 무게중심을 찾으려면 구조와 그것이 작동하는 문화를 이해해야 하는 집단도 있다. 만약 당신이 집단이 아니라 개인을 상대로 싸우고 있다면 그들의 심리와 그들을 움직이는 것이 무엇인지, 그들의 사고방식과 우선순위가 어떤 구조로 이루어졌는지 파악해야 한다.

보 구엔 지아프 장군은 베트남전에서 미국을 패배시키기 위한 전략을 짜면서 미국 민주주의의 진정한 무게중심은 미국 시민들의 정치적인 지원이라고 판단했다. 미군이 2차 세계대전 동안 얻었던 것과 같은 종류의 지원을 받는다면 최고의 효율성을 가지고 전쟁을 추진할 수 있을 것이다. 그러나 그런 지원이 없다면 그런 노력도 운이 다하게 될 것이다. 지아프 장군은 1968년 구정공세를 통해 전쟁에 대한 미국 여론의 지지를 서서히 약화시켰다. 그는 미국에 대해 이해했고 이를 통해 올바른 목표물을 설정할 수 있었다.

적이 중앙집권화되어 있을수록 적의 리더에게 가하는 일격이 더욱 치명적일 것이다. 에르난 코르테스는 아스텍의 황제인 몬테수마(Montezuma)를 포로로 잡아 소규모 병사만으로도 멕시코를 정복할 수 있었다. 몬테수마는 모든 것의 회전축이자 중심이었다. 그가 없는 아스텍 문화는 급속하게 붕괴했다. 나폴레옹은 1812년 러시아를 침공하면서 수도 모스크바를 점령하면 러시아인들을 항복시킬 수 있을 것이라고 생각했다. 그러나 이 전제군주 국가에서 진짜 중심은 러시아의 차르였다. 그는 전쟁을 계속하겠다는 의지가 확고했다. 모스크바 함락은 그의 결의를 더욱 굳혀주었을 뿐이다.

좀더 분권화된 적은 여러 곳의 개별적인 무게중심을 가지고 있을 것이다. 여기에서 열쇠는 그들 간의 커뮤니케이션을 단절함으로써 그들을 와해시키는 것이다. 더글러스 맥아더(Douglas MacArthur) 장군은 2차 세계대전 중 태평양에서 이를 입증했다. 그는 여러 섬을 옮겨다니며 핵심이 되는 섬을 점령해 일본군이 방대한 지역에 퍼지도록 만들어 그들의 상호 커뮤니케이션을 불가능하게 했다. 적의 커뮤니케이션 망을 두절시키는 것은 전략적으로 현명한 결정이다. 부분이 전체와 커뮤니케이션할 수 없게 되면 혼돈이 뒤따른다.

적의 무게중심은 성격이나 발상과 같이 추상적인 것이 될 수도 있다.

그의 명성, 속임수를 쓰는 능력, 그의 예측 불가능성 등 그가 의지하는 재능 등이 이에 해당한다. 그러나 만약 당신이 이런 강점들을 매력 없는 것이나 사용 불가능한 것으로 만든다면 이것은 그들의 결정적인 취약점이 될 수도 있다. 알렉산드로스 대왕은 백전백승의 스키타이(현재는 이란이 된)와 싸우며 기마를 활용한 그들의 완벽한 기동성과 유동성이 그들의 무게중심이라고 생각했다. 그는 이런 힘의 원천을 무력화하기 위해 계략을 짰다. 기병대가 복잡한 전술을 사용할 수 없는 폐쇄적인 지대로 적을 유인하는 것이었다. 일단 거기에 성공하자 알렉산드로스 대왕은 그들을 쉽게 이길 수 있었다.

적의 무게중심을 찾아내기 위해서는 관습에 따라 생각하거나 상대편의 중심이 당신의 중심과 같을 것이라고 가정하는 습관을 버려야 한다. 살바도르 달리는 예술가로서 미국을 정복하고 성공하기 위해 1940년 미국으로 건너왔을 때 영악하게 계획을 짰다. 유럽의 예술계에서 성공하려면 비평가들의 마음을 사로잡고 '심각한'이라는 꼬리표를 달아야만 했다. 그러나 미국에서는 그렇게 얻은 명성이 예술가를 고립된 지역, 즉 제한된 범위로 몰아넣곤 했다. 진짜 무게중심은 미국의 여론 매체였다. 언론의 호감을 얻음으로써 그는 미국 대중에 다가설 수 있었고 미국 대중은 그를 스타로 만들어주었다.

1920년대 후반과 1930년대 초반 중국의 통제권을 장악하려는 공산주의자들과 민족주의자들 사이의 내전에서 대부분의 공산주의자들은 볼셰비키 당원들이 러시아에서 그랬듯이 여러 도시들을 점령하는 데 초점을 맞췄다. 그러나 독단적인 중국 공산당 내의 아웃사이더였던 마오쩌둥은 방대한 농민 계층이야말로 중국의 무게중심이라고 생각했다. 그들을 자기편으로 끌어들인다면 혁명이 절대 실패하지 않을 것이라고 믿었다. 그 단 하나의 통찰이 공산주의자들의 성공을 위한 열쇠가 됐다. 이것이 바로 무게중심을 파악하는 일이 갖는 파워다.

우리는 힘의 원천을 보이지 않는 곳에 숨기는 경우가 많다. 대부분의 사람들이 무게중심이라고 여기는 것은 겉으로 보이는 모습일 뿐이다. 그러나 때로 적은 그것을 가장 열성적으로 보호함으로써 스스로 무게중심을 노출하기도 한다. 윌리엄 테쿰세 셔먼 장군은 남북전쟁 당시 조지아 주를 공격할 때, 남부군이 특히 애틀랜타와 그 주위 지역에 대해 염려하고 있다는 것을 알아차렸다. 그곳은 남부의 산업 중심지였다. 셔먼처럼 적이 가장 소중히 여기는 부분을 공격하거나 그곳에 위협을 가해 적이 방어를 위해 병력을 전환하도록 만들어라.

어떤 집단에서든 위력과 영향력은 배후의 몇몇 사람들에게 자연스레 양도될 것이다. 그런 종류의 힘은 그것이 겉으로 잘 드러나지 않을 때 가장 큰 효과가 있다. 일단 배후에서 조종의 끈을 잡고 있는 이 집단을 발견하기만 하면 그들을 사로잡아라. 프랭클린 루스벨트는 대공황기의 대통령으로서 다각적인 시각에서 문제들을 보았기 때문에 정작 그의 에너지를 어디에 쏟아야 할지 알아내기가 어려웠다. 마침내 그는 개혁 단행의 열쇠는 의회의 마음을 얻는 데 있다고 판단했다. 의회 내에는 실세를 장악하고 있던 특정 리더들이 있었다. 그는 뛰어난 매력을 발휘해 이들 리더들의 마음을 얻는 데 집중했다.

궁극적으로 한 집단을 이끄는 것은 명령통제 시스템, 즉 정보를 입수해 중대한 의사결정을 내리는 운영상 두뇌다. 이 두뇌의 기능을 방해한다면 적군 전체에 혼란을 야기할 수 있을 것이다. 알렉산드로스 대왕은 전투에 앞서 항상 적의 조직을 조사하곤 했다. 그는 명령체계가 있는 곳을 정확히 조준해 그곳을 공격하거나 고립시켜 두뇌와 몸체 사이의 커뮤니케이션을 단절시켰다.

복싱과 같은 육체적인 스포츠에서도 마찬가지다. 무하마드 알리는 그의 최대의 적인 조 프레이저를 이기기 위한 전략을 짤 때 프레이저의 정신을 목표로 삼았다. 정신이야말로 모든 인간의 궁극적인 무게중심이 아닌가. 모든 싸움에 앞서 알리는 그를 '엉클 톰(Uncle Tom, 백인이 되고 싶어하는 흑인이라는 뜻으로, 흑인을 비하하는 말―옮긴이)' 또는 백인 언론의 앞잡이라고 불러 그의 화를 돋우며 약을 올리곤 했다. 프레이저는 알리에게 집착했고 분노의 폭발 없이는 그를 떠올릴 수조차 없었다. 프레이저의 정신을 제압하는 것이 그의 신체를 제압하는 열쇠였다.

사람들과의 상호관계에서 당신은 그들의 강점, 그들의 힘의 원천, 그들에게 가장 중요한 자원을 제공하는 것이 무엇인지 알아내 그것에 집중할 수 있도록 자신을 단련시켜야 한다. 이를 숙지한다면 당신은 적을 정면공격하기보다는 교묘하게, 또는 공공연히 그들의 강점을 손상시키기 위한 많은 전략적 선택권들과 공격을 위한 다각적 방향을 손에 넣게 될 것이다. 자신의 강점을 활용하지 못하는 것보다 더 큰 박탈감을 불러일으키는 것은 없다.

| 이미지 | 벽. 당신의 적은 벽 뒤에 서 있다. 벽은 그들을 이방인들과 침입자들로부터 보호해준다. 머리로 벽을 들이받거나 벽을 포위 공격하려 들지 마라. 벽이 설 수 있도록 지지해주고 그것에 힘을 부여해주는 기둥과 토대를 찾아내라. 그리고 벽 아래를 파내려가 그것이 저절로 붕괴할 때까지 그 기반을 서서히 약화시켜라.

| 근거 | 첫 번째 원칙은 적의 전투력이 갖는 본질을 세밀하게 추적하여 그것의 원천 중의 원천을 찾아내는 것이다. 그 원천은 가급적 적어야 하며 단 하나로 압축할 수 있다면 더 좋다. 이 원천에 대한 공격은 최소한 횟수를 줄여 이루어져야 한다. …… 끊임없이 적의 힘의 중심을 찾고자 노력하며 완전한 승리를 위해 과감하게 모든 것을 거는 사람은 진정 승리를 거둘 수 있다.

— 카를 폰 클라우제비츠, 《전쟁론》

뒤집어보기

살아 있는 모든 생물체는 무게중심을 가지고 있다. 아무리 분권화된 집단이라 할지라도 커뮤니케이션이 필수적이며 공격에 약한 네트워크에 의존하게 마련이다. 이 원칙에는 뒤집어보기가 없다.

STRATEGY **17**

철저하게
각개 격파하라
: 분할 공격술

적을 살필 때는 그들의 겉모습에 겁먹지 마라.
그 대신 적의 전체를 구성하는 부분들에 주목하라.
그러한 부분들을 분리하여 불화와 분열의 씨앗을 뿌리면,
가공할 정도로 무서운 적도 무너뜨릴 수 있다.
공격을 계획할 때는 내부 갈등을 일으키도록 그들의 정신을 공략하라.
사람들을 하나의 집단으로 이어주거나 한 집단을 다른 집단에 연결해주는 부위를 찾아내라.
분열은 약점이며 그 연결부위는 어떤 구조에 있어서든 가장 약한 부분이다.
거대한 문제나 적을 만났을 때는 공략 가능한 작은 부분으로 나누어 공격하는 것이 상책이다.

마라톤 전투의 교훈

기원전 490년 8월 초의 어느 날 아테네 시민들은 페르시아의 대군이 북쪽으로 39킬로미터가량 떨어진 곳, 해안의 마라톤 평원을 따라 정박했다는 소식을 들었다. 멸망의 기운이 순식간에 퍼졌다. 아테네인들은 페르시아 군의 의도를 알고 있었다. 아테네의 도시를 점령해 이제 막 싹트고 있는 민주주의를 파괴하고 과거의 전제군주였던 히피아스(Hippias)를 왕좌에 복귀시켜 아테네의 수많은 시민들을 노예로 만들려는 것이었다. 8년 전 아테네는 페르시아 제국의 다리우스 왕에 대항한 반란에서 소아시아의 그리스 도시들을 지원하기 위해 선박을 보냈다. 아테네인들은 몇 차례의 전투 끝에 귀항했다. 그들은 곧 이 일에 희망이 없음을 깨달았다. 그러나 그들은 사르디스라는 도시를 불태우는 데 가담했고 다리우스는 이 용서할 수 없는 행동에 보복하고자 했다.

아테네의 상황은 절박해 보였다. 페르시아 군대는 거대했고 8만 명에 이르는 병력이 수백 대의 배를 타고 건너왔다. 그들은 뛰어난 기병대와 세계에서 제일가는 사수들을 보유하고 있었다. 한편 아테네가 가진 것이라고는 만 명에 지나지 않는 보병뿐이었다. 그들은 스파르타에 증원부대를 요청하기 위해 사절을 급파했다. 그러나 때마침 스파르타인들은 추수제를 경축하는 중이었다. 이때는 전투에 임하는 것이 금기시되었으므로 축제가 끝나는 대로 최대한 빨리 군대를 파견할 예정이었다. 그러나 이는 너무 늦을 것이다. 그러는 동안에도 아테네의 부유한 가문 출신인 친페르시아파들은 민주주의를 혐오하고 히피아스의 복귀를 기다리며 도시에 불화와 배반의 씨를 뿌리기 위해 갖은 애를 쓰고 있었다. 아테네인들은 페르시아 군에 맞서 싸워야 했을 뿐 아니라 내부의 파벌 싸움이라는 상황에 직면해 있었다.

민주주의를 지지하는 아테네의 지도자들이 모여 머리를 맞대고 논의했지만 아테네를 구할 대안은 나오지 않았다. 대다수가 도시 외곽의 방어 경계선에 병력을 집중시키자는 데 찬성했다. 그곳이라면 그들이 잘 알고 있는 지역에서 페르시아 군을 기다려 싸울 수 있었다. 그러나 페르시아 군대는 수륙 양면으로 도시를 에워싸 아테네인들의 숨통을 조일 수

하지만 많은 경우 프랑스 군은 하나가 아닌 둘 이상, 즉 상호 지원이 가능한 거리 내에 위치하는 일련의 적군 부대들에 의해 공격을 당하는 상황에 처했다. 이와 같이 불리한 상황에서 나폴레옹은 대체로 또 다른 방식의 기동 체계, 즉 중심부 기동 전략을 채택했다. 사방에서 몰려드는 적에게 둘러싸이는 위기에 처할 경우 보통 프랑스 군은 적군보다 전체 병력 규모에서는 열세인 상황에서 작전을 해야 하지만 분리된 적군 부대 하나하나에 대해서는 수적인 우위를 확보하는 일이 가능했다. 바로 이와 같은 부가적 요인을 최대한 이용하도록 계획하는 기동술이 바로 중심부 기동 전략이다. "장군의 기술은 실제로 적에 대해 (전체적으로는) 수적인 열세에 있을 때, 전쟁터에서는 수적으로 우세한 상황을 만들어낼 수 있는 기술들로 구성되어 있다." 간단히 말해 나폴레옹은 적의 일부를 고립시키고 그들에 대해 수적으로 우위에 있는 병력을 집중시켜 그들을 격파하고 일단 거기서 성공하면 다시 병력을 전환시켜 적의 나머지 병력을 상대하곤 했다. 즉 그는 한 번의 강력한 타격보다는 분산되어 있는 적에게 연속적인 소규모 타격을 가해 적을 차근차근 격파하는 방법을 사용한 것이다. 어떻게 이것이 가능할 수 있을까? 이번에도 나폴레옹식 공격 순서가 비결을 밝혀준다. 무엇보다 나폴레옹은 자신이 마주하게 될 적에 대해

있을 만큼 병력이 막강했다. 지도자 가운데 한 명인 밀티아데스(Miltiades)는 매우 색다른 제안을 내놓았다. 즉시 마라톤을 향해, 즉 해안을 따라 아테네로 통하는 길이 좁게 나 있는 곳으로 아테네 군을 행군시키자는 것이었다. 그렇게 하면 아테네 자체는 무방비 상태가 될 것이다. 육지에서 페르시아 군의 진격을 저지하려 애쓰는 동안 바다에서의 공격에는 방어막에 구멍이 뚫릴 것이다. 그러나 밀티아데스는 육로를 점거하는 것이 포위당하지 않는 유일한 길이라고 주장했다. 그는 소아시아에서 페르시아 군과 싸운 경험이 있으며 아테네인들 가운데 가장 경험이 풍부한 군인이었다. 아테네의 지도자들은 그의 계획에 찬성하는 투표를 했다.

그렇게 해서 며칠 후 만 명의 아테네 보병들은 북쪽으로 행군을 시작했다. 노예들이 그들의 무거운 갑옷을 운반했고 노새와 당나귀들은 식량을 운반했다. 이윽고 마라톤 평원이 내려다보이는 길에 다다랐을 때 그들은 가슴이 철렁 내려앉는 심정이 되었다. 페르시아 제국 각지에서 모인 군인들과 말, 텐트가 끝이 보이지 않을 만큼 가득 메우고 있었다. 배들은 해안에 어지럽게 널려 있었다.

여러 날 동안 양쪽 다 움직이지 않았다. 아테네인들에게는 자신의 자리를 지키는 것 말고는 별다른 선택권이 없었다. 기병대도 없이, 수적으로도 절망적으로 열세인 그들이 어떻게 마라톤에서 전투를 벌일 수 있었겠는가. 며칠만 버티면 스파르타의 증원부대가 도착할지도 모르는 일이었다. 그러나 페르시아 군은 무엇을 기다리는 것일까?

8월 12일 동트기 전, 페르시아 군으로 위장해 침투했던 그리스의 정찰병들이 돌아와 경악할 만한 소식을 전했다. 페르시아 군이 어둠을 틈타 막 아테네 외곽의 팔레론만을 향해 출항했다는 것이다. 그들은 대부분의 기병대를 데리고 갔으며 1만 5천 명 정도의 지원 병력을 마라톤 평원에 남겨두었다. 그들은 바다에서 아테네를 공격한 다음 북쪽으로 진군해 마라톤에서 아테네 군을 양쪽으로 압박할 계획이었다.

아테네 군의 열한 명의 사령관 중 침착한 사람은 밀티아데스 혼자였다. 그는 안도한 듯 보이기까지 했다. 이것은 아테네의 기회였다. 해가

가능한 한 많은 정보를 수집했는데, 여기에는 입수된 적대국 신문이나 탈영병, 특히 그의 기병 정찰대의 순찰보고 등이 포함되었다. 이렇게 입수된 자료를 토대로, 적의 위치를 세심하게 지도 위에 표시하고 각각의 적군 부대들 사이의 경계선이 수렴되는 한 지점을 선택했다. 그 지점이 바로 적군의 전략적 부대 배치의 '경첩' 혹은 '연결점'이 되고 따라서 공격에 취약한 지점이 된다. 나폴레옹은 바로 그 지점을 첫 번째 전격적인 공격의 목표로 정했으며 대부분의 경우 그 공격에는 프랑스 군의 전 병력을 모두 동원하지는 않았다. 기병 경계진을 방패 삼아 프랑스 군은 신속한 집중과 전광석화 같은 공격으로 그 취약 지점을 방어하는 한 무리의 적군을 격파했다. 이와 같은 최초 공격은 성공적일 수밖에 없었다. 이후 곧바로 나폴레옹은 전체 병력을 새로 확보한 적의 중심부에 집중시켜 '중심부의 지배자'가 됐다. 다시 말해 그는 집중된 병력으로 적군 부대 사이를 차단하는 데 성공했으며, 적군은 나폴레옹의 기습적인 공격으로 인해 우왕좌왕 뒤로 물러서게 되었고, 그 결과 그들은 서로 더욱 멀리 분산되었다. 이는 적군이 불가피하게 외선에서 작전을 펼치게 되고(즉 한쪽 부대가 다른 부대의 측면에 위치하기 위해서는 훨씬 더 먼 거리를 행군해야 한다는 의미다) 이에 비해 지형적으로 유리한 위치에 자리 잡은 프랑스 군은 한쪽의 적군 부대를 공격하기 위해 그들보다 더 짧은 거리만 움직이면

떠오르기 직전 그는 마라톤에 있는 페르시아 군을 즉시 공격하자고 주장했다. 일부 사령관들은 반대했다. 적은 여전히 병력이 더 많았고 기병대와 수많은 사수들이 포진해 있었다. 스파르타 군이 곧 도착할 테니 그때까지 기다리자는 것이다. 그러나 밀티아데스는 페르시아 군의 병력이 분산됐다는 사실을 들어 반박했다. 마라톤에 남은 페르시아 군은 수적으로 우세했지만 커다란 위협은 아니었다. 아테네 군은 싸워서 이길 가능성이 있었다.

한편 바람이 잔잔하다 해도 페르시아 함대가 해안을 돌아 팔레론만에 이르려면 10~12시간이 걸릴 것이다. 군대와 말들을 하선하는 데 또 얼마의 시간이 소요될 것이다. 만약 아테네인들이 마라톤에서 페르시아 군을 신속하게 격파한다면 하루 안에 아테네로 돌아가 도시를 방어할 수 있을 것이다. 만약 스파르타 군이 오지 않을 경우 그들은 페르시아 군에 포위당할 것이다. 또한 아테네 내의 친페르시아 인사들이 조국을 배반하고 내부에서 성벽을 열어줄 것이므로 상황은 더욱 불리해질 것이다. 지금이 아니면 기회는 영영 없었다. 투표 결과는 6대 5, 사령관들은 동틀 녘에 공격에 나서기로 결정했다.

아침 여섯 시 아테네 군은 진격을 시작했다. 페르시아 사수들이 빗발치듯 화살을 퍼부어댔지만 그들은 순식간에 적을 에워쌌고 전투는 육박전이 되었다. 밀티아데스가 예견했듯이 접전에서는 아테네 군이 우세했다. 그들은 평원의 북쪽 끝에 있는 늪지대로 페르시아 군을 몰아넣었다. 수천 명이 그곳에서 익사했고 바닷물은 피로 붉게 물들었다. 아침 아홉 시경이 되자 아테네 군은 평원의 통제권을 손에 넣었고 사망자 수도 200명 이하였다.

아테네인들은 전투를 치른 뒤라 몹시 지친 상태였지만 39킬로미터 떨어진 아테네로 돌아가 페르시아 군을 막으려면 일곱 시간밖에 남지 않았다. 휴식을 취할 시간 따위는 없었다. 그들은 젖 먹던 힘까지 짜내 최대한 빨리 달렸다. 무거운 갑옷을 짊어지고도 가족과 이웃 시민들에게 임박한 위험을 막겠다는 일념 하나로 그들은 계속 달렸다. 오후 네 시쯤에 아테네 군 가운데 제일 발이 빠른 병사들이 팔레론만이 내려다보이는 곳

된다는 의미다.
— 데이비드 G.
챈들러(David G. Chandler),
《나폴레옹 전역(The Campaigns of Napoleon)》, 1966년

에 당도했다. 나머지도 속속 도착했다. 간발의 차이로 팔레론만에 이른 페르시아 함대로서는 결코 반갑지 않은 광경이었다. 먼지와 피로 범벅이 된 수천 명의 아테네 병사들이 어깨를 나란히 하고 페르시아 군의 상륙을 막기 위해 도열해 있었다.

페르시아 군은 몇 시간 동안 정박해 있다가 바다로 방향을 돌려 귀환했다. 아테네는 위기를 넘겼다.

해석 ─

마라톤 전투 승리와 아테네까지의 경주는 아마 아테네 역사상 가장 결정적인 순간이었을 것이다. 병사들이 제시간에 도착하지 않았더라면 페르시아 군은 아테네를 함락했을지도 모르는 일이고, 그 후에는 그리스의 모든 도시를 속속 점령했을 것이다. 페르시아 제국의 세력은 지중해 전역에 걸쳐 확장됐을 것이며 그 당시에 존재했던 다른 어떤 세력도 그들을 막지는 못했을 것이다. 역사는 돌이킬 수 없이 달라졌을 것이다.

밀티아데스의 계획은 아슬아슬하게 성공했지만 그것은 견실하며 항구한 원칙을 바탕으로 했다. 막강한 적이, 주도권을 잡으려는 당신의 능력을 위협하며 힘으로 공격해올 때는 적군을 분산시킨 다음 이 소규모 군대들을 차례로 공격해 나가야 한다. 군대식으로 말하면 '각개' 격파하라는 말이다.

밀티아데스가 세운 전략의 열쇠는 전투를 마라톤으로 끌고 가자는 그의 직관이었다. 그는 직접 아테네로 이어지는 길목에 서서 남쪽 외곽 지역 대신 전쟁의 중심부를 차지했다. 군대 전체가 그 길목을 지키고 있었기 때문에 페르시아 군이 여기를 지나가려면 피비린내 나는 전투를 치러야 했을 것이다. 그래서 페르시아는 스파르타의 증원군이 도착하기 전에 군대를 분할하기로 결정했다. 군대가 둘로 나뉘자 기병대의 강점도 약화됐고 전쟁을 지배할 수 있었던 중심적 입지마저 잃게 됐다.

아테네는 우선 마라톤에 대치하고 있는 규모가 가장 작은 군대와 전투를 치러야 했다. 아테네 군은 이 전투에서 승리해 중심적 위치를 점령한 후, 침략자들이 해안을 돌아오는 동안 지름길로 아테네까지 갈 수 있었다. 아테네 군은 팔레론에 먼저 도착해 페르시아 함대가 정박할 수 있는 어떤 안전한 자리도 내주지 않았다. 페르시아 군은 마라톤으로 돌아갈 수도 있었지만 북쪽에서 막 돌아온 피범벅의 아테네 병사들을 보고 마라톤 전투에서 패배했음을 알았다. 그 순간 그들의 정신 역시 황폐해졌다. 후퇴만이 유일한 선택이었다.

인생을 살다 보면 당신의 몰락을 꾀하는 파괴적인 적이나 한꺼번에 당신을 공격해오는, 척 보기에 극복할 수 없을 것 같은 수많은 문제들처럼 가공할 만한 적을 만날 때가 있다. 이런 상황에서 겁을 먹는 것은 당연한 일이다. 당신은 그 자리에서 마비되거나 시간이 해결해주기만을 기다릴 수도 있다. 그러나 단결된 더 거대한 힘이 당신을 공격하도록 내버려둔다면 승리를 포기하는 것과 같다는 사실은 전쟁의 법칙이다. 적이 당신에게 다가오기 전에 적과 대면해, 강요하거나 유인하는 방법으로 적을 분산시켜 그 힘을 누그러뜨려야 한다. 그리고 적을 분산시키는 최상의 방법은 중심을 점령하는 것이다.

전투나 충돌 상황이 일종의 체스판 위에 존재한다고 생각해보라. 체스판의 중앙은 마라톤처럼 실제 장소와 같이 물리적일 수도 있으며 좀더 미묘하고 심리적인 것일 수도 있다. 한 집단 내의 힘의 수단이나 중대한 동맹의 지원, 태풍의 눈에 있는 말썽꾼처럼 말이다. 체스판의 중앙을 점령하라. 그러면 적은 여러 방향에서 당신을 공격하기 위해 자연히 작은 부분으로 분산될 것이다. 이렇게 잘게 나누어진 부분들은 상대하기가 쉽고 각개 격파하거나 다시 더 작은 부분으로 쪼갤 수 있다. 이런 식으로 일단 거대한 무엇인가가 나누어지기만 하면 추가적인 분열이 발생해 결국 그 힘이 크게 약화될 것이다.

> 당신의 군대가 적과 대면하고 있고, 그 적이 막강해 보일 때는 특정 부위를 골라 공격하라. 그 부위를 산산조각 내는 데 성공한다면 거기는 내버려두고 다음 부위를 공격하라. 꼬불꼬불한 길을 내려가듯이 이런 식으로 공격을 계속하라.
>
> — 미야모토 무사시

연결부위 공략하기

보스턴의 젊은 청년이었던 새뮤얼 애덤스(Samuel Adams, 1722~1803)는 원대한 꿈을 가지고 있었다. 그는 미국 식민지들이 언젠가 영국에서 완전한 독립을 쟁취해 영국 철학자 존 로크(John Locke)의 사상을 바탕으로 새로운 정부를 수립해야 한다고 믿었다. 로크에 따르면 정부는 그 국민들의 의지를 반영해야 한다. 그렇지 않은 정부는 존재할 권리를 잃은 것이나 마찬가지다. 애덤스는 아버지로부터 양조장을 물려받았지만 사업에는 관심이 없었다. 양조장이 도산해가고 있을 때도 그는 로크의 사상과 독립의 필요성에 대한 글을 쓰며 시간을 보내고 있었다. 그는 뛰어난 문필가였다. 그러나 그의 사상을 진지하게 받아들이는 사람은 드물었다. 그는 세상 물정을 모르고 과장해서 말하고 있는 것처럼 보였다. 그의 눈에 서린 집요한 번뜩임은 그가 괴짜라는 인상을 주었다. 문제는 영국과 미국의 관계가 매우 두텁다는 것이었다. 식민지 주민들은 불만사항이 많았지만 그렇다고 독립을 외치지는 않았다. 애덤스는 우울증을 겪었다. 그가 스스로에게 부여한 임무는 고독했고 절망적이었다.

이런 상황에서 영국이 1765년 인지과세(Stamp Act) 법안을 통과시킨 것은 그의 소명의식을 다시 한 번 자극했다. 인지과세는 모든 법률 및 상업 서류, 신문, 대학 졸업장에까지 세금을 부과하는 것이었다. 영국에 지불해야 하는 세금이 늘어나자 식민지 주민들의 분노는 점점 거세졌다. 그들은 인지과세가 새로운 종류의 세금이 둔갑한 것이라고 생각했고 몇몇 불만에 찬 목소리들이 도시의 선술집에서 높아졌다. 그렇긴 해도 대부분의 사람들이 이 문제를 대수롭지 않게 보았다. 그러나 애덤스는 인지과세야말로 필생의 기회라고 생각했다. 그것은 실질적인 공격 대상이었다. 그는 식민지 곳곳의 신문에 인지과세를 거세게 비난하는 사설을 썼다. 영국이 식민지 국가들과 협의도 없이 새로운 종류의 세금을 부과하고 있으며 이것은 전제군주제로 가는 첫 번째 단계라는 인상적인 구절을 썼다.

그의 사설은 호소력이 있었고 그 비판이 너무나 대담해 많은 이들이 인지과세에 대해 관심을 갖기 시작했다. 애덤스는 그전까지는 사설을 쓰

> 신출내기 체스 선수는 곧 체스판의 중심을 지배하는 것이 성공의 지름길이라는 사실을 알게 된다. 이러한 인식은 체스판과 전혀 상관없는 상황에서 교묘하게 위장한 채 나타나기도 한다. 어떤 상황에서든 체스판의 중심에 해당하는 것이 무엇인지 찾아내거나 중심의 역할이 측면으로 이동했음을, 또는 체스판이 아예존재하지 않으며 이런 지세학을 전혀 따질 필요가 없음을 인식하는 것은 큰 도움이 될 것이다.
> — 보스턴컨설팅 전략연구소 편저, 《전쟁과 경영(Clausewitz on Strategy)》, 2001년판

는 것 말고는 별다른 활동을 하지 않았지만 이제 그는 대중의 마음속에 분노의 불을 댕겼고, 행동을 통해 그 불을 더욱더 지피는 일이 시급함을 깨달았다. 그는 오래전부터 알고 지내온 노동자들을 규합하여 '자유의 아들들(sons of liberty)'이라는 조직을 결성했다. 그들은 보스턴 거리를 활보하며 애덤스가 고안해낸 슬로건을 외쳤다. "자유와 재산을 보장하라! 인지과세를 철폐하라(Liberty, property, and no stamps)!" 그들은 인지과세 통과에 앞장선 정치인들의 초상을 불태웠다. 또한 인지과세에 반대하는 애덤스의 주장이 실려 있는 소책자를 배포했다. 후에 인지를 배급하게 될 이들을 위협했으며, 배급자의 사무실을 파괴하는 등 극단적인 행동까지 서슴지 않았다. 그들의 행동이 과격해질수록 애덤스의 지명도도 덩달아 높아졌다. 그는 그런 지명도를 이용해 인지과세에 반대하는 주장을 더욱 강력하게 펼칠 수 있었다.

탄력을 받은 애덤스는 굽힐 줄 모르고 일을 추진했다. 인지과세가 법제화되던 날 그는 주 전체에 걸쳐 노동 파업을 선동했다. 상점들은 문을 닫았고 법정은 텅 비었다. 매사추세츠 주에서 한 회사도 조업을 하지 않았으므로 인지는 한 장도 팔리지 않았다. 이 보이콧은 엄청난 성공을 거뒀다.

애덤스의 사설과 시위운동, 그리고 보이콧은 영국을 들썩이게 했다. 식민지 국민들을 동정하고 인지과세에 대한 반대 의사를 공공연히 밝히는 의원들도 있었다. 영국 왕 조지 3세(George III)는 마침내 승복하여 1766년 4월 인지과세를 폐지했다. 미국인들은 최초로 자신들의 힘을 보여줬다는 사실에 흥분했다. 그러나 패배한 영국인들은 감정이 상했고 이듬해 타운센드 제도(Townshend System)로 알려진 일련의 간접세를 슬그머니 통과시키려 했다.

영국인들은 분명 적을 과소평가했다. 애덤스는 전쟁에 나섰다. 그는 이번에도 영국인들이 위장하려 하는 이 세금의 정체에 대해 수많은 사설을 써 또 한 번 분노를 불러일으켰다. 그는 자유의 아들들에 의한 추가적인 시위를 조직했다. 그들은 어느 때보다 더 위협적이고 폭력적이었다. 실제로 영국인들이 보스턴에 군대를 파견해야 할 정도로 긴장이 고조되

었다. 이 모든 것이 줄곧 애덤스의 목표였다. 자유의 아들들과 영국군 사이의 전쟁에 가까운 대치는 군인들을 흥분시켰다. 마침내 그들 중 한 무리가 너무 긴장한 나머지 군중을 향해 총을 발사해 여러 명의 보스턴 시민을 죽였다. 애덤스는 즉각 이를 보스턴 학살사건이라 부르며 이 선동적인 단어를 식민지 전체에 퍼뜨렸다.

보스턴은 분노로 들끓었다. 애덤스는 또 다른 보이콧을 조직했다. 매사추세츠의 시민 누구도, 심지어 매춘부조차도 영국 병사들에게는 아무것도 팔지 않았다. 아무도 그들에게 숙소를 내주지 않았다. 그들은 길거리와 선술집에서 외면당했다. 그들과 눈조차 마주치지 않았다. 이 모든 것이 영국 병사들의 사기를 꺾는 효과를 가져왔다. 그들 중 대다수는 소외되고 적대시되는 것을 못 견디고 탈영하거나 고향으로 돌아갈 방법을 찾았다.

매사추세츠 사태에 대한 소식이 남북으로 퍼져나갔다. 어디에서나 식민지 주민들은 보스턴에서 일어나는 일을 화제로 삼았다. 영국의 무력 대응과 위장한 세금, 거들먹거리는 태도 등에 대해서 말이다. 1773년 영국 의회는 차 조례(Tea Act)를 통과시켰다. 겉으로는 식민지 국가들을 대상으로 한 차 판매에 대한 실질적인 독점권을 동인도회사에 부여함으로써 이 회사의 경제적 문제를 해결하려는, 해로울 것이 없는 시도처럼 보였다. 이 법안은 명목상 세금을 부과하기는 했지만 그렇다 해도 이는 식민지 국가에서 동인도회사의 차 가격을 낮춰줄 것이었다. 중개인, 즉 식민지 국가의 수입업자를 거치지 않기 때문이었다. 그러나 차 조례의 효과는 기만적이었으며 혼란을 가져다주었다. 애덤스는 거기서 최후의 일격을 가할 기회를 엿보았다. 차 조례는 식민지 국가의 차 수입업자들을 망하게 할 것이고 숨겨진 세금도 포함하고 있었으며 여론의 합의 없이 이루어진 과세의 한 형태였다. 영국인들은 더 값싼 차의 대가로 민주주의에 대한 조롱을 일삼고 있었다. 애덤스는 그 어느 때보다 격렬한 언어로 인지과세와 보스턴 학살로 생겨난 오랜 상처를 헤집어놓는 사설들을 써댔다.

그해 말 동인도회사의 배가 보스턴 항구에 들어오자 애덤스는 그들의

> 스스로 분쟁하는 나라마다 황폐해지며 스스로 분쟁하는 집은 무너지느니라. 너희 말이 내가 바알세불을 힘입어 귀신을 쫓아낸다 하니 만일 사단이 스스로 분쟁하면 저의 나라가 어떻게 서겠느냐.
> — 누가복음 11장 17절

차에 대한 전국적인 보이콧 조직을 도왔다. 어떤 부두 노동자도 수화물을 내려주지 않았고 창고업자들도 차 저장을 거부했다. 12월 중순의 어느 날 밤 애덤스가 마을 회의를 소집한 후 자유의 아들들 한 무리가 모호키 인디언으로 감쪽같이 변장하고 전쟁의 함성을 내지르며 차를 실은 선박에 올라가 그들의 화물을 파괴했으며 차 상자를 바다에 빠뜨렸다. 엄청난 야단법석 속에 이 모든 일이 행해졌다.

후에 보스턴 차 사건(Boston Tea Party)으로 알려진 이 도발적인 행위는 미국 역사의 전환점이 되었다. 영국군은 이를 용인할 수 없었고 보스턴 항구를 신속히 폐쇄하고 매사추세츠 주에 군법을 부과했다. 이제 모든 의혹은 현실이 되고 있었다. 애덤스에 의해 코너에 몰린 영국인들은 애덤스가 예언했던 그대로 포학한 면을 드러내고 있었다. 매사추세츠 주의 삼엄한 군대 주둔은 예상대로 지지를 얻지 못했고 몇 달 안에 폭력사태가 발발하는 것은 시간문제였다. 1775년 4월 영국 군인들은 매사추세츠 주 렉싱턴에서 민병들을 향해 총을 발사했다. '세계로 울려퍼진 이 총성'은 전쟁의 불씨가 되었다. 애덤스가 무(無)에서 만들어내고자 그토록 애썼던 바로 그 불씨였다.

해석 ——

1765년 인지과세 저지 투쟁 전까지만 해도 애덤스는 논리 정연한 주장을 통해 식민지 주민들에게 영향을 끼칠 수 있을 거라고 믿었다. 하지만 그런 시도들이 실패로 돌아가자 그는 비로소 현실을 직시했다. 식민지 주민들은 영국에 대해 아이들이 부모에 대해 느끼는 것과 같은 깊은 감정적 애착을 가지고 있었다. 자유는 영국의 보호 조건과 소속감에 비해 큰 의미를 갖지 못했다. 이를 깨달았을 때 애덤스는 자신의 목표를 재정립했다. 독립과 존 로크의 사상을 설파하는 대신 식민지 주민들과 영국 간의 감정적 끈을 끊어버리기 위한 작업에 착수했다. 그는 아이들이 부모를 불신하도록 만들었다. 영국을 더 이상 보호자가 아닌 자신의 이익을 위해 그들을 이용하는 횡포한 군주로 보게 한 것이다. 영국과의 결속이 느슨해지면서 애덤스의 독립에 대한 주장이 호소력을 갖기 시작했다. 이제 식민지 주민들은 모국 영국에서가 아니라 자기 자신에게서 정체성을 찾기 시작했다.

애덤스는 인지과세 폐지 운동에서 그의 사상과 현실 사이의 교각이 되어줄 전략을 발견했다. 그의 사설은 이제 분노를 자극하는 것을 목표로 삼았다. 그가 조직했던, 철저한 작전에 의한 시위 역시 미래에 있을 혁명의 핵심 요소인 중산층과 하층민들 사이에 분노를 불러일으키고 이를 쌓아올리기 위해 설계되었다. 애덤스의 보이콧이라는 혁신적인 운동은 영국인들을 격분시키고 그들을 경솔한 행동으로 유인하기 위해 빈틈없이 계획되었다. 그들의 폭력적인 반응은 상대적으로 평화적인 식민지 주민들의 대응법과 좋은 대조를 이뤘고 애덤스가 주장했듯이 그들을 압제자로 보이게 했다. 애덤스는 또한 사방에서 유대를 약화시키며 영국인들 사이에도 불화를 퍼뜨리기 위해 애썼다. 인지과세와 차 조례는 사실상 사소한 문제였지만 애덤스는 양측 사이를 갈라놓으며 그들이 폭력을 휘두르도록 전략적으로 교묘하게 조종했다.

명심하라. 이성에 호소한 주장은 한쪽 귀로 들어가서 다른 쪽 귀로 나온다. 이렇게 해서는 아무도 변화시키지 못한다. 소 귀에 경 읽기다. 전쟁에서 사람들의 관심을 모으고 그들에게 영향을 미치려면 우선 그들을 묶어두고 있는 과거와 그들이 변화에 저항하도록 만드는 것으로부터 그들을 분리시켜야 한다. 이런 결속은 통상 이성적이기보다는 감정적이라는 것을 깨달아야 한다. 사람들의 감정에 호소함으로써 당신의 목표물이 새로운 관점으로 과거를 보도록, 즉 과거에 자신이 얽매였던 것을 포학하거나 지루하거나 추하거나 비도덕적인 것으로 보도록 만들 수 있다. 이제 당신은 새로운 사상을 퍼뜨리고, 사람들의 비전을 변화시키고, 그들이 새로운 이기심에 반응하도록 만들고, 새로운 주장과 새로운 결속의 씨를 뿌릴 여유 공간을 갖게 된다. 사람들을 당신 쪽으로 끌어들이려면 그들을 과거에서 분리하라. 목표 대상을 평가할 때는 그들을 과거에 연결시켜주는 것, 즉 새로운 것에 대한 그들의 저항의 근거가 되는 것을 찾아내라.

연결부위는 어떤 구조에서나 가장 취약한 부분이다. 이 부분을 부르뜨리면 사람들을 내부적으로 분열시켜 그들을 제안이나 변화에 약하게 만들 수 있다. 그들을 정복하기 위해 그들의 정신을 분열시켜라.

> 적이 지원이 부족하다고 믿게끔 만들어라. …… 단절시키거나 측면을 공격하거나 방향을 전환시키는 등 다양한 방법으로 적군이 고립되었다고 믿게 하라. 또한 적의 중대, 대대, 여단, 사단을 차례로 고립시켜라. 그러면 승리는 당신의 것이다.
> ― 아르당 뒤 피크 대령

전쟁의 기술: 철저하게 각개 격파하라

수천 년 전 우리의 원시적인 조상들은 쉽게 병약함과 연약함을 느꼈다. 생태계 초기의 적대적인 환경에서 살아남기 위해서 동물들은 신속성, 이빨과 발톱, 겨울의 혹한에 대비한 털, 그 밖에 힘과 방어 능력의 다른 이점들을 가지고 있었다. 그러나 인간은 이 중 아무것도 소유하지 못했으므로 극도로 위험에 노출되어 혼자라고 느꼈을 것이다. 그런 약점을 보완하는 유일한 길은 집단을 이루는 것이었다.

집단이나 부족은 포식자들에 대항할 방어막을 제공했고 사냥의 효율성을 높여주었다. 집단 내에는 서로의 뒤를 지켜줄 이들이 충분했다. 집단의 규모가 크면 클수록 그 구성원들이 노동의 분업이라는 위대한 인간의 발명품을 더욱 정교한 수준으로 발달시킬 수 있는 여력이 생겼으며, 집단 내의 다양한 개인들이 긴급한 생존의 요구로부터 자유로워질수록 더 수준 높은 작업에 더 많은 시간과 더 많은 에너지를 할애할 수 있었다. 이런 다양한 역할들은 상호 보완적이었고 서로의 능력을 강화해주었으며 그 결과 인간의 힘이 궁극적으로 증가했다.

몇 세기에 걸쳐 이러한 집단은 점점 더 커지고 복잡해졌다. 마을을 이뤄 정착해 사는 법을 배움으로써 사람들은 위험과 결핍감에서 벗어날 수 있다는 것을 알았다. 다른 이들과 모여 사는 것은 좀더 미묘한 심리적인 보호막을 제공하기도 했다. 그 뒤 인간은 처음 부족을 형성하는 동기가 되었던 두려움에 대해서는 서서히 잊어버렸다. 그러나 어떤 집단, 어떤 군대에든 근본적인 공포는 원시 그대로 강하게 남았다.

고대 전쟁에서 일반적인 전투 방식은 육박전이었다. 이는 개개인이 항상 등 뒤와 양 측면, 사방으로 죽음에 노출되어 있는 끔찍한 극적 상황이었다. 군사 지도자들은 일찍이 사병들을 빈틈없고 결속력 있는 대열로 조직하는 방법을 배웠다. 양쪽에 있는 동료들이 후퇴하거나 자신을 혼자 두고 떠나지 않을 것이라 믿을 때 그들은 더 큰 기개와 자신감을 가지고 적과 맞서 싸울 수 있었다. 로마인들은 가장 젊고 가장 맹렬한 전사들을 전방에 세우고 가장 경험이 많고 뛰어난 전사들을 뒷줄에, 그 나머지를 중앙에 세움으로써 이 전략을 더욱 강화했다. 이로써 가장 약한, 즉 가장 겁먹기 쉬운 병사들은 용맹하고 침착한 이들에게 둘러싸여 두려움을 진정시킬 수 있었다. 로마 군은 그 어떤 군대보다도 단결력이 강했고 상호 신뢰를 가지고 전투에 임했다.

19세기의 위대한 군사 집필가였던 아르당 뒤 피크 대령은 고대 전투를 연구하며 기이한 현상에 주목했다. 가장 이름을 떨쳤던 전투들은(예를 들면 칸나이에서 로마 군을 상대로 한 한니발의 승리와 파르살루스에서 폼페이우스를 상대로 한 카이사르의 승리 등) 대부분 두 군대의 손실 규모에서 엄청난 차이가 났다. 승전한 쪽의 인명 피해는 수백 명에 그쳤지만 패배한 쪽은 수천 수만 명의 피해를 입었다. 뒤 피크에 따르면 이런 결과는 승리한 군대가 책략을 통해 적을 당황하게 만들어 그들의 대열을 부분으로 쪼개는 데 성공했기 때문이다. 사병들은 대열이 무너지는 순간 결속감과 안정감을 잃고 고립되었다고 느껴 무기를 내던지고 도망갔다. 이렇게 적에게 등을 보인 군인을 해치우는 것은 어렵지 않았다. 수천 명이 이런 식으로 대량 살상당했다. 그러고 보면 이런 대승은 근본적으로 심리적인 것이다.

이러한 현상은 시대를 초월한다. 주변인들의 지지를 잃고 있다고 느끼는 군인은 견딜 수 없는 원시적인 공포에 내던져진다. 그는 홀로 죽음을 맞게 될까 봐 두려워한다. 위대한 군사 지도자들은 이런 공포를 전략으로 이용했다. 칭기즈칸은 이에 통달한 인물이었다. 그는 몽골 기병대의 기동성을 이용해 적의 커뮤니케이션을 단절하면서 적군의 일부를 고립시켜 그들이 혼자이며 보호받지 못하고 있다고 느끼게 했다. 그는 공포

세 마리 소와 사자

늘 붙어다니는 세 마리 황소가 있었다. 사자는 소들을 잡아먹고 싶어 기회를 엿봤지만 세 마리가 항상 함께 있었기 때문에 한 마리도 잡을 수가 없었다. 그래서 사자는 모함하는 말로 그들을 서로 이간질해 간신히 그들을 떨어뜨려놓을 수 있었다. 결국 그들은 분열했고 사자는 차례로 그들을 잡아먹었다.

— 《이솝우화》

> 루스벨트는 어느 한 사람에게 완전히 얽매이는 것을 싫어했다. 그는 관심과 행동의 중심이 되는 것을 즐겼고 조직의 중심이 된 그를 통해 활동의 본선이 확산됐다. …… 그러나 루스벨트 방식의 핵심 전제는 미국 정치제도의 원심력에 직면해 행정부에 대한 통제권을 유지하기 위한 집요한 노력을 수반했다. 그는 다른 세력을 견제하는 하나의 힘의 중심을 각 기관에 정착시킴으로써 각 공무원이 백악관의 지원에 더욱 의존하도록 만들었다.
>
> 대통령은 실제로 개개인에게 필수적인 동맹이자 파트너가 되었다. 그는 자기 권력의 확장을 꾀하는 관료적인 성향을 경감시켰다. 그를 집단적으로 공격하려는 어떤 시도도 억제했다. 그는 실제로 자신의 목적에 맞도록 분할 정복이라는 전통적인 방법을 적용하고 있었던 것이다. …… 그의 테크닉은 기묘하게도 기능의 중복 위임을 사용했던 스탈린의 테크닉과 흡사했다. 그의 방식에 대해 잘 알고 있던 이는 이것이 "어떤 단일한 명령체계 하나가 정부의 관료제라는 다른 무기에 대처해 사안을 공개하지 않고서는 주요 의사결정을 내리지 못하도록" 하기 위한 것이라고 말한 바 있다. 루스벨트는 매우 다른 목적을 가지고 있음에도 그의 첫 번째 관심사가 권력이었다는 점에서는 스탈린과 비슷한 정치적인 행정가였다.
> — 제임스 맥그레거 번스(James MacGregor Burns), 《루스벨트: 사자와 여우(Roosevelt: The Lion and the Fox)》, 1956년

감을 주입시키기 위해 의식적으로 노력했다. 나폴레옹과 마오쩌둥의 게릴라 부대 역시 분할 고립 전략을 효과적으로 사용했다.

인간 본성은 변하지 않았다. 우리들 가운데 가장 문명화된 이들에게도 혼자 되는 것, 지원받지 못하고 위험에 노출되는 것에 대한 원시적인 공포가 깊이 도사리고 있다. 오늘날 사람들은 점점 더 흩어지고 있으며 사회 결속력도 느슨해지고 있지만 이는 오히려 집단에 소속되고 강력한 동맹 네트워크를 갖는 것, 즉 사방에서 지원받고 보호받고자 하는 욕구를 불러일으킨다. 그것은 우리 자신의 연약함에 대한 원시적인 공포감과 다를 바 없다. 분할 정복 전략이 오늘날만큼 더 효과적인 때는 없었다. 사람들을 집단에서 단절시켜 그들이 고립되고 혼자이며 보호받지 못하고 있다고 느끼게 만든다면 당신은 그들의 힘을 엄청나게 약화시킬 수 있다.

1960년대에 국방장관 린뱌오는 마오쩌둥의 가장 충성스럽고 신임받는 추종자 가운데 한 명이었다. 린뱌오만큼 열렬하게 이 중국의 통치자를 찬양한 이는 없었다. 그런데도 1970년 마오쩌둥은 그런 아첨이 그의 의중을 숨기기 위한 책략일지도 모른다고 의심했다. 실제로 린뱌오는 그의 후임이 되려는 계략을 꾸미고 있었다. 린뱌오가 특히 더 위험한 인물이 된 것은 그가 국방장관으로 재임하며 쌓은 군대와의 동맹관계 때문이었다.

마오쩌둥은 치밀하게 작업에 나섰다. 공식 석상에서 일부러 린뱌오를 지지했다. 그 역시 린뱌오를 후임으로 보는 듯이 말이다. 이는 음모자의 타고난 신중함을 누그러뜨렸다. 그러면서 한편으로는 군대에 있는 린뱌오의 핵심 지지자들의 일부를 공격하고 강등시키기도 했다. 린뱌오는 대부분의 문제에서 좌파로 치우치는 다소 급진적인 성향의 인물이었다. 마오쩌둥은 그가 군을 구조조정하기 위한 더욱 극단적인 아이디어를 제안하도록 부추겼다. 사실은 이런 아이디어들이 지지를 얻지 못할 것임을 알고 있었기 때문이다. 군대 상층부에서 린뱌오의 지지도는 떨어지기 시작했다.

린뱌오는 마침내 마오쩌둥이 무슨 일을 꾸미고 있는지 알아차렸지만 때는 늦었다. 그는 이미 세력 기반을 잃은 후였다. 그는 위기를 타개하기

위해 쿠데타를 일으키려 했다. 이는 마오쩌둥의 계산에 딱 맞아떨어진 필사적인 행동이었다. 린뱌오는 1971년 비행기 폭파라는 의심스러운 사고로 사망했다.

마오쩌둥이 눈치 챘듯이 정치계에서는 많은 사람들이 재능보다는 연줄에 더 의지한다. 사람들의 관심을 잃으면 성공의 기반을 잃은 것이나 다름없다. 고립되었다고 느끼는 사람들은 통상 과민반응을 하며 절박한 행동을 할 것이다. 이는 물론 그들을 더욱 고립시키는 행동이다. 그래서 마오쩌둥은 린뱌오가 연줄을 잃고 있다는 생각이 들도록 했다. 린뱌오를 직접적으로 공격했다면 추한 싸움에 휘말렸을 것이다. 그보다는 그의 세력 기반에서 그를 분리시키는 것이 훨씬 더 효과적이었다.

적을 향해 노골적인 공격에 나서기 전에 항상 그들의 대열을 최대한 분열시킴으로써 그들을 약화시켜야 한다. 리더와 추종자 사이는 불화를 일으키기 위한 좋은 관계다. 지도자는 그 구성원들의 지지를 잃을 때 형편없이 기능한다. 그러므로 그들이 독재적이거나 겉도는 것처럼 보이게 만들어라. 아니면 그들의 기반을 빼앗아라. 일단 당신의 적이 어떤 식으로든 분열되기 시작한다면 그 균열은 탄력을 받게 마련이다. 분열은 보통 더 심한 분열로 이어진다.

기원전 338년 로마는 당시 가장 막강한 적이었던 라틴 동맹을 격파했다. 라틴 동맹은 로마의 확장을 막기 위해 결성된 이탈리아 도시들의 동맹이었다. 그러나 로마는 이 승리로 인해 새로운 문제에 맞닥뜨렸다. 그 지방을 어떻게 통치해야 하는가였다.

로마가 생각해낸 해결책은 그들의 제국을 구축할 수 있는 전략이 될 만한 것이었다. 그들은 후에 이것을 '분할과 통치(divide et impera)'라 불렀다. 기본적으로 그들은 동맹을 해체시켰지만 모든 부분을 똑같이 취급하지는 않았다. 대신 시스템을 마련해 도시들의 일부를 로마의 영토에 통합시켰고 그곳 거주자들에게는 로마 시민과 같이 완전한 특권이 주어졌다. 다른 도시들은 그들 영토의 대부분을 빼앗겼지만 거의 완전한 독립을 얻었다. 또 다른 도시들은 해체되어 로마의 시민들에 의해 식민지화되었다. 어떤 도시에도 로마에게 대적할 만큼 충분한 세력을 남겨주지 않았으며 로마는 중심적 위치를 유지했다(속담처럼 모든 길은 로마로 통했다).

이 시스템의 열쇠는 만약 한 독립적인 도시가 로마에 충성을 입증해 보이거나 로마를 위해 잘 싸워준다면 제국에 통합될 기회를 얻었다는 사실이다. 개개의 도시들은 다른 곳에서 동맹을 찾는 것보다 로마의 환심을 얻어 제국에 편입되는 쪽이 더 유리하다고 여기게 되었다. 로마에서 떨어져나가는 것은 위험했고 로마는 여전히 막강한 힘과 부를 가지고 있었다. 그렇게 해서 한때는 라틴 동맹의 자랑스러운 구성원이었던 도시들은 로마의 환심을 사기 위해 서로 경쟁했다.

분할 통치는 어느 집단에서든 강력한 전략이 될 수 있다. 어떤 조직에서나 사람들은 이해관계를 바탕으로 더 작은 집단을 형성한다. 이는 수적인 강세를 얻으려는 원초적인 욕구다. 이런 하위 집단들은 세력 기반을 형성하므로 이를 주시하지 않을 경우 전체 조직을 위협할 것이다. 당이나 파벌의 결성은 지도자에게 치명적인 위협이 될 수 있다. 파벌들은 곧 더 큰 집단의 이익보다는 개인의 사욕을 채우기 위해 힘쓸 것이기 때문이다. 분할하여 통치하는 것이 상책이다. 이를 위해서는 우선 자신이 힘의 중심에 서야 한다. 당신에게 인정받기 위해 경쟁할 필요가 있음을 다른 이들에게 일깨워주어야 한다. 그러려면 그룹 내에 세력 기반을 형성하려고 노력하는 것보다는 리더를 기쁘게 함으로써 얻을 수 있는 것이 더 많아야 한다.

엘리자베스 1세가 여왕이 되었을 때 영국은 분할된 국가였다. 봉건제도의 잔재로 파워게임을 하는 이들이 많았고, 궁정 안에도 파벌 세력이 득실거렸다. 엘리자베스 여왕이 내놓은 해결책은 계획적으로 가문들끼리 싸우게 만들어 귀족 계급의 세력을 약화시키는 것이었다. 동시에 그녀는 중심을 차지해 자기 자신을 영국의 상징물로 내세웠고 모든 것이 이 중심을 기준으로 돌아가도록 만들었다. 궁정 내에서 그녀는 자신을 제외한 그 누구도 지배력을 행사하지 못하도록 경계했다. 한때 여왕의 연인이었던 사람들 중 처음에는 로버트 더들리(Robert Dudley)가, 그 다음에는 에식스 백작(Earl of Essex)이 자신들이 여왕의 총신이라고 믿다가 희생양이 되었다.

총애하는 사람을 곁에 두고자 하는 유혹은 달콤하지만 위험한 일임에 틀림없다. 당신이 아끼는 총신을 교체하고 때에 따라 한 명씩 물러나게 하는 것이 현명한 전략이다. 다양한 시각을 가진 사람들을 영입하고 그들이 이를 위해 끝까지 싸우도록 부추겨라. 이것은 민주주의의 건전한 형태로 정당화될 수 있지만 아랫사람들이 제 목소리를 내기 위해 싸우는 동안 당신은 그들을 제압할 수 있다는 효과가 있다.

영화감독인 앨프리드 히치콕에게는 사방이 적이었다. 작가, 세트 디자이너, 배우, 제작자, 마케터 등 누구든지 영화의 질보다 자신의 자존심을 우선할 가능성이 있었다. 작가들은 자신의 문학적 재능을 과시하고자 했고, 배우들은 스타처럼 보이기를 원했으며, 제작자들과 마케터들은 상업적인 영화를 만들고 싶어했다. 스태프 전체의 이해관계가 상치됐다. 히치콕의 해결책은 엘리자베스 여왕과 비슷하게 다양하게 분열된 상태에서 중심적 위치를 점령하고 지배하는 것이었다. 그는 대본 집필에서 촬영, 편집에 이르기까지 제작 전 과정의 중심에 섰다. 영화의 모든 세세한 정보는 그의 머릿속에, 그의 그림 속에, 그의 노트에 저장됐다. 히치콕을 피해갈 수 있는 이는 없었다. 모든 의사결정이 그를 거쳐갔다. 예를 들면, 영화가 촬영되기 전 히치콕은 주연 여배우의 의상까지 세세하게 지정했다. 만약 의상 디자이너가 뭔가 수정하고자 한다면 그를 거쳐야 했고 그렇지 않으면 직위상 불복종으로 지적을 당했다. 근본적으로 그는 로마와 같았다. 모든 길은 히치콕으로 통했다.

당신의 집단에서 자기 분야의 전문가인 이들은 자신이 하고 있는 모든 일을 당신에게 보고하지 않아도 된다는 사실을 바탕으로 교묘하게 파벌을 형성할 수도 있다. 기억하라. 그들은 작은 그림만 보고 있다. 전체 제작의 책임자는 당신이다. 리드하고자 한다면 중앙을 점령해야 한다. 모든 것이 당신을 거쳐 지나가야만 한다. 정보를 보류해야 한다면 이를 보류하는 사람 역시 당신이어야 한다. 이것이 바로 분할 통치다. 작전상 다양한 부분들이 모든 정보에 접근할 수 없다고 느낀다면 그들은 당신에게 와서 그 정보를 구해야 할 것이다. 사사건건 통제하라는 말은 아니지만

내가 세상에 화평을 주러 온 줄로 생각지 마라. 화평이 아니요 검을 주러 왔노라. 내가 온 것은 사람이 그 아비와, 딸이 어미와, 며느리가 시어미와 불화하게 하려 함이니 사람의 원수가 자기 집안 식구이리라. 아비나 어미를 나보다 더 사랑하는 자는 내게 합당치 아니하고 아들이나 딸을 나보다 더 사랑하는 자도 내게 합당치 아니하고 또 자기 십자가를 지고 나를 좇지 않는 자도 내게 합당치 아니하니라.
— 마태복음 10장 34절

당신은 중대한 모든 사안에 대한 총괄적인 통제권을 쥐고 미래에 생길지도 모르는 라이벌 세력 기반을 모조리 고립시켜야 한다.

1950년대와 1960년대 내내 에드워드 랜스데일(Edward Lansdale) 소장은 대(對)게릴라전에서 미국의 최고 전문가로 꼽혔다. 그는 필리핀의 라몬 막사이사이와 함께 일하면서 1950년대 초 필리핀의 후크 게릴라 운동을 격파했던 계획을 고안해냈다. 대게릴라전은 정치적으로 능숙한 솜씨를 필요로 한다. 랜스데일에게 성공의 열쇠는 정부의 부패를 척결하고 대중의 호응을 얻을 수 있는 다양한 제도를 통해 국민이 정부에 더 가까이 다가설 수 있게 하는 것이었다. 그것은 반란군의 명분을 부정하고 그들을 고립시켜 파멸시킬 것이다. 랜스데일은 좌파 반란자들을 무력으로 쓰러뜨리려는 계획이 어리석은 일이라고 생각했다. 사실상 무력은 그들이 지원군을 모으기 위해 사용할 수 있는 명분을 제공하므로 오히려 그들의 계략에 빠지는 일이었다. 반면 대중으로부터의 고립은 반란군에게 죽음을 뜻했다.

당신의 집단 내에서 주로 자신의 이익을 위해 반란군으로 일하고 있는 사람들을 떠올려보라. 그들은 조직의 불평을 먹고 자라며 그런 불평을 분쟁과 파벌주의로 부채질하는 카시우스(Cassius, 카이사르 암살 음모의 주동자—옮긴이) 타입이다. 일단 그들이 누군지 알기만 하면 언제라도 그런 파벌들을 분열시키기 위한 작업에 착수할 수 있지만, 당신의 병사들이 수긍하고 만족하도록 만들어 반군의 배를 채워줄 것을 아무것도 내주지 않는 게 더 나은 해결책이다. 그들은 비탄에 빠지고 고립되어 차례차례 자멸할 것이다.

17세기 일본의 위대한 사무라이인 미야모토 무사시는 그를 암살하려는 무사들의 무리와 여러 번 대면했다. 이런 무사들의 무더기 출현은 대부분의 사람들을 겁먹게 하거나 적어도 주저하게 만들 것이다. 머뭇거림은 사무라이에게 치명적인 결점이다. 많은 이들은 이런 경우 상황에 대한 통제권을 잃게 될지도 모르는 위험을 감수하고 한 번에 가능한 한 많은 공격자들을 죽이기 위해 맹공격을 가할 것이다. 그러나 무사시는 여느 전략가보다 훨씬 뛰어났으며 최대한 이성적인 방법으로 이 딜레마를 해결했다. 그는 검객들이 정렬하거나 비스듬히 그에게 접근해야 하는 곳에 자리를 잡았다. 그러고 나서 첫 번째 검객을 죽이는 데 집중한 다음 신속하게 대열을 따라 움직였다. 그는 겁을 먹거나 안간힘을 쓰기보다 검객단을 작은 부분으로 나눴던 것이다. 그리고 첫 번째 적을 죽이는 동시에 다음 적을 상대하기에 유리한 위치를 점령해야 했고 그를 기다리고 있는 다른 공격자들 때문에 마음이 흐트러지지 않도록 유념해야 했다. 이는 적의 균형을 깨뜨리는 동시에 자신의 집중력은 잃지 않게 하는 효과를 안겨주었다. 그가 대열을 따라 움직이자 위험을 느끼고 동요한 것은 상대편이었다.

당신이 여러 가지 작은 문제들에 포위당해 있든, 하나의 거대한 문제에 포위당해 있든 무사시를 모델로 삼으라. 당신이 처한 상황의 복잡성에 압도된 나머지 앞뒤 생각 없이 무분별하게 공격한다면 정신적 통제력을 잃게 될 것이다. 이는 재앙을 더욱 재촉하는 행위다. 항상 당면한 문제를 분할하라. 우선 중심적 위치에 자리를 잡고 열을 따라 전진하며 문제들을 하나씩 차례로 제거해 나가는 것이다. 가장 작은 문제에서 시작하라. 쉬운 문제를 먼저 해결할 경우 육체적, 심리적으로 탄력을 받으며 이는 나머지 모두를 제압하는 데 도움이 될 것이다.

가장 중요한 것은 아테네가 마라톤 전투에서 그랬듯이 적에 대항해 신속하게 움직이는 것이다. 당신에게 닥쳐올 곤경을 기다리는 것은 그 곤경을 더욱 크게 만들어 치명적인 결과를 부를 것이다.

| 이미지 | 매듭. 거대하며 엉망으로 엉킨 매듭이 있다. 이를 푸는 것은 불가능해 보인다. 이 매듭은 수천 개의 작은 매듭으로 이뤄져 있으며 모두 뒤죽박죽 꼬여 한데 얽혀 있다. 넋 놓고 기다리기만 한다면 매듭을 푸는 것은 점점 더 힘들어질 것이다. 어느 한쪽만 붙들고 분리하려고 노력하지 말고 검을 꺼내 단칼에 반으로 잘라버려라. 일단 분리되면 그것은 저절로 풀리게 될 것이다.

| 근거 | 군사 전략에 탁월했다는 평을 받는 이들은 적의 전면과 후면의 힘이 연결되지 못하게 할 줄 알았다. 그들은 다소(多少)를 막론하고 적이 서로에게

말다툼하기 좋아하는 농부의 아들들

한 농부에게 항상 말다툼을 하는 아들들이 있었다. 그들을 꾸짖어봐야 소용이 없었으며 그의 잔소리는 그들의 행동을 조금도 변화시키지 못했다. 그래서 그는 실질적인 교훈을 가르쳐야겠다고 생각했다. 그는 아들에게 땔나무 한 무더기를 모아오라고 시켰다. 아들들이 장작더미를 들고 돌아오자 나무를 한 묶음씩 나눠주고 이를 한꺼번에 반으로 쪼개 달라고 했다. 그러나 아무리 애를 써도 쪼개지지 않았다. 그러자 농부는 장작더미를 풀어 아들 각각에게 나뭇가지 하나씩을 건네주었다. 이제 이들은 나뭇가지를 쉽게 반으로 자를 수 있었다. 농부가 말했다. "자, 봤느냐! 아들들아, 너희들도 서로 힘을 합치면 적이 너희를 당해낼 수가 없을 것이다. 그러나 너희가 흩어진다면 너희를 이기는 것은 이처럼 쉬울 것이다."
— 《이솝우화》

의지하는 것을 방해했으며, 귀천(貴賤)을 막론하고 서로를 구하러 오지 못하도록 했고, 상하 계층을 막론하고 서로를 믿지 못하게 했다. 군대들은 분리되어 다시 모이는 것이 불가능했고 모였을 때도 질서를 잡지 못했다.

— 손자

뒤집어보기

분열의 씨를 뿌리기 위해 집단을 공격할 때는 당신의 타격이 너무 강력하지 않은지 주의하라. 그것은 중대한 위험의 시기에 사람들이 단결하도록 만드는 역효과를 가져올 수도 있다. 2차 세계대전 때 히틀러는 영국군을 몰아내고자 런던 대공습을 감행했는데, 그것은 완전히 계산착오였다. 원래 그의 의도는 영국 국민의 사기를 저하시키는 것이었지만 공습은 오히려 그들을 더욱 결연하게 만들었다. 영국인들은 장기적으로 그를 격파하기 위해 단기적인 고통을 겪을 준비가 돼 있었다. 이런 유대의식의 효과는 일부 히틀러의 잔인무도함의 결과였으며 또 한편으로는 대의를 위해 고통을 감수할 준비가 되어 있는 문화 현상이기도 했다.

마지막으로 분열된 세계에서는 당신 자신이 속한 집단의 통일성과 단결성을 유지하고 맑은 정신상태로 목표에 집중하는 데서 힘이 나올 것이다. 열의와 사기 진작은 통일성을 유지하는 최상의 방법으로 보일 수도 있다. 하지만 결국 그것은 자연스럽게 시들게 될 것이며 거기에만 의지하면 실패를 면치 못할 것이다. 분열의 힘에 대항하는 훨씬 더 뛰어난 방어는 식견과 전략적인 사고다. 적의 의도를 파악하고 지능적으로 반응한다면 어떤 군대나 어떤 집단도 분열될 수 없다. 새뮤얼 애덤스가 알아차렸듯 전략이야말로 당신이 유일하게 믿고 의지할 수 있는 검이자 방패다.

STRATEGY 18

우회하여 공격하라
: 측면 공격 전략

직접적으로 정면공격을 가하면 상대는 저항력을 강화하며,
이는 당신의 임무를 더 힘들게 만든다.
이보다 나은 방법은 적의 관심을 전선으로 돌려놓고 허를 찔러 측면을 공격하는 것이다.
적의 부드럽고 연약하며 보호받지 않는 부위를 공략함으로써 충격을 불러일으켜
공격에 이용할 수 있는 약점의 순간을 만들어낼 수 있다.
상대를 궁지로 몰아 약점을 노출하도록 만든 다음 측면에서 공격하라.
난적을 움직이게 할 유일한 방법은 간접적으로 접근하는 것이다.

나폴레옹의 특기, 배후 기동작전

[나폴레옹 보나파르트 황제는 폰 클라우제비츠의 표현에 따르면 "오믈릿을 만들기 위해 달걀을 깰" 준비가 됐을 때 항상 최소한의 인력과 노력을 들여 완전한 승리를 얻고자 열망했다. 그 결과 그는 병력을 총동원하고 전력을 다해 전면전을 밀어붙어야만 하는 상황을 싫어했다. 즉 그가 (적이) 선택하는 곳에서 싸우기 위해 적에 맞서 직접적으로 행군해야 하는 상황을 말이다. 그러한 전투는 필연적으로 비경제적이고, 결론이 나는 경우가 거의 없기 때문이다 (1812년 보로디노 전투가 대표적인 예다). 대신 가능하다면 그는 적을 정면에서 위장 공격으로 포위한 후에 적의 후면이나 측면에 자리 잡기 위해 기병대의 경계진이나 자연 장애물로 가려진, 최대한 빠르고 '안전한' 경로로 그의 주력부대를 행군시켰다. 일단 이런 작전이 성공적으로 완수되면 그는 자연 장벽이나 '전략적 장막'(보통 강줄기나 산맥)을 점령해 모든 횡단로를 차단하고 그래서 그가 목표한 희생자를 측면의 보급선에서 고립시키고 증원의 가능성을 차단했다. 그 후 나폴레옹은 가차 없이 적군을 향해 진격해 적에게 두 가지 대안만을 남겨두었다. 자신이 선택하지 않은 곳에서 싸우거나 항복하는 것이었다. 그러한 전략이 가져다주는 이점들은 분명했다. 적군은 기습당하는 동시에 측면에서 통신로를 차단하는 적군의 급작스러운 출현에 의해 사기가 떨어졌다.
— 데이비드 G. 챈들러, 《나폴레옹 전역》, 1966년]

1793년 프랑스의 왕 루이 16세(Louis XIV)와 그의 왕비 마리-앙투아네트(Marie-Antoinette)는 프랑스 혁명 후에 수립된 새로운 정부에 의해 참수형을 당했다. 마리-앙투아네트는 오스트리아의 여왕인 마리아 테레지아(Maria Theresia)의 딸이었으며 그녀의 죽음으로 오스트리아는 프랑스의 결연한 적이 되었다. 1796년 초 오스트리아는 당시 자국의 속국이었던 이탈리아 북부를 통해 프랑스 침공 준비에 나섰다.

같은 해 4월 프랑스의 이탈리아 원정군 사령관으로 스물여섯 살의 나폴레옹 보나파르트가 임명되었다. 그가 맡은 임무는 단순했다. 오스트리아 군대가 프랑스에 진입하지 못하도록 저지하는 것이었다. 나폴레옹의 지휘 아래 프랑스는 혁명 이후 처음으로 방어 진지를 유지했을 뿐만 아니라 오스트리아 군을 꾸준히 동쪽으로 밀어내며 성공적인 공세를 취했다. 오스트리아는 혁명군에게 패한 충격뿐 아니라 첫 출정에 나선 무명의 장군에게 패한 수치감에 치를 떨었다. 오스트리아는 6개월간 나폴레옹을 격파하기 위해 군대를 보냈지만 번번이 만토바의 요새로 후퇴해야 했다.

나폴레옹은 오스트리아 군을 감시할 대대를 남겨두고 북쪽의 요충 도시 베로나에 그의 기반을 세웠다. 오스트리아는 이 전쟁에서 이기려면 어떻게 해서든 나폴레옹을 베로나에서 몰아내고 만토바에 갇혀 있는 굶주린 아군 병사들을 풀어줘야 했다.

1796년 10월 요제프 알빈치(Joseph Alvintzi) 남작에게 프랑스 군대를 베로나에서 몰아내라는 시급한 임무가 떨어졌다. 경험이 풍부한 사령관이자 뛰어난 전략가인 알빈치는 나폴레옹의 이탈리아 출정을 주의 깊게 연구하면서 그의 적을 존경할 수밖에 없었다. 이 영특한 젊은 장군을 물리치려면 오스트리아는 더 유연해질 필요가 있었고 알빈치는 자신이 해결책을 마련했다고 생각했다. 그는 5만 명의 오스트리아 군대를 두 종대로 나눠 하나는 자신이 지휘하고 다른 하나는 러시아의 파울 다비도비치 (Paul Davidovich) 장군에게 맡겼다. 이 종대는 각각 남쪽으로 행군해 베로나에서 만날 예정이었다. 알빈치는 동시에 기만술을 구사할 계획이었다. 다비도비치의 군대가 단지 오스트리아의 통신선을 보호하기 위한 소부대로 보이려는 것이었다(사실 이 부대는 1만 8천 명의 병력을 갖추고 있었다). 나폴레옹이 다비도비치를 과소평가한다면 저항도 덜 할 것이고 베로나로 가는 그의 길은 한결 수월해질 것이다. 알빈치의 계획은 나폴레옹을 두 군대 사이의 좁은 덫에 가두는 것이었다.

오스트리아 군대는 11월 초 이탈리아 북부에 진입했다. 다행히 나폴레옹은 속임수에 넘어간 듯했다. 그가 다비도비치 군대에 맞서기 위해 상대적으로 작은 규모의 군대를 파견하자 다비도비치는 신속하게 프랑스군에게 최초의 패배를 안겨주었다. 한편 알빈치는 쉬지 않고 전진하여 베로나에서 멀지 않은 지점까지 이르렀다. 알빈치는 지도를 들여다보며 자신이 세운 계획에 흡족해했다. 나폴레옹이 더 많은 병력을 파견해 다비도비치를 저지하려고 한다면 알빈치 자신이 담당한 베로나 방면이 허술해질 것이다. 또 만일 나폴레옹이 알빈치를 저지하려고 한다면 다비도비치가 담당하는 베로나 통로가 허술해질 것이다. 나폴레옹이 이어서 만토바의 병력을 소환하면 결국 그곳에 봉쇄되어 있는 2만의 오스트리아 병력이 풀려나게 되고, 그들은 남쪽에서부터 나폴레옹을 공격하게 될 것이다. 알빈치는 또 나폴레옹의 군사들이 지치고 굶주려 있음을 알았다. 쉬지 않고 6개월간 싸워왔으니 당연했다. 나폴레옹과 같은 젊은 천재조차도 그가 쳐놓은 덫에서 빠져나올 수는 없었다.

며칠 후 알빈치는 베로나 근처 칼디에로라는 도시로 전진했다. 그곳에서 그는 프랑스 군을 맞아 또 한 번의 패배를 안겨주었다. 나폴레옹은 연달아 두 차례나 패배했다. 상황은 그에게 불리하게 돌아갔다.

베로나에 대한 최후의 급습을 준비하고 있을 때 알빈치는 혼란스러운 소식을 접했다. 예상과 달리 나폴레옹은 베로나에 있는 군대를 분할하여 그 중 일부를 알빈치나 다비도비치 공격에 투입하지 않고 남동쪽으로 보냈다는 것이다. 다음 날 이 부대는 아르콜라라는 도시의 외곽에서 모습을 드러냈다. 만약 프랑스 군이 아르콜라를 향해 강을 건너 북쪽으로 몇 킬로미터만 더 전진한다면 그들은 알빈치의 보급로와 후퇴로를 차단하게 될 것이고 빌라노바에 있는 그의 보급창을 포획할 수 있을 것이다. 대규모 프랑스 군대가 뒤를 쫓는 것은 극도로 불안한 일이었다. 알빈치는 그 순간만큼은 베로나에 대해서 잊어버리고 급히 동쪽으로 행군할 수밖에 없었다.

그는 아슬아슬하게 후퇴했고 프랑스 군이 강을 건너 빌라노바를 공격하기 전에 그들을 저지할 수 있었다. 여러 날 동안 두 군대는 아르콜라에 있는 다리를 두고 불꽃 튀는 접전을 벌였다. 나폴레옹은 여러 차례 진격을 이끌었으며 가까스로 죽음을 모면하기도 했다. 만토바를 방어하고 있던 부대의 일부가 아르콜라에 있는 프랑스 군을 지원하기 위해 북쪽으로 급파됐지만 알빈치의 군대가 몸을 숨겨 전투는 교착상태에 들어갔다.

전투 삼일째 알빈치의 병사들은(가차 없는 프랑스 군의 공격으로 전선이 상당히 얇아진 상태였다) 다리를 사이에 둔 또 다른 전투를 준비하다 남쪽 측면에서 들려오는 나팔소리를 들었다. 어떤 프랑스 부대가 무슨 수를 썼는지 다리의 하류에서 강을 건너 아르콜라에 있는 오스트리아 군 측면을 향해 전진해오고 있었다. 트럼펫 소리는 순식간에 고함소리와 총성으로 바뀌었다. 지친 오스트리아 군은 프랑스 군의 기습 출현을 막아낼 도리가 없었다. 그들은 프랑스 병력의 규모를 가늠해볼 겨를도 없이 겁을 집어먹고 전장을 이탈했다. 프랑스 군은 강을 건너 쇄도해 들어왔다. 알빈치는 힘닿는 데까지 병사들을 모아 간신히 그들을 동쪽의 안전 지대로 이끌었다. 그러나 그들은 베로나 전투에서 패배했고 만토바의 운명도 결정됐다.

나폴레옹은 기사회생으로 승리했다. 아르콜라 전투는 그가 난공불락의 전설을 세우는 데 일조했다.

해석 ─

나폴레옹은 요술쟁이가 아니었다. 이탈리아에서 그가 거둔 승리는 믿기 힘들 정도로 간단했다. 그는 두 군대가 자신을 향해 옥죄어올 때 알빈치 쪽이 더 위험하다는 것을 예측했다. 칼디에로에서 승리한 오스트리아는 정면 대결을 통해 베로나를 방어할 수 있다고 생각했다. 그러나 나폴레옹은 자신의 군대를 분할해 그 중 규모가 더 큰 쪽을 오스트리아의 보급창과 보급로 및 후퇴로를 위협하기 위해 보냈다. 알빈치가 이 위협을 무시하고 베로나로 전진하는 것은 스스로 엄청난 파국을 향해 걸어가는 셈이다. 또 만일 그가 칼디에로에 그대로 머물렀다면 나폴레옹은 그를 두 군대 사이에 두고 압박했을 것이다. 나폴레옹은 알빈치가 후퇴할 수밖에 없다는 것을 알았다. 위협이 너무 컸기 때문이다. 그리고 일단 그가 후퇴를 택할 경우 주도권은 자신에게 넘어온다는 것을 나폴레옹은 알고 있었다. 아르콜라에서 나폴레옹은 적이 지쳐가고 있음을 감지하고 트럼펫, 고함소리, 포화 등 최대한 큰 소리를 내 적을 혼란시키라는 지시를 내리는 동시에 남쪽에서 도하해 오스트리아의 측면으로 행군할 분견대를 보냈다. 이 공격 부대는 소규모이긴 했지만 그 존재만으로도 공포와 붕괴를 야기할 것이었다. 이 책략은 주효했다.

나폴레옹이 '배후 기동작전(manoeuvre sur les derrières)'이라고 불렀던 이 작전은 그의 주특기가 되었다. 이 작전의 성공은 두 가지 사실을 바탕으로 했다. 첫째, 장군들은 공격을 위해서든 방어를 위해서든 자신의 군대를 강력한 정면 진지에 두는 것을 좋아한다. 나폴레옹은 전방을 향하려는 장군들의 성향을 이용해 적과 정면으로 교전하려는 것처럼 위장했다. 적은 전투의 먼지 속에서 군대의 절반만이 배치되어 있음을 알아차리기 어려웠고, 나폴레옹은 그사이 나머지 군대를 측면이나 배후로 비밀리에 움직이게 했다. 둘째, 측면이 공격에 노출되었음을 감지한 적은 일순 당황하게 되어 공격에 취약하게 마련이며 당면한 위협에 대응하기 위해 돌아서야만 한다. 방향을 전환하는 바로 이 순간 엄청난 약점이 노출되고 혼란이 빚어진다. 베로나에서 알빈치가 그랬듯 우위에 있는 군대조차도 방향을 전환할 때는 십중팔구 단결력과 균형을 잃는다.

나폴레옹과 같은 전쟁의 대가에게 직접 배워보자. 정면에서 공격하는 것은 별로 현명한 일이 아니다. 당신 앞에 대치하고 있는 병사들은 빈틈없이 무리 지어 있을 것이며, 이들이 당신에게 대항하는 힘은 위협적일 것이다. 적의 측면, 즉 취약한 면을 공략하라. 이것은 규모에 상관없이 충돌이나 대립에서 언제나 적용 가능한 원칙이다.

인간은 종종 다른 이들에게 가장 두드러지게 보여주는 정면과는 대조를 이루는 측면을 보여줌으로써 취약한 부위를 알려준다. 이들이 보여주는 정면은 공격적인 성격, 즉 사람들을 제멋대로 휘두르며 타인을 다루는 방법일 수 있으며, 아니면 뚜렷한 방어기제, 즉 삶의 안정감을 유지하기 위해 침입자들을 멀리하는 행동일 수도 있다. 그것은 또 그들의 가장 소중한 믿음과 사상일 수도 있고, 남에게 호감을 주는 사람이 되기 위해 사용하는 방법일 수도 있다. 사람들이 이런 정면을 더 많이 노출시키고 그들 자신에 대해, 그리고 그들이 움직이는 방향에 대해 더 많은 것을 노출하도록 만든다면 그들의 보호되지 않은 측면이 더욱 뚜렷하게 보일 것이다. 잠재된 욕망, 깊은 불안감, 위태로운 동맹, 통제 불가능한 충동 등을 말이다. 일단 당신이 그들의 측면을 공격하면 당신의 목표물은 당신과 대결하기 위해 고개를 돌릴 것이고 평형을 잃게 될 것이다. 모든 적은 측면공격에 약하다. 치밀하게 계획된, 허를 찌르는 책략은 막을 방도가 없다.

> 진실에 대한 저항은 피할 수 없다. 그것이 새로운 아이디어라는 형태를 띨 때는 더욱 그렇다. 그러나 저항의 정도를 감소시키는 것은 가능하다. 목표물 자체에 대해서뿐만 아니라 접근 방법에 대해서도 숙고한다면 말이다. 오랫동안 공고히 다져진 정면을 공격하는 일은 피하라. 대신 측면 이동을 통해 적의 몸을 돌리려 노력하라. 좀더 뚫기 쉬운 측면이 진실의 공격에 노출될 것이다.
> ─ B. H. 리들 하트(B. H. Liddell Hart, 1895~1970)

측면 점령하기

카이사르는 청년 시절에 해적에게 붙잡힌 적이 있었다. 그들은 20탈렌트의 몸값을 요구했다. 카이사르는 웃음을 터뜨리며 자기 정도 되는 고귀한 신분은 50탈렌트의 가치는 있다고 대답했다. 그리고 그 액수를 지불하겠다고 자청하고 나섰다. 그의 수행원이 돈을 가지러 가자 카이사르는 피에 굶주린 해적들 사이에 홀로 남겨졌다. 그 몇 주간 카이사르는 그들이 하는 게임과 잔치에 참여했고 심지어 언젠가는 그들을 십자가에 못박을지도 모른다는 농담을 할 정도로 그들과 심하게 장난을 치기도 했다.

해적들은 이 활기차고 다감한 청년을 마음에 들어했고 그를 해적단에 입단시켰다. 그러나 일단 몸값을 지불하고 풀려나자 카이사르는 가장 가까운 항구로 달려가 자비를 들여 배를 몇 척 마련하고서는 해적들을 쫓아가서 은신처에 있는 그들을 놀라게 했다. 처음에 그들은 돌아온 그를 환영했지만 카이사르는 그들을 체포해 그가 치른 돈을 빼앗고 약속했던 대로 그들을 십자가에 못 박았다. 몇 년 후면 많은 이들이 이것이 상대편을 즐겁게 하든 공포에 떨게 하든, 카이사르가 전투를 하는 방법임을 알게 될 터였다.

그러나 카이사르가 항상 징벌을 강요한 것은 아니었다. 기원전 62년 카이사르의 집에서 종교의식 중에 푸블리우스 클로디우스(Publius Clodius)라는 청년이 여장을 한 채 여성들 틈에 끼어 카이사르의 아내인 폼페이아(Pompeia)와 흥청대다가 발각됐다. 이것은 비도덕적 행위로 간주됐기에 카이사르는 "내 아내가 될 사람이라면 의심받을 짓은 절대 하지 말아야 한다."고 말하며 즉시 폼페이아와 이혼했다. 그러나 클로디우스가 체포당해 신성모독에 대한 재판을 받고 있을 때 카이사르는 자신의 돈과 권력을 이용해 이 청년을 석방시켜주었다. 그는 몇 년 뒤 카이사르를 위해 그 이상으로 보답해준다. 갈리아 출정을 앞두었을 때 카이사르는 자신이 떠난 사이 그의 이해관계를 보호해줄 사람이 필요했다. 카이사르는 클로디우스를 호민관의 집무실에 앉혔다. 클로디우스는 자신의 임무를 아주 충실히 했다. 추악한 책략으로 원로원에 너무나 많은 문제를 일으켜 그들의 정신을 빼놓음으로써 누구도 카이사르가 없는 틈을 타 음모를 꾸밀 수 없도록 한 것이다.

당시 로마에서 가장 유력한 세 사람은 카이사르, 크라수스(Crassus), 그리고 폼페이우스였다. 크라수스는 지지도가 높고 장군으로서도 크게 성공한 폼페이우스를 두려워해 카이사르와 비밀리에 동맹을 맺고자 애썼지만 카이사르는 주저했다. 대신 몇 년 후 좀더 신중한 폼페이우스에게 접근하여(그는 미래에 라이벌이 될지도 모르는 카이사르를 의심하고 그에게 적대적이었다) 서로 동맹을 맺자고 제안했다. 그는 그 대가로 원로원에서

이 조사를 하는 동안 하나의 인상이 차츰 강렬해져갔다. 그것은 시대를 막론하고 적이 부주의한 상태에 있을 때 간접적인 접근을 하지 않는 한 효과적인 전과를 거두기란 거의 불가능하다는 것이다. 이 간접성은 물리적으로는 일반적으로 필요하지만, 심리적으로는 항상 필요한 것이다. 전략상으로는 가장 먼 경로가 때때로 최단 경로가 될 수도 있다. 그 교훈은 차츰 명료해졌거니와, 적이 '당연히 예측하는 선'을 따라 심리적인 목적이나 물질적인 목표에 대하여 직접적으로 접근하면 역효과를 가져오는 경향이 있기 때문이다. 그것은 나폴레옹의 "정신은 물질보다 세 배의 가치를 지닌다."라는 말에 생생하게 표현되어 있다. 이것을 과학적으로 표현한다면 다음과 같이 말할 수 있다. "적대하는 군대와 국가의 힘은 그 수나 자원에서 볼 때 외향적으로 존재하나, 한편 그 수나 자원은 근본적으로 지휘통제, 사기 및 보급에 의해서 좌우된다."
적이 예측할 수 있는 선을 따라 행동한다면 적의 균형은 강고해지고, 그럼으로써 적의 저항은 강화된다. 전쟁에 있어서는 레슬링을 할 때와 같이 적의 발 뿌리를 약화시켜 그 균형을 깨뜨리지 않고 적을 넘어뜨리려 하는 것은 적에게 적당한 긴장만을 줄 뿐, 자신에게는 정력을 소모하는 결과밖에 되지 않는다. 그와 같은 방법으로 승리를 거둘 수 있는 것은 어떤종류의 결과가 적보다도 월등하게 좋은 경우에 한정되며, 설사 그와

> 같은 경우에도 승패를 결정할 수 없는 일이 많다. 대부분의 경우 군사 행동에 있어서는 적의 심리적 및 물질적 균형을 교란하는 것이 적을 섬멸하기 위한 기도를 성공으로 이끄는 단서가 된다.
> — B. H. 리들 하트,
> 《전략론(Strategy)》, 1954년

교착상태에 빠져 있던, 폼페이우스의 몇몇 정치적 제안을 지지하겠다고 약속했다. 폼페이우스가 동의하자 혼자서만 따돌림을 당하고 싶지 않았던 크라수스 역시 그 후 몇 년간 로마를 통치했던 1차 삼두정치의 일원으로 참여하겠다고 동의했다.

기원전 53년 크라수스는 시리아에서 전사했고 곧 폼페이우스와 카이사르 사이의 권력 투쟁이 불거졌다. 내전이 불가피해 보였고 폼페이우스는 원로원에서 더 많은 지지를 얻고 있었다. 기원전 50년 원로원은 카이사르(당시 갈리아에서 전투 중이던)와 폼페이우스 모두에게 시리아에서 싸우고 있는 로마 군을 지원하기 위해 그들의 보병 군단 하나를 시리아로 보낼 것을 명령했다. 이때 폼페이우스는 갈리아 전투를 위해 카이사르에게 보병 군단 하나를 빌려줬기 때문에 그 군단을 시리아로 보내달라고 요청했다. 하지만 그럴 경우 카이사르는 하나가 아닌 두 보병 군단을 잃게 되어 임박한 전쟁에서 불리해질 처지였다.

카이사르는 불평하지 않았다. 그는 두 보병 군단을 보냈다. 그러나 그가 예상했던 대로 그 중 한 군단은 폼페이우스의 명령에 따라 시리아로 가지 않았고 로마 근처 편한 곳에 숙영했다. 두 군단이 떠나기 전 카이사르는 병사들에게 후하게 돈을 치렀다. 또한 그들의 장교에게 아직 갈리아에 남아 있는 카이사르의 부대는 지쳐 있고, 만약 그래도 위험을 무릅쓰고 폼페이우스를 치기 위해 군사를 파견한다면 그들은 알프스를 넘자마자 변절할 것이라는 소문을 로마에 퍼뜨리도록 지시했다. 이 소문은 폼페이우스의 귀에도 들어갔다. 이를 곧이곧대로 믿은 폼페이우스는 눈앞에 닥친 전쟁에 대비해 더 많은 병사들을 모으려 하지 않았다. 이는 나중에 두고두고 후회할 만한 일이 됐다.

기원전 49년 1월 카이사르는 갈리아와 이탈리아 사이에 놓인 루비콘 강을 건넜다. 이는 내전을 촉발한 극적이며 예기치 못한 움직임이었다. 당황한 폼페이우스는 그의 보병 군단과 함께 그리스로 망명했고 그곳에서 중요한 작전을 준비했다. 카이사르가 남쪽으로 행군하자 폼페이우스의 지지자들은 공포에 떨었다. 카이사르는 갈리아에서 도시 전체를 파괴하고 그 거주자들을 죽이는 등 적을 잔인하게 다룬다는 평판을 얻었다.

그러나 카이사르가 코르피니움이라는 요충 도시를 점령했을 때 그곳에서 폼페이우스에 충성하는 군대와 군 장교, 그리고 그들과 함께 싸웠던 요직의 원로들을 붙잡았지만 그들을 벌주지 않았다. 병사들이 도시를 점령하는 과정에서 약탈한 돈을 그들에게 되돌려주기까지 했다. 이런 자비로운 행동은 그가 폼페이우스의 지지자들을 어떻게 대우하는지 보여주는 예가 됐다. 폼페이우스의 추종자들은 이제 카이사르의 가장 열렬한 지지자가 되었다. 그 결과 로마에서 카이사르의 행군은 신속하고 평화롭게 이루어졌다.

다음으로 카이사르는 폼페이우스의 측면을 공격하기로 했다. 폼페이우스가 스페인에 주둔시킨 거대한 군대가 그 측면에 해당했다. 출정 몇 달간 그는 폼페이우스의 장군인 아프라니우스(Afranius)와 페트레이우스(Petreius)가 이끄는 군대를 전략적으로 압도하며 그들을 궁지에 몰아넣었다. 그들은 포위돼 있었고 상황은 절망적이었으며 아프라니우스와 그의 많은 병사들은 적을 대하는 카이사르의 관대함을 알고 항복 의사를 전달했다. 그러나 페트레이우스는 이 배반에 몸서리를 치며 카이사르를 지지하는 병사는 모조리 사살하라고 명령했다. 그리고 전투에 돌입하기 위해 남아 있는 병사들을 막사에서 데리고 나왔다. 그러나 카이사르는 교전을 거부했다. 병사들은 싸울 수가 없었다.

마침내 보급품이 완전히 떨어지자 폼페이우스의 병사들은 항복했다. 그들은 최악의 상황이 벌어지리라는 두려움에 몸을 떨었다. 카이사르가 캠프에서 자행한 학살에 대해 익히 알고 있었기 때문이다. 그러나 그는 이번에도 페트레이우스와 아프라니우스를 용서했고 병사들에게 로마로 돌아가기 위한 보급품과 여비를 주며 군대를 해산시켰을 뿐이다. 여전히 폼페이우스에게 충성하던 스페인의 도시들은 이 소식을 듣고 재빨리 마음을 바꿨다. 카이사르는 책략과 외교술의 조화로 단 석 달 만에 거의 피 한 방울 보지 않고 로마가 지배하고 있던 스페인을 정복했다.

그 후 몇 달간 로마에서 폼페이우스의 정치적 지지는 연기처럼 사라져 버렸다. 그에게 남은 것은 그의 군대뿐이었다. 그는 그리스 북부의 파르살루스 전투에서 카이사르에 패배해 1년 후 파멸의 종지부를 찍었다.

해석 ─

카이사르는 그의 정치 활동을 통해 정복을 하는 데는 수많은 방법이 있다는 것을 일찍감치 발견했다. 대부분의 사람들은 직접적으로 전진해 적을 제압하려고 노력한다. 그러나 이런 식으로 격파한 적은 죽이지 않는 한 깊은 원한을 품고 결국 말썽을 일으키게 될 미래의 적을 키우는 것일 뿐이다. 그런 적을 자꾸 만들어두면 목숨이 위태로워진다.

카이사르는 전투를 수행하는 다른 방법을 발견했다. 전략적이며 교활한 자비심을 통해 적에게서 싸움의 기회를 박탈하는 것이다. 이렇게 무장해제된 적은 동맹이 되고 부정은 긍정이 된다. 필요하다면 카이사르가 해적들에게 그랬듯, 후에 과거의 적이 경계 태세를 늦출 때 징벌을 내려도 늦지 않다. 그러나 신사적으로 행동하면 당신의 적은 가장 충성스러운 추종자가 될 수도 있다. 카이사르의 집안에 불명예의 오점을 남긴 후에 그를 위해 더러운 일을 맡아 하는 앞잡이가 된 클로디우스를 보라.

내전이 발발했을 때 카이사르는 이것을 정치적 현상으로 바라보았다. 가장 중요한 것은 원로원과 로마인들의 지지였다. 자비로운 그의 행동은 적을 무장해제하고 폼페이우스를 고립시키기 위해 계산된 작전의 일부였다. 이것은 적의 측면을 점령하는 것이었다. 정면공격에 나서 직접적으로 그들과 교전하는 대신 그들의 편에 서서 그들의 명분을 지지하고 그들에게 선물을 안겨주며 친절한 말과 행동으로 그들을 사로잡았다. 카이사르가 정치적으로나 심리적으로 확실히 자기편에 있다고 느낀 그들은 맞서 싸울 전선도, 대항할 것도 없었다. 카이사르와 접촉하면 그를 향한 적개심이 모두 녹아 없어졌다. 카이사르는 이런 식으로 전쟁에 임하여 군사적으로 우월했던 폼페이우스를 격파할 수 있었다.

적의로 가득한 게 우리 인생이다. 공공연하게 나타나는 적의가 있는가 하면 교묘하고 음흉한 적의도 있다. 갈등은 필연적이다. 완전한 평화는 결코 없다. 이런 의지의 충돌을 피할 수 있다고 생각하지 마라. 이를 받아들이고 이에 대처하는 방식이 인생에서 당신의 성공을 좌우한다. 장기적으로는 당신을 파괴할 수도 있는 무언의 적을 만들어내고 있다면 소소한 전투에서 승리를 거두고 때때로 다른 이들을 밀어내는 데 성공하는

열 번째 노역: 게리온의 소

헤라클레스의 열 번째 노역은 오케아노스 강 근처에 있는 에리테이아 섬에서 게리온의 소 떼를 요구나 대가를 치르지 않고 데리고 오는 것이었다. 티탄 신족인 오케아노스의 딸인 칼리로에와 크리사오르의 아들인 게리온은 스페인에 있는 타르테소스의 왕이었으며 소문에 의하면 살아 있는 가장 힘센 남자였다. 그는 머리가 셋에 손이 여섯 개 그리고 몸통이 셋이었으며 그 몸통은 허리를 맞대고 붙어 있었다. 게리온의 비틀거리는 붉은 소 떼는 눈부시게 아름다운 야수였으며 아레스의 아들인 목동 에우리티온과 티폰과 에키드나의 소생이며 이전에는 아틀라스의 소유였던 머리가 둘 달린 개 오르트로스가 지키고 있었다. …… 에리테이아에 도착한 헤라클레스는 아바스 산에 올라갔다. 오르트로스가 짖으며 그를 향해 돌진했지만 헤라클레스의 곤봉에 죽었다. 오르트로스를 돕기 위해 급히 쫓아온 게리온의 목동인 에우리티온 역시 같은 방법으로 죽었다. 그러고 나서 헤라클레스는 소 떼를 이끌고 나아갔다. 그런데 근처에서 하데스의 소 떼(헤라클레스는 이들을 건드리지 않았다)를 치고 있던 메노이테스가 이 소식을 게리온에게 알렸다. 게리온과 전투를 벌이게 된 헤라클레스는 게리온의 측면으로 달려가 비스듬히 화살 한 대를 쏘았고 이 화살은 게리온의 세 몸통을 모두 관통했다. …… 헤라가 게리온을 도우러 서둘러 오자 헤라클레스는 헤라의 오른쪽 가슴에 화살을 쐈다

338 | 전쟁의 기술

것이 다 무슨 소용이란 말인가. 어떤 대가를 치르더라도 적과 직접적으로 싸우고자 하는 충동을 통제해야만 한다. 대신 그들의 측면을 점령하라. 그들을 무장해제시켜 당신의 동맹으로 만들어라. 그들을 당신 편에 그대로 둘 것인지, 아니면 복수를 단행할 것인지는 나중에 결정해도 늦지 않다. 친절하고 관대하며 매력적인 전략적 행동을 통해 싸움을 피하는 것은 필수적인 싸움에 쓸 에너지를 비축하도록 도와 당신의 앞길을 터줄 것이다. 적의 측면이 어딘지 찾아내라. 이는 그들이 갈구하는 도움일 수도 있고, 그들의 보답을 이끌어내는 친절함이나 적대감을 누그러뜨리는 호의일 수도 있다. 우리가 살아가는 정치적인 세계에서 측면이야말로 힘으로 통하는 길이다.

> 그녀는 도망쳤다. 이렇게 하여 헤라클레스는 아무런 요구나 대가를 치르지 않고 소매를 손에 넣을 수 있었다.
> — 로버트 그레이브스, 《그리스 신화》 2권

> 힘으로 우리를 온화하게 만들려 하기보다는 온화함으로 힘을 발휘하시오.
> — 윌리엄 셰익스피어, 《뜻대로 하세요(As You Like It)》

> 온화함으로 모든 이들의 마음을 사고 항구적인 승리를 굳히는 것이 가능한지는 직접 확인할 수 있을 것이다. 다른 이들은 자신의 잔인함으로 인해 증오에서 벗어나고 승리를 얼마간이나마 유지하는 것이 불가능하게 되었으니…… 친절함과 관대함으로 자신의 입지를 강화하는 것은 정복의 새로운 방법이다.
> — 율리우스 카이사르

전쟁의 기술: 우회하여 공격하라

오늘날 우리가 겪는 대립은 우리의 조상들이 겪었던 것보다 훨씬 더 거대해 간담을 서늘하게 할 정도다. 전쟁에서 군대의 이동 경로는 지도상에 화살표로 표시된다. 우리가 삶의 일상적인 전투들을 지도로 만들어야 한다면 우리는 수천 개의 화살표와 술수와 책략의 끊임없는 흐름을 그려넣어야 할 것이다. 실질적으로 우리를 공격하는 화살표는 말할 것도 없고 이런저런 일로 우리를 회유하고 우리를 특정 방향으로 움직이고 그들의 의지와 그들의 생산품, 그들의 명분을 위해 우리를 굽히려 애쓰는 사람들까지도 말이다.

너무 많은 사람들이 끊임없이 파워를 향해 이동하고 있기 때문에 우리의 사회적 세계는 꾸미지 않은 있는 그대로의 공격으로 점철된다. 이런 상황에서 간접적으로 움직이는 데는 시간과 인내심이 요구된다. 사람들을 움직이고 그들에게 영향을 주기 위한 매일매일의 전쟁에서 미묘하게 접근하기란 너무 힘들고 시간이 드는 일이라서 사람들은 원하는 것을 얻기 위해 직접적인 경로를 취하는 경우가 많다. 그들은 자신의 생각이 맞다는 것을 우리에게 확신시키기 위해 점점 더 소리를 높이며 감정적인 말싸움과 웅변술을 사용한다. 그들은 말과 행동, 그리고 명령을 통해 밀고 당기는 싸움을 계속한다. 교묘한 속임수와 죄의식이라는 도구를 사용하는, 비교적 수동적인 투사들조차 알고 보면 직접적인 행동을 취한다. 그들이 선택하는 조치는 조금도 교묘하지 않다. 그들의 책략 몇 가지만 살펴보면 그들을 쉽게 파악할 수 있다.

이 모든 것이 두 가지 결과를 초래한다. 우리 모두는 변화에 대해 더욱 방어적이고 저항적이 되었다. 삶에 일정량의 평화와 안정감을 유지하기 위해 우리는 점점 더 높고 두터운 성벽을 쌓는다. 그렇다고 해도 점점 더 직접적으로 변해가는 일상의 잔혹함은 피할 수 없다. 우리를 공격하는 그 모든 화살표들은 우리를 그들의 기(氣)로 감염시킨다. 우리는 받은 것을 되돌려주려고 노력하는 수밖에 없다. 직접적인 책략에 반응하며 접전의 논쟁과 전투로 끌려 들어가서는 안 된다. 이런 악질적인 경기장에서 빠져나와 새로운 접근 방법을 생각해내려면 노력이 필요하다.

다음과 같은 질문을 스스로 던져봐야 한다. 만약 직접적인 정면공격이 사람들의 저항을 불러일으킬 뿐이라면 왜 굳이 그렇게 하는가. 솔직함과 정직함은 안도감을 줄지는 모르지만 동시에 적개심을 불러일으키기도 한다. 이것들은 전술적인 효력을 발휘하지 못한다. 전쟁 자체, 즉 삶에서 겪는 일상의 대인관계가 아닌 유혈 전쟁에 있어서는 정면전이 드물어졌다. 군사 장교들은 간접적인 공격은 저항력을 약화시키는 반면 직접적인 공격은 저항력을 오히려 강화시킨다는 것을 깨달았다.

힘겨운 현대사회에서 진정한 파워를 지닌 사람들은 간접적으로 행동하는 법을 터득한 이들이다. 그들은 비스듬히 접근하는 것, 그들의 의도를 숨기는 것, 적의 저항력을 줄이는 것, 뿔로 받아치는 대신 노출된 연약한 측면을 공격하는 것의 가치를 안다. 그들은 사람들을 직접 밀거나 당기려고 노력하기보다 자신이 원하는 방향으로 사람들을 움직이기 위해 그들을 구슬린다. 여기에는 노력이 필요하지만 훗날 충돌의 감소와 더 큰 성과물이라는 보답을 안겨준다.

측면공격의 열쇠는 단계적인 진행이다. 당신의 초수(初手)가 당신의 의도나 진짜 공격 대열을 드러내서는 안 된다. 나폴레옹의 '배후 기동작전'을 본보기로 삼아라. 적의 관심을 전선으로 돌리기 위해 우선 나폴레옹이 칼디에로에서 오스트리아 군에게 했듯이 적을 직접적으로 공격하라. 그들이 정면 대결을 위해 당신에게 다가오게 하라. 측면공격은 이제 예상을 뛰어넘을 것이고 이에 맞서 싸우는 것은 힘들어질 것이다.

1856년 파리 궁정 연회에서 한 아름다운 여인이 등장해 모든 사람들의 눈길을 사로잡았다. 열여덟 살의 카스틸리오네 공작부인(Countess de Castiglione)이었다. 소문난 바람둥이였던 황제 나폴레옹 3세(Napoleon III)는 그리스 조각상이 살아나온 것처럼 아름다운 그녀에게 매혹되었다. 이후 연회가 열릴 때마다 나폴레옹과 공작부인은 눈길을 주고받으며 가끔씩 짤막한 대화를 나누곤 했다. 하지만 그가 대화를 좀더 나눠볼라치면 그녀는 어느새 자리를 떠나기 일쑤였다. 그녀의 아름다운 드레스, 그녀의 말과 시선, 몸짓, 모든 것이 황제의 마음속에서 지워지지 않았다.

이 황제를 미치게 만든 것은 그녀가 자신에게 관심이 없다는 사실이었다. 그녀는 언제나 정중한 태도로 그를 대했을 뿐이다. 그는 끈질기게 그녀에게 구애했고 몇 주간의 맹공세 끝에 마침내 그녀를 굴복시켰다. 그러나 그녀는 황제의 정부가 된 후에도 여전히 냉담함을 유지했기에 여전히 그녀를 쫓아다니며 애를 태워야 했다. 그녀가 뭇 남성들의 시선을 끌 때면 타오르는 질투심을 주체하지 못했다. 그들의 관계는 계속됐지만 오래가지 않아 황제는 자연스럽게 새로운 여성에게로 관심을 옮겨갔다. 그럼에도 공작부인을 향한 마음을 완전히 떨치지는 못했다.

당시 파리에는 공작부인의 고향 이탈리아 피에몬테의 왕인 비토리오 에마누엘레 2세(Vittorio Emanuele II)가 머무르고 있었다. 당시 이탈리아는 피에몬테와 같은 소국가들로 분할돼 있었지만 프랑스의 지원으로 통일을 눈앞에 두고 있었다. 에마누엘레는 통일 이탈리아의 최초의 왕이

오류(五六)이 뜻하는 바는 거세한 멧돼지의 송곳니처럼 날카로우나 해롭지 않으니 좋다는 말이다.
정면을 향한 사나운 힘을 간접적인 방법으로 억제할 수 있다. 멧돼지의 송곳니가 그 자체로는 위험하나 멧돼지의 본성이 바뀌면 송곳니는 더 이상 위험이 아니다. 그러므로 인간 세계에서도 난폭한 힘과 직접적으로 싸우려 들어서는 안 된다.
— 〈주역〉

되려는 야심을 품고 있었다. 공작부인은 나폴레옹과의 대화에서 피에몬테의 왕에 대해 자주 이야기하곤 했다. 그의 성품과 프랑스를 향한 그의 애정, 지도자로서의 자질 등에 대해 말이다. 황제는 고개를 끄덕였다. 그러면서 저도 모르게 생각했다. 비토리오 에마누엘레 2세가 이탈리아의 왕으로 적격이라고. 곧 그의 고문들에게도 운을 떼기 시작하면서 비토리오 에마누엘레가 왕이 되는 것은 자연스럽게 기정사실이 되었다. 그렇게 해서 에마누엘레 2세는 통일 이탈리아의 초대 왕이 되었다. 하지만 여기에는 황제가 모르는 음모가 숨어 있었다. 에마누엘레가 왕이 되는 데 기여한 숨은 공로자인 공작부인은 에마누엘레와 그의 영악한 고문인 카보우르 백작(Count di Cavour)이 계획적으로 접근시킨 것이었다. 그녀는 일부러 나폴레옹에게 접근해 그를 유혹했고 비토리오 에마누엘레가 왕으로선 적격이라는 생각을 주입시켰던 것이다.

그녀가 입을 드레스나 사용할 단어들, 그녀가 던질 눈길 등 황제를 향한 공작부인의 유혹은 정교한 군사작전처럼 치밀하게 계획된 것이었다. 그를 끌어들이는 은근한 방식은 측면공격의 고전이라 할 수 있는 유혹적인 '배후 기동작전'이었다. 공작부인의 차가운 아름다움과 매혹적인 매너에 반한 황제는 공격을 가하고 있는 쪽이 자신이라고 확신하며 적극적인 공세에 나섰다. 공작부인은 그의 관심을 전방으로 돌려놓고 측면을 공략했다. 비토리오 에마누엘레에게 왕관을 씌워주자는 생각을 교묘하게 주입시켰던 것이다. 황제에게 매달리거나 직접적인 말로 제안했다면 황제를 반대 방향으로 밀어붙였을 것이다. 아름다운 여자에게 끌리는 약점 때문에 정면을 향해 정신을 빼앗긴 그는 측면에 가해지는 부드러운 회유에 무방비 상태가 되었다.

이런 책략을 회유 작업의 모델로 삼아야 한다. 당신의 의도나 목표를 절대 드러내지 마라. 대신 사람들의 관심을 전방으로 돌리기 위해 매력과 즐거운 대화, 유머감각, 입에 발린 말 등 무엇이든 효과가 있는 방법을 사용하라. 관심의 초점이 다른 곳에 쏠려 있고 그들의 측면이 노출되었다면 이제 미묘한 변화를 암시하거나 제안하면 문이 열리고 방어벽이 허물어질 것이다. 그들은 무장해제됐고 책략으로 조종이 가능하다.

마오의 방식에 대한 이야기가 상하이 행정가들의 스위트에 퍼졌다. 마오가 류사오치(劉少奇)와 저우언라이(周恩來)를 불러들였다. 그가 물었다. "어떻게 고양이에게 고추를 먹이겠소" 2인자인 류가 먼저 말문을 열었다. "쉬운 일입니다. 누군가에게 고양이를 붙들라고 시켜 고추를 고양이 입에 넣고 젓가락으로 밀어넣는 거지요." 마오는 그런 압제적인 해결책에 놀라 손을 들어버렸다. "절대 무력을 사용하지 마시오. ……모든 것은 자발적이어야 하오." 저우는 듣고만 있었다. 마오는 총리라면 고양이를 어떻게 할 것인지 물었다. 종종 기회의 아슬아슬한 줄타기를 했던 이 남자가 말했다. "나라면 고양이를 굶기겠습니다. 그리고 나서 고추를 고기 한 장으로 싸겠습니다. 고양이가 배가 몹시 고프다면 그걸 통째로 삼키겠지요." 마오는 저우의 방법도 류의 방법만큼이나 탐탁지 않아했다. "속임수를 써서도 안 되오. 절대 국민을 속이지 마시오." 그러면 과연 주석은 어떻게 할까? "쉽소" 적어도 이 점에서는 류에게 동의하며 마오가 말했다. "고추를 고양이 등에 완전히 문지르는 것이오. 등이 따가우면 고양이가 이것을 핥아 먹을 것 아니겠소. 그리고 다행히도 이렇게 하는 것에는 아무 문제도 없소."
— 로스 테릴(Ross Terrill), 《마오쩌둥 전기(Mao: A Biography)》, 1999년

사람들의 자존심과 허영심을 일종의 전방으로 생각하라. 그들이 당신을 공격하고 있는데 그 이유를 알 수 없을 때는 아마 당신이 그들의 자존심과 자신이 이 세상에서 중요한 존재라는 생각을 무의식중에 위협했기 때문인 경우가 많다. 가능하다면 언제나 사람들을 안심시키기 위해 노력해야 한다. 다시 한 번 말하지만 어떤 방법이든 효과가 있는 것을 사용하라. 교묘한 아첨, 선물, 기대하지 않았던 승진, 동맹의 제안, 당신과 그들이 동등하다는 표시, 그들의 아이디어와 가치관의 반영 등 이 모든 것들은 그들의 경계심을 완화하고 그들을 당신에게 동화시키며 그들이 외부 세계를 보며 정면을 향하고 있다고 느끼게 만들 것이다. 안정되고 편안한 그들은 이제 측면공격 책략에 걸려들게 돼 있다. 이것은 특히 자존감이 예민한 목표물에게 파괴적인 효과가 있다.

1519년 에르난 코르테스는 아스텍 제국을 정복하겠다는 꿈을 품고서 멕시코 동부에 상륙했다. 그는 우선 자신의 부하들부터 정복해야 했다. 특히 쿠바 총독 디에고 데 벨라스케스를 지지하는 소란스러운 무리가 첫 번째 대상이었다. 벨라스케스는 코르테스를 파견하면서 정찰 임무만을 맡겼고, 자신이 직접 멕시코를 정복하고 싶어했다. 벨라스케스의 지지자들은 끊임없이 코르테스에 대항해 음모를 꾸미며 사사건건 문제를 일으켰다. 분쟁의 원인 가운데 하나는 스페인 사람들이 스페인 왕에게 보내기 위해 수집했던 금이었다. 코르테스는 그의 병사들이 물물교환으로 금을 얻도록 허용했고, 그렇게 확보한 금을 식량을 사는 데 사용하고 있었다. 벨라스케스 추종자들은 이 관행을 없애라고 요구했다.

코르테스는 양보하는 척하면서 벨라스케스의 지지자들에게 출납관 지명을 제안했다. 그들은 즉시 자기들 중 한 명을 출납관으로 임명했고 이 출납관은 그들의 도움으로 병사들의 금을 수거하기 시작했다. 이 정책은 자연히 이득도 없이 엄청난 위험에 맞서고 있던 병사들의 원성을 샀다. 그들은 격렬하게 불만을 터뜨렸지만 코르테스는 쿠바 총독의 이름 아래 이 정책을 고집하는 사람들에게로 책임을 돌렸다. 곧 벨라스케스 지지자들은 두루 증오의 대상이 됐고 코르테스는 병사들의 격렬한 요청에 따라 기꺼이 이 정책을 폐지했다. 그때부터 병사들은 벨라스케스 지지자들의

> 진실한 마음이 있으면 돼지와 물고기 같은 변변찮은 재물을 올려도 좋은 결과를 가져온다. 큰 강을 건너는 것은 더욱 유익하며, 인내하는 것은 더더욱 유익하다. 돼지와 물고기는 동물 중에서 가장 총기가 떨어지며 그들에게 영향을 미치는 것은 가장 어렵다. 그 영향이 그런 미물에게까지 미치게 하려면 진실한 마음의 힘이 크게 자라나야만 한다. 돼지나 물고기처럼 다루기가 어려우며 까다로운 사람을 대할 때 성공 비결은 올바른 접근법을 찾아내는 데 있다. 우선 마음속의 모든 편견을 버려야 한다. 다시 말해 다른 이의 정신이 자신에게 마음껏 영향을 주도록 만들라는 뜻이다. 그러면 우리는 그와 교류하며 그를 이해할 수 있을 것이며 그에 대한 위력을 얻을 것이다. 문이 열려 있으면 자신의 성격이 갖는 힘이 그에게 영향을 미칠 것이다. 이런 식으로 극복할 수 없는 장애물이란 없다고 생각하면 큰 강을 건너는 것과 같이 가장 위험한 일도 감행할 수 있으며 결국은 성공할 것이다.
> ― 《주역》

주역은 종종 적응력과 유연성에 대한 동양의 진수로 여겨진다. 이 책에서 반복되는 주제는 인생을 관찰하고 그 흐름에 섞이고자 하는 것이다. 실제로 이 작품의 논지는 잘못된 각도에서나 잘못된 방식으로 대응한다면, 즉 힘이 최대한 발휘된 순간에 직접적으로 대면한다면 존재하는 모든 것이 갈등과 위험, 그리고 궁극적으로 폭력의 근원이 될 수 있다는 것이다. 이런 접근법은 잠재적으로 충돌을 파괴적으로 만들기 때문이다. 마찬가지로 모든 일을 다룰 때 합당한 각도나 적절한 방식으로, 즉 그것이 그 근원에서 전력을 발휘하기 전에, 또는 측면('호랑이의 연약한 옆구리')으로 접근해야 한다.
— 오스카 라티, 아델 웨스트브룩, 《사무라이의 비밀》, 1973년

말은 들으려고 하지 않았다. 그들은 경멸의 대상이 됐다.

코르테스는 반대자들이나 말썽을 일으키는 이들을 다루기 위해 이 전략을 종종 사용했다. 처음에 그는 그들의 의견에 동조하는 척하면서 심지어 그들이 일을 더 크게 만들도록 조장하기도 했다. 기본적으로 적들이 연약한 돌출부를 노출시키게 만든 것이다. 그들의 이기적이거나 호응을 얻지 못할 아이디어들이 그것이다. 이제 그는 공격할 목표물을 손에 넣게 됐다.

사람들은 아이디어와 주장을 피력할 때 종종 실제보다 더 회유적이며 유연해 보이고자 노력하며 스스로를 검열하곤 한다. 만약 그들을 정면에서 직접적으로 공격하려 들면 얼마 못 가 실패할 것이다. 정면에는 공격 대상으로 삼을 것이 별로 없기 때문이다. 대신 그들이 자신의 아이디어를 더 극단적으로 주장해 당신에게 더 큰 목표물을 안겨주도록 만들어라. 뒤로 물러나 그들과 잘 지내는 척하면서 그들이 경솔하게 앞으로 나가도록 꾀어내는 것이 그 방법이다(당신은 또한 그들을 감정적으로 자극해 그들이 말하고자 했던 것 이상에 대해 입을 열게 만들 수도 있다). 그들은 자신을 우스꽝스럽게 만들, 변명의 여지가 없는 주장이나 입장을 내세우면서 연약한 돌출부를 드러낼 것이다. 측면공격의 열쇠는 절대로 너무 일찍 공격하지 않는 것이다. 적에게 스스로 목 매달 시간을 주어야 한다.

인생에서 책략은 더 미묘하고 더 간접적일수록 바람직하다. 1801년 나폴레옹은 당시 프랑스의 통제하에 있던 몰타 섬의 보호권을 갑자기 러시아에게 넘겨줬다. 그것은 러시아에게 지중해의 중대한 기반을 내주는 것이나 다름없었다. 그 제안은 너그러운 행동처럼 보였지만 나폴레옹은 곧 영국이 이 섬의 통제권을 갖게 될 것임을 알고 있었다. 영국은 몰타 섬을 탐내고 있었고 이를 점령할 수 있는 병력을 충분히 갖추고 있었다. 한편 프랑스의 해군력은 이 섬을 보호하기에는 너무 약했다. 영국과 러시아는 동맹국이었지만 서로 몰타 섬을 차지하려고 다툴 것이다. 이런 불화가 나폴레옹이 줄곧 계획했던 목표였다.

전략이 진화를 거듭하면 점점 더 간접성을 띠게 된다. 당신이 어디로 향하고 있는지 알 수 없다면 적은 극도로 불리한 위치에 있는 것이다. 당

구대의 여러 면을 맞고 되튕기는 흰 당구공처럼 다양한 각을 사용할수록 적의 자기 방어는 더욱 어려워질 것이다. 가능하다면 언제나 당신의 움직임이 이런 되튕기는 효과를 낳도록 계산하라. 그것이 당신의 침략행위를 감출 수 있는 완벽한 위장술이다.

| 이미지 | 바다가재. 바다가재는 신속한 악력을 가진 날카로운 집게발과 딱딱한 보호용 껍데기, 그리고 위험에서 빠져나갈 수 있는 강력한 꼬리 덕분에 위협적이며 상처를 입힐 수 없는 생물로 여겨진다. 바다가재를 직접적으로 해치우려 하면 대가를 치를 것이다. 그러나 바다가재를 막대기로 뒤집어 연약한 복부를 노출시키면 이 생물은 무력해진다.

| 근거 | 전투에서 승리하는 방법은 적의 측면을 공격함으로써 적을 뒤집어놓는 것이다.

— 나폴레옹 보나파르트

뒤집어보기

정치에서 당신의 목적에 맞게 상대방의 아이디어를 흡수하며 상대방과 비슷한 위치를 취함으로써 측면을 점령하는 것은 강력한 전략이다. 클린턴 대통령 역시 민주당과 공화당 사이에서 '삼각구도'를 취하며 이 책략을 사용해 큰 효과를 거뒀다. 이는 적이 공격할 수 있는 그 어떤 것도, 책략을 구사할 수 있는 어떤 기회도 내주지 않는다. 그러나 적의 측면에 너무 오랫동안 머무르면 대가를 치르게 될 수도 있다. 상대방의 측면에 너무 오래 머무르면, 모든 정치가의 민감한 '측면', 즉 대중은 삼각구도가 무엇을 의미하는지, 그와 그가 속한 당이 상대쪽 당과 어떻게 구분되는지 이해하지 못할 수도 있다. 시간을 너무 끌면 위험해질 것이다. 대립 전략(strategy 1을 참고하라), 즉 뚜렷한 차이를 보여주는 것이 장기적으로는 더 효과적이다. 적의 측면을 점령할 때는 자신의 측면을 노출시키지 않도록 주의하라.

STRATEGY **19**

포위하여 압박하라
: 저항 심리의 무장해제

사람들은 당신을 공격하거나 당신에게 복수하기 위해
늘 당신의 방어선상의 허점을 노릴 것이다.
따라서 어떤 허점도 노출하지 마라.
허점을 제공하지 않는 비결은 상대를 포위하는 것,
즉 사방팔방에서 무자비한 압박을 가하며 외부세계와의 통로를 차단하는 것이다.
스멀스멀 피어오르는 불안감을 조장하기 위해 예측 불가능한 공격을 가하라.
마지막으로 상대의 결의가 약화될 조짐이 보이면
올가미를 더욱 강하게 조여 상대의 의지력을 뭉개버려라.
심리적 포위야말로 최고의 포위다. 그들의 정신을 포위하는 것이다.

영국군을 패퇴시킨 줄루족의 포위 전술

1878년 12월 영국군은 현재 남아프리카에 해당하는 지역의 전사 부족인 줄루족에게 전쟁을 선포했다. 얄팍하다고밖에 할 수 없는 그들의 명분은 줄루란드와 영국령인 나탈 사이의 국경선 문제였다. 그러나 진짜 목표는 영국의 이해관계를 위협하며 마지막까지 이 지역에 남아 있던 원주민 병력인 줄루족의 군대를 격파하여 줄루족의 영토를 영국령으로 흡수하는 것이었다. 영국군 사령관인 첼름스퍼드 경(Lord Chelmsford) 중장은 세 개의 종대로 줄루란드를 침공하여 그 중 중앙 종대는 왕국의 중심인 울룬디의 수도를 목표로 삼는다는 계획을 기초했다.

나탈의 영국인들은 줄루란드를 점령하는 데서 오는 잠재적 이점에 흥분했다. 하지만 앤서니 윌리엄 던포드(Anthony William Durnford) 대령만큼 흥분한 사람은 없었다. 던포드는 수년간 영국 제국의 외로운 전초지에서 또 다른 전초지로 옮겨다녔고 결국 마지막으로 나탈까지 오게 됐다. 마흔여덟 살이 되도록 한 번도 전투를 해본 적이 없었던 그는 군인으로서 자신의 용맹함과 가치를 증명해 보이고자 열망했지만 그런 청년기의 꿈을 더 이상 이룰 수 없는 나이에 가까워지고 있었다. 그런데 갑작스럽게 임박한 전쟁이 그에게 기회를 주었던 것이다.

던포드는 나탈 출신의 원주민 병사들로 영국군과 함께 싸울 엘리트 군대를 조직하겠다고 자원하고 나섰다. 그의 자원은 받아들여졌지만 영국군이 1879년 1월 초 줄루란드를 침공했을 때 그는 주력 전투에서 자신이 제외되었음을 알게 됐다. 첼름스퍼드 경은 그를 신뢰하지 않았다. 명예를 향한 그의 갈망이 그를 경솔하게 만들지도 모른다고 생각했던 것이다. 전투 경력이 없는 군인치고는 나이가 많은 것도 걸렸다. 던포드와 그의 중대는 국경 지역을 감시하라는 임무를 띠고 줄루란드 서부의 로크스 드리프트(Rorke's Drift)에 주둔했다. 던포드는 상부의 명령을 책임감 있게 따랐지만 씁쓸한 마음을 금할 수 없었다.

침공 초반 며칠간 영국군은 여기저기서 소규모 병력을 찾아냈을 뿐 줄루의 주력부대 위치를 알아내는 데는 실패했다. 그들은 점점 낙담하고 있었다. 1월 21일 첼름스퍼드는 중앙 종대의 반을 이끌고 이산들와나

전설에 따르면 샤카 왕은 접근전의 압박을 이겨내기 위해 고안된 무겁고 날이 넓은 창을 고안해냄으로써 전투의 성격을 영원히 바꿔놓았다. 이 전설은 아마 사실일 것이다. 줄루족의 정보와 19세기 백인 여행자들 및 관료들의 이야기는 모두 이 업적이 그의 공임을 분명히 한다. ……그의 군사 혁신은 줄루족의 민속학에도 영향을 미쳤다. 샤카 왕은 분명 전례 없을 정도로 전투 기술을 발전시켰으며 전사로서 그의 무용에 대한 이야기들은 방대하다. 그는 실제로 당대의 가장 위대한 군사 천재들 가운데 한 명이었을 것이다. 샤카 왕은 가벼운 투창을 이용한 느슨한 소규모 접전 전술 대신 전사들이 빈틈없는 대열로 신속하게 전진하여 육박전에 임하도록 훈련시켰다. 적을 커다란 전쟁용 방패로 강타하고 그들이 균형을 잃고 쓰러지면 적에게 이 새로운 창을 꽂는 것이다. 결과로 판가름하자면 샤카 왕의 정복 능력은 분명 인상적이었을 것이다. 1824년 줄루족은 그들의 적들을 무색하게 했고 그들의 영향력이 줄루족의 영토의 몇 배가 넘는 지역에까지 확대됐다.
— 이안 나이트(Ian Knight), 《줄루족 군대 분석론(The Anatomy of the Zulu Army)》, 1995년

(Isandlwana) 산의 기슭에서 야영을 하면서 동쪽으로 줄루족의 군대를 찾아나섰다. 일단 적을 찾아내면 나머지 군대를 전진시킬 계획이었다. 하지만 교묘한 줄루족이 그가 자리를 비운 사이 캠프를 공격할까 우려해 던포드에게 그의 중대를 이끌고 이산들와나 캠프로 오도록 전갈을 보냈다. 첼름스퍼드는 던포드의 리더로서의 자질에 대해 걱정할 여유가 없었다. 그의 머릿속은 온통 임박한 전투에 대한 생각뿐이었다.

1월 22일 일생 동안 기다려왔던 명령을 받은 던포드는 간신히 흥분을 억누르며 400명의 병력을 이끌고 아침 일찍 출발했다. 그들은 오전 열 시경에 이산들와나 캠프에 도착했다. 던포드가 주변 지역을 살펴보니 주력부대를 이곳에 배치한 이유를 이해할 수 있었다. 동쪽과 남쪽으로는 완만하게 경사가 진 목초지가 펼쳐져 있어 적의 접근을 금방 포착할 수 있었다. 북쪽으로는 이산들와나 산이 있었고 산 너머로는 느쿠투 평원이 있었다. 북쪽이 좀 위험해 보이긴 했지만 정찰병들이 평원의 요지와 산길에 배치되어 있어 너무 늦지 않게 적을 발견할 수 있을 것이다.

던포드는 곧 거대해 보이는 줄루족의 군대가 느쿠투 평원에서 동쪽으로 향하고 있다는 보고를 받았다. 첼름스퍼드가 이끌고 간 부대를 후면에서 공격하기 위한 것이리라. 첼름스퍼드는 이산들와나에 총 1,800명의 병력을 유지하라는 명령을 단단히 내려둔 터였다. 그들은 병력을 집중시키고 대열의 질서를 유지하기만 한다면 줄루족 군대 전체를 섬멸할 만한 화력을 가지고 있었다. 그러나 던포드는 줄루족의 주력부대를 찾아내는 것이 더 시급했다. 하지만 안개 같은 적이 어디에 숨어 있는지 알 수가 없어 초조해졌다. 줄루족에게는 기병대가 없었기에 대다수가 창을 무기로 싸웠다. 일단 그들이 숨어 있는 곳이 어딘지만 밝혀지면 나머지는 식은 죽 먹기일 것이다. 영국 병사들의 월등한 무기와 규율은 승리를 보장해줄 것이다. 던포드는 첼름스퍼드가 지나치게 신중하다고 생각하고 그의 명령을 어겼다. 줄루족의 동정을 자세히 살피기 위해 400명의 병력을 이끌고 느쿠투 평원과 평행을 이루며 북동쪽으로 나아갔던 것이다.

그 시각 느쿠투 평원을 감시하던 정찰병은 줄루족 몇 명이 6.5킬로미

줄루 군의 신중한 위장술 사용은 영국군에 의해 여러 차례 목격됐다. 이산들와나 전투의 또 다른 익명의 생존자는 줄루족이 나오니 산둥성이에 올라 막사가 보이는 곳까지 왔을 때 그들이 "마치 땅에서 솟아난 것처럼 보였다. 언덕 위의 암석과 덤불에서 수많은 병사들이 튀어나왔다 어떤 이들은 소총을, 어떤 이들은 방패와 투창을 가지고 있었다."고 언급했다. 60년대의 에드워드 허턴 중위는 줄루 군의 공격 대형에 대해 이런 묘사를 남겼다. "수많은 검은 병사들이 감탄할 만한 질서를 갖추고 산개 대형으로 속속들이 줄지어 높은 풀 사이로 서로를 따라 일정한 속도로 달렸다. 정확히 우리의 전방에 마주할 정도로 꾸준히 주위를 돈후 다섯 명에서 열 명가량씩 무리를 지어 세 횡대로 나뉘 우리를 향해 다가왔다.…… [그들은] 여전히 뛰면서 계속 전진해 우리에게서 700미터 떨어진 곳까지 왔을 때 사격을 개시했다. 그 긴장된 순간에도 우리는 줄루족의 완벽한 전투 방식에 감탄하지 않을 수 없었다. 대여섯 명의 무리가 일어서서 머리를 숙이고 좌우로 몸을 피하며, 소총과 방패가 보이지 않게 낮게 들고 높은 풀 사이를 돌진했다. 그런후 갑자기 높은 풀 속으로 사라져 훅 하고 소용돌이치는 연기 말고는 아무것도 보이지 않았다. 그리고 그들은 다시 전진한다……." 이 마지막 전진의 속도는 가공할 정도로 무시무시했다. 영국군이 사격을 중지하고 이산들와나에서 퇴각하라고 명령하자 줄루족은 영국군의 진지에서 250미터가량

터가량 떨어진 곳에서 소 떼를 몰고 있는 것을 목격했다. 말을 타고 추격하자 그들은 흔적도 없이 사라져버렸다. 그들을 쫓다 놓쳐버린 정찰병은 가슴이 철렁 내려앉는 장면을 목격했다. 그의 발아래로 넓고 깊은 협곡이 펼쳐져 있었고 줄루족 전사들이 그 협곡을 가득 메우고 있었던 것이다. 그들은 눈에 무시무시한 강렬함을 내뿜으며 전투 의식을 치르고 있는 것처럼 보였다. 너무 놀라 얼어붙은 정찰병을 향해 수백 개의 창이 쏟아졌다. 그는 돌아서서 전속력으로 달렸다. 줄루족들도 일제히 계곡을 기어올라오기 시작했다.

곧 평원의 다른 정찰병들도 이 무시무시한 광경을 보았다. 2만 명에 달하는 줄루족 군대의 넓은 횡대가 지평선을 새까맣게 수놓았다. 멀리서도 그들이 편대로 움직이고 있는 모습이 선명히 보였다. 그들 횡대의 끝부분은 뿔을 닮은 모양으로 진군해오고 있었다. 정찰병들은 줄루족이 쳐들어온다는 소식을 재빨리 캠프에 전했다. 이 소식을 전해들은 던포드는 캠프로 후퇴하며 재빨리 병력을 횡대로 조직했다. 줄루 군은 믿기 어려운 정확성을 가지고 기동작전을 펼쳤다. 이때 던포드가 미처 보지 못한 것이 있었다. 뿔의 왼쪽 끝에 있는 병사들이 반대 방향의 뿔과 결합하여 포위망을 완성하기 위해 높이 자란 풀숲을 헤치고 캠프의 후면을 향해 움직이고 있었던 것이다.

던포드가 이끄는 영국 병사들과 마주한 줄루족은 거석 뒤에서, 풀숲에서 모습을 드러내며 점점 불어났다. 그들 가운데 대여섯 명의 무리는 창이나 불타는 소총을 던지며 갑자기 돌격하고는 풀 속으로 다시 사라지곤 했다. 영국군이 재장전을 위해 멈출 때마다 줄루군은 점점 더 가까이 진격해왔다. 그러다 한 명이 던포드의 횡대에 바짝 접근해 창으로 영국 병사의 배를 가르기도 했다. 창이 몸에 꽂혔다 나오면서 내는 질척거리는 소리가 동료 병사들을 몸서리치게 했다.

던포드는 간신히 군대를 이끌고 캠프로 다시 돌아왔다. 영국군은 포위당했지만 결속을 다지고 쉴 새 없이 포화를 퍼부어대며 그들을 저지했다. 마치 사격연습 같았다. 던포드의 예상대로 영국의 월등한 무기가 톡톡히 제 몫을 다하고 있었다. 그는 주위를 둘러보았다. 싸움은 교착상태

로 접어들었고 병사들은 서서히 자신감을 되찾아가는 듯했다. 그러나 던포드는 그들의 포화가 조금씩 느려지고 있음을 깨달았다. 탄약이 바닥나고 있었다. 그들이 새로운 상자를 열어 재장전하는 사이 줄루 군은 원을 더욱 좁혀올 것이다. 여기저기서 적의 창에 찔리는 병사들이 늘어나자 공포의 물결이 번져나갔다. 줄루족 전사들은 영국군이 여태껏 본 적 없을 만큼 강렬한 기세로 싸웠다. 총탄도 그들을 뚫을 수 없다는 듯 앞으로 돌진하는 모습이 마치 신들린 사람들처럼 보였다.

전세가 뒤바뀌고 있음을 감지한 줄루족은 방패 너머로 창을 흔들어대며 전쟁 구호를 외쳐대기 시작했다. "우수투!" 그것은 무시무시한 소리였다. 캠프의 북쪽 끝에서는 어느새 몇 미터 앞으로 성큼 다가온 줄루족 군대의 모습과 소리에 당황한 한 무리의 영국 병사들이 퇴각했고, 단 몇 명의 퇴각으로 생긴 공백을 틈타 줄루족이 밀어닥쳤다. 때를 맞추기라도 한 듯 두 뿔 사이의 원에 있던 줄루족 병사들이 영국군에게 일제히 창을 퍼부어 많은 이들을 죽이며 영국군의 횡대를 무너뜨렸다. 어디서 나타났는지 모를 예비군대가 앞으로 돌격해 원 주위를 부채처럼 포위하며 더욱 압박해왔다. 던포드는 질서를 유지하려 애썼지만 때는 이미 너무 늦었다. 순식간에 영국군은 아수라장이 되었다. 이제 각자 제 살 길을 찾아야 했다.

던포드는 포위망의 한 틈으로 달려가 남은 병사들이 로크스드리프트로 후퇴할 수 있도록 그곳을 뚫으려 애쓰다가 줄루족의 창에 맞았다. 이산들와나 전투도 곧 끝이 났다. 수백 명의 영국군이 던포드가 돌파하려다 죽은 그 틈을 통해 간신히 달아났고 1,400명이 넘는 나머지 병사들은 줄루족의 희생제물이 되었다.

이 충격적인 패배 후에 영국군은 서둘러 줄루란드에서 후퇴했다. 일시적으로나마 전쟁은 완전히 끝났지만 영국군이 기대했던 대로는 아니었다.

해석

이산들와나의 패배 몇 개월 후 영국군은 대침공을 개시했고 마침내 줄

떨어진 곳에서 움직이지 않았다. 포병대의 컬링 중령은 그의 경험 많은 병사들이 대포를 앞차에 연결하는 사이 줄루족이 너무나 빨리 돌진해와 한 포수를 창으로 찌르기도 했다고 증언했다. 줄루족의 전투 베테랑인, 우칸뎀뗌부연대의 우모티는 마지막 진격이 너무나 신속해 "줄루족의 전체 군대가 불꽃처럼 발로 뛰어올라 그들에게 돌진했다."고 생각했다 한다.
— 이안 나이트, 《줄루족 군대 분석론》

루족을 격파했다. 그러나 이산들와나 전투의 교훈은 여전히 유용하다. 특히 엄청난 기술의 차이를 고려한다면 말이다.

줄루족의 전투 방식은 19세기 초반 샤카 왕에 의해 완성됐다. 샤카 왕은 1820년대 상대적으로 소규모 부족이었던 줄루족을 그 지역의 가장 위대한 전투 병력으로 탈바꿈시킨 인물이다. 샤카 왕은 무겁고 날이 넓은 줄루족의 창인 아세가이(assegai) 투창을 고안해냈고 이는 전투에서 가공할 위력을 발휘했다. 그는 진군하여 기계 같은 정확성을 가지고 적을 포위하도록 줄루족을 훈련시키며 엄격한 규율을 부과했다. 원(圓)은 줄루족의 문화에서 극히 중요한 요소였다. 그들의 국가적 통일성의 상징이며 줄루족 공예품의 주제였으며 전투에서 주로 사용하는 패턴이었다. 줄루족은 장기간의 전투를 할 수가 없었다. 전투에서 피를 흘리고 난 후에는 긴 정화의식을 가지는 게 관습이었기 때문이다. 이 의식 동안 그들은 공격에 완전히 무방비 상태였다. 어떤 줄루인도 정화가 되기 전에는 다시 싸우거나 심지어 부족에 합류할 수도 없었다. 거대한 줄루족 군대를 전장에서 유지하려면 비용도 많이 들었다. 줄루족 군대는 일단 전시 체제로 돌입하면 전투에서 적을 무찔러야 했을 뿐 아니라 취약한 정화 기간에 생길 수 있는 역습의 가능성을 제거하고 신속한 동원 해제를 가능하게 하기 위해서 적을 한 명도 남겨놓지 않고 섬멸해야 했다. 이런 완벽에 가까운 승리를 거머쥐기 위한 줄루족의 방책이 바로 포위였다.

줄루족은 전투에 임하기 전에 먼저 숨을 공간을 찾기 위해 주변 지역을 정찰했다. 남아프리카의 초원지대와 평원을 굽이보면 드넓은 시야를 제공해주는 것처럼 보이지만 종종 가까운 거리에서도 찾아낼 수 없는 협곡과 구곡이 숨겨져 있었다. 풀과 거석들은 탁월한 잠복처였다. 줄루족은 그들의 은신처로 재빨리 움직였다. 그들의 발은 초원지대를 달리며 단련돼 가죽처럼 튼튼했다. 그들은 주력 군대의 움직임을 숨기기 위해 주의를 산만하게 하는 정찰대를 파견하곤 했다.

일단 은신처에서 나와 전장으로 향하면 줄루족은 '뿔, 가슴, 허리'라고 부르는 대형을 형성했다. 가슴은 횡대의 중앙부로 적군을 붙잡아 고정시킬 부분이었다. 한편 양쪽으로 난 뿔은 측면과 후면으로 움직여 들어가며 적군을 포위하기 위한 것이다. 그 중 한쪽 뿔의 끝은 높게 자라난 풀이나 거석 뒤로 숨어 있기도 했다. 포위망을 완성하기 위해 이 뿔이 모습을 나타내는 순간 적군은 극도의 공포심에 사로잡혔다. 허리는 최후의 일격을 가하기 위해 대기하는 예비군이었다. 이 병사들은 적시가 되기 전에 지나치게 흥분해 돌진하는 일이 없도록 전장을 등지고 서 있기도 했다.

이산들와나 전투가 끝나고 몇 년 후 한 위원회는 이 대재앙의 책임을 던포드에게 돌렸지만 실제로 그것은 그의 잘못이 아니었다. 영국군이 속수무책으로 포위당한 것은 사실이었지만 그들은 나무랄 데 없는 질서에 맞춰 횡대를 형성했고 용감하게 잘 맞서 싸웠다. 그들을 무찌른 줄루족의 가공할 파괴력은 다른 모든 적들도 섬멸했다. 줄루족의 움직임의 정확성에서 빚어지는 공포, 점점 더 조여드는 공간 속에 포위당하는 기분, 때때로 줄루 군의 창에 찔려 쓰러지는 동료 병사의 끔찍한 모습, 무시무시한 전쟁 구호, 가장 취약한 순간에 쏟아지는 창들, 갑자기 원에 합류하는 예비군의 악몽 같은 광경. 영국군은 더할 나위 없이 우세한 무기를 가졌지만 이런 계산된 심리적 압박 아래 무너질 수밖에 없었다.

우리 인간은 극도로 영악한 피조물이다. 재앙이나 패배에서도 금세 적응하여 상황을 역전하기 위한 길을 모색한다. 적에게 작은 허점이라도 있지 않은지 탐색한다. 우리는 희망과 간교함, 그리고 의지를 거름으로 삼아 번영한다. 전쟁의 역사는 극적인 적응과 역전으로 얼룩져 있다. 단 한 곳 예외가 있으니, 바로 포위다. 물리적이든 심리적이든 포위는 상황을 반전시킬 수 있는 가능성에 대한 유일하고 진정한 예외다.

적절하게 실행되기만 한다면 이 전략은 적이 이용할 수 있는 어떤 허점도, 어떤 희망도 내주지 않는다. 그들은 포위망 안에 갇혀 있으며 그 원은 점점 좁아지고 있다. 사회적이며 정치적인 전쟁의 삶에서 포위는 적에게 사방팔방에서 공격당하고 있으며 코너로 몰려 역습의 희망마저 사라졌다고 느끼게 하는 책략이 될 수 있다. 포위당했다고 느끼면 그들의 의지력은 약화될 것이다. 줄루족처럼 예비군대, 즉 당신의 뿔과 함께 움직일 허리를 비축해두어라. 그들의 약점이 노출되고 있다고 감지되는 순간 이러한 예비 병력으로 그들을 공격하라. 그들이 처한 상황의 절망감이 그들의 정신을 포위하도록 만들어라.

> 당신은 적이 진심에서 우러나와 패배를 인정하도록 만들어야만 한다.
> — 미야모토 무사시

전쟁의 기술: 포위하여 압박하라

수천 년 전 우리 인간은 사막과 평야를 떠돌면서 사냥과 채집 활동을 하다 언제부턴가 정착해 식량을 재배하기 시작했다. 이 변화는 인간에게 안락과 통제를 가져다주었지만 우리 정신의 일부에는 여전히 유목민의 본능이 남아 있다. 우리는 배회하고 떠돌아다닐 공간을 해방감과 연관 지어 생각한다. 고립된 공간이 고양이에게는 안락을 의미할지 모르나 우리에게는 질식을 유발한다. 지난 수 세기에 걸쳐 이런 반사작용은 좀더 심리적으로 변화했다. 우리가 처한 상황에서 선택권을 가지고 있다는, 어떤 가능성이 있다는 느낌은 개방된 공간이 주는 느낌과 비슷한 것으로 변형된다. 우리의 정신은 책략을 펼 수 있는 전략적인 공간과 가능성이 있다는 감각을 양분으로 삼는다.

거꾸로 말하면 심리적 포위감은 우리를 불안하게 하며 종종 과민반응 하게 만들기도 한다. 누군가, 또는 무엇인가 우리를 포위할 때, 즉 우리의 선택권을 좁히고 우리를 사방에서 공격할 때 우리는 감정에 대한 통제력을 잃고 상황을 더 악화시키는 실수를 저지른다. 역사적으로 위대한 군사적 포위 공격에서 더 큰 위험은 거의 언제나 내부의 공포감과 혼란에서 나왔다. 포위망 바깥에서 무슨 일이 벌어지고 있는지 알 수 없고 외부세계와 단절되면 방어자들은 현실 감각을 잃게 된다. 자신을 둘러싼 세계를 관찰할 수 없는 동물은 파멸하게 되어 있다. 점점 가까이 다가오는 줄루족밖에 볼 수 없을 때 당신은 공포와 혼란에 굴복할 것이다.

일상생활의 전투는 지도 위에서 일어나지 않는다. 그것은 추상적인 공간에서 발생한다. 책략을 쓰고, 당신에게 불리한 일을 하고, 당신의 파워를 제한하는 식으로 말이다. 이런 추상적이거나 심리적인 공간에서 적에게 허점을 내준다면 그들은 그것을 이용할 것이다. 당신이 얼마나 강력하든, 당신의 전략이 얼마나 뛰어나든 상관없이. 그러므로 적이 포위당했다고 느끼게 만들어라. 그들의 행동의 가능성을 좁히고 그들의 탈주로를 막아라. 포위당한 도시의 시민들이 서서히 미쳐가듯이 당신의 적은 당신에게 맞서 책략을 펼 공간의 부족으로 미치게 될 것이다.

적을 포위하는 방법은 수없이 많지만 가장 간단한 방법은 당신이 타고난 힘이나 이점을 포위 전략에 최대한 활용하는 것이다.

스탠더드오일(Standard Oil) 사의 창립자이자 사장이었던 존 D. 록펠러(John D. Rockefeller)는 1870년대 미국의 석유산업을 장악하기 위해 우선 철도 분야에서 독점권을 얻으려 했다. 다음으로 그는 정제소를 철도에 연결해주었던 송유관에 대한 통제권을 손에 넣기 위해 움직였다. 자영 석유 생산업자들은 철도와 록펠러의 송유관 네트워크에 의지하지 않아도 되는 경로로 펜실베이니아 주에서 동부 연안까지 이어질 자기들만의 송유관에 자금을 지원하기 위해 단결함으로써 이에 대응했다. 록펠러는 타이드워터(Tidewater)라는 회사가 건설하고 있던 이 프로젝트의 경로에 있는 땅을 사들였지만 그의 적들은 해안까지 구불구불하게 송유관을 설치하여 그들을 피해갔다.

록펠러는 전쟁의 고전적인 상황에 직면했다. 의욕에 찬 적은 그에게 맞서 싸우는 방법을 배우고 적응하며 그의 통제권에서 벗어나기 위해 그의 방어망에 있는 모든 허점을 활용하고 있었다. 즉 록펠러 포위 작전으로 맞섰던 것이다. 우선 록펠러는 타이트워터의 송유관보다 더 큰 송유관을 동부 해안까지 설치했다. 그리고 나서 타이드워터 사의 소수 지분을 거머쥐고 이 회사의 신용을 떨어뜨리고 불화를 조장하기 위해 내부에서 활동하며 주식을 매점하기 위한 작전에 들어갔다. 그는 가격 전쟁을 시작해 타이드워터 송유관의 이해관계를 침식했다. 그리고 정제소들이 타이드워터의 고객이 되는 것을 원천 봉쇄하기 위해 그 정제소들을 사들였다. 1882년 그의 포위망이 완성됐다. 타이드워터는 석유 운송 통제권을 스탠더드오일에 넘겨주는 계약을 체결하지 않을 수 없었다.

록펠러의 방법은 최대한 여러 방향에서 무자비한 압박을 가하는 것이었다. 그 결과 자영 석유 생산업자들은 위기에 빠졌다. 그들은 록펠러의 통제력이 얼마나 멀리까지 미치는지 알 수 없었지만 어쨌든 그것은 거대해 보였다. 그들이 항복했던 시점에도 선택권이 있었지만 그들은 지쳐 있었고 싸움에 희망이 없다고 믿었다. '타이드워터 포위 작전'은 록펠러의 방대한 자원 덕분에 가능했지만 그는 이런 자원을 단순히 물리적으로 사용했을 뿐 아니라 심리적으로도 활용했다. 자신은 적이 침투할 수 있는 어떤 허점도 남기지 않을 무자비한 적이라는 인상을 심어주었던 것이다.

적을 포위하기 위해서는 당신이 가지고 있는 모든 자원을 적극 활용해야만 한다. 만약 당신이 거대한 군대를 가지고 있다면 당신의 병력이 도처에 깔려 있으며 포위하여 압박감을 줄 수 있다는 인상을 심어주어라. 18세기 말 투생-루베르튀르(Toussaint-L'Ouverture)는 이런 방법으로 아이티에서 노예제도를 종결시키고 이 섬을 프랑스에서 해방시켰다. 그는 섬에 있는 백인들이 적군에게 완전히 포위당했다는 절망감을 불러일으키도록 수적인 우세를 사용했다. 수적으로 열세에 처한 이들은 그런 느낌을 견딜 수 없게 마련이다.

명심하라. 포위의 위력은 궁극적으로 심리적인 것이다. 상대방이 사방으로 공격에 노출돼 있다고 '느끼게' 만드는 것은 물리적으로 그들을 포위하는 것만큼이나 좋은 방법이다.

11세기와 12세기 이스마일리 시아파(Ismaili Shiite)에서는 후에 아사신(Assassins, 암살을 뜻하는 영어 'assassin'은 여기에서 유래했다—옮긴이)이라고 알려진 한 무리가 이 종파를 박해하려 했던 이슬람교도 지도자들을 암살하는 전략을 구사했다. 아사신의 일원을 목표물의 내부 집단에 침투시키는 것이 그들의 방법이었다. 아사신파는 몇 년에 걸쳐 그들이 언제, 누구라도 공격할 수 있다는 공포심을 주입할 수 있었다. 어떤 칼리프(caliph, 이슬람 국가에서 세속적, 종교적 수장을 일컫는 호칭—옮긴이)나 와지르(고관)도 안전하다고 느끼지 못했다. 이 기술은 경제성의 걸작이었다. 아사신파는 실제로 몇 명만을 암살했지만 그들이 불러일으킨 위협이야말로 이스마일리파에게 거대한 정치적 힘을 실어주었다.

적이 여러 면에서, 그리고 여러 방향에서 취약하다고 느끼게 만들, 시기 적절한 몇 번의 타격은 당신에게도 똑같은 역할을 할 것이다. 사실 여기서는 '소소익선(少少益善)'인 경우도 있다. 너무 여러 번 타격을 가하면 당신임을 알아볼 수 있는 형태나 특징을 만들어낼 것이고 그러면 상대방은 이에 대응하고 전투를 위한 전략을 짜낼 것이다. 대신 흐릿한 안개처럼 보여야 한다. 당신의 책략을 예측 불가능한 것으로 만들어라. 그러면 당신의 심리적 포위가 상대를 훨씬 더 불안하게 하고 완성도 역시 높아질 것이다.

최고의 포위는 적이 본래 가지고 있는 내재적인 취약성을 먹이로 삼는 것이다. 그러므로 거만함, 경솔함, 또는 심리적 약점의 징후를 잘 살펴라. 윈스턴 처칠은 언젠가 아돌프 히틀러에게서 편집증의 기미를 보고서는 추축국(the Axis, 2차 세계대전 때 독일과 이탈리아, 일본으로 구성된 동맹-옮긴이)이 발칸 제국이나 이탈리아, 프랑스 서부 등 어디서든 공격당할 수 있다는 인상을 만들어내기 위해 노력했다. 처칠의 자원은 빈약했다. 그는 속임수를 통해 이런 가능성을 암시만 할 수 있었다. 그러나 그것으로 충분했다. 히틀러 같은 사람은 어떤 방향에서든 취약해지고 있다는 생각 자체를 못 견딜 것이기 때문이다. 1942년 처칠의 군대가 유럽의 광대한 부분에 걸쳐 배치되자 히틀러의 군대도 점점 더 넓게 퍼지면서 군사력이 점차 약화됐다. 발칸 제국에서의 단순한 양동작전이 러시아를 침공한 독일 군대를 퇴각시키도록 했고 이로 인해 히틀러는 큰 대가를 치러야 했다. 편집증에서 생기는 공포를 주입시키면 적은 당신이 생각지도 않는 공격에 대해 상상의 날개를 펼 것이다. 그들의 과열된 두뇌가 당신 대신 포위 작업을 수행해줄 것이다.

카르타고의 한니발 장군이 후에 역사상 가장 파괴적이었던 것으로 드러난 포위를 계획하고 있었을 때(기원전 216년 칸나이 전투에서의 승리) 로마의 바로(Varro) 장군이 불같은 성미를 지녔으며 오만하고 남을 멸시하는 인물이라는 정보를 들었다. 한니발은 수적으로 2 대 1이라는 열세에 처했지만 이를 뒤집을 만한 두 가지 전략적 결정을 내렸다. 첫째, 그는 머릿수가 많은 로마 군이 기동작전을 펼치기 힘든 좁은 지역으로 로마 군을 유인했다. 둘째, 최상의 부대와 기병대를 횡대 양쪽 끝에 배치해 중앙을 약하게 했다. 경솔한 바로 장군이 이끈 로마 군은 중앙으로 뛰어들었다. 중앙이 무너지자 로마 군은 점점 더 깊이 밀고 들어갔다. 그러나 줄루족이 두 뿔 안으로 영국군을 포위했던 것과 똑같이 카르타고 횡대의 양 끝이 안쪽을 향해 밀어닥치면서 로마 군을 좁고 치명적인 포위망 속에 가뒀다.

충동적이고 폭력적이며 오만한 이들은 특히 포위 전략의 덫으로 유인하기가 쉽다. 약하거나 멍청한 척하면 그들은 자신이 어디로 가고 있는지 생각해보지도 않고 앞으로 돌진할 것이다. 적의 감정적인 약점이나 커다란 욕망은 포위 전략의 재료로 쓸 수 있다.

이란이 로널드 레이건(Ronald Reagan) 대통령 정부를 1985년과 1986년에 포위한 것도 그런 방법을 통해서였다. 이른바 이란-콘트라 사건(Iran-Contra Affair)이었다. 미국은 이란에 대한 무기 수출을 국제적으로 금지하고 있었다. 이란은 이 보이콧에 맞서 싸우며 미국의 두 가지 약점을 발견했다. 첫째, 의회가 니카라과에 있는 산디니스타 정부에 대항한 콘트라 반군의 전쟁을 위해 자금 지원을 중단했다는 것이다. 이는 레이건 정부에는 중대한 명분이었다. 둘째, 레이건 행정부는 중동 지역에 억류된 미국인의 숫자가 늘어나는 것에 대해 매우 불안해했다. 이런 약점을 이용해 이란은 미국을 칸나이와 같은 덫으로 유인할 수 있었다. 미국이 포로 석방을 위해 힘쓸 것이며 그 대가로 이란에게 무기를 팔 것이며 그 무기 대금은 비밀리에 콘트라 반군을 지원하는 데 쓰일 것이라는 게 포위 전략의 재료였다.

그것은 뿌리칠 수 없는 유혹이었다. 미국이 이런 이중성의 거미줄(밀실 계약, 비밀회의) 속으로 깊숙이 발을 들여놓는 순간 미국은 책략을 펼 수 있는 공간이 서서히 좁아지고 있었지만 이란은 적은 것을 대가로 더 많은 것을 요구할 수 있었다. 결국 미국은 소수의 포로들과 니카라과에서 차이를 만들어내기에는 충분치 않은 돈을 받은 반면 이란은 수많은 무기를 얻었다. 설상가상으로 이란은 다른 외교관들에게 이 '비밀' 계약을 공개하고 다녔다. 이 사실을 미국 국민들에게 폭로함으로써 그들의 포위

날이 밝아오자 한니발은 발레아레스 제도의 군대와 다른 정보병을 미리 보냈다. 그리고 각 사단이 가로질러오자 몸소 강을 건너 이들을 횡대의 제 위치에 배치했다. 그는 로마 기병대 앞의 좌익에 있는 둑 근처에 갈리아와 스페인의 말을 급파했다. 우익은 누미디아 군대에게 할당됐다. 중앙은 가운데 갈리아인들과 스페인인들, 양 끝의 아프리카인들로 이뤄진 강력한 기병 군대로 구성됐다. …… 이들은 거대한 신장과 무시무시한 외모로 공포를 불러일으켰다. 갈리아인들은 상의를 입지 않았고 스페인인들은 눈부신 광채를 띠는, 보라색 수가 놓아진 흰 튜닉을 입었다. (칸나이 전장에는 총 4만 명의 보병과 1만 명의 기병이 있었다. 하스드루발이 좌익을 지휘했고 마하발이 우익을 지휘했다. 한니발은 동생 마고와 함께 직접 중앙을 지휘했다. …… 전투가 시작되자 원군이 앞으로 돌격했고 정보병과 함께 전투가 벌어졌다. 왼쪽의 갈리아인들과 스페인인들은 오른쪽의 로마 보병과 교전했다. 전투는 전혀 기병 전투 같지 않았다. 기동작전을 펼 공간이 전혀 없었고 한쪽에 있는 강과 다른 쪽에 있는 보병대가 그들을 에워싸 그들은 접전을 벌일 수밖에 없었던 것이다. 양쪽 군대는 앞으로 밀고 나가려고 애썼다. 결국 기병대는 병사들로 빈틈없이 메워진 공간에서 움직일 수 없었다. 이 때문에 격렬하지만 단기간의 보병 전투가 됐고 로마 기병대는 격퇴당해 달아났다. 기병 간의 교전이 끝날 무렵 보병들도 교전에 돌입했다.

망을 닫아버린 것이다. 이 사건에 연루된 정부 관료들은 덫에서 빠져나갈 방도가 없었다. 이 추악한 정치 스캔들이 폭로되자 사방에서 극심하게 압박해왔고 이를 은폐하거나 교묘히 발뺌하려고 할수록 점점 더 깊숙이 빠져들었다.

그러한 덫으로 적을 유인할 때는 항상 그들이 상황에 대한 통제권을 가지고 있다고 느끼게 만들어라. 그들은 당신이 원하는 만큼 멀리 전진할 것이다. 이란-콘트라 사건에 연루된 미국인들은 자기들이 순진한 이란인들을 조종하고 있는 당사자라고 믿었다.

마지막으로 단순히 당신의 적의 군대나 즉각적인 감정을 포위하려고 애쓰지 말고 그들의 전체적인 전략, 즉 실로 전체적이고 개념적인 틀을 포위하기 위해 행동하라. 이런 궁극적인 형태의 포위에는 우선 적의 전략에서 완고하고 예측 가능한 부분을 연구하고, 다음으로 그들의 경험에서 벗어나는 당신만의 참신한 전략을 만들어내는 일이 요구된다. 몽골인들은 이슬람 세계, 러시아, 폴란드, 헝가리, 그리고 튜턴 기사단을 상대하며 그들을 단순히 패배시킨 것이 아니라 그들을 전멸시켰다. 몽골인들은 새로운 행태의 기동전을 고안해 수 세기나 된 케케묵은 전술을 고집하는 적을 쉽게 물리칠 수 있었다. 이런 종류의 전략적 미스매치는 모든 전쟁에서 승리의 관건이 될 수 있다.

| **이미지** | 올가미. 올가미가 일단 설치되기만 하면 도망갈 곳도 희망도 없다. 거기에 갇힌다는 생각만으로도 적은 점점 더 필사적으로 몸부림칠 것이다. 도망치려는 필사적인 노력은 파괴를 재촉할 것이다.

| **근거** | 원숭이를 철창 안에 가두면 돼지와 다를 바 없어진다. 원숭이가 영리하고 재빠르지 못해서가 아니라 자유롭게 그 능력을 행사할 공간이 없기 때문이다.

— 회남자

갈리아인들과 스페인인들이 그들의 대열을 흩뜨리지 않는다면 양쪽은 힘과 용맹에서 막상막하였다. 전투가 지속되면서 로마 군의 전열은 앞부분이 점점 더 밀착되어 결국 전체 진형이 사다리꼴로 변했다. 그리고 종심이 깊은 그들 진형의 무게만으로 적의 분대를 밀어붙였다. 그 분대는 바로 한니발 전열의 제1선을 맡고 있는 분대였다. 그들의 전열은 로마 군의 압박을 견디기에 너무 얇고 약했다. 로마 군은 급격히 무너져 후퇴하는 적들을 쉴 새 없이 몰아쳤다. 마침내 한니발의 군사들은 도주하기 시작했다. 로마 군은 도망자들의 무리 사이를 가로질러 가면서 양익에 배치된 아프리카인들과 평행선을 이루는 지점까지 도달했다. 이들은 중앙의 돌출부를 형성했던 갈리아인과 스페인인들보다 훨씬 뒤에 위치했는데, 전방의 부대가 패퇴하자 카르타고 군의 전열은 이제 직선을 이루게 되었다. 이어 후퇴가 계속되면서 이번에는 전선이 카르타고 쪽으로 오목하게 들어가기 시작했고, 양익의 아프리카인들은 물소의 뿔처럼 앞으로 튀어나오게 됐다. 로마인들은 무모하게 이 뿔 사이로 돌격했다. 그러자 이제는 양쪽 측면으로부터 공격을 받기 시작했고 아프리카인들의 뿔은 로마인의 후방에서 안으로 구부러지며 닫혀버렸다. 이 순간 특별히 목표를 정하지 않고 맹목적으로 돌진했던 로마 군은 자신들이 완패시킨 갈리아인과 스페인인을 벗어나 새로운 부대와 교전에 들어가야 했다. 이 전투는 매우 일방적이었다.

뒤집어보기

포위의 위험은 완전히 성공하지 않으면 당신을 취약한 입지로 몰아넣을 수도 있다는 것이다. 당신은 이미 당신의 계획을 공표했다. 적은 당신이 자신을 섬멸하려 한다는 것을 알고 있고 당신이 재빨리 녹아웃 펀치를 날리지 않으면 적은 방어하기 위해서뿐 아니라 당신을 파괴하기 위해서 맹렬히 싸울 것이다. 이제 당신을 파괴하는 것만이 적의 유일한 안전장치이기 때문이다. 포위에 실패한 어떤 군대는 후에 거꾸로 적에게 포위를 당하게 되고 만다. 포위 전략은 당신이 원하는 결과로 이끌 수 있는 적절한 기회가 있을 때만 사용하라.

그들은 사방에서 포위당했고, 이전의 싸움으로 지쳐 있는 와중에 새롭고 정력적인 적과 대치하게 되었기 때문이다.
— 리비우스(Livius, 기원전 59~기원후 17년), 《로마사(The History of Rome)》

STRATEGY 20

책략으로 상대의 힘을 약화시킨 후 공격하라

: 공격의 경제성

무르익을 때까지 기다렸다가 수확하는 전략이다.
당신이 아무리 강력하다 해도 사람들과 끝없이 전투를 벌이는 것은
비용이 많이 들고 소모적이며 어리석은 일이다. 현명한 전략가들은 책략이라는 술수를 선호한다.
손쉽고 빠른 승리를 위해 전투를 개시하기 전에 먼저 상대를 약화시키는 방안을 찾는다는 의미다.
적에게 미끼를 던져 겉으로 보기에는 유리하지만
실제로는 함정과 막다른 골목이 도사리고 있는 상황으로 유인하라.
적이 유리한 입장에 있다면 내 뒤를 정신없이 추적하게 만들어
적이 자신의 유리한 입장을 포기하게 만들어라.
진퇴양난의 상황에 빠지게 하거나 적 스스로 자신을 궁지에 빠뜨리는 방책을
택할 수밖에 없는 상황을 제공해야 한다. 적의 전략적 목표에 혼란과 무질서의 씨앗을 뿌려라.
당황과 욕구불만, 분노에 찬 적은 가지에 매달린 열매와 같다.
살짝 미풍만 불어도 그들은 땅으로 떨어질 것이다.

책략전 대 소모전

역사를 살펴보면 전쟁에는 두 가지 독특한 양식이 존재한다. 가장 오래된 형태의 전쟁은 소모전이다. 적이 항복하는 이유는 상대편이 그들의 인명을 너무나 많이 살상했기 때문이다. 소모전을 구사하는 지휘관은 수적인 우위나 적에게 최대의 타격을 줄 수 있는 진형, 혹은 우월한 군사기술을 통해 상대방을 제압하려고 한다. 어떤 경우든, 승리는 전투를 통해 상대방의 전력을 소모시키느냐 아니면 우리 전력이 소모당하느냐에 달려 있다. 오늘날 유례없이 복잡해진 군사기술에도 불구하고 소모전의 양상은 별로 정교해지지 않았으며 여전히 인류의 가장 폭력적인 본성이 주된 역할을 담당하고 있다.

반면 수 세기에 걸쳐, 특히 고대 중국 사회에서 색다른 전쟁수행 방식이 발달하기 시작했다. 여기서 주안점은 상대방을 전쟁터에서 파괴하는 것이 아니라 전쟁이 시작되기 전 그들을 약체화시키거나 안정을 무너뜨리는 것이다. 지휘관은 책략을 통해 적을 교란하고 분노케 하여 불리한 상황에(밑에서 위를 보고 공격을 하거나 태양 혹은 바람을 마주 보거나 비좁은 공간에 갇히게 되는) 빠지게 만든다. 이런 종류의 전쟁에서 기동력 있는 군대가 파괴력을 가진 군대보다 더욱 효과적이다.

중국 전국시대(이때 국가의 존망은 군대와 국가 전략에 달려 있었다) 인물인 손자는 병법을 통해 책략전에 대한 사상을 체계적으로 정리했다. 전쟁으로 인해 초래되는 비용이 단순히 사상자의 숫자 이상이라는 사실이 분명해졌다. 전쟁에는 자원과 정치적 친선관계의 상실, 병사는 물론 국민들의 사기 저하가 뒤따르게 마련이다. 이런 비용이 반복적으로 축적되다 보면 결국 최강의 군대를 보유한 국가조차 국력이 고갈되어 쓰러지게 된다. 하지만 국가가 능란하게 책략을 구사한다면 그와 같은 비용을 절감하면서도 승자가 될 수 있다. 책략에 의해 불리한 상황으로 몰린 적은 약간의 물리적 압력에도 쉽게 쓰러지는 법이다. 실제 전투가 벌어지기 전부터 적은 눈에 띄지 않게 붕괴하기 시작하여 소수의 교전에도 항복하게 된다.

아시아 이외의 지역에서도 몇몇 전략가들은 책략전을 능숙하게 구사

전쟁은 마치 사냥과 같다. 야생동물을 잡으려면 추적으로부터 그물을 던지거나 사냥감의 이동통로에 매복을 하거나 혹은 은밀하게 접근하거나 포위하는 방법이나 기타 여러 가지 사냥술을 동원하지만 순전히 물리력에만 의지하지는 않는다. 적 세력의 강약에 관계없이 우리가 전쟁을 수행하는 방법도 사냥과 비슷해야 한다. 넓은 개활지에서 서로 얼굴을 마주한 채 물리적인 힘으로 적을 굴복시키는 방법은 우리가 유리한 상황에 있는 것처럼 보일 때조차 그 결과를 장담하기 힘들며 심각한 손실을 초래하기도 한다. 정말 상황이 위급한 경우를 제외하고, 전투에서 승리를 획득하려는 전략은 대단히 어리석은 방법이다. 그것은 너무나 커다란 대가를 요구해 결국 공허한 승리만을 가져올 뿐이다.
— 비잔틴 제국 황제 마우리키우스(Maurikius 539~602)

했다. 가장 뛰어난 인물이 나폴레옹 보나파르트다. 하지만 일반적으로 고대 그리스에서 현대의 미국까지 서양인의 사고방식에는 소모전이 뿌리 깊게 자리 잡고 있다. 소모전을 지향하는 문화에서는 본질적으로 목표 달성에 방해가 되는 문제나 장애가 발생했을 때 그것을 물리적 힘으로 억누르는 방향으로 대응하는 경향이 있다. 대중매체들은 그 대상이 정치가 됐든 혹은 예술이 됐든 규모가 큰 투쟁(승자와 패자가 구분되는 고정적인 상황)을 중요하게 다룬다. 사람들은 투쟁적 상황 속에 내포되어 있는 감성적이고 극적인 성질에 매료되며 그런 투쟁 상태가 발생할 때까지의 과정에는 아무런 관심이 없다. 이와 같은 문화 속에서는 결국 모든 이야기들이 전투적 상황으로 치닫게 되고 그 속에서 전달되는 메시지는 전투 시에 필요한 덕목만을 강조하게 된다(이야기 속의 세부적인 내용을 통해 얻게 되는 교훈과는 반대되는 내용이다). 그 모든 이야기들의 깊은 곳에는 결국 소모전적인 투쟁이야말로 남성적이고 명예로우며 정의롭다는 사고방식이 자리 잡고 있다.

  무엇보다도 책략전과 소모전은 사고방식에서 차이가 난다. 책략전은 과정을 중요하게 생각한다. 전쟁에 이르는 단계와 전쟁의 비용을 절감하고 폭력을 줄이기 위해 그 단계들을 조작하는 방법을 중요하게 여긴다는 의미다. 책략전의 세계에서는 어느 것도 정적이지 않다. 전투는 사실 극적인 환상에 불과하며 거대한 사건의 흐름 속에 포함된 짧은 순간에 지나지 않고, 또한 사건의 흐름은 유연하고 유동적이며 세심하게 계획된 전략적 선택에 쉽게 영향을 받는다. 이런 사고방식에서 전투 행위는 시간과 에너지, 생명을 낭비하는 일이고 전혀 명예롭거나 도덕적이지 않다. 오히려 소모전이란 일종의 직무태만으로 아무 생각 없이 반사적으로 싸움에 뛰어드는 인간의 원시적 성향을 반영하고 있을 뿐이다.

  소모전을 선호하는 전사들로 가득 찬 사회라면, 당신은 책략전에 의지함으로써 금방 유리한 입장에 서게 될 것이다. 당신의 사고방식이 더 유연하고 더 삶을 반영하기 때문에 결투에 집착하고 융통성이 없는 주변의 경향을 누르고 성공을 거둘 수 있다. 싸움보다는 전반적인 여건과 상대방을 불리한 위치로 몰아갈 수 있는 방법을 먼저 생각하기 때문에 당신의 전투는 최소한의 파괴만을 수반한다. 삶은 길고 분쟁은 늘 끊이지 않기에 당신이 지속적으로 좋은 성과를 거두면서 성공을 유지하고 싶다면 책략전 쪽이 현명한 선택이다. 다음은 책략전의 네 가지 원칙이다.

몇 가지 대안을 가진 계획을 준비하라. 책략전은 계획에 의존하고 계획은 적절하게 마련돼야 한다. 융통성이 없으면 전쟁에 반드시 따르게 마련인 혼동과 마찰에 적응할 수 있는 여지를 없애고 전혀 책략을 쓸 수 없는 상황에 내몰리게 된다. 또 계획을 너무 엉성하게 짜면 예상치도 못한 사태가 발생하면서 당신을 혼란에 빠뜨리고 결국 압도하게 될 것이다. 완벽한 계획은 적절한 상황 분석에서 시작한다. 상황 분석이 잘 이루어지면 당신은 최선의 노선을 결정하거나 최적의 위치를 장악하게 되고, 동시에 상대방이 당신에게 어떤 전략을 구사하는가에 따라 효과적으로 대응할 수 있는 몇 가지 선택적 방안(대안)을 준비할 수 있게 된다. 대안이 있는 한 당신은 언제나 상대방의 책략보다 한발 앞서 나가게 된다.

항상 책략을 쓸 여지를 남겨라. 만약 스스로 비좁은 공간에 들어가거나 움직일 여지가 없는 위치에 자신을 묶어둔다면, 당신은 움직일 수 없으며 따라서 자유로운 기동은 불가능하다. 적보다 더 많은 이동 공간을 확보하고 더 다양한 대안을 준비해두는 것이 토지나 재산을 확보하는 것보다 더 중요하다는 점을 잊지 말아야 한다. 당신은 개방된 공간을 찾아야지 막다른 골목에 들어가서는 안 된다. 이는 특정 사안에 집착함으로써 대안의 폭을 스스로 줄이는 실수를 저지르지 말아야 한다는 의미다. 공간에 대한 요구는 물리적일 뿐만 아니라 심리적이기도 하다. 뭔가 가치 있는 선택을 하기 전까지 당신은 자신의 마음을 완전히 자유로운 상태에 두어야 한다.

적에게 단순히 문제가 아니라 딜레마를 제공하라. 대부분의 상대는 당신처럼 지능적이고 기략이 풍부한 사람일 가능성이 높다. 당신의 책략이 그들에게 단순히 문젯거리만 제공한다면, 분명 그들은 그 문제를 해결할 것이다. 하지만 '고민'이라면 상황이 좀 다르다. 그들이 어떤 식으로 대응을 하든 (퇴각이나 전진 혹은 정지를 하든) 그들의 고민은 여전히 해결되지 않는다. 적이 택할 수 있는 모든 대안을 최악의 상황으로 만들어야 한다. 예를 들어, 당신이 어떤 지점을 향해 신속하게 전진하면, 적은 준비가 덜 된 상태에서 전투에 임하든지 아니면 후퇴할 수밖에 없는 상황에 처한다. 또한 적에게 겉으로는 매력적으로 보이지만 그 이면에는 함정이 도사리는 상황을 끊임없이 만들어야 한다.

무질서를 창조하라. 적은 당신이 의도하는 바를 어느 정도까지는 감지할 것이다. 그들이 당신이 일부러 흘린 아무런 의미도 없는 정보들을 마구잡이로 쫓아다니게 해야 한다. 그들은 그것을 해석하느라 고심에 빠질 것이다. 상대방이 당신의 의도를 추측할 수 있는 능력을 무력화시킬수록 당신은 그들의 시스템에 더 많은 무질서를 주입하게 된다. 그렇게 창조된 무질서는 적어도 당신만이 통제할 수 있고 당신에게만 의미를 갖게 된다. 상대방이 겪게 되는 무질서는 그들의 힘을 쇠퇴시키고 파괴한다.

> 따라서 백 번을 싸워 백 번을 승리하는 것이 최선이 아니며 최선은 싸우지 않고 적을 굴복시키는 것이다.
>
> — 손자

사례 1: 위기를 기회로 바꾼 나폴레옹

1799년 11월 10일 나폴레옹 보나파르트는 쿠데타에 성공해 제1집정으로 권력을 장악했고 이를 통해 프랑스 정부를 거의 완벽하게 통제하게 됐다. 10년이 넘는 기간 동안 프랑스는 혁명과 전쟁의 소용돌이 속에 휘말려 있었다. 나폴레옹은 평화를 통해 국가를 재건하고 자신의 권력을 공고히 다질 수 있는 시간이 필요했다. 하지만 평화는 쉽게 얻어질 수 없었다.

프랑스에는 오스트리아라는 강적이 있었다. 오스트리아는 거대한 두

심프킨이 '소모전 중독자'라고 이름 붙인 자들은 일반적으로 전투 이외의 것을 생각하지 못하며, 적을 굴복시키는 유일한 방법은 적군이 가진 물리적 요소, 특히 전투 부분(장갑차, 병력, 대포 등등)을 파괴하는 것이라고 믿는다. 소모전 중독자들이 전쟁의 무형적인 요소(예를 들어, 사기와 주도권, 충격 등)를 인정하더라도, 단지 그것이 있으면 소모전을 더 잘 치를 수 있는 정도로만 생각한다. 소모전적 전사들이 책략전에 대해 알게 되더라도 그들은 그것을 전투에 돌입하기 위한 방법들 중 하나에 불과한 것으로 인식한다. 즉 전투에 돌입하기 위해 책략을 사용한다. 하지만 책략전 이론은 물리적 파괴를 피하고 다른 수단을 통해 적을 굴복시키는 방법을 제시하려고 한다. 즉 적의 무장을 해제하거나 전투가 벌어지기 전에 무력화시키는 것이다. 만약 그와 같은 수단이 불가능하다면, 책략전 전사들은 적을 방어진지에서 나오게 하거나 혹은 그 반대 행동을 취하게 함으로써 그들이 전투에서 아무런 역할을 하지 못하거나 아예 참가하지 못하게 하는 방책을 추구한다. 만약 적을 전쟁 없이 굴복시키거나 위치를 이탈시키지 못한다면, 그제야 책략전 전사들은 적의 붕괴, 즉 적의 무게중심을 파괴 혹은 무력화시키는 방안을 강구하며 이 경우에도 우군은 적의 취약점을 공격해 쉽게 전투를 끝내는 방법을 선호한다.
— 로버트 R. 레너드(Robert R. Leonhard), 《기동술(The Art of Maneuver)》, 1991년

개의 야전군을 동원하여 나폴레옹에 맞서고자 했다. 그 중 하나는 라인 강의 동안에, 다른 하나는 미하엘 멜라스(Michael Melas) 장군의 지휘하에 이탈리아 북부에서 작전 중이었다. 오스트리아가 주요 군사 행동을 계획하고 있음이 분명했다. 앉아서 그들의 공격을 기다릴 수는 없었다. 적어도 두 개의 야전군 중 하나를 격퇴해야만 유리한 조건으로 오스트리아와 평화협정을 체결할 수 있었다. 그리고 그는 유리한 패를 쥐고 있었다. 몇 개월 전 프랑스 군이 스위스에 대한 통제권을 장악했으며 몇 년 전 오스트리아로부터 빼앗은 이탈리아 북부 지역에는 프랑스 군대가 주둔하고 있었다.

나폴레옹은 자신의 주도하에 벌어지는 최초의 작전을 계획하기 위해 며칠 동안 집무실에 틀어박혔다. 그의 비서인 루이 드 부리엔(Louis de Bourienne)의 회고에 따르면 나폴레옹은 거대한 지도를 집무실 바닥에 펼쳐놓은 채 그 위에 엎드려 있었다고 한다. 책상 위에는 정찰 보고서가 산더미처럼 쌓여 있었다. 메모가 적힌 수백 장의 카드가 상자 안에 차곡차곡 정리되어 있었다. 나폴레옹은 자신이 계획한 양동작전에 오스트리아가 어떤 식으로 반응할지를 추측해보았다. 바닥에 엎드린 채 혼자 중얼거리며 공격과 역공의 모든 순열을 일일이 검토했다.

1800년 3월 말 나폴레옹은 이탈리아 북부 전쟁을 위한 계획을 들고 집무실에서 나왔다. 그것은 그의 부관들이 여태껏 본 적이 없는 광범위한 작전 계획이었다. 4월 중순 장 모로(Jean Moreau) 장군이 인솔하는 일단의 프랑스 군이 라인 강을 도하해 오스트리아 군을 바이에른으로 밀어붙였다. 이어서 나폴레옹은 스위스에 주둔하고 있던 5만의 프랑스 군대를 이끌고 몇 개의 통로를 이용해 알프스를 넘어 이탈리아 북부에 도착했다. 모로는 자신의 사단 하나를 남쪽으로 이동시켜 나폴레옹에 이어 이탈리아로 진격하게 했다. 바이에른을 향한 모로의 초기 공격과 그 뒤를 이어 사단으로 분산된 병력의 이탈리아 이동으로 인해 오스트리아는 혼란에 빠졌다. 나폴레옹의 의도를 도무지 짐작하기 어려웠다. 게다가 라인 강에서 오스트리아 군대가 밀려나게 되면 이탈리아 북부에 있는 우군을 지원할 수 없을 정도로 전선이 멀어지는 상황이었다.

알프스를 넘은 나폴레옹은 군대를 집결시켰고 이탈리아 북부에 주둔하고 있던 앙드레 마세나(André Massena) 장군의 부대와 연계했다. 이어 대부분의 병력을 스트라델라 마을로 보내 멜라스 장군과 오스트리아 총사령부 사이의 연락선을 차단했다. 멜라스 부대가 고립되자, 나폴레옹은 다수의 방책을 선택할 수 있었다. 부리엔의 회고에 따르면 나폴레옹은 집무실 바닥의 거대한 지도 위에 누워 핀을 마렝고 마을에 꽂으며 이렇게 말했다고 한다. "나는 여기서 그와 싸울 것이다."

그로부터 몇 주 뒤 몇 가지 골치 아픈 소식이 전해졌다. 멜라스가 마세나 장군의 부대를 공격함으로써 나폴레옹의 계획에 일격을 가했던 것이다. 오스트리아 군은 제노바로 후퇴하는 마세나를 추격해 포위했다. 그것은 대단히 심각한 상황이었다. 만약 마세나가 항복하면 오스트리아는 프랑스 남부를 향해 휩쓸고 들어갈 수 있었다. 또한 나폴레옹이 멜라스를 격퇴하기 위해서도 마세나의 병력이 필요했다. 하지만 나폴레옹은 침착하게 받아들였고 자신의 전략에 몇 가지 간단한 수정을 가했다. 그는 스위스로 병력을 파견하는 한편 마세나에게는 적어도 8주 동안 제노바를 사수하면서 자신이 이탈리아로 이동하는 동안 멜라스를 계속 분주하게 만들라는 명령을 내렸다.

일주일 뒤에 또 분통 터지는 소식이 전해졌다. 모로 장군이 라인 강에서 오스트리아 군을 밀어내느라 병력의 여유가 없다는 핑계를 대며 나폴레옹이 이탈리아 작전에서 쓰려고 했던 사단의 인도를 거부했던 것이다. 대신 그는 규모도 작고 경험도 없는 사단을 보내왔다.

5월 24일 나폴레옹의 군대는 안전하게 이탈리아에 도착했다. 이어서 스트라델라 인근의 밀라노로 진군해 오스트리아 군의 통신선을 차단했다. 이제 그는 먹이를 향해 살금살금 접근하는 고양이처럼, 멜라스가 자신이 빠진 함정을 알아채고 거기서 빠져나가기 위해 밀라노 근처로 와서 싸움을 걸어오기를 기다렸다.

6월 8일 더 나쁜 소식이 나폴레옹에게 전달됐다. 마세나가 두 주나 빨리 멜라스에게 항복했던 것이다. 나폴레옹은 이제 병력이 부족했고 멜라스는 제노바에 강력한 기지를 얻게 됐다. 처음부터 작전은 실수와 예상치

> 책략을 구사하는 재능은 장군에게 있어서 최고의 기술이다. 이것은 대단히 유용하면서도 대단히 드문 재능이며 천재성은 이것을 기준으로 평가된다.
> — 나폴레옹 보나파르트

못한 사건들로 얼룩졌다. 오스트리아가 조기에 공격을 시작했고, 마세나가 후퇴하다 제노바에 갇혀 있다 급기야 항복하고 말았으며, 모로는 명령에 불복종했다. 하지만 나폴레옹은 냉정을 유지했으며 오히려 이런 운명의 급격한 장난에 약간은 기분이 들뜬 것처럼 보였다. 아무튼 그는 다른 사람이 모두 위기라고 느끼는 상황에서 기회를 포착할 줄 아는 인물이었다. 실제로 거대한 기회가 왔음을 알아챘으며, 재빨리 자신의 계획을 수정했다. 밀라노에서 멜라스가 공격해오기를 기다리는 대신, 갑자기 자신의 사단들을 서쪽을 향해 그물을 펼치듯이 광범위하게 분산시켰다.

나폴레옹은 그의 사냥감을 면밀히 관찰했고, 멜라스가 프랑스 사단들의 움직임에 너무 놀란 나머지 아무런 대응도 못하고 있다는 사실을 감지했다. 멜라스의 우유부단함은 치명적인 것이었다. 나폴레옹은 한 개 사단을 마렝고 서쪽으로 이동시켜 제노바의 오스트리아 군에게 접근시켰다. 그들이 이 사단을 공격하도록 미끼를 던진 것이다. 6월 14일 아침, 마침내 오스트리아는 미끼를 물었고 기습으로 나왔다. 이번에는 나폴레옹이 실수를 저질렀다. 그는 며칠 동안은 오스트리아의 공격이 없을 것으로 생각했다. 따라서 그의 사단들은 너무 넓게 퍼져 있어 당장 그를 지원할 수 없는 상황이었다. 오스트리아 병력은 프랑스 군을 두 배나 압도했다. 나폴레옹은 증원군을 부르기 위해 사방으로 전령을 급파했다. 그의 운명은 이 소규모 병력이 증원부대가 도착할 때까지 붕괴되지 않고 버티느냐에 달려 있었다.

지원부대가 도착한다는 아무런 조짐도 보이지 않는 상태에서 몇 시간이 흘렀다. 오후 세 시 오스트리아 군이 결국 방어선을 돌파해오자 프랑스 군은 퇴각하지 않을 수 없었다. 이 순간 나폴레옹은 분명 최대의 고비를 맞고 있었지만, 또 한 번 탁월한 능력을 발휘했다. 프랑스 군이 퇴각하는 모습이 그의 투지를 자극한 것 같았다. 프랑스 군이 사방으로 흩어져 도망치자 오스트리아 군은 규율이나 부대의 응집력을 무시한 채 그들을 추격했다. 나폴레옹은 도주하는 장병들에게 말을 달려가 그들을 규합하고 반격을 준비했다. 증원부대가 몇 분 내로 도착할 것이라며 싸움을 독려했다. 그의 말이 옳았다. 정말 프랑스 사단들이 사방에서 모습을 드러내기 시작했던 것이다. 진형을 완전히 무너뜨린 채 무질서하게 추격에 나섰던 오스트리아 군은 새로운 프랑스 군과 마주치자 크게 놀라지 않을 수 없었다. 그들은 프랑스 군의 신속하고 조직적인 반격을 받으며 퇴각하기 시작했다. 저녁 아홉 시가 되자 프랑스 군은 오스트리아 군을 완전히 패배시켰다.

나폴레옹이 지도 위에 핀을 꽂아 예측했던 그대로, 그는 마렝고에서 오스트리아 군을 맞아 승리를 거두었다. 몇 달 뒤, 오스트리아와 평화조약이 체결되었고 평화는 향후 4년 동안 유지됐다.

> 무릇 군의 형태는 물과 같아야 한다. 물의 형태는 높은 곳을 피하고 아래로 흐르게 마련이다. …… 물의 흐름은 지형에 따라 형태가 정해진다. 마찬가지로 군도 상황에 따라 승리의 방법을 통제하여 변화시켜야 한다. 그러므로 군의 형태는 언제나 바뀌고 물의 형태와 마찬가지로 고정되는 법이 없다. 상황에 따라 변화하며 승리를 거두는 것을 신기(神技)라고 한다.
> — 《손자병법》

해석 ──

마렝고에서 거둔 나폴레옹의 승리에는 상당한 행운과 직관이 따랐던 것처럼 보인다. 하지만 그렇지 않다. 뛰어난 전략가라면 자신을 위해 행운을 창조할 수도 있다는 것이 나폴레옹의 믿음이었다. 그것은 치밀한 계산과 세심한 계획, 동적인 상황 변화에 대한 대비를 통해 가능했다. 나폴레옹은 불운에 자신의 운명을 맡기지 않고 그것마저도 계획의 일부에 포함시켰다. 마세나가 제노바로 후퇴했다는 소식을 듣고 나폴레옹은 멜라스가 제노바를 점령하기 위해 공성전을 벌일 것이며 이는 결과적으로 프랑스 군을 배치할 수 있는 시간을 벌어줄 것이라는 점을 인식하고 있었다. 모로가 소규모 부대를 파견했을 때, 나폴레옹은 그 부대를 눈에 띄지 않는 협소한 도로를 통해 알프스로 이동시킴으로써 나폴레옹의 병력 규모를 추정하고자 하는 오스트리아 군의 눈에 연막을 쳤다. 예상치 않게 마세나의 항복 소식이 날아들었지만 나폴레옹은 이제 멜라스를 유인해 자신의 사단을 공격하도록 만들 차례라고 생각했다. 특히 자신이 오스트리아 군에 가까이 가면 더 쉽게 유인당할 터였다. 마렝고 전투 때도 그는 최초의 증원부대가 오후 세 시경에 도착할 것이라는 점을 계산하고 있었다. 오스트리아 군의 추적이 무질서해질수록 반격의 효과는 더욱 결정적일 것이다.

나폴레옹이 퇴각의 와중에도 계획을 변경하고 책략을 수행할 수 있었던 것은 유연한 작전 계획 덕분이었다. 우선 그는 며칠에 걸쳐 지도를 연구하면서 작전을 세부적으로 짰다. 예를 들어, 나폴레옹이 군대를 스트라델라에 둘 경우 오스트리아 군은 딜레마에 빠지게 되고 그에게는 오스트리아 군을 무찌를 수 있는 수많은 가능성을 열어줄 것이었다. 그 다음 그는 우발 상황을 고려했다. 만약 적이 X라는 행동으로 나온다면, 어떻게 대응해야 하는가? 내 계획의 Y부분이 잘못될 경우 어떤 식으로 그것을 만회해야 하는가? 그의 계획은 너무나 유연해서 많은 대안을 제공했고 상황이 어떤 식으로 전개되든 계획은 끊임없이 거기에 적응했다. 수많은 시나리오를 가지고 있었기에 어떤 문제가 발생하든 재빨리 대응할 수 있었다. 그의 계획은 세밀한 내용과 유연성의 혼합물로 마렝고에서 최초로 적과 마주쳤을 때와 같이 예기치 못한 상황에서도 재빠르게 적응하게 해 오스트리아가 그의 실책을 이용할 수 있는 기회를 허락하지 않았다. 오스트리아 군이 어떤 행동을 취해야 한다고 깨달았을 때 나폴레옹은 이미 다른 곳에 있었던 것이다. 그에게 압도적인 자유를 부여해준 기동성과 체계적인 작전 계획은 결코 따로 분리해서 생각할 수 없다.

명심하라. 인생에서도 우리가 예상한 대로 되는 일은 단 한 가지도 없다. 사람들은 전혀 생각지도 못한 방식으로 반응하고 직원들은 사악해 보일 정도로 멍청한 짓을 저지른다. 도처에서 문제가 발생한다. 만약 당신이 융통성 없는 계획을 들고 삶의 역동적인 상황을 처리하려고 한다면 당신의 운명은 끝난 것이나 다름없다. 당신이 적응하기도 전에 상황은 변할 것이고 당신의 시스템에 혼란을 가져다줄 것이다.

날이 갈수록 복잡해지는 세상에서, 나폴레옹과 같은 방식의 계획과 기동성만이 유일하게 이성적인 해결책이다. 당신은 가능한 한 많은 세부사실과 함께 정보를 흡수해야 하며 상황을 심도 있게 분석하고 상대방의 대응과 앞으로 발생할지 모르는 사건을 미리 그려보아야 한다. 그렇다고 분석 자체에 너무 집착해서는 안 되며 그것을 이용해 다양한 대안을 가진 유연한 계획을 마련해두어야 한다. 대안이 풍부할 때 당신은 여러 가지 책략을 자유롭게 구사할 수 있다. 책략전을 수행함에 있어서 운이란 우리 스스로 창조하는 것이라는 나폴레옹의 금언을 이해하게 될 것이다.

사례 2: 순식간에 선거 판세를 뒤엎은 루스벨트

1936년 대통령 후보를 지명하기 위한 전당대회를 준비하면서 공화당은 몇 가지 이유로 승리를 낙관했다. 현직 대통령인 민주당의 프랭클린 D. 루스벨트는 여전히 인기 있었지만 미국은 아직 대공황을 벗어나지 못했고 실업률이 높았으며 예산 적자는 증가일로에 있었고 뉴딜정책은 아무런 효과도 거두지 못한 채 진창을 헤매고 있었다. 무엇보다 낙관적인 사실은 많은 미국인들이 루스벨트에 대한 환상에서 깨어나고 있다는 것이었다. 많은 사람들이 루스벨트에 대해 독선적이고 신뢰할 수 없는 데다 사회주의자이고 심지어는 미국인답지 않다고 여기며 혐오하기까지 했다.

루스벨트의 입지는 약화됐고 공화당은 승리를 위해 필사적으로 달려들었다. 그래서 그들은 선거운동의 표현을 부드럽게 조정하고 미국의 전통적 가치를 강조하는 전략을 택했다. 뉴딜정책 그 자체는 지지하지만 그것을 지휘하는 사람은 반대한다는 입장을 취하면서 루스벨트가 해왔던 것보다 더 효과적이고 공정하게 적절한 개혁을 수행하겠다고 공약했다. 당의 결속을 강조하는 분위기 속에서 캔사스 주지사였던 앨프 M. 랜던(Alf M. Landon)이 공화당의 대통령 후보로 선출됐다. 랜던은 완벽한 중도파였다. 그의 연설은 약간 맥 빠진 감이 없지 않으나 대단히 건실하고 확실한 중간계층으로서 상당히 무난한 선택으로 보였다. 또한 그는 뉴딜정책의 상당 부분을 지지하고 있었는데 그것은 어차피 상관이 없었다. 정책 자체는 상당히 인기가 있었으니까 말이다. 공화당이 랜던을 후보로 선택한 이유는 그가 루스벨트를 이길 확률이 가장 높았기 때문이고, 그것이야말로 그들이 원하는 유일한 조건이었다.

후보지명 축하행사 동안 공화당은 카우보이와 카우걸, 포장마차를 등장시켜 서부 개척시대를 소재로 한 가장행렬을 선보였다. 후보지명 수락 연설에서 랜던은 특정한 정책이나 계획을 언급하지 않고 자신과 미국인의 가치관에 대해 언급했다. 미국인다워 보이지 않는 루스벨트의 이미지를 고려해 사람들에게 자신은 다르다는 메시지를 은근히 표현했다. 전당대회는 모두를 행복하게 만들어주었다.

갈대와 올리브나무

갈대와 올리브나무가 서로 자신의 단호함과 힘, 여유에 대해 논쟁을 벌이고 있었다. 올리브나무는 어떤 바람에도 흔들리는 갈대의 무기력을 질타했다. 그러자 갈대는 침묵을 지키며 아무 말도 하지 않았다. 얼마 지나지 않아, 세찬 바람이 불어왔다. 갈대는 이리저리 흔들리며 몸을 굽혀서 쉽게 그 바람을 피했다. 하지만 올리브나무는 바람에 저항을 하다가 뿌리채 뽑혀 날아갔다. 이 이야기는 상황이나 우월한 힘에 적응할 줄 아는 사람이 자신보다 더 강한 라이벌보다 유리하다는 것을 보여준다.
— 《이솝우화》

공화당은 루스벨트의 반응을 기다렸다. 예상했던 대로 루스벨트는 선거전이라는 이전투구에 달려들기에는 너무 고귀한 인물의 역할에 충실하여 대중집회에 가급적 참석을 자제하고 대통령으로서의 이미지를 고수하고 있었다. 그는 모호하게 일반적인 이야기만 했고 긍정적인 견해만을 밝혔다. 민주당 전당대회가 끝나자 장기간의 휴가에 돌입해 전장을 공화당에게 완전히 개방했다. 공화당은 기꺼이 상대방의 공백을 자신들이 대신 메웠다. 그들은 랜던 후보를 선거유세 여행에 내보냈으며, 랜던은 계획적이고 이치에 맞는 개혁을 추진하는 데 자신이 적임자라고 호소했다. 개인적인 성격이나 기질 면에서 루스벨트와의 차별을 강조한 전략이 잘 먹혀들어가는 것 같았다. 여론조사에서도 랜던이 루스벨트를 앞질렀다.

선거가 백중지세인 데다 이번이 정권을 바꿀 수 있는 절호의 기회라고 판단한 공화당은 공격의 수위를 높였다. 루스벨트가 계급투쟁을 조장한다는 비난과 더불어 그가 다시 대통령이 된다면 미래가 암담해질 것이라고 선전했다. 루스벨트에 반대하는 신문들은 그를 개인적 측면에서 공격하는 사설을 쏟아냈다. 이렇듯 비난의 목소리가 높아지자 공화당은 속으로 쾌재를 불렀으며 루스벨트 진영은 침통한 분위기였다. 한 여론조사에서는 랜던 후보 지지율이 상당한 격차를 보이며 앞서고 있었다.

선거를 불과 6주 남겨둔 9월 말이 돼서야 루스벨트는 선거운동을 시작했다. 그는 모든 사람을 경악하게 만들었다. 초당파적 대통령이라는 이미지를 완전히 벗어던진 것이다. 그는 랜던의 중도적 입장과 뚜렷하게 구별되도록 좌파적 입장을 견지하면서 자신과 랜던을 선명하게 차별화시켰다. 그리고 뉴딜정책을 지지하지만 그것을 더 잘 수행할 수 있다고 주장하는 랜던의 연설을 인용하면서 그것을 심하게 비꼬았다. 기본적으로 똑같은 사상과 접근법을 갖고 있지만 그것을 직접 실천해본 경험이 없는 사람에게 국민들이 표를 줘야 할 이유가 뭐란 말인가? 시간이 흐를수록 루스벨트의 목소리는 점점 더 높아졌고 더욱 선명해졌다. 그의 제스처에는 힘이 넘쳤고 연설에는 심지어 성서적인 분위기마저 감돌았다. 그는 다윗이 되어 거대기업의 이해관계라는 골리앗에 맞서고 있었고, 그

골리앗은 국가를 독점자본주의와 악덕 자본가의 시대로 회귀시키려고 획책하고 있었다.

공화당이 공포에 질린 채 지켜보는 가운데 루스벨트의 지지표가 눈덩이처럼 불어났다. 어떤 방식으로든 뉴딜정책의 덕을 본 사람들이 수만 명씩 나타났고 루스벨트에 대한 그들의 반응은 광적이라는 측면에서 거의 신앙에 가까웠다. 한 연설에서 그는 자신에게 대항하기 위해 줄을 선 금전적 이해당사자들을 일목요연하게 분류했다. 그 연설은 이렇게 결론을 맺었다. "우리 역사상 단 한순간도, 이들 세력들이 오늘 보여주는 것처럼 단 한 사람의 후보에 대항하기 위해 이렇게 강력하게 단결했던 적이 없습니다. 그들은 나를 증오한다는 점에서 의견 일치를 보았습니다. 그리고 저는 그들의 증오를 환영하는 바입니다. 나는 내가 이끌 두 번째 행정부에 대해 이렇게 말하고 싶습니다. 그들은 거기서 자신의 주인을 만나게 될 것이라고 말입니다."

랜던은 선거의 대세가 기울고 있음을 감지하고 더 선명한 내용의 공세를 취하기 시작했다. 그래서 한때 자신도 지지한다던 뉴딜정책과 거리를 두려고 노력했지만, 그럴수록 더 깊은 수렁에 빠져드는 것 같았다. 그의 변화는 시기를 놓쳤고 희미해져가는 자신의 운에 대한 반동임이 너무나 뻔히 보였다.

선거가 끝났을 때 루스벨트는 당시로서는 미국 선거 역사상 유례가 없는 표차로 대통령에 당선됐다. 두 개 주를 제외한 모든 주에서 승리를 거두었고 상원에서 공화당의 의석은 불과 16석으로 줄어들었다. 그의 유례없는 승리보다 더 놀라운 사실은 그가 순식간에 선거의 판세를 뒤집었다는 것이다.

해석 ──

공화당의 전당대회를 주시한 결과 루스벨트는 앞으로 그들이 취할 선거 전략(중도노선을 취하면서 정책보다는 후보의 가치관과 인격을 부각시킨다는)을 확실하게 파악할 수 있었다. 그리고 잠시 전투를 회피함으로써 완벽하게 덫을 놓을 수 있었다. 몇 주에 걸쳐 랜던은 자신의 중도적 성향을 대중들의 머릿속에 각인시키는 데 몰두했고 시간이 갈수록 점점 더 그 일에 깊이 빠져들었다. 동시에 우파 성향이 강한 공화당원들은 대통령의 인간적 측면을 격렬하게 비판했다. 루스벨트는 어느 시점에서 랜던의 지지도가 정점에 이를 것이란 사실을 잘 알고 있었다. 하지만 그때부터 대중은 랜던의 무미건조한 메시지와 우익의 신랄한 공격에 신물이 날 것이다.

9월 말 그와 같은 분위기를 감지한 루스벨트는 무대로 복귀해 좌파의 입장을 취함으로써 랜던과 확실히 색깔을 달리했다. 그 선택은 이념적이라기보다 전략적이었다. 대공황과 같은 위기 상황에서 최적의 대통령 후보는 단호하고 강력한 인물, 쉽게 흔들리지 않으며 적에게 대항하는 인물이어야 했다. 우파의 공격은 그에게 확실한 적을 제공했고 대가 약해 보이는 랜던의 태도는 대조적으로 루스벨트를 강한 인물로 보이게 했다. 양면으로 그는 승리를 거두었던 것이다.

랜던은 진퇴양난의 상황에 빠졌다. 만약 지금까지 보여준 중도적 모습을 유지한다면, 유권자들은 그를 지루하고 유약한 인물로 볼 것이다. 그러나 만약 우익으로 입장을 바꾸면(이것이 실제로 그가 택한 길이다) 일관성도 없으며 절망적으로 보이게 될 것이다. 이러한 책략에 의한 전쟁은 유리한 고지를 선점하는 활동에서부터 시작되며(루스벨트의 경우 처음에는 대통령이라는 막강한 지위와 초당파적 자세를 견지했다) 이를 통해 우리는 사방으로 통하게 되고 기동을 위한 여유 공간을 확보하게 된다. 그런 다음 상대방은 자신의 노선을 드러내게 만든다. 그들이 어떤 노선을 확정하면 계속 그것을 고수하게 만든다. 아니, 그것을 아예 광고하고 다니게 해야 한다. 이제 상대는 어떤 특정 위치에 고정되어버렸다. 우리는 그런 상대방의 측면으로 이동한다. 그 결과 상대는 우리의 반대편으로 몰려들게 되고, 그곳은 그들에게 불리한 자리다. 루스벨트는 선거 6주 전까지 대응을 자제함으로써 공화당에게 새로운 상황에 적응하거나 자신의 충격적인 구호들이 참신성을 잃지 않도록 조치를 취할 수 있는 시간적 여유를 허용하지 않았다.

오늘날 세상 모든 일은 결국 정치이고 정치는 입장이다. 어떤 정치적 투쟁에서든 자신의 입장을 명확하게 내세우는 최선의 방법은 상대방의 입장과 선명하게 대비를 시키는 것이다. 가능한 한 극적으로 대조되는 이미지를 만들어라. 상대방이 어떤 극단적인 입장을 들고 나온다면, 중도적인 입장으로 거기에 대응해서는 안 된다(중도는 대체로 약하게 보이기 쉽다). 불안을 유발한다고 꼬집고 권력에 굶주린 혁명주의자라고 공격하라. 그들이 일정한 방향을 계속 유지한다면, 그들의 주장은 시간이 갈수록 설득력이 떨어진다. 상대가 자기 방어를 위해 더욱 야단스러운 태도로 나온다면, 당신은 거기서 상대의 정서적 불안을 지적할 수 있다.

이런 전략을 일상적인 삶의 투쟁에 적용하여 완벽한 함정이 될 수 있는 어떤 입장에 상대방이 집착하게 만들어라. 절대 당신 스스로 어떤 사람이라는 식으로 말하지 말고 당신이 어떤 사람임을 보여주어야 한다. 그러기 위해서 당신은 일관성 없는 혹은 중도적인 상대 사이에 존재하는 차이를 선명하게 드러내야 한다.

사례 3: 승패를 결정짓는 단 한번의 타격

제1차 세계대전 때 터키는 독일 편에 서서 참전했다. 중동 전선에서 그들의 주적은 영국이었다. 영국군은 이집트에 기지를 두고 있었고, 1917년까지 전황은 교착상태를 유지하고 있었지만 터키가 훨씬 유리한 상황이었다. 터키는 전략적으로 중요한 1,300킬로미터의 철도를 통제하고 있었다. 이 철도는 북쪽의 시리아에서 남쪽의 헤자즈(Hejaz, 아라비아 반도의 남서부)까지 이어져 있었다. 철도 중간 지점에서 서쪽으로 홍해 연안에 터키의 전략적 요충지인 아카바 항구가 있었다.

터키는 갈리폴리(strategy 5를 참조하라)에서 영국군을 패퇴시킨 후 사기가 충천한 상태였다. 중동을 담당하는 터키 군 사령관은 전황이 유리하다고 생각했다. 한편 영국은 전략적으로 헤자즈에 있는 아랍인들이 터키에 저항하는 반란을 일으키도록 부추기면서 반란이 남쪽에서부터 북쪽으로까지 확산되기를 바랐다. 아랍 반란군은 이곳저곳에서 터키 군을 습격하는 데 성공하기는 했지만 그보다는 다른 부족에 속한 아랍인들과 싸우는 일에 더 골몰했다. 영국은 강력한 해군을 동원해 아카바를 공격

전략적 운동이 갖는 아름다운 단순성과 무한한 유연성은 헤아릴 수 없을 정도로 기만적이다. 부대의 하루 이동을 조율하고 조정하는 과제는 여러 부대가 서로 다른 경로를 취하면서 하루 내지 이틀 행군거리만큼의 간격을 유지하고 동시에 적을 기만하여 그들이 처한 위험을 깨닫지 못하도록 대부대가 자의적이고 서로 공조가 이루어지지 않은 소부대로 분산된 듯한 인상을 줄 수 있는 방향으로 수행돼야 한다. 이것은 결코 일반적인 수완으로는 불가능한 수학적 지성으로만 수행할 수 있는 일이다. 실제로 그것은 어떤 특성에 대한 ('노고를 마다하지 않는 무한한 역량') 표상이다. 이렇게 신중하게 고려된 활동의 궁극적 목적은 전장에 가능한 한 많은 수의 병력을 집중시키는 것이며 그 전장은 실제 활동이 개시되기 몇 달 전에 이미 선택된 상태였다. 부리엔은 1800년 초 제1집정에 대한 유명한 목격담을 들려주었다. …… 나폴레옹은 바닥에 깔아둔 지도 위에 엎드려 색깔을 입힌 핀을 이리저리 움직였다. 그러다 이렇게 말했다. "나는 여기서 그와 싸우게 될 것이다. 스크리비아 강의 평원에서." 이처럼 초인적 선견지명은 컴퓨터처럼 정교한 두뇌가 계산을 통해 얻어낸 산물이다. 오스트리아 멜라스 장군이 택할 수 있는 모든 대안들을 고려한 뒤에, 나폴레옹은 하나씩 차례대로 우연성이 개입해서 초래될 효과를 고려하며 각각의 사태에 대한 해답을 만들어 나갔다. 결국 그 해답은 6월 14일

마렝고 전투에서 입증됐다. 마렝고는 분명 보르미다 강과 스크리비아 강으로 둘러싸인 평원에 자리 잡고 있었다.
— 데이비드 G. 챈들러, 《나폴레옹 전역》

하려고 계획했지만 아카바를 장벽처럼 둘러싸고 있는 산을 요새로 삼고 있어서 쉽지 않았다. 비록 해군이 아카바를 점령하는 데 성공하더라도 내륙으로 진출하지 못한다면 아무런 의미가 없었다. 영국은 물론 터키도 상황 인식이 똑같았다.

1917년 6월 아카바를 방어하는 터키 군 지휘관은 시리아 사막에서 적군이 북동쪽을 향해 이상한 움직임을 보이고 있다는 보고를 받았다. 영국 연락장교인 T. E. 로렌스라는 자가 수백 킬로미터의 인적 없는 사막을 횡단하여 호웨이타트족 병사를 모집하고 있다는 것이었다. 호웨이타트족은 낙타를 타고 싸우는 데 능숙한 것으로 이름이 높은 시리아의 아랍부족이었다. 터키 군은 정찰대를 보내 더 많은 정보를 수집하려고 했다. 그들은 이미 로렌스에 대해 어느 정도 파악하고 있었다. 당시 일반적인 영국군 장교와는 달리 로렌스는 아랍어를 할 줄 알았고 지역 토착민과 어울렸으며 심지어 아랍인 복장을 하고 다녔다. 또한 아랍 반란군의 지도자인 파이살(Feisal) 왕자의 친구이기도 했다. 그가 과연 아카바를 공격하는 데 충분한 병력을 모을 수 있을까? 터키는 로렌스의 활동을 주의 깊게 감시했다. 마침내 중대한 정보가 입수되었다. 로렌스가 부주의하게도 터키에 매수된 한 아랍 족장에게 아랍의 반란을 확산시키기 위해 다마스쿠스로 간다고 말했다는 것이다. 그것은 터키가 가장 염려하는 사태였다. 인구가 밀집되어 있는 북부 지역에서 반란이 일어날 경우 거의 대처가 불가능했기 때문이다.

로렌스가 모집한 병력은 500명을 넘지 못했지만 호웨이타트족은 낙타 위의 위대한 전사들로서 용맹하고 기동성이 뛰어났다. 터키 지휘관은 다마스쿠스의 동료에게 정보를 전달하고 로렌스를 잡기 위한 병력을 파견했다. 이것은 아랍인의 기동력과 사막의 광막함을 고려했을 때 대단히 어려운 임무였다.

몇 주에 걸친 영국인의 움직임은 대단히 당황스러운 것이었다. 간략하게 말하자면, 그가 이끄는 아랍 비정규군은 북쪽의 다마스쿠스가 아니라 남쪽의 마안으로 갔다. 그곳은 아카바에 공급할 터키 군 보급물자 집적소였다. 하지만 로렌스는 마안에 모습을 나타내더니 곧 종적을 감췄다.

그 뒤 160킬로미터 북쪽에서 종적을 드러낸 그는 암만에서 다마스쿠스를 향해 이동하며 철도를 파괴하기 위한 일련의 습격을 감행했다. 이제 터키는 바짝 긴장하여 암만으로 기병대를 출동시켰다.

며칠 동안 로렌스는 또다시 종적이 묘연했다. 그사이 마안에서 남쪽으로 몇 킬로미터 떨어진 지점에서 폭동 소식이 들려왔다. 두마니예(Dhumaniyeh)라는 부족이 암만과 아카바를 연결하는 도로에 있는 마을인 아부 엘 리잘(Abu el Lissal)을 점령했던 것이다. 마을을 탈환하기 위해 급파된 대대가 현장에 도착했을 때는 마을을 방어하는 토치카가 파괴되고 적은 흔적도 없이 사라져버린 뒤였다. 설상가상으로 예상치도 못한 사태가 발생했다. 로렌스의 호웨이타트족 부대가 갑자기 아부 엘 리잘의 언덕 위에 모습을 드러냈던 것이다.

터키는 지방 부족의 반란에 정신을 빼앗겨 로렌스를 놓쳐버렸다. 두마니예 부족과 연계한 로렌스는 아부 엘 리잘에 매복해 터키 군을 기다렸다. 그들은 엄청난 속도와 기술을 과시하며 언덕을 올랐고 터키 군을 자극해 탄약을 낭비하게 만들었다. 한낮이 되자 터키 군은 더위에 지쳐가기 시작했다. 로렌스는 터키 군들이 완전히 지칠 때까지 기다렸다가 아랍인들의 틈에 끼어 언덕 아래로 돌격해갔다. 터키 군은 재빨리 밀집된 횡대 대형으로 맞섰지만 측면과 배후에서 엄청난 속도로 달려오는 낙타 부대를 당해낼 재간이 없었다. 곧이어 일방적인 학살극이 벌어졌다. 300명의 터키 군이 사망하고 나머지는 포로가 됐다.

아카바의 터키 지휘관은 뒤늦게야 로렌스의 전략을 깨달았다. 로렌스는 아카바가 보급을 의지하고 있던 철도로부터 그들을 분리시켰다. 또한 호웨이타트 부족의 성공을 본 다른 아랍 종족들이 로렌스에게 합류하면서 강력한 군대가 형성됐다. 로렌스의 군대는 비좁은 협곡을 통해 아카바로 진군했다. 터키는 이쪽 측면에서 이루어지는 침공을 한 번도 상상해본 적이 없었다. 따라서 그들의 요새는 반대편 방향으로 향하고 있었다. 바다와 영국 해군 쪽으로 말이다. 아랍인들이 저항하는 적에게 무자비하기로 유명했기에 아카바의 뒤쪽에 늘어서 있던 요새의 지휘관들은 차례대로 항복했다. 터키는 아카바에 주둔 중인 300명의 병력을 파견해

전사와 정치가는 뛰어난 도박사처럼, 자신의 운에 의지하지 않고 운에 대비하거나 아예 거스름으로써 마치 자신의 운명을 스스로 만들어가는 것처럼 보인다. 바보나 겁쟁이들과는 달리, 그들은 기회가 왔을 때 그것을 이용하는 정도가 아니라 더 나아가 사전 조치와 현명한 대처를 통해 이런저런 기회 혹은 동시에 다수의 기회를 유리하게 전개시키는 방법을 깨우치고 있다. 어떤 조건이 충족되면 그들이 승리하게 된다. 만약 다른 상황이 벌어지면 그래도 승자가 된다. 같은 상황에서도 그들이 승리를 거두는 방법은 다양하다. 이렇게 빈틈없는 사람들은 훌륭한 경영은 물론 좋은 운세로 인해 칭송을 받으며 자신의 장점은 물론 그들의 행운을 통해 보상을 받는다.
— 장 드 라 브뤼에르(Jean de La Bruyère, 1645~1696), 《성격론(Characters)》

로렌스 군대의 진군을 저지하려고 했지만 그들은 순식간에 엄청난 수의 아랍 군에 둘러싸이고 말았다.

1917년 7월 6일 마지막 터키 군이 항복했다. 터키 지휘관은 충격에 휩싸인 채 로렌스의 오합지졸 군대가 얼마 전까지만 해도 난공불락으로 여겨지던 항구를 점령하기 위해 바다 쪽으로 내닫는 장면을 지켜봐야 했다. 단 한 번의 타격으로 로렌스는 중동에서 힘의 균형을 완벽하게 뒤집어버렸다.

해석

제1차 세계대전에서 영국과 터키가 벌인 전투는 소모전과 기동전의 차이를 극명하게 보여준다. 로렌스의 눈부신 활약이 있기 전 영국은 소모전의 규칙에 따라 싸우면서 아랍 반란군이 철로를 따라 늘어선 요충지들을 점령하도록 유도했다. 이런 전략은 터키 쪽에 유리했다. 모든 철도 노선을 감시할 수 있을 정도로 병력이 여유롭지는 않았지만 일단 적의 공격을 받을 경우 터키 군은 재빨리 병력을 파견해 우세한 화력으로 그 장소를 방어하거나 아니면 금방 탈환할 수 있었다. 로렌스는 군사적 배경이 전혀 없었지만 이것이 얼마나 한심한 전략인지 금세 알아봤다. 철도 주변에는 터키 군이 점령하지 못한 사막이 광대하게 펼쳐져 있었다. 그리고 아랍인들은 선지자 마호메트 이래로 낙타를 타고 치르는 기동전의 대가였다. 그들이 마음대로 오갈 수 있는 광대한 공간은 무한한 기동성을 제공했고, 기동을 통해 모든 곳이 아랍인의 위협에 노출되자 요새화된 벙커에 대한 터키 군의 의존도는 더욱 높아질 수밖에 없었다. 한 곳에 고정된 터키 군은 보급품 부족으로 쇠약해져갔고 동시에 인근 지역의 방어가 불가능해졌다. 전반적인 전황의 핵심은 아랍의 반란을 북쪽의 다마스쿠스까지 확산시켜 철도의 전 구간이 반란군의 위협 아래 놓이게 하는 것이었다. 하지만 북쪽으로 반란을 확산시키기 위해서는 아라비아 반도 중앙부에 기지가 필요했다. 그 기지가 바로 아카바였다.

영국군도 터키만큼이나 완고해서 한 명의 연락장교가 이끄는 일단의 아랍인 반란군에 의한 전역은 생각조차 하지 못했다. 로렌스는 이 전략을 자신의 판단에 따라 실행해야 했다. 광대한 사막의 공간에서 일련의 거대한 우회 기동전략을 펴 자신의 의도를 숨겼다. 이것은 터키 군을 혼란에 빠뜨렸다. 다마스쿠스를 공격하는 것은 터키에게 치명적인 상황이었다. 그래서 로렌스는 자신이 다마스쿠스를 목표로 삼고 있다는 거짓 정보를 퍼뜨렸다. 과연 터키 군은 북쪽을 향해 맹목적으로 그를 추적해왔다. 내륙으로부터 그것도 반란군에 의해 아카바가 공격당할 수 있다는 생각은 한 번도 해본 적 없는 상상력의 빈곤(터키와 영국이 공통적으로 갖고 있는 약점)을 십분 활용하여 로렌스는 그들을 방심하게 만들었다. 아카바 함락은 경제성이라는 측면에서 대단한 성과였다. 그의 부대에서 전사자는 단 두 명에 그쳤다(이는 터키로부터 가자를 빼앗으려다 실패한 영국의 작전과 비교되는데, 이 작전에서 영국군 3천 명이 사망했다). 아카바 점령은 중동에서 영국이 궁극적으로 터키를 물리치게 된 중요한 전환점이었다.

어떤 분쟁에서든 상대방이 당신의 의도를 파악하지 못해 혼란에 빠지게 만들 수 있다면 그 능력은 당신의 가장 강력한 무기가 된다. 혼란에 빠진 상대는 어디를 어떻게 방어해야 할지 갈피를 잡지 못한다. 이런 적을 기습하면 그들은 균형을 잃고 쓰러질 것이다. 기동작전을 펼 때는 상대방이 계속 추측만 하게 만들어야 한다. 당신을 쫓느라고 상대방이 제자리를 빙빙 돌게 만들거나 실제 의도와는 정반대되는 정보를 흘려라. 한쪽을 위협하면서 동시에 다른 쪽에 총을 쏜다. 상대방의 무질서는 극대화될 것이다. 하지만 이런 책략을 지속하기 위해서는 기동 가능한 공간이 필요하다. 만약 사사건건 간섭하려 드는 동맹의 숫자가 너무 많다거나 혹은 당신이 차지하고 있는 위치가 권투 경기의 코너처럼 움직이기 힘든 곳이거나 고정된 위치를 지키는 데 몰두하고 있다면, 당신은 기동력이 가진 힘을 발휘하지 못한다. 당신은 예측 가능한 존재로 전락한다. 마치 영국군과 터키 군처럼 일정한 지역을 직선으로만 이동하면서 주변에 있는 광대한 사막을 무시할 것이다. 이런 식으로 전투에 임하는 사람은 피비린내 나는 전장에 던져져도 싼 사람들이다.

사례 4: 적을 조용히 몰아낸 사무라이

1540년대 일본에서의 이야기다. 농부와 상인, 장인들로 가득한 나룻배에서 한 젊은 사무라이가 90센티미터 길이의 장검을 이리저리 휘두르며 자신의 무용담을 자랑하고 있었다. 사람들은 사무라이의 말에 열심히 귀 기울여 듣고 있었지만, 사실은 이 공격적인 젊은이에게 두려움을 느껴 듣는 척하고 있을 뿐이었다. 한 노인만이 홀로 떨어져 앉은 채 젊은이의 무용담을 무시했다. 그 노인이 두 자루의 검을 소지하고 있는 것으로 보아 사무라이임에 틀림없었다. 하지만 누구도 그가 당대 최고의 검객인 쓰가하라 보쿠덴이라는 것을 알지 못했다. 당시 그의 나이는 쉰 살이 넘었고 신분을 숨긴 채 혼자 여행 중이었다.

보쿠덴은 눈을 감고 마치 깊은 명상에 잠긴 듯했다. 그의 고요와 침묵이 젊은 무사의 신경을 거슬리기 시작했다. 마침내 무사는 이렇게 소리쳤다. "당신은 이런 이야기를 싫어하나? 당신은 검을 어떻게 쓰는지도 모르는 모양이군. 늙은이, 그렇지 않은가?" 그러자 보쿠덴이 대답했다. "물론 아주 잘 알지. 하지만 내 방식은 이런 하찮은 일로 칼을 휘두르는 게 아닐세." 그리고 한마디 덧붙였다. "그리고 검을 사용하지 않는 것도 검을 쓰는 방법 중 하나지." 젊은 사무라이가 대꾸했다. "헛소리하지 마라. 네 유파는 뭐냐?" 보쿠덴이 응수했다. "내 유파는 무수승류(無手勝流, 검을 사용하거나 싸우지 않고 이기는 유파)라고 한다네." 젊은 사무라이는 가소롭다는 듯 대꾸했다. "뭐라고? 무수승류라니. 웃기는 소리 하지 마라. 어떻게 싸우지 않고 상대를 패배시킨단 말인가?"

이제 젊은 사무라이는 화가 나서 대결을 신청하며 무수승류의 시범을 보여달라고 요구했다. 보쿠덴은 사람이 많은 나룻배 위에서 대결하기를 거부하며 근처 섬에 내리면 자기 유파의 시범을 보여주겠노라고 제안했다. 그리고 뱃사공에게 근처의 작은 섬에 배를 대달라고 부탁했다. 젊은 사무라이는 몸을 풀기 위해 칼을 이리저리 휘둘렀다. 보쿠덴은 여전히 자리에 앉은 채 눈을 뜨지 않았다.

섬이 가까워지자 참을성 없는 젊은이가 소리쳤다. "와라! 너는 이제 죽었다. 내 칼이 얼마나 날카로운지 보여주겠다!" 그리고 몸을 날려 해

이동성은 힘을 원거리에 투사할 수 있는 능력으로 정의되며 체스에서 뛰어난 수가 갖는 또 하나의 특징이다. 뛰어난 체스 선수는 그의 말 하나하나가 최대한 많은 칸에 압박을 가할 수 있도록 수를 두지 한구석에 처박히거나 다른 말들에 둘러싸이기를 바라지 않는다. 그러므로 체스의 대가는 상대방의 말을 소모시키기 위해 줄을 교환하는 것이 아니라 줄을 교환해서 생긴 공간으로 그의 차(다시 말해 기계화 부대)가 가진 힘을 투사할 수 있기 때문에 그런 수를 두는 것이다. 이런 방식으로, 체스 대가는 이동을 위해 싸움을 건다. 이런 관점은 기동전 이론의 중심 사상이기도 하다.
— 로버트 R. 레너드, 《기동술》

변에 내려섰다.

보쿠덴은 여전히 뜸을 들여 젊은 사무라이의 화를 더욱 돋우었다. 그는 이제 욕설을 퍼붓기 시작했다. 마침내 보쿠덴은 사공에게 자기의 칼을 맡기며 말했다. "내 유파는 무수승류요. 그러니 칼은 필요 없소." 그러고는 대신 사공의 손에서 노를 받아 쥐고서는 노로 있는 힘껏 해변을 밀었다. 나룻배는 빠르게 강 한가운데로 나오면서 섬에서 멀어졌다. 사무라이는 배를 돌리라고 소리를 질렀다. 보쿠덴은 이렇게 응수했다. "이게 바로 싸우지 않고 이기는 법이다. 여기까지 헤엄쳐와 봐라!"

배에 탄 사람들은 사무라이의 모습이 점점 작아지는 것을 지켜보았다. 그는 물가에 선 채 길길이 날뛰고 있었다. 그가 팔을 휘저으며 고래고래 소리를 질러댔지만 이내 희미해져갔다. 사람들은 어느새 웃음을 터뜨리기 시작했다. 보쿠덴은 확실하게 무수승류의 시범을 보여준 것이다.

해석

젊은 사무라이의 거만한 말을 듣는 순간 보쿠덴은 곧 말썽이 생기리라는 것을 알았다. 사람이 많은 나룻배 위에서 대결을 할 경우 재앙을 초래할 것이며 그것은 또한 불필요한 희생자를 낼 게 뻔했다. 그는 분쟁을 일으키지 않고 말썽꾼을 조용히 배에서 몰아내는 방법으로 모욕적인 패배를 맛보게 할 필요가 있었다. 이를 위해 책략을 동원했다. 우선 고요와 침묵으로 일관하며 젊은이의 관심을 무고한 승객들로부터 자기 쪽으로 유인했다. 그 다음 약간 말이 되지 않는 유파를 들먹이며 혼란을 유도하고 젊은이를 자극했다. 분노와 혼란에 빠진 사무라이는 단순하게 사나운 대응으로 그것을 극복하려고 했다. 이제 그는 완전히 이성을 잃은 채 혼자서 해변으로 뛰어내렸지만 여전히 상대방이 언급한 무수승류의 의미를 깨닫지 못했다. 보쿠덴은 먼저 상대방에게 책략을 쓴 다음 손쉽게 승리를 쟁취하는 부류의 사무라이였다. 물리적 힘보다는 책략전에 의지하는 쪽이었다. 여기에 언급된 이야기는 그의 방법을 보여주는 최고의 사례다.

책략전의 목적은 쉽게 승리를 거두는 데 있으며, 상대방이 자신에게

71계. 수백의 적에 둘러싸인 상황에서 승리를 쟁취하기

엔카쿠지 절의 28대 주지인 요잔에게 선을 수행하는 료잔이라는 사무라이가 면담을 청해왔다. 주지가 말했다.
"당신은 실오라기 하나 걸치지 않고 욕조에 들어와 있는데 갑옷을 입고 손에 칼과 활을 든 수백 명의 적이 사방에 나타났소. 당신은 그들에게 어떻게 대처할 거요? 그들 앞으로 기어가 자비를 구할 거요? 아니면 사무라이 집안의 긍지를 위해 그들과 싸우다 죽을 거요? 그것도 아니면 능란한 책략을 통해 특별하면서도 성스럽게 체면을 유지할 겁니까?"
료잔이 대답했다.
"제가 항복을 하지 않고 싸움을 하지 않으면서도 승리를 거둘 수 있는 방법을 알려주십시오."

문제:
수백 명의 적에게 둘러싸여 있을 때, 적에게 항복하지도 않고 싸우지도 않으면서 승리를 거둘 수 있는 방법은 무엇인가?
— 트레버 레깃(Trevor Leggett), 《사무라이 선: 전사의 화두(Samurai Zen: The Warrior Koans)》, 1985년

유리한 위치를 벗어나 균형을 상실한 채 낯선 위치에서 싸움에 임하도록 유인하는 것이다.

상대방의 전투 능력은 그의 사고 능력과 직접 연관되어 있기 때문에 당신의 책략은 그들을 감정적이고 당황스러운 상태에 빠뜨리도록 고안돼야 한다. 만약 너무 직접적인 책략을 사용하면, 당신의 의도가 탄로 날 위험이 있다. 치밀하게 행동해 수수께끼 같은 행동으로 상대방을 당신 쪽으로 유인하고 도전적인 언행을 구사해 서서히 그들의 신경을 돋우다가 갑자기 물러서야 한다. 상대방의 감정이 끓어오르고 좌절과 분노가 솟구치고 있다고 느끼면, 이때부터는 책략전의 속도를 더 올려라. 유인책이 적절하게 작용하면, 상대방은 배에서 뛰어내려 혼자 남음으로써 당신에게 손쉬운 승리를 갖다바치게 된다.

| 이미지 | 낫. 가장 단순한 도구. 약간 높이 자란 풀이나 여물지 않은 벼들을 낫으로 벤다면 대단한 중노동이 될 것이다. 하지만 줄기가 황금빛 갈색으로 물들면서 단단하고 건조해질 때를 기다려보라. 얼마 동안 허락된 그 순간만큼은 아무리 무딘 낫이라도 벼를 쉽게 베어 넘길 것이다.

| 근거 | 전투의 승리는 학살이나 책략에 의존한다. 장수가 위대할수록 그는 책략에 더 많이 신경을 쓰며 학살에 덜 의지한다. …… 군사기술의 정수라고 알려진 전투의 거의 전부가 …… 책략에 의한 전투였고 그때마다 패한 쪽은 뭔가 새로운 전술이나 기구 혹은 약간은 기묘하고 신속하며 예상치 못했던 습격이나 술책에 당했다. 그와 같은 전투에서 승자의 피해는 최소에 그친다.

— 윈스턴 처칠

뒤집어보기

전투만을 위해 직접적인 무력충돌을 구사하는 행위에는 어떤 목적이나 명예도 존재하지 않는다. 하지만 그와 같은 전투가 책략이나 전략의 일부일 때는 가치를 가질 수도 있다. 기습적인 포위 혹은 강력한 정면공격은 적이 전혀 예상하지 못하고 있을 때 파괴적인 효과를 발휘한다.

책략전을 수행할 때 발생할 수 있는 유일한 위험은 너무 많은 대안을 생각함으로써 스스로 혼란에 빠지는 경우다. 책략은 단순해야 한다. 대안의 범위를 자신이 통제할 수 있는 만큼으로 한정하라.

STRATEGY 21

협상 중에도 진격을 멈추지 마라
: 협상과 외교전

사람들은 전쟁이나 직접적인 대립에서는 얻을 수 없는 것들을 얻기 위해 협상에 나선다.
협상에서 유리한 고지를 점령하기 위해 표면적으로는 공정성과 도덕성을 들먹이기도 한다.
절대 거기에 끌려들어가서는 안 된다.
협상은 영향력이나 유리한 입장을 차지하기 위한 책략전이다.
따라서 우리는 항상 강력한 입지를 구축하고 우리가 발언하는 동안
상대방이 그것을 야금야금 갉아먹지 못하게 해야 한다.
협상 전은 물론이고 협상이 진행 중일 때도
계속 진격하며 상대에게 무자비한 압박을 가해야 한다.
그래야 당신이 제시하는 조건이 먹혀들 것이다.
당신이 더 많이 가질수록 상대에게는 의미 없는 많은 것을 양보할 수 있게 된다.
타협을 모르는 집요한 인간이라는 명성을 구축하라.
그러면 상대는 당신을 만나기 전부터 당황할 것이다.

또 다른 수단에 의한 전쟁

기원전 404년 펠로폰네소스 전쟁에서 아테네는 결국 스파르타에게 무릎을 꿇고 말았다. 이후 그 위대한 도시국가는 쇠퇴기에 접어들었다. 그 후로 수십 년에 걸쳐 뛰어난 연설가 데모스테네스를 비롯한 많은 아테네 시민들은 한때 강력했던 아테네의 부활을 꿈꾸었다.

기원전 359년 마케도니아의 왕 페르디카스(Perdiccas)가 전쟁터에서 전사하자 그의 후계자 자리를 놓고 권력싸움이 벌어졌다. 아테네 사람들은 마케도니아 사람을 북쪽 변방의 이민족으로 간주했다. 마케도니아는 북쪽 변경에 가깝다는 점 외에 아시아에서 들어오는 곡물과 인근 광산에서 생산되는 금의 안전을 보장해준다는 점에서만 중요성을 갖는 존재였다. 그와 같은 변방 도시 중 하나가 암피폴리스였는데, 이전에는 아테네의 식민지였다가 나중에 마케도니아의 수중에 넘어갔다. 아테네의 정치가들은 마케도니아의 왕위 계승 후보 중 한 명이었던 아르가에우스 왕자를 은밀히 지원했다. 만약 그가 승리한다면 그는 아테네에 빚을 진 셈이고 따라서 귀중한 도시 암피폴리스를 아테네에 돌려줄 것이다.

불행하게도 아테네는 잘못된 말에 돈을 건 셈이 됐다. 페르디카스의 동생, 필리포스가 전투를 통해 손쉽게 아르가에우스를 패배시키고 왕위에 올랐던 것이다. 이때 그의 나이 24세였다. 하지만 놀랍게도 그는 유리한 입장이었는데도 한발 뒤로 물러서 암피폴리스에 대한 권리를 포기하고 그 도시를 독립시켰다. 또한 전투 중에 생포한 아테네인 포로들을 몸값도 받지 않고 모두 풀어주었다. 심지어 어제의 적인 아테네와 동맹을 맺기 위한 문제를 논의하면서 몇 년 안에 마케도니아가 암피폴리스를 재정복한 뒤 아테네가 지배하고 있는 다른 도시와 교환하자는 조건을 비밀리에 제안했다. 아테네로서는 너무나 구미 당기는 조건이었다.

회담에 참석했던 아테네 대표단은 필리포스가 매우 우호적이었으며 그의 미개한 겉모습 속에는 아테네 문화에 대한 경외심이 숨어 있었다고 보고했다. 실제로 필리포스는 아테네의 유명한 철학자들과 예술가들을 초청하기도 했다. 아테네는 하룻밤 사이에 북부의 중요한 동맹자를 얻은 것처럼 보였다. 두 국가 사이에는 평화가 정착했으며, 필리포스는 다른 국경에서 이민족들과 전쟁을 시작했다.

몇 년 뒤, 아테네가 내부 권력투쟁에 시달리고 있을 때 필리포스는 암피폴리스를 공격해 점령했다. 아테네는 과거의 협상을 상기하며 사절단을 파견했지만 필리포스는 언젠가는 암피폴리스를 아테네에 반환하겠다는 공허한 약속으로 사절단을 어리둥절하게 만들었다. 내부 문제에 시달리고 있던 사절단은 그의 조건을 수락하는 수밖에 도리가 없었다. 이제 필리포스는 암피폴리스를 확실하게 자신의 지배 아래 둠으로써 그 지역의 금광과 풍부한 산림을 마음껏 사용할 수 있게 됐다. 비로소 사람들은 그가 아테네를 갖고 놀았다는 것을 알았다.

데모스테네스가 필리포스의 이중적 행태를 비난하면서 그가 그리스 전체를 위협하고 있다고 경고했다. 이 연설가는 독재자에 대항해 승리를 거두었던 위대한 과거를 상기시키면서 필리포스의 위협에 맞서 군대를 일으키자고 주장했다. 한동안은 아무 일도 일어나지 않았다. 하지만 몇 년 뒤, 필리포스가 그리스 중부에서 남부로 통하는 비좁은 테르모필라이 협곡을 통과하려는 움직임을 보이자 아테네는 그곳을 방어하기 위해 병력을 파견했다. 필리포스는 후퇴했고 아테네는 승리의 기쁨에 취했다.

그 이후 아테네는 마케도니아가 그리스 북부에서 동부를 거쳐 중심부까지 지배력을 넓혀 들어오자 근심스럽게 지켜봐야 했다. 그러다 기원전 346년 필리포스가 갑자기 아테네와 조약 체결을 위한 협상을 제안했다. 물론 그는 자신이 신뢰할 수 없는 인물임을 스스로 증명한 바 있으므로 아테네는 다시는 그와 협정을 맺지 않겠다고 다짐을 했지만, 그렇다고 마케도니아와 전쟁을 벌일 수도 없었다. 전쟁 준비가 되어 있지 않았다. 게다가 이번에는 필리포스도 진지하게 굳건한 동맹을 확보하려는 열의를 보였다. 동맹은 적어도 얼마간은 아테네에게 평화를 가져다줄 수 있었다. 그래서 한편으로는 의심을 하면서도 대표단을 파견해 필로크라테스 평화조약을 조인했다. 이 협정에 따라 아테네는 암피폴리스에 대한 권리를 포기하는 대신 북쪽의 나머지 요지에 대한 안전을 약속받았다.

아테네 사절단은 만족스럽게 회담장을 떠났다. 하지만 그들은 채 귀국하기도 전에 필리포스가 행군을 개시해 테르모필라이를 점령했다는 소식을 들었다. 아테네 측이 해명을 요구하자 필리포스는 경쟁국가로부터 잠정적 위협이 발생해 그리스 중부지방에 대한 자국의 이해관계를 보호하기 위한 조치였다며 곧바로 테르모필라이에서 철수했다. 하지만 아테네도 당할 만큼 당한 상황이었다. 이것은 분명 아테네에 대한 모욕 행위였다. 수차에 걸쳐 필리포스는 협상과 조약을 이용해 침략 행위를 은폐했다. 그는 명예심이란 눈곱만큼도 없는 인물이었다. 그가 테르모필라이를 돌려준다고 하더라도 문제는 그게 아니었다. 그는 언제나 원하는 것보다 더 큰 땅덩어리를 차지했다. 그러고서는 획득한 부분의 일부를 되돌려주면서 호의를 베푸는 양 했다. 게다가 나중에는 양보했던 땅마저 다시 뺏아갔다. 이에 따른 최종 결과는 마케도니아 왕국의 팽창이었다. 전쟁과 기만적인 외교술책을 혼합해, 그는 서서히 그리스의 패자가 되어가고 있었다.

상황이 이렇게 돌아가자 데모스테네스와 그의 추종자들이 세력을 얻기 시작했다. 필로크라테스 평화조약은 명백한 국치였고 거기에 관련된 자들은 모조리 공직에서 쫓겨났다. 아테네는 암피폴리스 동쪽에 더 많은 기지를 확보하려고 공을 들이기 시작했으며 그 과정에서 마케도니아와 분쟁을 촉발시키기도 했다. 기원전 338년에는 테베와 동맹을 맺어 필리포스에 대항하는 전면전을 준비했다. 두 동맹국은 그리스 중부 카이로네아에서 마케도니아 군과 부딪혔다. 하지만 필리포스가 결정적인 승리를 거두었다. 여기에는 그의 아들 알렉산드로스가 핵심적인 역할을 수행했다.

아테네는 공황 상태에 빠졌다. 북쪽의 이민족들이 그들의 도시로 밀고 들어와 모든 것을 깡그리 불태워버릴 것 같았다. 하지만 이번에도 그들의 생각은 빗나갔다. 필리포스는 더없이 관대한 화평조건을 제시하며 아테네 땅을 침략하지 않겠다고 약속했다. 그에 대한 대가로 그는 양국의 분쟁 대상이었던 암피폴리스 동쪽의 기지를 확보하고 아테네는 마케도니아의 동맹국이 됐다. 자신의 말에 대한 보증으로, 필리포스는 전쟁에서 포로가 된 아테네 병사들을 다시 한 번 몸값도 요구하지 않고 돌려보냈다. 게다가 알렉산드로스를 대표로 한 사절단을 파견해 카이로네아 전투에서 전사한 아테네 장병들의 유골을 반환하기까지 했다. 감격에 겨운 아테네인들은 필리포스 왕과 그의 아들 모두에게 아테네 시민권을 부여했고 아고라에 필리포스의 동상을 세워주었다.

그해 말 필리포스는 모든 그리스 도시국가들에게(스파르타는 참여를 거부했다) 회의를 소집해 코린트 동맹을 창설했다. 그리스 도시국가들은 역사상 처음으로 단일체제 아래 단결했다. 동맹이 승인되자마자 필리포스는 가증스러운 숙적 페르시아에 대한 공동 전쟁을 제안했다. 그 제안은 환영받았으며 합의를 이끌어내는 데 아테네가 앞장섰다. 어쨌든 아테네인들은 필리포스가 얼마나 신뢰할 수 없는 인물인지를 잊어버렸다. 그들은 오로지 최근 관대한 모습을 보였던 어떤 왕을 기억할 뿐이었다.

기원전 336년 페르시아와의 전쟁을 앞두고 필리포스는 암살당했다. 이제 그의 아들 알렉산드로스가 동맹을 이끌고 페르시아와 전쟁을 치르고 제국을 건설할 임무가 주어졌다. 아테네는 마케도니아의 가장 충실한 동맹으로서 코린트 동맹의 안정을 유지하는 가장 핵심적 앵커 역할을 담당했다.

해석 ——

한 가지 기준으로만 보면 전쟁은 단순한 문제다. 군대를 기동시켜 적군을 살상하고 영토를 탈취하면서 동시에 자신의 안전은 굳건하게 다지는 방법으로 적을 패배시키는 활동이다. 우리는 때로 후퇴를 해야 하겠지만 결국 우리의 의도는 가능한 한 많이 전진하는 데 있다. 반면 협상은 언제나 세심한 주의를 요구한다. 현실적인 이해관계를 유지하면서 협상을 통해 최대한 이익을 챙기는 한편 굳건한 신뢰 속에서 조건을 흥정하고 일정 부분을 양보하여 상대방의 마음을 얻을 필요가 있다. 이렇게 서로 모순되는 요구를 적당히 결합시키는 활동은 거의 불가능에 가까운 기술이다. 왜냐하면 상대방이 정말 신뢰할 수 있는 사람인지 확신하기 어렵기 때문이다. 전쟁과 평화 사이에 존재하는 이 위험한 영역에서는, 상대방의 의도를 잘못 판단하고 장기적으로 우리에게 득이 되지 않는 조건에 합의하게 되는 경우가 허다하다.

필리포스의 접근법은 협상을 전쟁과 분리된 활동이 아니라 광범위한 의미에서 전쟁 행위의 하나로 간주하는 것이다. 협상은 기동과 전략, 기만이 따르며 우리에게 계속 전진하기를 요구한다. 이는 전쟁터에서도 마찬가지다. 협상을 이런 식으로 이해했기 때문에 필리포스는 암피폴리스를 독립 상태로 두면서 훗날 아테네에 주겠다고 약속했던 것이다. 물론 그 약속을 지킬 의사는 전혀 없었다. 이런 외교 전략을 통해 그는 아테네인의 우의와 시간을 벌었으며, 다른 적들을 처리하는 동안 아테네인들이 성가시게 구는 일을 미연에 방지했다. 필로크라테스 평화조약도 이와 유사하게 그리스 중부를 향한 그의 기동을 은폐해주었고 아테네인들을 계속 초조하게 만들었다. 필리포스는 언젠가 전 그리스를 하나로 단결시켜 페르시아와 전쟁을 벌이겠다고 결심하면서 아테네인들이 (아테네의 고귀한 역사와 함께) 코린트 동맹의 상징적인 핵심 역할을 담당해야 한다고 생각했다. 그의 관대한 평화조약은 아테네의 충성심을 사기 위해 계산된 행동이었다.

필리포스는 자신의 약속을 어기는 것에 대해 단 한 번도 죄책감을 느끼지 않았다. 아테네 역시 언젠가 북쪽 기지를 확장시키며 마케도니아를 위협할 수 있는 마당에 무엇 때문에 온순하게 조약이나 준수하고 있어야 한단 말인가? 신뢰는 결코 윤리의 문제가 아니다. 그것은 또 하나의 전략일 뿐이다. 필리포스는 신뢰와 우정을 사고팔 수 있는 상품으로 간주했다. 그것은 훗날 자신이 충분히 강력해지고 대가로 지불할 수 있는 무엇인가를 제공하면 얼마든지 다시 사들일 수 있는 것이다.

필리포스가 그랬던 것처럼 그것이 비록 협상의 대상이더라도 우리에게 중요한 이해관계가 걸려 있다면 우리는 그것을 순전히 책략의 영역, 즉 다른 수단에 의한 전쟁의 연장으로 간주해야 한다. 인간의 신뢰와 신임을 얻는 일은 도덕적인 문제가 아니라 전략적인 문제다. 때로는 필요 없는 덕목이라는 뜻이다. 만약 그것이 자신의 이익에 도움이 된다면, 사람들은 주저하지 않고 말을 바꾼다. 그리고 자신의 책략을 정당화시킬 수 있는 도덕적 혹은 적법한 구실을 찾으려 들 것이다. 남에게 둘러대는 변명일 뿐 아니라 자기 합리화를 위한 수단으로써 말이다.

당신은 전쟁에 돌입하기 전에 미리 상황을 유리하게 만들어두어야 하

애버딘 경은 오스트리아 주재 영국 대사로서 훨씬 다루기 쉬운 인물임이 드러났다. 나이는 불과 29세였고 프랑스어는 간신히 몇 마디 하는 수준이었기 때문에 메테르니히의 교묘한 외교술에 상대가 되지 못했다. 그의 고집과 자만심은 그가 메테르니히의 손에 놀아나는 데나 도움이 됐을 뿐이다. 캐스카트는 이렇게 보고했다. "메테르니히는 애버딘 경을 극도로 존중했다." 결실을 맺기까지는 그리 오랜 시간이 걸리지 않았다. 메테르니히는 외교관의 업무를 꼭두각시가 되지 않으면서 그런 착하는 기술이라고 묘사한 적이 있었는데 이제 그 기술을 고상한 성격의 애버딘에게 완벽하게 적용했다. "메테르니히를 그렇게 강력한 인물이라고 생각하지 마시기 바랍니다……." 애버딘은 캐슬레이에게 이런 편지를 보내기까지 했다. "항상 그와 함께 시간을 보내고 있는데…… 제가 그를 파악하지 못한다는 게 가능한 일일까요? 실제로 그가 세상에서 가장 교활한 인간이라면, 분명 쉽게 속는 사람들에게 그런 속임수를 적용했을 것입니다. 하지만 그는 남을 속일 수 있는 사람이 아닙니다. 제가 누차 말씀드린 바와 같이, 그는 그렇게 영리하지 못합니다.

오히려 어리석은 축에 속하지만…… 신뢰할 수는 있습니다." 생색내기와 쉽게 속는 단순함이 혼합되어 그는 메테르니히로부터 "외교계의 가장 귀중한 바보"라는 평가를 받았다.
— 헨리 키신저, 《회복된 세계(A World Restored)》, 1957년

며 이를 위해 협상이라는 수단을 이용한다. 전력이 약하다면, 협상을 이용해 시간을 벌고 전쟁 준비를 완료할 때까지 적대행위를 지연시켜야 한다. 좋은 사람이라는 평을 듣기 위해서가 아니라 책략을 위해 회유하라. 만약 당신이 강자의 입장이라면, 가능한 한 많은 이익을 취하라. 그러고 나서 나중에 확보한 이익 중 가장 쓸모없는 부분을 상대에게 돌려줌으로써 관대한 사람처럼 보이게 할 수 있다. 그 과정에서 평판이나 불신감의 조장 따위에는 신경 쓰지 마라. 당신의 위치가 강력하고 상대방의 욕구를 만족시켜줄 수 있는 무엇인가를 제공했을 때 과거 파기했던 수많은 약속들은 금세 잊혀질 것이다.

> 따라서 현명한 군주는 그것이 자신의 이익에 배치될 경우 굳이 신뢰를 유지할 필요가 없다. …… 인간이 모두 선량하다면, 이런 행위는 현명하지 못한 처사가 될 것이다. 하지만 그들은 선량하지 않으며 우리에게 한 약속을 이행하지 않을 것이기 때문에 그들과 한 약속에 얽매일 필요가 없다. 자신의 약속을 지키지 않았지만 그에 대해 다채로운 변명을 제공하는 군주를 속박하는 법률적 근거 역시 존재하지 않는다.
> ― 니콜로 마키아벨리, 《군주론》

돌을 주고 비취를 얻다

1821년 초 러시아 외무장관인 카포 디스트리아(Capo d'Istria)는 오랫동안 기다려왔던 소식을 들었다. 일단의 그리스 애국지사들이 터키에 대항해(당시 그리스는 오스만 제국의 일부였다) 그들을 그리스에서 몰아내고 자유주의 국가를 건설하기 위해 반란을 일으켰다는 것이다. 그리스 귀족 가문 출신인 디스트리아는 그리스 문제에 대한 러시아의 개입을 오래전부터 꿈꾸어왔다. 당시 러시아의 군사력은 팽창일로에 있었다. 따라서 그리스의 반란을 지원하여 그들이 승리할 경우 독립 그리스에 대한 영향력과 지중해에 러시아 해군 기지를 확보하는 기회가 될 것이다. 또한 러시아는 그리스 정교회의 보호자로 자처하고 있었으며 차르 알렉산드르

1세는 신앙심이 깊은 군주였다. 이슬람 국가인 오스만 제국에 대항하는 십자군 전쟁을 이끄는 것은 러시아의 이익과 차르의 종교적 양심까지 동시에 만족시키는 일이 될 터였다. 실현만 된다면 너무나 좋은 일이 아닐 수 없었다.

유일한 장애물이 있다면 오스트리아 외무장관 클레멘스 폰 메테르니히였다. 몇 년 전 메테르니히는 러시아와 오스트리아, 프로이센과 신성동맹(Holy Alliance)을 맺었다. 동맹의 목적은 프랑스 혁명의 위협으로부터 자국을 보호하고 나폴레옹 전쟁의 혼란에서 벗어나 유럽의 평화를 도모하는 것이었다. 메테르니히는 알렉산드르 1세의 친구가 되었다. 러시아가 그리스 사태에 개입할지도 모른다는 사실을 감지한 메테르니히는 차르에게 수백 건의 보고서를 보내 그리스 혁명은 유럽 전역에서 군주제를 폐지하려는 음모의 일환이라고 주장했다. 만약 알렉산드르 1세가 그리스를 지원한다면, 차르는 결국 혁명세력의 꼭두각시로 전락할 것이며, 그로써 신성동맹의 존립은 위태로워지리라고 말했다.

디스트리아도 바보는 아니었다. 메테르니히의 진짜 속셈은 러시아의 영향력이 지중해로 확대되는 것을 막으려는 데 있음을 간파했다. 그것은 영국을 긴장시킬 것이고 그렇게 되면 유럽 전체가 불안정해질 것이다. 이는 메테르니히가 가장 두려워하는 사태였다. 디스트리아에게 이것은 아주 간단한 문제였다. 그는 어느 쪽이 차르에 대한 영향력이 더 강한지를 두고 전쟁에 돌입했다. 유리한 쪽은 디스트리아였다. 그는 외무장관이라는 이점을 이용해 차르와 지속적인 접견을 가짐으로써 메테르니히의 능란한 설득에 역공을 가했다.

터키는 그리스의 반란을 진압하기 위해 무력을 행사했다. 그리스인에 대한 잔학행위가 극에 달하자 차르는 당장이라도 그리스 문제에 개입할 기세였다. 1822년 2월 그리스의 혁명이 정점에 이르렀을 때, 차르는 디스트리아가 보기에 치명적인 실수를 저질렀다. 알렉산드르 1세가 오스트리아 빈에 전권대사를 보내 메테르니히와 그리스 문제를 협의하는 데 동의했던 것이다. 메테르니히는 협상대표를 빈으로 유인하는 술책을 무척 즐겼는데, 그곳에서라면 상대를 마음껏 요리할 수 있었다. 디스트리아는 상황이 자신의 통제를 서서히 벗어나고 있다고 느꼈다. 이제 그에게는 딱 한 가지 선택만이 남아 있었다. 빈에 갈 전권대사를 잘 골라서 자신이 막후에서 협상을 조종하는 것이었다.

디스트리아가 선택한 인물은 스페인 주재 러시아 대사 타티셰프(Taticheff)였다. 그는 예리하고 경험이 풍부한 협상가였다. 빈으로 출발하기 직전 소집된 모임에서 디스트리아가 주의사항을 설명할 때 그는 신중하게 경청했다. 메테르니히는 타티셰프를 꾀어 자신의 목적에 이용하려고 할 것이다. 차르가 터키에 무력으로 개입하는 것을 저지하기 위해 협상에 의한 해결을 제안하면서 유럽 회의를 소집하여 이 문제를 논의하려고 할 것이다. 특히 회의 소집은 메테르니히가 자주 써먹는 수법이었다. 그는 언제나 회의장을 지배했고 자신이 원하는 바를 얻어냈다. 타티셰프는 그의 마법에 걸려들지 말아야 했다. 디스트리아는 메테르니히에게 보내는 문서에서 러시아가 터키의 손아귀에서 고통을 당하고 있는 기독교 형제들을 지원할 권리를 갖고 있다고 주장했다. 타티셰프는 유럽 회의에 러시아가 참석하는 문제에 대해 절대 동의하지 말아야 했다.

빈으로 출발하기 전날, 타티셰프는 예정에도 없던 차르와의 면담을 가졌다. 차르는 차르대로 자신은 신성동맹의 목적과 그리스에 대한 도덕적 의무를 동시에 충족시킬 수 있기를 바란다는 말을 메테르니히에게 전해달라고 했다. 하지만 차르의 의사는 임무를 너무 복잡하게 만들 수 있었으므로 그 전갈은 가능한 한 늦게 전달하기로 마음먹었다.

빈에서 메테르니히와 첫 대면을 한 타티셰프는 오스트리아 대신의 인물됨을 평가했다. 그는 메테르니히를 알맹이가 없는 인물로 보았다. 겉으로 보기에 그는 그리스 문제보다 화려한 무도회와 젊은 여성들에게 더 관심이 많은 것 같았다. 메테르니히는 그리스 사태에 대해 제대로 파악하지 못하고 있었고 그다지 관심도 없는 것처럼 보였다. 타티셰프가 디스트리아의 문서를 메테르니히에게 읽어주었을 때 메테르니히는 불현듯 떠오른 듯 차르도 따로 지침을 주었는지를 물었다. 뜻밖의 질문에 타티셰프는 둘러대지도 못하고 사실대로 대답했다. 그러면서 차르의 약간 상충되는 지침이 그를 더욱 혼란스럽게 만들어 자신이 한발 앞서 나아갈 수 있기를 바랐다.

며칠 동안 타티셰프는 빈이라는 기쁨의 도시에 한껏 취했다. 메테르니히를 다시 만났을 때 그는 차르의 지침에 근거해서 협상을 시작할 수 있는지 또 차르의 의사에 따라 협상을 벌일 경우 러시아의 조건이 무엇인지를 물었다. 그런 질문이라면 대답을 해도 상관이 없을 것 같았기에 타티셰프는 그리스를 보호국으로 만들고 싶어한다, 러시아의 그리스 개입을 동맹국들이 승인해주기를 바란다, 하는 등등의 조건을 열거했다. 타티셰프의 말을 내내 듣고 있던 메테르니히는 오스트리아 정부는 그런 조건에 결코 동의할 수 없다고 못 박았다. 그렇다면 오스트리아의 대안이 무엇인가 하고 물었을 때 메테르니히는 대답 대신 혁명이나 신성동맹의 중요성과 같은 지극히 추상적인 얘기를 언급하다가 그리스 문제와 상관없는 이야기들을 늘어놓았다. 타티셰프는 거의 약이 오를 지경이었다. 그는 러시아의 입장을 명확하게 해두고 싶었지만 비공식적인 자리였고 협상의 가닥조차 잡지 못하고 있었다. 스스로 갈피를 잡지 못하는 상태니 자신이 원하는 방향으로 대화를 끌어갈 수도 없었다.

며칠 뒤 두 사람은 다시 면담을 가졌다. 메테르니히는 불안하고 약간 힘들어 보였다. 그의 말에 따르면, 터키가 방금 문서를 보내왔는데, 그들은 러시아가 그리스 문제의 배후에 있다고 주장하면서 터키는 자신의 영토인 그리스를 지키기 위해 끝까지 싸우기로 결정했다는 사실을 러시아 측에 전해달라고 부탁했다는 것이다. 메테르니히는 근엄한 어조로 외교적 관례를 무시한 터키의 태도에 자신도 화가 난다는 듯이 이런 불명예스러운 메시지를 차르에게 전달하는 행위는 오스트리아의 위신을 깎아내리는 것이라고 말했다. 오스트리아는 러시아를 가장 믿음직스러운 동맹으로 생각하고 있으며 이 문제를 해결하는 데 있어서 러시아의 입장을 지지한다는 말도 덧붙였다. 끝으로 만약 터키가 조건에 동의하지 않는다면, 외교관계를 끊을 것이라고 했다.

타티셰프는 뜻하지 않은 순간에 이런 식의 감정적인 결속력의 표현에 감동을 받았다. 아마 러시아는 메테르니히를 잘못 알고 있었던 것일지도 모른다. 그는 진심으로 러시아를 위하는지도 몰랐다. 오스트리아의 오해가 두려웠던 타티셰프는 차르에게만 회담의 결과를 보고했다. 며칠 뒤, 알렉산드르 1세는 그리스 문제에 관해서는 자신에게만 보고하도록 지시했다. 디스트리아는 협상에서 제외되었다.

협상의 주도권은 메테르니히에게 완전히 기울었다. 두 사람은 그리스 사태에 대한 외교적 해결책만을 논의했으며, 군사적으로 개입할 수 있는 러시아의 권리는 단 한 번도 언급되지 않았다. 몇 달 뒤 이 문제를 해결하기 위한 국제회의가 이탈리아 베로나에서 열렸고, 메테르니히는 이 자리에 러시아 차르를 초대했다. 러시아는 그리스 문제에 대한 최선의 해결책을 마련하는 토의를 주도하기로 되어 있었다. 그것은 차르가 혁명에 대항하는 성전에서 유럽을 구할 인물로서 모든 찬사를 한 몸에 받게 된다는 의미였다.

한편 상트페테르부르크에서 디스트리아는 분통을 터뜨리며 고함을 질러대고 있었다. 타티셰프가 귀국하자 그는 외무장관 자리를 내놓아야 했다. 얼마 뒤 베로나에서 개최된 회의 내용은 디스트리아의 예측에서 한 치도 어긋나지 않았다. 오스트리아는 자국의 이해를 최대한 반영하는 쪽으로 문제를 해결했다. 차르는 일종의 광대극에서 주인공 역할을 수행했지만 자신이 저지른 실수를 깨닫지 못했다. 그는 발칸 반도에 대한 러시아의 일방적인 개입을 금지하는 문서에 스스로 서명을 했으며 표트르 대제 이후 모든 러시아 지도자들이 주장해온 권리를 양보했다. 반면 진정한 승리자는 메테르니히였고, 그는 완벽하게 디스트리아를 눌렀다.

해석 ──

메테르니히의 목표는 오스트리아의 장기적인 이익을 극대화한다는 것이었다. 오스트리아의 장기적 이익은 단순히 러시아의 그리스 개입을 저지하는 것이 아니라 차르가 유럽의 화약고인 발칸 반도에 군대를 파견할 수 있는 권리를 영원히 포기하게 만드는 것이었다. 메테르니히는 양 진영의 전력을 살폈다. 러시아를 무엇으로 설득할 수 있을까? 별로 없었다. 사실 오스트리아는 명분도 부족했다. 하지만 메테르니히는 패를 감추고 있었다. 그는 차르의 약간은 비정상적인 인간성을 오랜 기간에 걸쳐 연구해왔다. 알렉산드르 1세는 대단히 감성적인 인물로 감정이 극도로 고양된 상태에서만 행동에 나섰다. 그의 행동을 촉구하려면 십자군의 성전과 같은 분위기를 낼 필요가 있었다. 터키 지배에 대항해 그리스가 반란을 일으키자 메테르니히는 곧 바로 반란의 성격을 이슬람과 기독교 간의 종교적 대립이 아니라 군주제와 혁명세력 간의 정치적 대립으로 변질시켰고, 군주제를 지키는 십자군으로 차르를 세뇌했다.

그 과정에서 메테르니히는 그의 진짜 적이 디스트리아라는 사실을 분명하게 인식하고 있었고 디스트리아와 차르 사이가 벌어지도록 쐐기를 박으려고 했다. 그래서 러시아가 빈에 전권대사를 파견하도록 유도했던 것이다. 일대일 협상이라면, 메테르니히는 세계 챔피언 수준의 체스 선수였다. 다른 사람들에게 그랬던 것처럼 타티셰프에게도 그는 멋 부리기 좋아하고 심지어는 멍청해 보이는 귀족의 모습을 연출하여 상대의 경계심을 늦추었다. 그 다음 협상을 질질 끌면서 상대를 추상적이고 형식적인 토론으로 끌어들였다. 이때 그는 더욱 멍청한 사람으로 연출하면서 타티셰프에게 오판을 유도했고 동시에 그를 당황과 분개의 감정으로 몰아넣었다. 당황하고 흥분한 협상가는 실수를 저지르게 마련이다. 자신의 목표를 너무 많이 드러낼 경우 협상은 불리해질 것이다. 또한 당황한 상대는 감정의 표출에 쉽게 유혹당한다. 메테르니히는 터키가 보내온 문서를 이용해 약간의 연극을 하면서 자신이 완전히 러시아 편인 양 연기했다. 그의 수법에 타티셰프는 완벽하게 걸려들었다. 물론 최종 목표는 그의 중계를 거칠 차르였다.

그때부터 자신의 구미에 맞게 협상을 재구성하는 일은 완전히 아이들 장난이나 마찬가지였다. 차르가 주인공으로 무대에 나설 국제회의에 대한 제안은 너무나 현란하고 매력적이었다. 그것은 러시아가 유럽 문제에 커다란 영향력을 행사할 수 있는 기회였다(그것은 알렉산드르 1세의 뿌리 깊은 소원 중 하나였다). 실제로 그 결과는 정반대였다. 알렉산드르 1세는 러시아가 발칸 반도에 개입하지 않는다는 문서에 서명함으로써 메테르니히의 목적을 실현시켜주었던 것이다. 사람들이 겉으로 보이는 현상에 얼마나 쉽게 속는지를 간파한 오스트리아 외무장관은 차르에게 겉치레 영향력을 제공했고(회의장에서 시선을 한 몸에 받는 위치), 동시에 자신은 실속을 챙겼다(문서에 서명하게 만드는 것). 그런 것을 가리켜 중국인들은 쓸모없는 돌을 주고 비취를 챙긴다고 말한다.

메테르니히가 보여주듯이 협상의 성공은 얼마나 철저히 준비를 했느냐에 달려 있다. 자신이 무엇을 원하는지에 대해 모호한 개념을 갖고 협상에 임한다면, 상대방이 협상 테이블 위에 무엇을 내놓느냐에 따라 이리저리 입장이 바뀌게 될 것이다.

뭔가를 시도하기 전에 당신이 제일 먼저 해야 할 일은 자신의 장기적인 목표가 무엇인지를 정확히 하여 자신의 위치를 견고하게 다지는 것이다. 그런 목표의 명확성이야말로 협상에 필요한 인내와 냉정의 근원이다. 그럴 때 우리는 상대방에게 아무런 의미도 없는 사항을 양보할 수 있게 된다. 이런 양보는 겉으로는 관대하지만 그 속은 싸구려이며, 우리의 진짜 목적에는 조금도 해가 되지 않는다. 협상 상대를 미리 연구하라. 그들의 약점을 파고들고 그들이 원하는 것을 거부하라. 그러면 당신은 또 다른 차원의 무기가 생길 것이다. 그 무기란 바로 상대방을 혼란에 빠뜨리고 감정적으로 만들며 싸구려 돌로 그들을 유혹하는 책략이다. 가능하면 약간 바보인 듯이 행동하라. 사람들이 당신에 대해 아는 바가 적을수록 그리고 당신의 목표가 무엇인지 모를수록 그들을 막다른 골목으로 몰아넣을 수 있는 책략의 여지가 생긴다.

> 사람들은 하나같이 방법을 모르는 채 뭔가를 원한다. 가장 흥미로운 것은 자신이 원하는 바를 달성하는 방법을 아는 사람이 하나도 없다는 사실이다. 하지만 나는 내가 원하는 것과 상대방이 원하는 것을 알고 있기 때문에 완벽한 준비를 갖출 수 있었다.
>
> ― 클레멘스 폰 메테르니히(1773~1859)

전쟁의 기술: 협상 중에도 진격을 멈추지 마라

보통 분쟁과 대립은 달갑지 않은 사건으로 불쾌한 감정을 불러일으킨

무죄판결에 대한 감사의 표시로 오레스테스는 호전적인 아테나 여신에게 제단을 받쳤다. 하지만 복수의 여신 에리니에스들은 판정이 바뀌지 않으면 자신의 심장에 있는 피를 떨어뜨리겠노라고 위협했다. 그들의 피는 토지를 메마르게 하고 곡식에 병충해를 일으키며 아테네의 모든 산물을 파괴하게 될 것이다. 아테나 여신은 좋은 말로 그들의 분노를 누그러뜨리려고 했다. 에리니에스들이 여신보다 훨씬 현명하다고 시인하면서, 그들에게 아테네의 아름다운 동굴 속에서 사는 것이 어떻겠냐고 제안했다. 거기에 산다면 에리니에스들은 많은 숭배자들을 모으게 될 것이다. 지하세계의 신에게 합당한 화염제단도 그들의 것이며 살아 있는 제물과 횃불 제주, 결혼식이나 출산 후 바치는 첫 번째 과일들도 그들의 것이 될 것이다. 심지어는 에렉테움 신전의 자리까지도 말이다. 그들을 섬기지 않는 가문은 어디든지 번성하지 못하게 만들겠다고 아테나 여신은 선언했다. 하지만 그에 대한 보답으로 에리니에스들은 아테나의 배들을 위해 순풍을 보내주고 그녀의 땅을 풍요롭게 만들며 사람들이 결혼을 통해 많은 자손을 낳도록 도와주어야 했다. 또한 아테네 여신에게 불경한 자들을 제거하여 언제라도 여신이 도움을 제공해도 되는 충성스러운 아테네를 만들어 놓아야 했다. 그 제안을 기쁘게 승낙했다.
— 로버트 그레이브스, 《그리스 신화》 2

다. 그와 같은 불쾌감을 피하기 위해 우리는 주변 사람에게 친절하게 굴면서 회유적인 태도를 보이곤 한다. 상대방도 똑같은 방식으로 보답할 것이라고 믿기 때문이다. 하지만 수많은 경험은 이런 생각이 틀렸음을 보여준다. 우리가 친절하게 대했던 사람들은 그것을 당연하게 여기게 된다. 그들은 우리를 약하고 이용해도 되는 사람으로 생각한다. 관대한 행동은 보답을 받지 못하기 일쑤고, 자식의 버릇을 망쳐놓으며 어떤 경우에는 동정으로 받아들여져 상대방의 분노를 사기도 한다.

친절이 친절을 부른다고 생각하는 사람은 어떤 종류의 협상에서든 손해를 볼 운명이며 생존 게임에서는 두말할 필요가 없다. 사람들이 친절하고 회유적인 방식으로 반응하는 경우는 그것이 자신들에게 이익이 되고 그렇게 해야만 하기 때문이다. 우리의 목표는 우리와 싸워봤자 상대방이 손해만 보게 되는 상황을 만드는 것이다. 회유적인 태도로 상대방의 신뢰를 얻고자 한다면, 그들에게 늑장 대응과 속임수, 우리의 친절을 이용해 먹는 기회를 제공할 뿐이다. 이것이 인간 본성이다. 수 세기에 걸쳐 전쟁에 참전했던 사람들은 커다란 대가를 치르고 이와 같은 교훈을 배웠다.

국가가 이와 같은 원칙을 어겼을 때, 비참한 결과가 초래되는 경우가 비일비재하다. 예를 들어, 1951년 6월 미군은 한국전에서 중국 인민해방군에 대한 극히 효과적이고 무자비한 공세를 중단했다. 중국과 북한이 휴전협상에 응하겠다는 신호를 보내왔기 때문이다. 하지만 그들은 회담을 질질 끌었고 결국 협상이 결렬돼 전투가 재개됐을 때, 미군은 자신이 갖고 있던 전장의 이점이 모두 사라졌음을 깨달았다. 이런 유형은 베트남 전쟁에서도 반복됐고 1991년 걸프전에서도 비슷한 경향이 나타났다. 미군은 희생자를 줄이는 한편 전쟁을 가능한 한 단기간에 끝내기 위해 적에게 회유적인 태도를 보였다. 하지만 그들이 깨닫지 못하게 있었다. 적의 입장에서는 상호신뢰에 바탕을 둔 회담의 필요성이 사라졌다는 것이다. 전쟁에서 상대방을 회유하여 생명을 구하겠다는 시도는 오히려 전쟁을 더 장기화하고 더 많은 생명이 희생되며 진정한 비극이 초래되는 결말로 이어진다. 1951년 미군이 한국전에서 전진을 멈추지 않았다면,

북한과 중국은 UN군의 조건에 따르는 협상을 진행할 수밖에 없었을 것이다. 베트남에서 공습을 멈추지 않았다면, 북베트남은 협상을 미루지 않고 즉각 응했을 것이다. 1991년 사방에서 바그다드로 끝까지 진격했다면, 평화협상의 조건으로 사담 후세인을 권좌에서 몰아낼 수 있었을 테고 그러면 다시 전쟁이 벌어져 많은 인명이 살상되는 사태를 방지할 수 있었을 것이다.

여기서 얻는 교훈은 단순하다. 전진을 계속함으로써 그리고 무자비한 압박을 지속함으로써, 우리는 상대가 반응하게 하고 궁극적으로 협상에 응하게 만들어야 한다. 매일 조금씩만 더 진격한다면, 협상을 미루려는 시도는 그들의 입장을 더욱 약화시킬 것이다. 당신이 자신의 결의와 의지를 과시할 때는 상징적인 제스처가 아니라 상대방에게 실질적인 고통을 가하는 방법을 사용해야 한다. 단순히 땅이나 재산을 빼앗기 위해 진격을 멈추지 말고 가능한 한 협상에서 가장 유리한 고지를 차지하기 위해 그리고 전쟁에서 승리하기 위해 전진해야 한다. 일단 상대를 굴복시켜 협상 타결에 성공하면 비로소 양보를 할 수 있는 여지가 생기고 당신이 차지한 것 중 일부를 돌려줄 수 있게 된다. 그것만으로도 당신은 상대방에게 친절하고 회유적인 인상을 주게 된다.

때때로 당신은 약한 위치에 서기도 하며 유리한 패를 하나도 갖지 못하는 경우도 생긴다. 그런 때조차 전진을 멈추지 말아야 한다. 힘과 의지를 과시하고 압박을 멈추지 않음으로써 자신의 약점을 감추고 협상을 위한 발판을 마련하게 되며, 결국 이 발판으로부터 자신에게 유리한 새로운 패를 만들어내게 된다.

1940년 6월 독일의 전격전으로 인해 프랑스 군의 방어선이 붕괴되자 결국 프랑스 정부는 항복했고 샤를 드골(Charles de Gaulle)은 영국으로 피신했다. 거기서 그는 합법적인 망명정부, 즉 자유 프랑스(Free France)의 지도자가 되어 프랑스 대부분을 통치하게 된 독일의 괴뢰정부인 비시 정부에 대항하려고 했다. 드골은 승산이 거의 없었다. 프랑스에 있을 때도 그는 유력한 인물이 아니었다. 드골보다 훨씬 영향력 있는 프랑스 군인이나 정치가들 중에서 그가 원하는 자리를 노리는 사람도 많았다. 그는 연합국으로부터 자유 프랑스의 지도자로 인정받을 만한 힘이 없었다.

처음부터 드골은 아예 다른 길을 선택했다. 불명예스러운 항복으로부터 프랑스를 구원할 인물이 바로 자신임을 강력하게 부각시켜 처음에는 단 한 사람이, 그리고 점차 모든 사람이 그 사실을 믿게 했다. 그의 감동적인 연설이 라디오를 통해 전 프랑스인의 마음속에 파고들었다. 또한 영국과 프랑스를 여행하면서 현대판 잔 다르크의 이미지를 부각시켰다. 프랑스 레지스탕스 내부의 중요 인물을 포섭하기도 했다. 윈스턴 처칠은 드골을 존경하기는 했지만 종종 오만한 존재로 여겼고, 루스벨트 대통령은 그를 경멸했다. 두 지도자는 그를 설득해 자유 프랑스를 다른 사람과 공동으로 이끌게 하려고 여러 차례 시도했지만 그의 대답은 언제나 똑같았다. 결코 타협하지 않겠다는 것이었다. 그는 단일 지도체제 외에 어떤 대안도 거부했다. 협상을 위한 회의석상에서 노골적으로 무례한 태도를 보였고 심지어는 아예 회담장을 나가버리기까지 했다. 하지만 이를 통해 그는 전부가 아니면 모든 것을 포기하겠다는 의지를 분명히 과시했다.

처칠과 루스벨트는 드골을 비난하면서 그에게 아무런 지위도 주지 말았어야 했다고 후회했다. 심지어 드골의 지위를 박탈하고 무대 밖으로 영원히 추방하는 방안을 고려하기도 했다. 하지만 언제나 물러서는 쪽은 그들이었고 결국 드골이 원하는 것을 들어줄 수밖에 없었다. 그렇지 않으면 그처럼 예민한 시기에 대중적인 스캔들을 일으키게 되고 프랑스 레지스탕스와의 관계가 깨질 수 있었다. 프랑스 대중들이 흠모하는 인물을 제거하는 것은 위험한 도박이었다.

명심하라. 당신이 약하다고 해서 적게 요구한다면, 얻는 것도 적을 수밖에 없다. 하지만 강하게 행동하고 결심을 공고히 하며 심지어 상대방이 분노할 만한 요구를 제시하면 상대는 당신이 대단히 강하다고 인식하게 된다. 사람들은 당신의 자신감이 뭔가 근거가 있다고 믿는 경향이 있다. 그들은 당신을 존중하게 되고 그런 존경심은 다시 힘으로 전환된다. 일단 당신이 강력한 입장에 서게 되면, 언제든 협상을 끝낼 수 있다는 점을 분명하게 각인시켜야 한다. 이것은 강력한 효과를 지닌 협박이다. 아마 상대방은 당신에게 허풍을 떤다고 말하겠지만 당신은 그것이 허풍인지 아닌지를 확인하려 들다가는 큰 대가, 예를 들어, 대중적 스캔들과 같은 골치 아픈 일을 치르게 된다는 사실을 과시해야 한다. 설사 상대방에게 양보를 해야 하는 상황일지라도 그것은 상대방이 강요한 것보다 훨씬 적은 것이어야 한다.

영국의 위대한 외교관이자 작가인 해럴드 니콜슨(Harold Nicholson)은 세상에는 두 종류의 협상가가 있다고 믿었다. 바로 전사 유형과 상점 점원 유형이다. 전사는 협상을 시간을 벌고 유리한 입장에 올라서기 위한 수단으로 이용한다. 점원은 원칙에 따라 행동하는데, 그 원칙이란 상호 신뢰하에 서로의 입장을 조율하고 양측이 모두 만족할 수 있는 타결책을 찾는 것이다. 외교든 사업이든 상관없이, 이러한 점원들이 흔히 부딪히는 문제는 상대방을 자신과 같은 부류의 점원이라고 가정했는데 알고 보니 실제로는 전사를 대면하고 있는 경우다.

따라서 당신은 마주하고 있는 협상가가 과연 어떤 부류에 속하는지를 미리 파악해두어야 한다. 문제는 능란한 전사일수록 자신의 모습을 위장하는 데 대가라는 것이다. 처음에 그들은 진실하고 우호적인 것처럼 보인다. 그러다가 그들이 전사적 본색을 드러냈을 때는 이미 물이 엎질러진 상태다. 잘 모르는 적과 분쟁이 벌어질 경우 자신을 보호하는 최선의 방법은 전사의 역할을 수행하는 것이다. 협상을 하는 동안 전진하는 것이다. 너무 멀리 나아갔어도 한 걸음 뒤로 물러서서 상황을 수정할 시간은 있다. 하지만 더 깊숙이 들어가 전사의 먹이로 전락하게 되면 무슨 수를 쓰더라도 운명을 피할 수 없다. 점점 더 전사와 같은 인간들이 많아지는 세상에서 당신은 항상 칼날을 날카롭게 갈아두어야 한다. 당신이 본성적으로 상점 점원이라도 말이다.

| **이미지** | 긴 곤봉. 당신이 부드럽고 친절한 말투를 사용하더라도 상대방은 당신 손에 들려 있는 무시무시한 무기에서 눈을 뗄 수 없다. 실제로 그것으로 상대방의 머리를 내리칠 필요도 없다. 그는 당신 손에 곤봉이 있으며 그것이 당장 없어지지도 않을 것이고, 당신이 전에 그것을 사용했을 때 몹시 아팠다는 것을 기억하고 있다. 그러니 논쟁을 빨리 끝내고 타협점에 도달하는 것이 좋

다. 어떤 대가를 치르든 고통스럽게 곤봉에 얻어맞는 위험을 감수하는 것보다는 낫다.

| **근거** | 전쟁 다음 날이 될 때까지는 승자라고 생각하지도 말고, 그렇다고 나흘이 더 지나기 전까지는 패자라는 생각도 하지 마라. …… 항상 한 손에는 칼을, 다른 한 손에는 올리브 가지를 들고 다니며 언제든 협상에 나설 수 있는 자세를 버리지 않지만 반드시 전진할 때만 협상하라.

— 클레멘스 폰 메테르니히

뒤집어보기

전쟁에서 그렇듯이 협상에서도 자신의 목표를 잃지 않도록 주의해야 한다. 너무 멀리 진격하여 상대방에게 너무 많은 것을 빼앗아버리면 분노한 상대방이 복수를 꿈꿀 수도 있다. 1차 세계대전 후 연합군 측은 독일과 평화협상을 진행하면서 너무 가혹한 조건을 부과했기 때문에 2차 세계대전의 씨앗을 뿌렸다. 반면 그보다 한 세기 전 메테르니히가 협상에 나설 때는 상대방이 부당한 대우를 받았다는 느낌을 갖지 않게 하는 것이 그의 협상 목표 중 하나였다. 협상을 타결할 때 우리의 목표는 결코 상대방의 탐욕을 만족시키거나 그들에게 가혹한 조건을 부과하지 않으면서도 우리의 이익을 확보하는 데 있다. 장기적 안목에서 보면 응징을 위한 협상안은 결국 우리에게 불안을 초래할 뿐이다.

STRATEGY 22

전쟁의 성공적인 마무리를 계획하라
: 마무리의 노하우

세상은 마무리를 얼마나 잘하는지를 보고 당신을 판단한다.
어설프고 불완전한 종결은 향후 수년 동안 골칫거리를 유발할 수 있다.
그 과정에서 당신의 명성은 심각한 타격을 입는다.
종결을 잘 짓는 비법은 그만둘 시점을 정확히 파악하는 것이다.
그렇게 해서 너무 무리한 노력으로 스스로를 지치게 한다든지
혹은 상대방의 원한을 격화시켜 장래에 분쟁이 일어날 소지를 만드는 일을 피한다.
공들여 빈틈없는 마무리를 짓는 활동을 통해 적절한 인상을 남기는 것이 중요하다.
이것은 단순히 전쟁에서 승리하는 문제가 아니라 그것을 쟁취하는 방법과 승리를 통해
다음 단계의 목표를 달성하는 데 유리한 입장에 설 수 있느냐 없느냐에 관련된 문제다.
최고의 전략적 지혜는 현실적인 출구가 보이지 않는 충돌이나 분규를 피하는 것이다.

진퇴양난

우리가 목표물 위를 조준한다면, 결코 그것을 명중시키지 못한다. 만약 새가 자신의 둥지에 내려앉지 않고 계속 하늘 위로 날아오르기만 한다면, 결국 그 새는 사냥꾼의 그물 속에 떨어지고 만다. 한때 별것 아닌 일에 현저한 우수성을 보이나 멈출 줄 모르고 부단하게 밀어붙이는 자는 신이나 인간들의 손에서 불행을 자기에게 끌어당기는 것이다. 왜냐하면 그런 자는 자연의 질서로부터 너무나 멀리 벗어나기 때문이다.
— (주역)

소련의 정치국 고위 관료들(서기장 레오니드 브레즈네프와 KGB 의장 유리 안드로포프, 국방장관 드미트리 우스티노프)에게 1960년대 말에서 1970년대 초는 그야말로 황금기였다. 이들은 스탈린 치하의 악몽과 흐루시초프(Khrushchov)의 실수투성이 정권을 무사히 넘겼다. 마침내 소비에트 제국 내부에 어느 정도 안정기가 찾아왔다. 동유럽의 위성국가들은 훨씬 고분고분해졌고 특히 1968년 체코슬로바키아의 이른바 '프라하의 봄'이 강력하게 진압된 후 더욱 순해졌다. 경쟁자인 미국은 베트남 전쟁에 참견했다가 얼굴에 멍이 든 상태였다. 무엇보다 희망적인 소식은 제3세계 국가들 사이에서 소련의 영향력이 확대 일로에 있다는 점이었다. 미래는 낙관적이었다.

소련의 팽창 정책에서 가장 중요한 핵심 국가는 남쪽 국경을 맞대고 있는 아프가니스탄이었다. 아프가니스탄은 풍부한 천연가스와 기타 광물들을 보유하고 있었고 그들의 항구는 인도양과 연결되어 있었다. 따라서 이 나라를 위성국가로 만드는 것은 소련의 오랜 숙원이었다. 1950년대부터 러시아는 교묘하게 그 나라에 스며들어 군대의 훈련을 지원하고, 살랑 고속도로를 건설해 아프가니스탄의 수도 카불과 북쪽의 소련을 연결하며 이 낙후된 국가를 근대화시키려고 노력했다. 모든 일이 계획대로 진행되다가 1970년대 중반으로 접어들면서 차질이 빚어졌다. 이슬람 원리주의자들이 아프가니스탄 전역에서 강력한 정치세력을 형성하기 시작했던 것이다. 이로 인해 소련은 두 가지 위기에 직면했다. 첫 째, 이슬람 원리주의자들이 정권을 잡을 경우 그들은 공산주의를 무신론으로 배격하여 소련과 관계를 단절할 수 있었다. 두 번째는 이슬람 원리주의에 입각한 저항운동이 아프가니스탄을 기점으로 해서 이슬람 인구가 밀집된 소련의 남부 지역으로 확산될 수 있었다.

1978년 그와 같은 악몽을 방지하기 위해 브레즈네프는 비밀리에 쿠데타를 지원하여 아프가니스탄 공산당에게 권력을 쥐어주었다. 하지만 아프가니스탄 공산당은 전혀 희망이 보이지 않을 정도로 심각하게 분열되어 있었고 장기간에 걸친 권력투쟁이 끝나서야 비로소 한 명의 지도자가 떠올랐다. 하피줄라 아민(Hafizullah Amin)이었는데, 소련이 싫어하는 인물이었다. 더 심각한 문제는 아프가니스탄에서 공산주의는 그리 인기가 없다는 것이었다. 게다가 아민은 가장 잔인한 수단에 의지해 정권을 유지했다. 이는 단지 근본주의자들의 명분을 살려주는 구실만 할 뿐이었다. 온 나라 안에서 무자헤딘(mujahideen, '성스러운 이슬람 전사'라는 뜻의 아프가니스탄 무장 게릴라 조직-옮긴이)이 들고일어섰고 정부군 수천 명이 군대를 떠나 저항군에 투신했다.

　1979년 12월 아프가니스탄의 공산정권은 붕괴 일보직전이었다. 소련 정치국 위원들이 이 문제를 논의하기 위해 모였다. 아프가니스탄에 대한 통제력 상실은 치명적인 불안정의 근원이 될 수 있었으며 지금까지 이룬 성과를 모두 백지화시키는 결과를 초래할 것이다. 정치국 위원들은 모든 책임을 아민에게 뒤집어씌웠다. 그를 제거해야만 했다. 우스티노프(Dmitri Ustinov)가 한 가지 계획을 제안했다. 소규모 소련군 부대를 진격시켜 카불과 사랑 고속도로를 확보하자는 것으로, 소련이 동유럽의 저항세력을 진압할 때 사용한 방법의 재판이었다. 그 다음 아민을 제거하고 그 자리에 바브라크 카르말(Babrak Karmal)이라는 공산주의자를 앉힌다는 계획이었다. 대략 10년 정도의 기간이면, 아프가니스탄의 현대화가 거의 완료되고 그 과정에서 서서히 소련의 충실한 위성국으로 탈바꿈할 것이다. 평화와 번영의 축복 속에서 아프가니스탄 국민들은 사회주의의 위대한 혜택을 누리면서 새로운 체제를 지지하게 될 것이다.

　회의가 끝나고 며칠 뒤에 우스티노프는 자신의 계획을 육군 참모총장 니콜라이 오르가코프(Nikolai Orgakov)에게 제시했다. 계획서에는 침공군의 병력이 7만 5천을 넘지 않을 것이라고 밝히고 있었다. 오르가코프는 충격을 받고서는 자신의 견해를 밝혔다. 그 정도 규모의 군대로는 거대한 산으로 뒤덮인 아프가니스탄을 확보할 수 없다, 그곳은 동유럽과 지형이 판이하다고 말이다. 우스티노프는 이에 대해 거대 규모의 침공군은 제3세계에서 소련군에 대한 대중적 이미지를 악화시키며 저항세력이 노릴 수 있는 목표물만 풍부해질 뿐이라고 응수했다. 오르가코프는 분열이 심한 아프가니스탄 사람들도 외부의 침략자에 대해서는 순식간에 일치단결하는 전통을 갖고 있으며 게다가 그들은 거친 전사들이라는 점을 지적했다. 따라서 무모한 계획을 추진하기보다 정치적으로 해결할 것을 건의했다. 하지만 그의 의견은 묵살당했다.

정치국은 우스티노프의 계획을 승인했고 12월 24일에 행동을 개시했다. 붉은 군대 일부가 카불로 공수됐고 동시에 다른 부대는 살랑 고속도로를 따라 행군해갔다. 곧 아민은 체포되어 살해됐고, 권좌는 카르말에게 돌아갔다. 전 세계에서 비난이 쏟아졌지만 소련은 대체로 그래왔듯이 얼마 지나지 않아 그런 비난도 잠잠해질 것이라고 판단했다.

1980년 2월 안드로포프는 카르말을 만나 아프가니스탄 대중의 지지를 얻는 일이 중요하다는 것을 강조했다. 그리고 이를 위한 계획을 제시하면서 그는 자금과 기술의 지원을 약속했다. 일단 국경이 안정되고 아프가니스탄 군대가 재건되어 인민이 현 정부에 어느 정도 만족하게 되면, 소련군의 철수를 요청해달라는 말도 정중하게 덧붙였다.

침공 그 자체는 소련이 예상한 것보다 훨씬 쉽게 이루어졌다. 부대 지휘관들은 자신 있게 '임무 완수'를 선언했다. 하지만 몇 주가 흐른 뒤, 그들은 이런 평가를 수정해야만 했다. 무자헤딘은 동유럽 국가의 국민들과는 달리 소련군의 출현에 전혀 겁먹지 않았다. 실제로 소련 침공 이후 아프가니스탄 내외의 지원병이 많아지면서 무자헤딘 병력은 오히려 커졌다. 우스티노프는 더 많은 병력을 파견하면서 무자헤딘이 근거지로 삼고 있는 지역에 대한 일련의 공격을 명령했다. 그해 봄에 소련군 최초의 대규모 공세가 있었고 그들은 중장비를 동원해 쿠나르 계곡을 공격했다. 마을이 모두 쑥대밭으로 변했다. 하루아침에 삶의 터전을 잃은 주민들은 파키스탄으로 도주해 난민 신세로 전락했다. 저항군의 거점을 파괴한 뒤 소련군은 철수했다.

몇 주 뒤 무자헤딘이 은밀하게 쿠나르 계곡으로 복귀했다는 보고가 들어왔다. 소련군의 만행에 분노한 젊은이들이 줄줄이 무자헤딘에 들어갔다. 하지만 소련이 할 수 있는 일이 도대체 뭐가 있단 말인가? 저항세력을 그냥 내버려두면 무자헤딘은 시간과 공간을 벌게 되어 더욱 위험한 존재로 성장할 것이고 그렇다고 전 지역을 소련군이 장악하기에는 병력

그들은 모든 것을 황폐화시키고 그것을 평화라고 부른다
— 타키투스(Tacitus, 55년경~120년경)

그래도 결말이 중요해. 경로야 어찌 됐든 마지막에 명성을 얻어야지.
— 윌리엄 셰익스피어, 《끝이 좋으면 다 좋아(All's Well That Ends Well)》

이 너무 부족했다. 유일한 해결책은 치안유지 작전을 반복하며 폭력의 강도를 점점 더 높여가면서 아프가니스탄 국민들에게 두려움을 심어주는 것이 전부였다. 하지만 오르가코프가 예언한 바와 같이, 이것은 그들을 더욱 분발하게 만들 뿐이었다.

한편 카르말은 문자를 가르치고 여성의 권리를 확대시키며 국가 발전과 현대화 프로그램에 착수했다. 이 모든 것이 저항세력의 지지기반을 약화시키기 위한 조치였다. 하지만 아프가니스탄 사람들은 전통적인 삶을 지지했고 자신의 영향력을 확대하려는 공산당의 시도는 반대로 지지를 약화시키는 결과를 초래했다.

가장 불길한 징조는 소련에 결정타를 먹이기 위해 다른 국가들이 신속하게 아프가니스탄으로 몰려들고 있다는 것이었다. 특히 미국은 베트남 전쟁 때 소련이 북베트남 군을 지원했던 일을 복수할 기회로 생각했다. 미 중앙정보국(CIA)은 엄청난 자금과 물자를 무자헤딘에게 퍼부었다. 이웃하고 있는 파키스탄에서는 지아 울-하크(Zia ul-Haq) 대통령이 소련의 아프가니스탄 침공을 하늘이 내린 기회로 받아들였다. 그는 몇 년 전 군사 쿠데타를 통해 권좌에 올랐고 얼마 전에는 부토 전 총리를 사형에 처해서 전 세계의 비난을 받고 있었다. 파키스탄을 무자헤딘의 기지로 제공함으로써 미국은 물론 아랍 국가들로부터 호감을 얻고자 했다. 이집트의 안와르 사다트(Anwar Sadat) 대통령은 최근 이스라엘과 평화조약을 맺어 국내외 반대 여론에 시달리고 있었다. 따라서 그 또한 소련의 침공을 받은 이슬람교도 형제들에게 지원을 제공함으로써 추락한 인기를 만회할 기회로 간주했다.

소련 군대가 동유럽으로부터 세계 전역에 걸쳐 얇게 펼쳐져 있는 상태였기 때문에 우스티노프는 아프가니스탄에 추가 병력의 투입을 거부했다. 대신 현지 소련군을 최첨단 장비로 무장하고 아프가니스탄 군대의 확대와 강화에 노력하기로 했다. 하지만 그의 대안은 어느 것도 진전을 이루지 못했다. 무자헤딘은 소련군 수송대열을 매복 공격하는 전술에 혁신을 이루었고 미국이 제공한 최신예 스팅거 미사일을 사용해 커다란 전과를 올렸다. 시간이 흐를수록 소련군의 사기는 곤두박질쳤다. 병사들은

1만의 이슬람교도들이 계곡을 지나 메카로 행군했다. 마호메트는 자신의 부대를 네 개의 대열로 분리했다. …… 그는 절대 폭력을 사용하지 못하게 엄격하게 금지했다. 그의 텐트가 메카를 내려다보는 언덕 위에 세워졌다. 8년 전 그는 어둠을 틈타 메카를 탈출했고 토르 산의 동굴 속에서 3일을 숨어 있었는데 그의 텐트에서는 이 산이 메카 위로 솟아올라 있는 모습이 잘 보였다. 이제 1만 명의 전사들이 그의 사소한 명령이라도 무조건 복종할 준비가 되어 있었고 그의 고향 마을은 무기력하게 그의 발아래 놓여 있었다. 짧은 휴식을 취한 후, 마호메트는 낙타에 올라 도시로 들어갔다. 경건하게 검은 돌을 쓰다듬고 예식에 따라 카바 신전을 일곱 차례 돌았다. …… 정복자 마호메트는 복수심을 앞세우지 않았다. 관대한 사면령을 선포하면서 단지 열두 명의 인물만 예외로 했는데 실제로는 그 중 네 명만 사형을 당했다. 아부 자할의 아들, 이크리마는 예멘으로 도주했지만 그의 아내가 선지자에게 사면을 요청하자 들어주었다. …… 따라서 이슬람의 메카 점령은 실질적으로 무혈입성이었다. 사나운 할리드 이븐 알 왈리드가 메카의 남문에서 몇몇 사람을 살해했는데, 그로 인해 마호메트에게 엄중한 질책을 당했다. 비록 선지자 본인이 그 도시에서 박해를 당했지만, 그리고 그의 가장 지독한 원수들이 아직도 그 도시에 살고 있었지만, 그는 승리하는 순간에 보여준 관용으로 모든 이의 마음을

사로잡았다. 그와 같은 관용과 정치 기술은 아랍 세계에서는 특히 유별난데, 아랍인들은 복수를 최우선 덕목으로 삼기 때문이다. 그의 승리는 군사 행동이 아니라 정책과 외교를 통해 이룬 것이다. 폭력과 살상의 시대에서 그는 군대보다 사상이 더욱 강하다는 사실을 깨달았다.
— 존 배것 글러브(John Bagot Glubb), 《아랍의 위대한 정복(The Great Arab Conquests)》, 1963년

지역 주민들의 적대감을 피부로 느꼈고 고정된 진지의 수비에만 매달리면서 다음 매복 공격이 언제 벌어질지 몰라 불안에 떨었다. 약물과 알코올 남용이 급속히 확대됐다.

전쟁 비용이 치솟으면서 소련 대중들도 등을 돌리기 시작했다. 하지만 소련 지도자들은 철수를 용납할 수 없었다. 아프가니스탄에서 권력 공백을 초래한다는 점 외에도 철수는 초강대국 소련의 명성에 심각한 타격을 입힐 것이다. 그래서 그들은 결국 눌러앉았고 해마다 그해가 마지막 해이기를 바랐다. 정치국의 고위급 인사들이 정치무대에서 서서히 사라져 갔지만(브레즈네프는 1982년에, 안드로포프와 우스티노프는 1984년에 사망했다) 아프가니스탄에서는 약간의 진전도 보지 못했다.

1985년 미하일 고르바초프(Mikhail Gorbachov)가 소비에트 연방의 서기장으로 임명되었다. 그는 처음부터 아프가니스탄 전쟁에 반대해온 인물이었다. 아프가니스탄에서 단계적 철군이 시작되었다. 1989년 초 마지막 소련 병사가 아프가니스탄을 떠났다. 1만 4천 명 이상의 소련군이 전사했지만, 눈에 보이지 않는 손실(허약한 소련 경제와 정부에 대한 국민의 빈약한 신뢰)은 그보다 훨씬 더 컸다. 불과 몇 년 후 소련의 공산주의체제도 붕괴했다.

해석

뛰어난 독일 장군 에르빈 로멜은 도박과 리스크 사이의 차이를 극명하게 보여주는 인물이다. 양쪽 다 이길 확률이 미약한 상황에서 벌이는 활동이지만 그 확률은 과감한 행동에 의해 극대화될 수 있다. 차이가 있다면, 리스크를 안고 있는 경우 실패하더라도 회복이 가능하다. 실패가 우리의 명성에 주는 타격은 결코 영구적이지 않으며 우리의 자원 손실도 수용 가능한 것으로 원래 위치로 복귀할 수 있다. 반면 도박을 하는 경우, 실패는 수많은 문제를 확산시키고 그렇게 초래된 문제는 순식간에 우리의 통제를 벗어나버린다. 하지만 거기서 빠져나오기란 대단히 어렵다. 그만두기에는 손해가 너무 크기 때문이다. 따라서 절대 실패를 해서는 안 되는 궁지에 몰린다. 결국 상황을 타개하기 위해 더 큰 노력을 경

주하게 되고 그것은 대체로 상황을 더 악화시켜 더 깊은 수렁에 빠지게 된다. 우리가 결코 빠져나올 수 없는 수렁으로 말이다. 사람들은 이겼을 때의 화려한 전망에만 눈독을 들이면서 실패했을 때 맞게 될 비참한 결과는 무시한다. 도박의 실패에서 회복되는 데는 오랜 시간이 걸린다. 그것도 회복이 됐을 때의 얘기다.

그것을 시도하거나 끝까지 추구하지 마라
— 오비디우스(기원전 43년~ 기원후 17년)

아프가니스탄 침공은 전형적인 도박의 사례다. 소련은 아프가니스탄을 자신의 영향력 아래 두기 위해 국가적 도박을 감행했다. 그들은 눈부신 전망에 눈이 멀어 실상을 무시했다. 무자헤딘과 외부세력들은 결코 소련이 아프가니스탄을 차지하도록 방관하지 않았다. 소련이 통제할 수 없는 변수들이 너무 많았다. 미국과 파키스탄의 행동도 그렇고 산으로 뒤덮인 국경은 봉쇄가 불가능했다. 그것이 전부가 아니었다. 아프가니스탄 주둔 소련군은 이중 올가미에 걸려 있었다. 주둔 소련군이 눈에 띌수록 증오도 커졌고 증오가 커질수록 소련군은 자신을 보호하기 위해 더 많은 병력을 불러와야 했다. 그러면 다시 증오가 커지는 악순환이 끊임없이 이어졌다.

하지만 소련은 도박에 뛰어들었고 스스로 곤경에 빠졌다. 이제 판돈이 너무 높다는 사실을 깨달았지만 이미 늦은 상태였다. 철군은 소련의 위상에 치명적인 타격을 입힐 것이다. 그것은 소련 국경에서 미국을 비롯하여 암적인 저항세력의 영향력이 팽창하게 된다는 의미였다. 애초에 발을 들여놓지 말았어야 하는 길이었다. 소련은 빠져나갈 방도가 전혀 없었다. 그들이 선택할 수 있는 최선의 방법은 손실을 줄이고 도주하는 길밖에 없었다. 하지만 도박에서는 거의 불가능한 선택이다. 왜냐하면 도박은 감정의 지배를 받고 일단 감정이 개입되면 후퇴하기가 어렵기 때문이다.

전쟁이나 분쟁 혹은 관계 등 어떤 일을 종결하는 최악의 방법은 힘들게 질질 끌려가는 것이다. 그와 같은 종결로 인한 손해는 내면 깊은 부분까지 영향을 미친다. 자신감 상실과 다음에 비슷한 일이 벌어질 경우 무의식적인 분쟁 회피, 비통함과 적대감이 뿌리를 내리게 된다. 이런 감정에 휩쓸리는 동안 멍청하게 시간마저 낭비하게 마련이다. 어떤 행동에 돌입하기 전에 탈출 전략까지 계산해두어야 한다. 정확하게 어떤 방식으로 적대행위가 끝나야 하며 어느 선까지 이익을 챙겨야 하는가? 만약 이 질문에 대한 답이 상당히 모호하고 추측으로 가득 차 있다면, 성공이 대단히 매력적으로 보이면서도 실패 역시 많은 위험을 내포하고 있다면, 우리는 도박에 빠져들게 될 가능성이 높다. 감정은 결국 진퇴양난이라는 결말로 우리를 끌어들이게 된다.

그런 일이 벌어지기 전에 당신 자신을 단단히 붙들어라. 하지만 이미 이런 실수를 저질렀다면, 합리적인 해결책은 두 가지다. 서서히 그리고 고통스럽게 죽음에 이르기보다는 모든 비용을 감수하고 승리를 목표로 강력하고 잔인한 타격을 가해 승리든 패배든 재빨리 분쟁을 종식시키는 방법과 이제까지의 손실을 잊고 지체 없이 후퇴하는 방법이다. 절대로 자존심을 내세우거나 자신의 명예를 걱정하는 따위의 일로 더 깊은 수렁에 빠져드는 어리석음을 저지르지 마라. 단기적인 패배가 장기적 재앙보다 낫다. 현자는 끝내는 시기를 아는 법이다.

넘침도 부족함만큼 해롭다.
— 공자(기원전 551?~479년)

시작으로서의 끝

젊었을 때 린든 존슨의 소망은 오로지 하나였다. 정치계의 사다리를 끝까지 타고 올라가 미국 대통령이 되는 것이었다. 1937년 2월 22일 뜻밖의 기회가 찾아왔다. 텍사스 하원의원 제임스 뷰캐넌이 갑자기 사망한 것이다. 텍사스 10선거구의 의석은 공석이 됐고 이런 기회는 대단히 드문 것이었다. 정치계 거물들이 즉시 출마를 선언했다. 인기 높은 판사 샘 스톤(Sam Stone), 젊고 야망 있는 검사 셸턴 포크(Shelton Polk), 뷰캐넌의 선거 본부장을 지낸 C. N. 에이버리(Avery)가 그들이었는데, 특히 에이버리가 당선될 가능성이 높았다. 그는 10선거구의 유일한 대도시인 오스틴의 시장 톰 밀러(Tom Miller)의 지원을 받고 있었다. 밀러의 후원을 받을 경우 에이버리의 승리는 따놓은 당상이었다.

존슨은 승산이 없어 보였다. 그는 불과 28세였고 잘 알려지지 않은 인물에다 연줄도 별로 없었다. 선거에서 참패를 할 경우 장기적인 목표에서 훨씬 뒤로 후퇴하게 될 것이었다. 그렇다고 이번 기회를 단념한다면 앞으로 10년 이상을 기다리게 될지도 몰랐다. 이 모든 상황을 계산해본 끝에 그는 과감하게 선거에 뛰어들었다.

존슨은 맨 먼저 10여 명의 젊은 남녀들을 선거 운동원으로 동원했다. 이들은 수년에 걸쳐 그의 도움을 받았거나 그에게 고용된 사람들이었다. 선거 전략은 간단했다. 그는 다른 후보들과 차별을 두기 위해 자신을 가장 충실한 루스벨트 지지자로 내세웠다. 그에게 주는 한 표는 뉴딜정책의 인기 높은 기안자, 루스벨트 대통령에게 주는 한 표와 같았다. 또한 경쟁력이 떨어지는 오스틴 시에 매달리는 대신 농촌을 목표로 삼아 선거 운동원들을 힐컨트리에 투입했다. 그곳은 선거구에서 가장 가난한 지역으로 후보자들이 거의 관심을 두지 않는 곳이었다. 하지만 존슨은 한 사람도 빠짐없이 모든 농부와 소작인을 만나서 일일이 악수를 나누고 시선을 마주치며 전에는 단 한 번도 선거에 참여한 적이 없었던 유권자들의 표를 얻으려고 노력했다. 이것은 절망적인 사람, 즉 그것이 자신이 할 수 있는 최선의 방법이고 승리를 얻을 수 있는 유일한 방법임을 알고 있는 사람의 전략이었다.

존슨은 사람들이 모이는 곳이면 어디든 달려가 연설을 했고 청중들 속에 섞여 잠시 그들과 함께 시간을 보냈다. 그는 사람과 이름을 기억하는 데 천재적이었다. 같은 사람을 두 번 만나게 되면, 처음 만났을 때 그와 나누었던 이야기를 낱낱이 기억해냈고 심지어 낯선 사람을 만나더라도 그가 알고 있는 누군가의 이름을 언급함으로써 상대를 감동시켰다. 술집과 잡화점 그리고 주유소를 비롯해 힐컨트리 곳곳에서 지역 주민들과 이야기를 나누며 자신이야말로 워싱턴 정가에 주민들의 목소리를 대변해줄 사람이라는 인상을 심어주었다. 그곳을 떠날 때는 잊지 않고 캔디나 식료품 혹은 가솔린 등등을 구입했다. 이는 그 지역 사람들이 무척 고맙게 생각하는 행동이었다. 이 모든 행동이 표심을 잡으려는 노력의 하나

> 만약 우리가 전쟁에서 승리하는 데만 집착하여 그 후의 일을 생각해두지 않는다면, 너무나 기력을 소모한 나머지 평화가 왔을 때 제대로 이익을 챙기지 못할 수도 있다. 하지만 그렇게 얻은 평화도 또 다른 전쟁의 씨앗을 내포하고 있기 때문에 결코 우리에게 유리한 평화가 아니다. 이것은 풍부한 사례에 의해 뒷받침되는 교훈이다.
> — B. H. 리델 하트, 《전략론》

였다.

　선거 운동 날짜는 계속 흘러갔다. 존슨은 잠을 자지 않는 날이 많아졌고 목소리는 쉬어서 갈라졌다. 하지만 여론조사는 진실을 호도하고 있었다. 그들은 계속 존슨이 뒤처져 있다고 말했지만 존슨은 어떤 여론조사에도 나타나지 않는 유권자를 잡고 있다고 확신했다. 여론조사에서도 서서히 격차를 좁혀가고 있었다. 선거운동 마지막 주에는 3위까지 올라갔다. 갑자기 상대 후보들이 그를 주목하기 시작했다. 선거는 점점 더 혼전 양상이 되었다. 그들은 존슨의 젊음과 루스벨트에 대한 맹목적 지지를 공격했고 들고 나올 수 있는 이유는 무엇이든 끄집어내 그를 흠집 내려고 했다. 오스틴에서 소수파 유권자의 표를 잡기 위해 존슨은 밀러 시장의 정치기구에 대립되는 입장을 취했다. 시장은 온갖 수단을 동원해 그의 선거운동을 방해했다. 거기에 굴복하지 않고 존슨은 선거운동 마지막 주에 몇 차례 시장을 방문해 일종의 정전을 시도했다. 그가 지닌 인간적 매력을 꿰뚫어본 시장은 존슨이 그것을 이용해 빈민층의 표를 얻을 수 있다고 판단했다. 다른 후보들은 그렇게 생각하지 않았다. 그는 냉혹하고 언제든 비방전을 다시 시작할 가능성이 있었다. 여론조사 순위가 올라가면서 존슨에게는 점점 더 많은 적이 생겼다.

　선거에서 존슨은 미국 정치 역사상 가장 극적인 역전승을 거두며 2위를 무려 3천 표 차이로 따돌렸다. 자신이 설정한 과격한 속도에 탈진한 나머지 병원에 입원해야 했지만 승리를 거둔 다음 날 바로 사무실로 출근했다. 중요한 할 일이 있었던 것이다. 병원에 누워 있을 때, 존슨은 선거에서 경쟁했던 후보들에게 보낼 편지를 대필시켰다. 편지에서 그는 위대한 선거전에 함께한 상대방 후보들의 노고에 경의를 표하고 자신이 얻은 표는 사실 루스벨트 대통령에게 가는 표였다고 말하며 자신의 승리를 일종의 요행으로 깎아내렸다. 밀러 시장이 워싱턴을 방문 중이라는 사실을 알고서는 그곳에 있는 자신의 정치적 인맥에게 전보를 보내 시장과 동행해줄 것과 그를 왕처럼 대접해달라고 부탁했다. 병원에서 퇴원한 뒤에는 곧바로 경쟁자들을 방문해 당혹스러울 정도로 검손한 태도로 그들을 대했다.

18개월 뒤, 존슨은 재선을 위한 선거에 나섰다. 한때 그의 경쟁자이자 불구대천의 원수들은 존슨의 열렬한 지지자로 돌아서 후원금을 기부하는 것은 물론 심지어 선거운동에 참여하기까지 했다. 밀러 시장도 가장 강력한 후원자가 되어 평생 좋은 관계를 유지했다.

해석 ──

대부분의 사람들에게 어떤 일의 결론(프로젝트나 캠페인, 설득 시도)은 일종의 벽을 나타낸다. 임무가 달성됐으니 이제는 이익과 손실을 따져보고 떠날 때라는 식이다. 린든 존슨은 이와는 다르게 세상을 파악했다. 종말은 벽이 아니라 새로운 세계를 향하는 문에 더 가깝다. 따라서 그것은 다음 단계 혹은 투쟁으로 이어진다. 그에게는 승리보다 다음 단계가 어떤 식으로 전개될지가 더 중요했다. 만약 그가 18개월 뒤에 하원 선거에 패했다면 1937년의 승리가 무슨 도움이 됐겠는가? 오히려 그것은 대통령으로 향하는 그의 경로에서 엄청난 후퇴를 초래했을 것이다. 선거가 끝난 뒤에 그가 승리를 만끽하는 데만 몰두했다면, 다음 선거의 패배를 위한 씨앗이 뿌려졌을 것이다. 그의 적들이 이듬해 선거에 출마하지 않는다고 해도 존슨이 워싱턴에 머물기 위해 선거구를 떠나 있는 동안 엄청난 문제를 야기했을 것이다. 따라서 존슨은 그들을 포섭하는 작업에 착수했다. 그것이 자신의 인간적 매력이 됐든 의미 있는 제스처였든 혹은 영리하게 그들의 이기심에 호소하는 것이든 아무래도 좋았다. 그는 자신의 시선을 미래에 두고 계속 전진할 수 있는 그런 종류의 성공을 추구했다.

존슨은 유권자들을 포섭할 때도 똑같은 접근법을 사용했다. 연설이나 감언이설로 사람들에게 지지를 호소하지 않고(어쨌든 그는 그렇게 능란한 연설가도 아니었다) 그 대신 자신이 사람들에게 심어줄 인상에 집중했다. 그는 설득이란 결국 감정의 작용이라는 점을 잘 알고 있었다. 아무리 달콤한 말이라 해도, 불성실하다거나 단지 표를 얻기 위한 선전에 불과하다는 의혹을 주게 되면 유권자들은 마음을 닫을 것이다. 따라서 존슨은 유권자들과 감성적 유대감을 형성하는 데 주력했고 언제나 대화 끝에는 따뜻한 악수나 진실한 눈 맞춤, 목소리의 감동으로 마무리했다. 이는 그와 유권자들 사이의 유대감을 공고히 하는 효과를 거두었다. 대화의 종결은 어떤 의미에서는 시작이었다. 그것이 유권자의 마음속에 남아 있다가 결국 표로 전환됐기 때문이다.

명심하라. 어떤 모험에서든 당신이 승리나 패배 혹은 성공과 실패의 관점에서만 바라보는 경향이 있다면, 그것은 대단히 위험하다. 당신의 지성은 앞을 내다보기보다 어느 시점에 멈추게 된다. 감정이 그 순간을 지배한다. 승리하면 잘났다는 듯이 의기양양하고, 패배하면 낙담과 비통이 온몸을 휘감는다. 당신에게 진정 필요한 것은 인생에 대한 유연하고 전략적인 시각이다. 진정한 끝은 어디에도 없다. 당신이 어떤 일을 어떤 식으로 결말을 짓는가에 따라 당신의 다음 행보가 영향을 받거나 더 나아가 아예 결정되어버린다. 어떤 승리는 차라리 패배만도 못하다. 아무런 결과를 도출하지 못하기 때문이다. 반대로 어떤 패배는 승리보다 낫다. 일종의 각성이나 교훈으로 작용하기 때문이다. 이런 식의 유연한 사고방식은 결말의 질과 분위기에 더 큰 전략적 무게를 두게 만든다. 이를 통해 당신은 승리했을 때 상대방에게 자비를 베푸는 것이 더 좋을지 여부를 결정하게 된다. 한 걸음 뒤로 물러섬으로써 적대관계를 동맹관계로 바꾸거나 상대방의 호의를 자극하는 방법으로 말이다. 어떤 승리나 패배도 순간적인 현상에 불과하며 진짜 중요한 것은 우리가 그것을 통해 무엇을 얻는가이다. 이 사실을 이해하면 삶에서 반드시 따르게 마련인 수천 번의 투쟁 속에서도 우리는 훨씬 수월하게 균형을 유지할 수 있다. 단 한 가지 진실한 종말은 죽음뿐이다. 그 외에 다른 것은 모두 과도기의 일부분에 불과하다.

> 야수다 유쿄가 마지막 술잔에 대해 이야기한 바와 같이, 모든 일은 마지막이 중요하다. 인간의 삶도 마찬가지다. 손님이 자리에서 일어설 때, 작별 인사를 건네고 싶지 않은 분위기가 바로 만남의 주안점이다.
>
> — 야마모토 쓰네토모, 《하가쿠레: 어느 사무라이가 들려주는 인간 경영의 지혜》

전쟁의 기술: 전쟁의 성공적인 마무리를 계획하라

세상에는 세 종류의 사람이 있다. 첫째는 몽상가이자 다변가로 그들은 자신의 사업을 시작할 때 엄청난 열정을 분출한다. 하지만 이런 에너지의 분출은 그들이 자신의 사업을 현실화시키는 데 따르는 어려움과 대면하는 순간 순식간에 사그라진다. 그들은 감정적인 존재로 주로 순간의 기분에 따라 살아간다. 그들의 집중력은 대단히 짧아 순식간에 새로운 사안이 그들의 주목을 받는다. 그들의 삶은 하다가 중단한 사업들로 점철되어 있는데, 그 중 어떤 것은 일장춘몽의 단계를 간신히 벗어난 수준에 불과하다.

그 다음으로 무슨 일이든 반드시 끝장을 봐야 하는 사람들이 있다. 책임감 때문이든 아니면 자신의 능력으로 가능해서 그런 것이든 상관없다. 하지만 그들이 결승선을 통과할 때는 출발선을 나설 때 가졌던 열정이나 에너지가 많이 사라진 상태다. 모든 일을 서둘러 마치려고 하기 때문에 결말은 성급하게 여기저기 땜질식으로 이루어진다. 당연히 다른 사람들은 결말에 만족하지 못한다. 그런 결말은 별로 기억할 가치도 없으며 오래 지속되지도 않고 아무런 효과도 일으키지 못한다.

지금까지 언급한 유형의 사람들은 새로운 프로젝트를 시작할 때 그것을 어떻게 끝맺음할지에 대한 생각을 확고하게 정해두지 않는다. 그리고 프로젝트가 진행됨에 따라 처음 생각했던 내용에서 서서히 이탈하기 시작하여, 결국 자신조차 어떻게 원상태로 되돌릴지 혹은 프로젝트를 포기해야 할지 아니면 그저 끝을 향해 내달려야 할지 확신할 수 없는 상태가 된다.

세 번째 유형은 힘과 전략의 기본적인 법칙을 이해하는 사람들이다. 프로젝트나 캠페인, 대화 등 어떤 일의 종결은 인간에게 중요한 의미가 있다. 그것은 머릿속에서 끊임없는 울림을 일으킨다. 어떤 전쟁이 요란한 팡파르와 함께 시작되어 수많은 승리를 거둘 수는 있지만 그래도 결과가 좋지 않다면 사람들은 그 사실만 기억한다. 어떤 일의 결말이 갖는 중요성과 감성적 반향을 알고 있기에 세 번째 유형의 사람들은 어떤 문제가 단순히 시작했다고 해서 끝나야 하는 것이 아니라 끝맺음을 잘해야

위대한 프로 권투선수인 잭 뎀프시는 이런 질문을 받았다. "당신이 상대방을 향해 주먹을 달릴 때, 그의 턱을 노리십니까, 아니면 얼굴을 노립니까?" 뎀프시는 이렇게 대답했다. "둘 다 아닙니다. 저는 그의 머리 뒤를 겨냥합니다."
— 그랜트 T. 해먼드(Grant T. Hammond), 《전쟁의 마음가짐(Mind of War)》에서 인용, 2001년

한다는 사실을 이해한다. 이들은 언제나 명확한 계획을 가지고 출발한다. 불리한 상황이 발생하면(그런 일은 반드시 일어나게 마련이다), 침착성을 잃지 않고 이성적으로 생각한다. 그들은 단순히 결말을 계획하는 것이 아니라 그것을 넘어서 그 영향까지 고려한다. 이들이 바로 오래 지속되는 무엇인가를, 의미 있는 평화나 기억되는 역작, 장기간에 걸친 풍부한 업적을 창조하는 사람들이다.

어떤 일을 잘 끝맺기 힘든 이유는 간단하다. 결말은 엄청난 감정적 자극을 초래하기 때문이다. 격렬한 투쟁의 종말이 다가오면, 우리는 마음속 깊이 평화를 원하게 되고 조바심을 내며 정전을 맺으려 한다. 만약 어떤 투쟁이 우리에게 승리를 가져다준다면, 우리는 자신이 위대하다는 망상에 빠지기 쉬우며 필요한 것보다 더 많이 차지하고 싶어하는 과욕에 사로잡힌다. 만약 투쟁이 고역스럽게 진행된다면, 우리는 분노하여 격렬하고 보복적인 충돌로 그것을 끝내려고 한다. 그리고 우리가 패배한다면, 복수를 원하는 감정을 마음속으로 불태우게 된다. 이와 같은 모든 감정들은 우리가 이전에 이루어놓은 좋은 결과를 모두 백지화시킨다.

나폴레옹 보나파르트는 역사상 최고의 장군이었을지도 모른다. 그의 전략은 유연성과 세밀함이 잘 조화된 경이적인 작품이었고 결말에 도달하는 모든 과정이 그 속에 포함되어 있었다. 하지만 아우스터리츠에서 오스트리아 군을 격파하고 이어서 예나-아우어슈타트 전투에서 프로이센 군을 격파한 뒤 그는 두 국가에 가혹한 조건을 부과하여 그들을 약체화된 프랑스의 위성국가로 만들려고 했다. 당연히 조약이 성립된 후 두 국가는 복수하려는 열망에 사로잡혔다. 그들은 비밀리에 군대를 양성하며 나폴레옹이 취약해지는 순간을 기다렸다. 그 순간은 나폴레옹이 1812년 러시아 원정에서 파멸적인 패배를 당했을 때 찾아왔다. 그래서 그들은 무시무시한 열정으로 나폴레옹을 두들겼던 것이다.

나폴레옹은 상대방에게 모욕감을 주고 원한을 심어주며 복종을 강요하게 하는 사소한 감정이 자신의 전략에 해가 되도록 방치했다. 그가 만약 장기적인 목표에 계속 집중했다면, 오스트리아와 프로이센을 물리적이 아니라 심리적으로 약화시키는 편이 더 낫다는 사실을 인식했을 것이다. 이를테면 관대한 조건으로 유혹하여 그들을 치욕을 당한 위성국가가 아니라 헌신적인 동맹으로 만드는 것 말이다. 프로이센 국민들 중 다수가 처음에는 나폴레옹을 위대한 해방자로 생각했다. 프로이센만 동맹으로 유지할 수 있었어도 그는 러시아에서 패주를 만회할 수 있었을 테고 그에게 최후의 패배를 안겨준 워털루 전투는 결코 일어나지 않았을 것이다.

눈부신 계획과 수많은 정복만으로는 충분하지 않다. 당신은 자신이 거둔 성공의 희생양이 될 수 있다. 승리로 인해 점점 더 멀리 있는 목표로 유인당하면서 상대에게 치명적인 타격을 가해 원수로 만든다. 결국 당신은 전쟁에서는 승리하지만 그 뒤에 이어지는 정치 게임에서는 패하게 된다. 당신에게 필요한 것은 전략적이고 객관적인 시각이다. 현재를 운용하면서 미래에 집중하고 앞으로 투쟁에 유리하게 이용할 수 있는 방향으로 현재의 행동을 정리할 수 있어야 한다. 이때 객관적 시각이 부족할 경우 감정은 의식하지 못하는 사이에 당신의 명석한 전략을 오염시키는데, 특히 분노와 복수에 대한 염원이 쉽게 전염된다.

전쟁에서 가장 중요한 문제는 멈출 때, 즉 적대행위에서 벗어나 조약을 맺어야 할 때를 아는 것이다. 너무 일찍 멈추면 전진을 했을 때 얻을 수 있는 이익을 모두 잃게 된다. 전진 시간이 너무나 시간이 짧았기 때문에 분쟁에서 우리가 어떤 위치를 점했는지조차 불분명하다. 반면 너무 늦게 멈추면 스스로 지치거나 소화할 수 있는 양보다 더 많은 것을 차지하거나 분노하고 복수심에 불타는 원수를 만들어냄으로써 그 전에 얻었던 이익마저 빼앗기고 만다. 위대한 전쟁 사상가인 카를 폰 클라우제비츠는 이런 문제를 다루면서 자신이 '승리의 한계 정점(culminating point of victory)'이라고 부른 개념을 논의했다. 이는 전쟁을 종식시키기 위한 최적의 순간을 일컫는다. 승리의 한계 정점을 인식하기 위해서는 자신이 가진 자원과 스스로 관리할 수 있는 이익의 정도, 병사들의 사기나 능력이 떨어지고 있다는 징조 등을 파악하고 있어야만 한다. 한계 정점을 인지하는 데 실패하여 전투를 계속한다면, 우리는 예상치 못한 결과에 시

승리는 달성된 것처럼 보인다. 남아 있는 악을 제거하는 일은 그저 시간문제일 뿐이다. 모든 상황이 쉬워 보인다. 하지만 바로 거기에 위험이 도사리고 있다. 경계가 충분하지 않다면, 악은 자신의 모습을 감추고 탈출하게 된다. 그리고 그것이 우리를 피해 달아나는 순간 남아 있는 씨앗으로부터 불행이 싹튼다. 그러므로 악은 쉽게 제거되지 않는다.
— 《주역》

달리게 된다. 전력 고갈과 폭력이 순환되면서 점점 가열되는 현상을 비롯해 이보다 더 심각한 폐해도 발생한다.

사회적인 관계 역시 한계 정점에 대한 인식이 필요하다는 점에서 전쟁과 다르지 않다. 회담이나 대화가 너무 길어지면 결말은 부정적이다. 가장 큰 실수는 너무 오래 머물러 있음으로 해서 사람들을 지루하게 만드는 것이다. 당신은 상대에게 당신에 대한 여운을 많이 남겨둬야 하며, 그러려면 상대방이 예상하기 직전에 대화나 만남을 스스로 종결지어야 한다. 너무 일찍 끝내면 소심하거나 무례한 사람이라는 인상을 주게 되지만 적절한 순간, 즉 기쁨과 열기가 정점에 도달한 순간(한계 정점)에 떠나게 되면, 상대방은 거대한 긍정적 여운에 휩싸이게 된다. 그리고 당신이 떠난 뒤에도 오랫동안 사람들은 당신을 기억하게 된다. 주목의 정점에 있을 때 결말을 내는 전략이 최선이다.

우리가 결말을 낼 때 그것은 승리가 아니면 패배다. 인생에서 패배는 불가피한 일이므로 우리는 전략적으로 패배하는 기술을 습득해야 한다.

첫째, 우리의 정신적 시야, 즉 심리적으로 패배를 받아들이는 방법에 대해 생각해봐야 한다. 패배를 일시적 난관으로 받아들여 깨우침과 교훈을 주는 기회로 생각하면, 당신은 비록 패배했더라도 사기와 이점을 잃지 않은 상태에서 결말에 도달할 수 있다. 그런 다음 다시 공세로 나갈 수 있도록 정신적으로 무장해야 한다. 승자는 유약하고 경솔해지기 쉽다. 따라서 당신은 자신을 단련시키는 수단으로 오히려 패배를 기꺼이 받아들일 수 있어야 한다.

둘째, 패배의 쓰라림 속에서도 당신은 당신 성격의 긍정적 측면을 부각시킬 수 있어야 한다. 이는 굳건한 자세를 유지하면서 패배자의 나약한 모습을 보여주거나 방어적인 자세로 움츠러들지 말아야 한다는 의미다. 존 F. 케네디 대통령은 임기 초기 실패로 끝난 쿠바의 피그스만(Bay of Pigs) 침공 사건으로 미국 전역을 들쑤셔놓았다. 그런 혼란에 대한 모든 책임이 자신에게 있음을 인정했지만 그렇다고 과도하게 저자세를 보

중부사령부의 신속한 진격(사막의 폭풍 작전)은 종료됐다. 이 작전은 100시간이라는 계산서를 청구했지만 3년이 지난 뒤에도 여전히 끝나지 않은 전쟁이다. 중부사령부에서 슈워츠코프 장군의 외교 고문역을 담당했던 고든 브라운은 이렇게 회고했다. "우리는 전쟁을 끝내기 위한 계획을 갖고 있지 않았다."
— 마이클 R. 고든(Michael R. Gordon), 버나드 E. 트레이너(Bernard E. Trainor) 장군, 《장군의 전쟁: 걸프 전쟁의 알려지지 않은 이야기(The General's War: The Inside Story of the Conflict in the Gulf)》, 1995년

이지는 않았다. 대신 실패를 교정하는 작업을 지속적으로 수행했으며 그런 사태가 재발하지 않도록 확실한 조치를 취했다. 그는 평정을 유지하며 후회하는 모습과 의연한 모습을 동시에 보였다. 이를 통해, 그는 대중과 정치계의 지원을 얻을 수 있었고 그 결과 미래의 전투에 전적으로 집중할 수 있었다.

셋째, 패배가 불가피한 상황이 되면, 거기에 휩쓸리지 않도록 조치를 취하는 것이 최선의 방책이다. 그래야 패배하더라도 사기를 잃지 않고 다시 병력을 모을 수 있고 그들에게 미래를 위한 희망을 줄 수 있다. 1836년 알라모 전투에서 미국인들은 최후의 한 사람까지 멕시코 군대와 싸우다 전사했다. 그들은 투항을 거부하고 영웅적으로 전사했다. 그 전투는 재집결의 구호가 됐다. "알라모를 기억하라!" 그래서 샘 휴스턴(Sam Houston)의 군대는 사기를 진작하고 결국 멕시코 군대를 완전히 몰아냈다. 당신이 직접 순교자가 될 필요는 없지만, 영웅적 행위와 끓어 넘치는 에너지를 과시함으로써 패배를 도덕적 승리로 만들 수 있다. 이렇게 형성된 도덕적 승리감은 곧 물리적 승리를 끌어내게 마련이다.

마지막으로 어떤 결말이든 그것은 다음 단계의 시작에 해당하기 때문에 종종 모호한 분위기로 끝을 맺는 것이 전략적으로 현명한 처사일 경우가 많다. 전투가 끝난 후 적과 화해를 한다면, 아직도 약간의 의구심이 남아 있다는 암시를 주어라. 상대방이 당신에게 증명해 보일 것이 아직 남아 있다는 암시 말이다. 어떤 캠페인이나 프로젝트가 끝났을 때, 사람들에게 당신이 다음에 무엇을 할지 예측하기 힘든 사람이라는 인식을 심어주어야 한다. 그들을 계속 어정쩡한 상태에 두어 그들이 당신을 계속 주목하게 하고 그것을 이용하라. 의혹과 모호한 분위기로 상황을 끝낼 때 (일종의 혼란한 암시와 빗대어 말하는 표현, 약간의 의심에 대한 언급) 가장 섬세하고 교활한 방법으로 다음 단계에서도 유리한 지위를 차지하게 된다.

| 이미지 | 태양. 태양이 일주를 끝내고 지평선 아래로 사라지면, 찬란하고 뚜렷

끝맺음의 기법
최고의 대가로 인정받는 기준은, 어떤 문제에 있어서 그들이 완벽한 결말을 찾아내는 방법을 알고 있다는 데 있다. 그것이 크든 작든, 그리고 음악의 선율 혹은 어떤 사상, 아니면 비극의 마지막이나 국가 행동이 됐든 어디서나 마찬가지다. 이류에 해당하는 자는 언제나 결말을 향해 부단하게 전진하나 예를 들어, 포르토피노의 산들이 (제노바만이 자신의 멜로디를 끝내는 곳) 자부심과 평정을 유지하며 바다에 뛰어드는 형상으로 완벽하게 절벽을 이루는 것처럼 완벽한 결말에 도달하지 못한다.
— 프리드리히 니체, 《환희의 지혜(The Gay Science)》, 1882년

한 여운이 한동안 남는다. 그 결과 사람들은 항상 다음 여명을 기다리게 된다.

| **근거** | 정복은 중요하지 않다. 우리는 자신의 성공을 통해 이익을 얻어야만 한다.

― 나폴레옹 보나파르트

뒤집어보기
어떤 일이든 무익한 종결은 아무런 가치가 없다. 여기에는 어떤 반전도 있을 수 없다.

THE 33 STRATEGIES OF WAR

PART 5

전쟁을 수행하는 장수는 적보다 유리한 점을 부단히 탐색해야 한다. 최대의 이점은 기습적 요소, 즉 적의 경험 밖에 있는 참신한 전략으로 적을 타격하는 행동, 통상적 전술에서 완전히 벗어난 전법에서 나온다. 하지만 전쟁의 본성에 의해, 인류가 오랜 세월을 거쳐오는 동안 가능성이 있는 전략은 모두 시도되고 검증되었기 때문에 새로우면서 통상적 사고를 벗어나는 전략을 찾다 보면 그것은 점점 더 극단적인 방향으로 흐를 수밖에 없다. 동시에 전쟁터를 지배하는 도덕적이고 윤리적인 규범은 수 세기에 걸쳐 계속 느슨해지고 있다. 이들 두 가지 영향이 맞물리면서 오늘날 우리가 '더러운 전쟁'이라고 부르는 현상이 만연해졌다. 여기서는 모든 활동이 아무런 사전 경고도 받지 못한 수천의 민간인을 살상하는 일로 귀결된다. 비정규전은 정치적이고 기만적이며 교묘하다. 때때로 열세의 절망적 상황에 있는 편의 마지막 수단이 된다. 비정규전 행동양식은 일반적인 사회와 문화 속에도 스며들어 있다. 그것이 정치 혹은 사업, 사회 등등 무엇이 됐든, 상대방을 쓰러뜨리기 위해 갑자기 습격하거나 예상치 못한 방향에서 공격하는 것이다. 그리고 투쟁이 일상화된 현실의 압박으로 인해 이런 비정규전은 불가피한 전략이 됐다. 사람들은 비밀스럽게 행동한다. 겉으로는 친절하고 예의 바르지만 뒤에서는 파악하기 힘들고 수상쩍은 방법을 사용한다. 비정규전도 나름대로 논리를 갖고 있으며 우리는 그것을 잘 이해해야 한다. 우선 장기간에 걸쳐 참신한 것은 아무것도 없다는 점을 이해해야 한다. 전략의 참신성에 의지하는 사람은 그 시기의 정통적 방식에 대항하기 위해 끊임없이 새로운 전술을 들고 나와야 한다. 둘째, 비정규적인 방식을 사용하는 사람을 상대하기란 몹시 어렵다. 전통적인 직접적 방법, 즉 힘과 체력에 의지하는 방법은 쓸모가 없다. 자신이 더러워지는 손해를 감수하더라도 눈에는 눈, 이에는 이로 맞서야 한다. 일종의 도

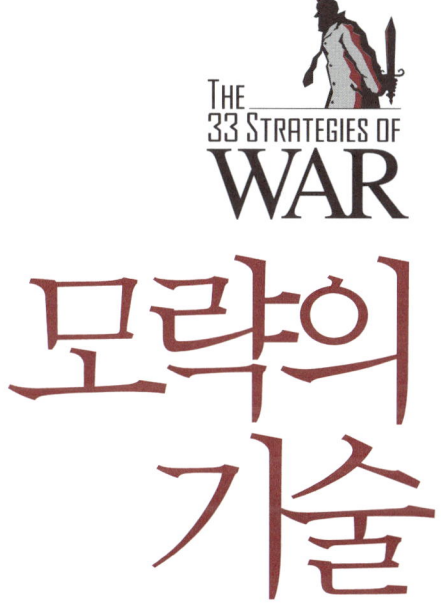

모략의 기술

덕적 관념을 따라 자신의 손을 더럽히지 않으려다 보면 패배를 당하기 십상이다. 여기에 속한 장들은 비정통성의 다양한 형태를 당신에게 전수할 것이다. 그 중 일부는 엄격한 의미의 비통상적 수단이다. 즉 상대방을 기만하고 그들의 예상에 어긋나는 행동을 취하는 것이다. 그 밖의 내용들은 약간 더 정치적이고 경계가 애매하다. 도덕성을 전략적 무기로 변환시킨다거나 일상사에 게릴라 전술을 적용한다거나 잠복성을 가진 소극적 침략을 막힘없이 사용하는 것이 여기에 해당된다. 일부는 변명의 여지없이 더럽다. 내부로부터 적을 파괴하거나 공포와 공황을 유발하는 방법이 그렇다. 이어지는 장에서는 각각의 수단에 내포된 악마적 심리를 이해함으로써 우리가 적절한 대응책으로 무장할 수 있는 길을 제공한다.

STRATEGY 23

사실과 거짓을 섞은 정보를 유포하라

: 정보의 왜곡

주변에서 벌어지고 있는 상황을 감지하고 파악하는 능력이 없으면
그 어떤 피조물도 살아남을 수 없는 법이다.
당신이 벌이고 있는 일은 물론이고 주변의 돌아가는 상황을
적이 제대로 파악하지 못하도록 방해하라.
적의 주의력을 분산시키고 그들의 전략적 입지를 약화시켜라.
인간의 인식은 감정이라는 체를 통해 걸러진다.
따라서 자신이 보고 싶어하는 바에 따라 정보를 해석한다.
그들의 기대를 만족시켜주고 현실을 가공하여 그들의 열망을 충족시켜주라.
그러면 그들은 스스로 자신을 속이게 될 것이다.
최상의 기만은 모호성과 진실과 허구의 교묘한 혼합에 근거를 두고 있으며
따라서 상대방은 허구에서 진실을 구분해낼 능력을 상실하게 된다.
사람들의 인식을 지배할 수 있으면 모든 것을 통제할 수 있다.

거짓을 비추는 거울

전시에는 진실이 너무나도 귀하기 때문에 그것은 언제나 거짓의 호위를 받으며 제시돼야 한다.
— 윈스턴 처칠

1943년 11월 3일 아돌프 히틀러는 고위 지휘관에게 한 편의 문서를 배포했다. 그것은 총통훈령 51호로 그 다음해 연합군이 프랑스를 공격할 것이며 거기에 어떤 식으로 대처하겠다는 내용을 담고 있었다. 수년에 걸쳐 히틀러는 일종의 직관에 의존하여 중요한 전략적 결정들을 내려왔고 수차에 걸쳐 그것이 옳았다는 사실을 입증했다. 연합군은 그전에도 여러 차례 연합군의 프랑스 진격이 임박한 것처럼 히틀러를 속이려 했지만 그때마다 히틀러는 연합군의 기만을 간파했다. 하지만 이번에는 연합군이 공격해올 것이라는 사실과 더불어 그 지점까지도 정확하게 알아낸 것 같았다. 그곳은 바로 파드칼레였다. 도버 해협의 프랑스 측 영토를 따라 이어진 파드칼레 해안은 영국과도 가장 근접한 곳이었다.

파드칼레에는 주요 항구도 몇 개 있어서 연합군이 지상군을 상륙시키기에 적합했다. 그 지역은 또한 히틀러가 V-1과 V-2 로켓 발사대를 설치하려던 곳이었고 두 로켓은 곧 실전에 배치될 예정이었다. 이들 제트 추진 무인 미사일을 런던과 가장 가까운 곳에 배치시켜두면 영국을 폭격하여 굴복시킬 수 있다는 생각이었다. 영국도 이 사실을 알고 있었고 따라서 히틀러가 본격적인 폭격에 돌입하기 전에 연합군이 파드칼레로 상륙해야 하는 이유는 하나 더 늘어난 셈이었다.

총통훈령 51호에서 히틀러는 지휘관들에게 연합군이 대규모 기만작전을 통해 정확한 상륙 장소와 시기를 노출시키지 않을 것이란 점을 경고했다. 독일군은 이런 속임수를 꿰뚫어보고 연합군의 상륙을 저지해야 했다. 독일군이 겪은 최근의 좌절에도 불구하고, 히틀러는 연합군을 격퇴시킬 수 있다고 확신했다. 이미 몇 년 전에 대서양 방벽의 건설에 착수해 프랑스에서 노르망디에 이르는 해안이 요새화되었고 독일군 병력만 해도 1천만 명이나 되는 데다 그 중 프랑스에 주둔 중인 병력은 100만이나 되었다. 또한 독일의 산업체는 더 효율적인 무기를 그 어느 때보다 많이 쏟아내고 있었다. 유럽의 대부분을 장악한 히틀러는 엄청난 자원을 쓸 수 있었고 마음만 먹으면 병력을 어디로든 이동시킬 수 있었다.

끝으로 연합군이 프랑스 해안에 상륙하려면 엄청난 규모의 함대가 집결할 텐데 그런 대규모 움직임을 숨기기는 어려울 것이다. 히틀러는 영국 군부의 모든 계층에 스파이를 침투시켜 그들로부터 양질의 정보를 제공받고 있었다. 그들이 연합군의 공격 지점과 시기를 히틀러에게 알려주게 될 것이다. 연합군은 독일군을 기습하지 못할 것이다. 연합군이 격파 당하면, 영국은 평화회담을 요구해올 것이고 루스벨트는 다가오는 대통령 선거에서 패하게 될 것이다. 그러면 히틀러는 전 병력을 소련에 집중해 그들마저 패배시킬 것이다. 사실 연합군의 프랑스 상륙작전은 전세를 역전시키는 기회가 될 것이기에 오히려 기다리는 바였다.

당시 서유럽 독일군의 지휘관은 게르트 폰 룬트슈테트(Gerd von Rundstedt) 원수로 독일에서 가장 존경받는 장군이었다. 히틀러는 연합군의 침공을 대비해 에르빈 로멜 장군에게 프랑스 해안 방위 책임을 맡겼다. 로멜은 대서양 방벽을 더욱 개선해 그것을 지뢰와 사격 구역으로 이루어진 '악마의 정원'으로 탈바꿈시켰다. 로멜과 룬트슈테트는 연합군을 확실하게 격퇴시키기 위해 더 많은 병력을 요구했다. 하지만 총통도 그것만은 허락하지 않았다.

최근 히틀러는 고위 참모진들을 불신하고 있었다. 지난 몇 년 동안 히틀러를 암살하려는 시도가 몇 차례 있었는데 분명 그의 장교들 중 누군가의 소행으로 여겨졌다. 그가 전략적 결정을 내릴 때마다 장군들의 반대에 부딪히는 일도 자주 생겼다. 더욱이 히틀러가 생각하기에 그들은 러시아 전선에서 몇몇 전투를 망친 장본인들이었다. 그래서 그들을 무능력자나 배신자로 생각하게 됐고 그러다 보니 장교들과 보내는 시간이 점점 줄어들었다. 대신 바이에른의 베르히테스가덴에 있는 휴양지에서 정부(情婦)인 에바 브라운(Eva Braun), 애견 비온디와 함께 은거하는 시간이 점점 더 많아졌다. 거기서 지도를 응시하고 정보 보고서를 읽으며 중요한 결정을 내렸고 전체적인 전쟁의 수행을 직접 관리했다.

이러한 방식은 그의 사고방식에 변화를 초래했다. 신속하고 직관적인 결정을 내리지 못하고 수많은 가능성을 미리 예견하느라 시간을 끌었다. 이제 그는 로멜과 룬트슈테트로부터 추가 병력을 요청받고서는 그들이 너무 신중하고 심지어는 공황 상태에 빠졌다고 생각했다. 그는 혼자서 테미스토클레스는 두 가지 긴급한 문제를 안게 됐다. 그는 펠로폰네소스 함대의 이탈을 저지하는 동시에 그가 원하는 장소와 시기에 페르시아 군을 싸우게 만들어야만 했다. 그러려면 어떻게든 크세르크세스를 유인해 살라미스 해협을 공격하도록 명령하게 해야 했다. ……
테미스토클레스가 최종적으로 선택한 계략은 그리스 역사에서 가장 비밀스러운 일화가 됐다. 살라미스 해전이 끝난 지 8년 뒤에 초연된 아이스킬로스의 비극 《페르시아인들》을 통해 우리가 짐작할 수 있는 사건의 전말은 이렇다. 최종 전략에 대한 장시간의 논쟁이 벌어진 후, 이대로는 패배가 확실하다고 생각한 테미스토클레스는 조용히 회의장을 빠져나와 자기 아이들의 가정교사이자 '가장 믿음직한 노예'이며 소아시아 출신 그리스인인 시킨누스를 찾았다. 그는 시킨누스에게 세심한 주의를 기울여 작성된 편지를 주면서 크세르크세스에게 전달하게 했다. 시킨누스는 9월 19일 동트기 직전 작은 보트로 해협을 건너갔다. …… 편지 내용은 다음과 같다.
테미스토클레스는 아테네 함대의 사령관으로서 자신의 이름을 걸고 편지를 보냈다. 거기서 크세르크세스에게 말하기를, 자신은 그리스를 배반하기로 했으며 따라서 이제는 진심으로 페르시아의 승리를 바란다고 했다. 그리스 동맹은 내부 분열을 일으켜 페르시아의 공격에 강하게 저항하지 못할 것이다. …… '반면 대왕은 그리스 내부의 친페르시아 세력이 나머지 그리스인을 상대로 싸우는 장면을 보게

연합군의 침공을 저지해야 했다. 휘하 장군들의 약점을 간파하고 연합군의 기만술을 꿰뚫어보는 일은 오직 그의 몫이었다. 이런 방식의 단점은 그의 업무량이 열 배나 늘어난다는 것이었다. 히틀러는 극심한 피로를 느꼈다. 저녁에는 수면제를 먹어야 잠들 수 있었고 낮에는 긴장 상태를 유지해야 했다.

1944년 초 핵심적인 정보가 히틀러의 손에 들어왔다. 터키에 있는 독일 스파이가 연합군이 프랑스로 진격해 들어갈 것이라는 내용이 담긴 비밀문서를 입수했던 것이다. 그 문서에는 발칸 반도에 대한 공격이 임박했다는 내용도 들어 있었다. 히틀러는 특히 발칸 반도에 대한 위협에 민감하게 반응했다. 귀중한 자원의 산지인 발칸 반도를 잃는 것은 독일에게 직격탄이 될 것이었다. 그와 같은 위협이 존재하는 상황에서 발칸의 병력을 프랑스로 이동하는 것은 있을 수 없는 일이었다. 영국에 있는 스파이로부터는 연합군의 노르망디 상륙에 대한 첩보가 입수됐다. 실제로 히틀러는 그곳에 대한 방어를 강화시켰다.

4월 히틀러는 정보 보고서들을 숙독하다가 점점 더 흥분했다. 적의 활동을 종합해본 결과 한 가지 뚜렷한 징후를 발견했던 것이다. 생각하면 할수록 그것은 파드칼레에 대한 공격으로 해석할 수밖에 없었다. 영국 남동부에서 조지 패튼 장군의 지휘하에 FUSAG(First United States Army Group, 미 제1집단군)라고 불리는 거대한 부대가 편성되었는데, 이 부대는 분명 도버 해협을 건너 파드칼레를 공격하기 위한 자리에 위치하고 있었다. 게다가 히틀러가 가장 두려워하는 인물이 바로 패튼 장군이었다. 패튼은 자신의 군사적 기술을 북아프리카와 시칠리아에서 이미 증명해 보인 바 있었다. 침공이 있다면 그 지휘관으로 패튼이 가장 적합한 인물일 것이다.

히틀러는 패튼의 집단군에 대한 정보를 더 많이 수집하도록 지시했다. 고고도(高高度) 정찰기가 거대한 육군 숙영지와 접안용 장비들, 농경지를 이동하는 수천 대의 전차, 해안선까지 연결된 송유관 등의 사진을 촬영하는 데 성공했다. 때마침 영국에 억류되어 있던 독일 장군이 본국으로 송환되었는데 그는 자신이 있던 수용소에서 런던으로 이동하는 도중

FUSAG 관할구역에서 엄청난 군사활동이 벌어지고 있음을 목격했다. 스위스에서 활동 중인 스파이는 파드칼레 지도가 희한하게도 모두 품절됐다고 보고했다. 거대한 퍼즐의 조각들이 차례로 맞아떨어지고 있었다.

이제 문제는 단 하나였다. 언제 침공이 이루어질 것인가? 4월이 가고 5월이 되자, 히틀러는 서로 상충되는 온갖 보고서와 소문, 목격담들의 홍수 속에서 헤매었다. 정보가 너무나 혼란스러워 그의 판단력은 한계에 다다른 것 같았다. 하지만 두 편의 정보가 상황을 명확하게 알려주는 것 같았다. 첫째는 영국에서 활동 중인 독일 스파이가 입수한 정보로서, 연합군은 6월 5일에서 7일 사이에 파드칼레 남동쪽에 있는 노르망디를 공격할 것이라는 내용이었다. 하지만 독일은 그 정보원이 이중 스파이라고 믿고 있었기 때문에 분명 연합군이 흘린 역정보라고 생각했다. 결국 공격은 비교적 날씨 예측이 가능한 6월 말이나 7월 초순에 감행될 것이었다. 두 번째는 좀더 신뢰할 수 있는 독일군 스파이들로부터 들어온 소식으로 영국의 최고사령관인 버나드 몽고메리 경(Sir Bernard Montgomery)을 5월에 지브롤터와 알제에서 목격했다는 내용이었다. 몽고메리는 대규모 공습 부대를 이끌 만한 인물이었다. 그런 그가 그토록 먼 지역에서 모습을 드러냈다면, 공습 시기가 임박하지 않았다는 것을 의미했다.

6월 5일 밤 히틀러는 열심히 지도를 들여다보았다. 어쩌면 자신이 잘못 짚은 것인지도 몰랐다. 어쩌면 모든 작전이 노르망디에서 펼쳐질 수도 있었다. 그는 두 가지 경우를 모두 고려해야 했다. 그의 인생에서 가장 중대한 전투가 될지도 모르는 이번 전투에서 속임수에 넘어갈 수는 없는 일이었다. 영국군은 교묘했다. 히틀러는 연합군이 노르망디를 공격할 경우를 대비해 병력이 언제든지 출병할 수 있도록 대기시켜두었다. 확신이 설 때까지는 움직이지 않을 작정이었다. 히틀러는 폭풍우가 이는 그날 저녁, 해협의 날씨 보고서를 읽고는 어제나처럼 수면제를 먹고 잠자리에 들었다.

다음 날 새벽 잠에서 깬 히틀러는 충격적인 소식을 들었다. 노르망디 남부에 대규모 공습이 감행되었으며, 대규모 함대가 지난밤에 영국을 떠났고 수백 개의 낙하산 부대가 노르망디 해안 근처에 착륙했다는 것이

될 것입니다." 더 나아가 그리스 군은 어둠을 틈타 살라미스에서 총퇴각을 하려고 계획 중이며 이는 내일 저녁에 실행될 예정이다. …… 분열시킨 뒤 지배한다는 원칙에 따라 크세르크세스 대왕이 지금 공격을 개시한다면, 그리스 측의 움직임에 선수를 칠 수 있다. "그들의 해군이 아직 체계화되지 않고 육상 병력과 합류하지 못한 이때 공격하여 그들을 격파하십시오."
그 뒤에 그리스 정벌은 상대적으로 쉬워지게 된다. 반면 크세르크세스가 그리스 함대의 탈출을 허용하여 각자 고국으로 돌아갈 수 있게 만든다면, 전쟁은 무한정 장기화될 수도 있다. 왜냐하면 각각의 도시국가를 차례로 상대해야 하기 때문이다. 시킨누스의 주장은 페르시아의 제독들에게 깊은 인상을 남겼고 그 인상은 그대로 자신들의 대왕에게 전달됐다. 크세르크세스는 그 이야기를 그대로 믿었는데, 내용 자체가 그럴듯했기 때문이다. 게다가 그것은 그가 듣고 싶었던 말이기도 했다. 이오니아 지방과 페르시아 제국에서 반란의 기미가 있었고 따라서 그리스 원정이 빨리 끝날수록 유리했다. 테미스토클레스는 장기간의 지연과 좌절로 인해 페르시아 왕은 신속한 문제해결책이라 여겨지는 것이면 무엇이든 받아들일 것이긴 시 느을 잘 알고 있었다.
— 피터 그린(Peter Green), 《페르시아 전쟁(The Greco-Persian War)》, 1996년

다. 날이 밝아오면서 좀더 정확한 보고서가 들어왔다. 연합군이 셸부르의 남동쪽 해변에 착륙한 것이다.

위기의 순간이 다가왔다. 파드칼레에 주둔해 있는 병력 일부를 노르망디 해안으로 서둘러 보낸다면, 연합군을 꼼짝 못하게 만들어 바다에 수장시켜버릴 수도 있었다. 이것을 제안한 사람은 로멜과 룬트슈테트였다. 그들은 히틀러의 승인이 떨어지기를 마음 졸이며 기다리고 있었다. 하지만 그날 밤이 지나고 다음 날이 되도록 히틀러는 망설였다. 그리고 마침내 노르망디로 지원부대를 보내려는 찰나에 FUSAG 지역에서 연합군의 움직임이 늘어났다는 보고를 받았다. 그렇다면 노르망디는 대규모 교란작전에 불과한 것인가? 만약 노르망디로 군대를 보낸다면, 패튼이 그 즉시 해협을 건너 파드칼레로 진입해올 것인가? 아니다. 히틀러는 연합군의 진짜 목표가 노르망디인지 확인하기 위해 기다렸다. 그렇게 며칠이 지났다. 로멜과 룬트슈테트는 히틀러의 우유부단함에 분통을 터뜨렸다.

몇 주가 지나고 나서야 히틀러는 마침내 연합군의 진짜 목표가 노르망디였다는 것을 인정했다. 하지만 이미 때는 늦었다. 연합군은 거점을 확보했으며, 9월에는 노르망디를 점령했다. 독일군은 완전히 퇴각할 수밖에 없었다.

해석 ──

연합군은 노르망디 상륙작전을 계획하면서 히틀러를 완벽하게 속이고 싶었지만 그게 결코 쉽지 않다는 것을 알았다. 히틀러는 의심이 많고 신중한 성격이었다. 그렇다면 어떻게 연합군의 속셈과 모든 움직임을 철저히 파악하고 있는 히틀러에게 대규모 함대라는 실질적 목표를 숨길 수 있었을까?

다행히도 영국 정보국은 독일군에 관한 중요한 정보를 윈스턴 처칠 수상을 포함한 상륙작전 계획자들에게 제공해주었다. 먼저 영국군은 히틀러의 편집증세가 날로 심해져가고 있는 데다 고립되어 있고 과로에 시달리며, 상상력이 과열된 상태라는 정보를 입수했다. 히틀러는 툭하면 폭발했고, 모든 사람들과 모든 것을 다 의심했다. 둘째, 영국군은 히틀러가 연합군이 프랑스로 상륙해 들어가기 전에 발칸 반도를 공격할 것이며, 프랑스의 상륙 지점이 파드칼레라고 믿고 있다는 정보를 입수했다. 심지어 히틀러는 자신의 뛰어난 지력과 통찰력을 입증해 보이기 위해, 이러한 공격이 일어나길 바라는 것 같았다.

연합군의 의도대로 히틀러는 그의 병력을 유럽과 프랑스에 분산시켰고, 그 덕분에 연합군은 거점을 확보할 시간을 벌 수 있었다. 비결은 이것이었다. 히틀러가 생각하는 대로 연합군이 움직이고 있다는 다양한 증거와 정보들이 히틀러에게 제시되었다. 하지만 그런 가짜 정보가 그럴듯해 보이려면 발칸 반도와 파드칼레가 공격지라는 것을 명백히 보여주어서는 안 되었다. 그렇다면 이 모든 것이 속임수라는 낌새를 알아차릴 수 있기 때문이다. 그 대신 영국군은 현실성이 있는 무언가를 만들어내야 했다. 평범한 진실에 약간의 거짓말을 섞어 무엇이 진실이고 무엇이 가짜인지 알아차릴 수 없게 만들어야 했다. 만약 히틀러가 증거 사진에서 자신의 예상을 뒷받침하는 아주 작은 단서를 발견한다면, 나머지는 모두 거기에 맞춰 해석될 것이다. 이렇게 연합군은 교묘하게 작전을 짰다.

1943년 말 영국군은 영국에서 활동하는 독일 스파이들의 정체를 파악했다. 발칸 반도와 노르웨이 공습, 그리고 히틀러가 가장 두려워하는 패튼 장군이 지휘하는 대규모 군대(FUSAG는 위조 서류와 무선 송신상으로만 존재하는 가상의 군대였다)가 파드칼레 맞은편에 주둔하고 있다는 거짓 정보를 흘림으로써 그들이 자신도 모르는 새 이중 첩보원의 역할을 하게 했다. 연합군은 독일 스파이들이 FUSAG에 대한 문서를 훔치고 무선 송신을 훔쳐 듣도록 내버려두었다. 적을 교란시키기 위한 것이었지만 평범하고 관료적인 메시지들이어서 전혀 가짜 티가 나지 않았다. 연합군은 영화 미술 전문가와 함께 독일군 정찰기에서 떼낸 고무와 플라스틱, 나무로 대규모 캠프와 비행기, 탱크같이 보이는 정교한 세트장을 만들었다. FUSAG를 목격한 독일군 장교는 런던으로 방향을 틀었다. 그는 FUSAG의 주둔 지역인 서쪽에서 노르망디 대공습을 준비하는 진짜 군대를 지나쳐버렸다.

공습 날짜가 가까워오자, 연합군은 좀더 복잡한 사실과 허구가 뒤섞인

전쟁 막바지에 이르렀을 때, 연합군 정보국 장교들은 독일군 비밀 정보국에서 입수한 파일들에서 상륙일 전에 정보 요원과 여러 소식통으로부터 받은 250페이지의 메시지를 발견했다. 거의 대부분은 6월과 칼레 지역을 언급하고 있었지만, 단 한 개의 메시지에는 정확한 침공 날짜와 장소가 적혀 있었다. 그 메시지는 알제에 있는 프랑스 대령이 보낸 것이었다. 연합군은 그가 독일 군사정보국을 위해 일한다는 사실을 알아냈고, 그 프랑스 대령은 체포된 후 곧 변절했다. 그는 또한 베를린을 교란시키기 위해 악용되었다. 독일군은 그 프랑스 장교에게 너무 많이 속아, 그가 보낸 정보는 쓰레기 취급을 하기에 이르렀다. 하지만 적군이 베를린에 어떤 거짓 정보를 줄지 알아두는 것도 도움이 된다고 판단해 계속해서 프랑스 장교와 접촉했다. 연합군 정보국은 대담하고도 심술궂게 그 프랑스 대령에게 디데이는 6월 5일, 6일 또는 7일이며 노르망디 해안에서 개시될 거라고 알려주었다. 프랑스 대령으로부터 메시지를 받은 독일군은 공습이 6월 5, 6, 7일을 제외한 날, 그리고 노르망디를 제외한 다른 해안에서 공습이 발발할 것으로 해석했다.
— 질 페로(Gilles Perrault), 《노르망디 상륙 작전의 비밀(The Secrets of D Day)》, 1905년

실마리를 던졌다. 독일군이 전혀 신임하지 않는 스파이에게 실제 공습 시간과 장소를 알려주었고, 이를 보고받은 히틀러는 자신이 이러한 거짓 속에서 진실을 파악했다고 자신했다. 이제 진짜 공습정보와 시기가 누설된다 하더라도, 히틀러는 무엇을 믿어야 할지 모를 터였다. 연합군은 스위스에서 파드칼레의 지도를 모두 사들인 일이 히틀러의 귀에 들어갔다는 것을 알고 있었으며, 이는 나름대로 현실성 있는 논리를 가지는 것처럼 보였다. 그리고 지브롤터에서 목격했다는 몽고메리는 사실 장군과 똑같이 보이도록 훈련받은 대역이었다. 결국 연합군이 조작한 상황은 히틀러에게 너무나도 사실적으로 비쳐져 노르망디 공습이 발발한 후에도 한참 동안 거짓과 진실을 분간할 수 없었다. 교란 작전을 통해 연합군은 히틀러가 병력을 분산시키도록 했다. 히틀러에겐 어쩌면 이 공습이 오히려 기만술이었을지도 모른다.

경쟁적인 세계에서는 속임수야말로 당신이 지속적으로 유리한 위치에 설 수 있게 해주는 강력한 무기다. 속임수를 사용해 상대편을 교란시키고, 엉뚱한 것을 쫓게 만들며, 절대 일어나지 않을 공격에 방어하느라 귀중한 시간과 자원을 낭비하게 만들 수 있다. 하지만 속임수에 관한 당신의 개념이 잘못되었을 가능성이 높다. 속임수는 정교한 환상이나 눈에 띄는 교란이 아니다. 그런 것들에 속기에는 사람들이 너무 영리하다. 속임수는 현실을 반영하고 있어야 한다. 영국군의 공습 개시일 속임수처럼 정교하되 현실을 완전히 다 변형하지 말고 아주 약간만 미묘하게 변형해야 효과가 있다.

현실을 반영하기 위해서는 현실의 특성을 이해하고 있어야 한다. 무엇보다도 현실은 주관적이다. 우리는 자신의 감정과 편견을 통해 사물을 걸러내며, 우리가 보고 싶어하는 것만 본다. 당신의 가짜 거울은 사람들의 욕구와 기대를 확인시켜주어야 하며, 달래서 잠들게 만들어야 한다. 당신의 가짜 거울은 사실로 보이는 것들을 구체화시켜주어야 한다. 인생 그 자체처럼 비교적 평범해 보이는 것이어야 한다. 노르망디 공습 작전 날짜에서처럼 모순되는 요소들을 보여주어도 좋다. 실제로 현실 또한 모순적인 경우가 많기 때문이다. 결국 에셔(Escher)의 그림처럼 적이 분간할 수 없을 정도로 사실과 환상을 섞어야 하며, 그렇게 된다면 당신의 가짜 거울은 현실로 받아들여지게 된다.

> 우리가 원하는 것, 우리가 쉽게 믿는 것, 우리가 생각하는 것은 다른 사람들도 그렇게 생각하리라 우리가 상상하는 것이다.
> ― 율리우스 카이사르

전쟁의 기술: 사실과 거짓을 섞은 정보를 유포하라

역사 초기의 전투에서 군대 지도자들은 곤경에 처했다. 전쟁의 성공은 적의 의도와 장점 및 약점을 얼마나 많이 알아내느냐는 능력에 달려 있지만, 적은 절대 이러한 정보를 누설하지 않을 게 뻔하지 않은가. 게다가 이질적인 문화를 가진 적은 독특한 사고방식과 행동을 보여준다. 적군의 사령관이 무엇을 생각하고 있는지 알 도리가 없다. 적을 제대로 이해하지 못하는 한 군 사령관은 어둠 속에서 작전을 수행할 수밖에 없다.

이러한 문제를 해결할 유일한 방법은 적 내부에 어떤 일이 일어나고 있는지를 알려주는 징조를 샅샅이 조사하는 것이었다. 전략가는 적군 캠프의 모닥불 수를 세어 군사의 수 변화, 즉 군대의 규모와 지원군의 도착 여부, 군대가 분산되어 수가 감소되었는지의 여부 등을 파악했다. 또 군대가 어디로 향하는지, 전투 준비를 하고 있는지를 알아보기 위해 대열의 변화나 움직임 따위를 주시했다. 적군 내부의 움직임을 살피기 위해 스파이나 정찰병을 보내기도 했다. 이러한 징조들을 충분히 모으고 적군을 정확하게 파악한 지도자는 그 정보들을 조합해 상황을 분명하게 그려볼 수 있었다.

지도자는 또한 자신이 적군을 주시하는 것처럼, 적군도 자신을 똑같은 방식으로 주시하고 있다는 것을 알았다. 이렇게 서로의 겉모습을 판독하는 밀고 당기는 게임이 지속되면서 전 세계 전략가들은 비슷한 생각을 하게 되었다. 적군이 보는 징조들을 교묘하게 왜곡시킨다면 어떨까? 겉모습을 가지고 장난쳐 교란시킨다면 어떨까? 만약 적군이 우리가 그러는 것처럼 우리의 모닥불 수를 센다면, 우리의 전력을 속이기 위해 더 많은 모닥불을 피우거나 더 적은 모닥불을 피우는 것은 어떨까? 만약 적군이 우리 군대의 모든 움직임을 파악하고 있다면, 적군을 유인하기 위해 군대 일부를 보내거나, 적군을 속이기 위해 다른 패턴으로 움직인다면 어떨까? 만약 적군이 우리 진영에 스파이와 정찰병을 보냈다면, 그들에게 거짓 정보를 흘리는 것은 어떨까? 우리의 규모와 의도를 알고 있다고 생각하지만, 실제로 그 정보가 잘못되었다는 것을 인식하지 못한 적군은 잘못된 판단에 따라 행동할 것이고 그 결과 수많은 실수를 저지르게 될 것이다. 적군은 존재하지 않는 적과 싸우기 위해 군사를 움직일 것이다. 적군은 그림자와 싸우게 되는 것이다.

이런 식으로 생각하면서 고대의 전략가들은 교묘한 교란 병법을 고안해냈다. 이 병법은 전쟁뿐 아니라 정치와 사회 전반에까지 퍼졌다. 교란 병법의 본질은 자신의 정체를 교묘하게 조작하고 왜곡된 신호를 보냄으로써, 적군의 현실에 대한 비전을 통제하며 그들이 잘못된 판단하에 행동하도록 유도하는 것이다.

생명이 걸린 전쟁에서 이러한 교란 작전을 사용하는 것은 도덕적 타락이라고 할 수 없다. 동물들이 생존하기 위해 위장술이나 여타의 속임수를 사용하는 것처럼, 이 또한 유리한 위치를 다지기 위한 무기에 불과하다. 이러한 무기를 사용하지 않는 것은 무장해제를 의미하며, 상대편에게 전장에 대한 명확한 시각, 승리로 이끌 수 있는 우위를 제공하게 된다. 패배에는 교훈도 미덕도 없다.

우리는 일상생활의 전투에서 이와 비슷한 역학관계에 직면하고 있다. 하지만 우리는 다른 사람들의 머릿속을 들여다볼 수는 없으므로, 밖으로 드러나는 행동에서 신호를 읽어내야 한다. 사람들의 과거 행동을 추적해보고, 이를 통해 그들이 미래에 어떤 행동을 할 것인지를 유추해낸다. 상대방의 말, 표정, 몸짓, 목소리 톤, 의미를 지닌 특정 행동을 살펴본다. 사회적 영역에서의 모든 행동은 일종의 신호다. 그와 동시에 우리는 수천 개의 눈들이 우리를 주시하며, 우리를 읽어내려 하고, 우리의 의도를 파악하려 한다는 사실을 인식해야 한다.

그러한 전략의 진정한 효과는 자원의 분배, 자기 충족과 자멸의 예언, 진실의 파괴와 진실을 창조하는 것이다. 이는 조직의 회복력과 적응력, 핵심 가치, 대응할 능력에 혼란과 무질서를 안겨주며, 파괴 효과를 극대화한다. 존 보이드 대령에 의하면 이러한 전략의 비결은 덜 속이고(거짓 명령을 내림) 더 모호하게(진실 그 자체에 대한 혼란) 만드는 것이다. 당신은 적을 교란시키기 위해 진실과 거짓을 섞어야 한다. 이렇게 섞인 진실과 거짓은 더 많은 문제점들을 만들어내며, 가려내는 데 더 오랜 시간이 걸리고, 단순하게 거짓 정보를 끼워넣는 것보다 더 많은 질문을 필요로 하기 때문이다. 보이드는 그 예로 노르망디 공습 이후에 미군의 군복과 지프를 훔친 독일군 병사들의 이야기를 들려주었다. 이 독일 병사들은 프랑스의 시골길을 달리면서 연합군을 교란시키기 위해 도로의 모든 표지판들을 바꾸어놓았다. 곧 미군은 방향이 반대로 되어 있으며, 표지판의 반대편으로만 가면 된다는 사실을 알아냈다. 만약 독일군들이 3분의 1에서 반 정도만 표지판을 바꾸었더라면 훨씬 더 효과적으로 교란시킬 수 있었을 것이다. 그랬더라면 똑같은 방식으로 모든 표지판을 바꾸어놓는 것보다 표지판의 정확성을 더 모호하게 만들고, 문제를 해결하는 데 더 많은 시간이 걸렸을 것이다.
— 그랜트 T. 해먼드, 《전쟁의 마음가짐》

이는 외견과 인식을 둘러싼 끝없는 전투다. 만약 다른 사람들이 우리가 무슨 일을 하고 있는지 읽어낼 수 있고 우리가 무슨 일을 할 것인지 예측할 수 있는 반면, 우리 자신은 그들에 대해 아무런 실마리도 갖고 있지 않다면 그들은 우리를 이용해 먹을 수밖에 없을 것이다. 바로 이 때문에 사회적 영역에서 우리는 교란 작전을 배워야 한다. 상대편이 듣고 싶어하는 것을 이야기하고, 진짜 생각과 진실은 숨긴 채 더 나은 인상을 심어주기 위해 속여야 한다. 이러한 교란 작전은 완전히 무의식적으로 이루어지는 경우가 태반이다.

외관은 중요하고 인식은 불가피하므로 당신은 게임에서 앞서 나갈 방법, 다시 말해 당신의 인식을 좀더 의식적이고 교묘하게 계획할 방법을 연구해야 한다. 당신은 자신의 책략을 은폐하고, 사람들이 가지고 있는 당신과 당신이 주는 신호에 대한 인식을 통제함으로써 상대방의 균형 감각을 깨뜨려야 한다. 교란 작전이라는 병법으로부터 당신은 많은 것을 배울 수 있다. 이 병법은 영원불멸한 심리학의 법칙에 기초를 두고 있으며, 일상생활의 어떤 전투에도 적용할 수 있다.

다음은 교란 작전의 여섯 가지 주요 형태로서 모두 나름의 장점을 지니고 있다.

위장 전선 이는 가장 오래된 형태의 교란 작전이다. 적이 당신을 실제보다 더 약하다고 믿게 만드는 전략도 여기에 포함된다. 지도자는 후퇴하는 척하며, 이를테면 적이 밀려올 경우를 대비해 덫을 설치해두거나 덤불에 매복한다. 이는 특히 손자가 애용했던 전술이다. 약해 보이는 외견은 사람들의 공격성을 유발하여, 전략은 뒤로하고 감정적이며 파괴적인 공격을 감행하게 만들 수 있다. 나폴레옹은 아우스터리츠 전투에 앞서 적의 군대가 수적으로 우세하며 자신이 전략적으로 취약한 위치에 있다는 것을 알고는, 일부러 당황하고 혼란스러워하며 두려워한다는 신호를 보냈다. 그러자 적군은 자신의 강한 위치에서 이탈하여 나폴레옹을 공격했으며, 덫으로 달려들었다. 이는 나폴레옹에게 가장 위대한 승리를 안겨주었다.

당신이 세상에 내보일 외견을 조작하는 것은 가장 중요한 기만술이다. 사람들은 자신이 본 것에 가장 직접적인 반응을 보이게 마련이다. 당신이 영리해 보인다면(당신이 속이는 것처럼 보인다면) 상대편은 자신을 보호하려 들 것이기에 그들을 교란시키는 것은 불가능하다. 따라서 당신은 그와 정반대로 보여주어야 한다. 이것이 바로 상대의 의심을 무장해제하는 방법이다. 여기서 최선의 외견은 약한 외견이다. 당신이 약점을 내보인다면 상대편은 자신이 더 우세하다고 생각해 당신을 무시하거나(때때로 무시당하는 것이 아주 유용할 때가 있다) 잘못된 순간에 공격적인 행동을 하는 미끼를 물 것이다. 그리고 그들은 뒤늦게 일을 저지르고 난 후에야 당신이 절대 약하지 않다는 것을 깨닫게 된다.

일반적으로 고대 중국의 전략가들이 그랬듯 당신은 실제로 계획하고 있는 것과 정반대의 모습을 세상에 내보여야 한다. 만약 공격할 준비가 되었다면, 싸울 준비가 되지 않았거나 전쟁을 계획하기에는 지나치게 느긋해 보이는 모습을 연출하자. 평온하고 친절한 모습을 보여주자. 이는 당신이 당신의 외견을 통제하고 적을 어둠 속에서 헤매게 만드는 능력을 다지는 데 도움이 될 것이다.

유인 공격 고대부터 지금까지 군대에서 가장 흔하게 사용되는 교란 작전이다. 이 책략은 당신이 A지점으로 공격 중이라는 것을 알아챈 적이 모든 병력을 그곳에 집중시켜 당신의 공격을 어렵게 만들 경우에 대비한 해결책으로 생겨났다. 하지만 적을 속이기란 쉬운 일이 아니다. 비록 전투가 시작되기 전에 당신의 의도를 숨기고 적군이 병력을 A지점에 집중시키지 못하도록 속였다 하더라도, 당신의 군대가 그 지점으로 향하는 것을 적이 목격한다면 방어를 하기 위해 몰려올 것이 뻔하기 때문이다. 이에 대한 해결책은 당신의 군대를 B지점으로 움직이거나 실제 목표인 A지점에 군대를 남겨두고 B지점으로 일부 군대를 보내는 것이다. 적은 이제 B지점을 방어하기 위해 군대 전부나 일부를 움직여야 할 것이다. C지점과 D지점에도 일부의 군대를 보낸다면, 적군의 군대는 사방으로 분산될 것이다.

이 책략의 비결은 말이나 유언비어, 심어진 정보에 의존하는 대신 군대가 실제로 움직이는 것이다. 이는 적군의 반응을 확실히 이끌어낼 수 있다. 적군은 잘못 추측할 경우 엄청난 재앙을 몰고 올 수 있지만, 상대의 속임수 여부를 판단할 여유가 없다. 어찌 됐든 B지점을 지키기 위해 움직일 수밖에 없다. 누구도 실제 군대의 움직임과 거기에 사용된 시간과 에너지에 대해서는 의심하지 않기 때문이다. 따라서 유인 공격은 적군을 분산시키고 당신의 의도를 알아채지 못하게 한다. 이는 모든 군사령관들의 궁극적인 꿈이기도 하다.

　유인 공격은 일상생활에서도 당신의 의도를 숨기기 위한 필수 전략이다. 당신이 공격하고 싶은 지점을 상대방이 방어하지 못하도록 만들기 위해서는, 유인 전략을 따라야 하며 관심 없는 목표를 향해 실제로 행동을 취해야 한다. 단순히 말로 의도를 나타내는 것이 아니라, 실제로 그 지점을 공격하는 데 시간과 에너지를 투자하는 것처럼 보여야 한다. 실질적인 행동은 영향력이 있으며 진짜로 보이기 때문에 상대편은 자연스럽게 그 지점이 당신의 목표라고 짐작해버릴 것이다. 적군의 관심은 당신의 실질적 목표에서 멀어지며, 적군의 방어는 분산되고 약해진다.

　위장술 주변 환경과 어울리도록 위장하는 능력은 교란 전략에서 가장 무서운 형태 중 하나다. 20세기 들어 아시아의 군대들은 특히 이 병법에서 뛰어난 기술을 보였다. 2차 세계대전 중 과달카날 전투와 이오지마 전투에서 미군은 일본군이 태평양의 다양한 지대에 동화되는 위장기술에 망연자실했다. 잔디와 나뭇잎, 잔가지와 잎이 붙은 가지들을 엮어 군복과 군모를 뒤덮은 일본군은 숲과 하나가 되어 구분할 수가 없었다. 이 숲은 조금씩 앞으로 전진해 다가왔고, 일본군의 존재를 알아차렸을 때는 이미 늦은 뒤였다. 게다가 일본군은 총구를 바위틈으로 내밀거나 쉽게 벗길 수 있는 위장용 덮개 밑에 숨기고 있어 어디서 총알이 날아오는지 정확히 짚어낼 수가 없었다. 베트콩 또한 위장전술에 뛰어났다. 그들은 터널과 땅굴을 파두고 무장한 군인이 사방에서 튀어나오는 것처럼 보이게 만드는 수법을 이용해 위장술을 한층 더 강화시켰다. 가장 끔찍한 위장술은 평범한 시민들 사이에 섞이는 것이다. 이렇게 적에게 자신의 모습을 감추고 위장하는 것은 상대편의 인식을 통제하는 교란 작전에 속한다.

위장 전략은 일상생활에서 두 가지 방식으로 적용해볼 수 있다. 먼저 다른 사람들의 주목을 피하기 위해 사회적 풍경에 녹아 들어가는 것은 항상 좋은 방법이다. 다른 사람들처럼 말하고 행동하며 그들의 신념체계를 흉내 내고, 군중 속에 뒤섞인다면, 다른 사람들은 당신의 태도에서 특별한 점을 읽어낼 수 없을 것이다(여기서 중요한 것은 겉모습이다. 비즈니스맨처럼 옷을 입고 비즈니스맨처럼 말하라. 그리고 비즈니스맨이 되어야 한다). 이는 다른 사람들이 모르게 움직이고 계획을 짤 수 있는 여유를 마련해준다. 나뭇잎 위에 앉은 메뚜기처럼 주위의 환경으로부터 쫓겨날 일은 없다. 이는 약한 시기에 아주 훌륭한 방어책이다. 두 번째, 당신이 그 환경에 동화되고 아무런 활동의 신호도 보이지 않은 채 어떤 공격을 준비하고 시작한다면, 당신의 공격은 급작스러운 것으로 비쳐져 효과도 그만큼 클 것이다.

최면 패턴 마키아벨리에 의하면, 인간은 천성적으로 패턴에 따라 생각하는 경향이 있다고 한다. 사람은 사건들을 패턴에나 틀에 맞추어서 자신의 기대에 부합하는 것으로 보고 싶어하며, 삶의 혼돈은 예측할 수 있다고 말함으로써 스스로를 위안하려 한다. 이러한 정신적 습관은 마키아벨리가 '순화(acclimatization)'라고 부른 전략을 이용한 교란 작전의 훌륭한 기반이 된다. 순화는 당신의 적이 당신의 다음 행동을 예상할 수 있을 거라 생각하도록 일정한 패턴을 교묘하게 만드는 것이다. 적들이 스스로의 생각에 만족하게 되면, 당신은 이제 적의 기대를 저버리고 패턴을 깨고 놀라게 할 일을 꾸밀 수 있다.

1967년 6일 전쟁에서, 이스라엘 군은 압도적이고 번개처럼 빠른 승리로 아랍 군을 굴복시켰다. 이로 인해 이스라엘 군은 아랍 군의 무기는 구식이고 전략은 진부하다는 생각을 가졌다. 그로부터 6년 후, 이집트의 안와르 사다트 대통령은 이러한 편견을 이용해 이집트의 군대는 혼란에 빠져 있으며 1967년의 패배로 여전히 보잘것없는 상태인 데다, 은인인 구소련과도 다툼이 끊이지 않는다는 표시를 드러냈다. 1973년 이스라엘의 욤키푸르(Yom Kippur, 대속죄일. 유대인의 가장 성스러운 안식일이다—옮긴이) 기간에 이집트와 시리아가 공격해오자 이스라엘 군은 놀라움을 금치 못했다. 사다트는 교묘하게 이스라엘이 방심하도록 만들었던 것이다.

이 전술은 일상의 전투에서도 무한하게 확대할 수 있다. 사람들은 당신이 자신을 속였다는 느낌을 받으면, 당신이 또다시 속임수를 쓸 거라고 예상하겠지만, 다음번에는 다른 방식을 사용할 거라고 생각하기 쉽다. 똑같은 사람에게 똑같은 속임수를 써먹는 바보짓은 하지 않을 거라 생각하는 것이다. 에드거 앨런 포(Edgar Allan Poe)의 단편 소설인 《도난당한 편지(The Purloined Letter)》를 생각해보라. 가장 눈에 띄는 곳에 무언가를 숨겨두지 않았는가. 그렇게 눈에 띄는 곳은 아무도 찾아보지 않을 게 뻔하기 때문이다.

심어진 정보 사람들은 들은 것보다는 자신의 눈으로 본 것을 훨씬 더 신뢰한다. 누군가가 준 것보다는 스스로 발견한 것을 훨씬 더 신뢰한다. 만약 당신이 제3자를 통하거나 중립적인 지역에서 적이 알았으면 하는 거짓 정보를 심어둔다면, 적군은 실마리를 붙잡고는 자신이 진실을 발견했다고 생각할 것이다. 적이 이러한 정보를 파고들게 만들수록 적을 완벽하게 속일 수 있다.

1차 세계대전 중에 서부전선에서 독일군과 영국군은 두 국가 모두 식민지를 두고 있는 동아프리카의 통제권을 두고 전투를 벌였다. 이 지역의 영국군 정보 담당은 리처드 마인헤르츠하겐(Richard Meinhertzhagen) 대령이었고, 그의 독일군 라이벌은 교육을 받은 아랍인이었다. 마인헤르츠하겐의 업무에는 독일군에게 잘못된 정보를 흘리는 것도 포함되었다, 그는 이 아랍인을 속이려고 갖은 애를 썼지만 아무런 소용이 없었다. 두 남자는 막상막하였다. 마침내 마인헤르츠하겐이 수를 냈다. 그는 아랍인에게 이중 스파이 노릇을 해준 것과 영국군에게 귀중한 정보를 제공해준 것에 감사한다는 내용의 편지와 함께 봉투 안에 많은 돈을 넣었다. 편지

이 원칙은 좀더 완곡하지만 어떤 개인을 특정 역할에 자연스럽게 적응시킨다는 똑같은 목적을 추구하는 상황에 적용할 수 있다. 어차피 자신이 거짓 역할을 수행하고 있다는 사실을 몰라야 하기 때문이다. 예를 들어 2차 세계대전 때 수행된 '결코 존재한 적 없는 사나이(Man Who Never Was)' 작전의 구도를 살펴보자. 이 작전에서 고위급 연락장교가 연합군의 지중해 작전 계획에 대한 가짜 정보를 담고 있는 문서를 소지하고 해안에 시체로 떠밀려왔다. 문제의 '소령'이 스페인 해역에 떨어진 뒤에 스페인 주재 영국 무관은 '비밀'리에 대단히 중요한 문서가 분실됐으며, 실종된 연락장교가 갖고 있던 서류가방이 회수 가능한지 알아보는 임무를 명령받았다. 그 결과 대사관 무관은 자신의 역할을 자연스럽게 수행했는데, 자신이 연극의 일부라는 사실을 전혀 몰랐기 때문에 당연한 것이었다.
— 질 페로, 《노르망디 상륙작전의 비밀》

배달은 가장 신임하지 않는 부하에게 맡겼다. 당연히 독일군은 이 부하를 잡았고 편지를 발견했다. 이 부하는 고문을 받으면서도 자신의 임무는 진짜라고 말했다. 마인헤르츠하겐은 그 부하를 의사결정 과정에 전혀 개입시키지 않았기 때문에 그는 자신이 맡은 임무가 사실이라고 생각했다. 이 부하는 연기를 하는 것이 아니었기 때문에 더 믿을 만했다. 독일군은 조용히 그 아랍인을 불러내 사살했다.

상대편을 속일 때 당신이 아무리 거짓말을 잘해도 완벽하게 자연스러운 모습을 보이는 것은 힘들다. 거짓말을 하려면 자연스럽고 사실처럼 보이기 위해 지나친 노력을 하게 되므로, 상대편에게 들킬 수 있다. 따라서 진실을 모르는 사람(거짓말을 믿는 사람)들을 통해 거짓말을 퍼뜨리는 것이 효과적이다. 이런 종류의 이중 스파이를 대할 때는 초기에 약간의 옳은 정보를 제공해주는 것이 현명한 방법이다. 그래야 그들이 주고받는 정보를 신뢰할 것이기 때문이다. 그 후에는 당신의 거짓말을 위한 완벽한 이중 스파이가 되어줄 것이다.

그림자 속의 그림자 속임수 전략은 교묘하게 던져진 그림자와 같다. 적은 이 그림자가 견고한 실체인 것처럼, 그림자의 원래 존재가 착각인 것처럼 반응한다. 하지만 약아빠지고 경쟁적인 세계에서는 양측이 모두 게임을 알고 있으며, 경계를 늦추지 않는 적이 당신이 던진 그림자를 움켜쥐리란 보장도 없다. 따라서 당신은 더 높은 수준의 교란 병법인 그림자 속의 그림자 전략을 구사해, 적이 사실과 허구를 구분하지 못하게 만들어야 한다. 모든 것을 너무나도 흐릿하고 불확실하게 만드는 많은 양의 안개를 피워올린다면, 당신이 사기쳤다는 의심을 받더라도 상관없다. 거짓말로부터 진실을 분리해낼 수가 없으며, 의심에 빠진 적은 스스로를 고통으로 몰아갈 것이다. 적은 당신이 무슨 일을 꾸미고 있는지를 알아내기 위해 애쓰면서 소중한 시간과 자원을 낭비하게 된다.

2차 세계대전 중 북아프리카의 사막 전투에서 영국군의 더들리 클라크(Dudley Clarke) 중위는 독일군을 속이기 위한 작전을 짰다. 그의 전술 중 하나는 버팀목(가짜 탱크와 대포)을 이용해 독일군이 영국 군대의 규모

배신자의 걸작—공모자에게 자신이 그에게 배신을 당하게 될 거라는 깊은 의심을 표현하는 것, 그리고 자신이 배신에 참여하는 그 순간 그러한 의심을 표현하는 것은 악의 걸작이다. 이는 상대편이 스스로에게 몰두하고 아주 개방적이며 의심받지 않게 행동하도록 만들고, 그로 인하여 실제 배신자가 완벽한 행동의 자유를 얻게 되기 때문이다.
— 프리드리히 니체,
《인간적인, 너무나 인간적인》

와 위치를 알아내지 못하게 만드는 것이었다. 독일군의 고고도 정찰기에서는 이러한 가짜 무기가 진짜처럼 사진에 찍혔다. 특히 효과가 좋은 버팀목은 나무로 만든 가짜 비행기였다. 클라크는 한술 더 떠 비행기 주위에 가짜 경비행장도 만들어놓았다. 그러던 중 한 장교가 걱정스러운 표정으로 말하기를 독일군이 가짜 비행기와 진짜 비행기를 구분하는 법을 알아냈다는 것이었다. 영국군은 가짜 비행기의 날개를 받치기 위해 나무로 된 받침대를 세워놓았는데, 사진을 확대해서 보면 이러한 사실이 드러날 것이었다. 그 장교는 가짜 무기를 이용하는 전략은 그만두어야 한다고 했다. 하지만 천재적인 속임수의 대가인 클라크는 더 뛰어난 아이디어를 냈다. 가짜 비행기뿐 아니라 진짜 비행기의 날개 밑에도 받침대를 놓기로 한 것이다. 첫 번째 가짜 무기 전략에서 독일군은 혼란스러웠지만 결국 진실을 밝혀낼 수 있었다. 하지만 이제는 클라크가 한 수 더 높은 우위를 점령했으며, 적군은 진짜와 가짜를 구분하지 못해 혼란이 가중되었다.

적군을 교란시키려 한다면, 보호하고 해독하기 힘든 전략을 만들어내는 것이 좋다. 노골적인 속임수는 적군에게 쉽게 들통 날 수 있으며, 특히 아직도 적군이 속고 있다는 생각으로 행동한다면 그들은 이를 발판으로 우세한 위치에 오를 수 있다. 당신은 이중으로 속을 것이다. 단순히 모호하지만 모든 것을 다 흐릿하게 만들 수 있다면, 그 속임수는 어지간해서는 알아채지 못할 것이다. 적은 진실과 거짓, 선과 악이 하나로 뒤섞인 불확실성이라는 안개 속에서 길을 잃을 것이다.

| 이미지 | 안개. 안개는 사물의 모양과 색을 분간할 수 없게 만든다. 안개를 만드는 법을 배운다면, 당신은 적군의 시선으로부터 자유로워질 수 있으며, 교묘한 책략을 계획할 여유를 갖게 된다. 당신은 자신이 어디로 향하는지 알고 있지만, 적은 길을 잃은 채 안개 속으로 더 깊숙이 들어가게 된다.

| 근거 | 수수께끼 같은 움직임으로 적을 속이고, 잘못된 정보로 적을 혼란에 빠뜨리며, 자신의 힘을 숨겨 적을 방심하게 만드는…… 자신의 명령과 신호를

아가멤논은 오디세우스를 트라키아로 보내 식량을 현지 조달하게 했다. 그런데 그가 빈손으로 돌아오자 나우플리우스의 아들인 팔라메데스는 오디세우스의 나태함과 비겁함을 비난했다. "곡식이 하나도 없는 것은 내 잘못이 아니다. 만약 아가멤논이 날 대신해 널 보냈다 해도 마찬가지였을 것이다." 그 말에 팔라메데스는 즉시 항해를 떠났고, 배에 가득 곡식을 싣고 돌아왔다. …… 며칠 동안 고민에 싸여 있던 오디세우스는 마침내 팔라메데스에게 복수할 계획을 생각해냈다. 짓밟힌 명예를 회복하기 위해서였다. 그는 아가멤논에게 전갈을 보냈다. "어젯밤 제 꿈에 신이 나타나 배신자가 있다고 경고했습니다. 진영을 하루 낮과 하룻밤 동안 다른 곳으로 옮겨야 합니다." 아가멤논은 즉시 명령을 내려 진영을 옮겼고, 오디세우스는 한 자루 가득한 금을 팔라메데스의 막사 안에 몰래 묻어두었다. 그리고 프리지아인 죄수를 시켜 프리암이 팔라메데스에게 보내는 것처럼 거짓 편지를 쓰게 했다. 내용은 다음과 같았다. "내가 보내는 금은 당신이 그리스를 배신한 대가요." 죄수에게 이 편지를 전하라고 한 다음, 그가 편지를 전달하기도 전에 진영 밖에서 그를 살해했다. 다음 날 다른 곳으로 옮겼던 군대가 다시 돌아오자 누군가가 죄수의 시체를 발견했고, 그가 가지고 있던 편지를 아가멤논에게 전하였다. 팔라메데스는 군사재판에 회부되었으며, 그가 자신은 프리암이든 다른 누구에게서든 금을

뒤죽박죽 섞어놓아 적의 귀를 멀게 하고, 깃발과 휘장을 바꾸어 적의 눈을 멀게 하는…… 왜곡된 사실을 제공해 적의 전투 계획을 혼란에 빠뜨림으로써 적과 싸우는 데 능한 사람.

— 《투필부담(投筆膚談)》, 16세기

받은 적이 없다고 강하게 부정하자 오디세우스는 그의 막사를 뒤져볼 것을 제안했다. 곧 그의 막사 안에서 금이 발견되었고, 그리스 군대 전체는 배신자인 팔라메데스에게 돌을 던져 죽음에 이르게 하였다.
— 로버트 그레이브스, 《그리스 신화》 2권

뒤집어보기

속임수에 걸려드는 것은 위험하다. 당신을 덮고 있던 외투가 날아갔는데도 그 사실을 모른다면, 당신의 적은 당신이 하는 일에 대해 더 많은 정보를 가지게 되며 당신은 적의 도구가 되고 만다. 반면에 당신의 속임수가 만천하에 폭로된다면, 당신의 평판은 땅에 떨어질 것이며, 최악의 경우 스파이 짓에 대한 대가를 치러야 할 것이다. 이러한 속임수는 극도로 조심스럽게 사용해야 하며, 이러한 속임수가 새어나가는 것을 막기 위해 가능한 한 사람을 조금만 끌어들여야 한다. 폭로될 경우에 대비해 늘 자신을 보호하기 위한 커버스토리와 탈출로를 남겨두어야 한다. 속임수로 얻은 권력에 도취하지 않도록 조심하라. 이러한 권력의 사용은 당신의 전반적 전략의 일부가 되어야 하며 항상 통제하에 두어야 한다. 만약 당신이 속임수를 썼다는 것이 알려진다면, 변화를 솔직하고 정직하게 받아들이는 모습을 보여라. 그러면 사람들은 당신을 어떻게 판단해야 할지 감을 잡지 못하고, 당신의 정직함은 더 높은 형태의 속임수가 되므로 혼란에 빠질 것이다.

외견과 의도는 교묘하게 사용될 경우 사람들을 함정에 빠뜨릴 수 있다. 사람들이 겉으로 드러난 외견 밑에 궁극적인 의도가 있다는 사실을 느끼는 경우에도 가능하다. 당신이 책략을 꾸미고 적이 넘어간다면, 그들이 당신의 책략에 따라 행동하게 되어 승리할 수 있다. 만약 적이 당신의 책략에 넘어가지 않거나, 눈에 보이는 덫에 걸리지 않을 경우에는 또 다른 책략을 준비해놓고 있어야 한다. 그렇다면 적이 처음의 책략에는 넘어가지 않았을지라도, 실제로 그들은 책략에 넘어간 것이나 마찬가지다.
— 야규 무네노리 (1571~1646), 《병법서(Family Book on the Art of War)》

STRATEGY 24

상대의 기대와 예상을 뒤엎어라
: 예측 불가능의 위협감

사람들은 당신의 행동 방식이 기존의 유형이나 관례에 들어맞길 기대한다.
전략가로서 당신의 임무는 그들의 기대를 뒤엎는 것이다.
처음에는 상대의 기대에 부합하는 평범하고 관례적인 행동방식을 보여주어라.
그러다 갑자기 비범한 행태로 기습을 가하라.
테러는 갑작스러워야 효력이 극대화되는 법이다.
때로는 평범한 행동도 예기치 않은 것이면 비범한 것이 될 수 있다.

비정규전과 모략술

수천 년 전 전쟁이 어마어마하게 큰 도박이라는 것을 인식한 군사 전략가들은 전투에서 우위를 차지하기 위한 방법을 샅샅이 연구했다. 특히 영리한 장군들은 새로운 진법(陣法)이나 보병과 기병의 혁신적인 활용법을 개발해냈다. 새로운 전술은 적군이 미리 예측할 수 없으므로 적군을 혼란에 빠뜨릴 수 있다. 이러한 방식으로 우위를 선점한 군대는 수많은 전투를 승리로 이끌 수 있었다.

하지만 적은 새로운 전략이 무엇이건 간에 그에 대항한 방어를 하기 위해 최선을 다할 것이며, 빠르게 그 해결책을 찾아내기도 할 것이다. 따라서 한때 멋진 승리를 안겨주고 최고의 혁신이었던 전략은 머지않아 더 이상 효과를 발휘하지 못하며, 사실상 정규전 전략이 되고 만다. 게다가 새로운 전략에 대한 방어 전략을 구상하는 과정에서 적군은 자신의 전략을 혁신할 필요를 느끼기도 한다. 이제는 적군이 무언가 놀랍고 엄청난 효과를 발휘할 전략을 소개할 차례인 것이다. 이렇게 순환은 계속된다. 전쟁은 언제나 무자비한 것이었다. 새로운 것이 언제까지고 새로울 수는 없다. 혁신하거나 죽거나 둘 중 하나다.

19세기에는 프로이센의 프리드리히 대왕만큼 놀라운 전술을 구사한 인물이 없었다. 프리드리히의 성공을 뛰어넘기 위해 프랑스 군사 이론가들은 급진적인 아이디어를 개발했으며, 마침내 나폴레옹이 이끈 전투에서 실험을 하게 되었다. 1806년 나폴레옹은 한때는 참신했지만 지금은 평범해져버린 프리드리히 대왕의 전술을 여전히 구사하는 프로이센을 예나-아우어슈타트 전투에서 눌러버렸다. 프로이센은 자신의 패배에 모욕을 느꼈으며, 이제 혁신은 프로이센의 몫이었다. 프로이센 군은 나폴레옹의 전술을 철저하게 연구했으며 그의 최고 전략을 받아들이고 이를 한층 더 발전시켜, 독일군 참모조직의 기반을 마련했다. 새로운 프로이센 군대는 워털루 전투에서 나폴레옹을 격퇴하는 데 큰 역할을 담당했으며, 그로부터 수십 년간 전장을 지배했다.

현대에 들어 새롭고 비전통적인 무언가로 적군을 능가하기 위한 지속적인 도전은 비열한 전투로 발전했다. 과거에 장군이 할 수 있던 일을 제한하던(적어도 어느 정도는) 명예와 도덕관념이 느슨해지면서 현대의 군대는 무엇이든 받아들이고 있다. 게릴라와 테러리스트 전략은 고대부터 알려져왔지만, 최근 들어 훨씬 더 일반화되었을 뿐 아니라 더 전략적으로 개선되었다. 선전과 거짓 정보, 심리전, 속임수, 정치적 수단으로서의 전쟁은 모든 비전통적 전략의 주요 요소다. 비열한 전투에서의 최신 전략에 대처하기 위한 대응 전략이 개발되었지만, 이는 거의 적군의 수준에 맞춰 불에는 불로 대항하는 식이 대부분이었다. 그러면 비열한 적은 한층 더 비열한 방식을 채택하며, 점점 더 저급해지는 소용돌이를 만들어냈다.

이러한 역학관계는 특히 전투에 집중되어 나타나지만, 이는 인간 활동의 전 영역에 침투해 있다. 만약 당신이 정치나 비즈니스에 종사하고 있는데, 당신의 적수나 경쟁자가 새로운 전략을 들고 나온다면, 당신은 당신의 목적을 위해 또는 상대방을 능가하기 위해 새로운 전략에 적응해야 한다. 한때는 새로웠던 전략도 평범한 것이 되어버리고 결국엔 쓸모없어진다. 요즘처럼 치열한 경쟁 세계에서는 어느 한쪽이 비열한 수, 상식에서 벗어난 수를 쓰는 것으로 결말이 나게 마련이다. 당신이 도덕심이나 자존심 때문에 이러한 소용돌이를 무시한다면, 심각한 불이익을 당할 수 있다.

이러한 순환은 문화까지 지배하고 있다. 사람들은 관심을 끌고 일시적인 명성을 얻기 위해 충격적이고 새로운 것을 찾기 위한 필사적인 노력을 기울인다. 이러한 현상은 갈수록 더하다. 예술계에서 몇 년 전만 해도 새롭던 것이 이제는 참을 수 없을 만큼 케케묵고 판에 박힌 것으로 보이지 않는가.

우리가 새롭다고 여기는 것들은 수년 사이에 변해버렸지만, 비전통성을 효과적으로 만들어주는 심리학에 기초한 법칙은 시대를 초월한다. 이러한 불변의 법칙들은 전쟁의 역사를 통해 밝혀진 것들이다. 2,500년 전, 중국의 위대한 전략가인 손자는 평범 및 비범 전략의 본질을 이야기한 바 있다. 그의 분석은 전쟁뿐 아니라 현대 정치 및 문화와도 연관성이 있다. 당신이 비정규전의 본질을 이해한다면, 일상생활에도 이것을 적용

적군이 가장 예상하지 못한 길을 택하는 것이 가장 큰 성공을 안겨준다. 만약 적이 건널 수 없다고 믿는 산의 안전함에 의존하고 있는데, 당신이 그가 모르는 산길로 그 산을 넘는다면 적은 당황해 어쩔 줄 모를 것이며 당신이 그를 압박한다면 경악에서 헤어나올 시간이 없을 것이다. 같은 방식으로 만약 적이 강 뒤에 주둔하고 강을 건너오지 못하도록 방어하고 있는데, 당신이 그가 모르는 얕은 물로 혹은 강 아래로 헤엄쳐 건넌다면, 이러한 기습은 적을 혼란에 빠뜨릴 것이다.
— 프리드리히 대왕

해볼 수 있다.

비정규전에는 다음의 네 가지 주요 원칙이 있는데, 모두 위대한 전략가들에게서 나온 것이다.

적의 경험 한도를 벗어나라. 전쟁 이론은 선례를 바탕으로 한다. 수 세기에 걸쳐 전략과 대응 전략이 발전했고, 전쟁이 위험할 정도로 혼란스러워진 이래로 전략가들은 무언가 다른 것의 부족함을 메우기 위해 이러한 이론에 의지하게 되었다. 이들은 과거의 선례를 바탕으로 지금 어떠한 일이 벌어지고 있는지를 판단한다. 하지만 전 세계를 흔들어놓은 군대는 기존의 병법을 벗어난 방식, 적군의 경험 한도에서 벗어난 병법을 항상 찾아냈다. 이러한 능력은 적군에게 혼란과 무질서를 안겨주었다. 결국 적군은 새로운 것에 적응하지 못하고 무너졌다.

전략가로서 당신이 해야 할 일은 적을 알고, 그 지식을 이용해 적이 경험해보지 못한 전략을 고안해내는 것이다. 적군이 자신의 경험 한도 내에서 파악하거나 듣는 것은, 그들의 감정적 삶을 지배하고 반응을 결정짓는다. 1940년 독일군이 프랑스를 침공했을 당시, 프랑스는 독일군의 폴란드 침공을 통해 그들의 전격전 스타일에 대한 간접적 지식을 가지고 있었지만 직접 경험해보지 못한 것이라 굴복하고 말았다. 하지만 적군이 한 번 경험해본 전략은 반복했을 때 처음과 같은 효과를 기대하기 어렵다.

평범 속에서 비범함을 끌어내라. 손자와 고대 중국에 있어 평범함을 기반으로 하지 않은 비범함은 아무런 효과가 없었다. 이 두 가지를 적절히 섞어, 적군이 예상하는 평범한 책략과 익숙한 패턴을 보여야 한다. 적이 그러한 전략에 푹 빠져 있는 동안, 당신은 비범함으로 그들을 일격에 내리치면서 완전히 새로운 각도에서 놀라운 힘을 보여주어야 한다.

하지만 적군을 혼란에 빠뜨리는 비정규전 전략은 두세 번 반복하다 보면 결국 정규전 전략이 되어버린다. 약삭빠른 장군이라면 이럴 경우, 과거 사용했던 정규전 전략으로 돌아갈 것이다. 이것이야말로 적군의 허를 찌르는 전략일 것이기 때문이다. 평범과 비범은 서로 지속적인 연쇄 작용을 할 때만 효과를 발휘한다. 이는 전쟁뿐만 아니라 문화에도 똑같이 적용된다. 어떤 문화 상품으로 관심을 끌기 위해서는 새로운 것을 창조해내야 하지만 평범한 삶과 아무런 관계가 없는 것은 비전통적인 것이 아니라 단순히 괴상한 것에 불과하다. 정말로 충격적이고 비범한 것은 평범함에서 나온다.

여우처럼 미친 듯 행동하라. 수많은 무질서와 부조리는 사회와 개인의 내면에 도사리고 있다. 바로 이 때문에 우리는 질서를 유지하기 위해 필사적인 노력을 하는 것이며, 부조리한 행동을 보이는 사람들을 두려워하는 것이다. 우리는 이들이 다음에 무슨 행동을 할지 예측할 수가 없으며, 따라서 그들을 견제하지 않을 수 없다. 반면에 우리는 내면에서 소용돌이치는 부조리한 바다와 닿고 싶은 욕망을 감추고 있기 때문에, 이러한 사람들에게 일종의 존경심과 경외심을 느끼기도 한다. 고대에 광기는 신들린 것으로 받아들여졌으며, 그러한 태도는 아직까지도 남아 있다. 위대한 장군들 모두 약간의 신적인 전략적 광기를 지니고 있다.

비결은 이러한 경향을 통제하는 것이다. 교묘하게 부조리한 방식으로 행동할 경우, 이러한 행동은 적게 할수록 좋다. 지나치게 부조리한 행동을 하면 감옥에 들어갈 수도 있으니까 말이다. 그저 모든 사람들이 균형을 잃고 다음에는 무슨 행동이 나올지 긴장할 정도로만 광기를 살짝 보여주는 것으로 충분하다. 또는 주사위를 던져 결정한 대로 행동하는 것처럼, 다소 무작위적인 행동을 보여주는 방법도 있다. 이러한 행동은 인간을 불안에 빠뜨린다. 이러한 행동을 일종의 치료법, 가끔씩 부조리에 탐닉할 기회, 항상 정상적인 것처럼 보여야 하는 억압으로부터의 휴식이라고 생각하라.

잠시도 쉬지 말고 움직여라. 비전통성은 일반적으로 전통적인 것을 못마땅해하며, 전통적인 것을 업신여기는 것을 큰 즐거움으로 삼는 젊은이들의 영역이다. 문제는 서서히 나이가 들면서 편안함과 예측 가능한 것을 더 필요로 하고, 새로운 것에 대한 흥미를 잃어버린다는 점이다. 바로

거짓 움직임을 보여라. 적이 이것이 거짓이라 확신한다면 이 거짓 움직임을 진짜로 만들어라.
— 《전쟁의 비결: 고대 중국의 군사전략 36계》, 순 하이첸 번역

이 때문에 나폴레옹이 전략가로서 퇴보하게 된 것이다. 그는 나이가 들면서 새로운 전략과 유동성 있는 책략보다는 군대의 규모와 우수성에 더 많이 의지했다. 나폴레옹은 전략 정신에 대한 흥미를 잃은 채 시간을 보내다가 결국엔 그 무게에 굴복하고 말았다. 당신은 신체적인 노화보다 심리적인 노화의 진행과 맞서 싸워야 한다. 전략과 속임수, 유동성 있는 책략을 추구하는 한 당신의 마음은 젊음을 유지할 수 있을 것이다. 당신의 오랜 습관을 깨고, 과거와 정반대로 행동하라. 마음속으로 비정규전 전쟁을 구상해보라. 인습에 안주하지 않도록 잠시도 쉬지 말고 계속 움직여라.

> 예기치 못한 일에 당황하지 않을 정도로 용감한 사람은 아무도 없다.
> ─ 율리우스 카이사르

사례 1: 한니발, 로마를 유린하다

기원전 219년 로마는 스페인에서 계속해서 문제를 일으키는 카르타고를 더 이상 두고 볼 수가 없었다. 두 도시국가 모두 귀중한 식민지를 거느리고 있었다. 로마는 카르타고에 전쟁을 선포하고 스물여덟 살의 한니발 장군이 이끄는 적군이 주둔한 스페인으로 군대를 보냈다. 하지만 로마 군은 스페인에 당도하기도 전에, 한니발이 로마 군을 향해 진격하고 있다는 놀라운 소식을 들었다. 한니발은 알프스의 가장 험한 지형을 건너 이탈리아 북부로 진군하고 있었다. 로마는 적군이 그 방향에서 공격해오리라고는 전혀 예상하지 못했기 때문에 그 지역에는 전혀 군사를 배치해두지 않았다. 따라서 한니발은 아무런 방해도 받지 않고 로마까지 진격해올 수도 있는 상황이었다.

한니발의 군대는 알프스를 넘으면서 2만 6천 명만 살아남은 상태였다. 로마와 동맹국은 세계에서 가장 훈련을 잘 받은 전사 75만 명을 소집했다. 그들은 이미 20여 년 전 1차 포에니 전쟁에서 카르타고를 격파한 전력이 있었다. 하지만 외국 군대가 이탈리아로 진격해온다는 사실은 충격이었으며, 시민들의 격분을 불러일으켰다. 로마 군은 이 야만인들에게 뻔뻔스러운 침략 행위에 대한 본때를 보여주고 싶었다.

　로마 군대는 한니발을 격퇴하기 위해 북쪽으로 급파되었다. 몇 번의 접전 끝에 로마 집정관인 셈프로니우스 롱구스(Sempronius Longus)가 이끄는 군대는 트레비아 강 근처에서 카르타고와 전면전을 벌일 태세가 되어 있었다. 셈프로니우스는 증오와 야망으로 불타고 있었다. 그는 한니발을 무찌르고 로마의 구세주가 되고 싶었다. 그런데 한니발의 행동이 수상했다. 그가 이끄는 소규모 기병대는 로마를 공격할 것처럼 강을 건너다가 다시 후퇴하기를 반복했다. 카르타고 군이 겁을 먹은 것일까? 사소한 기습이나 돌격 외에는 자신이 없는 것일까? 마침내 참다못한 셈프로니우스는 공격을 감행했다. 그는 적군을 제압할 병력을 갖추고 있다는 것을 과시하기 위해, 전 부대를 이끌고 얼어붙을 정도로 추운(때는 겨울이었다) 강을 건넜다. 강을 건너는 데만 수 시간이 걸렸으며 군사들은 전부 지쳐갔다. 마침내 두 군대는 강의 서쪽에서 마주하게 되었다.

　셈프로니우스는 자신의 강하고 유능한 부대가 카르타고를 이길 것이라 믿어 의심치 않았다. 로마 군의 방어선 한쪽은 갈리아족 군대가 맡고 있었다. 그런데 갑자기 카르타고 군이 궁수들이 탄 한 무리의 코끼리 떼를 풀어놓는 것이 아닌가. 난생처음 보는 야수들의 난데없는 출현에 갈리아인들은 겁에 질려 허둥지둥 도망치고 말았다. 동시에 강 근처의 무성한 수풀에 숨어 있던 2천 명의 카르타고 군사들이 갑작스레 튀어나와 로마 군의 후미를 급습했다. 로마 군은 한니발이 쳐놓은 덫에서 벗어나기 위해 용맹하게 싸웠지만, 수천 명의 군사들이 차가운 트레비아 강 물속으로 가라앉았다.

　트레비아 강 전투는 한마디로 재앙이었다. 로마인들의 감정은 분노에서 공포심으로 변해갔다. 로마는 이탈리아 중앙을 가로지르는 알프스 산맥에서 가장 접근하기 쉬운 통로를 차단하기 위해 군대를 급파했지만, 다시 한 번 한니발은 로마의 예상을 뒤엎었다. 그는 알프스 산맥에서 가장 험악한 지형 반대편의 늪지 때문에 어떤 군대도 통과하지 못한 곳을 지나 알프스를 건넜다. 4일간 미끄러운 늪지대에서 고전한 끝에 한니발 알렉산드로스는 하란푸르에 주둔하고 있었으며, 그 맞은편인 히다스페스의 동쪽에는 커다란 코끼리 떼를 거느린 포로스가 주둔하고 있었다. …… 얕은 개울에는 보초병들과 코끼리들이 에워싸고 있어, 알렉산드로스는 자신의 말을 이끌고 개울을 헤엄쳐갈 수도, 뗏목으로 강을 건널 수도 없다는 것을 깨달았다. 헤엄을 친다면 코끼리 떼가 떠들썩하게 소리를 낼 테고 뗏목을 탄다면 말들이 흥분할 수 있기 때문이었다. 그래서 알렉산드로스는 양동작전을 펼치기로 했다. 소규모 정찰대를 보내 강을 건널 수 있는 곳들을 살펴보게 하는 동시에, 군대를 2종대로 나누어 마치 강을 건널 방도를 살피는 것처럼 강 아래, 위로 진군했다. 그리고 여름 장마철이 다가오기 직전에 진영의 모든 곳에 곡식을 전달해, 포로스로 하여금 알렉산드로스가 건기가 올 때까지 강 건너편에 머물 작정이라 생각하도록 만들었다. 그와 동시에 그는 자신의 배로 강을 정찰했고, 천막 가죽에 건초를 채워 뗏목을 만들라는 명령을 내렸다. 하지만 아리안이 썼듯, "그는 항상 관찰당하지 않고 신속하게 통과할 수 있는 곳은 없는지 수풀 뒤에 숨어 지켜보고 있었다." 정찰병들의 보고를 들은 알렉산드로스는 마침내 어두운 밤을 틈타, 서쪽 강둑의 여러 지점에 기병대를 보내며 소란을 일으키고 함성을 지르라는 명령을 내렸다. 며칠 밤 동안 포로스는 강을 건너려는 시도를 저지하기 위해 동쪽 강둑으로 코끼리 떼를 내보냈지만, 곧 계속되는 시도에

의 군대는 안전한 지대에 도달할 수 있었다. 그리고 또 한 번의 영리한 매복 작전으로 지금의 움브리아 지방에 있는 트라시메네 호수에서 로마군을 격파했다. 로마로 가는 길이 뚫린 것이다. 거의 공황 상태에 빠져버린 로마 공화국은 오랜 전통대로 지배자에게 자신들을 위기에서 구해달라고 요청했다. 로마의 새로운 지도자 파비우스 막시무스(Fabius Maximus)는 즉시 성벽을 쌓고 로마 군대를 보강했으나 한니발이 로마를 지나쳐 이탈리아에서 가장 비옥한 지대인 아풀리아로 향하는 것을 복잡한 심정으로 지켜보아야 했다.

파비우스는 로마를 지키기 위한 새로운 전략을 고안해냈다. 한니발의 기병대가 지나갈 산악 지역에 군대를 배치해, 카르타고 군의 보급로를 막고 적군을 고립시키는 게릴라 작전을 펼치기로 했다. 만만치 않은 한니발과의 직접적인 교전을 피하고, 그들을 지치게 만들어 격퇴할 작정이었다. 하지만 대다수의 로마인들은 파비우스의 전략이 명예롭지도 남자답지도 못하다고 생각했다. 게다가 한니발이 시골 지역을 진군하면서 파비우스의 영토는 전혀 건드리지 않아, 마치 둘이 한 편이라는 인상을 심어주었다. 파비우스에 대한 로마인들의 지지는 점차 약해졌다.

아풀리아를 무너뜨린 한니발은 파비우스가 잘 아는 지형인 로마의 남쪽 캄파니아의 비옥한 평원으로 들어섰다. 마침내 행동을 하느냐 권력의 자리에서 내쳐지느냐의 기로에 선 파비우스는 한 가지 덫을 고안해냈다. 평원의 모든 출입로에 로마 군을 배치하되, 서로를 지원해줄 수 있을 만큼 가까이에 배치한다는 전략이었다. 하지만 한니발은 알리파에 동쪽의 산악지대를 통과해 캄파니아에 진입했고, 파비우스는 한니발이 절대 들어간 것과 똑같은 길로 나오진 않을 거라고 예상했다. 비록 파비우스는 만약을 대비해 알리파에 지역에 대규모의 군대를 배치시켰지만, 다른 통로에도 더 많은 수의 군사를 보강했다. 그는 한니발이 우리에 갇힌 야수나 다름없다고 생각했다. 언젠가 한니발 군대의 보급품은 바닥이 날 것이고, 로마 군이 주둔해 있는 통로를 돌파하는 수밖에 없을 것이다. 파비우스는 때가 오길 기다렸다.

몇 주가 지나자 한니발은 북쪽으로 기마병을 보냈다. 아무래도 그 방

향으로 뚫고 나갈 작정인 듯했다. 그 지역에서 가장 부유한 농가를 약탈하기도 했다. 파비우스는 그의 계략을 간파했다. 한니발은 자신에게 유리하도록 로마 군을 전투로 끌어들이려 하고 있었다. 하지만 파비우스는 자신이 바라는 조건에서 싸우기로 결심을 굳혔고, 바로 그때 적군은 덫에서 후퇴하려 하고 있었다. 어쨌든 그는 한니발이 깨끗하게 빠져나갈 수 있고 로마 군이 통제하지 않는 유일한 방향인 동쪽으로 돌파할 거라는 사실을 알고 있었다.

어느 날 밤 알리파에 통로를 지키던 로마 군사들은 무시무시한 괴성과 함께 소름 끼치는 광경을 보았다. 수천 개의 횃불을 든 어마어마한 군대가 산 전체를 뒤덮으며, 악마에 홀린 것처럼 괴이한 함성을 지르며 다가오는 것이 아닌가. 로마 군은 한니발 군대의 어마어마한 규모에 겁을 집어먹고 말았다. 한니발의 군대가 곧 자신들을 에워싸게 될 거라 생각한 로마 군은 통로를 열어둔 채 뒤도 돌아보지 않고 줄행랑을 쳤다. 몇 시간 뒤 한니발의 군대는 파비우스의 방어선에서 유유히 빠져나갔다.

로마의 지도자 누구도 도대체 한니발이 무슨 마술을 부린 것인지 알 수가 없었다. 이듬해 파비우스는 권좌에서 물러났다. 테렌티우스 바로(Terentius Varro) 집정관은 알리파에서의 치욕에 대한 복수심으로 불타올랐다. 카르타고 군대는 지금의 바리에서 그다지 멀지 않은 이탈리아 남동부의 칸나이 근처에 주둔하고 있었다. 바로는 칸나이로 군대를 이끌고 갔으며, 양측은 전투태세를 갖춰 정렬했다. 바로는 자신감에 넘쳐 있었다. 지형이 훤히 뚫려 있어 적군이 완전히 한눈에 들어왔다. 따라서 적군은 매복하거나 막판 속임수를 쓸 수가 없는 데다 로마 군이 적군보다 두 배가 넘는 규모였다.

전투가 시작되었다. 초반부에는 로마 군이 유리한 듯했다. 카르타고의 방어선 중간은 놀라운 정도로 약했으며 로마 군에게 쉽게 길을 내어주었다. 로마 군은 그 기세를 몰아 중앙을 돌파해 앞으로 밀고 나가려 했다. 하지만 놀랍게도 로마 군이 뒤를 돌아본 순간 카르타고 군의 방어선이 로마 군을 둘러싸고 있었다. 치명적인 덫에 걸려든 것이었다. 학살이나 다름없었다. 칸나이 전투는 로마 역사상 가장 충격적이고 굴욕적인 패배

익숙해져버린 그는 코끼리 떼를 진영 안에 주둔시킨 채 정찰병만을 배치했다. 그리고 "포로스가 반복적인 시도에 더 이상 두려움을 느끼지 않는다는 것을 확신한 알렉산드로스는 다음 계획을 구상했다." 그는 강의 상류로부터 서쪽 강둑을 따라 목소리가 들릴 정도로 가깝게 보초를 세우고서는 소리를 높여 소란을 피우고 횃불을 계속 밝혀두라는 명령을 내렸다. 그러는 동안 알렉산드로스의 진영 안에서는 강을 건너기 위한 준비가 진행되었다. ……
포로스가 착각에 빠져 있을 때쯤, 알렉산드로스는 준비를 다 마치고 비밀리에 서쪽 강둑으로부터 다가가 적이 눈치 채지 못하도록 했다.
— J. F. C. 풀러(J. F. C. Fuller), 《알렉산드로스 대왕의 용병술(The Generalship of Alexander the Great)》, 1960년

로 기록되었다.

해석 ──

한니발은 비정규전 전략의 대가였다. 로마 군을 공격하면서도 로마를 차지하려는 의도는 절대 가지지 않았다. 불가능한 일이었기 때문이다. 로마의 성벽은 높았으며, 로마인들은 한니발에 대한 증오로 똘똘 뭉쳐 있었다. 게다가 한니발의 군대는 규모가 작았다. 그 대신 한니발은 이탈리아 반도를 혼란에 빠뜨리고 주변 도시국가와 로마의 동맹관계를 훼손시키는 것을 목표로 삼았다. 본국이 위기에 처하게 되면, 로마는 카르타고를 내버려두고 제국의 확장을 멈출 것이기 때문이다.

한니발은 알프스를 넘은 소규모의 군대를 이끌고 이러한 혼돈의 씨앗을 뿌리기 위해 적군이 예측할 수 없는 행동을 해야 했다. 시대를 앞선 심리학자였던 그는 경악에 사로잡힌 적은 질서를 잃고 불안감에 빠지게 되리라는 것을 꿰뚫고 있었다(로마 군처럼 융통성 없고 질서정연한 사람들이 혼돈을 겪게 될 경우, 그 파괴력은 두 배에 달한다). 그리고 기습은 기계적이고 반복적이거나 일상적일 수가 없다. 오히려 정반대로 기습은 지속적인 각색과 창조성, 사기꾼 노릇을 하는 장난기 넘치는 즐거움을 요한다.

그래서 한니발은 로마가 전혀 예상치 못한 길목을 택했다. 이를테면 알프스를 지나가는 길목은 절대 군대가 지나갈 수 없는 곳으로 여겨졌기 때문에 로마 군은 그곳을 방어하지 않았다. 결국 로마는 한니발의 의중을 깨닫고 그가 가장 가능성이 적은 루트를 택할 거라 생각했지만, 곧 알리파에서와 마찬가지로 예측할 수 없다는 것이 분명해졌다. 한니발은 전투에서 적의 관심을 정면공격(당시에 일반적인 전투 방식)으로 고정시켰으며, 그 후 코끼리를 풀어놓는다거나 적의 배후에 병력을 매복시켜둔다거나 하는 식으로 예상치 못한 기습을 감행했다. 한니발은 로마의 시골 지역을 침략하면서 교묘하게 파비우스의 영토는 보호함으로써, 둘이 한패라는 인상을 심어주었고 이에 당황한 파비우스가 서둘러 행동을 개시할 수밖에 없도록 유도했다. 전쟁에서 정치적, 비군사적 수단을 새로운 방식으로 사용한 것이다. 알리파에서 한니발은 소의 뿔에 천을 감아

불을 붙여 공포에 질린 소들이 괴성을 지르며 산을 뛰어가도록 내보냈다. 바로 이것이 한밤중에 로마 군 보초병들에게 무시무시한 상상을 불러일으켰던 것이다.

로마 군이 새로운 것을 기대했던 칸나이 전투에서 한니발은 백주 대낮에 자신의 전략을 위장하고 당시의 다른 군대들처럼 군대를 정렬했다. 로마 군이 순간의 격렬한 감정과 복수하고자 하는 열망에 앞으로 돌진하자 한니발은 로마 군이 일부러 약하게 만든 중앙을 파고들도록 내버려두었고 곧 두 군대는 뒤섞이게 되었다. 이어서 한니발은 재빨리 로마 군을 바깥에서 둘러싸 그들을 질식시켜버렸다. 한니발의 독창적인 비정규전 전략들은 비정상적인 것과 평범한 것, 숨겨진 것과 명백한 것 사이를 끊임없이 오갔다.

당신 또한 이러한 한니발의 이론을 일상의 전투에 적용한다면, 막대한 권력을 가질 수 있다. 적의 심리와 사고방식에 대한 지식을 이용해, 적이 가장 예상하지 못한 방식으로 개시 활동을 펼쳐야 한다. 가장 예상치 못한 전선은 가장 저항할 수 없는 전선이다. 사람들은 자신들이 예측하지 못한 것에 대항해 자신을 보호할 능력이 없다. 당신이 가는 길에 저항이 적어지면, 적은 당신의 권력에 대해 부풀려진 인상을 가질 것이다. 한니발의 군대는 실제보다 더 거대해 보이지 않았던가. 상대편이 당신의 비범한 전략을 예상하게 된다면, 이번에는 평범한 전략으로 상대편을 쳐라. 비전통적이라는 명성을 수립하고, 상대편을 당황하게 만들어라. 예상할 수 없다는 것을 예상하는 것은, 예상할 수 없는 일이 무엇인가를 아는 것과는 별개다. 머지않아 당신의 적은 당신의 명성만으로도 기가 꺾이게 될 것이다.

사례 2: 무하마드 알리의 기습 펀치

소니 리스턴(Sonny Liston)은 1962년에 플로이드 패터슨(Floyd Patterson)을 물리치고 헤비급 챔피언이 되었다. 그로부터 얼마 지나지 않아 그는 권투계의 젊은 혜성인 캐시어스 클레이(Cassius Clay)가 베테

하늘이 모르게 바다를 건너려면, 공공연하게 바다를 건너면서도 자신이 바다를 건너려는 의도가 아닌 것처럼 행동해야 한다. 군사 전략에는 두 가지 면이 있다. 피상적인 움직임과 숨어 있는 목적. 이 두 가지를 숨김으로써, 적을 완전히 경악에 빠뜨릴 수 있다. …… 적이 당신의 행동을 알아차릴 가능성이 있다면, 적의 눈앞에서 속임수를 부리기도 해야 한다.
— 《전쟁의 비결: 고대 중국의 군사전략 36계》, 순 하이첸 번역

혼돈 — 이곳으로부터 놀라운 꿈이 탄생한다.
— 《주역》

랑 선수인 아치 무어(Archie Moore)와의 경기에서 결정타를 날리는 것을 보았다. 경기가 끝난 후 리스턴은 클레이의 탈의실을 찾아갔다. 그는 자신보다 열 살이 어린 스무 살 청년의 어깨에 팔을 두르고는 이렇게 말했다. "조심해라, 꼬마야. 머지않아 나랑 싸우게 될 거야. 그때가 되면 네 아빠처럼 널 두들겨패주마." 리스턴은 전 세계에서 가장 거대하고 불량한 권투선수였으며, 권투에 관한 한 천하무적이었다. 그는 클레이가 언젠가 자신과 붙어보고 싶어할 정도로 권투에 미쳐 있다는 사실을 눈치채고 있었다. 지금은 그에게 두려움을 심어두는 것이 최선이었다.

하지만 리스턴의 예상과는 달리 클레이는 곧 챔피언과의 결투를 강력히 요구했고, 8라운드 안에 챔피언을 쓰러뜨릴 수 있다고 큰소리쳤다. 클레이는 TV와 라디오 쇼에 나와 나이 많은 권투선수를 조롱했다. 어쩌면 캐시어스 클레이와의 대결을 두려워한 것은 리스턴이었을지도 모른다. 리스턴은 이 건방진 녀석을 무시하려 했다. "아마도 대결이 펼쳐진다면, 저는 살인죄로 감옥에 가게 될 겁니다." 리스턴은 이렇게 말했다. 그는 클레이가 헤비급 챔피언이 되기엔 너무 예쁘장하고 연약하다고까지 생각했다.

시간이 지나면서 대중들은 둘 사이의 시합을 더욱 보고 싶어했다. 물론 리스턴이 클레이를 때려눕혀 그의 입을 다물게 해주길 바랐다. 1963년 말 두 남자는 다음해 2월 마이애미비치에서 열리는 챔피언십 타이틀에 참가하기로 서명하기 위해 만났다. 서명이 끝난 후, 클레이는 기자들에게 말했다. "저는 리스턴이 두렵지 않습니다. 그는 그저 노인네일 뿐이죠. 제가 그에게 말하는 법과 권투하는 법을 가르쳐주겠습니다. 그에게 가장 필요한 건 넘어지는 방법이죠." 시합날이 점점 가까워오면서 클레이의 입담도 한층 더 모욕적이고 거칠어졌다.

스포츠 기자들이 다가오는 시합에 대한 여론조사를 한 결과, 대부분의 응답자들은 클레이가 시합이 끝나면 제 발로 걷지도 못하게 될 것이라고 예측했다. 또 일부 응답자들은 클레이가 완전히 불구가 되지 않을까 걱정하기도 했다. "지금으로선 클레이에게 이 괴물과 싸우지 말라고 말하기는 정말 어려울 것 같습니다." 권투선수인 록키 마르시아노(Rocky

Marciano)는 이렇게 말했다. "하지만 리스턴과의 경기가 끝나면 태도가 좀 고분고분해질 거라는 건 확실하죠." 전문가들이 가장 걱정한 것은 캐시어스 클레이의 유별난 싸움 스타일이었다. 그는 전형적인 헤비급 선수들과는 달랐다. 양손을 늘어뜨린 채 춤추듯 움직였으며, 펀치를 날릴 때면 몸 전체를 움직이지 않고 팔만 뻗었다. 마치 곱상한 얼굴에 상처를 내지 않으려는 듯이 머리는 끊임없이 움직였다. 상대편의 안쪽으로 파고들어 주먹을 날리려 하지도 않았다. 이는 헤비급 선수들을 격파시키는 흔한 방법이었는데도 말이다. 그 대신 클레이는 권투가 아니라 발레를 하는 것처럼 춤추듯 스텝을 이리저리 바꿨다. 클레이는 헤비급 선수가 되기에는 체구가 너무 작았고, 헤비급 선수에게 반드시 필요한 킬러의 본능이 결여되어 있다는 언론의 비판이 계속되었다.

시합이 열리는 날 아침 체중 검사가 시작되자, 모두들 클레이의 거침없는 입담이 터지길 기다렸다. 그는 사람들의 예상을 뛰어넘었다. 리스턴이 체중계에서 내려오자 그를 향해 소리를 지르기 시작했다. "어이, 멍청이. 넌 정말 돼지야. 넌 여태껏 속은 거라고, 이 뚱땡아…… 이 못생긴 놈…… 내가 완전히 박살내주지." 클레이는 펄쩍펄쩍 뛰며 고래고래 소리를 질렀다. 그의 몸 전체가 떨렸으며, 눈은 튀어나올 것 같았고, 목소리는 덜덜 떨리고 있었다. 마치 혼령이라도 씐 사람 같았다. 그는 겁이 났던 것일까? 아니면 완전히 미쳐버린 것일까? 이러한 클레이의 도발에 리스턴은 인내심을 잃어버렸다. 그는 클레이를 죽여 영원히 입을 다물게 하고 싶었다.

둘이 링 위에 올라서고 오프닝 벨이 울리기 전, 리스턴은 수많은 선수들을 얼어붙게 만든 그의 유명한 악마의 눈빛으로 클레이를 노려보았다. 하지만 다른 권투선수들과 달리 클레이는 그 눈빛을 되받아쳤다. 클레이는 깐닥깐닥 제자리에서 뛰면서 "이제 넌 끝장이야, 뚱땡아."라는 말을 연신 내뱉었다. 시합이 시작되자 리스턴은 클레이를 노려보며 길게 왼쪽 잽을 날렸지만 한참 빗나가고 말았다. 리스턴은 얼굴 가득 분노를 띤 채 계속해서 펀치를 날렸다. 그때마다 클레이는 매번 발을 움직이며 펀치를 피했고, 어느 순간에는 손을 내려 리스턴을 조롱하기까지 했다. 마치 리스턴의 모든 움직임을 예측하는 것처럼 보였다. 클레이는 리스턴의 날카로운 눈빛을 맞받아쳤다. 1라운드가 끝난 후에도 두 남자 모두 자신의 코너에 선 채 상대편을 날카롭게 주시했다.

리스턴의 살기 등등하던 표정에 좌절감이 깃들기 시작했다는 것을 제외하고는, 2라운드도 1라운드와 별반 다르지 않았다. 여느 경기에서보다도 훨씬 빠른 발놀림을 구사하는 클레이는 정신없이 머리를 획획 움직였다. 리스턴이 그의 턱을 치기 위해 안으로 움직일 때마다 빗나가거나 오히려 클레이가 빠르고 가벼운 잽으로 리스턴의 턱을 날렸다. 3라운드 막바지에 갑작스럽게 펀치가 날아왔고, 리스턴의 왼쪽 눈 아래에 깊은 상처를 남겼다.

이제 시합의 판도는 클레이가 주도했고, 리스턴은 방어하는 데 급급했다. 6라운드에서 클레이는 사방에서 펀치를 날려대면서 리스턴에게 더 많은 상처를 냈다. 이제 리스턴은 약하고 애처로워 보이기까지 했다. 7라운드 벨이 울리자, 거인 리스턴은 그저 코너의 의자에 앉아 노려보기만 했다. 그는 의자에서 일어나지 않았다. 그렇게 시합은 끝이 났다. 권투계는 경악을 금치 못했다. 클레이가 요행으로 이긴 것일까? 아니면 리스턴이 시합 전날 밤에 잠을 자지 못한 탓일까? 시합 내내 무언가에 매여 있는 사람처럼 펀치는 빗나갔고 움직임은 둔했으며 맥이 빠져 있는 듯했기 때문이다. 전 세계는 이를 알아내기까지 15개월을 기다려야 했다. 1965년 5월 메인 주 루이스톤에서 두 선수의 재시합이 열렸다.

복수의 열망에 불타오른 리스턴은 두 번째 시합을 위해 미친 듯이 훈련을 했다. 1라운드가 시작되고 리스턴은 공격을 시작했지만 신중하게 경계를 늦추지 않는 듯했다. 그는 클레이(유명해지면서 무하마드 알리로 개명했다)를 쫓아다니며 잽을 날리기 위해 다가가려 했다. 그 중 잽 하나가 마침내 알리의 얼굴에 스쳤지만, 알리가 뒤로 잽싸게 물러나는 바람에 그걸 본 관중은 거의 없었다. 알리는 곧 반격으로 강하게 오른손을 날렸고 리스턴은 바닥에 쓰러지고 말았다. 그는 한동안 누워 있다가 곧 비틀거리며 일어섰다. 하지만 이미 때는 늦고 말았다. 그는 10초 이상 누워 있었으며 심판은 시합 종료를 알렸다. 많은 군중들이 소리를 지르며 편치가 닿지도 않았다고 주장했다. 하지만 리스턴은 진실을 알고 있었다. 알리의 펀치는 가장 강력한 것은 아니었지만, 너무나도 갑작스럽게 날아와 근육을 긴장시키면서 한순간 마음의 균형을 깨뜨렸던 것이다.

리스턴은 그 후 5년 동안 시합을 계속했지만, 알리와는 단 한 번도 싸우지 않았다.

해석

어릴 때부터 무하마드 알리는 남과 다르게 행동하는 데서 즐거움을 얻곤 했다. 그는 자신에게 사람들의 관심이 쏟아지는 것을 좋아했지만, 기묘하고 독립적인 모습 그대로 행동하는 것을 가장 좋아했다. 열두 살에 권투 훈련을 받기 시작했을 때, 그는 이미 규칙을 경멸하며 일반적인 방식으로 싸우기를 거부했다. 권투선수는 대개 머리와 상체 앞으로 글러브를 올려 펀치를 날릴 준비를 하는 것이 일반적이었다. 하지만 알리는 공격을 환영하는 것처럼 손을 낮게 내리고 있는 것을 좋아했다. 또한 그는 자신이 다른 선수들보다 더 빠르다는 사실을 일찌감치 깨달았으며, 이러한 장점을 최대한 살리는 길은 상대편을 가깝게 끌어들여 짧고 빠른 펀치를 상대편의 턱에 날림으로써 더 많은 고통을 안겨주는 것이었다. 알리는 이러한 기술을 고안하면서, 상대편 선수가 자신에게 다가오지 못하도록 다리를 사용하는 법도 개발했다. 알리는 다른 대부분의 선수들처럼 한 번에 한 발을 사용해서 후퇴하는 대신, 발끝으로 서서 자신만의 별난 리듬에 맞추어 춤추듯 끊임없이 움직였다. 그는 움직이는 목표물이 되었다. 펀치를 날려도 그 펀치가 알리에게 닿지 않아 상대 선수는 좌절했고, 그럴수록 알리에게 더 바짝 접근을 시도했다. 그 순간 알리는 상대의 허점을 노려 갑작스러운 펀치를 날리는 것이다. 알리의 스타일은 전통적인 권투 스타일과는 모든 면에서 달랐지만, 바로 그러한 새로운 스타일로 인해 알리는 상대하기 어려운 선수가 되었다.

리스턴과의 첫 시합에서 알리가 선보인 비전통적 전술은 경기 전부터 시작되었다. 그의 신경을 건드리는 입담과 공공연한 조롱(비열한 전투의 형태)은 챔피언을 분노하게 만들고 상대의 마음을 흐리게 하며, 상대의

고대의 전술을 공부하고 그 이론들을 군대에 적용시키는 사람은 공명관을 막은 채 치타를 연주하려는 사람과 다를 바 없다. 나는 공명관을 막은 채 치타를 연주하는 데 성공했다는 이야기를 들어본 적이 없다. 전략가들의 통찰력은 변화의 미묘함을 포착하고 부합하는 것과 반하는 것을 구분해내는 데 있다. 이제는 전시체제가 올 때마다 적군의 사령관이 참을성이 있는지 없는지를 알아볼 스파이를 먼저 고용해야 한다. 만약 적군의 사령관이 전술을 사용하지 않고 단순히 군사들의 용기에만 의지한다면, 당신은 그를 무찌르기 위해 고대의 병법을 따라도 된다. 하지만 적군의 사령관이 고대의 전술 이용에 능하다면, 그에 대적하기 위해 당신은 고대의 전술을 반박할 수 있는 전술을 사용해야 한다.
— 쯔 덩(Hsu Tung, 976~1018)

> 나는 나 자신의 취향에
> 따르지 않기 위해 스스로를
> 반박해왔다.
> — 마르셀 뒤샹(1887~1968)

마음에 극도의 증오심을 불어넣어 시합 때 자신을 때려눕히기 위해 가까이 다가오도록 만들기 위한 전술이었다. 체중 검사 때 알리의 태도는 완전히 미친 듯했지만, 후에 그것도 순전히 연극이었다는 것이 밝혀졌다. 이 연극은 리스턴에게 알리가 링 위에서 무슨 짓을 할지 알 수 없다는 불안감을 심어주어, 리스턴이 무의식적으로 방어적 태도를 보이게 하려는 효과를 노린 것이었다. 1라운드에서 알리는 방어적인 태도로 리스턴을 끌어들였으며, 이는 리스턴과 같은 선수를 대할 때 쓰는 일반적인 전술이었다. 리스턴이 점점 더 접근해오기를 기다렸다가 알리는 순식간에 펀치를 날렸다. 그것은 예상치 못한 빠른 펀치였기에 두 배의 힘을 발휘했다. 알리에게 날린 펀치가 빗나가고 춤추는 듯한 발놀림과 아래로 내려진 손, 짜증나는 조롱에 초조해진 리스턴은 실수를 연발했다. 그리고 알리는 상대방의 실수를 마음껏 즐길 수 있었다.

유년기와 청년기에 우리는 일을 수행하는 방법과 특정한 태도 방식을 따르도록 교육을 받았다. 남과 다르게 행동하면 사회적인 대가가 따른다고 배운 것이다. 하지만 맹목적인 순응에 대한 대가는 이보다 훨씬 더 크다. 자기만의 개성, 자기만의 독특한 방식에서 얻을 수 있는 힘을 잃게 되는 것이다. 다른 사람들과 똑같은 방식으로 싸운다면, 이는 예측 가능한 전통적 방식일 뿐이다.

진실로 전통에서 탈피하는 길은 아무도 모방하지 않고, 자기만의 리듬에 따라 싸우고 행동하며, 자기만의 개성에 따라 전략을 적용하는 것이다. 일반적인 패턴을 따르지 않는다면, 사람들은 당신이 다음번에 어떻게 나올지 추측하기 힘들 것이다. 당신의 비전통적인 접근 방식은 사람들을 격분시킬 수 있으며, 감정적인 사람들은 당신이 쉽게 힘을 행사할 수 있는 약한 사람들이다. 만약 당신의 특성이 확실하다면, 이는 군중들이 항상 비전통적인 것과 비범함에 대해 가지는 관심과 존경심을 가져다줄 것이다.

사례 3: 예측불허 전사 집단, 윈디고칸

북아메리카 평원 지대에 거주하는 인디언 오지브와(Ojibwa)족에 윈디고칸(Windigokan, 역풍)이라는 전사 집단이 있었다. 가장 용맹한 남자, 전투에서 위험을 진정으로 무시함으로써 용맹성을 나타낸 남자들만이 윈디고칸에 합류할 수 있었다. 실제로 이들은 죽음에 대한 두려움이 없기 때문에, 더 이상 살아 있는 존재로 인식되지 않았다. 이들은 잠도 식사도 따로 했으며 행동도 달랐다. 살아 있지만 죽은 자들에 속하는 존재인 이들은 보통 사람들과 반대로 말하고 반대로 행동했다. 이들은 젊은 이를 노인이라 불렀고, 가만히 서 있으라는 말은 앞으로 돌격하라는 것으로 받아들였다. 이들은 수확의 시기에는 침울해했으며, 깊은 겨울에는 즐거워했다. 이들의 태도에는 광대 같은 면이 있긴 했지만, 윈디고칸은 사람들에게 엄청난 두려움을 불러일으켰다. 아무도 이들이 다음에 어떤 행동을 할지 알 수가 없었다.

윈디고칸에게는 거대한 새의 형태로 모습을 드러내는 뇌신(雷神)이라는 무서운 영혼이 깃들어 있다는 믿음이 널리 퍼져 있었다. 그로 인해 이들은 인간이 아닌 다른 존재로 여겨졌다. 전투에서도 이들은 파괴적이고 예측 불허였으며, 기습 부대는 사람들에게 공포를 안겨다주는 존재였다. 외부인의 목격담에 따르면, 이들은 기습을 감행하기 전 먼저 오지브와 족장의 오두막 앞에 모여 이렇게 소리를 질렀다고 한다. "우리는 전쟁에 나가지 않을 것이다! 우리는 수족(Sioux)을 죽이지 않을 것이다! 우리는 그들 중 네 명의 머리 가죽을 벗기지 않을 것이고 나머지는 도망가게 내버려두지 않을 것이다! 우리는 낮에 침입할 것이다!" 그리고 그날 밤 넝마 같은 옷을 걸치고 몸에는 진흙과 괴이한 색을 칠한 다음, 얼굴은 거대한 부리 같은 코가 달린 무서운 가면으로 가린 채 마을을 떠났다. 이들은 어둠을 타 비틀거리며(가면 때문에 앞을 보기가 힘들었다) 수족의 진영에 도달했다. 비록 수족의 규모가 훨씬 컸지만, 이들은 도망치지 않고 춤을 추며 적진 한가운데로 들어갔다. 이들의 기괴한 춤은 마치 악마에 홀린 것 같았다. 수족 중 일부는 뒷걸음을 쳤고, 일부는 호기심과 어리둥절함에 가까이 다가갔다. 그리고 윈디고칸의 지도자가 "쏘지 마!"라고 소리를 치는 순간, 오지브와 전사들은 넝마 속에 감추어둔 총을 꺼내어 수족을 네 명 죽이고 그들의 머리 가죽을 벗겼다. 그리고 다시 춤을 추며 사라졌다. 적군은 이러한 모습을 보고 몸서리치며 뒤쫓을 엄두도 내지 못했다.

그 후 윈디고칸의 출현만으로도 적군은 그들을 피하게 되었다.

수족의 전사들도 헤요카(Heyoka)라는 집단을 이루고 있었는데, 이들 역시 윈디고칸처럼 광대 같은 행동을 보였다. 전쟁 의상으로 자루를 뒤집어썼고 온몸은 진흙으로 칠했다. …… 심리학적으로 헤요카는 중요한 의미를 지니고 있다. 행복하고 풍요로운 시기에는 우울함과 절망만을 바라봤으며 음식이 없다고 불평하면서 버팔로 고기를 게걸스럽게 먹어대며 즐거운 시간을 보내거나, 자신이 더럽다고 선언하고는 진흙 목욕을 한다. …… 하지만 이런 온화한 겉모습 이면에는 자신이 이크토미(Iktomi)라는 예측 불가능하고 위험한 영혼에 사로잡혀 있다는 공포심이 잠재해 있었다. 결국 헤요카는 개 한 마리도 무서워하고 누군가 너무 가까이 다가오면 비명을 지르고 도망치더라도, 초자연적인 존재에 대적할 수 있는 유일한 사람인 것이다. 따라서 헤요카는 일부 전사들의 자만을 비웃었으며, 그와 동시에 전장에서 그들을 이끌고 보호하는 힘은 자신만이 대항할 수 있는 종류의 힘이라는 사실을 강조했다.
— 노먼 밴크로프트 헌트, 《전사들: 전쟁과 미국 원주민 인디언》

해석

윈디고칸을 그렇게 두려운 존재로 만든 것은 그들이 자연의 힘을 빌려 왔다고 주장하는 것처럼 아무런 이유 없이 파괴적인 행동을 보이기 때문이었다. 이들의 기습은 필요로 인한 것도, 대장의 명령에 의한 것도 아니었다. 이들의 외모는 마치 땅바닥이나 페인트를 잔뜩 풀어놓은 쟁반 위에서 구른 것처럼 어떤 것과도 연관성이 없었다. 이들은 어쩌면 우연히 적군을 발견할 때까지 어둠 속을 배회했는지도 모른다. 이들의 춤은 한 번도 본 적이 없었고 상상하지도 못한 것이었다. 이들은 갑작스레 사람을 죽이고 머리 가죽을 벗겼으며, 그러다 제멋대로 멈춰버렸다. 엄격하게 통제되는 부족사회에서 이는 무작위적인 파괴와 부조리를 의미했다.

비전통적 전략은 사람들을 깜짝 놀라게 할 수 있으며, 당신에게 우위를 안겨주지만 항상 공포심을 조성하지는 않는다. 윈디고칸처럼 마치 자연의 영적 기운에 사로잡힌 것처럼 이성적인 절차를 뛰어넘는 무작위성을 적용해보면, 당신은 궁극적인 힘을 얻게 될 것이다. 항상 이런 행동을 보인다면 정신병원에 수용될 수도 있겠지만, 부조리한 힌트를 몇 개 떨어뜨리고 적절한 순간에 돌발적인 행동을 하는 식으로 제대로 활용한다면 사람들은 당신이 다음에 무슨 일을 할 것인지 의아해할 수밖에 없을 것이다. 주변 사람들은 당신에게 존경심과 두려움을 가지게 되며, 이는 당신에게 엄청난 힘을 주게 된다.

평범한 외관에 약간의 성스러운 광기가 가미되면 완전히 미친 사람보다 훨씬 더 큰 충격과 두려움을 안겨줄 수 있다.

햄릿처럼 당신의 광기는 전략적이어야 한다는 사실을 명심하라. 진짜 광기는 눈에 뻔히 보인다.

사례 4: 뒤샹의 거꾸로 놓인 소변기

1917년 4월 뉴욕의 독립예술가협회(Society of Independent Artists)는 첫 번째 전시회를 준비했다. 이는 미국 역사상 가장 거대한 현대미술 전시회가 될 예정이었다. 협회 회원이면(입회비는 최저 수준이었다) 누구나 전시회에 참가할 수 있었다. 예술가들의 반응은 뜨거웠고 1,200명의 예술가들이 2천 점이 넘는 작품을 출품했다.

협회 운영위원회는 월터 아렌스버그(Walter Arensberg)와 같은 수집가들, 만 레이(Man Ray)와 같은 예술가들, 그리고 뉴욕에 거주하는 프랑스 화가인 스물아홉 살의 마르셀 뒤샹(Marcel Duchamp)으로 구성되었다. 심사위원장인 뒤샹은 이번 전시회를 철저히 민주적으로 진행하기로 결심했다. 그는 모자에 알파벳이 적힌 종이를 넣고 뽑은 다음, 이렇게 뽑은 알파벳 순서대로 작품을 걸기로 했다. 그러다 보니 입체파의 정물화는 전통 풍경화와 아마추어 사진, 완전 미치광이임에 분명한 누군가의 외설스러운 작품 옆에 걸리기도 했다. 일부 위원은 이 계획에 대찬성이었지만, 혐오감을 나타내며 사퇴하는 사람들도 있었다.

전시회가 열리기 며칠 전, 협회는 이제까지의 작품 중 가장 이상한 작품을 받았다. 가장자리에 'R. MUTT'라는 검은색 서명이 붙은 거꾸로 된 남성 소변기였다. 미스터 머트(Mutt, '얼간이', '잡종개'의 의미-옮긴이)라는 사람이 입회비와 함께 제출한 작품으로 제목은 '샘(Fountain)'이었다. 이 작품을 보자마자 운영위원회의 임원이자 화가인 조지 벨로스(George Bellows)는 이 작품이 추잡하며 절대 전시해서는 안 된다고 주장했다. 아렌스버그는 그의 의견에 반대했다. 자신은 그 작품의 모습과 형태에서 흥미로운 예술 작업이라는 것을 알아볼 수 있었다는 것이다. "바로 이것이 이번 전시회의 주제입니다." 그는 벨로스에게 이렇게 말했다. "예술가에게 자신이 선택한 것, 다른 누가 아닌 예술가 스스로가 예술이라고 생각하는 것을 전시할 기회를 주어야 하지 않겠습니까?"

하지만 벨로스는 요지부동이었다. 전시회가 열리기 몇 시간 전, 운영위원회는 회의를 소집해 투표에 부쳤고, 근소한 차이로 이 작품은 탈락시키기로 결정되었다. 아렌스버그와 뒤샹은 즉시 사임했다. 한 신문에서 이러한 분쟁을 보도하면서 이 작품을 정중하게도 '화장실 비품'이라 칭했다. 이는 엄청난 호기심을 불러일으켰으며, 이 사건에 미스터리한 기운마저 감돌게 했다.

그 무렵 뒤샹은 〈눈먼 남자(The Blind Man)〉라는 잡지를 발행하는 예술가 단체의 일원이었다. 이 잡지의 두 번째 호에는 위대한 사진작가인 앨프리드 스티글리츠(Alfred Stieglitz)가 찍은 〈샘〉의 사진이 실렸다. 그가 찍은 소변기는 너무나도 아름다워 무언가 베일에 싸인 듯한 이미지를 연출했고 약간의 종교적 분위기마저 풍겼다. 또한 형태가 거꾸로 된 소변기의 자궁과 같은 모습은 모호한 성적 느낌을 주었다. 〈눈먼 남자〉는 '리처드 머트 사건'이라는 제목의 논설로 〈샘〉을 옹호하며 전시를 거절한 것에 대해 비판했다. "미스터 머트의 샘은 비도덕적이지 않다. …… 욕조가 비도덕적이지 않은 것처럼…… 미스터 머트가 샘을 직접 자기 손으로 만들었는지는 중요하지 않다. 그는 그것을 선택했다. 평범한 생활 속의 물건을 선택하고 설치함으로써 새로운 제목과 시각으로 본래의 실용성은 사라지게 되었다. 이 오브제에 대한 새로운 사고를 창조해낸 것이다."

얼마 지나지 않아 〈샘〉의 '창작자'가 바로 뒤샹이라는 사실이 밝혀졌다. 이 작품은 수년간 생명력을 지녔으며, 그 후 스티글리츠의 스튜디오에서 어느 날 갑자기 사라지고 나서 다시 발견되지 않았다. 〈샘〉의 사진과 이야기는 예술가들에게 영감을 주었다. 작품 그 자체가 충격을 주고 영향력을 행사하는 기이한 힘을 가지고 있었던 것이다. 1953년 뉴욕의 시드니 제니스 갤러리(Sidney Janis Gallery)는 입구에 뒤샹의 〈샘〉 복제품을 전시했는데, 그 작품에서는 특이하게도 변기 안에서 겨우살이 가지 하나가 떠오르고 있었다. 이후 여러 갤러리들과 뒤샹의 회고전, 박물관 컬렉션에서는 앞 다투어 더 많은 복제품들을 전시했다. 〈샘〉은 수집해야 할 어떤 것이 되었다. 이 복제품들은 100만 달러가 넘는 가격에 팔려 나갔다.

다들 그 작품 안에서 자신이 보고 싶은 것을 보는 것 같았다. 박물관에 전시된 것을 보고 여전히 모독을 느끼는 사람도 있었고, 일부는 소변기 그 자체에 거부감을 느꼈으며, 일부는 그것을 예술의 한 형태로 받아들였다. 비평가들은 다양한 해석으로 소변기에 대한 글을 썼다. 〈샘〉을 연출하면서 뒤샹은 예술계에 오줌을 갈긴 것이고, 성이라는 관념을 가지고 놀았던 것이다. 또한 일종의 섬세한 말장난이었다. 1917년 협회 임원들이 예술적 가치가 전혀 없으며 추잡한 오브제라고 일갈한 작품은 20세기에 가장 큰 논란과 스캔들을 불러일으켰으며 가장 많이 분석된 작품 중 하나가 되었다.

해석

20세기 예술가들은 다다이스트, 초현실주의자, 파블로 피카소, 살바도르 달리 등 수많은 비전통적 작가들의 영향을 받았다. 하지만 그 중에서도 현대미술에 가장 큰 영향을 미친 것은 마르셀 뒤샹일 것이다. 특히 그가 '기성품'이라 부른 것은 그의 작품에서 가장 영향력이 컸다. 기성품은 예술가가 '선택'한 일상생활의 오브제(때로는 만들어진 그대로(눈삽, 병 놓는 선반), 때로는 약간 변형된(거꾸로 놓인 소변기, 모나리자 복제품에 턱수염과 콧수염을 그려넣는 것)]로, 갤러리나 박물관에 전시된다. 뒤샹은 이미지에 선행하는 예술이라는 아이디어를 내주었던 것이다. 그의 기성품, 그리고 그 안의 평범함과 시시함은 온갖 종류의 암시와 의문, 해석을 낳았다. 소변기는 초라하고 평범할지 몰라도, 예술로서의 소변기는 극히 비전통적이며 성나고 자극적이며 비이성적인 아이디어들을 자극했다.

전쟁과 정치, 문화에서는 비전통적인 것(한니발의 코끼리 떼나 소 떼 혹은 뒤샹의 소변기든)은 결코 물질적인 것이 아니다. 또는 단순한 물질이 아니다. 비전통적인 것은 정신에서 비롯된다. 뭔가 놀라운 것은 우리가 예측할 수 있는 것이 아니다. 우리는 대개 익숙한 전통, 진부한 생각, 보는 습관, 평범한 것을 예측한다. 문화계의 수많은 예술가와 작가, 프로듀서는 단순히 괴상하고 놀랍거나 어느 정도 쇼킹한 이미지와 텍스트, 그 외의 작품들을 만드는 것이 비전통성의 절정이라고 믿는 것 같다. 이러한 작품들은 잠깐 반짝할 수는 있지만, 저항을 불러일으킬 만한 의미가 없기 때문에 비전통적이고 비범한 힘은 가지고 있지 않다. 즉 이러한 작품들은 우리의 기대에서 벗어나지 않는다. 그것은 단순히 색다를 뿐이며, 빠르게 우리의 기억 속에서 사라져버린다.

비범한 것을 창조하려 노력할 때는 항상 기억해야 할 것이 있다. 중요한 것은 이미지나 전략 그 자체가 아니라 심리 작용이라는 점이다. 정말로 충격적이고 마음속에 오래 남는 것은 평범하고 흔한 것을 바탕으로 만들어지며, 우리 주변의 현실의 본질에 대해 의문을 제기하고 논쟁하게 만드는 예상치 못한 작품과 아이디어들이다. 예술에서 가장 확실히 드러나듯이 비전통성은 전략적일 수밖에 없다.

| **이미지** | 쟁기. 땅을 갈아 준비를 해야 한다. 쟁기는 지속적인 움직임으로 땅을 갈며, 흙에 공기를 불어넣어준다. 이러한 과정은 매년 지속되어야 한다. 그렇지 않으면 잡초가 무성해지고, 잡초로 우거진 흙은 모든 생명을 질식시키고 만다. 쟁기질을 하고 비옥해진 땅으로부터 가장 영양이 풍부하고 놀라운 식물이 자랄 수 있다.

| **근거** | 대개 전통적인 방법으로 적과의 전투에 참가하는 사람은 비전통성을 통해 승리를 얻는다. …… 전통과 비전통은 마치 끝없는 원처럼 서로를 만들어낸다. 누가 이를 멈추게 할 수 있겠는가?

— 손자

뒤집어보기

적이 예상하는 방향이나 방법으로 적을 공격하는 것은 아무런 가치가 없다. 이는 적으로 하여금 저항을 더욱 견고히 하도록 부추기는 것이다. 결국 이러한 전략은 자살이나 다름없다.

STRATEGY 25

도덕적 우위를 점하라
: 정의의 사도 전략

정치계에서는 당신이 추구하는 대의가 반드시 상대의 대의보다 더 정당해 보여야 한다.
당신과 당신의 적수가 도덕성이라는 고지를 놓고 전투를 벌인다고 가정하라.
상대의 동기에 의문을 제기하거나 상대를 사악하게 보이도록 만들어
그들의 지지기반이나 행동반경을 좁힐 수 있다.
상대의 대중적 이미지를 파악하고 취약점을 겨냥해 위선적 행위를 폭로하라.
대중이 당신의 정당성을 당연하게 받아들일 것이라 지레짐작해서는 안 된다.
홍보와 선전만이 살 길이다.
영리한 적으로부터 도덕적 공격을 당할 때는 푸념하거나 화를 내지 마라.
눈에는 눈, 이에는 이, 불에는 불로 맞서라.
가능하다면 스스로를 약자, 희생자, 순교자로 각인시킨다.
죄의식이라는 도덕적 무기를 상대에게 사용하는 법을 배워라.

도덕적 공세

1513년 위대한 플로렌틴 로렌초 데 메디치(Florentine Lorenzo de' Medici, 이탈리아 르네상스 시대 피렌체와 메디치가의 전성기를 이끌었던 정치지도자 겸 시인—옮긴이)의 아들인 37세의 조반니 데 메디치(Giovanni de' Medici)가 교황으로 선출되었다. 새로운 교황 레오 10세(Leo X)가 이끄는 교회는 정치 및 경제적 측면에서 여러모로 유럽에서 강력한 권력을 행사했으나, 메디치 가문의 일원답게 시와 연극, 그림 애호가였던 레오 10세는 한층 더 나아가 예술의 위대한 후원자로서 이름을 떨치길 원했다. 한편 가톨릭 교회의 중심지 로마에는 전임 교황들이 짓기 시작한 성 베드로 성당이 아직 미완성인 채로 남아 있었다. 레오 10세는 이 거대한 프로젝트를 완성함으로써 자신의 이름을 역사에 새겨넣고 싶었다. 그러나 이를 위해 최고의 예술가들을 고용하려면 상당한 자본이 필요했다.

1517년 레오 10세는 면죄부 판매 운동을 개시했다. 지금과 마찬가지로 당시 가톨릭 교회는 신도들이 신부에게 죄를 고백하고 신부가 부여한 세속적 고행을 통해 참회하는 고해성사 의례를 따르고 있었다. 오늘날에는 그러한 고행이 단순히 기도나 묵주를 세는 데 그치지만 한때는 그보다 훨씬 가혹했으며, 금식이나 성지순례, 혹은 면죄부라는 금전적 보상을 치러야 했다. 귀족들은 성자의 유골을 구입하는 형태로 면죄부를 얻었고, 더 많은 돈을 지불할수록 사망 후 연옥에서 보내는 시간이 짧아지리라는 약속을 받았다(연옥은 지옥에 갈 만큼 사악하지 않거나 천국에 갈 만큼 선하지 않은 이들이 머무르는 일종의 대기실이다). 그보다 신분이 낮은 이들은 죄를 용서받는 대가로 더 적은 돈을 지불했다. 면죄부는 교회의 주요 수입원이었다.

이렇게 특수한 종교 활동을 위해 레오 10세는 유럽 전역에 면죄부 판매 전문가들을 파견했고, 뒤이어 돈이 쏟아져 들어오기 시작했다. 그는 성 베드로 대성당의 건축 책임자로 위대한 예술가 라파엘로를 지명했다. 라파엘로는 이 건물을 눈부신 예술작품으로 승화시키기로 결심했다. 성 베드로 성당은 레오 10세가 이 세상에 남기는 영원한 유산이 될 터였다. 모든 일이 순조롭게 진행되었다. 1517년 마르틴 루터(Martin Luther,

1483~1546)라는 독일 사제이자 고지식한 신학자가 비텐베르크 성(城)의 교회당 문에 '95개 조항'을 게재하는 사건이 일어나기 전까지는 말이다. 95개 조항은 그 시대의 다른 중요한 문서들처럼 원래 라틴어로 작성되었으나, 곧 독일어로 번역되고 인쇄되어 대중들 사이로 널리 퍼져나갔다. 그 후 불과 몇 주일도 채 지나지 않아 온 독일 국민들이 그 글을 읽은 듯했다. 루터의 95개 조항은 기본적으로 면죄부 판매를 공격하는 내용을 담고 있었다. 루터는 죄인을 용서하는 권리는 교회가 아니라 신의 영역이며 죄의 사함은 돈으로 살 수 없는 것이라 주장했다. 또한 그는 성경이야말로 궁극적 권위를 지닌 존재이며, 만일 교황이 성경을 인용하여 자신의 주장을 반박할 수 있다면 기쁘게 자신의 주장을 철회할 것이라 말했다.

교황은 루터의 글을 읽지 않았다. 그는 신학 토론보다는 시를 읽는 편을 선호했고, 독일인 사제 한 명쯤이야 가톨릭 교회는 물론 소중한 프로젝트의 자금 마련을 위한 면죄부 판매에도 아무런 위협이 되지 않을 것이라고 생각했다. 그러나 루터는 광범위한 의미에서 교회의 권위에 도전하고 있었으며, 레오 10세는 이러한 이단 행위를 내버려둔다면 얼마 안 가 새로운 분파의 중심이 될 수도 있음을 알았다. 교회는 최근 몇 세기 동안 유럽에 나타난 이런 반체제적 분파들을 무력으로라도 찍어 눌러야 했다. 너무 늦기 전에 루터의 입을 막는 것이 현명해 보였다.

레오 10세는 비교적 부드러운 태도로 대응했다. 그는 세간의 존중을 받고 있는 가톨릭 신학자이자 프리에라스(Prieras)라는 별칭으로 불리는 실베스터 마촐리니(Silvester Mazzolini)에게 루터가 겁을 먹고 굴복할 만한 공식 답변을 작성해줄 것을 요청했다. 프리에라스는 교회에서 최고의 권위를 지닌 이는 교황이며, 교황은 심지어 성서보다도 더 높은 사실상 무류(無謬)의 존재라고 주장했다. 그는 이 주장을 뒷받침하기 위해 수 세기 동안 작성된 여러 신학 텍스트들을 인용했고 나아가 루터를 사생아라 부르며 그의 의중을 의심하는 등 인신공격을 퍼붓기까지 했다. 혹시 이 독일인 사제는 주교의 자리를 노리고 있는 것이 아닌가? 프리에라스는 다음과 같은 말로 글을 끝맺었다. "로마 교회가 현재 시행 중인 면죄부

> 존 보이드는 특히 도덕적 측면, 즉 겉으로 내세우는 신념과 행동 사이의 불일치를 폭로함으로써 상대의 도덕성을 공격하는 방식에 대해 각별한 관심을 기울였다. 대규모 전략을 피할 시 도덕적 전투에서 가장 중요한 요소는 도덕이라는 지렛대를 이용해 아군의 사기와 세력을 부풀리는 한편 적의 약점을 폭로하는 것이다. 이 과정에서 우리는 아직 입장을 결정하지 못한 잠재적인 적들이 우리의 관점에 공감하고 우리의 승리에 감정이입하도록 영향을 미쳐야 한다.
> — 그랜트 T. 해먼드, 《전쟁의 마음가짐: 존 보이드와 미국 안보》

판매를 중단해야 한다고 주장하는 자들은 모두 이단이다." 경고의 의미는 명백했다.

당시 레오 10세는 오토만 제국의 혼란에서부터 새로운 십자군 원정 계획에 이르기까지 수많은 고민거리를 안고 있었다. 하지만 프리에라스의 답변에 대한 루터의 반박은 곧장 그의 관심을 주목시키기에 충분했다. 루터는 프리에라스의 주장을 가차 없이 깎아내렸다. 그는 교회가 자신의 고발에 답변하지 못했으며 성서에 입각한 주장을 펼치지도 못했다고 말했다. 그는 면죄부 판매의 정당성과 이단자들의 파문 조처가 성경에 적혀 있지 않는 한 그러한 행위는 본질적으로 영적이 아니라 세속적이고 정치적인 것에 불과하며, 그런 종류의 권위는 도전받을 수 있고 또한 도전받아야 한다고 주장했다. 루터는 자신의 반박문을 프리에라스의 글과 함께 배포하여 독자들이 두 개의 글을 읽고 스스로 판단하도록 했다. 프리에라스가 쓴 글의 직접 인용과 대담하고 빈정거리는 문체, 그리고 최근 개발된 인쇄기술에 힘입어 그의 주장은 널리 퍼져나갔다. 교회 고위층에게는 이 모두가 낯설고 충격적인 일이었다. 그들은 똑똑하고 위험한 적을 상대하고 있었다. 이제 레오 10세는 교회와 루터, 어느 한쪽이 죽음에 이르러서야 이 전쟁이 끝나리라는 사실을 깨달았다.

이 독일인 성직자를 어떻게 로마로 데려와 이단으로 몰 수 있을지 궁리하는 동안, 루터는 종교개혁 운동에 박차를 가했다. 계속해서 놀라운 비판문을 발표했고, 그의 어조는 점점 신랄해졌다. '독일의 기독교인 귀족들에게 보내는 공개서한'에서 로마가 그럴싸한 가짜 권위를 내세워 독일 국민들을 오랫동안 괴롭히고 위협하였으며 독일 왕국들을 예속국으로 만들었다고 비난했다. 또한 교회는 정치권력일 뿐 영적인 힘이 아니며, 그 세속적인 권력을 유지하기 위해 거짓말에 의지하고 문서를 위조하는 등 필요하다면 어떤 수단과 방법도 가리지 않는다고 설파했다. '교회의 바빌론 유수'라는 글에서는 교황의 사치스러운 생활과 성직자들의 방탕함, 레오 10세가 후원한 불경스러운 예술 작품들을 질타했다. 교황은 바티칸 내부에서 마키아벨리의 〈만드라골라(Mandragola)〉라는 음탕한 연극을 상영했을 정도로 도를 넘어섰다는 것이다. 루터는 교회가 바람직하다고 주장하는 생활방식과 실제 추기경들의 삶을 대조해 보여주었다. 그는 진정한 이단은 자신이 아니라 교황과 그의 측근들이라고 비난했다. 사실을 말하자면, 교황이야말로 바로 적그리스도였다!

레오의 눈에 루터는 프리에라스의 위협을 받고 한층 더 흥분한 것 같았다. 협박의 강도가 너무 미흡했던 것이 틀림없었다. 지금까지 교황은 너무나도 관대했다. 이제 진정한 힘을 보여주고 전쟁을 끝내야 할 시점이었다. 레오 10세는 교황 교서를 통해 루터의 파문을 선언했다. 또한 교회 사절을 독일에 파견해 루터를 체포하고 감금할 것을 지시했다. 그러나 사절들은 충격적인 소식을 가지고 돌아왔다. 95개 조항이 공개된 이후, 무명의 사제에 불과했던 마르틴 루터가 명성 높은 유명인사이자 독일 전역에 걸쳐 존경받는 공인이 되었다는 것이다. 교황 사절들은 가는 곳마다 야유를 받았고 심지어 돌팔매를 맞기도 했다. 독일의 가게 창문마다 머리에 후광을 두른 루터의 초상이 붙어 있었다. 사절 가운데 한 명은 교황에게 "독일인 가운데 열 명 중 아홉 명이 '루터여, 만수무강하기를'이라고 외치고 다닌다."고 보고했다. "그리고 나머지 한 명은 '로마에게 죽음을'이라는 구호를 외쳤다." 루터는 그동안 밑바닥에 숨어 있던 독일 국민들의 로마 교회에 대한 분노와 증오를 표면으로 끌어올리는 데 성공한 것이다. 더구나 그의 삶은 나무랄 데가 없었다. 루터는 베스트셀러 작가였으나 자신의 글을 이용해 수입을 올리길 거부했고, 자신의 설교 내용을 직접 행동으로 실천해 보였다. 교회가 그를 공격하면 할수록 루터는 더욱 유명해졌다. 그를 순교자로 만들면 혁명이 일어날 수도 있었다.

1521년 레오 10세는 루터에게 독일의 영주와 귀족들, 그리고 신성로마 황제 카를 5세(Karl V)가 새로 선출한 성직자들로 구성된 제국의회가 열리는 보름스라는 마을에 출두할 것을 명했다. 교황은 독일인들이 대신 손을 더럽혀주기를 바랐고, 카를은 그 기대에 순종할 준비가 되어 있었다. 정치가이자 루터가 불을 지핀 반권위주의적 정서를 우려하던 그는 빨리 이 분쟁을 마무리 짓고 싶었다. 그는 의회에서 루터에게 그의 가르침을 철회하라고 요구했지만 루터는 언제나 그랬듯이 거절했으며, 연극적인 태도로 역사에 길이 남을 대사를 내뱉었다. "그것이 내 입장이며, 나는 달리 행동할 수 없습니다. 신의 가호가 있기를." 황제는 선택의 여지가 없었다. 그는 루터에게 이단을 선언하고 비텐베르크로 돌아가 운명을 기다리라고 지시했다. 그러나 고향으로 돌아가는 길에 루터는 납치되어 바르부르크 성으로 이송되었다. 사실 이 납치극은 수많은 그의 귀족 지지자들에 의해 계획된 것이었다. 루터는 이제 안전했다. 그는 성 안에서 가명으로 살면서 폭풍의 세력권 밖에 머무를 수 있었다.

그해 레오 10세가 사망했다. 교황이 사망한 지 한 달도 안 돼 루터의 사상과 그가 부르짖었던 개혁운동이 마치 들불처럼 독일 전역으로 번져 나갔다. 1526년에는 프로테스탄트 종파가 공식적으로 유럽 다른 지역에서 등장했다. 바로 종교개혁의 탄생이었다. 이와 함께 가톨릭 교회의 범세계적인 방대한 세력은(적어도 레오 10세가 계승했던) 산산이 부서져 다시는 회복되지 못했다. 결국 전쟁에서 승리를 거둔 것은 무명의 학자에 불과했던 비텐베르크의 사제였다.

해석

루터가 95개 조항을 쓴 원래의 의도는 신학을 논하기 위해서였다. 죄를 사하는 하느님의 권한과 교황의 면죄부 사이의 관련성, 혹은 그 관련성의 부재를 말하고 싶었던 것이다. 그러나 자신의 이의 제기에 대한 프리에라스의 답변을 읽었을 때 그에게는 변화가 찾아왔다. 교황과 그의 수하들은 성경에서 면죄부를 정당화할 근거를 찾지 못했을 뿐만 아니라 파문에 대한 교황의 절대적인 권력 또한 해명하지 못했다. 루터는 교회에 전반적인 개혁이 필요하다고 믿었다.

그러나 종교개혁은 정치권력을 필요로 했다. 만일 루터가 단순히 교회의 설교단이나 동료 성직자들 사이에서 교회의 사악함을 지적하는 데 그쳤더라면 그는 아무런 성과도 거두지 못했을 것이다. 교황과 그의 지지자들은 루터를 개인적으로 공격하고 그의 의도를 의심했다. 이제 루터는 눈에는 눈, 불에는 불로 대항하는 전략을 택해야 했다.

루터의 전략은 이 전쟁을 공공의 영역으로 확대하여 자신의 도덕적 대

'외적 기동작전'의 핵심은 아군의 행동의 자유를 최대한 보장하는 한편, 《걸리버 여행기》에서 릴리푸트인들이 걸리버를 결박했던 것처럼 다수의 억제력으로 적을 마비시키는 것이다. 물론 이때 취하는 행동은 적을 방해하기 위한 다른 모든 작전과 마찬가지로 심리적인 것이어야 한다. 모든 정치적, 경제적, 외교적, 군사적 수단을 동일한 목적을 위해 결합시켜야 한다. 이렇게 억제력을 발휘하는 데 이용되는 절차들은 가장 미묘한 것에서부터 가장 잔인한 것에 이르기까지 그 범위가 다양하다. 국내법 및 국제법에 호소하고, 윤리적 혹은 인도주의적 감수성을 자극하며, 적에게 자신의 대의를 의심케 하여 양심의 가책을 느끼도록 만드는 것 등이 여기에 해당한다. 이러한 방법들을 활용하면 적의 내부에 반대 여론이 일어나고 국제 여론 역시 동요하게 된다. 그 결과 도덕적 연합이 등장하고, 보다 광범위하고 덜 세련된 대중을 대상으로 그들의 선입견에 호소하여 동조를 이끌어내려는 시도가 이뤄진다. 그리하여 여론이 형성되면 국제연합이나 여타의 국제단체에서 이런 분위기를 활용하게 되는데, 주로 적들의 특정 행동을 방지하는 위험으로 이를 이용한다. …… 여기서 주목할 사안은 군사작전에서 특정 요지를 점령한 후 이 사실을 적에게 부인할 수 있는 것과 마찬가지로 심리전에서도 자신이 취하고 있는 추상적 요지를 상대에게 부인할 수 있다는 것이다. 일례로 소련의 지도자들은 핵무기개발을 지속하고 지구상에 현존하는

의를 정치적인 것으로 승화시키는 것이었다. 이를 위해 그는 지난 세기의 위대한 발명품인 인쇄기술을 활용했다. 그의 격렬하고 분노에 찬 표현은 대중에게 커다란 감명을 주었고 널리 뿌려졌다. 특히 교황의 퇴폐적인 생활방식, 면죄부 판매를 통한 모금운동, 독일의 정치에 개입하는 교회의 오만함 등 독일인들을 자극하는 공략을 이용했는데, 그 중에서도 가장 위력을 발휘한 것은 교회의 위선을 폭로하는 것이었다. 이렇게 다양한 전술을 통해 루터는 도덕적 면에서 대중의 분노에 불을 지피고 이를 널리 퍼뜨렸으며, 교황을 넘어 교회에 대한 사람들의 인식을 송두리째 뒤바꾸었다.

루터는 레오 10세가 자신의 주장에 대해 성경을 바탕으로 한 논의가 아닌, 그저 강압적인 권위로 반응하리라는 사실을 알고 있었다. 그러한 교황의 대응방식이 자신을 더욱 돋보이게 해줄 따름이라는 사실도 알고 있었다. 따라서 그는 선동적인 언어와 논쟁으로 레오 10세의 권위에 의혹을 불러일으킴으로써 교황이 경솔한 반격을 가하도록 미끼를 던졌다. 루터는 이미 모범적인 삶을 영위하고 있었고, 그의 글을 통해 들어오는 모든 수입을 거절하여 명성을 더욱 드높였다. 몇 년이 채 지나지 않아 루터는 교황이 혁명을 우려하지 않고서는 맞서 싸울 수 없을 만큼 대규모 대중의 지지를 얻었다. 루터는 도덕성이라는 도구를 의도적으로 그리고 공개적으로 활용함으로써 승리를 거두는 데 필요한 힘을 얻는 전략으로 변환시켰던 것이다. 종교개혁 운동은 역사상 가장 위대한 정치적 승리 가운데 하나였다.

명심하라. 전쟁에서 승리하기 위해서는 대중과 정치적 지지를 모두 얻어야 한다. 사람들은 당신의 대의가 정당하고 옳다는 확신이 서지 않는 한, 당신 편에 서기를 꺼려할 것이다. 그리고 루터가 깨달았듯, 당신의 대의에 정당성을 부여하기 위해서는 올바른 전략과 쇼맨십이 필요하다. 먼저 권위주의자나 위선자, 그리고 권력에 목마른 자로 그릴 수 있는 적을 선택하라. 이용 가능한 매체를 모두 활용하여, 상대의 취약한 부분에 도덕적 공세를 퍼부어라. 강력하고, 대중에게 영향력이 큰 언어를 구사하라. 그리고 가능하다면 사람들이 이전부터 느끼고 있던 적개심을 드러

유일한 식민제국을 유지하는 한편, 핵무기 폐지와 반식민주의 정책을 그들의 평화유지 기반으로 제시하고 있다. 마르크스주의에 점령된 이런 이데올로기적 입장은 언젠가 서방세계에 의해 '정복될' 지도 모른다. 그러나 이는 서방세계가 적이 언제든 이용할 수 있는 법률상 혹은 도덕상의 원칙을 단순히 내세우는 데서 탈피하여 간접전략으로 사고와 계산의 가치를 습득해야 가능한 일이다.
— 앙드레 보프르, 《전략론(Introduction to Strategy)》, 1963년

낼 수 있는 기회를 제공하라. 적이 직접 한 말을 인용하여 당신의 공격이 공정하고 마치 제3자의 냉철한 입장에서 비롯된 것처럼 보여라. 끈끈한 본드처럼 적에게 달라붙어 결코 떨어지지 않을 도덕적 오점을 만들어내라. 상대가 당신에게 강압적으로 대응하도록 꼬드긴다면 대중으로부터 더 큰 지지를 얻을 수 있을 것이다. 당신 자신의 정당성을 내세우는 대신 (당신이 독선적이고 잘난 체하는 것처럼 보일 수 있다), 상대의 비이성적인 행동과 당신의 십자군과 같은 영웅적 행위를 대비시키는 방식으로 상대의 약점을 폭로한다. 가장 치명적인 죄목으로 그들을 고발하라. 그들은 권력만을 좇는 탐욕스러운 자들인 반면 당신은 고귀하고 이타적인 동기를 지닌 사람임을 주장하라.

도덕적 전투에서 승리를 거둘 수 있다면 당신이 활용하는 교묘한 속임수들에 대해서는 걱정할 필요가 없다. 대중에게 당신의 대의가 상대의 대의보다 더 정당하고 올바르다는 인상을 심어준다면 당신이 사용하는 수단으로부터 사람들의 관심을 돌리는 것은 쉬운 일이다.

> 세상에는 늘 정의나 인류애, 질서 혹은 평화를 명분으로 다른 인간 무리들과 싸움을 벌이는 무리들이 있다. 부도덕하고 냉소적이라는 비난을 받으며 정치 현상을 구경하는 방관자들은 언제나 그 비난 속에서 실제 전투에 사용되는 정치적 무기를 발견할 수 있다.
>
> — 카를 슈미트(1888~1985)

전쟁의 기술: 도덕적 우위를 점하라

거의 모든 문화권에서 도덕성(선과 악의 정의)은 한 부류의 사람들을 다른 부류의 사람들과 구분하기 위한 수단으로 이용된다. 일례로 고대 그리스에서 '선'이라는 단어는 원래 귀족들, 즉 국가를 위해 봉사하고 전쟁터에서 용맹을 증명하는 고위계급과 연관이 있는 단어였다. 한편 '악(밑바닥, 이기주의, 겁쟁이)'은 일반적으로 하층민을 가리켰다. 이러한 도덕체계는 시간이 흐름에 따라 발전하면서 전과 유사하지만 더 세련된 기능을 지니게 되었다. 사회를 반사회적이고 '사악한' 무리들과 사회적이고 '선한' 시민들로 구분함으로써 질서를 유지하는 역할을 맡게 된 것이다. 인간 사회는 도덕과 비도덕이라는 개념을 이용하여 사회를 움직이는 가치를 창조한다. 이러한 가치가 시대에 뒤떨어지거나 또는 어긋나게 될 때, 도덕성의 의미는 다시 천천히 변화하며 발전해 나간다.

그러나 어떤 이들은 이와는 다른 목적을 위해 도덕성을 이용한다. 그들은 사회 질서를 유지하기 위해서가 아니라 경쟁적 상황, 즉 전쟁이나 정치, 혹은 사업에서 이익을 취하기 위해 이를 활용한다. 그들의 손 안에서 도덕성은 무기가 되고, 그들은 이 무기를 이용해 사람들의 관심을 자신의 대의에 집중시키고, 권력 다툼에 있어서 피할 수 없는 불쾌하고 비열한 행동을 은폐하며, 갈등과 권력에 관해 우리가 지니고 있는 모순을 자극하고 대의에 대한 우리의 죄책감을 이용한다. 그들은 자신을 부당한 체제의 희생자로 묘사하고, 그리하여 자신과 반대쪽에 서 있는 이들을 사악하고 매정하게 비치도록 만든다. 혹은 동의하지 않는다면 부끄럽게 느낄 수밖에 없을 도덕적 우월감을 내세운다. 그들은 탁월한 솜씨로 도덕적 고지를 점령하여 이를 강력한 힘이나 이점으로 활용한다.

이런 전략가들을 '도덕적 전사'라고 부르기로 하자. 이들은 일반적으로 두 가지 유형으로 나뉘는데, 바로 의식적인 도덕적 전사와 무의식적인 도덕적 전사이다. 무의식적인 도덕적 전사들은 나약함이 동기가 되는 경우가 많다. 그들은 노골적인 권력 게임에는 그다지 능숙하지 않을지 모르나, 그렇기 때문에 다른 사람들에게 죄책감을 심어주고 도덕적으로 열등감을 느끼게 할 수 있다. 전장을 평평하게 고르기 위해 무의식적이고 반사적인 방법을 이용하는 것이다. 그들은 나약하지만 개개인의 영역으로 들어가면 매우 위험한 상대다. 정직하고 진실해 보이는 한편 타인의 감정에 엄청난 힘을 발휘할 수 있기 때문이다. 의식적인 도덕적 전사들은 이 전략을 의도적으로 사용하는 이들이다. 그들은 공공 영역에서 가장 위험한데, 언론 매체를 조종함으로써 고지를 점령할 수 있기 때문이다. 마르틴 루터는 의식적인 도덕적 전사였다. 그러나 그는 자신의 설교 내용을 진정 신뢰했으므로 그의 전략을 교황과의 전투에만 사용했다.

| 이곳은 천사들(angels)의 세상이 아니라 음모(angles)의 세상, 입으로는 도덕적 원칙을 지껄이되 실제 행동은 힘의 원칙에 따르는 곳이다. 언제나 우리는 도덕적이고 적들은 비도덕적인, 그런 세상이다.
— 솔 앨린스키, 《급진파의 원칙》

그보다 더 교묘하고 약삭빠른 전사들은 이를 아무데나 마구잡이로 이용하는 경향이 있다.

도덕적 전사들과 싸우는 방법은 현대전을 통해 진화해온 특정 전략들에서 그대로 찾아볼 수 있다. 프랑스 사관이자 작가인 앙드레 보프르(André Beaufre)는 1950년대에 있었던 프랑스-알제리전과 초기에는 프랑스가, 후에는 미국이 개입한 베트남전 때 도덕성을 군사전략으로 이용한 사례들을 분석한 바 있다. 알제리와 북베트남 국민들은 모두 자신들의 투쟁을 제국주의 세력에 맞선 자유주의 해방전쟁으로 그리기 위해 애썼다. 일단 이러한 관점이 언론 매체에 의해 확산되고 프랑스와 미국 국민들의 의식 속에 심어지자 반정부세력은 국제적인 지지를 얻었으며, 이는 곧 프랑스와 미국을 국제사회에서 고립시키는 결과를 낳았다. 동시에 그들은 게릴라전에서 이용하는 더러운 책략들을 현명하게 위장하는 데 성공했다. 그 결과 제3자의 시각에서 볼 때 그들은 도덕성이라는 전장을 지배하게 되었으며 프랑스와 미국의 행동을 크게 제한할 수 있었다. 정치적으로나 도덕적으로 위험한 지뢰밭 속으로 끌려간 강대국들은 한 발 한 발 너무나도 신중하게 발걸음을 내딛느라 승리를 노릴 겨를도 없었다.

보프르는 도덕성 활용 전략을 '외적 기동작전'이라고 부른다. 이는 전장과 전략의 영역 밖에서 일어나는 일이기 때문이다. 이 전투는 자신만의 공간, 즉 도덕성이라는 전장 안에서 벌어진다. 보프르가 볼 때 미국과 프랑스는 적에게 고지를 넘겨주는 실수를 저질렀다. 길고 풍부한 민주주의 전통을 지닌 두 국가는 자신들의 전쟁을 정당하다고 여겼으며, 따라서 다른 이들 역시 그렇게 생각할 것이라 예측했기 때문이다. 그들은 도덕이라는 전장에서 싸울 필요가 없다고 생각했다. 하지만 그것은 치명적인 실책이었다. 오늘날의 모든 국가들은 자신들을 '악'으로 그리려는 적들의 시도를 무마시키기 위해 여론 게임을 치러야 한다. 상대의 행동에 푸념하지 말 것이며, 적의 위선을 폭로하고 이 전쟁을 도덕 재판장으로 가져와 싸워야 한다. 도덕적 고지를 적에게 넘겨주면 당신은 행동의 자유를 잃는다. 전쟁에서 당신이 실행해야 할, 교묘하지만 필수적인 책략들은 적이 공론화시킨 당신의 부당한 이미지를 강화할 뿐이며, 따라서 당신은 그런 행동을 취하기를 망설이게 될 것이다.

이러한 전략은 모든 형태의 대립 상황과 관련되어 있다. 만일 당신의 적이 당신보다 더 정당하고 도덕적으로 보이려고 시도한다면, 당신은 이러한 움직임을 꿰뚫어보아야 한다. 그것은 도덕성의 반영도, 누가 옳고 그른지 시시비비를 가리려는 행위도 아니다. 단순히 영리한 전략, '외적 기동작전'일 뿐이다. 외적 기동작전을 구분할 수 있는 방법은 여러 가지다. 우선 도덕적 공격은 대개 당신이 직면한 갈등 상황과는 아무런 관계도 없다고 생각했던 측면에서 기습해 들어오는 경향이 있다. 당신이 지금과는 완전히 다른 별개의 영역에서 했던 일들이 당신의 지지세력을 무너뜨리거나 죄책감을 주입시키는 도구가 된다. 두 번째, 공격은 보통 인신공격의 형태를 띤다. 냉정하고 이성적인 논쟁이 감정적이고 개인적인 공격을 받는다. 당신이 추구하는 견해나 의견이 아니라 당신의 성격이 논쟁의 중심이 되고, 당신의 의도는 의심받으며 음흉한 간계가 숨어 있다고 비난당한다.

일단 도덕적 전사들이 이러한 외적 기동작전을 이용해 당신을 공격하고 있음을 눈치 챘다면 제일 먼저 감정을 통제하는 것이 필수적이다. 불평을 늘어놓거나 분노를 터뜨리면 마치 무언가를 숨기고 있는 듯 방어적이라는 인상을 줄 확률이 높다. 도덕적 전사들은 전략적이다. 유일한 효과적 대응은 그들과 똑같이 전략적으로 행동하는 것이다. 당신은 자신의 대의가 정당하다는 사실을 알고 있다. 하지만 대중도 당신과 똑같이 생각하리라는 믿음은 버려라. 이 세상을 지배하는 것은 겉모습과 평판이다. 적이 멋대로 당신의 이미지를 지어내도록 내버려두는 것은 그들에게 유리한 고지를 가져다바치는 것과 같다.

모든 종류의 전투가 그렇듯, 도덕적 충돌은 공격적인 동시에 방어적이다. 공세를 펼칠 때는 적의 명성을 파괴하는 데 힘쓴다. 미국 독립전쟁이 일어났을 때, 위대한 선전가 새뮤얼 애덤스는 공정하고 품위 있고 자유주의적이라는 영국의 이미지를 깨뜨리는 것을 목표로 삼았다. 그는 영국이 식민지 자원을 착취하고 국민들을 민주적 절차로부터 배제하고 있다고 선전함으로써 영국의 도덕성에 상처를 입혔다. 그동안 식민지 국민들은 전반적으로 영국에 호감을 가지고 있었으나, 애덤스의 냉혹한 정치운동이 한차례 휩쓸고 간 뒤 상황이 바뀌게 된다.

이러한 전략을 성공시키기 위해 애덤스는 과장의 힘을 빌려야 했다. 그는 영국이 강압적인 태도를 보였던 사건들을 선택해 의도적으로 부풀렸다. 사실 그는 공정하지 않았다. 애덤스는 영국이 식민지를 비교적 공정하게 다루었던 부분은 묵과했다. 그의 목적은 공정하게 행동하는 것이 아니라 전쟁의 불씨를 일으키는 것이었다. 하지만 식민지인들은 이 전쟁이 정당하며 영국이 사악하다고 여기지 않는 한 전투에 가담하지 않을 것이었다. 적의 도덕적 평판을 무너뜨리려고 할 때는 은근함이나 미묘함은 아무런 도움도 되지 않는다. 언어의 표현, 선과 악의 구분은 가능한 한 분명하고 강해야 하며, 언제나 흑백논리를 펼쳐야 한다. 사람들이 이도저도 아닌 회색지대를 위해 싸우도록 부추기는 것은 아주 힘든 일이다.

도덕성이라는 병기고에서 가장 치명적인 무기는 아마도 상대의 위선을 폭로하는 행위일 것이다. 사람들은 본능적으로 위선을 싫어한다. 그러나 이 무기는 위선이 깊은 곳에 흐르고 있을 때만 효력이 있다. 상대가 내세우는 가치 속에 숨어 있는 위선을 폭로하라. 사소한 자기 모순적 행동이나 오래전 선거 때 있었던 일에 관심을 쏟는 경우는 거의 없다. 그러나 적들이 자신이 지니고 있다고 표방하는 가치에 따라 일관성 있게 행동하지 않을 경우 아주 먹음직스러운 목표가 될 것이다. 알제리와 베트남의 선전 운동은 이 부분에서 아주 파괴적인 위력을 발휘했다. 그들은 미국과 프랑스가 주창하는 자유와 자유주의의 가치와, 실제로 타국의 독립운동을 탄압하는 행동 사이의 불일치를 보여주었고 따라서 두 강대국은 위선적으로 비칠 수밖에 없었다.

적과의 전투를 피할 수 없다면 언제나 그들이 먼저 시작하도록 만들어라. 1861년 에이브러햄 링컨 대통령은 신중하고 교묘한 책략을 이용하여 남부연합군이 섬터 요새에 포격을 가해 남북전쟁을 일으키도록 했다. 이 사건은 링컨을 도덕적으로 유리한 고지에 올려놓았으며, 중립을 고수

인류는 본질적으로 전쟁을 일으키지 못한다. 인류라는 개념에는 적이라는 개념이 존재하지 않기 때문이다. 적 역시 인류에 속할 수밖에 없고, 결과적으로 개념상 차이를 둘 수 없기 때문이다. 한편 인류애의 이름으로 일어나는 전쟁들은 이 단순한 진실에 모순되지 않는다. 오히려 그와는 반대로 아주 강렬한 정치적 의미를 지닌다. 어떠한 국가가 인류애라는 이름으로 정치적 맞수와 전쟁을 벌일 때, 그것은 인류를 위한 전쟁이 아니다. 특정 국가와 그 군사적 상대는 보편적 개념을 서로 강탈하기 위해 싸우는 것이다. 그들은 적들을 희생시켜 스스로 인류임을 증명하고자 한다. 마치 평화와 정의, 진보와 문명은 자신만의 것이며 적에게는 그것이 존재하지 않음을 주장하기 위해 그 의미를 오용하는 것과 마찬가지다. 인간성의 개념은 특히 제국주의적 확장주의 이데올로기의 도구로서 유용하며, 윤리적 인도주의라는 형태를 띨 때는 경제 제국주의의 발휘 수단이 된다. 여기서 우리는 프루동의 말을 상기할 수 있다. "인류애를 부르짖는 이들은 모두 기만을 목적으로 한다." 인류애라는 단어를 적들로부터 몰수하여 그것을 부르짖고 독점하는 것은 적들의 인간성을 부인하고 그들을 인류의 반역자로 선언하는 막대한 영향력을 지닌다. 그리하여 전쟁은 가장 극단적인 비인간성의 형태로 흘러가는 것이다.
— 카를 슈미트, 《정치성의 개념(The Concept of the Political)》, 1932년

하고 있던 많은 북부인들을 그의 편으로 돌아서게 했다. 이와 유사한 방식으로, 만일 당신이 전쟁에서 공세를 펼치고 있다면 당신의 목표는 적을 제거하고 당신을 정복자가 아닌 해방자로 비칠 방법을 찾는 것이다. 영토나 재산을 차지하기 위해서가 아니라 압제적인 독재정부로부터 고통받는 민중들을 해방시키기 위해 싸우고 있다고 믿게 하라.

일반적으로 적이 온갖 수단과 방법을 가리지 않아 지저분한 전투로 발전할 가능성이 있는 충돌 상황에서는 도덕적 공세를 지속하여 상대의 공격을 저지하는 것이 최선의 방법이다. 자신의 약점을 보호하는 것보다는 상대의 약점을 들쑤시는 편이 훨씬 쉽다. 공격을 계속할수록 당신은 대중의 관심을 당신 자신의 실책과 결함으로부터 멀리 떨어뜨려놓을 수 있다. 그리고 명심하라. 실책이란 전쟁에서 피할 수 없는 것임을. 당신이 물리적 혹은 군사적 측면에서 적보다 약하다면 외적 기동작전에 집중해야 할 이유는 더욱 커진다. 전장을 도덕성의 영역으로 옮겨 강력한 적을 무력화시키고 승리를 거머쥐어라.

도덕적 전사를 물리칠 가장 훌륭한 방어책은 그들에게 아예 목표 자체를 주지 않는 것이다. 당신의 긍정적 이미지와 평판을 유지하라. 적어도 대중 앞에서는 당신의 말을 실천으로 옮겨라. 그 시대에 가장 정의롭다고 여겨지는 대의와 연합하라. 적이 당신의 평판을 망치기 위해 필사적으로 발버둥치도록 만들어라. 다급하게 굴수록 그들의 공격은 바로 눈앞에서 좌절될 것이다. 만일 지저분한 일을 해야 하고, 그것이 당신의 위치나 대중적 이미지와 일치하지 않는다면 고양이의 손을 빌려라. 즉 그 일을 대신 해줄 다른 누군가를 찾으라는 얘기다. 단, 거기서 당신이 어떤 역할을 했는지는 반드시 숨겨야 한다. 만약 그것이 불가능하다면 자신을 도덕적으로 변호할 계획을 미리 짜두어라. 무슨 일이 있더라도 위선의 오물을 뒤집어쓸 만한 행동을 해서는 안 된다.

당신의 명성에 한번 오점이 생기면 이는 마치 전염병처럼 순식간에 퍼져나갈 수 있다. 상처를 회복하려고 노력하면 할수록, 의도와는 달리 오히려 의혹을 부풀리는 결과를 낳을 것이며 사태는 더욱 악화될 것이다. 그러니 인내심을 가져라. 도덕성 공격에 있어 최상의 방어책은 예방이다. 당신의 취약점을 알고 미리 조치하라. 카이사르가 루비콘 강을 건너 폼페이우스와의 내전에 돌입했을 때, 그는 원로원의 권위를 찬탈하고 독재자가 되려 한다는 혐의를 받았다. 그러나 그는 로마에 입성한 뒤 적들에게 자비를 베풀고 중대한 개혁을 단행하고 공화국에 최대한 존중을 표함으로써 이러한 혐의를 풀었다. 적들의 도덕적 기준을 포용함으로써, 그는 자신의 도덕성이 비난에 전염되지 않도록 예방했던 것이다.

전쟁은 대부분 사욕 다툼이다. 국가는 침략 혹은 잠재적인 위험을 지닌 적에 맞서 스스로를 방어하기 위해서, 또는 이웃나라의 영토나 자원이 탐나 전쟁을 일으킨다. 때로는 도덕성이 중요한 요소를 차지하는 전쟁(예를 들어 성전이나 십자군 원정)도 존재한다. 그러나 이때에도 이해관계가 작용한다. 도덕성은 대개 더 넓은 영토나 막대한 부, 권력 추구의 욕망을 감춰주는 눈가리개다. 2차 세계대전 당시 소비에트 연방은 미국의 가장 가까운 우방이었고 히틀러를 패퇴시키는 데 핵심적인 역할을 했지만 전쟁이 끝난 뒤에는 미국의 가장 강력한 적이 되었다. 소련이 변화했기 때문이 아니라, 미국의 이해관계가 변화했기 때문이다.

이해관계로 인한 전쟁은 대부분 승자의 이익이 충족되었을 때 종결된다. 반면 도덕성 전쟁은 훨씬 오랫동안 지속되며 더 많은 피를 흘리게 마련이다. 적을 사악한 존재로, 이단으로 보고 있다면 상대를 절멸시켜야 전쟁이 끝나기 때문이다. 또한 도덕성 전쟁은 통제가 불가능한 감정의 물결을 일으킨다. 로마에 대한 루터의 도덕성 전쟁이 부른 거센 분노는 1527년 카를 5세의 신성도시 침공을 낳았다. 이 전쟁에서 독일 병사들은 자그마치 6개월 동안 교회와 성직자들에게 사나운 공격을 퍼부었고, '로마의 약탈'로 명명될 정도로 수많은 약탈을 자행했다.

인생도 전쟁과 마찬가지다. 당신이 다른 개인 혹은 단체와 갈등에 연루될 때는 당신이 얻고자 하는 무언가가, 양 진영이 서로 탐내는 무언가가 존재할 때다. 돈, 권력, 지위, 무엇이든 상관없다. 당신의 이해가 위험에 처해 있다면 그것을 방어하는 데 죄책감을 느낄 필요가 없다. 그러한 충돌은 지나치리만큼 잔인해지지는 않는다. 대부분의 사람들은 적어도 어느 정도 실용적이며 따라서 전쟁이 너무 오래가지 않도록 방지한다.

그러나 도덕의 영토에서 싸우는 이들은 때로 가장 위험한 자들이다. 어쩌면 그들은 권력에 목말라하고, 그러한 진실을 숨기기 위한 수단으로 도덕성을 이용하는 것인지도 모른다. 그들은 깊숙이 숨겨진 은밀하고 어두운 불만에 의해 움직인다. 그러나 어떤 경우이든 그들은 사리사욕을 추구한다. 설사 당신이 승리를 거두거나 최소한 스스로를 성공적으로 방어할 수 있더라도, 중요한 것은 용맹보다 신중함이다. 그러므로 가능한 한 도덕성 전쟁은 피하는 것이 좋다. 시간 낭비와 불쾌한 감정을 감수하면서까지 싸울 가치는 없다.

성공한 사악함은 미덕의 이름을 얻는다. …… 그것이 왕국을 얻기 위한 것이라면.
— 토머스 홉스(Thomas Hobbes, 1588~1679)

| **이미지** | 세균. 일단 신체 내부에 들어와 공격에 착수하면 빠른 속도로 번진다. 이를 파괴하려는 당신의 노력은 오히려 그들을 더욱 강력하게 만들 수 있으며 따라서 완전히 뿌리 뽑기가 어려워진다. 최상의 방어책은 예방이다. 공격을 예상하고 예방접종을 시행한다. 이러한 유기체에 대항할 때는 불에는 불로 맞서 싸우는 것이 상책이다.

| **근거** | 전쟁의 주축은 명성과 대의다. 훌륭한 명성을 쌓되 적에게는 악명을 부여하라. 자신의 유덕(有德)을 널리 알리고 적들의 부덕(不德)을 폭로하라. 그리하면 당신의 군대는 힘을 얻어 하늘과 대지를 뒤흔들 것이다.

— 《투필부담》

뒤집어보기

도덕적 공격은 위험을 내포하고 있다. 만약 사람들이 당신이 무슨 짓을 하고 있는지 알게 된다면 혐오감을 일으켜 고립될 수 있다. 진정 악랄한 적을 상대하고 있지 않는 한 이 전략은 최대한 가볍게 사용하는 것이 좋다. 너무 날카롭게 파고들어서는 안 된다. 도덕의 전장은 대중이 소비하는 곳이다. 따라서 지속적으로 이 전략의 영향력을 측정하고 그에 맞춰 강도를 조절해야 한다.

STRATEGY 26

표적을 제공하지 마라

: 게릴라들의 전쟁법

침묵과 고립, 비개입 등에 따르는 공허감은 대부분의 사람들에게 견디기 힘든 대상이다.
인간의 약점이라 할 수 있는 이 두려움은 강력한 전략을 세울 수 있는 기반을 마련해준다.
당신의 적에게 공격할 표적을 제공하지 마라.
위험한 존재라는 인식은 주되 딱히 뭐라고 정의하기 힘든 위험성을 느끼게 하라.
적이 당신을 추적해도 실체에는 도달하지 못하게 하라.
이것이 바로 게릴라 전술의 정수다.
정면 전투 대신에 측면공격을 가하여 짜증과 성가심을 느끼는 가운데 손상을 입게 만들어라.
적은 손에 잡히지 않는 당신의 공허 전략에 휘말려
자신의 힘이 아무런 소용도 없다는 사실에 좌절하고 초조해하고 지쳐갈 것이다.
당신의 게릴라 전법을 거대한 정치적 대의,
즉 혁명의 최고봉에 선 민중전쟁의 일부로 만들어라.

사라진 목표

1807년 프랑스의 나폴레옹 보나파르트와 러시아의 알렉산드르 1세는 동맹조약을 맺었다. 그 시대의 위대한 두 군사 강대국이 손을 맞잡은 것이다. 그러나 이 동맹은 러시아 궁정의 환영을 받지 못했다. 무엇보다도 이 조약에 의하면 나폴레옹은 역사적으로 러시아의 '앞마당'이나 다름없는 폴란드에서 고삐 풀린 말처럼 자유롭게 행동할 수 있었다. 러시아 귀족들은 차르에게 이 협정을 파기하도록 압력을 넣었고, 얼마 지나지 않아 알렉산드르는 의도적으로 프랑스의 심기를 건드리는 행동들을 취하기 시작했다. 1811년 8월이 되자 나폴레옹은 더 이상 참을 수가 없었다. 러시아에게 본때를 보여줘야 할 시간이었다. 그는 러시아 침공 작전을 짜기 시작했다. 저 동쪽에 위치한 거대한 영토를 손에 넣을 수 있다면 그는 역사상 가장 큰 제국의 지배자가 될 수 있을 터였다.

나폴레옹의 일부 신하들은 그런 거대한 국가를 침공하는 데 따르는 위험을 경고했지만 황제는 확고한 자신감으로 가득 차 있었다. 러시아 군은 오합지졸이었으며, 장교들은 서로 다툼을 벌이느라 바빴다. 서쪽으로부터의 침공에 대비하여 리투아니아에 두 개의 군대가 배치되어 있긴 했지만, 정보에 따르면 그들은 허점투성이였다. 나폴레옹은 이 두 군대 사이를 파고들어 각개 격파할 작정이었다. 러시아로 진군하는 병력은 모두 65만 명으로, 그 중 45만 명이 주 공격부대, 나머지 20만 명은 통신과 보급로 확보를 맡았다. 이렇게 거대한 병력이라면 러시아뿐만 아니라 그보다 훨씬 넓은 영토도 정복할 수 있으리라. 나폴레옹은 탁월한 기동력과 우세한 화력으로 약해빠진 러시아 군을 쳐부수고 승리를 거둘 것이다.

승리를 확신하고 있을망정, 나폴레옹은 무모한 인물은 아니었다. 그는 상황을 모든 각도에서 면밀히 살펴보았다. 가령 러시아 도로는 형편없기로 악명 높고, 현지 식량 보급이 열악하며, 더위와 추위를 넘나드는 극단적인 기후를 지녔고, 공간이 넓은 탓에 언제나 후퇴할 장소가 있어 적들을 포위하기가 어렵다는 사실을 모두 숙지하고 있었다. 그는 1709년 스웨덴의 왕 카를 12세(Karl XII)가 러시아 침공을 시도했다가 실패한 기록들을 샅샅이 훑었으며 러시아가 '청야(淸野) 작전'을 다시 시도할지도 모른다고 예상했다. 그의 군대는 가능한 한 자급자족에 기대어야 했으나 (유럽에서부터 보급로를 유지하기에는 거리가 너무 멀었다) 군대의 규모를 고려할 때 이는 엄청난 계획과 조직이 필요함을 의미했다.

군대의 보급을 위해 나폴레옹은 러시아 국경 근처의 창고를 귀리와 쌀로 가득 채웠다. 그는 15만 마리나 되는 군마에게 마초를 공급하는 일이 불가능하다는 사실을 깨닫고 침공 시기를 6월로 늦추기로 했다. 그 때쯤이면 러시아 평원에도 싱싱한 초록빛 풀들이 풍성하게 자라나 있을 것이다. 마지막 순간, 나폴레옹은 러시아에 밀가루를 빻는 제분소가 거의 없다는 사실을 깨닫고 준비 목록에 제분소를 건설할 물자를 첨가했다. 이 모든 보급 문제들과 평소와 같은 노련한 전략을 가슴에 새기고, 나폴레옹은 신하들에게 3주일 안에 완벽한 승리를 거두리라 장담했다. 이제까지 승리에 대한 나폴레옹의 예언은 소름이 끼칠 정도로 정확하게 맞아떨어지곤 했다.

1812년 6월 나폴레옹의 거대한 군단과 보급부대가 러시아를 횡단했다. 나폴레옹은 언제나 예기치 못한 사건에 대비해 철저한 계획을 세우는 사람이었다. 그러나 이번만큼은 시작부터 난관에 부딪히기 시작했다. 폭우, 거친 도로, 여름의 열기 등에 지친 군대는 느릿느릿 거의 기다시피 나아갔다. 며칠도 안 돼 1만 마리의 군마들이 상한 꼴을 먹고 죽었다. 보급품은 최전방 부대까지 제시간에 조달되지 못했고, 프랑스 군은 주변에서 식량을 약탈했다. 그러나 러시아 농민들은 아무리 높은 가격으로도 식량을 판매하길 거부했으며 프랑스 군에게 식량을 빼앗기느니 차라리 들에 불을 지르는 편을 택했다. 초가지붕의 이엉을 말에게 먹이자 많은 군마들이 죽어나갔고, 심지어 집들이 프랑스 군 위로 무너져 내리기까지 했다. 리투아니아에 주둔하고 있던 러시아 군대는 어찌나 빨리 도망쳤던지 추격할 수도 없었다. 더구나 러시아 군은 후퇴하면서 들판의 곡식에 불을 지르고 식량창고를 모조리 파괴했다. 프랑스 병사들 사이에 이질이 돌기 시작했다. 매일 900명에 달하는 병사들이 죽어갔다.

나폴레옹은 잡힐 듯 말 듯 잡히지 않는 적군의 아주 적은 일부라도 공격하기 위해 진군 속도를 높였다. 프랑스 군은 북쪽에 있는 두 러시아 군

러시아의 회피 전술은 나폴레옹 군을 물리적인 측면에서는 물론 심리적인 측면에서 지치게 만들었다. 끝없이 지속되는 소규모 코사크 부대의 치고 빠지기 전술은 그들의 실질적인 군사적 위협을 훨씬 초과하는 피해를 입혔다. 프랑스군은 점차 신경질적이 되어갔다. 뢰더 대위의 일기에는 전형적인 사례가 기록되어 있다. 8월 17일 헤센 병사들은 황제의 막사 앞에서 행진 준비를 하고 있었다. 그때 "갑자기 커다란 혼란이 벌어졌다. 코사크인 무리가 시야에 들어왔던 것이다. 그들은 말의 식량을 약탈하는 것으로 알려져 있었다. 수비대 전원이 무기를 들고 일어났다. 그러나 말을 몰고 코사크인들을 추격하러 갔을 때, 우리는 코사크 부대가 사실상 몇 십 명에 지나지 않으며 사방팔방으로 재빨리 움직이며 도망쳐 다니고 있다는 사실을 깨달았다. 이런 식으로 그들은 14일 동안 단 한 명의 피해도 입지 않은 채 우리 수비대 전체를 진료소로 보내는 데 성공했다."
— 데이비드 G. 챈들러, 《나폴레옹 전역》

대를 아슬아슬하게 쫓아가고 있었다. 하지만 불행히도 지친 병사들과 말들은 러시아 군을 포위하거나 교전을 벌일 정도로 기민하게 움직이지 못했으며 러시아 군은 나폴레옹의 함정을 언제나 쉽게 빠져나가곤 했다. 시간이 흘러 6월이 7월로 넘어갔다. 이제 두 개의 러시아 군대는 스몰렌스크에 집결하고 있었다. 스몰렌스크는 나폴레옹이 처음 러시아 군을 공격하기로 계획했던 곳에서 동쪽으로 320킬로미터 떨어진 마을로, 모스크바와는 겨우 450킬로미터 거리였다. 나폴레옹은 행군을 잠시 멈추고 계획을 재고했다.

수천 명의 프랑스 병사들이 단 한 번의 전투도 치르지 못한 채 질병과 굶주림에 시달렸다. 군대는 거의 800킬로미터나 길게 늘어진 대열로 나아가고 있었고, 그 중 일부는 피에 굶주린 듯한 소규모 코사크 기병대로부터 시달림을 당하고 있었다. 나폴레옹은 이 추격전을 더 이상 길게 끌 수 없다는 판단을 내렸다. 그는 곧장 스몰렌스크로 쳐들어가 당당하게 전투를 벌이기로 했다. 스몰렌스크는 러시아 국민들이 신성하게 여기는 도시였다. 러시아인들은 도시가 파괴되도록 내버려두느니 차라리 맞서 싸우는 쪽을 선택할 것이다. 나폴레옹은 러시아 군과 정면 전투를 벌일 수만 있다면 자신이 승리할 것임을 알고 있었다.

프랑스 군은 8월 중순에 스몰렌스크에 도착했다. 45만 명에 달하던 주력부대는 15만 명으로 줄어 있었고 한여름의 뜨거운 열기로 기진맥진해 있었다. 드디어 나폴레옹은 러시아 군과 교전을 벌일 수 있었다. 그러나 전투는 짧았다. 단 며칠간의 전투를 치른 후, 러시아 군은 다시금 후퇴하며 식량도 약탈할 재산도 하나 없이 철저히 파괴된 도시와 불탄 들판만을 남겨놓았다. 나폴레옹은 러시아인들을 도무지 이해할 수가 없었다. 아무리 봐도 그것은 자살행위였다. 그들은 마치 적에게 항복을 하느니 차라리 자신의 조국과 대지를 망가뜨리겠노라 결심한 것 같았다.

이제 나폴레옹은 모스크바로 직접 쳐들어갈 것인지를 결정해야 했다. 엄밀히 따지자면 스몰렌스크에서 겨울을 나는 편이 현명해 보였지만, 그렇게 하면 차르는 군대를 모집할 시간을 벌고 지칠 대로 지친 프랑스 군은 훨씬 어려운 전투를 겪어야 할 것이다. 나폴레옹은 차르가 있는 힘을 다해 모스크바를 방어할 것이라 믿었다. 모스크바는 러시아의 수도이자 심장이며 영혼이었다. 모스크바가 무너지면 알렉산드르는 평화와 자비를 구걸해야 할 것이다. 나폴레옹은 초췌한 병사들을 다시 동쪽으로 진군시켰다.

마침내 러시아 군은 프랑스 군을 진정한 전장에서 맞이했다. 9월 7일 두 나라의 군대가 모스크바에서 겨우 120킬로미터 떨어진 보로디노에서 충돌했다. 나폴레옹에게는 그의 트레이드마크나 다름없는 측면공격에 이용할 만한 보병도, 기병도 더 이상 남아 있지 않았다. 따라서 그는 정면충돌을 감행해야 했다. 증오로 무장한 러시아 군은 이제까지 나폴레옹이 마주했던 그 어떤 군대보다도 매섭고 장렬하게 싸웠다. 몇 시간 동안의 잔혹한 전투를 벌인 후, 러시아 군은 다시금 물러났다. 모스크바로 가는 길이 활짝 열렸다. 하지만 러시아 군은 아무런 피해도 입지 않은 반면, 나폴레옹의 군대는 엄청난 병력을 손실하는 끔찍한 상처를 입었다.

7일 후, 이제 10만 명으로 줄어든 나폴레옹 군은 아무런 저항에도 부딪히지 않고 무방비 상태의 모스크바에 입성했다. 한 프랑스 사령관은 아내에게 보내는 편지에 이렇게 쓰기도 했다. "황제는 환희에 휩싸였다오. 그는 러시아가 곧 화친을 간청해올 것이며, 이로써 자신이 세계의 판도를 뒤바꾸리라 생각하고 있소." 오래전 나폴레옹이 빈과 베를린을 점령했을 때 그는 정복영웅으로 환대받았고 고위인사들로부터 도시의 열쇠를 넘겨받았다. 그러나 모스크바는 텅 비어 있었다. 시민들도, 식량도, 아무것도 없었다. 프랑스 군이 모스크바에 도착하자마자 발생한 끔찍한 화재는 자그마치 5일 동안이나 도시를 불태웠으며, 도시의 모든 수원이 사라졌다. 이는 모스크바를 더욱 황폐하게 만들기 위한 사보타주였다.

나폴레옹은 차르에게 서신을 보내 관대한 화친조건을 제시했다. 처음에 러시아는 기꺼이 협상할 기미를 보였지만 시간은 계속 흘러갔고, 결국에는 그들이 군대를 재편할 시간을 벌기 위해 의도적으로 협상을 질질 끌고 있었음이 드러났다. 러시아는 겨울을 기다리고 있었다.

나폴레옹은 모스크바에 머무르는 위험부담을 한시도 더 감수할 수 없었다. 금방이라도 러시아가 지치고 나약해진 그의 군대를 포위할 것이다. 10월 19일 나폴레옹은 남은 군대를 이끌고 러시아의 수도를 빠져나갔다. 그의 목적은 최대한 빨리 스몰렌스크로 돌아가는 것이었다. 그러나 동쪽으로 향하던 나폴레옹 군대를 괴롭혔던 소규모의 코사크 기동대는 이제 500명에 달하는 게릴라 부대로 성장해 있었다. 날이면 날마다 코사크 군이 습격해 프랑스 병사들의 생명을 앗아갔다. 나폴레옹 군은 끊임없이 밀려오는 공포에 몸서리치며 잠을 설쳤다. 수천 명의 병사들이 피곤과 굶주림에 지쳐 쓰러져갔다. 나폴레옹은 병사들을 재촉해 반쯤 늑대에게 뜯어먹힌 프랑스 군의 시체로 뒤덮인 악몽과도 같은 보로디노 평원을 가로질렀다. 눈이 내리기 시작했다. 러시아에 혹한의 겨울이 온 것이다. 군마들은 추위로 죽어갔고, 병사들은 쌓인 눈을 헤치며 힘겹게 행군했다. 스몰렌스크에 도달한 프랑스 군의 숫자는 약 4만 명이었다.

추위가 더욱 극심해졌다. 스몰렌스크에 머물 시간도 없었다. 나폴레옹은 몇몇 작전을 솜씨 좋게 활용해 베레지나 강을 건너는 데 성공했으며, 서쪽으로 향한 퇴각로를 뚫었다. 그러나 12월 초 프랑스에서 쿠데타가 일어나 실패했다는 소식을 접한 그는 병사들을 내버려두고 파리로 달려갔다. 45만 명에 달했던 그의 주력부대 가운데 2만 5천 명만이 고국으로 살아 돌아갔다. 나머지 부대에서도 생존자는 얼마 되지 않았다. 기적처럼 탈출한 나폴레옹은 그 뒤로 몇 번의 전투를 더 벌였지만 잃어버린 인력과 말들은 결코 다시 충원할 수 없었다. 러시아는 진정한 그의 무덤이었다.

해석

나폴레옹이 러시아를 침공하기 전, 차르 알렉산드르 1세는 몇 번의 만남을 통해 나폴레옹을 잘 알고 있었다. 그는 이 프랑스 황제가 승리할 가능성이 희박할 때에도 기꺼이 싸움에 임하는 호전적 성격이라는 사실을 알아차렸다. 나폴레옹은 자신의 천재성을 입증할 전장을 필요로 했다. 따라서 알렉산드르는 최대한 전투를 피함으로써 나폴레옹을 좌절시키고 공허감을 안겨줄 수 있었다. 넓고 광활하나 먹을 것 하나 없는 황폐한 대지와 동전 하나 남지 않은 텅 빈 도시, 알맹이 없는 협상, 아무런 일도 일어나지 않는 지루한 시간, 마지막으로 죽음에 이르게 하는 동장군까지. 러시아의 혹독한 기후가 나폴레옹의 조직적인 천재성을 휘청거리게 만들자, 알렉산드르의 전략은 더할 나위 없이 완벽하게 작용했다. 적과 교전하지 못한 나폴레옹은 초조해지기 시작했다. 몇 킬로미터만 더 간다면, 딱 한 번만 전투를 치를 수 있다면, 저 겁쟁이 러시아 놈들에게 교훈을 가르쳐줄 수 있을 것 같았다. 짜증, 분노, 혼란 등의 감정이 그의 전략적 두뇌를 손상시켰다. 예를 들어, 어째서 나폴레옹은 모스크바만 무너지면 차르가 백기를 들 것이라 생각했을까? 러시아 군은 여전히 상처 하나 입지 않았고, 프랑스 군은 나날이 힘을 잃어가고 있었으며, 겨울이 다가오고 있었는데도 말이다. 나폴레옹의 마음은 압도적인 공허감에 사로잡혀 길을 잃어버렸던 것이다.

알렉산드르의 전략은 탁월한 전투 능력과 기강, 투지로 유명한 프랑스 병사들에게도 대혼란을 안겨주었다. 나폴레옹의 군대는 거의 무엇이든 감내할 수 있었지만, 실질적인 전투 없이 지속되는 팽팽한 긴장감만은 예외였다. 실존하는 적과 부딪히는 전투 대신 프랑스 군은 끊임없이 계속되는 기습과 언제 어디서 습격해올지 모르는 게릴라들과 직면했고, 이렇듯 숨 쉴 틈도 주지 않는 위협은 그들을 공황 상태로 몰아넣었다. 수천 명의 병사들이 질병으로 쓰러질 때마다 그보다 더 많은 병사들이 전투 의지를 잃었다.

인간 본성은 어떠한 형태를 띠건 간에 공허감을 싫어한다. 우리는 침묵과 고독, 아무것도 하지 않고 빈둥거리는 것을 못 견뎌한다(이는 어쩌면 인간 최후의 공허, 즉 죽음에 대한 공포와 관련이 있는지도 모른다). 우리는 빈 공간을 무언가로 가득 채우지 않으면 안 된다. 사람들에게 공격 목표를 주지 않고 최대한 형체를 드러내지 않음으로써 당신은 이런 인간의 약점을 가지고 놀 수 있다. 굳이 전투가 아니더라도 어떤 종류의 상호작용도 이루어지지 않는다면 사람들은 격분하여 미친 듯이 당신의 뒤를 쫓을 것이며, 그 와중에서 전략적으로 생각할 능력은 사라질 것이다. 격렬하고 동적인 힘을 제어할 수 있는 것은 바로 작고 미약한, '잡히지도 않고 보이지도 않는' 영역이다.

이 전략은 적이 거대하면 거대할수록 효과가 좋다. 당신을 잡기 위해 혈안이 된 거대한 적은 당신에게는 먹음직한 표적이다. 적에게 정신적 혼란을 최대한 안겨주고 싶다면 작지만 가차 없는 공격으로 상대에게 좌절감과 분노를 심어주어야 한다. 완벽하게 텅 빈 존재가 되어라. 성과 없는 협상, 결론 없는 담화, 승리도 패배도 없이 한없이 흘러가는 시간들. 한시도 쉼 없이 숨 가쁘게 돌아가는 세상에서 이런 전략은 사람들의 신경을 거슬리는 강력한 힘을 지녔다. 공격할 목표가 없으면 없을수록, 상대는 더욱 맥없이 무너져 내릴 것이다.

> 전쟁이란 대개 두 개의 세력이 서로 만나기 위해 분투하는 접촉의 전쟁이다. …… 아랍전은 분리의 전쟁이다. 광활하고 끝없는 사막의 침묵으로 위협하고 공격의 순간이 될 때까지 모습을 드러내지 마라. …… 이 이론은 적과 교전하지 않는 무의식적인 습관으로 발전한다. 이는 또한 적에게 결코 목표를 제공하지 말라는 많은 이들의 충고와도 일치한다.
> — T. E. 로렌스, 《지혜의 일곱 기둥(The Seven Pillars of Wisdom)》, 1926년

전쟁의 기술: 표적을 제공하지 마라

원시시대부터 현대, 아시아에서 서방에 이르기까지 모든 형태의 조직적인 전쟁은 언제나 특정한 이치를 따른다. 그 과정은 시대와 지역을 불문하고 너무나도 보편적이라 마치 본질적으로 그런 고유한 특성을 내포한 듯 보일 정도다. 전쟁의 과정은 다음과 같다. 한 국가의 지도자가 전쟁을 일으키기로 결심하고 군대를 양성한다. 군대의 목적은 중대한 의미를 지니는 전투에서 적을 무찔러 항복을 받아내고 유리한 평화협정을 맺는 것이다. 이 모든 활동을 이끄는 전략가는 특정 지역, 즉 전역(戰域)을 다루게 되는데, 전역은 대개 공간적으로 제한되어 있다. 지나치게 광범위하게 열린 공간에서 전쟁을 수행한다면 전쟁을 종결지을 가능성이 너무 복잡해지기 때문이다. 전략가는 전역 내에서 중요한 전투를 통해 적에게 충격을 주거나 불리한 입장에 처하도록 할 방법을 고안한다. 상대

그것은 스페인이 우리에게 활용했던 방법이다. 스페인 전선에 흩어져 있는 150~200명의 게릴라 대원들이 각각 매달 30~40명의 프랑스인을 죽이겠다고 맹세했다. 즉 한 달에 6천 명에서 8천 명에 달하는 프랑스인을 희생시키겠다는 의미다. 명령은 간단했다. 게릴라들의 숫자가 적을 능가하지 않는 한 절대로 집단으로 이동하는 병사들은 노리지 말 것. 대신 그들은 낙오병을 습격했고, 소규모 호위대를 공격했으며 우리의 자금과 밀사, 특히 호송대를 노렸다. 모든 지역 주민들이 스파이로 활동한 덕분에 게릴라들은 호송대의 출발 시간과 규모를 파악하고 있었으며, 언제나 그들의 숫자가 적의 두 배 이상이 되도록 주의했다. 그들은 주변 지형에 익숙했고, 언제나 가장 유리한 장소에서 가장 거센 공격을 퍼부었다. 승리는 거의 보증된 것이나 마찬가지였다. 그러나 그들은 언제나 많은 목숨을 앗아갔으며, 그렇게 목표는 달성되었다. 1년 열두 달 동안 두드러지는 전투 없이도 우리는 약 8만 명을 잃었다. 스페인 전쟁은 7년 동안 지속되었으니 50만 명 이상이 목숨을 잃었다. …… 그러나 이 숫자는 게릴라들에 의해 죽은 이들만을 계산한 것이다. 살라망카, 탈라베라, 비토리아와 우리가 패한 다른 전투에서 목숨을 잃은 병사들과 포위 공격……. 아무런 성과도 없었던 카디스 공세, 포르투갈 침공과 철수, 열병과 우리 병사들을 고통스럽게 만든 다양한 질병 때문에 희생된 이들까지 고려하면 우리는

를 구석으로 몰아넣거나 전방과 후방에서 동시에 공격하거나, 혹은 고지를 점령하여 공격을 퍼붓는다. 치명적인 공세를 가하기 위해서는 병력을 분산하기보다 한 지점으로 집중해야 한다. 일단 전투가 시작되면 병력은 자연스럽게 측면과 후위로 퍼져 포위에 대비하고 통신과 보급로를 방어한다. 전쟁을 끝내기 위해서는 다수의 전투가 필요하며, 쌍방은 전역을 지배할 수 있는 요충지를 점령하기 위해 다툰다. 하지만 지휘관들은 이 싸움을 최대한 빨리 끝내도록 노력해야 한다. 전쟁이 길면 길어질수록 군대와 보급선이 한계점까지 길어져 전투 능력에 차질이 생기기 때문이다. 병사들의 사기 또한 시간과 함께 사그라지게 마련이다.

그러나 다른 모든 인간 활동이 그렇듯, 이렇게 밝고 질서정연한 측면은 거기에 맞먹는 힘과 정반대의 법칙을 지닌 부정적이고 어두운 그림자를 지니게 마련이다. 여기서 그림자는 바로 게릴라전을 뜻한다. 게릴라전의 토대는 수천 년 전, 소국들이 강력한 이웃나라의 침략을 받았을 때 탄생했다. 직접 교전을 벌인다면 몰살당할 것이 뻔하기에 그들의 군대는 침략자들을 피해 달아나야 했다. 그러나 그들은 일반적인 교전의 법칙을 따르지 않고 오랫동안 적을 피해 도망 다닌다면 오히려 적의 전략을 붕괴시키고 혼란을 가져다줄 수 있음을 깨달았다.

다음 단계는 이보다 한 발짝 더 나아가는 것이다. 초기 게릴라 전사들은 집약적 군대와는 정반대의 특성을 지닌 분산된 소규모 집단의 가치를 배웠다. 그들은 끊임없이 움직이며 결코 전방이나 좌익, 우익, 후미와 같은 형태를 구성하지 않았다. 적은 전쟁을 특정한 공간 내로 한정 짓기를 원한다. 그렇다면 우리는 최대한 넓은 지역으로 확장시킬 것이다. 우리는 산과 들판으로 숨어들어가 적의 추적과 분산을 유도하고, 그럼으로써 그들을 기습과 급습에 무방비로 노출시킬 것이다. 적은 전쟁을 신속하게 마무리 짓고 싶어한다. 그러므로 우리는 시간을 최대한 오래 끌 것이다. 시간을 공격 무기로 이용해 적들이 불화와 사기 저하에 갉아먹히도록 만들 것이다.

이런 식으로 게릴라전의 기술은 수백 년 동안 온갖 시도와 오류를 거치며 발전해 마침내 현재와 같은 형태를 갖추게 되었다. 기존의 군사적

> 거기에 7년 동안 30만이라는 숫자를 더해야 했다. ……
> 항간에 의하면 이런 전쟁의 최우선 목적은 적이 자신의 처지를 알아차리기도 전에 피멸시키는 것이라고 한다. 마치 물방울이 바위를 깎아 구멍을 내듯, 끊임없이 동일한 절차를 반복하는 인내와 끈기가 필수적이다. 장기적으로 볼 때, 적은 전투에서 입는 손실보다 훨씬 고통을 겪을 것이다.
> ― J. F. A. 리 미에르 드 코르베이(J. F. A. Le Mière de Corvey), 《빨치산과 비정규군(On Partisans And Irregular Forces)》, 1823년

사고와 행동 방식은 제한된 공간 내에서 전투를 중심으로 움직이며 신속하게 적을 말살하는 것이었다. 이러한 전쟁의 법칙과 상반된 성격을 띤 게릴라식 전투법은 전통적인 군대의 반격을 불가능하게 만들었다. 반대로 뒤집힌 전쟁의 어두운 영역, 정상적인 법칙이 통하지 않는 그곳에서 재래식 군대는 늪에 빠져 허우적거렸다. 제대로만 실행한다면, 게릴라 전법은 실질적으로 불패나 다름없었다.

스페인어로 '작은 전쟁'을 뜻하는 '게릴라(guerrilla)'의 유래는 1808년에서 1814년 사이에 있었던 반도전쟁(Peninsular War) 때로 거슬러 올라간다. 이 전쟁은 나폴레옹이 스페인을 침공하면서 발발했는데, 그때 스페인 군은 조국의 거칠고 험한 산 속으로 숨어들어가 프랑스를 괴롭혔고 프랑스 군의 우세한 병력과 화력을 무용지물로 만들었다. 나폴레옹은 전방도 후방도 없는 군대 아닌 군대의 공격에 거의 미칠 지경에 이르렀다. 1812년 러시아에서 그를 괴롭힌 코사크 전사들은 스페인에서 많은 것을 배웠고, 게릴라 전법을 더욱 완벽하게 활용했다. 그들은 프랑스 군에게 무능력한 러시아 군보다 훨씬 더 극심한 피해를 입혔다.

현대전으로 넘어오면서 게릴라 전법은 여러 가지 이유로 더 강력하고 일반적인 도구가 된다. 먼저 무기와 폭탄 제조 기술이 발달해 소규모 게릴라 부대도 적에게 어마어마한 피해를 입힐 수 있게 되었다. 두 번째, 나폴레옹식 전쟁은 병력의 규모를 확장시켰으며 따라서 가볍고 기동력이 뛰어난 치고 빠지기식 전술에 취약했다. 마지막으로 게릴라전은 정치적인 목적에서 뛰어난 효력을 발휘했다. 대의에 찬동하는 지역 주민들 사이에 녹아 들어감으로써, 혁명 지도자들은 비밀스레 그들의 세력을 몇 배로 키울 수 있었다. 인민 지지자들은 적들의 작전을 훼방 놓고, 귀중한 정보를 제공했으며, 조용한 시골마을을 무장 캠프로 변화시켰다.

게릴라전의 위력은 기본적으로 심리적인 것이다. 재래식 전쟁에서는 모든 것이 두 군대가 전장에서 교전에 돌입하는 것으로 귀결된다. 전략을 세우는 이유도, 긴장감에서 풀려나기 위해 전투적 본능이 필요로 하는 것도 바로 이것이다. 그러나 게릴라 전략가들은 이러한 자연스러운 대면을 무제한 연기함으로써 상대에게 허탈한 좌절감을 불러일으킨다.

정신적 침식이 계속될수록 군대는 쇠약해진다. 나폴레옹이 러시아 전쟁에서 패배한 이유는 그의 전략이 길을 잃었기 때문이다. 그의 마음이 그의 군대보다도 먼저 나가떨어졌던 것이다.

게릴라 전략은 심리적인 것이기 때문에 어떤 사회적 갈등 상황에도 적용될 수 있다. 전쟁과 마찬가지로 삶에서도 우리의 사고와 감정은 자연스럽게 다른 이들과 접촉하고 교전하는 순간으로 귀결된다. 때로 우리는 의도적으로 애매모호한 태도를 취하는 사람들, 접촉을 회피하고 우리를 쩔쩔매게 만드는 사람들을 만난다. 그 사람을 붙잡아 바닥에 찍어 누르고 싶어서든, 아니면 너무나도 짜증이 나서 한 방 먹이고 싶어서든, 그들은 우리의 속을 헤집어놓는다. 형태가 없고 애매모호한 쪽이 명백하고 확고한 쪽을 통제하는 것이다. 어떤 이들은 한 발짝 더 나아가 예측이 불가능하고 교활한 방법으로 우리를 공격하기도 한다. 이러한 상대들은 우리의 마음을 어지럽히는 위력을 가지고 있다. 그리고 그들이 이를 계속하면 할수록 우리는 그들에게 유리한 조건하에 휘말려 싸우게 되는 것이다. 그들의 실체를 쉽게 숨길 수 있도록 도와주는 기술이 발달하고 게릴라들의 부속물 혹은 방패막이로 이용되는 언론 매체의 도움을 받게 되면서, 정치 또는 사회적 전장에서 게릴라 전략의 효력은 엄청나게 증진되었다. 정치적으로 혼란스럽던 시절, 일부 대의와 연합한 게릴라 스타일의 선거운동은 대규모 조직이나 대기업, 다른 강력한 세력에 대항하는 민중 전쟁에 이용되었다. 이러한 형태의 대중 전투에서 사람들은 게릴라 편에 서서 싸우길 원한다. 게릴라들은 단순히 거대한 기계의 한 부속품이 아니라, 투쟁 그 자체와 더 깊이 연관되어 있기 때문이다.

게릴라 전략을 이용해 진정으로 효과를 거두기 위해서는 의식적이고 합리적인 방식으로 전투에 임해야 한다. 게릴라전은 재래식 전쟁과는 반대편에 서 있지만 특유의 법칙과 논리를 지니고 있다. 기존과는 다르나 단순히 즉흥적으로 이용할 수 있는 전략이 아니다. 당신은 새로운 방식으로 사고하고 계획해야 한다. 활동적이고 다면적이고 추상적인 방식으로 말이다.

무엇보다도 당신은 게릴라식 활동이 지금 처해 있는 상황에 적합한가를 먼저 고려해야 한다. 예를 들어, 게릴라 전법은 나폴레옹처럼 머리는 좋지만 공격적인 적과 맞서 싸울 때 특히 유용하다. 이런 유형의 사람들은 적과의 접촉이 없을 때 좌절감을 느낀다. 그들은 언제나 움직이고 의표를 찌르고 승리하기 위해 살아간다. 공격할 대상을 찾을 수 없을 때 그들의 두뇌는 무뎌지고 공격력은 쇠퇴한다. 게릴라 전략이 전쟁뿐만 아니라 사랑싸움에서도 위력적이라는 사실은 상당히 재미있는 일이다. 나폴레옹은 사랑에서도 이 전략의 희생자였다. 황비 조세핀은 게릴라 전법을 이용해 나폴레옹을 자신의 노예로 만들었다. 그녀는 나폴레옹에게 미끼를 던져 자신의 뒤를 쫓아오도록 부추기면서도 확실한 증거는 아무것도 보여주지 않았다.

공허 전략은 전형적인 재래식 전쟁에 익숙한 사람들에게는 불가사의한 것이다. 그들에게 교전의 부재는 너무나도 이질적이며, 그들의 전략적 파워를 튕겨내고 비틀어버린다. 이와 똑같은 이유로 거대한 관료주의는 게릴라전의 완벽한 먹잇감이 된다. 그들은 관습에서 벗어난 일에는 대응할 수 없기 때문이다. 어느 경우든, 게릴라 전사들은 덩치가 크고 행동이 느리며 압도적인 힘으로 약자를 괴롭히는 적을 필요로 한다.

일단 게릴라 전법이 유용하다는 판단이 서면 먼저 당신의 군대를 검토하라. 규모가 큰 재래식 군대는 게릴라전에 맞지 않는다. 중요한 것은 기동성과, 어떤 방향에서건 공격을 감행할 수 있는 유연성이다. 게릴라 전법의 기본 단위는 세포조직이다. 세포조직은 비교적 규모가 작은 남녀집단으로, 짜임새가 단단하고 헌신적이고 동기가 확고하며 널리 퍼져나갈 수 있다. 이들은 적진에 침투할 수 있다. 이것이 바로 마오쩌둥이 중국혁명 때 군대를 조직한 방식이다. 그의 군대는 국가주의자들 사이에 숨어들어 사보타주를 일으켰으며, 그의 부하들이 언제 어디에나 존재한다는 공포감을 조성했다.

19세기 미국의 천재적인 경영가 제이 굴드(Jay Gould) 역시 비즈니스 업계에서 수많은 게릴라전을 치렀다. 그의 주 목적은 시장에 거대한 혼란을 야기하여 이를 예측하고 활용하는 것이었다. 제이 굴드의 주 경쟁자 중 한 명은 공격적인 성향을 지닌 거물 밴더빌트(Cornelius Vanderbilt)

제독이었는데, 두 사람은 1860년대 후반 이리 철도(Erie Railroad)의 지배권을 놓고 전쟁을 벌이고 있었다. 굴드는 아무리 애를 써도 손에 잡히지 않는, 놀랍도록 교묘한 사람이었다. 일례로 그는 뉴욕 주 입법부에 은밀히 연줄을 만들어 밴더빌트에게 손해를 입히는 법률을 제정하게 만들었다. 화가 머리 꼭대기까지 치밀어오른 밴더빌트가 굴드에게 반격을 가하기 위해 쫓아가면, 굴드는 이미 다른 목표를 향해 옮겨간 뒤였다. 밴더빌트의 전략적 능력을 흐트러뜨리기 위해 굴드는 그의 화를 북돋우고 경쟁적이고 공격적인 본성을 자극한 다음, 반격할 빌미를 전혀 제공하지 않음으로써 그를 더더욱 괴롭혔다.

또한 굴드는 언론 매체를 솜씨 좋게 활용했다. 그는 신문기사들이 갑자기 밴더빌트를 비난하고 그를 사악한 독점주의자로 묘사하도록 뒷공작을 펼쳤다. 밴더빌트는 이에 대항하려 했지만, 그의 행동은 결국 자신에 대한 비난을 공론화시키는 결과만 낳았다. 더구나 굴드가 그러한 일을 조장했다는 증거는 아무 데도 없었다. 이런 경우 언론 매체는 게릴라 전술을 은폐하고 전달하는 완벽한 연막 도구가 된다. 그러므로 적을 몰아세울 때는 언론 매체를 이용하라. 상대가 스스로를 변호하는 데 모든 에너지를 쏟아붓는 동안 당신은 조용히 그 모습을 지켜보거나 새로운 공격 목표를 찾아나서라. 실질적으로 부딪힐 전투가 발생하지 않는다면 상대의 좌절감은 최고조에 이르고, 결국 그들은 되돌릴 수 없는 중대한 실수를 저지르게 될 것이다.

재래식 전쟁에서 가장 중요한 요소 중 하나는 바로 보급이다. 한편 게릴라 부대는 적의 물자와 에너지, 그리고 그들의 힘을 보급기지 삼아 적을 착취하며 살아간다. 마오쩌둥은 주로 적에게서 빼앗은 장비와 식량으로 자신의 군대를 유지했다. 굴드는 금융 파트너라는 탈을 쓰고 밴더빌트의 내부조직에 침입한 다음, 밴더빌트의 어마어마한 자원을 이용하여 대혼란을 일으켰다. 상대의 물자를 활용하면 장기적인 게릴라 전술을 성공적으로 펼칠 수 있다. 무슨 일에 임하든, 언제나 최소의 비용으로 생존하며 장기전에 대비하라.

대부분의 갈등 상황에서 가장 위험한 요소는 바로 시간이다. 머피의 법칙을 가동시킬 수 있기 때문이다. 머피의 법칙은 잘못될 가능성이 있는 것은 그렇게 되리라는 것이다. 그러나 당신의 군대가 작고, 그래서 상대적으로 자급자족이 가능하다면 일이 틀어질 가능성은 줄어드는 반면, 시간이 흐를수록 적은 악몽을 마주하게 될 것이다. 사기가 떨어지고 자원이 바닥난다. 나폴레옹처럼 위대한 전략가마저도 전에는 한 번도 겪어본 적 없는 난관에 봉착하게 마련이다. 시간의 효력은 기하급수적이다. 급작스레 예상치도 못했던 문제들에 부딪히면 적은 우왕좌왕 실수를 저지르기 시작하며, 이는 곧 심각한 상황으로 이어질 것이다.

그러니 시간을 당신의 공격 무기로 활용하라. 적들이 간신히 전진할 수 있을 정도만 움직여라. 한 번만이라도 전투를 치르기만 한다면 언제든지 승리를 거둘 수 있을 것이라 착각하게 만들어라. 당신은 그들이 천천히 지쳐가길 원한다. 무심코 정신을 차리고 한 발짝 물러나 당신이 설치해놓은 덫을 눈치 챈다면 그들은 피해를 입기 전에 얌전히 물러날 것이다. 그러므로 그들에게 성공이 바로 눈앞에 있다는 환상을 심어주어라. 당신이 아무리 몇 번이나 기습을 날리고 공격을 감행해도, 그들은 그러한 환상에 사로잡혀 계속해서 나아갈 것이다. 그러다 힘을 잃어가면 공격의 강도를 높여간다. 그들에게 희망의 여지를 남겨주어라. 당신의 덫이 완성되기 전까지는 여전히 승리가 가치 있는 것이라 믿게 만들어라. 그런 다음, 그들의 환상을 산산조각 내라.

시간을 버는 것과 동시에 기존의 사고방식과는 반대로 전선을 확대하라. 당신의 전장은 전통적인 의미의 전역 밖으로, 즉 대중과 국제 여론의 영역까지 확장되어야 한다. 당신의 전쟁을 정치적이고 범세계적인 문제로 변신시켜 적들이 방어지역을 넓혀 힘에 부치도록 만들어라. 정치적 지지는 상대적으로 힘이 약한 게릴라 진영에게는 그 가치를 헤아릴 수 없을 정도로 중대한 요소다. 싸움이 길어지면 길어질수록 적은 도덕적 정당성을 잃고 정치적으로도 고립된다. 게릴라전을 이끌 때는 언제나 정의와 가치로 방어할 수 있는 대의와 연계하라.

게릴라전에서 승리하는 방법은 두 가지다. 하나는 적들이 지쳐감에 따라 공격 수위를 높이는 것이다. 그런 다음 러시아가 나폴레옹을 몰아냈듯 적을 완전히 패퇴시킨다. 다른 하나는 철저한 소모전이다. 적들이 스스로 포기하고 나가떨어질 때까지 내버려두어라. 이 경우에는 더 이상 대립 상황을 악화시킬 필요가 없다. 바람직한 선택은 후자이다. 자원을 많이 소요하지도 않으며, 적들이 거꾸로 자신의 칼에 쓰러지도록 만드는 전술이기 때문이다. 그러나 게릴라전도 영원히 지속될 수는 없다. 어떤 시점에 이르면 시간은 당신에게도 불리하게 작용할 것이다. 전쟁이 너무 오랫동안 지속된다면 공격적인 태세로 적을 끝장내야 한다. 가령 베트남 전쟁 때 북베트남은 너무 오랜 기간 지속된 전쟁으로 엄청난 희생을 치렀다. 그 때문에 그들은 1968년 구정공세를 감행했고, 이로 인해 미국의 전력은 급속도로 약화되었다.

게릴라전의 정수는 유동성이다. 상대는 당신이 하는 일을 제어하여 낯선 지역에서 그들의 위치를 다잡으려 한다. 그러므로 당신은 언제나 예상외의 사건에 대비하고 그에 맞춰 변화하고 적응하도록 만반의 준비를 갖추어야 한다. 때로는 전통적인 방식으로 전투를 벌이다가 예기치 못한 지역을 치고 빠진 다음, 다시 흩어지는 전술을 이용할 수도 있다. 이는 적에게 붙잡을 수 있고 반격을 가할 수 있는 실질적인 것은 아무것도 허락하지 않으면서 마치 유령처럼 애매모호한 것만을 마주하게 하는 전략이다. 상대에게 잡히는 것은 허공뿐이며, 따라서 그들의 정신은 지쳐 시들어갈 것이다.

| **이미지** | 모기. 대부분의 동물들은 공격이나 위협을 가할 수 있는 정면, 후면, 측면을 지니고 있다. 그러나 모기는 사방에서 짜증스러운 윙윙 소리만 들려올 뿐이다. 보이지도 않고, 때려잡을 수도 없다. 그러는 동안 당신의 살갗은 끊임없이 그들의 목표가 된다. 모기에게 몇 번이나 물어뜯긴 후에야, 당신은 비로소 모기를 피할 수 있는 유일한 해결책은 쓸데없는 반항을 멈추고 최대한 멀리 도망가는 것뿐임을 깨닫게 된다.

| **근거** | 형태가 있는 것은 극복하지 못할 것이 없고, 형상을 지닌 것은 맞서지

> 못할 것이 없다. 그러므로 현자들은 모습을 무(無)로 감추고 마음을 공(空)으로 비운다.
>
> — 회남자

뒤집어보기

게릴라 전략은 대응하기가 무척 어렵기 때문에 더욱 효과적이다. 만일 당신이 전통적인 방식으로 게릴라들과 맞서 싸우고 있다면 당신은 그들의 손 안에서 놀아나고 있는 셈이다. 이런 종류의 전쟁에서 전투에 승리해 영토를 빼앗는 행위는 아무런 의미도 없다. 유일하게 효과를 거둘 수 있는 방법은 전통적인 전투법을 거꾸로 사용하는 게릴라 전략을 다시 뒤집어 그들의 이점을 상쇄시키는 것이다. 그들이 필요로 하는 시간과 공간의 자유를 결코 허용하지 마라. 물리적으로나 정치적으로나, 그리고 도덕적으로나. 당신은 그들을 고립시켜야 한다. 그리고 무엇보다도 당신의 전력을 조금씩 증강시키는 점진적 방식으로 대응해서는 안 된다. 미국은 베트남전에서 그런 전략을 이용했다가 결국 패배했다. 이런 적에게 대항할 때는 신속하고 확고하게 승리를 거두어야 한다. 만약 그러한 승리가 불가능해 보인다면, 게릴라 전사들이 당신을 헤어나기 힘든 늪 속으로 끌어들이기 전에 재빨리 발을 빼고 도망쳐 나오는 것이 좋다.

STRATEGY (27)

타인의 이익을 위해 노력하는 것처럼 보여라

: 동맹의 기술

노력과 희생을 최소화하며 대의를 펼쳐나가는 최상의 방법은
지속적인 가변성을 특징으로 하는 동맹 네트워크를 창출하여 다른 사람들에게
당신의 부족 부분을 채우게 하고 당신 대신 더러운 임무를 수행하게 하며
당신의 전쟁에 앞장서게 만드는 것이다.
여기서 필요한 기술은 적절한 순간에 당신의 필요를 충족시키고
부족한 힘을 보완해줄 동맹을 선택하는 것이다.
그들에게 선물을 보내고 우정을 제공하고 필요할 때 손을 내밀어라.
이러한 행동은 모두 당신의 진정한 목적을 감추고 그들을 구속하기 위한 것이다.
이와 동시에 당신은 상대의 동맹체에 불화와 반목의 씨를 뿌리고 고립시킴으로써
세력을 약화시키는 방안을 강구해야 한다.
간편하고 유용한 동맹을 맺되 불필요한 관계에는 얽매이지 마라.

완벽한 동맹

1467년 34세의 샤를루아 백작 샤를(Charles)이 남몰래 고대하고 있던 소식이 날아들었다. 선량한 필리프(Philip the Good)라는 별명을 지닌 부르고뉴의 공작인 그의 아버지가 사망하자 아들인 샤를이 공작의 지위를 물려받게 된 것이다. 아버지와 아들은 몇 년째 반목 중이었다. 필리프는 인내심이 강하고 현실적인 성격으로 통치 기간 동안 이미 상당한 규모에 달하던 부르고뉴의 영토를 더욱 크게 확장시킨 바 있었다. 반면 샤를은 야심차고 호전적이었다. 그가 물려받은 제국은 거대했다. 플랑드르와 네덜란드, 젤란드(Zeeland, 네덜란드의 남서부-옮긴이)는 물론 룩셈부르크에서 현재의 프랑스 북부에 이르는 방대한 영토가 모두 그의 차지가 되었다. 그 중에서도 가장 중요한 부르고뉴 공작령은 프랑스 동북부에 위치하고 있었다. 이제 권력과 자원을 모두 손에 넣은 샤를은 독일과 그 너머의 땅까지 정복하고자 하는 그의 꿈을 실현할 수 있게 된 것이다.

그의 앞길에는 두 가지 장애물이 버티고 있었다. 첫 번째는 부르고뉴 동쪽에 위치한 스위스 독립주들이었다. 독일 남부로 진군하기 전, 샤를은 무력을 사용해서라도 이 지역을 먼저 통합해야 했다. 스위스인들은 용맹한 전사들로 타국의 침공에 순순히 백기를 들지는 않을 것이나, 어차피 공작의 거대한 병력과 파괴력을 상대하기에는 역부족일 것이다. 두 번째 장애물은 샤를의 사촌이자 어린 시절부터 그의 라이벌이었던 프랑스 국왕 루이 11세였다. 당시 프랑스는 부르고뉴와 같은 몇몇 공작령으로 구성되어 영주들이 왕에게 충성을 맹세하는 봉건국가의 형태를 띠고 있었다. 그러나 각각의 영주들은 사실상 독립적인 세력을 이루고 있었고 만일 왕이 그들을 자극한다면 그들끼리 연합전선을 형성할 수도 있었다. 부르고뉴는 그 중에서도 가장 강력한 공국이었고, 언젠가 그 영토를 집어삼켜 강력한 통일 프랑스를 이루고자 하는 루이의 꿈을 모르는 사람은 없었다.

그러나 샤를은 외교적으로나 전술적으로 저 나이 많은 사촌을 제압할 수 있으리라 자신했다. 어쨌든 루이는 심약했고 심지어 머리가 약간 모자라기까지 했으니 말이다. 그게 아니라면 스위스에 대한 저 바보 같은

개와 수탉과 여우

개와 수탉이 친구가 되어 함께 여행을 떠났다. 밤이 되자 수탉은 나무 위로 올라가 잠이 들었고, 개는 나무 아래 구덩이 속에 웅크려 잠을 청했다. 동틀 때가 가까워지자 수탉은 평소 습관대로 큰 소리로 새벽을 알렸는데, 이 소리를 듣고 근처에 있던 여우 한 마리가 나무로 달려와 수탉에게 말했다. "나무에서 내려오지 않겠어요? 그렇게 아름다운 목소리를 낼 수 있는 분을 껴안아드리고 싶어서 그래요." 수탉이 말했다. "나무 아래에서 자고 있는 우리 문지기를 깨워준다면 기꺼이 내려가지요." 여우가 문지기를 찾아 나무 아래를 뒤지기 시작하자, 개가 여우를 덮치더니 갈기갈기 찢어 죽였다. 이 이야기의 교훈은 사리분별이 있는 자라면 적이 공격했을 때 스스로 맞서 싸우기보다 자신보다 강한 이들을 앞세워 적을 공격하게 한다는 것이다.
— 《이솝우화》

정책을 어떻게 설명할 수 있겠는가? 통치 초기부터 루이는 스위스 주들을 세심하게 우대하며 거의 프랑스와 동등하게 취급하기조차 했다. 동맹을 맺으려면 프랑스의 세력을 더욱 강화시킬 수 있는 다른 강력한 국가들도 많았다. 그러나 루이는 마치 스위스에 광적으로 사로잡히기라도 한 것 같았다. 어쩌면 그들의 단순한 생활방식에 호감을 느낀 것인지도 모른다. 루이 자신도 왕보다는 평민에 가까운 취향을 지니고 있었으니까. 또한 루이는 전쟁을 혐오했으며, 군대를 양성하기보다는 높은 가격을 치르고라도 평화를 재물로 사는 편을 선호했다.

샤를은 루이가 정신을 차리고 진정한 왕처럼 행동하기 전에 재빨리 공격을 감행해야 했다. 그는 자신의 야망을 실현할 계획을 짜기 시작했다. 먼저 프랑스와 독일 사이에 있는 알자스 지방을 공격해 그 지역의 허약한 왕국들을 점령한다. 다음으로 위대한 전사인 영국 국왕 에드워드 4세(Edward Ⅳ)와 동맹을 맺고 칼레에 대규모 영국군을 상륙시키도록 설득하여 프랑스 중부에 위치한 랭스에서 자신의 군대와 합류하도록 한다. 그곳에서 에드워드는 프랑스의 새로운 왕으로 추대될 것이다. 샤를과 에드워드는 루이의 약해빠진 군대를 손쉽게 몰아낼 수 있으리라. 모든 일이 끝나면 공작은 스위스를 지나 동쪽으로, 에드워드는 남쪽으로 이동한다. 앞으로 그들은 함께 유럽을 지배할 것이다.

1474년 만반의 준비가 갖춰졌다. 에드워드는 샤를의 제안에 찬성했고, 공작은 라인 강 상류로 행군하기 시작했다. 하지만 막 행동을 개시하려는 순간, 스위스 군대가 그의 고향 부르고뉴를 침공했다는 소식을 들었다. 스위스 군은 루이 11세의 지원을 받고 있었다. 루이와 스위스는 샤를 공작에게 어떠한 형태로든 스위스 침공을 용납하지 않겠다는 명백한 경고를 보내고 있었던 것이다. 그러나 샤를은 스위스 군을 물리치기에 충분한 병력을 부르고뉴에 남기고 온 상태였다. 그는 그런 식이 도발에 넘어갈 인물이 아니었다. 스위스와 루이는 이 무분별한 침략에 대해 뼈아픈 대가를 치르게 될 것이다.

1475년 여름 에드워드 4세가 친히 이끄는 영국군(프랑스 침공에 있어 영국 역사상 최대 규모의)이 칼레에 도착했다. 샤를은 에드워드를 맞이하여 그들의 계획을 확정 지은 후 눈앞에 임박한 승리를 위해 건배했다. 그는 서둘러 자신의 군대로 복귀했다. 이제 그의 병력은 랭스에서 영국군과 회합하기 위해 로레인을 지나 남쪽으로 이동하고 있었다.

그러던 중 뜻밖의 소식이 도착했다. 루이가 에드워드와 비밀리에 협상을 시도하고 있다고 프랑스 궁정에 있는 그의 스파이가 알려온 것이다. 루이는 영국 왕에게 샤를이 믿을 수 없는 인물이며 그를 이용하고 있을 뿐이라고 설득하는 데 성공한 것 같았다. 영국의 휘청거리는 재정상태를 알아챈 루이는 에드워드에게 관대한 화평조건을 제시하고 엄청난 양의 연간 보상금을 왕과 그 신하들에게 직접 지급했으며, 영국인들을 푸짐한 음식과 술로 대접했다. 에드워드는 루이의 꼬드김에 넘어가 화평조약에 서명한 다음 군대를 철수시켜버렸다. 공작은 에드워드의 배신에 엄청난 충격을 받았다.

그러나 샤를은 이 쓰디쓴 소식을 곱씹을 시간이 없었다. 갑자기 루이가 그에게 칙사를 보내 프랑스와 부르고뉴 사이에 장기간의 휴전을 제의해온 것이다. 루이다운 행동이었다. 그는 언제나 변덕스럽고 모순적이었다. 대체 왕은 무슨 생각을 하고 있다는 말인가? 휴전 협정에 서명을 한다는 것은 샤를이 프랑스의 방해를 받지 않고 마음껏 스위스를 침공할 수 있다는 의미였다. 혹시 왕은 전쟁을 두려워한 나머지 이런 결론을 내린 걸까? 샤를은 기꺼이 휴전 제의에 응했다.

스위스는 배신감과 분노에 치를 떨었다. 그들의 친구였던 루이 왕이 풍전등화와도 같은 순간에 그들을 버린 것이다. 하지만 스위스는 이제까지 늘 혼자서 싸워왔다. 무기를 들 수 있는 마지막 한 명까지 그들은 맞서 싸울 것이다.

1477년 겨울 승리에 목마른 공작이 쥐라 산맥을 넘어 동쪽으로 향했다. 스위스는 그랑송 마을에서 그를 기다리고 있었다. 공작은 이전까지 스위스 군과 전투를 벌여본 경험이 없었으므로 자신의 적이 어떤 존재인지 전혀 모르고 있었다. 전투가 시작되었다. 산봉우리 사이로 메아리치는 스위스 군의 우렁찬 뿔나팔소리가 사방을 뒤흔들었다. 수천 명의 스위스 병사들이 부르고뉴 군을 향해 산비탈 아래로 돌진했다. 단단하고

우연이든 혹은 선택에 의해서든, 로마는 지금처럼 위대한 자리에 오르는 데 필요한 모든 단계를 거쳤다. 로마는 기만행위의 유용성을 간과하지 않았다. 초기에 로마는 동맹관계를 구축하는 데 있어 그 누구보다도 교묘하고 기만적이었다. 로마는 동맹이라는 이름하에 그들을 자신의 하인으로 만들었으며, 라틴이나 다른 주변국들 역시 같은 방법으로 속였다. 로마는 먼저 남의 손을 이용해 이웃 시민들을 정복한 다음, 국가로서 자신의 명성을 퍼뜨리고 그들을 종속국으로 만들었다. 그렇게 로마는 누구도 대적하지 못할 만큼 영토를 확장해 나갔다. 라틴족마저도 삼니움족이 두 번이나 패한 뒤 로마의 조건을 받아들이도록 강요받는 모습을 목격하지 않더라면 자신들이 단순한 노예에 지나지 않았다는 현실을 깨닫지 못했을 것이다.
— 니콜로 마키아벨리,
《로마사 논고(The Discourses)》, 1520년

촘촘히 짜인 방진은 마치 거대한 고슴도치의 가시처럼 커다랗고 날카로운 창을 앞세우고 있었고, 측면과 후방은 전투 도끼를 휘두르는 창기병들의 방어로 물샐 틈 하나 없었다. 그것은 피가 얼어붙을 정도로 무시무시한 광경이었다. 공작은 먼저 기병대에게 방진을 무너뜨리라고 지시한 후 다시 공격 명령을 내렸지만 아군 병사들이 무자비하게 학살당하는 모습을 지켜봐야 했다. 그의 기갑부대는 이런 산악 지형에서는 제대로 움직이지도 못했다. 한편 스위스 병사들은 맹렬했고, 그들의 방진은 철통 같았다.

그때 부르고뉴 군 우측 숲 속에 매복해 있던 스위스 군이 갑자기 모습을 드러내며 공격해왔다. 공작의 군대는 허둥지둥 꼬리를 말고 후퇴해야 했다. 전투는 대량학살로 끝났으나, 공작은 가까스로 도망칠 수 있었다.

몇 달 후 스위스가 로레인을 쳤다. 1478년 1월 공작은 이제는 상당히 쇠약해진 군대를 이끌고 반격을 가했지만 돌아온 것은 패배뿐이었다. 더구나 이번에는 행운의 여신도 그를 도와주지 못했다. 전장에서 발견된 그의 시신은, 머리가 스위스 할버드(15~16세기에 사용하던 미늘창—옮긴이)에 의해 두 조각으로 쪼개져 있었고 몸에는 창들이 여기저기 박혀 있었다.

샤를 공작이 사망하고 몇 달 뒤, 루이 11세가 부르고뉴를 병합하여 통일 프랑스의 마지막 위협을 제거했다. 공작은 한 사람의 프랑스 군도 희생시키지 않으려는 루이의 정교하고 교묘한 계략에 걸린 불쌍한 희생양이었던 것이다.

해석 ——

루이 11세는 정교하고 촘촘한 그물로 적들을 교묘하게 함정에 빠뜨림으로써 거미왕이라는 별명을 얻었다. 그는 앞날을 내다보고, 자신의 목적을 위해 우회적 플롯을 짜는 천재성을 발휘했다. 그의 목적이란 바로 봉건국가 프랑스를 하나의 강력한 전제국가로 통합시키는 것이었다. 그에게 부르고뉴는 가장 큰 장애물이자 정면으로는 부딪힐 수 없는 강력한 상대였다. 루이의 군대는 샤를의 군대보다 약했고, 그는 내전을 일으키고 싶지 않았다. 그러나 왕위에 오르기 전 루이는 스위스와 간단한 전투를 치르면서 그들의 탄탄한 진영이 얼마나 위협적이고 효과적인지, 그리고 스위스의 험한 산악지역이 얼마나 완벽한 이점이 될 수 있는지 직접 목격한 바 있었다. 그는 스위스 군이 전쟁에 나선다면 천하무적이 되리라 짐작했다. 그래서 샤를이 스위스를 침공하도록 조심스레 미끼를 던져 공작의 군사를 전멸시켰던 것이다.

루이의 그물은 더할 나위 없이 훌륭했다. 먼저 그는 몇 년 동안 스위스를 정성스레 우대하여, 자신의 궁극적인 목표를 눈치 채지 못하도록 친분을 쌓았다. 이러한 동맹관계는 오만한 샤를을 어리둥절하게 만들었다. 그는 루이가 앞으로 스위스와의 관계를 어떻게 활용할지 짐작도 하지 못했다. 또한 루이 왕은 스위스를 부추겨 부르고뉴를 침략하도록 하면 분노에 찬 공작이 복수에 대한 일념으로 인내심을 잃어버릴 것이라는 사실 역시 예상하고 있었다.

영국의 에드워드가 칼레에 상륙했을 때, 루이는 이를 예측하고 대비책을 미리 마련해놓은 상태였다. 강력한 적과 부딪혀 피를 흘리는 대신, 그는 영국 왕의 관심사를 자극함으로써 부르고뉴와의 연합전선을 깨뜨리도록 구슬렸다. 에드워드는 조국과 떨어진 타지에서, 단 한 차례의 전투도 치르지 않고서 차마 거절하기 힘든 재정적 보상을 제안받았다. 세 발짝 앞을 내다보았던 루이는 드넓고 부유한 부르고뉴 지방을 손에 넣을 수 있다면 에드워드 왕에게 지불한 것보다 더 많은 것을 얻을 수 있음을 잘 알고 있었던 것이다. 영국에게 버림받은 샤를은 고립무원의 처지였지만, 여전히 부르고뉴가 침략당한 데 대해 복수심을 품고 있었다. 이 시점에서 루이는 공작과 휴전 협정을 체결하여 공작의 스위스 침공을 가로막고 있던 마지막 장애물을 제거해주었다. 루이의 이 새로운 협정은 스위스 친구들을 격분하게 만들었다. 하지만 그래봤자 루이가 손해 볼 게 무엇이란 말인가? 그에게 우정은 아무런 의미도 없었다. 루이가 함께하건 그렇지 않건, 스위스는 어쨌든 조국을 방어하기 위해 싸워야 했다. 뚜렷한 목적의식과 끈질긴 인내심으로 무장한 루이는 동맹 네트워크를 이용해 일종의 무혈전쟁을 일으켰던 것이다. 그는 손에 피 한 방울 묻히지 않은 채 제3자가 대신 자신의 적과 싸우게 만들었다.

우리는 본능적으로 동맹의 중요성을 알고 있다. 왜냐하면 우리는 전략보다는 감성과 감정에 의해 좌우되는 경향이 있기 때문이다. 그러나 우리는 종종 최악의 동맹관계를 맺곤 한다. 가장 흔히 저지르는 실수는 더 많은 동맹을 가질수록 유리하다고 생각하는 것이다. 그러나 언제나 양보다 질이라는 사실을 명심하라. 동맹의 숫자가 많을수록 다른 이들의 전쟁에 휩쓸릴 가능성도 높아진다. 반대쪽 극단을 추구함으로써 강력한 아군을 갖는 편이 유리하다고 여기는 것 역시 위험하다. 그런 강력한 동맹은 우리에게서 취할 수 있는 모든 것을 취한 뒤, 프랑스의 루이 왕이 스위스에게 그랬듯 유용성이 사라지면 가차 없이 내다버릴지도 모른다. 이는 단 한 사람의 친구에게 의지하는 실수를 저지를 때 자주 발생하는 일이다. 마지막으로 우리는 때로 가장 믿음직해 보이고 친절한 인상을 주는 이들을 친구로 택하는 경향이 있다. 우리의 감정이 그릇된 길로 이끄는 것이다.

명심하라. 가장 완벽한 동맹 상대는 당신이 홀로는 얻을 수 없는 무언가를 제공해줄 수 있는 이들이다. 그들은 당신에게 부족한 자원을 가지고 있고, 당신을 대신해 손을 더럽히거나 전투에서 앞장서 싸워줄 것이다. 스위스와 마찬가지로, 그들은 가장 강력하거나 두드러진 존재가 아닐 수도 있다. 창조적으로 생각하라. 이해관계라는 유대를 구축해 당신 역시 그 보답으로 무언가를 해줄 수 있는 동맹 상대를 찾아라. 이렇게 상호 편의에 의한 동맹관계는 비록 그 동맹이 깨지더라도 당신에게 피해를 입히거나 배신감을 느끼게 하지 않는다. 그들을 일종의 일회용품으로 간주하라. 더 이상 필요하지 않게 되면 쓰레기통에 던져버려도 아쉽지 않도록 말이다.

> 강력한 동맹의 힘은 유용하고, 그들을 신뢰하는 자들에게 도움이 될 수 있다. 그러나 동맹에게 전적으로 의지하는 이들에게는 위험하다.
>
> ─ 니콜로 마키아벨리, 《군주론》, 1513년

거짓 동맹

1966년 11월 조지타운 대학의 임상 정신의학 교수이자 세계 최고의 가족치료사 중 한 명인 머리 보언(Murray Bowen)은 고향인 테네시 웨이벌리에서 골치 아픈 사태에 직면했다. 보언은 5남매 가운데 장남으로 그의 가족은 웨이벌리에서 몇 세대째 중요한 사업을 운영해오고 있었다. 최근에는 셋째인 남동생 준이 이 가족 사업을 경영하고 있었다. 하지만 그는 오랜 시간 동안 헌신적으로 일해왔음에도 불구하고 그에 합당한 대접을 받지 못하고 있다고 생각했으며 이제 자신이 수익을 관리하고 싶어 했다. 아버지는 준의 의견을 지지했지만 어머니는 의견이 달랐다. 대가족은 이제 두 진영으로 갈라져 다투고 있었다. 상황은 심각했다.

그때 마침 준의 처가가 상을 당했다. 준의 아내는 슬픔에 싸였고 침울한 분위기가 가족 전체로 퍼져나갔다. 넷째이자 정신적으로 가장 불안정한 여동생이 신경 증세를 보이기 시작했다. 하지만 누구보다 걱정스러운 사람은 심장질환을 앓고 있는 아버지였다. 가족치료사로서 보언은 '불안 파동(anxiety wave)'이라고 부르는 현상을 연구한 경험이 있었는데, 거기에 따르면 아주 작은 사건 하나가 감정적 혼란을 일으켜 가족 내에서 가장 연로하거나 허약한 사람의 사망으로까지 이어질 수 있었다. 보언은 어떻게 해서든 식구들 사이에 발생한 이 불안 파동을 제거해야만 했다.

보언이 내세우는 이론 가운데 가장 영향력 있는 이론은, 가족의 일원은 자신을 부모나 형제자매와 구별하고 정체성을 확립하며 스스로 결정을 내리는 동시에 다른 가족들과 연대를 맺고 적극적인 관계를 구축한다는 것이었다. 그는 이것을 모든 인간이 부여받는 어려운 정신적 과제로 보았다. 가족은 일종의 집단 에고를 지니고 있으며, 감정적 네트워크로 결합되어 있다. 따라서 가족이라는 체제 밖에서 독립성을 확립하려면 엄청난 노력과 연습이 필요하다. 보언은 그러한 정신적 독립이 모든 사람들에게 중요한 의미를 지니며, 특히 가족치료사에게는 필수적인 단계라고 믿었다. 내 가족을 치료하지 못한다면 어떻게 다른 이들을 도울 수 있겠는가? 의사들은 개인적인 경험을 실습 삼아 활용해야 한다.

여우와 염소

여우 한 마리가 우물에 빠져 꼼짝없이 죽을 운명에 처했다. 그때 염소 한 마리가 물을 마시러 왔다가 여우를 보았다. 염소는 여우에게 물맛이 어떠냐고 물어보았다. 여우는 아무렇지도 않은 얼굴로 이 우물물이 얼마나 맛있는지 너스레를 늘어놓았다. 그러자 목마른 염소는 뒷일은 생각하지 않은 채 우물 속으로 들어갔다. 물을 실컷 마신 염소는 여우에게 밖으로 나갈 수 있는 방법을 물어보았다. 여우가 대답했다. "글쎄, 좋은 방법이 있긴 한데, 우리 둘이 힘을 합쳐야 해. 네가 앞발을 벽에다 걸치고 뿔을 최대한 높이 쳐든다면 내가 그 위를 타고 올라가서 밖으로 나간 다음, 너를 끌어올려줄게." 염소는 여우의 말에 찬성했다. 여우는 재빨리 염소의 다리를 타고 어깨 위로 올라서서는 뿔을 밟고 우물 밖으로 나왔다. 우물 밖으로 빠져나온 여우는 뒤도 돌아보지 않고 도망쳤다. 우물에 홀로 남은 염소는 여우에게서 약속을 지키라고 소리를 질렀다.

— 《이솝우화》

하지만 보언은 지금까지 수년 동안 가족관계를 연구해왔음에도 고향 집을 방문할 때마다 가족들의 역학관계에 휘말리고 감정적으로 역행하고 제대로 사고할 수 없는 난감한 상황에 봉착하곤 했다. 그는 낙담하고 좌절했다. 그러나 이제는 때가 왔다. 다음에 고향집을 방문할 때는 급진적인 실험을 시도해볼 것이다.

1967년 1월 말 준 보언은 형 머리로부터 장문의 편지를 받았다. 두 형제는 오랫동안 서신을 교환해오지 않았다. 사실을 말하자면 준은 형을 싫어했으며 몇 년째 개인적인 만남을 피해오고 있었다. 그는 집안 사업을 책임지고 있는 사람은 바로 자신인데도 어머니가 언제나 머리 편만 든다고 생각하고 있었다. 편지에서 머리는 지난 몇 년 동안 다른 식구들을 통해 들었으나 '섬세한' 동생의 귀에는 들어가지 않도록 일부러 신경 써왔던, 준에 대한 여러 가지 평판들을 나열했다. 그는 이런 평판들과 동생을 잘 좀 가르치라는 얘기에는 이제 진력이 난다고 말했다. 따라서 직접 대화를 나누는 편이 낫다고 판단했으며, 하고 싶은 말은 이미 편지에 다 썼기 때문에 다음에 집을 방문해도 굳이 만날 필요는 없으리라는 말로 편지를 끝맺었다. 그리고 이렇게 서명했다. "참견쟁이 형이."

편지를 받고 준은 생각할수록 화가 치밀어올랐다. 머리는 준과 다른 식구들 사이를 이간질하고 있었다. 며칠 뒤, 두 형제의 어린 여동생 또한 머리에게서 편지를 받았다. 그녀의 정신적 스트레스에 대한 말을 들었고, 준에게 자신이 집에 도착할 때까지 여동생을 잘 보살펴달라는 편지를 보냈다는 내용이었다. 편지 말미에는 "너를 염려하는 오빠가"라는 서명이 있었다. 여동생도 준 못지않게 분노했다. 그녀는 가족들이 자신을 병자 취급하는 데 신물이 난 상태였고 이제 제발 쓸데없는 걱정은 그만두라고 말하고 싶었다. 시간이 조금 흐른 뒤, 머리는 세 번째 편지를 썼다. 이번에는 어머니에게 보내는 편지였다. 그는 동생들에게 보낸 편지들을 언급하며, 다른 사람들의 관심을 모두 자신에게 돌림으로써 가족 간의 불화를 해결하려고 노력 중이라고 썼다. 그러면서 준이 화가 머리 끝까지 오르기를 바라고, 필요하다면 화를 더 북돋울 수 있는 다른 방법까지 생각해놓았다고 했다. 그러나 그는 '적'과 함께 지식을 공유하는 것

헤라클레스는 8년하고 1개월 동안 열 가지 노역을 성공적으로 수행했다. 그러나 에우리스테우스는 두 번째와 다섯 번째 과제를 인정하지 않고 두 가지 과제를 더 부과했다. 열한 번째 과제는 대지의 여신이 헤라에게 결혼 선물로 준 황금사과를 따오는 것이었다. 헤라는 그 선물을 받고 무척 기뻐하며 사과를 그녀의 신성한 정원에 심었다. 그 정원은 뜨거운 태양의 마차가 지는 곳이자 각각 천 마리나 되는 아틀라스의 양 떼와 소 떼가 뛰노는 아틀라스 산에 있었다. 처음에 헤라는 아틀라스의 딸들인 헤스페리데스에게 사과를 지킬 것을 명했으나, 그들이 사과를 훔친다는 사실을 발견하고는 거대한 파수 드래곤 라돈을 사과나무 아래 풀어놓았다. …… 마침내 헤라클레스가 포 강에 다다랐을 때, 제우스와 테미스의 딸들인 강의 님프들이 네레우스가 자고 있다고 말해주었다. 헤라클레스는 백발의 바다신을 꼭 붙잡고는 황금사과를 얻는 방법을 알려주기까지 그가 어떤 모습으로 변신을 하든 놓아주지 않았다. …… 네레우스는 헤라클레스에게 절대 사과를 직접 따지 말고 아틀라스의 무거운 짐을 잠시 덜어주면서 그에게 대신 사과를 따도록 시키라고 충고해주었다. 헤스페리데스의 정원에 도착한 헤라클레스는 아틀라스에게 사과를 대신 따달라고 부탁했다. 아틀라스는 단 한 시간만이라도 휴식을 취할 수 있다면 어떤 부탁이라도 들어줄 준비가 되어 있었지만 라돈이

두렵다고 말했다. 그래서 헤라클레스는 정원의 벽 너머로 활을 쏘아 라돈을 죽였다. 헤라클레스는 허리를 굽혀 아틀라스에게서 하늘을 받아 들었다. 아틀라스는 잠시 사라졌다가 그의 말이 따른 세 개의 황금사과를 가지고 돌아왔다. 그러나 자유의 달콤함을 맛본 그는 이렇게 말했다. "만약 자네가 잠시만 하늘을 받치고 있어준다면 내가 직접 이 사과 세 개를 에우리스테우스에게 전해주고 오겠네." 헤라클레스는 그 말을 믿는 척했지만, 절대로 아틀라스의 제안을 들어주지 말라는 네레우스의 충고를 들은 바 있었으므로 아틀라스에게 머리 위에 받침대를 올려놓도록 잠시만 하늘을 받아달라고 부탁했다. 아틀라스는 그 말에 속아 넘어가 사과를 땅바닥에 내려놓고는 그의 짐을 다시 떠안았다. 그러자 헤라클레스는 재빨리 사과를 집어들고 작별 인사를 고했다.
— 로버트 그레이브스, 《그리스 신화》 2권

은 현명하지 않으므로 어머니 또한 이 모든 것을 비밀로 해줄 것을 부탁했다. 이번에는 편지 끝머리에 "전략을 짜고 있는 아들이"라고 서명했다. 아들이 정신이 나갔다고 생각한 어머니는 편지를 태워버렸다.

머리의 편지에 관한 소식이 가족들에게 전해지면서 온 집안이 마치 벌집을 쑤셔놓은 듯했다. 온 식구가 흥분과 혼란에 휩싸이기는 매한가지였지만, 폭풍의 중심에는 준이 있었다. 그는 머리의 편지를 어머니에게 보여주었고, 어머니는 커다란 충격을 받았다. 준은 머리가 집에 오면 그의 얼굴을 쳐다보지도 않을 것이며 그가 한 짓을 따지고 물을 테니 두고 보자고 별렀다.

머리는 2월 초순에 웨이벌리에 도착했다. 이틀째 밤 머리가 여동생의 집에서 저녁식사를 하는데 준이 아내와 함께 나타났다. 부모님도 참석했다. 주로 머리와 준, 어머니 사이에 대화가 오갔다. 상당히 씁쓸한 가족 모임이었다. 준은 머리의 터무니없는 비방과 야비한 짓을 가만두지 않겠다고 길길이 날뛰었고 어머니에게는 편애하는 자식과 함께 음모를 꾸몄다고 비난했다. 머리가 모두 어머니와 함께 꾸민 일이며 벌써 몇 년 전부터 계획해왔던 것이라고 밝히자, 어머니는 불같이 화를 내며 자신은 모르는 일이라고 반박하면서 앞으로 머리와는 한 마디도 하지 않겠다고 선언했다. 준은 형에게 자신의 이야기를 들려주었다. 머리는 놀랍다는 반응을 보였지만, 이 시점에서 어떻게 행동해야 할지 알고 있었다. 대화는 곧 개인적인 문제로 옮아갔고 억눌려 있던 감정들이 표면으로 드러나기 시작했다. 하지만 머리는 묘하게도 계속해서 냉정한 반응을 보였다. 그는 자신이 어느 누구의 편도 아님을 확실하게 밝혀두었다. 아무도 그의 말을 달가워하지 않았다.

다음 날 머리가 준의 집을 방문했을 때, 놀랍게도 준은 아주 반갑게 맞이했다. 머리는 준에게 더 많은 뒷말들을 전해주었다. 그 중에는 준이 극심한 스트레스 하에서도 지금과 같은 상황에 아주 잘 대처하고 있다는 말도 들어 있었다. 준은 형에게 자신이 겪고 있는 문제를 털어놓았다. 여동생을 진심으로 걱정하고 있다는 말도 했다. 그날 늦게 머리는 여동생을 방문해 준이 걱정하더라는 말을 들려주었다. 그녀는 자기 일은 자기가 알아서 할 테니 가족들의 간섭은 이제 지겹다고 항변했다. 머리는 뒤이어 다른 식구들을 방문했다. 그는 한 식구가 다른 사람에 관한 이야기를 들려주거나 혹은 머리를 자기편으로 끌어들이려고 할 때마다 중립적인 언사로 그러한 시도를 무마시키거나 그 이야기를 소문의 당사자에게 전달해주었다.

드디어 머리가 떠나는 날이 왔다. 식구들이 모두 작별을 고하러 왔다. 여동생은 전보다 좀더 느긋해진 것 같았다. 아버지도 마찬가지였다. 가족의 분위기는 눈에 띄게 달라져 있었다. 일주일 뒤, 어머니가 장남에게 편지를 보냈다. "그 모든 난장판에도 불구하고, 지난번 네 방문은 다른 어느 때보다도 좋았단다." 준은 이제 형에게 정기적으로 편지를 보내왔다. 가업의 경영권을 둘러싼 불화는 사라지고 모든 것이 안정되었다. 이제 가족들은 모두 머리의 방문을 손꼽아 기다리게 되었다. 비록 그가 여전히 예전처럼 교묘한 책략과 소문들을 퍼뜨리고 다닌다고 해도 말이다.

후에 머리는 이 일을 통해 가족관계 치료법에 대해 많은 것을 배웠다고 고백했다. 그 사건은 그의 경력에 있어 커다란 전환점이었다.

해석 ─

머리 보언이 식구들에게 시도한 전략은 아주 단순하다. 그는 어느 누구도 자신을 끌어들이거나 손잡지 못하도록 만들었다. 또한 의도적으로 감정적 폭풍을 일으켜(특히 가족 내 긴장관계를 발생시킨 장본인인 준과 어머니를 겨냥하여) 침체되어 있던 분위기를 역동적으로 바꾸어놓았다. 그는 식구들이 개인적인 이야기를 회피하기보다 그것을 털어놓도록 부추김으로써 새로운 시각으로 상황을 바라볼 수 있도록 했다.

이 실험의 와중에 보언은 거의 환희에 가까운 광명을 맛보았다. 생애 처음으로 그는 감정적 동요에 휘말리지 않고 가족과 연대감을 느꼈다. 그는 유치하게 떼를 쓰거나 억지스러운 동의를 이끌어내지 않고도 문제에 개입하고 논쟁을 벌이고 농담을 주고받을 수 있었다. 식구들을 중립적으로 대하면 대할수록 일은 한결 쉬워졌다.

보언은 자신의 행동이 다른 사람들에게 미치는 영향력을 깨달았다. 첫

째로, 가족들은 더 이상 기존의 방식으로 상호작용할 수 없었다. 준은 형을 피할 수 없었고, 여동생은 다른 식구들의 문제를 자기 것인 양 이입할 수 없었으며, 어머니는 장남을 버팀목으로 의지할 수 없었다. 다음으로 식구들은 자신이 머리에게 이끌려가고 있음을 깨달았다. 머리가 어느 쪽에도 편들기를 거절했기 때문에 오히려 그에게 마음을 열기가 쉬워졌던 것이다. 시끄러운 뒷말들과 비밀, 그리고 신경을 거슬리는 동맹 역학이 단 한 번의 방문으로 인해 깨졌다. 보언에 따르면, 그 평형 상태는 평생 지속되었다고 한다.

이 세상을 살아가며 어떠한 형태로든 동맹 네트워크를 구축하지 않는 이들은 없다. 그러나 여기서 주의할 것은 거짓 동맹과 진정한 동맹의 차이점을 구분할 줄 알아야 한다는 것이다. 거짓 동맹은 단기적인 감정의 필요에 의해 이루어진다. 거짓 동맹은 당신이 스스로를 유지하는 데 필요한 무언가를 포기하게 만들고, 독립적인 결정을 내리지 못하게 한다. 반면 진정한 동맹은 상호 이해관계에 의해 생성되며 쌍방은 상대가 혼자서는 얻지 못하는 무언가를 충족시켜줄 수 있다. 진정한 동맹은 다른 모든 이들의 감정적 필요에 따라 당신의 정체성을 포기하라고 강요하지 않는다. 바람직한 동맹은 당신의 자율성과 독립성을 인정한다.

살아가는 동안 당신이 속한 집단은 당신의 감정을 강요하는 온갖 종류의 거짓 동맹에 가입하고 융합되라고 종용할 것이다. 이때 당신은 상호 교류가 가능하고 자율권을 유지하면서도 타인과 관계를 맺을 수 있는, 힘과 권력을 지닌 위치에 오르는 길을 찾아야 한다. 다른 이들이 당신을 함정에 몰아넣을 수 없도록 적극적인 행동으로 거짓 동맹을 피하라. 집단 내 말썽꾸러기나 권력자를 목표로 삼아 집단의 역학관계를 파괴하라. 일단 집단 내에서 이성적으로 행동할 수 있는 위치를 고수하게 되면, 당신은 감정에 대해 걱정할 필요 없이 안심하고 동맹에 합류할 수 있다. 집단의 일부가 되는 동시에 자율권을 확립할 수 있게 됨에 따라 당신은 권력과 관심의 중심에 서게 된다.

타인의 이익을 돕는 것처럼 보이되, 궁극적으로는 자기 자신의 목적을 위해 행동

나는 내가 만나는 대부분의 사람들을 내 야심의 여정에 이용할 짐꾼으로밖에 보지 않는다. 이들은 거의 대부분 얼마 안 가 지쳐 쓰러지게 되는데, 어떤 험한 환경에서건 내가 그들에게 최고의 속도로 밀어붙이는 기나긴 행군을 견디지 못한 것이다. 그러면 나는 곧 다른 짐꾼들을 구한다. 그들의 봉사를 받기 위해, 나는 그들에게 다른 동반자들이 그토록 절실하게 닿고자 하는, 내 영광의 종착지에 데려다줄 것을 약속한다.
— 살바도르 달리, 《살바도르 달리 자서전(The Secret Life of Salvador Dali)》, 1942년

하라. …… 당신의 야망을 실현하는 데 있어 이는 완벽한 위장 전략이다. 당신이 제공하는 듯 보이는 모든 이점은 오직 타인의 의지에 영향을 주기 위한 미끼에 불과하다. 그들은 자신이 이득을 취하고 있다 생각할 것이나 실상은 당신에게 유리한 길을 열어주고 있는 것이다.

— 발타자르 그라시안(Baltasar Gracian, 1601~1658)

전쟁의 기술: 타인의 이익을 위해 노력하는 것처럼 보여라

이 세상에서 살아남기 위해, 그리고 전진하기 위해 우리는 끊임없이 다른 이들을 이용해야 한다. 혼자서는 얻을 수 없는 자원을 획득하고 방어수단을 마련하고 우리에게 부족한 기술이나 재능의 빈자리를 메우기 위해서 말이다. 그러나 인간관계에서 '이용하다'는 단어는 상당히 불쾌한 어감을 담고 있으며, 많은 경우 우리는 자신의 행동을 실제보다 더 고귀하고 고상하게 보이고 싶어한다. 우리는 이런 상호작용이 조력과 협력, 우정으로 비치는 것을 선호한다.

이는 단순히 의미론적 문제가 아니다. 오히려 종국에는 당신을 해할지도 모를 위험의 원천이라 할 수 있다. 당신이 동맹을 맺는 것은 필요, 즉 충족시키고자 하는 목표가 있기 때문이다. 이것은 당신의 성공이 달려 있는 실용적이고도 전략적인 문제다. 만일 감정과 겉모습에 감염되어 동맹을 유지한다면 당신은 위험에 빠진 것이다. 동맹 결성의 기술은 '필요'와 '우정'을 분리하는 능력에 달려 있다.

첫 번째 단계는 우리 모두가 자신을 위해 다른 사람을 이용한다는 사실을 이해하는 것이다. 여기에는 전혀 부끄러워하거나 죄책감을 느낄 필요가 없다. 다른 이들이 우리를 이용했다는 사실을 알았을 때 모욕감을 느낄 필요도 없다. 타인을 이용하는 행위는 인간적으로나 사회적으로나 필수적인 일이다. 다음으로 위의 사실을 숙지한 채 필수적인 동맹 전략을 짜는 방법을 배우고, 혼자서는 성취할 수 없는 무언가를 제공해줄 수 없는 이들과 관계를 맺는다. 이때 반드시 감정으로 동맹관계를 통제하려는 충동을 저지하라. 감정적 필요는 당신의 개인적 삶을 위한 것이며, 따

사자와 당나귀
사자와 당나귀가 함께 힘을 합쳐 사냥을 하기로 했다. 사자는 강력한 힘을 이용하고 당나귀는 빠른 발을 활용했다. 사냥을 끝내고 서로 몫을 나눌 차례가 되자, 사자가 사냥감을 세 무더기로 나누었다. "첫 번째는 내 거야. 나는 만물의 왕이니까." 사자가 말했다. "그리고 두 번째 몫도 내 거야. 왜냐하면 내가 널 도와서 잡은 거니까." 사자가 당나귀에게 말했다. "그리고 이 세 번째 더미도 내 거야. 왜냐하면 이걸 내가 갖지 않으면 넌 커다란 위험에 처하게 될 테니까. 자, 그러니까 이제 꺼져." 자신의 힘을 올바르게 인식하는 것은 언제나 유용한 일이다. 그리고 자신보다 강한 자와는 결코 손잡지 마라.
— 《이솝우화》

라서 사회라는 전장에 들어갈 때는 그것들을 모두 버려야 한다. 당신에게 가장 도움이 되는 동맹은 상호 간의 이해관계와 관련된 것이다. 감정에 감염된 동맹, 혹은 우정과 의리에 얽매인 관계는 골칫거리밖에 되지 않는다. 동맹관계를 항상 전략적인 것으로 간주한다면, 잘못된 결과를 낳는 무의미한 갈등에 휘말리지 않을 것이다.

당신의 동맹들을 목표를 향한 징검다리로 생각하라. 세상을 살아가며 당신은 필요에 따라 하나의 돌에서 또 다른 돌로 끊임없이 옮겨가게 될 것이다. 징검다리를 하나 건너고 나면 그걸로 끝일 뿐 뒤돌아볼 필요는 없다. 이렇게 동맹관계를 지속적으로 다양하고 유용하게 활용하는 것을 '동맹 게임'이라고 부른다.

동맹 게임의 기본적인 핵심 원칙은 고대 중국에서 시작되었다. 당시 중국 대륙은 수많은 국가들이 각기 세력을 얻었다 잃었다 하는 과정을 반복하며 서로 대립하고 있었다. 전쟁은 위험한 일이었다. 이웃국가를 침략한 나라는 다른 주변 국가들로부터 신뢰를 잃고 따라서 장기적으로는 그 지지기반을 상실하게 될 것이기 때문이다. 한편 동맹국들에게 지나치게 신의를 지키는 국가들은 본의 아니게 타국의 전쟁에 휘말려 빠져나올 수 없게 된다. 따라서 당시에는 적절한 동맹관계를 구축하는 것이야말로 전쟁 그 자체보다 중요한 기술이었으며, 군사 지도자들보다 이런 교묘한 기술에 통달한 통치자들이 더 강력한 힘을 발휘할 수 있었다.

중국 전국시대에 진(秦) 왕조가 서서히 영토를 넓혀갈 수 있었던 것은 순전히 동맹 게임 덕분이었다. 진은 멀리 떨어져 있는 국가들과 동맹을 맺은 다음 가까운 곳에 위치한 국가들과 전쟁을 벌였다. 진에게 침략을 받은 국가들은 이웃들에게 도움을 청할 수가 없었다. 이웃국가들이 벌써 진과 동맹을 맺고 있었기 때문이다. 강대한 나라와 손잡고 있는 적과 싸울 때면, 진은 불화를 일으키고, 소문을 퍼뜨리고, 한쪽에 뇌물을 쥐어주는 등 먼저 그 동맹관계를 깨뜨리는 데 주력했다. 그들은 두 나라 가운데 한쪽을 먼저 침략한 다음, 다른 한쪽을 다음 목표로 삼았다. 조금씩 조금씩, 진은 점차 주변 나라들을 삼키며 비대해져갔고, 기원전 3세기 후반 거대한 중국 대륙을 통일했다. 감탄할 만한 승리였다.

진(晉)나라는 주변의 소국들을 흡수하며 서서히 힘을 얻었다. 진나라 남쪽에 우(虞)와 괵이라는 두 소국이 있었는데, 기원전 658년 진나라의 헌공(獻公)이 재상 순식(荀息)을 불러 우나라를 침공할 계획을 털어놓았다. "우리에게는 그다지 승산이 없습니다." 잠시 후 순식이 말했다. "우와 괵은 매우 가까워 둘 중 한 나라를 공격하려 들면 다른 하나가 분명 원군을 보내올 것입니다. 한 번에 한 나라씩 각개 격파한다면 우리가 이길 수 있을 것이나, 동시에 두 나라를 친다면 승리하지 못할 것입니다." "우리가 그런 변변찮은 나라 두 개를 차지할 방법이 없다는 거요?" 진 헌공이 말했다. 순식은 잠시 생각하더니 입을 열었다. "우와 괵 두 나라를 모두 굴복시킬 방법이 있긴 합니다. 먼저 우공에게 값비싼 선물을 주며 괵나라를 치도록 길을 빌려달라고 부탁하는 것입니다." 헌공이 물었다. "하지만 우리는 괵과 평화 협정을 맺은 상태요. 우리가 우가 아니라 괵을 공격하려 한다는 말을 어떻게 믿게 할 수 있겠소?" "그것은 별로 어렵지 않습니다." 순식이 대답했다. "국경지대에 배치되어 있는 우리 군사들에게 은밀히 괵의 국경을 침범하라고 명하면 됩니다. 괵에서 항의를 하러 오면 그 일을 변명의 구실로 삼는 것입니다. 그러면 우는 우리가 우가 아니라 괵을 침공하려 한다고 믿을 것입니다." 헌공은 좋은 계획이라 여겨 찬성했다. 얼마 지나지 않아 진과 괵의 남쪽 국경지대에서 작은

동맹 게임을 제대로 플레이하려면, 오늘날에도 고대 중국과 마찬가지로 뼛속까지 단단히 현실적이 되어야 한다. 앞날을 미리 내다보고 상황을 최대한 유동성 있게 유지한다. 오늘의 동맹이 내일의 적이 될 수도 있다. 감성 따위에 자리를 내어주지 마라. 설사 당신이 다른 이들보다 약하다 해도, 똑똑하기만 하다면 한 동맹에서 다른 동맹으로 옮겨다니며 마침내는 유리한 위치를 차지할 수 있게 될 것이다. 이와 상반되는 접근법은 핵심 동맹을 결성한 다음 신뢰와 유대감을 중심으로 끝까지 그 관계를 유지하는 것이다. 이는 안정적이고 평화로운 시대에는 유용하나 혼란한 시대에는 적합하지 않다. 명심하라. 세상은 평화로울 때보다는 혼란스러울 때가 더 많다. 이 전략은 어쩌면 당신의 실책이 될지도 모른다. 종국에는 쌍방의 이해관계가 상충하고, 그때까지 투자했던 지나친 감정 때문에 관계에 묶여 헤어나오지 못하게 될지도 모른다. 그러므로 언제나 변화를 전제로 앞날을 준비해두는 것이 좋다. 다양한 선택지를 염두에 두고, 공유하는 가치나 신의가 아닌 필요에 기반한 동맹관계를 맺어라.

할리우드의 황금기에 누구보다 세력이 미약했던 이들은 바로 여배우들이었다. 활동 기간은 짧았고, 아무리 각광받는 슈퍼스타라 할지라도 몇 년 후에는 곧 다른 젊은 여배우에게 자리를 빼앗겼다. 그때 이러한 추세에 반기를 든 여배우가 나타났으니, 자신만의 동맹 게임을 펼치기 시작한 조앤 크로퍼드였다. 1933년 그녀는 신인 극작가인 조지프 맹커비츠(Josheph Mankiewicz)의 재능을 알아채고 그에게 적극적으로 접근했다. 그 결과 맹커비츠는 그녀를 위해 영화 각본을 아홉 편이나 집필했으며, 이 영화들은 그녀의 경력을 눈부시게 발전시켜주었다.

또한 사진사와 사진작가들과도 친분을 쌓았는데, 덕분에 그들은 근무시간을 초과해가며 그녀가 아름답게 보이도록 노력했다. 배역에 대한 결정권을 가진 제작자들에게도 똑같은 전략을 활용했다. 유명배우와 가까워지길 갈망하는 젊고 재능 있는 신인들과 동맹을 맺었고, 더 이상 그들이 필요하지 않게 되면 우아하게 돌아서거나 그 관계를 잊어버렸다. 크로퍼드가 충성과 신의를 바친 상대는 오직 그녀 자신뿐이었다. 유동적인 동맹관계에 대한 그녀의 사무적인 접근법은 시스템에 갇혀 허우적대는,

---

분쟁이 일어났다. 헌공이 물었다. "이제 우는 우리가 괵을 침공하리라 믿고 있소. 하지만 우는 특정한 이득이 없는 한 우리에게 길을 빌려주지는 않을 것이오. 그렇다면 우에 어떤 뇌물을 주는 것이 좋겠소?" 순식이 말했다. "우리나라의 우공은 매우 탐욕스럽다고 알려져 있습니다. 그러니 매우 값진 선물이 아니라면 쉽게 마음이 움직이지 않을 것입니다. 굴(屈)에서 나는 천리마와 수극(垂棘)에서 나는 옥을 선물하면 어떻겠습니까?" 진 헌공은 별로 내켜하지 않았다. "하지만 그것들은 내가 가진 보물 중에서 가장 값진 것이오. 마음 같아서는 내주고 싶지 않구려." "이해합니다." 순식이 말했다. "그러나 우는 방패를 없애면 괵을 무너뜨릴 수 있습니다. 괵이 무너지고 나면 우는 필시 혼자 버티지 못할 것입니다. 그러하니 우에 선물을 보내는 것은 별채에 옥을 맡기고 별장에 말을 맡기는 것과도 같습니다." …… 순식이 보옥과 천리마를 우공에게 내놓자 그의 눈이 휘둥그래졌다. …… "괵군이 계속해서 우리 국경을 침범하고 있습니다." [순식이 말했다.] "전쟁의 참화로부터 국민들을 보호하기 위해, 우리 진은 괵과 강화를 맺으려 노력하였고, 그로써 평화협정을 맺었습니다. 그런데도 뻔뻔스러운 괵은 평화조약을 우리의 약점으로 이용하여 진의 국경을 침공하는 등 새로운 분쟁을 일으키려 합니다. 그리하여 우리 주군께서 괵을 벌하려 하니, 저를 귀국에 사신으로 보내어 우리 군사가 우리나라의 영토를 지나갈 수 있도록 허락해주십사

부탁하라 하셨습니다. ……
곽나라 군사들을 물리치고
나면 우리의 동맹과 우정을
증명하는 뜻으로 귀국에
훌륭한 선물을 선사할
것입니다." ……
그해 여름 진의 군사들이
우나라 영토를 가로질러
곽을 공격했다. 우공은 친히
군사를 이끌고 원정에
참가했다. 그들은 곽군을
패퇴시키고 곽의 두 주요
도시 중 하나인 하양을
점령했다. 우공은 후한
전리품을 받고 자신이
현명한 선택을 했다고
생각했다.
…… 기원전 655년 진 헌공이
다시 우에게 곽으로 가는
길을 빌려달라고 사신을
보냈다. 이번에도 우공은
안심하고 길을 빌려주었다.
8월 진 헌공은 600대의
전차를 이끌고 우나라를
통해 곽나라를 침공했으며,
곽의 수도인 하양을
점령했다. …… 근 4개월에
가까운 시간을 버티던
도시는 결국 백기를 들고
항복했다. 곽나라 제후는
도주했고 …… 곽은
멸망했다. 진나라로
돌아오는 길에 진의
군사들은 우나라에서 잠시
멈춰 섰다. 우공은 기꺼이
진나라 군사들을 도시로
들여보내고, 진 헌공을
수도로 맞이했다. 진의
군사들은 우의 수도를
공격할 기회를 잡은 것이다.
방심하고 있던 우군은
저항도 못해보고 패배했고
우공은 포로로 붙잡혔다.
순식이 우공에게 선물로
보냈던 천리마와 보옥을
다시 빼앗으자 진 헌공은
매우 흡족해했다.
— 《전쟁의 비결: 고대 중국의
군사전략 36계》, 순 하이첸
번역

대부분의 여배우들이 빠지는 함정들을 피할 수 있게 도와주었다.

동맹 게임의 가장 중요한 열쇠는 누가 당신의 이해관계를 가장 잘 충족시켜줄 수 있는가를 인지하는 것이다. 그러한 상대는 반드시 막강한 권력을 가졌거나 가장 많은 것을 해줄 수 있을 것처럼 '보이는' 사람이 아니다. 당신에게 가장 유용한 동맹은 특정한 필요를 제공해주거나 당신의 부족분을 확실하게 채워줄 수 있는 사람이다(대개의 경우 두 강력한 세력 사이의 동맹이야말로 가장 비효율적이다). 군사력이 약한 루이 11세에게는 비록 유럽에서 보잘것없는 세력이긴 해도 용맹한 군대를 지닌 스위스야말로 최적의 동맹군이었다. 워싱턴의 젊고 야심찬 보좌관 린든 존슨은 자신이 정상의 자리에 올라서는 데 필요한 힘과 재능이 부족하다는 사실을 알았다. 그래서 현명하게도 다른 이들의 재능을 이용하기 시작했다. 의회에서의 정보의 중요성을 깨달은 그는 정보 분야에서 지위가 높건 낮건 핵심적인 위치에 있는 이들과 친분을 맺었다. 그는 특히 활기찬 젊은 이들과 어울리는 한편 아버지처럼 충고하기를 즐겨하는 나이 많은 이들과도 가깝게 지냈는데, 연줄 하나 없는 텍사스 출신의 가난한 청년 존슨은 이렇게 유용한 동맹관계를 통해 최고의 지위에 올랐던 것이다.

자전거 경주에서는 선두에 나서기보다 선두 뒤에서 바싹 쫓아가며 공기저항을 줄이는 전략이 자주 사용된다. 선두주자는 당신 대신 강한 바람을 정면에서 맞으며 달려가고, 그 결과 당신은 에너지를 최대한 아껴 결승점에 다다르기 직전, 마지막 순간에 앞으로 치고 나와 승리하는 것이다. 다른 사람들을 앞세워 당신 대신 거센 저항을 마주하고 에너지를 낭비하게 만드는 것은 참으로 경제적인 전략이다.

동맹 게임에서 최고의 책략 가운데 하나는 궁극적으로는 당신의 이익을 추구하되 외견상으로는 다른 사람을 돕는 것처럼 행동하는 것이다. 그런 대상을 찾기란 쉽다. 그들은 간절히 도움을 원하며 당신이 보완해줄 수 있는 일시적 약점을 지니고 있을 것이다. 일단 미묘한 방식으로 그들의 신뢰와 충성심을 얻으면, 당신의 의지대로 그들의 행동을 지배하고 그들의 에너지를 당신이 원하는 방향으로 전환시킬 수 있다. 당신이 도움의 손길을 제공함으로써 그들에게 일으킨 감정의 물결은 그들이 당신의 궁극적 목표를 알아채지 못하도록 눈앞을 가려줄 것이다.

예술가 살바도르 달리는 이러한 종류의 게임에 각별히 능했다. 만일 누군가가 기금을 마련해야 한다고 말하면 달리는 그 즉시 그를 구원하러 달려와 자선 무도회나 기금마련 행사를 준비해주었다. 그는 달리의 도움을 차마 거절할 수 없다. 달리는 상류계급, 할리우드 스타, 고급 사교계와 무척 가까운 친분을 유지하고 있으니 말이다. 이제 달리는 무도회에 필요한 온갖 소도구들을 주문하기 시작한다. 일례로 1941년 캘리포니아의 페블비치에서 전쟁의 포화로 만신창이가 된 유럽의 굶주린 예술가들을 위해 열린 그 유명한 '초현실주의 숲에서의 하룻밤(Night in a Surrealist Forest)'에서, 달리는 첫 번째 코스를 대접하기 위해 살아 있는 기린과 가짜 숲을 만들고도 남을 엄청난 양의 소나무, 세상에서 가장 큰 침대, 부서진 자동차, 그리고 수천 켤레의 신발을 요구했다. 물론 그 파티는 엄청난 주목을 받고 크게 성공했지만 달리가 연관되면 늘 그렇듯 모금액을 훨씬 초과하는 청구서를 책임져야 했다. 유럽의 가난한 예술가들은 한 푼도 받지 못했다. 그리고 이상하게도 모든 언론은 달리에게만 조명을 집중하여 그의 명성을 더욱 드높이고 유망한 권력자들과 가까워질 수 있도록 도와주었다.

동맹 게임에 참가하는 또 다른 방법은 다른 세력들이 주위를 공전하는 중재자가 되는 것이다. 그러한 중심축이 되면 독립적인 자율권을 행사하면서도 주위의 다른 이들이 당신 대신 싸우도록 만들 수 있다. 이 전략은 나폴레옹 시대와 그 이후 오스트리아의 외무장관을 지낸 메테르니히가 오스트리아를 유럽의 강대국으로 다시 복귀시키는 데 사용했던 방법이다. 그로 인해 오스트리아는 다시 한 번 유럽의 중심이 되었으며 주변 국가들에게 중대한 영향력을 행사할 수 있었다. 심지어 나폴레옹이 유럽을 지배하던 시기, 오스트리아가 그 어느 때보다도 쇠약하여 프랑스의 환심을 사기 위해 비위를 맞추던 때조차도 메테르니히는 마지막 순간까지 조국의 독립을 위해 노력했다. 예를 들어 그는 나폴레옹 황제가 오스트리아 왕실과 혼인하도록 주선함으로써, 아무런 법적 동맹 없이도 나폴레옹을 심적으로 오스트리아에 얽어매는 데 성공했다.

동맹 게임의 핵심 요소는 다른 이들의 동맹관계를 조종하고 심지어 그것을 파괴함으로써 적들 사이에 불화를 일으키고 서로 다투도록 조장하는 것이다. 적의 동맹관계를 깨뜨리는 것은 당신의 동맹관계를 구축하는 것만큼이나 중대하고 효과적이다. 1519년 코르테스가 멕시코에 상륙했을 때, 그는 단 500명의 군사로 수만 명에 달하는 아스텍인들과 마주해야 했다. 강력한 아스텍 제국이 수많은 멕시코 부족들이 모여 구성된 것이라는 사실을 알게 된 그는 천천히, 각 부족들이 제국으로부터 등을 돌리도록 만드는 계획에 착수했다. 가령 그는 부족 지도자들의 귓속에 아스텍 황제에 관한 끔찍한 이야기들을 채워넣음으로써, 다음에 아스텍 특사가 방문하면 그들을 포로로 붙잡도록 부추겼다. 물론 그러한 행동은 황제의 진노를 불렀고, 고립되어 위험에 처한 부족은 결국 코르테스에게 도움을 요청했다. 이렇게 코르테스는 부정적 버전의 동맹 게임을 서서히 진척시켜 나갔는데, 이는 아스텍 제국이 그의 손아귀에 떨어질 때까지 계속되었다.

여기서 당신이 각별히 주의해야 할 부분은 상호 간의 불신을 선동하는 것이다. 동맹의 일원들이 서로를 의심하고 동기를 불신하도록 부추기고, 소문을 퍼뜨리고, 한쪽과 친분을 쌓아 다른 한쪽의 질투심을 불러일으켜라. 교란하고 분열시키고 정복하라. 이런 식으로 당신은 감정의 파도를 만들어낼 수 있다. 한쪽을 먼저 공격하고 그 다음에 다른 쪽을 덮쳐서 동맹관계가 휘청거리게 만들어라. 이제 그 동맹에 속한 자들은 위화감을 느낄 것이다. 교묘한 뒷조종이나 노골적인 권유를 통해 그들이 당신에게 보호를 요청하도록 만들어라.

동맹으로 구성된 적들을 대할 때는 그들의 덩치나 무력에 결코 겁먹지 마라. 전쟁에서 동맹국들은 대개 명령과 복종에 관련된 문제와 직면하게 된다. 최악의 리더십은 바로 분열된 리더십이다. 행동에 옮기기 전에 수많은 토론과 동의를 거쳐야 하는 까닭에, 동맹군은 달팽이처럼 느릿느릿 움직이는 경향이 있다. 나폴레옹은 동맹군과 맞서 싸워야 할 때 언제나 가장 취약한 고리, 즉 가장 약한 동맹의 일원을 공격했다. 그는 또한 아주 작은 전투에서조차도 최대한 신속한 승리를 추구했다. 동맹군처럼 한 번의 패배로 쉽게 사기를 잃는 군대도 없기 때문이다.

마지막으로 동맹 게임에 임할 때면 당연히 상대로부터 심한 공격을 받게 될 것이다. 그들은 당신이 무책임하고 비도덕적이며 기회주의적이고 배은망덕하다고 비난한다. 그러나 명심하라. 그러한 비난들은 모두 일종의 전략이다. 그들은 도덕성 공세를 펼치고 있는 것이다(strategy 25를 참조하라). 당신의 적대자들은 당신이 사악해 보이거나 죄책감을 느끼도록 만들려고 한다. 그러니 그들의 의도에 휘말리지 마라. 당신에게 유일한 위험은 타인이 당신과 동맹을 맺기를 꺼려할 정도로 당신의 평판이 훼손되는 것뿐이다. 하지만 세상을 지배하는 것은 결국 이해관계다. 만일 당신이 과거에 다른 이들을 이롭게 했다는 인상을 줄 수 있다면, 그리고 현재에도 그와 비슷한 일을 할 수 있는 듯 보인다면, 당신에게는 언제나 구혼자가 몰려올 것이며 손쉽게 새 파트너를 구할 수 있을 것이다. 더구나 상호 간의 필요가 존재하는 한 당신은 여전히 정직하고 충직해 보인다. 나아가 당신이 영원한 우정과 의리라는 거짓 미끼에도 속아 넘어가지 않는다는 사실이 드러난다면, 당신은 상대로부터 더욱 존중받을 것이다. 많은 이들이 당신이 이 게임에 임하는 현실적이고 맹렬한 방식에 이끌려 접근해오리라.

| **이미지** | 징검다리. 아무리 냇물이 빠르고 세차게 흐를지라도 언젠가는 그것을 건너가야 한다. 강 위에는 당신을 건너편으로 데려다줄 수 있는 징검다리가 위태롭게 놓여 있다. 만약 돌 하나에 너무 오랫동안 머무른다면, 당신은 균형을 잃고 물속에 빠져버릴 것이다. 한편 너무 빨리 뛰어가거나 징검돌을 하나라도 빠뜨린다면 미끄러져 넘어질지도 모른다. 그러므로 결코 뒤돌아보지 말고 돌들을 가볍게 뛰어넘는 데만 신경 쓰라.

| **근거** | 고귀한 희생에 대한 유일한 보상으로 선량한 행위라는 인식만이 주어지는 감정적 동맹관계를 주의하라.

— 오토 폰 비스마르크(1815~1898)

뒤집어보기

당신이 동맹 게임에 임한다면 그것은 당신 주위에 있는 사람도 마찬가지이며, 따라서 당신은 그들의 행동을 개인적으로 받아들일 수 없게 된다. 당신은 그들을 상대해야 한다. 그러나 세상에는 손해를 끼치는 종류의 동맹관계도 존재한다. 그들은 당신에게 지나치게 매달린다. 언제나 먼저 손을 내밀며, 눈부신 약속과 유혹적인 제안으로 당신의 눈을 가리려 든다. 부정적 방식으로 동맹관계에 이용되지 않으려면 그 관계로부터 어떤 실질적 이득을 얻을 수 있는지 따져보아야 한다. 혹시 그들이 약속한 이익이 애매모호하거나 실현되기 어려워 보인다면 동맹 참가를 다시 한 번 숙고하라. 그들의 과거를 돌아보고 탐욕의 전조나 상대에게 주는 것 없이 이용하기만 한 적이 없는지 살펴보라. 언제나 듣기 좋은 말만 늘어놓는 이들, 매력적인 인간성을 뽐내며 우정과 의리, 이타주의에 대해 말하는 이들을 경계하라. 그들은 대부분 당신의 감정적 부분을 노리고 달려드는 사기꾼일 가능성이 크다. 쌍방이 모두 연계되어 있는 이해관계에서 눈을 떼지 말고 무슨 일이 있어도 그것을 잊어버리지 마라.

STRATEGY 28

상대를 자멸로 이끌 심리적 계책을 이용하라

: 한발 앞선 수 읽기

삶의 가장 큰 위험은 외부의 적에게서 오는 것이라기보다는,
공통의 대의를 위해 함께 뛰는 척하며 뒤에서는 사보타주를 계획하는
동료나 친구에게서 비롯되는 것이다.
그러한 라이벌에게 의심과 불안정성을 주입하여
너무 많이 생각하고 방어적으로 행동하게 만들어라.
또한 그들의 자멸적인 성향을 이용하여 스스로 목을 맬 밧줄을 제공하고,
당신 자신은 결백하고 깨끗한 척 처신하라.

선수(先手)의 위력

*인생은 인간의 내면에
내재해 있는 악과의
전쟁이다.*
— 발타사르 그라시안

인생 전반에 걸쳐 당신은 두 개의 전선에서 싸우게 된다. 하나는 외부 전선으로 분명한 적이고, 다른 하나는 좀더 불확실한 내부의 전선으로 당신을 음해하려 하고 당신의 돈으로 자신들의 어젠다를 발전시키려는 동료 및 부하직원들이다. 최악은 외부의 적과 대립한 가운데 내부의 위치를 지키기 위해, 동시에 두 전선에서 힘겹고 지루한 투쟁을 해나가야 할 때다.

내부의 문제점을 무시하거나(이렇게 한다면 수명이 짧아질 것이다) 불평하고 과격한 행동을 하거나, 방어선을 구축하는 식의 직접적이고 인습적인 방식으로는 내부의 문제점을 해결할 수 없다. 내부의 전쟁은 그 속성 자체가 비전통적이라는 사실을 명심해야 한다. 대부분 같은 편에 있는 사람들은 팀 플레이어의 외견을 가지며 더 큰 공동의 이익을 위해 최선을 다한다는 생각을 가지고 있으므로, 당신이 같은 편에 대한 불평을 늘어놓거나 같은 편을 공격한다면 배신자가 되고 고립될 뿐이다. 하지만 이러한 야심가들이 비밀스럽게 움직일 거라는 점을 미리 예측해볼 수도 있다. 야심가들은 외견상 매력적이고 협조적인 듯하지만, 뒤로는 교묘한 계략을 꾸미는 자들이다.

당신은 매일 계속되는, 이 불확실하면서도 위험한 전쟁에 적합한 전투방식을 채택해야 한다. 이러한 전쟁에서 가장 큰 효과를 발휘할 수 있는 비정규전 전략이 바로 한발 앞서는 수 구사 전략이다. 역사상 가장 현명한 부하들이 발전시킨 이 전략은 두 가지 전제를 바탕으로 하고 있다. 첫 번째는 당신의 라이벌은 자멸의 씨앗을 품고 있다는 것이며, 두 번째는 아무리 미약하더라도 방어적이고 열등감을 느끼는 라이벌은 스스로에게 해를 입히면서도 방어적이고 열등한 행동을 하는 경향이 있다는 것이다.

사람은 누구나 약점과 성격적 결함, 통제할 수 없는 감정을 지닌다. 스스로 가난하다고 느끼거나, 우월감을 가지고 있거나, 혼돈을 두려워하거나, 명령받기를 간절히 원하는 사람들은 바깥세상에는 자신의 결함을 감춘 채 자신감 있고 유쾌하며 책임감 있는 사람으로 비치는 성격(사회적 가면)을 만들어낸다. 하지만 그러한 가면은 상처를 덮고 있는 딱지와도 같아서 잘못 건드리면 통증을 유발한다. 당신이 이 딱지를 건드린다면 당신의 라이벌은 스스로를 통제하지 못하며, 불평을 쏟아내고, 방어적이고 비이성적으로 행동하거나, 그동안 숨기려고 애써왔던 거만함을 내보이는 등 반응을 보이기 시작할 것이다. 잠시 가면이 벗겨지는 순간이 오는 것이다.

만약 위험해 보이는(또는 무언가를 꾸미고 있는) 동료가 있다면, 먼저 그들에 대한 정보를 수집해야 한다. 매일 그들의 행동을 살펴보고, 과거의 행동을 되짚어보며, 실수를 주시하여 약점의 징조를 발견해 내야 한다. 이러한 정보를 손에 넣었다면, 이제 한발 앞서는 수 구사 전략을 시작할 준비가 된 것이다.

이 전략은 먼저 밑에 감추어진 상처를 들쑤시고, 의심과 불안감을 조장함으로써 시작된다. 당신의 라이벌이 자신의 위치에 대한 도전으로 받아들일 수 있는 무심코 던진 말, 또는 다른 어떤 것이 될 수 있다. 당신의 목표는 노골적으로 그들에게 도전하는 것이 아니라, 은근히 그들의 성질을 건드려놓는 것이다. 뭔가 공격을 받은 것 같지만 그 이유와 방법을 눈치 챌 수 없도록 말이다. 이때 라이벌의 마음속에서는 확실히 알 수 없지만 골치 아픈 감정들이 휘몰아치며, 열등감이 슬며시 고개를 들게 될 것이다.

그 다음에는 그들의 의심에 불을 지펴줄 2차 행동에 돌입해야 한다. 이러한 2차 행동에서는 다른 사람이나 미디어, 또는 간단한 루머를 이용하는 것이 은밀하게 작업하기에 최고의 수단이다. 막판은 믿기지 않을 정도로 간단하다. 라이벌이 이런 루머에 반응을 할 정도로 스스로에 대한 불안감을 가진다면, 당신은 그저 뒷짐을 지고 서서 목표한 상대가 자멸하는 것을 지켜보기만 하면 된다. 이때 흡족해하거나 마지막 한 방을 날려주고 싶은 유혹은 반드시 참아내야 한다. 사실 이 시점에서 최선의 방법은 의중을 헤아릴 수 없는 도움과 충고를 제공하면서 친절하게 구는 것이다. 이렇게 한다면 당신의 라이벌은 과민한 반응을 보일 것이다. 즉 맹렬하게 달려들고 창피한 실수를 저지르거나, 스스로를 너무 많이 드러내거나, 과도한 방어적 행동을 보이고 다른 사람들을 만족시키려 지나치게 애쓰며, 자신의 위치와 자존심을 지키려고 눈에 띄게 노력할 것이다. 방어적인 행동을 보이는 사람들은 무의식적으로 타인을 밀어내게 마련이다.

상황이 이렇게 되면 당신의 개시 행동은 잊혀질 것이다. 특히 그 행동이 다른 사람들이 절대 눈치 채지 못할 정도의 공격 수준이었다면 말이다. 부각되는 것은 라이벌의 과도한 반응과 굴욕뿐이다. 당신은 손을 더럽힐 필요도, 평판에 오점을 남길 필요도 없다. 라이벌의 위치 상실은 당신의 이득이 된다. 당신은 한 수 앞서고, 라이벌은 한 수 뒤처지게 된다. 만약 당신이 라이벌을 직접적으로 공격했다면, 당신이 얻을 수 있는 이득은 일시적이거나 아예 존재하지도 않을 것이다. 또한 불쌍하고 고통을 받고 있는 당신의 라이벌이 동정을 얻고, 라이벌의 파멸에 대한 책임이 당신에게 몰리면서 오히려 당신의 정치적 위치가 위협을 받을 수 있다. 그러므로 반드시 라이벌이 스스로 제 칼을 물고 쓰러지게 만들어야 한다. 그리고 라이벌과 다른 모든 사람들의 눈에 당신이 도움을 주는 것으로 비쳐진다면, 라이벌은 자신을 탓할 수밖에 없을 것이다. 이는 라이벌의 패배를 두 배로 더 분통 터지게 만들며, 두 배 더 효과적이다.

당신의 적이 어떤 일이 일어났는지, 또는 당신이 어떤 짓을 한 것인지 파악하지 못한 채 승리를 거두는 것은 비정규전의 극치다. 이 병법을 숙달한다면, 당신은 동시에 두 전선에서 더 수월하게 싸울 수 있을 뿐 아니라, 더 수월하게 최고의 지위에 오를 수 있을 것이다.

적과 싸우지 않는 것은 자살하는 것과 마찬가지다.

— 나폴레옹 보나파르트

사례 1: 상대가 스스로 폭발하기를 기다린 그랜트 장군

존 A. 맥클러넌드(John A. McClernand, 1812~1900)는 친구이자 동료 변호사로 미국 대통령이 된 에이브러햄 링컨을 질투 어린 시선으로 지켜보았다. 맥클러넌드는 일리노이 주 스프링필드 출신의 하원의원이자 변

먼저 '한 수 앞서기'라는 용어의 완벽한 정의는 비교적 커다란 사전에서나 찾아볼 수 있을 것이다. 여기서는 간단하게 한 사람을 '한 수 아래에' 놓는 기술이라고 정의해볼 수 있다. '한 수 아래'라는 용어는 엄밀히 말하자면 다른 사람에 비해 '한 수 앞서' 지 못한 개인에게 존재하는 심리적 상태를 일컫는다. …… 과학적인 엄밀함을 잃는 위험을 감수하고 이 용어를 대중적인 언어로 표현하자면, 모든 인간관계에서 한 사람이 다른 사람과의 관계 내에서 '우세한 위치'에 있다는 것을 보여주기 위해 끊임없이 계략을 꾸미는 것이라고 할 수 있다. '우세한 위치'라는 말은 반드시 사회적 또는 경제적 지위에서 우월하다는 것을 의미하지는 않는다. 대다수의 직원들은 그들의 고용주를 한 수 아래에 두는 데 능숙하다. 또한 지적인 우위를 의미하지도 않는다. '우세한 위치' 란 지속적인 관계로 인해 끊임없이 정의되고 또 새롭게 정의되는 상대적인 용어다. 우세한 위치를 획득하려는 책략가들은 미숙한 수도 있고, 혹은 굉장히 신중할 수도 있다. 예를 들어 다른 사람에게 무언가를 부탁해야 하는 사람이라면, 그는 우세한 위치에 있지 않다. 하지만 "이건 당연히 내가 받아야 할 거야." 라는 의미를 암시하는 식으로 무언가를 부탁할 수도 있다.

— 제이 헤일리(Jay Haley), 《심리치료의 전략(The Strategies of Psychotherapy)》, 1963년

호사로서, 그 또한 대통령이 되려는 야심을 품고 있었다. 1861년 남북전쟁이 발발한 직후 그는 의원직을 사임하고 북부 연방군의 준장 지위를 수락했다. 비록 군대 경험이 없었지만 전투에서 자신의 능력을 보여준다면 빠르게 승진할 수 있으리라 기대했다. 그에게 준장의 직위는 대통령이 되기 위한 길목이라고 생각했다.

맥클러넌드의 첫 번째 근무처는 율리시즈 S. 그랜트 장군의 지휘하에 있는 미주리 주의 한 부대였다. 1년 만에 소장으로 승진했지만 여전히 그랜트 장군의 수하에 불과했던 그는 자신의 재능을 펼칠 무대가 필요했고, 전투에 나가 공로를 인정받길 원했다. 어느 날 그는 그랜트 장군으로부터 미시시피 강에 위치한 빅스버그의 남군 요새 탈환에 대한 계획을 들었다. 그랜트 장군의 말에 의하면 빅스버그의 탈환은 이 전쟁의 전환점이 될 수도 있었다. 맥클러넌드는 빅스버그로의 진군이라는 아이디어를 가로채고 자신의 경력을 위한 도약대로 삼기로 결심했다.

1862년 9월 맥클러넌드는 워싱턴으로 가서 링컨 대통령을 방문한 자리에서 '머리는 장식으로 달고 있는' 그랜트의 군대에 신물이 났다고 말하며, 위스키에 절어 있는 그랜트 장군보다 자신이 더 뛰어난 지략가임을 과시했다. 그러면서 일리노이에서 군대를 소집한 다음 미시시피 강 남쪽을 따라 빅스버그로 가서 요새를 탈환하겠다고 제안했다.

그해 10월 맥클러넌드는 빅스버그로 출정해도 좋다는 비밀 명령을 받고 워싱턴을 떠났다. 링컨에게 약속한 것보다 더 많은 병사를 모집한 그는 그 병사들을 테네시 주의 멤피스로 보냈다. 자신도 곧 그곳에서 합류해 빅스버그로 출정할 생각이었다. 하지만 1862년 11월 말 멤피스에 도착했을 때 그가 모집한 수천 명의 병사들은 그곳에 없었다. 열흘 전의 소인이 찍힌 그랜트 장군의 전보만이 그를 기다리고 있었다. 전보에서 장군은 빅스버그를 공격할 계획이니, 맥클러넌드가 제시간에 도착하면 지휘권을 줄 테지만, 만약 그렇지 못하면 윌리엄 셔먼 장군에게 넘길 것이라고 전하고 있었다.

맥클러넌드는 노발대발했다. 그랜트 장군이 그의 계획을 알고 선수를 친 것이었다. 속내를 감추는 장군의 정중한 전보가 더욱더 그를 분하게 만들었다. 그는 결코 이대로 당하지 않겠다고 마음먹었다.

전보를 내려놓자마자 멤피스를 출발한 맥클러넌드는 1863년 1월 2일에 셔먼을 따라잡았고, 그 즉시 군대의 지휘권을 넘겨받았다. 그는 셔먼의 환심을 사려고 노력했으며, 셔먼이 요새로의 접근을 용이하게 하기 위해 빅스버그 주변의 남부연합군 전초기지를 기습하려는 것을 알게 되었다. 그 아이디어는 하늘이 내려주신 기회 같았다. 맥클러넌드는 이 기습 작전을 그대로 이용하여, 자신의 이름을 건 전투를 승리로 이끌고, 사회적 명성을 얻고자 했다.

이 승리를 목전에 둔 시점에서, 맥클러넌드는 그랜트 장군으로부터 한 통의 전보를 받았다. 작전을 중지하고 회의를 열 때까지 기다리라는 내용이었다. 대통령이라는 비장의 수를 쓸 때였다. 그는 링컨 대통령에게 편지를 써서 더 구체적이고 독립적인 명령을 하달해줄 것을 요구했다. 하지만 아무런 답신도 오지 않았다. 마음 한켠에 정체를 알 수 없는 불안감이 싹트기 시작했다. 셔먼과 다른 장교들도 냉담해 보였다. 아무래도 그들의 성미를 건드린 것 같았다. 어쩌면 장교들도 그를 제거하기 위해 그랜트 장군과 함께 음모를 꾸몄는지도 몰랐다. 그랜트 장군은 상세한 전투 계획을 들고 나타났다. 맥클러넌드에게는 부대를 이끌되, 멀리 떨어진 아칸사스 주 헬레나의 전초기지에 주둔하라는 명령이 떨어졌다. 그랜트 장군은 더없이 정중하게 말했다.

수치심과 분노로 드디어 폭발해버린 맥클러넌드는 워싱턴으로 끊임없이 편지를 보내 자신에게 보내주었던 지지를 상기시키고, 그랜트 장군에 대한 증오로 가득한 불만을 쏟아냈다. 마침내 답신이 왔다. 놀랍고 실망스럽게도 대통령은 그에게서 등을 돌려버렸다. 링컨은 군 장성급에서 내부 불화가 끊이지 않는다며, 대의를 위해 그랜트 장군의 뜻에 따를 것을 종용했다.

맥클러넌드는 완전히 구석에 몰린 느낌이었다. 도대체 어디서부터 일이 어긋난 것일까. 그는 비탄에 잠기고 좌절한 나머지 기자들을 포함해 만나는 사람들에게 상관의 능력을 의심하는 발언을 했다. 그들의 불화가 신문기사로 나가자 1863년 6월 그랜트 장군은 마침내 맥클러넌드를 해

임시켰다. 맥클러넌드의 군대 경력은 그것으로 끝이 났으며, 개인적인 영광을 이루려는 그의 꿈도 함께 끝나버렸다.

해석 ———

존 맥클러넌드를 만난 순간 그랜트 장군은 그가 골칫거리가 될 것임을 알아챘다. 맥클러넌드는 개인적 영광을 위해 다른 사람들의 아이디어를 훔치고, 뒤에서 음모를 꾸며 자신의 경력만을 생각하는 타입이었다. 하지만 그랜트 장군은 설불리 행동하지 않았다. 상대방은 대중적인 인기가 있었고 매력적인 사람이었다. 그래서 맥클러넌드가 빅스버그 전투로 자신을 누르려는 계획을 꾸미고 있다는 사실을 알았을 때도 직접적으로 대항하지 않았다. 그 대신 다른 수단을 강구했다.

그랜트 장군은 맥클러넌드가 스스로 적의를 드러내고 폭발하고 반응하기를 기다렸다. 그러면서도 속내를 철저히 감춘 채 그의 야망을 좌절시켰다. 맥클러넌드가 모집한 부하들(엄밀히 말하자면 그랜트 장군의 소속이지만)을 데려가면서 태연히 정중한 전보를 남겨놓았고 맥클러넌드가 셔먼으로부터 군대 지휘권을 넘겨받았을 때도 그저 가만히 지켜보기만 했다. 그는 이런 (자만심이 강하고 밉살스러운) 남자는 분명 동료 장교들을 몹시도 짜증나게 만들 것이며, 동료들 사이에서 분명 그에 대한 불만이 터져나와 자신에게 전달될 것이다. 그러면 자신은 그러한 내부 불화를 개인적인 감정을 배제한 채 상부에 보고하게 될 것이다. 그는 겉으로 맥클러넌드에게 정중하게 대하는 동시에 뒤로는 그를 궁지에 몰아넣었다. 마침내 그 덫에 걸려든 맥클러넌드는 링컨에게 편지를 보내는 최악의 과민반응을 보였다. 그랜트 장군은 링컨 대통령이 연방군 수뇌부 내의 끊임없는 불화에 질려버렸다는 사실을 이미 알고 있었다. 그랜트 장군이 빅스버그 탈환을 위한 계획을 완성시키기 위해 조용히 노력하는 동안, 맥클러넌드는 비열하고 옹졸한 행동을 하고 있었다는 것이 드러날 것이다. 이 전투에서 이긴 후, 그랜트는 맥클러넌드가 어리석게 불만을 언론에 쏟아놓아 스스로 목을 조이도록 내버려두었다.

당신은 매일의 전투에서 겉보기에는 매력적이지만 뒤로는 배신하는

어떻게 하면 상대편이 무언가 잘못되었다고 느끼게 만들어 그 사람을 한 수 앞설 수 있을까? 성공한 사람은 절대 스스로를 야비한 사람으로 보이지 않게 하지만, 아주 간단하고 확실하게 상대편이 스스로를 오랜 기간 동안 비열한 인간이라 느끼게 만들 수 있다.
— 스티븐 포터(Stephen Potter), 《한 수 앞서기 전략의 완성(The Complete Upmanship)》, 1950년

수많은 맥클러넌드와 마주치게 될 것이다. 이들과 직접적으로 대항하려고 해봐야 이로울 게 하나도 없다. 이들은 정치적 게임의 달인이다. 하지만 교묘하게 한발 앞서가는 수 구사 전략을 사용한다면 놀라운 효과를 볼 수 있다.

당신의 목표는 이러한 라이벌들이 스스로 야심과 이기심을 드러내도록 하는 것이다. 이 목표를 달성하기 위한 방법은 그들 안에 잠재되어 있는 강력한 불안감을 부채질하는 것이다. 사람들이 그들을 좋아하지 않으며, 그들의 위치가 불안정하고, 정상으로 올라가기 위한 길이 확실치 않다는 걱정을 하게 만들어야 한다. 당신도 그랜트 장군처럼 예의라는 가면 안에 본심을 숨긴 채, 라이벌의 계획을 방해하는 조치를 취할 수 있다. 라이벌이 스스로 무시당하고 있다는 느낌을 갖도록 만드는 것이다. 그러면 그동안 숨기려고 애썼던 어둡고 추한 감정들이 표면으로 떠올라, 과격하고 과장된 행동을 보일 것이다. 그들이 평소의 침착성을 잃고 감정적으로 행동하도록 만들어라. 그들이 자신을 더 많이 드러낼수록 사람들은 그들의 곁을 떠날 것이고, 결국은 고립무원에 빠지게 될 것이다.

> 사람들의 신경을 거슬리게 하는 또 다른 방법들이 있다. 걸프전 중에 부시 대통령은 이라크 지도자인 사담의 이름을 계속 '사드-암'이라고 발음했는데, 이는 얼핏 '구두닦이 소년'이란 뜻의 단어로 들린다. 미국 국회의사당에서는 사람들의 이름을 일부러 잘못 발음하는 것이, 적을 혼란에 빠뜨리거나 신입을 골탕 먹이는 데 유용하게 사용되어왔다. 그 중 린든 존슨은 이 술책에 능한 사람이었다. 존슨이 의회 다수당의 원내총무였을 때, 그는 이러한 방법을 타당의 의원에게 투표한 신선 의원들에게 구사했다. "젊은이들의 등을 가볍게 두드리면서 이해한다고 말하는 동시에, 존슨은 그의 이름을 짧게 조각조각 내어 끊어 부름으로써 이러한 배신행위가 계속된다면 어떤 일이 벌어질지를 간접적으로 드러내었습니다."
> —존 피트니 주니어, 《정치전의 기술》

사례 2: 자만심 많은 주교의 공개 망신

리슐리외 추기경(Cardinal Richelieu)이 1635년에 설립한 아카데미 프랑세즈는 프랑스에서 가장 학식 있는 40명의 학자들로 이루어진 선택받은 집단으로, 프랑스어의 순수성을 조사하는 임무를 맡고 있었다. 아카데미에 공석이 생기면 신청을 받아 새로운 회원을 뽑는 것이 관례였으나, 1694년 공석이 생기자 루이 14세는 이러한 규칙을 깨고 누아용의 주교를 새 회원으로 임명했다. 물론 루이 14세의 결정은 충분히 타당했다. 그 주교는 학식이 높고, 많은 존경을 받고 있으며, 뛰어난 연설가이자 작가였기 때문이다.

하지만 그 주교에게는 또 다른 특징이 있었는데, 바로 엄청난 자만심이었다. 루이 14세는 그의 이러한 점을 좋아했으나, 다른 사람들 대부분은 견디기 힘들어했다. 그 주교는 모든 사람들로 하여금 경건함과 박식

함, 명문 혈통에서 열등감을 느끼게 했다.

예를 들어 그 주교는 왕궁의 정문까지 마차를 타고 들어갈 수 있는 특권을 부여받았지만, 그 외의 대다수는 입구에서 내려 걸어 들어가야 했다. 한번은 주교가 마차를 타고 왕궁 입구를 지나쳐갈 때, 마침 파리의 대주교가 그 길을 걸어가고 있었다. 주교는 마차 안에서 손을 흔들며, 대주교에게 가까이 다가오라는 손짓을 했다. 대주교는 그가 마차에서 내려 자신과 함께 왕궁까지 걸어가려는 줄로 알았다. 하지만 주교는 마차의 속력을 늦춘 채 계속 정문까지 가면서 대주교를 마치 끈에 묶은 개처럼 창밖으로 팔을 내밀어 재촉했고, 가는 내내 거드름을 피우며 떠들어댔다. 이윽고 정문에 도달한 주교는 마차에서 내린 후, 대주교를 무시한 채 혼자서 계단을 올라갔다. 아카데미 사람들 대부분이 이와 비슷한 경험이 있었고, 모두들 속으로 주교에 대한 앙심을 품고 있었다.

하지만 루이 14세의 승인으로 인해 그를 아카데미 회원으로 뽑을 수밖에 없었다. 게다가 왕은 신하들에게 주교의 아카데미 취임식에 참석할 것을 종용했는데, 이 저명한 아카데미에 자신이 처음으로 임명한 회원이었기 때문이다. 취임식에서는 지명된 사람이 연설을 해야 하며, 아카데미 회장이 그에 대한 화답을 하는 것이 관례였다. 당시 아카데미 회장은 대담하고 재치 있는 인물인 코마르탱 신부(Abbé de Caumartin)였다. 이 신부는 주교가 회원이 되는 데 찬성할 수 없었으며, 특히 그의 현란한 문체가 마음에 들지 않았다. 그는 아니꼬운 마음에 한 가지 아이디어를 떠올렸다. 주교의 문체를 완벽하게 흉내 내, 복잡한 메타포와 새로운 아카데미 회원에 대한 과도한 칭찬으로 가득한 화답 연설문을 작성했던 것이다. 혹시 문제가 일어나는 것을 막기 위해 미리 주교에게 화답 연설문을 보여주기까지 했다. 주교는 그 글을 읽고 흡족해하며 한층 더 넘쳐흐르는 칭찬의 말과 화려한 미사여구를 더하기까지 했다.

취임식 당일, 아카데미 홀은 프랑스 사회에서 가장 저명한 인사들로 꽉 찼다(감히 왕의 비위를 거스를 수 있는 자는 아무도 없었다). 주교는 사람들 앞에 모습을 드러냈고, 이렇게 저명한 청중들 앞에서 연설하게 된 것에 흥분을 감추지 못했다. 그의 연설은 그 어느 때보다도 더 화려한 미사여

충고를 해야 할 때
내 생각에는 게임즈맨(gamesman, 변화를 좋아하고 새로운 역할을 적극적으로 떠맡는 타입)이 충고를 해야 할 적절한 시기는 단 한 번뿐이며, 그 시기는 바로 게임즈맨이 반드시 승리로 이끌어주지는 않더라도 뭔가 유용한 생각을 했을 때다.
골프 경기에서 쓰리 업으로 앞서가고 있거나, 아니면 당구에서 65 대 30으로 앞서가고 있다고 해보자. 이러한 상황에서는 대부분의 기존 이론이 효과를 발휘한다. 예를 들어 당구계의 오랜 명인을 하나 살펴보자.
게임즈맨: "저기 내가 한마디만 해도 될까?"
아마추어: "뭔데?"
게임즈맨: "마음을 편하게 가져."
아마추어: "무슨 뜻이야?"
게임즈맨: "그러니까 치는 건 제대로인데. 칠 때마다 당구대 위로 몸을 너무 빼잖아. 봐. 공을 향해 걸어가서 각도를 확인하고 치는 거야. 편하게. 가볍게. 아주 간단하지."
다시 말해 충고는 모호해야 하며, 상대편에게 도움이 되지 않아야 한다. 적절히 수행한다면, 단순한 충고는 프로를 실질적으로 무적의 위치에 올려놓을 수 있다.
— 스티븐 포터, 《한 수 앞서기 전략의 완성》

구로 가득했으며, 끔찍할 정도로 지루했다. 연설이 끝난 후, 신부가 화답 연설을 시작했다. 느릿한 신부의 연설에 청중들은 몸이 꼬이기 시작했다. 하지만 사람들은 서서히 신부의 연설이 주교의 스타일을 교묘하게 모방하고 있다는 것을 알아차렸다. 코마르탱 신부의 대담한 풍자는 청중들을 사로잡았고, 연설이 끝나자 우레와 같은 박수가 터져나왔다. 그 분위기와 열기에 도취된 주교는 그것이 모두 자신을 향한 환호라고 생각했다. 그는 한껏 자만심에 부풀어 그곳을 떠났다.

곧 주교는 만나는 사람들 모두가 지루해 하품을 할 때까지 그 일을 이야기하고 다녔다. 그러던 중 마차 사건의 충격에서 아직도 헤어나지 못한 파리의 대주교에게까지 그 일을 떠벌리는 실수를 저질렀다. 더 이상 참을 수가 없었던 대주교는 신부의 연설은 주교를 농담거리로 삼은 것이며 청중들 모두 주교를 비웃고 있었다고 말해주었다. 주교는 설마 하는 생각으로 그의 친구이자 고해 신부인 라 셰즈 신부를 찾아갔고, 결국 대주교의 말이 사실이라는 것을 확인했다.

이제 주교의 기쁨은 가장 쓰라린 분노로 변했다. 그는 왕에게 불만을 토로했고 신부를 처벌해달라고 청원했다. 왕은 이 문제를 진정시키려 했지만, 평화와 안정을 깨뜨리고 싶지는 않았다. 주교는 거의 광적인 분노로 안달했다. 마침내 마음 깊이 상처를 입은 주교는 아카데미를 떠난 후 주교 관저로 되돌아가 오랫동안 굴욕감과 비참함을 삭여야 했다.

해석

누아용의 주교는 자만심으로 인해 자신의 권력에 한계가 있다는 것을 잊어버렸다. 그는 어리석게도 자신이 그동안 많은 사람들에게 어떤 공격을 해 왔는지도 인식하지 못했으며, 아무도 그의 행동을 문제 삼거나 직접적으로 대항할 수가 없었다. 하지만 코마르탱 신부만이 그러한 사람을 끌어내릴 수 있는 진정한 수단을 생각해낸 것이다. 그의 풍자가 지나치게 뻔히 보였다면 그렇게 재미있지도 않았을 것이며, 오히려 그 풍자의 희생양인 주교가 동정을 사게 되었을 것이다. 하지만 아주 미묘하게 풍자를 하고 주교마저 공범으로 만듦으로써, 코마르탱 신부는 청중들을 즐겁게 해준 동시에(이는 항상 중요한 요소다) 주교의 허영심에 상처를 입히고 깊은 수치심과 분노라는 무덤을 스스로 파게 했다. 순식간에 사람들이 자신을 어떻게 바라보고 있는지를 깨달은 주교는 균형을 잃고, 한때 그의 자만심을 즐겁게 생각했던 왕과의 관계마저 소원해졌다. 마침내 그는 아카데미에서 떠날 수밖에 없었다.

최악의 동료와 전우는 자기애로 가득 차, 자신이 하는 일이 모두 옳고 칭찬받을 가치가 있다고 생각하는 사람들이다. 미묘한 모방과 교묘한 풍자는 이러한 사람들을 한 수 앞서기 위한 현명한 방법이다. 당신은 그들을 칭찬하는 듯 보이며, 스타일이나 아이디어도 그들의 것을 모방했지만 그 칭찬에는 가시가 숨겨져 있다. 저 사람은 나를 조롱하기 위해 모방을 하는가? 저 사람의 칭찬에는 비판이 숨겨져 있는가? 그들의 마음속에는 이러한 의문들이 일어나 정체를 알 수 없는 불안감에 휩싸이게 된다. 당신은 그들에게 잘못이 있다고 생각할 수도 있으며, 많은 사람들 또한 그렇게 생각할 수 있다. 당신이 그들의 콧대 높은 자존심을 훼손시키면, 그들은 과민하고 과장된 반응을 보일 것이다. 이 전략은 특히 자신이 아주 지적이라는 환상을 품고 있는 사람, 어떤 논쟁에서도 이길 수 있다고 생각하는 사람들에게 효과가 있다. 그들의 말을 인용하고 그들의 아이디어를 약간 비틀어 내보인다면, 그들의 언어적 힘을 무력화시키고 자신감 상실과 불안감을 안겨줄 수 있다.

사례 3: 미야모토 무사시의 교묘한 덫

1605년 교토에서 저명한 요시오카 가문의 수장인 겐자에몬은 아주 이상한 결투 신청을 받았다. 지저분하고 너덜너덜한 거지차림을 한 미야모토 무사시라는 스물한 살의 사무라이가 그에게 오만한 태도로 결투 신청을 해온 것이다. 그자는 자신이 유명한 무사라도 되는 줄 착각하는 게 분명했다. 겐자에몬은 이 젊은이에게 주의를 기울여야 할 필요를 느끼지 못했다. 그 정도의 위치에 이르면 가는 곳마다 별의별 뜨내기들이 결투를 하자고 덤볐고, 거기에 일일이 다 응해줄 수는 없는 일이었다. 하지만

사자, 늑대 그리고 여우

늙은 사자 한 마리가 동굴 안에서 아파 누워 있었다. 여우를 제외한 모든 동물들이 동물의 왕인 사자에 대한 예우를 표시하기 위해 동굴을 찾았다. 이때가 기회라고 생각한 늑대는 사자 앞에서 여우의 험담을 늘어놓았다. "여우는 폐하나 폐하의 통치에 대한 예우가 전혀 없습니다. 그래서 폐하를 뵈러 오지 않은 겁니다." 늑대가 말을 하는 동안 여우는 동굴에 도착해 늑대의 말을 모두 엿들을 수 있었다. 여우가 나타나자 사자는 분노로 고함을 쳤지만, 여우는 자신을 방어하기 위해 이렇게 말했다. "여기 모인 모든 동물들 가운데 저만큼 폐하를 위해 애쓴 자는 없을 겁니다. 저는 폐하의 병을 고치기 위한 치료법을 알아내기 위해 머나먼 곳까지 갔고, 결국 치료법을 알아냈습니다." 사자는 즉시 치료법을 알려달라고 했고, 여우는 이렇게 말했다. "산 채로 늑대의 가죽을 벗긴 다음, 그것을 두르고 있으면 됩니다." 늑대는 밖으로 끌려 나갔고, 그 즉시 산 채로 가죽이 벗겨지게 되었다. 늑대가 밖으로 끌려 나가는 순간, 여우는 늑대를 보고 미소 지으며 말했다. "폐하께 나에 대한 험담이 아니라, 칭찬을 했어야지."
— 《이솝우화》

무사시의 거만함이 그의 신경을 건드렸다. 겐자에몬은 이 젊은이에게 본 때를 보여주겠다고 다짐했다. 결투는 다음 날 다섯 시, 장소는 교외의 들판으로 정해졌다.

겐자에몬은 수하들을 대동하고 정시에 약속 장소에 도착했다. 하지만 무사시는 나타나지 않았다. 시간이 흘러 어느덧 한 시간이 지났다. 그 젊은이는 분명 겁을 집어먹고 마을을 떠난 것이리라. 겐자에몬은 젊은 사무라이가 묵고 있는 여관으로 수하 한 명을 보냈다. 그 수하는 곧 돌아와 보고하기를, 자신이 여관에 도착했을 때 무사시는 그제야 잠에서 깨어나 뻔뻔스럽게도 겐자에몬에게 안부를 전해주고 자신도 곧 가겠다는 말을 전해달라고 하더라는 것이었다. 화가 머리끝까지 난 겐자에몬은 정신없이 들판을 서성였다. 무사시는 여전히 꾸물대고 있었다. 마침내 무사시가 저 멀리서 어슬렁거리며 들판을 가로질러온 것은 그로부터 두 시간이나 지난 후였다. 무사시는 겐자에몬이 매고 있는 전통적인 흰색 머리띠가 아닌 자주색 머리띠를 매고 있었다.

겐자에몬은 이 짜증나는 촌뜨기를 빨리 해치우고 싶은 조급함에 분노에 찬 소리를 내지르며 앞으로 달려들었다. 하지만 무사시는 지루하다는 표정으로 공격을 받아넘겼다. 둘 모두 상대편의 이마를 베었지만, 겐자에몬의 흰 머리띠는 피로 붉게 물든 반면 무사시의 머리띠는 그대로였다. 마침내 혼란에 빠지고 좌절한 겐자에몬은 공격을 감행했지만, 다시 한 번 무사시의 칼에 머리를 맞아 의식을 잃은 채 쓰러지고 말았다. 겐자에몬은 후에 회복되긴 했지만, 자신의 패배가 수치스러워 검술의 세계를 떠났고 불가에 입문해 여생을 보냈다.

해석 ——
사무라이가 결투에서 패배한다는 것은 죽음 또는 공개적인 망신을 뜻한다. 무사는 그러한 운명을 피하기 위해 육체적 강인함, 더 뛰어난 검, 완벽한 기술 등 자신에게 유리한 상황을 만들어야 한다. 하지만 가장 위대한 사무라이인 무사시는 상대방의 마음을 어지럽혀 결투에서 밀어내는 능력으로 자신에게 유리한 상황을 만들었다. 그는 상대편이 자주색 머리띠같이 엉뚱한 것에 주의를 기울이도록 교묘한 덫을 놓았고 제시간에 나타나주지 않음으로써 시간 조절과 집중도를 망쳐버려 좌절감을 유발했다. 기분이 이처럼 엉망이 된 적은 순간 발끈해서 실수를 저지르고, 그것을 만회하기 위해 애쓰다 또다른 실수를 범하게 된다.

한 수 앞서기 전략에서 최대의 효과를 내는 것은 상대편의 기분과 마음가짐을 미묘하게 흐트러뜨리는 것이다. 지나치게 직접적인 공격(모욕적인 발언, 명백한 위협)을 한다면, 상대편은 당신이 제시한 위험을 알아차리고 경쟁심이 고취되어 최선을 다할 수 있다. 당신은 상대편이 최선이 아닌 최악의 결과로 치닫도록 해야 한다. 따라서 상대편이 스스로를 의식하고 신경 쓰이게 하는 미묘한 발언을 하면, 상대편은 자신의 내면으로 관심을 돌리고 생각의 미로 속에서 헤어나오지 못할 것이다. 겉으로 보기에는 결백한 행동이 상대편에게 좌절감, 분노, 성급함이라는 감정을 불러일으키며 그들의 비전을 흐려놓는다. 두 경우 모두 상대편은 실수를 저지르고 실패에 이를 수 있다.

이 전략은 특히 연설을 하거나 프레젠테이션을 수행해야 하는 라이벌에게 효과가 있다. 당신이 유발한 나쁜 감정이나 엉뚱한 곳으로 생각이 집중하는 탓에 순간적으로 감을 잃고 적절한 타이밍을 놓칠 수 있기 때문이다. 이 전략을 제대로 구사한다면 당신이 라이벌의 파멸에 연루되었다는 사실을 아무도 눈치 채지 못할 것이다. 당신이 파멸시킨 라이벌조차도.

사례 4: 조지 H. W. 부시의 선거 전략

1988년 1월 칸사스 주의 상원의원인 로버트 돌(Robert Dole)은 미국 대통령 후보 경선에서 승리를 확신했다. 그의 최대 적수는 공화당 후보이자 로널드 레이건 행정부의 현직 부통령인 조지 H. W. 부시(George H. W. Bush)였다. 대통령 예비선거의 첫 번째 평가 지역인 아이오와의 전당대회에서 부시는 두각을 나타내지 못한 채 돌 및 텔레비전 전도사인 팻 로버트슨(Pat Robertson)과 한참 차이가 나는 3위에 그쳤다. 돌은 적

> 침묵 — 논쟁적인 공격에 대한 대응 방법은 침묵하는 것이다. 공격자는 이 침묵을 멸시의 표시라고 해석하기 때문이다.
> ─ 프리드리히 니체

극적인 선거 유세로 많은 관심을 끌었으며, 추진력이 있었고 확실한 선두주자의 자리를 굳히고 있었다.

하지만 아이오와에서 거둔 위대한 승리에는 한 가지 오점이 있었다. 부시 측의 선거 전략가인 리 애트워터(Lee Atwater)가 전 교통부장관이었던 돌의 아내, 엘리자베스 돌의 정직성을 의심하는 기사를 언론에 퍼뜨렸던 것이다. 로버트 돌은 거의 30년 동안 정치가의 길을 걸어왔으며 어지간한 공격들은 참아낼 수 있었지만, 아내에 대한 모욕은 참을 수가 없었다. 그는 원래 성질이 있는 사람이었고 오랫동안 그의 조언자들은 그 성질을 감추느라 애써왔지만, 아내의 스캔들이 터지자 그는 기자들에게 폭언을 퍼부었다. 이는 결국 애트워터가 "돌은 큰 소리를 칠 수 있지만, 누군가가 반격을 하면 칭얼거리기 시작하죠."라고 말할 빌미를 제공해주었다. 그 다음 애트워터는 돌에게 선거유세에서 부정을 저지른 캔사스 상원의원들을 쭉 나열한 10쪽 분량의 편지를 보냈고, 이 편지 또한 언론에 공개되었다. 돌은 머리끝까지 화가 치밀었다. 그는 부시 가족과 애트워터를 향한 반격을 시작했다.

다음으로 뉴햄프셔의 대통령 선거인 예비선거가 이루어졌다. 돌은 이곳에서도 승리를 이어갔으며 여론조사에서도 앞섰지만, 이번에는 부시가 뒤를 바짝 쫓아와 경쟁이 치열해졌다. 투표가 실시되기 전 주말, 부시 측에서는 돌을 신실한 믿음이 아니라 사리 추구로 인해 의원직에 출마한 두 얼굴을 가진 '이중인격자'로 묘사한 광고를 내보냈다. 유머러스하고 사람들을 현혹시키며 신랄한 이 광고는 애트워터의 작품이었다. 또한 광고를 내보낸 시기가 완벽해, 돌이 그에 대응하는 광고를 만들기에는 시간이 부족한 상황이었다. 그 광고로 인해 부시는 선두에 설 수 있었으며, 며칠 후 예비선거에서 승리를 맛보았다.

뉴햄프셔의 예비선거 결과가 나온 직후 NBC의 앵커인 톰 브로코(Tom Brokaw)가 부시에게 다가가 라이벌에게 할 말이 없냐고 물었다. "없습니다." 그는 미소를 띤 채 대답했다. "그저 행운을 빈다는 말만 전하고 싶군요." 브로코는 이번엔 돌을 발견하고 같은 질문을 던졌다. "네." 돌은 잔뜩 인상을 쓰며 말했다. "나에 대한 거짓말을 그만두시오."

그 후 며칠 동안 돌의 인터뷰 화면은 텔레비전에서 반복해서 나왔고, 신문에서는 그 인터뷰에 대한 이야기를 떠들어댔다. 돌은 사람들에게 성난 패배자라는 인상을 심어주었다. 언론은 그러한 부분을 더욱더 부풀렸고, 돌은 언론에 불쾌감을 표시했다. 그 모습은 마치 아이처럼 칭얼대는 듯했다. 몇 주 후 그는 사우스캐롤라이나에서 압도적인 패배를 당했으며, 그 직후 남부 지역의 슈퍼 화요일 예비선거에서도 연이은 패배를 맛보았다. 그러던 중 돌의 선거유세는 완전히 와해되어버렸다. 이 모든 일이 아이오와에서 시작되었다는 것을 돌은 미처 몰랐을 것이다.

해석

리 애트워터는 성인은 두 가지로 분류된다고 생각했다. 과도하게 성숙한 집단과 어린이 같은 집단으로 말이다. 과도하게 성숙한 사람은 완고하고 지나치게 심각해, 특히 텔레비전 시대에서는 정치에 취약한 점을 가지고 있다. 돌은 분명 성숙한 타입이었고, 애트워터는 어린아이였다.

애트워터가 돌이 아내에 대한 공격에 극도로 민감하다는 사실을 발견하는 것은 그다지 힘든 일이 아니었다. 애트워터는 아이오와 예비선거에서 돌의 아내의 오래된 혐의를 다시 끄집어냄으로써, 돌의 성질을 건드릴 수 있었다. 그는 계속해서 비열한 선거유세를 한다는 혐의를 씌우는 편지로 돌의 성질이 부글부글 끓게 했고, 마침내 완벽한 타이밍으로 돌을 비웃는 광고를 내보내 폭발하게 했다. 비록 애트워터가 먼저 시작한 일이기는 하지만, 돌이 인터뷰에서 신경질적인 반응을 보인 덕분에 모든 관심은 돌과 돌의 스포츠맨 정신에 어긋난 태도로 집중되었다. 한 수 앞서기 전략의 천재인 애트워터는 이제 뒤로 물러났다. 돌은 더 신랄한 대응으로 문제점을 불거지게 만들며 선거전을 자멸로 이끌 수밖에 없었다.

한 수 앞서기 전략에서 가장 상대하기 쉬운 타입이 바로 완고한 사람이다. 완고하다는 것이 반드시 유머가 없거나 매력이 없다는 뜻은 아니지만, 자신이 허용할 수 있는 한도를 넘는 것을 참지 못한다는 뜻이다. 무질서하거나 비전통적인 계략으로 상대방을 공격한다면, 이는 상대방으로부터 불쾌하고 복수심에 불타며 리더답지 못한 인상을 남기는 등의 과도한 반응을 유발할 수 있다. 성숙한 성인의 차분한 겉모습은 순간적으로 날아가버렸고, 그 안에 감추어져 있던 비뚤어지고 미숙한 면이 모습을 드러낸다.

목표한 상대가 개인적인 감정을 드러내도록 내버려두어라. 그들이 자신을 보호하고 당신을 비난하면 할수록, 인상만 더 나빠질 뿐이다. 그들은 선거전에서 대중들에게 어떻게 보이느냐가 얼마나 중요한지 잊어버린다. 핵심을 파악할 융통성이 없는 그들은 약간만 밀어도 실수에 실수를 거듭할 것이다.

사례 5: 할리우드 여배우 조앤 크로퍼드의 계략

1939년 조앤 크로퍼드는 〈여인들(The Women)〉이라는 영화에서 조연급으로 발탁되었다. 노마 시어러(Norma Shearer)가 연기하는 우아한 여성의 남편을 빼앗는 하류 계층의 향수 판매원 역이었다. 두 배우는 실제로도 치열한 라이벌 관계였다. 시어러는 영화 제작자인 어빙 솔버그(Irving Thalberg)의 아내였으며, 솔버그는 아내에게 최고의 역을 주려고 항상 노력했다. 솔버그는 1936년에 사망했지만, 영화사 측에서는 여전히 시어러를 애지중지했다. 할리우드에서 그들이 앙숙이라는 것은 익히 알려진 사실이었고 은근히 그 결전의 날을 고대했다. 하지만 크로퍼드는 세트장에서는 완벽하게 프로다운 면모를 과시했고, 예의 바른 태도를 지켰다.

영화에서 크로퍼드와 시어러가 함께 나오는 장면은 시어러가 마침내 남편과 외도를 한 크로퍼드와 마주치는 클라이맥스 단 한 장면뿐이었다. 리허설도 무난하게 지나갔고, 감독은 두 여배우가 함께 연기하는 모습을 카메라에 담았다. 그 다음은 각 여배우의 클로즈업을 담아야 했다. 노마 시어러가 먼저 시작했다. 크로퍼드는 카메라가 잡히지 않는 의자에 앉아 시어러에게 대사를 했다(보통 배우들은 의상실에 있는 동안 대사를 연습하기 위해 보조를 두었지만, 크로퍼드는 항상 혼자서 연습하겠다고 고집했다).

크로퍼드는 담요를 짜고 있었는데, 시어러가 대사를 할 때는 뜨개질을

빙하작용은 잠재적 적으로 하여금 어색한 침묵을 유발하거나 말을 꺼리게 만드는 전략을 말한다. 이러한 전략의 '얼음' 효과는 때로 엄청난 힘을 발휘한다. …… 만약 누군가 재미있는 말을 한다면 무조건 그에 대응하여 자신도 재미있는 이야기를 할 것이 아니라, 주의 깊게 듣고 웃거나 미소를 짓지 않을 뿐 아니라 표정의 변화나 움직임 등 아무런 대응을 하지 마라. 그러면 그 사람은 갑자기 자신의 이야기가 취향이 나쁜 것이라고 느끼게 될 것이다. 당신에게 유리하도록 만들어라. 만약 이야기한 사람이 낯선 사람이고 외다리를 가진 한 남자에 관한 이야기를 했다면, 당신의 다리 하나가 의족인 것처럼 행동하거나 심한 절름발이가 행세를 하는 것도 좋다. 이러한 행동은 저녁 내내 상대편을 침묵시킬 수 있는 확실한 방법이다. …… 예를 들어, 만약 상대편이 정말 재미있거나 재치가 넘치고, 따뜻한 웃음이 나오는 유쾌한 분위기를 조성한다면 (1) 먼저 그 웃음에 동참한다. (2) 서서히 침묵한다. (3) 대화가 잠시 멈출 때 중얼거리듯 이렇게 말한다. "아, 정말 대단한 이야기군."
— 스티븐 포터, 《한 수 앞서기 전략의 완성》

멈췄다. 그녀는 절대 시어러의 눈을 똑바로 바라보지 않았다. 다만 바늘이 딸깍거리는 소리를 내면서 그녀의 신경을 건드리기 시작했다. 시어러는 정중하게 말하려고 애썼다. "조앤, 뜨개질 바늘 소리 때문에 집중하기가 힘들어요." 크로퍼드는 못 들은 척 계속 뜨개질을 했다. 마침내 우아함의 대명사였던 시어러는 이성을 잃고 말았다. 크로퍼드에게 세트장에서 나가 의상실로 돌아가라며 소리를 지르고 말았던 것이다. 크로퍼드는 시어러에게는 눈길도 주지 않은 채 걸어나갔다. 영화감독인 조지 쿠커(George Cukor)가 크로퍼드에게 달려갔지만 시어러는 그에게 돌아오라고 명령했다. 그녀의 목소리는 전에 들어본 적도 없고, 또 앞으로 잊을 수도 없을 만큼 독살스러웠다. 정말 그녀답지 않았다. 아니면 원래 그랬던 것일까?

한 번도 같은 영화에 출연한 적이 없었던 영화계의 대스타인 크로퍼드와 베티 데이비스(Bette Davis)는 1962년에 로버트 올드리치(Robert Aldrich)의 영화 〈베이비 제인에게 무슨 일이 일어났는가?(What Ever Happened to Baby Jane?)〉에서 공동 주연을 맡았다. 두 여배우는 서로를 마음에 들어하지 않았지만 세트장에서는 속마음과 달리 서로를 공손히 대했다. 영화가 개봉된 후 데이비스가 오스카 여우주연상 후보에 올랐다. 그녀는 자신이 세 개의 오스카상을 수상한 최초의 여배우가 될 것이라며 자랑스럽게 떠벌리고 다녔다. 반면 크로퍼드는 오스카상을 한 개밖에 수상하지 못했다.

데이비스는 오스카 시상식에서 단연 주목 대상이었다. 무대 뒤에서 그녀는 평소와는 달리 크로퍼드에게 친절했다. 오늘은 자신을 위한 밤이라고 생각했기 때문이다(그녀를 제외한 세 명의 여배우가 후보로 올라 있었지만, 모두들 데이비스의 수상을 점쳤다). 크로퍼드 또한 공손한 태도로 일관했다. 시상식 내내 자신의 이름이 불리길 고대하던 데이비스는 충격에 빠졌다. 자신이 아닌 앤 뱅크로프트(Anne Bancroft)가 〈미러클 워커(The Miracle Worker)〉로 여우주연상을 수상한 것이었다. 데이비스가 멍하니 서 있을 때 누군가 팔을 잡으며 "실례하겠습니다."라고 말했다. 크로퍼드였다. 그녀는 뱅크로프트를 대신해 상을 받기 위해 얼이 빠져 있는 데이비스를 지나쳐갔다(오스카 수상자는 그날 밤 시상식에 참가하지 못했다). 영광의 밤이 될 거란 기대는 크로퍼드가 스포트라이트를 앗아가면서 참을 수 없는 모욕이 되었다.

해석 ——

할리우드에서 여배우로 살아가기 위해서는 얼굴이 두꺼워야 하는데, 그 중 가장 대표적인 여배우가 바로 조앤 크로퍼드였다. 그녀는 모욕과 무례함을 잘 처신하고 이겨내는 능력을 지니고 있었다. 하지만 그녀는 기회가 닿을 때마다 마지막에 웃을 수 있는 승자가 되기 위해 계략을 꾸몄고, 수많은 라이벌들을 수치심에 빠뜨렸다. 크로퍼드는 사람들이 자신을 비열하고 거칠며 불쾌한 여자라고 생각한다는 사실을 알고 있었다. 그녀는 이러한 인식이 불공평하다고 생각했지만(그녀는 많은 사람들에게 친절하게 대했다) 견딜 수 있었다. 다만 시어러가 매력적인 외모 밑에 비열한 성격을 감추고 우아한 여성 역할을 따냈다는 것이 신경에 거슬릴 뿐이었다. 그래서 크로퍼드는 시어러가 아무도 보지 못한 성격을 드러내도록 교묘한 작전을 썼다. 시어러가 성격을 드러낸 그 짧은 순간은 할리우드 사회에 영원히 남을 만한 순간이었다.

데이비스의 경우에는 적절한 타이밍 전략을 구사했다. 크로퍼드는 비열한 말 한마디 하지 않은 채, 데이비스에게 영광의 밤이었을 그날 밤을 망쳐버렸다. 크로퍼드는 밴크로프트가 시상식에 참가하지 못할 것이며 그녀가 수상하게 될 거라는 내부정보를 입수했다. 그래서 기꺼이 그녀를 대신해 수상할 것을 자원한 것이다.

당신은 당신을 제대로 대접해주지 않는 사람들에게 복수해주고 싶은 욕구를 가질 때가 있을 것이다. 그들에게 당신이 어떤 기분인지를 솔직하고 잔인하게 말하고 싶은 유혹이 들겠지만, 말은 효과가 없다. 입으로 내뱉는 싸움은 당신을 상대편과 비슷한 수준으로 낮추며, 찜찜한 기분을 남기기도 한다. 이보다 더 달콤한 복수가 있다. 상대편에게 정체를 알 수 없는 열등감을 심어주고 스스로 숨겨져 있던 불쾌한 측면을 드러내도록 유발하라. 그리고 그들의 영광의 순간을 훔쳐라. 하지만 이것은 전투의 마지막 전략으로 남겨두어야 한다. 이렇게 한다면 당신이 실수할 사람이 아니란 것을 보여주고 결코 잊지 못할 상처를 입히는 즐거움이 배가될 것이다. 복수라는 음식은 식었을 때가 가장 맛있는 법이다.

| 이미지 | 가면. 배우가 많은 무대 위에서는 누구나 다 가면을 쓰고 있다. 관객들에게 즐겁고 매력적인 얼굴을 보이기 위한 가면 말이다. 동료 배우의 겉보기에 악의 없는 부딪힘에도 가면은 쉽게 떨어져나가, 불쾌한 모습을 드러내게 될 것이며 다시 가면을 주워 쓰더라도 그 모습은 영원히 잊혀지지 않을 것이다.

| 근거 | 우리는 라이벌에게 우리를 파멸시킬 수단을 주곤 한다.
— 《이솝우화》

분석학 임상에서는 일반적으로 사용되며, 이는 환자가 스스로 인식하지 못하는 동기를 가지고 있다는 것을 암시한다. 환자의 마음이 흔들리고 정신 분석가보다 한 수 아래 내려간다면, 이러한 의심은 환자의 마음 속 깊숙이 자리 잡게 된다.
— 제이 헤일리, 《심리치료의 전략》

뒤집어보기

때로는 노골적인 전쟁이 최선의 방책이 되기도 한다. 이를테면 적을 고립시켜 무너뜨릴 수 있을 경우에 말이다. 하지만 일상생활의 지속적인 인간관계 속에서는 한 수 앞서기 전략을 구사하는 편이 더 현명하다. 때로는 라이벌과 직접적으로 싸우는 것이 속이 후련할 수도 있다. 때로는 노골적인 위협 메시지를 보내고 싶다는 생각이 들 수도 있다. 하지만 이렇게 직접적인 접근방식으로 순간적인 만족을 얻을 경우, 동료들은 언젠가 당신이 자신한테도 그렇게 하지 않을까 하는 의심을 품게 되어 결국 당신을 옭아맬 것이다. 장기적으로 볼 때, 좋은 감정과 외관을 유지하는 것이 훨씬 더 중요하다. 현명한 부하는 항상 예의 바른 태도로 모범을 보이며, 강철 주먹은 벨벳 글러브 안에 감추고 있다.

STRATEGY 29

야금야금 갉아먹어라
: 기정사실의 힘

노골적인 권력 쟁취나 급격한 지위 상승에는 위험이 따른다.
시기와 의심, 불신을 조장하기 때문이다.
최선의 해결책은 조금씩 갉아먹고 야금야금 집어삼키며
사람들의 비교적 짧은 관심 기간을 가지고 노는 것이다.
이 전략을 통해 사람들이 미처 깨닫기도 전에 제국을 구축할 수도 있다.

점진적인 정복

　1940년 6월 17일 영국 수상 윈스턴 처칠은 샤를 드골 장군의 갑작스러운 방문을 맞았다. 독일인들이 베네룩스(벨기에, 네덜란드, 룩셈부르크 3국)와 프랑스로 대대적인 공습을 감행하기 시작했으며, 너무 빠르게 진격해와 프랑스 군대뿐 아니라 정부마저 이미 무너진 상태였다. 프랑스의 권력자들은 아직 독일군에게 점령되지 않은 다른 지방이나 북아프리카의 프랑스령 식민지로 피신했다. 여태껏 영국으로 피신한 사람은 없었다. 그런데 드골 장군이 단신으로 영국에 나타나 공동의 대의를 위해 싸우겠다고 말한 것이다.

　두 남자는 드골이 전쟁 중 잠시 프랑스의 국방차관으로 재직할 때 만난 적이 있었다. 처칠은 어려운 시기에 보여준 드골의 용기와 결단력에 감탄했지만, 드골은 기이한 사람이었다. 50세의 나이였지만 그의 군 경력은 그다지 눈에 띄는 게 없었으며, 중요한 정치적 인물로 간주되지도 않았지만, 그는 항상 자신이 세상의 중심에 있는 것처럼 행동했다. 게다가 지금 다른 프랑스인들을 다 제쳐두고 자신이 프랑스를 구할 수 있는 인물이라고 말하고 있지 않은가. 어쨌든 처칠은 드골이 이용가치가 있을지도 모른다고 생각했다.

　드골이 영국에 도착한 지 몇 시간 후, 프랑스는 독일과 평화협정을 체결했다. 두 국가의 협정하에 비시 독일의 꼭두각시 정부가 들어섰다. 드골은 처칠에게 한 가지 계획을 제안했다. BBC 라디오 방송으로 모든 프랑스인들에게 프랑스 해방을 위해 항전하고 용기를 잃지 말 것을 호소하는 연설을 하고 싶다는 것이었다. 처칠은 망설였다. 프랑스의 새로운 비시정부와 마찰을 빚고 싶지 않았기 때문이다. 하지만 드골은 비시정부를 자극할 만한 말은 전혀 언급하지 않겠다고 약속했고, 처칠은 마지막 순간에 승인을 내렸다.

　드골은 약속을 지켰지만, 연설을 마치면서 다음 날 방송을 기약했다. 처칠도 알았지만 막아봐야 모양새가 좋지 않다고 생각했으며, 암흑의 시기에 봉착한 프랑스인들의 마음을 위로할 수만 있다면 가치가 있다고 여겼다.

다음 날 방송에서 드골은 눈에 띄게 대담해졌다. "아직 무기를 가지고 있다면 저항을 지속할 의무가 있는 것입니다." 그는 더 나아가 프랑스 군인들에게 적군에게 복종하지 말 것을 호소했다. 또한 '자유 프랑스'라는 국경 없는 국가를 수립할 것이며, '자유 프랑스 군'을 결성해 프랑스 해방의 선두에 설 것이라고 선언했다.

처칠은 다른 사안들을 처리하느라고 바쁜 데다 드골의 연설을 듣는 사람이 그리 많으랴 싶었다. 그래서 장군의 경솔함을 간과했고 방송을 계속 하도록 놔뒀다. 어느새 드골은 유명인사가 되어 있었다. 독일군 점령하에 있는 비시정부가 하는 일은 불명예로 받아들여지고 있었고, 전쟁의 공포로 아무도 앞으로 나서지 않을 때 드골이 나타난 것이다. 무엇보다 중요한 것은 그의 호소에 사람들이 반응하기 시작했다는 점이다. 1940년 7월에 단 수백 명의 군인으로 시작한 자유 프랑스 군은 한 달 후 수천 명으로 늘어났다.

곧 드골은 자유 프랑스 군을 이끌고 중앙아프리카와 적도 부근에 있는 프랑스의 식민지를 해방시키기 위한 출정에 나섰다. 자유 프랑스 군은 비교적 수월하게 차드와 카메룬, 프랑스령 콩고, 가봉을 점령했다.

1940년 말 드골이 영국으로 돌아왔을 때는 수천 제곱킬로미터의 영토가 그의 지휘하에 있었다. 한편 그의 뛰어난 지휘력 덕분에 자유 프랑스 군은 2만으로 늘어났으며, 그의 과감한 모험은 영국 대중의 마음을 사로잡았다. 그는 더 이상 몇 달 전 영국으로 피난을 온 하급 장군이 아닌 자유 프랑스 군을 이끄는 지도자였다. 그리고 드골은 이렇게 변화한 지위에 걸맞은 행동을 했다. 영국에게 부탁이 아닌 요구를 했으며, 다소 공격적인 태도를 취했다. 처칠은 자신이 지나치게 그의 앞길을 열어준 것은 아닌지 후회스러운 마음이 들 정도였다.

이듬해 드골은 프랑스 레지스탕스의 인물들과 접촉하기 시작했다. 공산주의자와 사회주의자들이 대부분인 레지스탕스는 그때까지 무질서하고 체계가 잡히지 않은 조직이었다. 레지스탕스 조직을 규합하기 위해 드골이 선택한 인물은 전쟁 전 사회주의 정권에서 근무한 경험이 있는 장 물랭(Jean Moulin)이었다. 장 물랭은 1941년 10월 드골의 요청에 따라 영국으로 건너왔다. 이 전략은 연합군에게도 이득을 안겨주는 것이었기에 처칠의 지원으로 물랭은 1942년 초 프랑스 남부로 잠입할 수 있었다.

그해 말쯤 되자 점점 더 오만해지는 드골의 태도는 연합국(특히 미국의 프랭클린 D. 루스벨트 대통령)의 눈에 거슬렸다. 이들은 좀더 유순한 사람으로 드골의 자리를 대체하려는 계획을 세웠다. 프랑스에서 존경받는 군인이며, 드골보다 훨씬 더 뛰어난 군 경력을 가진 앙리 지로(Henri Giraud) 장군이 적임자라고 생각했다. 처칠의 승인하에 지로 장군은 북아프리카 프랑스 군대의 최고사령관으로 임명되었다. 연합국의 음모를 감지한 드골은 지로 장군과의 만남을 요청했다. 수없는 관료적 다툼 끝에 지로 장군은 1943년 5월 알제에 도착했다.

이 두 남자는 만나는 순간부터 서로 목에 가시 같은 존재가 되었으며, 상대편이 절대 동의할 수 없는 제안을 하곤 했다. 마침내 드골은 타협을 시도했다. 그는 전후 프랑스를 이끌어갈 위원회의 구성을 제안하며, 그에 대한 보상으로 위원회의 확장 및 비시정부와 연관된 모든 간부들을 숙청한다는 양보를 받아냈다. 지로 장군은 만족해하며 서명을 했다. 이렇게 해서 1943년 6월 두 사람이 공동위원장이 되어 프랑스 국민해방위원회가 결성되었다. 하지만 그 후 지로 장군이 미국을 방문하기 위해 알제를 떠난 사이 드골은 규모가 커진 위원회의 공석을 자기 측 사람과 레지스탕스 요원들로 채워버렸다. 지로가 돌아왔을 때쯤 그의 정치적 권력은 이미 상당 부분 제거된 상태였기에 그는 사임하지 않을 수 없었다. 그로부터 몇 달 후 드골은 최고 지휘권자가 되었다.

루스벨트와 처칠은 이러한 상황을 우려의 눈길로 지켜보았다. 이들은 다양한 공작으로 드골을 방해하려 했지만, 아무런 성과도 없었다. 단순하게 시작했던 BBC 방송이 수백만 명의 열성적인 프랑스 애청자를 확보하더니 이제는 물랭을 통해 프랑스 레지스탕스에 대한 통제권을 완전히 확보한 상태였다. 드골과의 절교는 연합군 레지스탕스의 관계에도 영향을 미칠 수 있었다. 그리고 전후 프랑스를 통치하기 위해 드골이 조직한 프랑스 국민해방 위원회는 이제 전 세계에서 프랑스 정부로 받아들여지고 있었다. 드골 장군과 어떤 형태로든 정치적 다툼을 벌인다면, 이는 곧 국제사회의 문제로 떠올라 전쟁을 종식하기 위한 노력을 하루아침에 무너뜨릴 수도 있었다.

어쨌든 한때는 별 볼일 없던 장군이 서서히 통제권을 장악하며 한 제국을 건설해냈다. 그것을 막기 위해 다른 사람이 할 수 있는 일은 아무것도 없었다.

해석 ──

샤를 드골 장군이 영국으로 피신해왔을 당시, 그는 프랑스의 명예를 회복하겠다는 한 가지 목표만을 가지고 있었다. 조국 프랑스를 해방시키기 위해 군사와 정치 조직을 이끌겠다는 것이었다. 그는 자신의 조국이 자유를 되찾기 위해 다른 나라에 의존해야 하는 나약한 국가가 아니라, 연합국과 동등한 위치를 가진 국가로 인식되길 원했다.

만약 드골이 그러한 의도를 드러냈더라면 망상과 야심을 품은 위험인물로 낙인찍혔을 것이다. 그 후 재빨리 권력을 붙잡은 후에도 이러한 의도를 드러내지 않았다. 그 대신 목표를 주시하고 아주 신중하게 한 번에 한 입씩 야금야금 갉아먹었다. 첫 번째로 한 입 갉아먹은 것은(이는 항상 가장 중요하다) BBC 방송을 통해 자신을 대중에게 드러내고, 그 다음 영리한 전략으로 계속해서 방송에 출연한 것이었다. 여기서 그는 친숙하고 극적인 성향과 사람들을 끌어당기는 목소리를 이용해, 실제보다 훨씬 더 과대 포장된 이미지를 형성했고 자유 프랑스 군을 조직할 수 있었다.

그 다음으로 한 입 갉아먹은 것은 아프리카 지역을 자유 프랑스 군의 지휘하에 둔 것이었다. 외딴 곳이긴 하지만 커다란 지역을 수중에 넣고 있다는 사실 자체가 그에게 확고한 정치권력의 기반을 마련해주었다. 그 다음 레지스탕스의 환심을 사서 한때 공산주의자의 요새였던 단체를 맡았다. 그리고 마침내 앞으로 해방될 프랑스를 통치할 프랑스 국민해방위원회를 설립하고, 한 입씩 야금야금 갉아먹어 지휘권을 획득했다. 드골의 단계적인 행동 방식 때문에 아무도 그의 속내를 눈치 채지 못했다. 그가 레지스탕스에 깊숙한 영향력을 미치고, 영국과 미국 대중들의 마음에 프랑스의 전후 지도자로 인식되고 있다는 사실을 처칠과 루스벨트가 깨달았을 때는 이미 아무런 조치도 취할 수 없었다. 드골의 탁월함은 기정사실이 되었다.

　다른 사람들의 눈에 공격적이고 야심찬 인물로 비쳐져 질시나 반감을 유발하지 않고, 또 방해받지 않은 채 성공하기란 쉬운 일이 아니다. 이를 해결하기 위한 방법은 당신의 야심을 낮추는 것이 아니라 그 야심을 위장하는 것이다. 목표를 향해 단계적으로 접근하는 방식은 호전성을 완벽하게 감추어주는 최고의 가면이 된다. 이 작전이 성공하려면, 당신이 정복하고 싶은 제국이라는 목표를 확실히 파악한 후, 먼저 제국의 바깥 부분부터 조금씩 야금야금 갉아먹어야 한다. 한 입씩 갉아먹을 때마다 전체적인 전략의 흐름에 맞춰야 하지만, 아무도 당신이 더 큰 의도를 가지고 있다는 것을 알아채지 못할 정도로 조금만 갉아먹어야 한다. 한 번에 너무 많이 먹어버리면, 미처 준비도 되지 않은 상태에서 너무 많은 일을 떠맡게 되고 여러 가지 문제점들에 압도되고 말 것이다. 또한 너무 빨리 먹어버리면, 당신이 무엇을 계획하고 있는지 다른 사람들이 눈치 챌 것이다. 당신의 의도를 감추고 당신이 소박한 야심을 가진 사람으로 비치도록 시간의 흐름에 맡겨라. 당신의 라이벌이 정신을 차리고 당신이 무엇을 먹어치웠는지를 깨달을 때쯤이면, 그들 또한 당신에게 먹혀버릴 수 있는 위기에 처해 있을 것이다.

　　　야망은 높이 날아오를 수도 있지만, 낮게 기어갈 수도 있다.
　　　―에드먼드 버크(Edmund Burke, 1729~1797)

전쟁의 기술: 야금야금 갉아먹어라

　겉보기에 우리 인간은 절망적일 정도로 폭력적이고 공격적인 성향을 지니고 있는 것 같다. 그렇지 않다면 끊임없는 전쟁의 역사를 어떻게 설명할 수 있겠는가? 하지만 사실 이는 하나의 환상에 불과하다. 전쟁과 갈등은 일상생활에서 눈에 띄게 두드러지기 때문에 과도한 관심을 받게 된다. 끊임없이 무언가를 더 갈구하는 적극적인 사람들의 경우도 마찬가지다.

대부분의 사람들은 천성적으로 보수적이다. 자신이 가진 것을 빼앗기지 않으려 안달하고, 예측할 수 없는 결과와 피할 수 없는 갈등을 야기하는 상황을 두려워한다. 사람들은 대립을 싫어하고 피하려 한다(바로 이 때문에 많은 사람들이 자신이 원하는 것을 얻기 위해 소극적인 공격을 하는 것이다). 당신은 인생의 계획을 세울 때, 이러한 인간 본성을 항상 염두에 두어야 한다. 이는 또한 모든 기정사실 전략의 바탕이 되기도 한다.

기정사실 전략은 다음과 같이 진행된다. 먼저 당신의 안전과 권력을 위해 당신이 원하거나 필요한 것이 있다고 가정해보자. 당신이 의논이나 경고 없이 그것을 빼앗아간다면, 적은 당신과 싸울 것인지 아니면 그냥 손실을 받아들이고 말 것인지를 선택하게 된다. 당신이 빼앗은 무언가와 그것을 빼앗은 일방적인 행동이 전쟁을 벌이는 위험과 수고, 대가를 감당할 만한 가치가 있는가? 전쟁(쉽게 더 큰 전쟁으로 확대될 수 있는)과 손실 중 어느 것의 대가가 더 큰가? 당신이 진정한 가치를 지닌 무언가를 빼앗는다면, 당신의 적은 신중한 결정을 내려야 할 것이다. 이는 아주 중요한 결정이 되기 때문이다. 반면에 당신이 작고 별 볼일 없는 것을 빼앗는다면, 당신의 적은 굳이 전투를 선택하지는 않을 것이다. 작은 것을 두고 싸우기보다 당신을 그냥 내버려두는 것이 더 합리적이기 때문이다. 이것이 바로 적의 보수적인 성향을 이용한 것이며, 일반적으로 보수적인 성향은 탐내는 성향보다 더 강하게 마련이다. 따라서 당신이 빼앗은 작은 부분은 기정사실, 즉 현상의 일부분이 될 것이며 이는 앞으로도 그대로 유지할 수 있게 된다.

머지않아 이 전략의 일환으로서 당신은 또다시 작은 부분을 야금야금 갉아먹게 될 것이다. 이번에 당신의 적은 좀더 경계심을 품고, 당신의 행동을 주시할 것이다. 하지만 이번에도 역시 당신은 작은 부분만을 갉아먹을 것이고, 라이벌은 다시 한 번 당신과 싸우는 일이 신경 쓸 만한 가치가 있는지 재볼 것이다. 전에는 그러지 않았는데, 이번엔 왜 이 문제를 생각해보는 것일까? 기정사실 전략은 드골이 했던 것처럼 아무도 눈치 채지 못하게 능숙하게 수행해야 한다. 물론 언젠가는 당신의 목표가 드러나고 당신의 라이벌이 이전의 평화주의를 후회하며 전쟁을 고려할 때가 오겠지만, 그때쯤이면 당신은 이미 작은 상대도, 처치하기 쉬운 상대도 아닐 것이다. 이제 다른 종류의 리스크에 주의를 기울일 때다. 갈등을 피하는 데는 또 다른 이유, 더 강력한 이유가 있다. 당신이 원하는 것만 갉아먹고, 사람들이 싸우기를 꺼려하는 본성을 해칠 정도의 분노와 공포, 불신을 유발해서는 안 된다. 야금야금 갉아먹는 사이에 충분한 시간적 여유를 두어 사람들이 잠깐 관심을 가지다가 말게 해야 한다.

기정사실 전략의 비결은 토론 없이 빠르게 행동하는 것이다. 만약 행동을 취하기도 전에 자신의 의도를 드러낸다면 수많은 비판과 분석, 의문에 둘러싸이게 될 것이다. "네가 감히 그걸 먹으려고 해! 지금 가지고 있는 것에나 만족하라고!" 사람들은 행동을 취하기까지 끊임없이 토론하는 것을 즐기는 보수적인 면모를 지닌다. 당신은 반드시 목표물을 빠르게 획득함으로써 이런 면모를 뛰어넘어야 한다.

1740년 프리드리히가 프로이센의 대제가 되었을 때 프로이센은 유럽의 약소국에 불과했다. 프리드리히의 아버지인 선왕은 엄청난 비용을 들여 군대를 조직했지만 한 번도 군대를 동원한 적이 없었다. 그가 군대를 동원하는 순간, 유럽의 열강들이 위협을 느끼고 똘똘 뭉쳐 프로이센을 공격할 게 뻔했기 때문이다. 프리드리히는 굉장한 야심가였지만 선왕이 무엇 때문에 주저했는지를 잘 알고 있었다.

하지만 그가 왕위를 물려받은 그해, 절호의 기회가 찾아왔다. 프로이센의 가장 강력한 적수였던 오스트리아에서 최근 마리아 테레지아 여제가 새로운 왕이 된 것이다. 그녀의 정통성에 의문을 품은 사람들이 많았고, 프리드리히는 이런 정치적 불안을 이용해 자신의 군대를 오스트리아의 작은 지방인 실레지아로 보냈다. 자신의 강인함을 증명해 보이고 싶었던 마리아 테레지아는 이 공격에 맞대응했다. 이 전쟁은 수년간 지속되었지만 프리드리히는 상황을 적절하게 판단해 실레지아 이외의 지역까지 위협했고, 마침내 마리아 테레지아는 화평을 요청해왔다.

프리드리히는 이 전략을 반복적으로 사용하면서 싸울 만한 가치가 없는 작은 영토들을 힘들이지 않고 점령해 나갔다. 그렇게 해서 사람들이 미처 눈치 채기도 전에 프로이센을 열강의 반열에 올려놓을 수 있었다. 아마 처음부터 큰 영토를 침략했다면 그의 야심이 명백하게 드러나, 현상을 유지하려는 유럽 열강들의 동맹에 무너지고 말았을 것이다.

우리 대다수가 부딪히는 문제는 꿈을 이루려는 감정과 엄청난 욕구에 사로잡혀, 그것을 이루는 데 필요한 작고 지루한 단계들을 잊어버리는 것이다. 사람들은 대개 한 번의 큰 도약으로 목표에 다다를 수 있다고 생각한다. 하지만 자연의 세계에서와 마찬가지로 사회적 세계에서도 모든 것의 크기와 안정성은 서서히 자라는 것이 이치다. 단계적 전략은 우리가 타고난 성급함을 고칠 수 있는 완벽한 치료제다. 이 전략은 처음에는 작고 가까운 것에, 그 다음에는 궁극적인 목표에 더 가까이 가려면 어디에서 어떻게 접근해야 하는지에 초점을 두게 한다. 우리는 자신의 욕구의 크기에 압도되어버리는 경우가 허다하지만, 첫 번째 작은 단계를 밟음으로써 이렇게 원대한 욕구들은 실현 가능한 것이 된다. 행동보다 더 효과적인 것은 없다.

이 전략을 계획할 때는 갑작스러운 기회와 적의 일시적인 위기, 약점을 주시해야 한다. 하지만 큰 것을 빼앗으려는 유혹에 빠져서는 안 된다. 씹을 수 있는 것보다 더 큰 것을 삼킨다면, 그로 인해 발생하는 문제를 처리하느라 시간을 낭비하게 되며, 이 문제가 제대로 풀리지 않을 경우 의욕을 잃게 될 것이다.

기정사실 전략은 분열된 리더십으로 인해 엉망이 된 프로젝트를 통제하기에 최선의 방법이기도 하다. 앨프리드 히치콕은 매번 영화를 만들 때마다 제작자, 배우, 나머지 팀으로부터 영화에 대한 통제권을 서서히 얻어내는 전쟁을 치러야 했다. 작가와의 투쟁은 그가 치르는 전쟁의 축소판이었다. 히치콕은 대본에 영화의 비전이 정확하게 반영되길 바랐지만, 지나치게 작가의 숨통을 조이면 안 된다는 것을 잘 알고 있었다. 따라서 히치콕은 먼저 작가에게 편하게 글을 쓸 수 있는 방을 마련해주고, 자신이 원하는 방향으로 수정할 것을 부탁했다. 작가에 대한 통제는 점점 더 노골적으로, 하지만 서서히 드러났다. 인내심이 강했던 히치콕은

> 성급함에서 태어나고 빠른 영광을 얻기 위한 것을 목표로 하는 모든 개념들은 엄청난 실수가 될 뿐이다. …… 수천 가지의 작은 성공들을 모아 하나의 커다란 성공으로 변모시켜야 한다.
> — 보 구엔 지아프 장군

이런 식으로 서서히 자신의 권력을 행사했으며, 제작자와 작가, 배우들은 영화 촬영이 다 끝나고 나서야 히치콕이 자신들을 완벽하게 지배했다는 사실을 알아차렸다.

어떤 프로젝트의 통제권을 잡기 위해서는 동료에게 기꺼이 시간을 투자해야 한다. 처음부터 완벽하게 통제하려 든다면, 동료들의 활력을 빼앗고 질투심과 분노를 유발할 수 있다. 따라서 모두가 한 팀으로 같이 일한다는 착각을 심어준 다음, 서서히 갉아먹어야 한다. 이러한 과정에서 동료들이 화내더라도 걱정하지 마라. 이는 단지 그들이 감정적으로 프로젝트에 참여하고 있다는 징조일 뿐이며, 이들이 당신의 계략에 넘어갈 수 있다는 것을 의미한다.

마지막으로 당신의 공격적인 의도를 감추기 위한 단계적 전략의 사용은 이러한 정치적 상황에서 엄청난 효과를 발휘할 수 있다. 하지만 계략을 감추기만 한다면 절대 앞으로 멀리 나아갈 수가 없다. 따라서 한 입 갉아먹었을 때는 아무리 작은 것이라도 자기 방어에서 나온 행동을 보여라. 이는 당신을 패배자처럼 보이게 해줄 것이다. 갉아먹는 사이에 충분한 휴식기를 두어(사람들의 짧은 집중 기간을 이용) 당신의 목표에 한계가 있다는 인상을 주는 동시에 당신이 평화적인 사람이라는 것을 보여주어라. 실제로 더 큰 것을 수시로 갉아먹은 후, 당신이 먹은 것 중 일부를 토해내는 것이 이 전략의 극치다. 이 경우 사람들은 당신이 쌓아가고 있는 제국이 아니라, 당신의 관대함과 절제된 행동만을 주시할 것이다.

| **이미지** | 아티초크. 딱딱한 외관 안에 들어 있어 건조한 과육이 맛없어 보이고 꺼려지기까지 한다. 하지만 그 잎을 하나하나 떼어내다 보면 충분한 보상을 얻을 수 있다. 하나씩 떼어낼수록 잎은 점점 더 부드럽고 맛있어지며, 결국 즙이 가장 풍부한 중심부에 이르게 된다.

| **근거** | 작은 성공들을 늘려나가는 것은, 재산을 계속해서 늘리는 것과 똑같다. 머지않아 자신도 모르는 사이에 부자가 될 수 있다.

— 프리드리히 대왕

뒤집어보기

당신은 자신이 한 입 한 입 야금야금 갉아먹히고 있는 것은 아닌지 살펴보거나 의심해야 한다. 이때 당신이 구사할 수 있는 맞대응 전략은 더 이상의 진전이나 기정사실을 막는 것이다. 빠르고 강력한 대응은 당신을 야금야금 갉아먹는 적의 용기를 꺾어놓는 데 충분하다. 이 야금야금 갉아먹는 적은 약점이 있거나 많은 전투를 감당해내지 못해 이 전략을 사용하기도 한다. 만약 적이 프리드리히 대왕처럼 더 강하고 더 야망이 크다고 하더라도 강력한 대응이 필수적이다. 아무리 작은 것이라도 적이 먹어치우게 두는 것은 위험하다. 이러한 사태를 미연에 방지하라.

STRATEGY **30**

적의 마인드에 침투하라
: 커뮤니케이션 기술

커뮤니케이션은 당신이 영향을 미치고 싶은 상대의 저항적이고
방어적인 마인드를 전장 삼아 치러지는 일종의 전쟁이다.
목표는 그들의 방어선을 뚫고 들어가 마인드를 점유하는 것이다.
여타의 것들은 비효율적인 의사소통이자 자아도취적인 이야기일 뿐이다.
적의 방어선 너머로 당신의 아이디어를 잠입시키고 사소한 사안들을 통해 메시지를 보내며
상대가 당신이 원하는 방향으로 결론을 내리도록 유인하는 법을 배워라.
당신의 비범한 아이디어들을 평범하게 포장함으로써 속여 넘길 수 있는 사람들도 있다.
좀더 저항적이거나 둔감한 이들은 참신함으로 가득 찬 극적인 언어로 일깨워야 한다.
나아가 상대가 스스로 그런 결정을 내렸다고 생각하도록 만들면 금상첨화다.
어떤 희생을 치를지라도
정적이거나 설교조이거나 지나치게 개인적인 언어 선택은 피해야 한다.
당신의 언어를 수동적인 명상이 아닌 행동을 자극하는 도화선으로 만들어라.

직관적 커뮤니케이션

타인에게 영향을 미치기 위해 시도하는 방법 가운데 가장 피상적인 것은 숨은 진실이 전혀 없는 이야기를 늘어놓는 것이다. 그러한 허놀림이 창출하는 영향력은 지극히 미미할 수밖에 없다.
— (주역)

영화감독 앨프리드 히치콕과 처음 작업하는 사람들은 대개 당황하기 일쑤였다. 촬영장에서 간간이 냉소적이면서도 재치 있는 말을 던질 뿐 많은 말을 하지 않았기 때문이다. 의도적으로 신비주의를 고수한 것일까? 아니면 원래 성격이 조용했던 탓일까? 그렇게 말을 아끼면서 여러 사람들에게 이것저것 지시해야 하는 영화감독 일을 어떻게 해낼 수 있었을까?

히치콕의 특이한 태도는 누구보다도 배우들에게 큰 골칫거리였다. 배우들은 대부분 자신을 상냥하게 대해주며 배역과 그 배역을 소화하는 방법에 대해 시시콜콜 일러주는 감독들에게 익숙했기 때문이다. 히치콕은 전혀 그렇지 않았다. 리허설 때도 거의 말이 없었으며 촬영 때도 마찬가지였다. 배우들이 자신의 연기가 괜찮은지 확인하기 위해 흘끗 쳐다보면 히치콕은 졸고 있거나 지루한 얼굴을 하고 있었다. 여배우 셀마 리터(Thelma Ritter)는 이렇게 말했다. "배우들의 연기가 마음에 들면 히치콕은 아무 말도 하지 않았어요. 그렇지 않으면 금방이라도 속을 게워낼 듯한 표정이었죠." 어쨌거나 그는 자신만의 우회적인 방법으로 배우들을 정확히 그가 원하는 대로 이끌었다.

1935년 〈39계단〉을 촬영하는 첫날, 두 주연배우 매들린 캐럴(Madeleine Carroll)과 로버트 도내트(Robert Donat)는 다소 긴장한 표정으로 촬영장에 도착했다. 그날 그들은 비교적 까다로운 장면들을 연기할 예정이었다. 서로 서먹한 사이의 두 남녀가 작품 초반부터 함께 수갑에 묶인 채 악당들을 피해 스코틀랜드의 시골(실제로는 사운드 스테이지)을 뛰어다니는 역할을 소화해야 했던 것이다. 히치콕은 자신이 원하는 연기 방향에 대해 어떠한 힌트도 주지 않았다. 캐럴은 감독의 그런 방식이 거슬렸다. 영국 출신으로 할리우드에서 활동하며 당대의 가장 우아한 영화 스타였던 캐럴은 감독들이 여왕처럼 떠받드는 배우였다. 그에 반해 히치콕은 쌀쌀맞은 데다 종잡을 수 없는 성격이었다. 그녀는 최대한 감정 표출을 자제하고 위엄 있게 그 장면을 연기하기로 마음먹었다. 그것이야말로 숙녀가 낯선 남자와 함께 수갑을 찬 상황에서 나올 법한 자연스러운 태도라고 생각했다.

히치콕은 두 배우에게 해당 장면에 대해 설명한 다음, 그들에게 수갑을 채운 채 함께 모조품 교각을 건너고 다른 소품들을 통과하며 세트장을 안내했다. 그때 갑자기 기술적 문제를 봐달라는 요청이 들어왔다. 그는 금방 돌아올 테니 잠시 쉬고 있으라며 수갑 열쇠를 찾는 듯 주머니를 뒤졌다. 그러더니 열쇠를 잃어버린 것 같다며 마치 열쇠를 찾으러 가는 것처럼 서둘러 자리를 떴다. 하지만 몇 시간이 지나도록 그가 돌아오지 않자 두 배우는 점점 당혹스러워졌고 어느 순간 더 이상 감정을 통제할 수 없게 되었다. 두 스타로서는 경험해본 적 없는 이례적인 감정이었다. 하물며 말단 스태프들도 자유롭게 자기 일을 하는데, 두 스타만이 함께 수갑에 묶인 채 밀착감과 불편함을 감수해야 했다. 심지어 화장실에도 갈 수 없는 상황에서 두 사람은 모욕감을 느끼기 시작했다.

히치콕은 오후가 되어서야 돌아왔다. 촬영이 시작되었지만, 배우들은 좀전의 경험을 쉽게 극복할 수 없었다. 평소의 냉정함이 사라지고 감정이 동요했다. 캐럴은 미리 생각해둔 연기 방향도 죄다 잊어버렸다. 그런데 이상하게도 그들의 연기에는 자연스러움이 넘쳐났다. 이제 그들은 함께 묶이는 것이 어떤 기분인지 체험했고, 그 어색함을 이미 느끼고 있는 상태였기 때문에 더 이상 '연기'를 할 필요가 없었다. 연기가 내면에서부터 자연스럽게 나온 것이다.

4년 뒤 히치콕은 조앤 폰테인과 로렌스 올리비에(Lawrence Olivier)를 주연으로 〈레베카〉를 감독했다. 당시 스물한 살의 폰테인은 주연을 처음 맡는 데다, 천재 배우로 알려진 올리비에의 상대역이라는 사실 때문에 몹시 초조해했다. 다른 감독이라면 그녀의 불안감을 달래주려 했겠지만 히치콕은 정반대로 행동했다. 다른 배우들과 스태프들이 주고받는 뒷말을 그녀에게 알려주기로 한 것이다. 그녀가 그 배역에 어울리다고 생각하는 사람은 아무도 없었으며, 올리비에마저도 사실은 자신의 아내 비비안 리가 그 역을 맡기를 바랐다는 얘기가 폰테인의 귀에 들어갔다. 그녀는 소외감이 들었으며, 몹시 불안하고 초조했다. 하지만 그것이 바로 그녀의 배역에 정확히 들어맞는 성격이었다. 그녀는 '연기'할 필요가 없었

커뮤니케이션을 시도할 때 상대가 그것을 받아들이거나 이해할 만한 경험을 전혀 갖고 있지 않다면, 경험을 만들어줘야 한다.
나는 두 명의 간사에게 집단 내의 사람들과 경험을 공유하지 못함으로써 어떤 문제가 발생하는지에 대해 설명하려 했다. 경험을 공유하지 못하면 원활히 커뮤니케이션을 할 수 없을 뿐 아니라 혼란을 초래할 수도 있다고 말이다. 그들은 진지한 얼굴로 충분히 이해하고 동의한다는 표정을 지으며 알았다고 말했지만, 나는 그들이 실제로 이해하지 못했으며 커뮤니케이션에 실패했다는 사실을 알았다. 그들의 경험 속으로 파고들지 못했던 것이다. 그래서 나는 그들에게 경험을 제공해야 했다.
— 솔 앨린스키, 《급진파의 원칙》

그 편지를 읽은 키루스는 페르시아 사람들이 반란을 일으키도록 설득할 가장 효과적인 수단을 생각해본 다음, 평소의 신중함을 발휘하여 자신의 목적에 가장 적합하다고 판단되는 계획을 채택했다. 먼저 그는 양피지에 아스티아게스가 자신에게 페르시아 군대의 지휘권을 부여했다고 썼다. 그런 다음 페르시아 사람들을 소집하여 그들 앞에서 양피지를 펼치고 자신이 쓴 내용을 읽어내려 갔다. 그리고 이렇게 덧붙였다. "그러니 이제 내가 여러분에게 명령을 내리겠다. 남자들은 한 명도 빠짐없이 낫을 들고 행진에 참가하라." ...... 남자들이 모두 낫을 들고 모이자 키루스는 해가 지기 전에 가시덤불이 가득한 약 22~24만 평의 거친 땅을 개간하라는 명령을 내렸다. 사람들은 또한 번 명령에 따랐고, 이를 본 키루스는 다음 날 목욕을 한 뒤 다시 그 앞에 모이라는 명령을 내렸다. 그런 다음 아버지의 염소와 양, 황소들을 모두 잡고 그가 구할 수 있는 가장 질 좋은 포도주와 빵을 준비하여, 페르시아 군 전체가 즐길 수 있도록 잔치를 준비했다. 다음 날 사람들이 모이자 모두 잔디에 앉아 마음껏 즐기라는 지시가 내려왔다. 키루스 대왕은 그들에게 어제의 노역과 오늘의 즐거움 가운데 어떤 것이 더 좋으냐고 물었다. 그러자 그들은 어제의 비참함과 오늘의 즐거움은 너무 다르다고 대답했다. 키루스가 바라던 대답이었다. 그는 곧 심중에 두고 있던 말을 털어놓았다. "페르시아 남자들이여, 내 말을 들으라. 내 명령에

다. 그리고 〈레베카〉에서 해낸 기념비적인 연기는 그녀의 영광스러운 경력의 시발점이 되었다.

촬영 현장에서 배우들과 스태프들이 지쳐 있거나 긴장이 풀려 잡담을 하고 있을 때도, 히치콕은 결코 고함을 지르거나 불평하지 않았다. 대신 주먹으로 전구를 깨뜨리거나 벽에 찻잔을 던지곤 했다. 그러면 모두 퍼뜩 정신을 차리고 집중력을 회복했다.

히치콕은 커뮤니케이션 수단으로서 말보다는 행동을 선호했던 감독이다. 이러한 성향은 영화의 형식과 내용에도 영향을 미쳤다. 덕분에 영화를 말로 옮기는 것이 직업인 각본가들은 애를 먹을 수밖에 없었다. 스토리 회의 때마다 히치콕은 자신이 흥미 있어 하는 생각들, 즉 인간의 이중성, 선과 악 모두를 수용하는 능력, 이 세상에 진정으로 결백한 사람은 없다는 사실 등에 대해 논의를 했고, 각본가들은 이러한 생각들을 우아하고 섬세한 대사로 표현했지만, 결국 행동과 영상으로 대체되어 편집되기 일쑤였다. 예를 들어 〈현기증〉(1958)과 〈사이코〉(1960)에서 히치콕은 여러 신에 거울을 삽입했고, 〈망각의 여로(Spellbound)〉(1945)에서는 스키 트랙과 여타 평행선들이 비슷한 역할을 했으며, 〈열차 안의 낯선 자들(Strangers on a train)〉(1951)에서는 안경에 비친 반영을 통해 살인 장면이 드러난다. 히치콕에게는 이러한 이미지들이 인간 영혼의 이중성에 대한 그의 생각을 어떤 말보다도 잘 드러내주는 것이었다.

히치콕과 함께 작업한 프로듀서들은 히치콕이 배우가 아닌 카메라를 움직여 여러 장면들을 연출하는 모습을 보고 적잖이 당혹스러워했다. 그들에겐 그런 모습이 이해가 되지 않았다. 대사나 인간보다 영화제작의 기술적 측면을 더 사랑하는 것처럼 보였기 때문이다. 편집자들도 그가 음향과 색채, 화면에 나오는 배우들의 머리 크기, 사람들이 움직이는 속도 따위에 그토록 집착하는 이유를 이해하지 못했다. 그는 스토리보다 이런 시각적인 세부사항들을 더 중시하는 듯했다.

그러나 촬영이 모두 끝나고 한 편의 영화가 완성되었을 때 그들은 감탄을 금치 못했다. 그토록 유별나 보였던 그의 작업 방식을 완벽하게 이해할 수 있었다. 이미지와 페이스 조절, 카메라 움직임 등은 관객들의 마

음을 사로잡았다. 히치콕의 영화는 단순히 보는 것이 아니라 경험하는 것이었으며, 관객의 머릿속에서 오랫동안 떠나지 않는 이미지로 남았다.

해석

히치콕은 인터뷰에서 종종 자신의 어린 시절 이야기를 들려주었다. 여섯 살 무렵, 그가 잘못을 저지르자 화가 난 그의 아버지는 아들에게 쪽지 한 장을 들려 마을 경찰서로 보냈다. 당직 경관은 쪽지를 읽더니 어린 앨프리드를 유치장에 가둔 다음 이렇게 말했다. "말 안 듣는 아이들에게는 이렇게 한단다." 2, 3분 만에 풀려나긴 했지만, 그의 마음속에는 그 경험이 깊이 새겨졌다. 다른 아버지들처럼 야단을 쳤다면, 그는 방어적이고 반항적인 아이로 자랐을 것이다. 하지만 그의 아버지는 그가 어두컴컴한 유치장에서 퀴퀴한 냄새를 맡으며 무서운 경찰들에게 둘러싸여 혼자 시간을 보내도록 했다. 그것은 훨씬 더 강력한 방식의 커뮤니케이션이었다. 히치콕이 깨달았듯이, 사람들에게 교훈을 주고 행동을 변화시키고자 한다면, 감정을 겨냥하여 그들의 머릿속에 잊지 못할 이미지들을 주입함으로써 그들의 경험을 바꾸고 그들을 동요시켜야 한다. 말이나 직접적인 표현으로 이런 일을 달성하기란 쉽지 않다. 그러잖아도 잔소리를 늘어놓으며 우리를 설득하려 드는 사람이 너무도 많지 않은가? 때로 말은 소음의 일부일 따름이다. 따라서 말은 무시당하거나 심지어는 훨씬 더 완강한 저항에 부딪힐 수 있다.

실효성을 갖춘, 더 깊이 있는 방식으로 커뮤니케이션하기 위해서는 사람들을 유년기로 되돌려놓아야 한다. 유년기에는 누구나 지금처럼 방어적인 태도를 취하지 않았으며, 소리와 영상, 행동, 그리고 언어 습득 이전의 의사소통 세계에 훨씬 더 쉽게 동요되었으니 말이다. 사람들을 이런 상태로 되돌리기 위해서는 행동으로 이뤄진 언어로 소통해야 한다. 그리고 이러한 언어는 전략적으로 사람들의 감정이나 기분에 영향을 미치도록 고안된 것이어야 한다. 감정이나 기분은 스스로 통제하기가 가장 힘든 부분이기 때문이다. 히치콕이 수년에 걸쳐 발전시키고 완성시킨 것이 바로 이런 언어다. 그는 배우들에게서 최대한 자연스러운 연기를 끌

섬기면 다시는 천한 노동에 손을 대지 않고도 오늘처럼 즐거운 날을 몇 천 번이나 누릴 수 있을 것이다. 그러나 내 명령을 거역한다면 어제와 같은 노역을 수없이 강요받을 것이다. 내 조언을 받아들여 자유를 얻으라. 나는 너희를 해방시킬 임무를 맡은 사람이며, 너희들이 무엇보다도 메디아인들과의 전쟁에 적합한 사람들이라고 믿는다. 내가 말하는 것은 진실이다. 그러니 지체 없이 아스티아게스가 씌운 멍에를 벗어버려라."
페르시아인들은 오랫동안 메디아인들에게 굴종해야 하는 현실에 대해 분개해왔는데, 드디어 지도자를 만난 것이다. 그들은 자유의 가능성을 열렬히 환영했다.
— 헤로도토스(Herodotos 기원전 484~432), 《역사(The Histories)》

어내고자 할 때는 기본적으로 '연기'를 시키지 않았다. 긴장을 풀라고, 혹은 자연스럽게 연기하라고 말하는 것은 아무 소용없는 짓이었다. 안 그래도 잔뜩 긴장하고 있는 방어적인 배우를 더욱 움츠리게 할 뿐이니까. 대신 히치콕은 자신의 아버지가 런던 경찰서에서 두려움에 떨게 했던 것처럼, 영화에 드러나야 할 감정들, 즉 좌절감과 소외감, 자제력 상실 등을 직접 '체감'하도록 했다(물론 〈39계단〉 촬영 당시에도 그는 수갑 열쇠를 찾으러 간 것이 아니었다. 후에 도내트는 그것이 의도적인 전략이었음을 깨달았다). 억지로 밀어붙이는 지겨운 말들로 배우들을 헤매게 만들기보다는 그러한 감정들이 배우의 내적 경험의 일부가 되도록 한 것이다.

당신의 생각을 전달하여 사람들의 행동을 변화시키는 능력은 인생을 살아가면서 겪게 되는 수많은 전투에서 반드시 갖춰야 할 요소다. 커뮤니케이션은 일종의 전투다. 그 전장에서 당시의 적들은 방어적인 태도를 취한다. 기존의 편견과 신념들을 고수하며 변하지 않으려 한다. 따라서 그들의 방어선 깊숙이 침투할수록, 그들의 머릿속을 더 많이 점유할수록 더욱 효과적으로 소통할 수 있다. 언어적인 측면에서 보면, 대부분의 사람들은 중세시대의 전략을 고수한다. 중세 사람들이 도끼나 곤봉을 들고 전장에 뛰어들었듯이 말과 간청, 관심을 가져달라는 부탁 등을 무기로 사용한다는 얘기다. 그러나 그렇게 직접적인 수단을 사용하면 상대의 저항은 오히려 더욱 거세지게 마련이다. 그보다는 우회적이면서도 참신한 방법으로 상대를 주물러서 그들의 방어력을 약화시키는 법을 배워야 한다. 감정을 공략하고 경험을 변화시키며, 이미지와 강력한 상징, 그리고 직관적이면서도 감각적인 신호로 현혹시켜야 한다는 뜻이다. 상대를 훨씬 취약하고 유동적이었던 유년기 상태로 되돌려놓으면 전달된 아이디어가 그들의 방어선을 깊숙이 뚫을 수 있다.

> 수도승 료칸은…… 선사(禪師) 부칸에게 네 가지 달마계에 대한 설명을…… 요청하자…… [부칸은] "네 가지 달마계를 설명하는 데는 많은 말이 필요치 않습니다."라고 대답했다. 그는 찻잔에 차를 따라 단숨에 마시고는 수도승의 코앞에서 그 잔을 산산조각 낸 다음, 이렇게 말했다. "아시겠습니까?" 그러자 수도승이 말했다.

"스님의 즉각적인 가르침 덕분에 법(法)과 불(佛)의 영역을 뚫고 들어가게 되었습니다."

— 트레버 레깃, 《사무라이 선: 전사의 화두》, 1985년

위대한 지능의 소유자

1498년 스물아홉 살의 니콜로 마키아벨리는 피렌체 제2서기관으로 임명되어 피렌체의 외교 업무를 관장했다. 이 같은 보직은 이례적인 것이었다. 마키아벨리는 신분이 비교적 낮고 정치 경험도 전무했으며, 법학 학위나 여타 자격증도 없었기 때문이다. 그러나 일찍이 그의 잠재력을 높이 평가한 피렌체 정부인사와 연줄이 닿았다. 그 후 몇 년간 마키아벨리는 식을 줄 모르는 열정으로 정치사안들을 예리하게 보고하고 외교관과 대신들에게 훌륭한 조언을 제공하여 동료들 사이에서 두각을 나타냈다. 그 결과, 중책을 맡아 유럽을 돌며 외교사절의 임무를 수행하게 되었다. 극악무도한 정치가 체사레 보르자(Cesare Borgia)를 만나기 위해 이탈리아 북부의 곳곳을 돌아 이 잔혹한 정치가가 갖고 있던 피렌체에 대한 야망을 몰아내기도 하고, 프랑스에서 루이 12세를 접견하기도 했으며, 로마에서 교황 율리우스 2세(Julius Ⅱ)와 협의를 갖기도 했다. 그는 화려한 경력의 시발점에 서 있는 것처럼 보였다.

그러나 마키아벨리의 직업 생활은 전혀 그렇지 못했다. 친구들에게 박봉에 대한 불평을 털어놓기도 했고, 협상 때마다 자신이 온갖 힘든 일을 처리하고 나면 힘 있는 고관이 마지막 순간에 등장해서 협상을 마무리 짓고 모든 공로를 가로채간다고 한탄을 하기도 했다. 또한 고관들 중 상당수가 단지 출신과 연줄 때문에 지위를 얻은 어리석고 게으른 사람들이라며, 이런 자들을 다루는 기술을 개발할 거라고, 이용당하는 대신 이용하는 방법을 찾을 거라고도 했다.

마키아벨리가 서기관으로 임명되기 전 메디치가(家)의 통치를 받고 있던 피렌체는 1494년에 메디치가를 축출하고 공화정이 되었다. 그리고 1512년, 교황 율리우스 2세는 다시 피렌체를 무력으로 탈취하여 공화정

> 훨씬 더 어리석은 자들은 바로 단어와 구절에 얽매어 이해하려 드는 사람들이다. 이것은 지팡이로 달을 때리려 하거나 발이 가려운데 신발을 긁는 것과 다를 바 없다. 즉, '진실'과는 무관한 행위라는 얘기다.
> ─ 무문 선사(Zen Master Mumon 1183~1260)

을 몰아내고 메디치가의 권력을 복원시키기 위해 군대에 자금을 조달했다. 이 계획이 성공을 거두자 메디치가는 다시 권력을 장악했다. 몇 주 뒤 마키아벨리는 메디치가에 대한 반역 음모에 가담했다는 석연치 않은 누명을 쓰고 투옥되었다. 그리고 고문을 당하면서도 자신과 다른 이들이 연루되었는지 여부에 대해서는 끝까지 입을 열지 않았다. 그리하여 결국 1513년에 출옥한 이후 불명예스럽게 은퇴하여 피렌체 외곽의 작은 농장에 칩거하게 되었다.

마키아벨리에게는 프란체스코 베토리(Francesco Vettori)라는 절친한 친구가 있었는데, 그는 정권 교체 과정에서 가까스로 살아남아 메디치가의 비위를 맞추며 정계에 머물고 있었다. 1513년 봄 베토리는 마키아벨리로부터 그의 새로운 인생이 묘사된 편지를 받기 시작했다. 마키아벨리는 밤마다 혼자 연구를 하고 역사적인 위인들과 정신적 교감을 나누면서 그들이 지닌 힘의 비결을 파헤치려 노력하고 있었다. 이런 방식을 통해 그동안 자신이 터득한 정책들과 정치적 수완들을 상당수 추출해내고자 했던 것이다. 그는 베토리에게 보내는 편지에서 '프린키파투스(De principatus)'라는 소책자를 집필 중이라며, "이 책에서 나는 이 주제와 관련한 개념들을 최대한 깊이 파헤쳐서 군주다운 통치의 성격에 대해, 즉 그것이 어떤 형태를 취하며 어떻게 습득되고 유지되며 소멸되는지에 대해 논하고 있다네."라고 밝혔다. 훗날 이 책에는 그 유명한 '군주론'이라는 제목이 붙게 된다. 이 소책자가 전하는 지식과 조언은 대규모 군대보다 한 명의 군주에게 더 큰 가치를 발휘할 터였다. 베토리라면 그것을 메디치가 사람에게, 즉 마키아벨리가 기꺼이 그 작품을 헌정할 만한 사람에게 보여줄 수 있을 것이다. 그렇게 해서 이 소책자가 '새로운 군주' 가문에서 유용하게 쓰인다면 정계에서 배제되어 의기소침해 있는 마키아벨리의 경력을 회복시켜줄 수도 있을 것이다.

베토리는 그 책자를 로렌초 데 메디치에게 전달했지만, 로렌초는 같은 시기에 받은 사냥개 두 마리에게 더 관심이 많았다. 사실 《군주론》은 베토리에게도 골치 아픈 존재였다. 그 책자에 등장하는 충고들은 이따금씩 너무 과격하고 도덕과는 전혀 관계없는 데 반해 그 논조는 지극히 냉정하고 무미건조했다. 정말이지 기묘하고도 범상치 않은 조화가 아닐 수 없었다. 작가는 진실을 썼지만, 그것을 너무 과감하게 썼다. 마키아벨리는 원고를 다른 친구들에게도 보냈지만, 그들 역시 그것을 어떻게 해야 할지 감이 잡히지 않았다. 풍자를 위해 쓰인 책은 아닐까? 친구들 사이에서도 마키아벨리는 권력을 쥔 어리석은 귀족들을 경멸하는 사람으로 유명했다.

마키아벨리는 곧 향후 《로마사 논고》로 알려질 또 한 권의 책을 집필했는데, 이것은 불명예스럽게 은퇴한 이후 친구들과 나눈 대화의 정수라고 할 수 있었다. 정치에 대한 일련의 고찰로 이뤄진 그 책은 《군주론》과 마찬가지로 다소 과격한 내용이 포함되어 있었지만 군주 한 사람보다는 공화정 체제에 더 적합한 내용이었다.

그 뒤 2, 3년간 마키아벨리는 점차 대우를 받기 시작하여 피렌체 국사에 참여할 수 있게 되었다. 그가 쓴 《만드라골라》라는 희곡은 논란을 일으키긴 했지만 교황의 칭송을 받아 바티칸에서 연극으로 상연되었다. 또 그는 피렌체의 역사를 저술해달라는 청을 받기도 했다. 《군주론》과 《로마사 논고》는 출판되지는 않았지만 이탈리아의 지도자와 정치인들 사이에 그 사본들이 유포되었다. 하지만 그 책의 독자는 소수에 불과했으므로 1527년 그가 사망했을 때, 공화정의 전(前) 서기관 마키아벨리는 태어날 때처럼 이름 없이 사라질 운명처럼 보였다.

그러나 마키아벨리가 사망한 후 출간되지 못한 이 두 저서가 이탈리아 밖에서 유포되기 시작했다. 1529년 영국 왕 헨리 8세(Henry VIII)의 재상이었던 간교한 토머스 크롬웰은 《군주론》 사본을 입수하여, 경솔한 로렌초 데 메디치와 달리 꼼꼼하고 주의 깊게 읽었다. 그에게는 그 책에 등장하는 역사적 일화들이 매우 생생하고 즐겁게 느껴졌으며, 꾸밈없는 어조 또한 기괴하기보다는 신선하게 생각되었다. 무엇보다도 도덕과 관계없는 조언들이야말로 사실은 꼭 필요한 것이었다. 저자는 지도자가 권력을 유지하기 위해 해야 할 바는 물론이고 국민들에게 자신의 행위를 제시하는 방식까지 설명해놓았다. 크롬웰은 마키아벨리의 조언을 왕에게 제시하는 자신의 권고에 적용했다.

요리야스는 허풍이 심하고 공격적인 사무라이였다. 1341년 봄에 그는 고후에서 가마쿠라로 전근을 가게 되었는데, 그곳에서 겐초사의 45대 주지 토덴 선사를 방문하여 선(禪)에 대해 물었다. 선사는 말했다. "삶의 수십 가지 일에 존재하는 대업(大業)을 직접 표명하는 것이 선입니다. 그것이 사무라이로서의 충(忠)이라면 그것이 선의 동등이지요. 충(忠)은 '가운데 중(中)과 마음 심(心)' 자로 이루어졌으니, 그 사람의 마음 한가운데 있는 주인을 의미합니다. 거기에는 어떤 그릇된 열정도 개입해선 안 됩니다. 그러나 이 노승이 오늘날 사무라이들을 보아 하니, 그 심중(心中)이 명성과 돈에 기운 자도 있고, 술과 육욕에 기운 자도 있으며, 권력과 허장성세에 기운 자도 있습니다. 그들은 모두 비탈길에 있어, 중심 잡힌 마음을 지닐 수 없는 것입니다. 어찌 그런 자들이 나라에 충성할 수 있겠는가 말입니다. 무사께서 선을 수행하기를 바라신다면 무엇보다 충을 다하고 그릇된 욕망에 빠지지 않아야 합니다." 사무라이는 말했다. "나의 충은 전장에서의 위대한 행동이오. 우리가 일개 승려에게서 설교를 들을 필요가 어디 있단 말이요?" 선사는 대답했다. "무사께서는 분쟁의 영웅이요, 저는 평화의 군자요. 우리는 서로 할 말이 없습니다." 사무라이는 칼을 빼들고 말했다. "충은 영웅의 검에 있으니, 만약 그대가 이를 알지 못하면, 충을 논하지 말아야 할 것이다." 선사는 대답했다. "이 노승은

이렇게 해서 《군주론》은 마키아벨리 사후 몇 십 년 동안 몇 개 국어로 출간되어 널리 퍼져나갔다. 몇 세기가 지나면서 그 작품은 두각을 드러내기 시작했지만, 그에 대한 반응은 양극단으로 나뉘었다. 비도덕적이라는 지탄을 받는 한편, 위대한 정치 거물들은 누대에 걸쳐 은밀히 그 책을 탐독했다. 프랑스의 리슐리외 추기경은 정치에서 《군주론》을 일종의 성서로 삼았고, 나폴레옹도 종종 《군주론》을 참고했으며, 미국 대통령 존 애덤스(John Adams)는 그것을 항상 곁에 두었다. 또 프로이센의 프리드리히 대왕은 볼테르의 도움을 받아 〈반(反) 마키아벨리(The Anti-Machiavel)〉라는 논문을 쓰고도 태연하게 마키아벨리가 제시한 수많은 생각들을 그대로 실천했다.

마키아벨리의 작품을 읽는 독자가 늘어나면서 그의 영향력은 정치계를 넘어서까지 확장되었다. 베이컨에서부터 헤겔에 이르기까지 수많은 철학자들이 그의 글을 통해 자신의 이론의 상당 부분에 대해 확신을 가질 수 있게 되었다. 바이런 경을 비롯한 낭만주의 시인들은 마키아벨리의 정신이 지닌 에너지를 예찬했으며, 이탈리아와 아일랜드, 러시아의 젊은 혁명주의자들은 《로마사 논고》에서 무력의 필요성과 미래 사회의 청사진을 발견했다.

수 세기에 걸쳐 수백만의 독자들이 마키아벨리의 책들을 권력에 대한 매우 중요한 조언으로 활용했다. 그러나 반대의 가정도 가능하지 않을까? 이를테면 마키아벨리가 독자들을 이용해온 것으로 볼 수도 있지 않겠냐는 말이다. 그가 쓴 책과 친구들에게 보낸 편지들을 보면, 글쓰기 자체에 대한 전략과 사후에 독자들의 머릿속에 자신의 아이디어들을 간접적으로나마 깊숙이 주입함으로써 휘두를 수 있는 영향력에 대해 숙고했으며, 그리하여 그것들을 우연히 발견한 듯한 비도덕적인 철학의 원칙으로 변형한 흔적들이 여기저기 흩어져 있다. 그 중 일부는 그가 죽은 후 수백 년 뒤에 밝혀진 바 있다.

해석 ———

농장에 칩거하게 된 후, 마키아벨리는 충분한 시간을 갖고, 그리고 충

분한 거리를 두고 자신이 가장 관심 있어 하는 문제에 관해 깊이 생각할 수 있었다. 첫째, 그는 머릿속으로 오랫동안 준비해온 정치철학의 공식을 서서히 완성시켰다. 마키아벨리에게 절대선(善)은 역동적인 변화의 세계, 즉 공화국이나 도시들이 질서를 재정립하고 활력을 되찾아 영원히 움직일 수 있는 세계였다. 반면 정체와 자기만족은 절대악이었다. 건강한 변화의 매개체는 이른바 '새로운 군주', 즉 젊고 야심만만하며 사자와 여우의 면모를 고루 갖추고 의식적으로든 무의식으로든 기성의 질서에 저항하는 사람이었다. 둘째, 마키아벨리는 새로운 군주가 권력의 정점에 다다르는 과정과 종종 정점에서 몰락하는 과정을 분석했다. 여기에는 분명한 패턴이 존재했는데, 외관을 관리하고, 사람들의 신념 체계를 마음대로 주무르며, 간혹 비도덕적인 조치를 과단성 있게 취하는 것이 바로 그것이었다.

마키아벨리는 자신의 생각과 조언을 널리 퍼뜨릴 수 있는 권력을 열망했다. 정치계에서 그러한 욕망이 좌절되자 그는 저술활동을 통해 그것을 획득하는 작업에 착수했다. 독자들을 자신의 대의에 끌어들이면, 그들이 자의와는 상관없이 그의 생각들을 퍼뜨려줄 거라는 생각에서였다. 마키아벨리는 힘을 가진 자들은 쉽사리 충고를 받아들이지 않는다는 사실, 특히 자신보다 명백히 신분이 낮은 사람의 충고는 더더욱 받아들이려 하지 않는다는 사실을 알고 있었다. 힘을 갖지 못한 자들은 대부분 자신의 철학이 지닌 위험한 측면들을 두려워하리라는 사실도 알고 있었다. 즉 수많은 독자들이 자신의 철학에 현혹되는 동시에 그것을 거부하리라는 것을 알았다는 얘기다(힘없는 자들은 힘을 원하면서도 동시에 힘을 얻기 위해 반드시 해야 하는 일들을 두려워하는 법이다). 저항자들이나 매력과 두려움 사이에서 갈등하는 자들을 극복하기 위해서는 전략적이고 우회적이며 교묘하게 글을 쓸 필요가 있었다. 그래서 독자들의 방어벽을 깊이 꿰뚫을 수 있는 참신한 수사적 책략을 고안했다.

먼저 그는 자신의 저서에 필수불가결한 조언들, 즉 힘을 획득하고 유지하며 보호하는 방법에 대한 실용적인 조언들을 가득 채워넣었다. 사람은 누구나 자신의 이익을 우선시한다는 점을 감안할 때, 그래야만 모든

금강왕(金剛王)이라 하는 보검이 있으니, 그대가 이를 알지 못하면 충의 근본을 논해서는 안 될 것이오." 사무라이는 말했다. "금강석 검의 충이라. …… 실제 전투에서 그런 것이 무슨 소용이 닿는단 말이오?" 선사는 앞으로 뛰어들며 "승(勝)!"이라 한 번 소리쳤고, 사무라이는 그 충격으로 의식을 잃었다. 잠시 후 선사가 다시금 소리치자 사무라이는 단번에 깨어났다. 선사는 말했다. "영웅의 검의 충이라? 그게 어디 있는 게요? 말해 보시오!" 사무라이는 압도당했다. 그는 사죄한 뒤 곧바로 길을 떠났다.
— 트레버 레깃, 《사무라이 선: 전사의 화두》

부류의 독자를 끌어당길 수 있기 때문이다. 또 이런 방법을 통해 아무리 저항이 큰 독자라도 그의 책과 그 안에 담긴 개념들을 무시하면 위험할 수 있다는 생각을 갖게 만들 수 있었다.

다음으로 마키아벨리는 저서 곳곳에 역사적 일화들을 끼워넣음으로써 자신의 생각을 예증했다. 사람들은 자신을 현대판 카이사르나 메디치가 사람으로 상상하는 것을 좋아한다. 게다가 이야기에 사로잡힌 사람은 무방비 상태이기 때문에 어떤 제안에 대해서든 개방적인 태도가 될 수밖에 없다. 독자들은 이런 이야기들(실은 마키아벨리가 재치 있게 변형한 이야기들)을 읽으면서 부지불식간에 그의 생각을 빨아들이는 것이다. 마키아벨리는 또한 고전을 인용하는 과정에서 자신의 목적에 맞게 적절하게 변형을 가했다. 위험한 제안과 생각들이 리비우스나 타키투스에게서 나온 것처럼 보인다면 훨씬 더 쉽게 받아들여질 수 있기 때문이었다.

마지막으로 마키아벨리는 저서에 속도감을 주기 위해 꾸밈없고 간결한 어조를 사용했다. 따라서 독자들은 생각의 흐름이 중단되거나 끊기는 일 없이 생각에 그치지 않고 행동을 취하고자 하는 욕구에 감염되었다. 종종 과격한 표현의 조언이 등장하기도 했지만, 이것은 오히려 둔감한 독자들을 일깨우는 역할을 했다. 그리하여 새로운 군주가 성장하기에는 가장 척박한 토양이라고 할 수 있는 청년들에게까지 호소력을 발휘할 수 있었다. 그는 결론을 열어둔 채 해야 할 바를 구체적으로 지시하지 않았다. 독자들은 권력에 대한 나름의 생각과 경험을 활용하여 그의 저서의 빈 곳을 채움으로써 그의 공모자가 되어야 했다. 마키아벨리는 이처럼 다양한 장치를 통해 독자들에게 영향력을 휘두르는 동시에 그러한 조작의 증거를 은닉하는 데 성공했다. 보이지 않는 것에는 저항하기가 힘들게 마련이다.

명심하라. 당신이 천지를 개벽시킬 만한 뛰어난 생각을 갖고 있다 해도 그것을 효과적으로 표현하지 못하면, 사람들의 머릿속에 지속적인 영향을 미칠 수 없다. 자신이 반드시 필요하다고 생각하는 표현 방식을 사용하기보다는 독자나 청중에게 초점을 맞춰야 한다. 그것도 장수가 적에 대항하여 전술적 승리를 거두기 위해 쏟아붓는 만큼 전력을 다해서 말이

리디아 왕 크로이소스는 밀티아데스를 마음 깊이 생각했기에, 그가 람프사코스 사람들에게 붙잡히자 그들에게 그를 풀어주라는 명령을 써서 보냈다. 그들이 명령을 거부한다면, 그들을 "소나무 베듯 베어주리라."고 결심했다는 말을 덧붙였다. 람프사코스 주민들은 크로이소스의 협박에 다소 당황했고, 소나무 베듯 베이는 것이 무엇을 뜻하는지를 이해하지 못해 어찌할 바를 몰랐지만, 어떤 노인의 말을 듣고는 마침내 이 구절의 중요성을 천천히 깨달았다. 소나무는 베이고 나면 새순이 돋지 않는 유일한 나무이니, 한 번 베이면 영원히 죽어버린다는 것이었다. 설명을 들은 람프사코스 사람들은 크로이소스를 두려워하여 밀티아데스를 풀어주었다.
— 헤로도토스, 《역사》

다. 흥미와 집중력을 쉽게 잃는 사람들을 상대할 때는 그들을 즐겁게 해주면서 당신의 생각이 뒷문으로 슬금슬금 침투하도록 만들어야 한다. 지도자들에게는 신중하고도 우회적인 방식을 취해야 한다. 제3자를 동원하여 전파하고자 하는 개념의 출처를 위장하는 것도 좋은 방법이다. 젊은이들에게는 더 과격한 표현을 사용해야 한다. 전반적으로 역동적인 어조를 사용하여 독자들이 딴 생각을 하지 못하도록 몰아쳐야 한다. 당신이 추구하는 것은 개인적인 표현이 아니라 힘과 영향력이다. 되도록 당신이 선택한 의사소통의 형식에 의식적으로 집중하지 않도록 만들어야 한다. 그래야만 당신의 위험한 생각들이 머릿속 깊숙이 침투한다는 사실도 의식하지 못할 테니 말이다.

> 나중을 위해서 나는 한 번도 내가 믿는 대로 말한 적이 없으며 내가 말한 것을 믿지도 않았네. 간혹 내가 생각한 대로 말하게 된다 해도, 늘 숱한 거짓말들 속에 숨겨서 알아채기 힘들게 만들지.
>
> — 니콜로 마키아벨리, 프란체스코 귀치아르디니에게 보낸 편지, 1521년

전쟁의 기술: 적의 마인드에 침투하라

수백 년 동안 사람들은 말을 통해 타인에게 영향력을 행사할 수 있는 마법의 공식을 모색해왔다. 하지만 그러한 시도는 번번이 실패로 돌아갔다. 말에는 모순적이고 기묘한 특성이 있다. 예를 들어, 당신이 사람들에게 충고를 하면 그 충고가 아무리 그럴싸해도 결국 그 안에는 당신이 그들보다 더 많은 것을 알고 있다는 암시가 들어 있는 셈이다. 이것이 청중에게 불신을 안겨주는 상황으로 치달으면, 아무리 현명한 충고라도 청중의 방어벽은 더욱 두터워질 수 있다. 고개를 끄덕이며 귀를 기울이고 당신의 말에 넘어간 것처럼 보인다고 해도, 실제로는 당신의 비위를 맞추기 위해 거짓으로 행동하고 있는 경우가 많다. 심지어는 그런 태도를 보인 다음 당신을 완전히 무시해버리는 경우도 있다. 말이 실질적이고 지속적인 효과를 갖기에는 우리네 삶에 범람하는 말이 너무도 많다.

그렇다고 해서 언어를 통해 힘을 모색하는 것이 완전히 헛수고라는 얘기는 아니다. 다만 기본적인 심리학 지식을 바탕으로 더 전략적인 태도를 취해야 한다는 얘기다. 우리 자신을, 우리의 태도를 진정으로 변화시키는 것은 다른 사람의 말이 아니라 자신의 경험이다. 어떤 사건 하나가 우리의 감정을 뒤흔들고 평소에 갖고 있던 세계관을 산산이 부숴놓으며 지속적으로 영향을 미칠 수도 있다. 글로 읽거나 귀로 들은 훌륭한 스승의 말 한마디가 눈앞의 문제를 숙고하게 되는 계기가 될 수도 있으며, 그 과정에서 사고방식이 바뀌기도 한다. 영화에서 본 영상들이 언어 습득 이전의 방식으로 메시지를 전달하여 우리의 무의식을 관통하고 우리가 꿈꾸는 생활의 일부가 되기도 한다. 요컨대 우리를 깊이 동요시켜 우리의 마음속에 사고와 경험으로 뿌리내린 것들만이 지속적으로 우리의 행동을 변화시키는 힘을 갖는다는 얘기다.

고대 아테네의 위대한 철학자 소크라테스(Socrates)는 분명히 커뮤니케이션의 본질을 깊이 숙고한 인물이다. 소크라테스의 목표는 단순했다. 사람들이 세상에 대해 알고 있는 것들이 (전적으로 틀린 것은 아니지만) 지극히 피상적인 것임을 그들에게 인식시키는 것이었다. 하지만 그가 만약 이것을 전통적이고 직접적인 방식으로 말하려 했다면, 청중의 저항감을 부추기고 지식에 대한 자기만족을 더욱 강화시키기만 했을 것이다. 그래서 소크라테스는 숱한 시행착오를 거쳐 하나의 방법론을 고안했다. 가장 먼저 해야 할 일은 함정을 파는 것이었다. 그는 자신의 무지(無知)를 보여주고, 주로 청년층인 청중에게 자신은 별로 아는 게 없으며 자신이 지혜롭다는 것은 소문에 불과하다고 말했다. 그러면서 즉석에서 청중의 생각을 칭송하며 찬사를 늘어놓아 그들의 허영심을 충족시켜주었다. 그런 다음, 일련의 질문을 던져 청중 가운데 한 사람과 대화를 나누면서 방금 찬사를 늘어놓았던 바로 그 생각들을 서서히 해체했다. 직접적으로 부정적인 말을 던지기보다는, 질문을 통해 상대가 스스로 자신의 생각이 불완전하거나 틀렸다는 것을 깨닫도록 이끈 것이다. 물론 이러한 방식은 지극히 혼란스러웠다. 조금 전에 자신의 무지함을 고백하고 상대를 충심으로 칭송하던 그가 이제는 그들이 잘 알고 있다고 주장한 것에 대해 회의를 제기하고 있었으니 말이다.

그 대화는 청중의 마음속에 며칠 동안 자리하며, 스스로 자신의 세계관에 의문을 제기하도록 이끌었다. 그러고 나면 그들은 이 같은 사고의 틀을 통해 진짜 지식과 새로운 무엇에 대해 좀더 개방적인 태도를 가질 수 있었다. 소크라테스는 '산파' 역할을 자처하여 세상에 대한 사람들의 선입관을 부숴버린 것이다. 그는 결코 자신의 생각을 주입하지 않았다. 다만 사람들이 모든 이들에게 잠재되어 있는 의심들을 분만해내도록 도왔을 뿐이다.

소크라테스식의 문답법은 경이로운 성공을 거뒀다. 아테네의 모든 청년들이 소크라테스의 주문에 걸리고 그의 가르침에 의해 영구적으로 변화되었다. 그들은 소크라테스의 사상을 마치 복음인 양 전파했다. 그 중 가장 유명한 사람이 바로 플라톤(Platon)이다. 소크라테스의 방법론은 고도로 전략적이었다. 그는 자신을 낮추고 다른 이들을 추켜세움으로써 청자들의 방어본능에 자리한 뇌관을 제거하고, 그들이 모르는 사이에 그들의 방어벽을 낮췄다. 그런 다음 그들을 토론의 미로, 출구를 찾을 수도 없고 자신이 믿고 있던 모든 것에 의문이 제기되는 그런 미로 속으로 끌어들였다. 소크라테스에게 매료당한 청년 가운데 알키비아데스(Alcibiades)에 따르면, 소크라테스가 진정으로 믿는 바와 진정으로 의미하는 바가 무엇인지 전혀 알 수가 없었다고 한다. 그가 말하는 모든 것이 수사적이고 반어적이었다. 그리고 그가 무엇을 하고 있는 것인지 확실히 알 수가 없었기 때문에 이런 대화들에서 각자가 겪고 있는 혼란과 의심이 표면으로 떠올랐다. 소크라테스는 세상에 대한 청중의 경험을 내면에서부터 바꾸어놓은 것이다.

이러한 방법론을 '심층 커뮤니케이션'으로 생각하라. 일반적인 설교와 심지어 문학·예술 작품도 대개는 사람들을 피상적으로만 자극한다. 이런 경우, 사람들과 커뮤니케이션하려는 시도는 일상생활에서 그들의 귀를 메우는 온갖 소음에 흡수되어버린다. 설사 어쩌다가 우리의 말이나 행동이 심금을 울려 모종의 효과를 창출했다고 해도 그들의 사고방식이나 행동 방식을 바꿔놓을 만큼 머릿속에 오랫동안 남아 있는 경우는 드물다. 이런 피상적인 커뮤니케이션이 그럭저럭 괜찮은 경우도 많다. 모든 사람에게 영향을 미치려고 안간힘을 쓰며 인생을 살아갈 수는 없다. 그것은 너무 피곤한 일이다. 그러나 사람들에게 좀더 깊이 영향을 미치는 힘, 그리하여 그들의 생각과 바람직하지 못한 행동을 바로잡는 힘은 가끔 반드시 필요할 때가 있다.

커뮤니케이션의 내용뿐만 아니라 그 형식에도 주의를 기울여야 한다. 수많은 말을 통해 메시지를 전달하기보다는 사람들이 스스로 당신이 원하는 결론을 내리도록 이끄는 방식에도 주의를 기울이라는 말이다. 예를 들어 사람들의 나쁜 버릇을 고치고자 한다면, 그저 그만하라고 설득하기보다는 그 버릇을 반영하여 보여주는 방식, 즉 그것이 다른 사람들에게 얼마나 성가시게 느껴지는지를 보여주는 방식이 훨씬 더 효과적일 것이다. 자신감이 부족한 사람들에게 자신감을 심어주고자 한다면 그저 피상적인 효과를 내는 칭찬을 건네기보다는 가시적인 무언가를 성취하도록 밀어붙여 그들에게 실질적인 경험을 제공해야 한다. 이러한 경험이 훨씬 더 깊은 자신감으로 바뀔 테니 말이다. 중요한 개념을 전달하고자 한다면 설교를 하기보다는 독자나 청자들에게 단초를 제공하여 스스로 결론에 도달하도록 만들어야 한다. 당신이 전달하고자 하는 개념을 그들 스스로 내면화하도록 만들어라. 그것이 그들의 머릿속에서 떠오른 것처럼 보이게 하라. 이렇게 우회적인 커뮤니케이션은 사람들의 방어선을 깊숙이 꿰뚫는 힘을 발휘한다.

로마의 유명한 법률가이자 웅변가였던 키케로(Cicero)는 자신이 맡은 사건의 피의자를 비방하고자 할 때 그 사람을 비난하거나 윽박지르지 않았다. 대신 피의자의 삶에서 끌어낸 세부사항들을 언급했다. 믿기 힘들만큼 사치스러운 집(그 집을 불법으로 매입한 것 아닐까?)이나 호화로운 연회, 옷차림 등등 피의자가 자신을 평범한 로마인들보다 우월하다고 여겼을 법한 작은 증거들을 끌어들였던 것이다. 키케로는 이런 사항들을 지나가는 말처럼 흘려 말했지만 숨은 뜻은 분명했다. 청중의 머리를 후려치지 않고도 사람들이 특정한 결론에 도달하도록 만든 것이다.

어떤 시대에나 여론을 거스르거나 옳고 그름에 대한 개념을 깨는 생각을 표현하는 일은 위험할 수 있다. 그렇다면 이러한 여론이나 판단 기준에 순응하는 태도를 보이고, 일반적으로 수용되는 지혜와 타당한 도덕적 결말을 앵무새처럼 흉내 내는 것이 최선일 것이다. 그러나 이따금씩 세부적인 것들을 사용하여 다른 얘기를 할 수도 있다. 예를 들어 당신이 소설가라면 악당의 입을 빌려 당신의 위험한 의견을 말하되 거기에 에너지를 불어넣고 적절하게 채색하여 영웅의 발언보다 더 흥미롭게 들리도록 하는 것이다. 당신의 풍자와 숨은 의미를 모든 사람이 이해할 수는 없겠지만, 최소한 적절한 판별력을 갖춘 사람이라면 틀림없이 그것을 이해할 것이다. 여러 가지 의미가 뒤섞인 메시지들은 청중을 흥분시킬 것이며, 우회적인 표현 방식(침묵, 빈정거림, 숨은 저의를 가진 세부사항, 의도적인 실수 등)은 사람들에게 자신이 참여하여 나름의 의미를 밝혀내고 있다는 느낌을 안겨준다. 커뮤니케이션 과정에 대한 참여도가 높아질수록 해당 생각을 더 깊이 내면화하게 된다.

이 전략을 실행에 옮길 때는 사람들의 관심을 쥐어짜기 위해 충격적이거나 괴상한 형식을 사용하는 실수를 피해야 한다. 이것은 흔히 저지르는 실수다. 이런 방식으로 사람들의 관심을 끌었다면 그 관심은 피상적이며 일시적인 것이 될 수 있다. 광범위한 대중을 소외시키는 방식을 사용하면 청중의 폭이 좁아지게 마련이다. 따라서 당신은 결국 이미 개종한 이들에게 설교를 계속하는 셈이 된다. 마키아벨리의 사례에서도 알 수 있듯이, 전통적인 형식을 사용하는 것이 장기적으로 볼 때 훨씬 더 효과적이다. 더 많은 청중을 끌어들일 수 있기 때문이다. 일단 청중을 확보했다면, 세부사항이나 숨은 저의를 통해 진정으로 전하고자 하는 (심지어는 충격적이기까지 한) 내용을 넌지시 비칠 수 있다.

전쟁에서는 거의 모든 것이 그 결과로 판단된다. 장수가 자신의 군대를 패배로 이끌었다면, 처음 그의 의도가 아무리 고귀했다고 해도, 예상치 못한 요소들 때문에 계획이 틀어진 것이라고 해도 어쨌든 그는 패장이다. 어떤 이유도 허용되지 않는다. 마키아벨리가 제시한 가장 혁신적인 생각들 가운데 하나는 바로 이런 기준을 정치학에 적용한 것이었다. 그는 정치가들의 말이나 의도가 아닌, 그들이 취한 행동의 결과, 즉 권력

반어법 — 반어법은 온갖 종류의 학생들을 다루는 교사들이 교육적인 수단으로 사용할 때에만 적절하다. 반어법의 목적은 자존심을 상하게 하고 수치심을 느끼게 하는 것이다. 그러나 그것은 일종의 치료제로서 적절한 해결책을 도출해주기도 한다. 따라서 반어법으로 치료를 받은 사람은 마치 의사에게 그러하듯 존경과 감사를 표하기도 한다. 반어법을 사용하는 교사는 일단 아무것도 모르는 척한다. 상대 학생들이 착각할 정도로 아주 그럴듯하게 말이다. 그리하여 학생들은 자신이 선생보다 더 많은 것을 알고 있다고 굳게 믿고 과감하게 온갖 약점을 드러낸다. 그렇게 경솔하게 있는 그대로 자신을 드러내다가 어느 순간 교사의 얼굴에 갖다댄 등불이 거꾸로 아주 굴욕적으로 학생을 비추게 되는 것이다. 그러나 교사와 학생 같은 관계가 존재하지 않은 곳에서 사용되는 반어법은 무례하고 저속한 감정이 된다. 반어법을 사용하는 저술가는 모두 그 저자와 함께 자신을 다른 누구보다도 우월한 사람으로 간주하며 저자를 그러한 오만함의 대변인으로 간주하는 어리석은 사람들에게 의존한다. 게다가 반어법에 습관이 들면 독설의 습관이 그러하듯 성격을 망치게 되며, 그러다 보면 우월감이 더욱 커져 신순과 주름을 일삼게 된다. 그리하여 결국에는 비웃는 법은 배웠으나 무는 법은 잊어버린 심술궂은 개와 흡사해진다.
— 프리드리히 니체, 《인간적인, 너무나 인간적인》

의 증감 여부를 중시했다. 마키아벨리는 이것을 '실질적인 진실'이라 일컬었다. 즉 진짜 진실, 다시 말해서 말이나 이론상으로서가 아니라 실제로 일어난 일을 의미하는 것이다. 예를 들어, 교황의 경력을 검증할 때 마키아벨리가 중점을 둔 부분은 그가 구축한 동맹이나 재산, 영토 등이었지, 그의 성격이나 종교적 성명이 아니었다. 공적과 결과는 거짓말을 하지 않는다. 당신은 당신의 커뮤니케이션 시도와 다른 이들의 커뮤니케이션 시도에 바로 이러한 척도를 적용하는 법을 배워야 한다.

어떤 사람이 혁명적이라고 생각한 무엇, 세상을 변화시키고 인류를 개선시켜주리라 믿는 무엇을 말하거나 썼는데, 그것이 거의 누구에게도 실질적인 영향을 미치지 못했다면, 그것은 결코 혁명적이거나 진보적인 것이 아니다. 의도한 대로 진전되지 않거나 원하는 결과를 창출하지 못하는 커뮤니케이션은 제멋에 빠진 말장난에 불과하다. 이런 사람들의 말이나 글의 진실은 아무것도 바꿔놓지 못했다는 것이다. 사람들에게 영향을 미치고 그들의 견해를 바꾸는 것은 매우 중대한 사안이다. 전쟁만큼이나 중대하고 전략적인 사안이다. 따라서 자기 자신과 다른 이들에게 더욱 엄격해질 필요가 있다. 커뮤니케이션의 실패는 아둔한 청중이 아닌 전략이 부족한 전달자의 잘못이기 때문이다.

| 이미지 | 단검. 길고 끝으로 갈수록 가늘어진다. 더 이상 날을 갈 필요는 없다. 그 자체로도 깔끔하고 깊이 꿰뚫을 수 있는 완벽한 도구이기 때문이다. 옆구리를 찌르든 등을 찌르든, 아니면 심장을 꿰뚫든 치명적인 손상을 입힐 것이다.

| 근거 | 나는 스스로 지혜를 낳지도 못하고 수많은 사람들이 내게 퍼붓는 비난을 잉태하지도 못하오. 다른 이들에게 질문을 던질 수는 있지만, 지혜가 없기 때문에 스스로는 어떠한 지혜도 빛을 보게 만들지 못한다고 하는 게 옳을 것이오. 그 이유는 다음과 같소. 신은 내게 산파의 역할을 주었지만 출산은 금했기 때문이라오.

— 소크라테스(기원전 470~399)

뒤집어보기

당신의 커뮤니케이션을 좀더 의식적으로 전략적인 것으로 만들 계획이라면, 거꾸로 다른 이들의 말 속에서 언외의 뜻과 숨은 메시지, 그리고 무의식적인 신호를 해독해내는 능력을 길러야 한다. 예를 들어 사람들이 일반적이고 모호한 얘기를 늘어놓거나, '정의', '도덕성', '자유' 등의 추상적인 용어를 수없이 사용하면서 실제로는 자신이 말하는 바의 구체적인 의미를 정확히 설명하지 않는다면, 십중팔구 무언가를 숨기고 있는 것이다. 대개는 자신도 하고 싶지 않지만 어쩔 수 없이 해야만 하는 행위를 숨기기 위해 옳은 것들을 장황하게 늘어놓는 경우다. 따라서 상대가 그런 말을 늘어놓는다면 의심을 해봐야 한다.

또 장난기 섞인 목소리로 상투적인 말과 비속어가 가득한 구어체를 사용하는 사람들은 상대가 자신의 생각이 얄팍하다는 사실을 알아차리지 못하게 하려고 애쓰는 것일 수 있다. 건실한 논쟁을 통해서가 아니라 상대가 친근하고 편안한 감정을 갖게 만듦으로써 상대를 끌어들이려 하는 것이라는 얘기다. 그 밖에 자신감에 넘쳐 막힘없이 이야기를 풀어내면서 이따금씩 독창적인 은유를 끼워넣는 사람들은 자신의 생각 자체를 전달하는 것보다 자신의 목소리에 더 관심이 있는 것이기 쉽다. 어떤 경우든 당신은 사람들이 자신을 표현하는 방식에 주의를 기울여야 한다. 절대 그들이 말하는 내용을 액면 그대로 받아들여서는 안 된다.

STRATEGY 31

내부에 들어가 파괴하라
: 후방 교란

실제로 전쟁은 적이 자신을 드러내야만 치룰 수 있다.
상대의 조직에 잠입하여 내부에서 파괴공작을 벌이면
상대는 적이 누구인지 알 수도, 그에 대응할 수도 없게 된다.
이것은 최상의 이점이라고 할 수 있다.
당신의 적대적 의도를 숨겨라.
원하는 것을 손에 넣고자 할 때 그것을 가진 자와 싸우는 것이 여의치 않으면
그 사람의 친구나 부하가 되어라.
그리하여 천천히 그것을 당신의 것으로 만들어나가거나, 쿠데타를 감행할 시기를 노려야 한다.
어떤 조직이라도 내부에서부터 썩어 들어가면 오래 버티기가 힘들다.

보이지 않는 적

1933년 후반 아돌프 히틀러는 마흔여섯 살의 해군 소장 빌헬름 카나리스(Wilhelm Canaris)를 군사정보국, 즉 독일 참모부의 비밀 정보 및 방첩 부서의 수장으로 임명했다. 히틀러는 당시 독재 권력을 획득한 지 얼마 되지 않았고, 향후 유럽 정복을 꾀할 목적으로 카나리스가 군사정보국을 영국 정보부처럼 효율적인 정보기관으로 만들어주기를 바랐다. 사실 카나리스는 그 자리에 어울리는 인물이 아니었다. 귀족 출신에 나치 당원도 아니었고 특출한 군사적 업적도 없었다. 그러나 히틀러는 카나리스가 훌륭한 첩보조직의 지휘자에 어울리는 장점을 갖고 있음을 간파했다. 마치 기만과 속임수를 위해 태어난 듯 극도로 교활하며 성과를 도출하는 법을 아는 인물이라는 점이 바로 그것이었다. 또한 히틀러 외에 다른 고관들에게는 보직을 청탁한 적이 없다는 사실도 장점으로 작용했다.

히틀러는 자신의 선택이 옳았음을 확인했다. 카나리스가 군사정보국을 정력적으로 재조직하여 유럽 전역에 스파이망을 확산시킨 것이다. 그후 1940년 5월에는 프랑스와 2차 세계대전 초기 북해 연안 국가들(지금의 베네룩스, 즉 벨기에, 네덜란드, 룩셈부르크 지역—옮긴이)을 기습공격하는 데 필요한 이례적인 첩보를 제공했다. 그리하여 같은 해 여름 히틀러는 카나리스에게 중요한 임무를 맡겼다. 일명 '바다사자 작전(Operation Sealion)'으로, 영국 침공 계획에 필요한 첩보를 제공하는 일이었다. 전격전 끝에 연합군이 던커크로 필사적으로 철수했을 때, 영국군은 심히 취약해 보였고 이 시점에 그들을 격파한다면 히틀러의 유럽 정복은 보장된 것이나 다름없었다.

정보 수집에 착수한 지 몇 주 후 카나리스는 독일군이 영국 육군과 공군의 규모를 과소평가했다고 보고했다. 바다사자 작전은 나치 총통이 예상했던 것보다 훨씬 큰 자원이 필요한 일이며, 만약 히틀러가 군대를 보강하지 않으면 궁지에 빠질 것이라는 소식을 전한 것이다. 신속한 일격으로 영국을 격파하고 싶었던 히틀러에게는 대단히 실망스러운 소식이 아닐 수 없었다. 임박한 러시아 침공에 한눈을 팔고 있던 히틀러는 바다사자 작전에 대규모 병력을 투입하거나 영국을 정복하는 데 몇 년씩 쏟

이제 아테나에게 영감을 얻은 헤르메스의 아들 프릴리스는 목마를 이용해 트로이에 입성해야 한다고 제안했고, 파르나소스 출신의 포키스 사람인 파노페우스의 아들 에페이오스는 아테나의 지휘에 따라 목마를 제작하겠다고 자원했다. 물론 훗날 오디세우스가 이 전략의 공적이 모두 자기 것이라고 주장했지만 말이다. ……] 에페이오스는 전나무로 속이 텅 빈 거대한 목마를 만들어 한쪽 측면에 들창문을 달고 다른 쪽 측면에는 커다랗게 아테나에게 바치는 글을 새겨넣었다. "무사귀환을 바라며 그리스인들은 이 공물을 아테나 여신에게 바치노라." 오디세우스는 그리스인들 중 가장 용감한 자들을 설득하여 완전무장을 하고 줄사다리를 이용하여 들창문으로 목마의 배 부분으로 들어가도록 했다. …… 메넬라오스와 오디세우스, 디오메데스, 스테넬로스, 아카마스, 토아스, 네오프톨레모스를 비롯하여 여러 사람이 안으로 들어갔으며, 에페이오스를 구슬리고 협박하고 뇌물로 매수한 결과, 그도 무리에 합류했다. 마지막으로 올라간 그는 사다리를 끌어올린 다음, 들창문의 잠금쇠 바로 옆에 앉았다. 들창문을 여는 방법을 아는 사람은 그 자신밖에 없었기 때문이다. 땅거미가 내려앉자, 아가멤논 휘하의 나머지 그리스 군사들은 오디세우스의 지시에 따라 진지를 불태운 다음, 출항하여 테네도스 섬과 칼리드니아 섬 앞바다에서

아붓고 싶지 않았다. 카나리스를 전적으로 신뢰하게 된 히틀러는 결국 바다사자 작전을 포기하고 말았다.

같은 해 여름에 알프레트 요들(Alfred Jodl) 장군이 다른 방식으로 영국에 치명타를 입힐 훌륭한 계획을 들고 나왔다. 스페인을 작전기지 삼아 영국령 지브롤터 섬을 침공하여 지중해를 통과하는 영국의 해로와 영국령인 인도를 포함하여 동쪽 지역으로 가는 길목인 수에즈 운하를 차단하는 계획이었다. 파괴적인 일격이 아닐 수 없었다. 그러나 독일은 영국이 위협을 알아채기 전에 서둘러 작전을 개시해야 했다. 우회적인 방법으로 영국을 파괴시킬 수 있다는 생각에 들뜬 히틀러는 다시 한 번 카나리스에게 그 계획을 검토하라고 지시했다. 카나리스는 스페인으로 가서 상황을 면밀히 검토한 다음, 영국이 그 계획을 알아챌 가능성이 높으며 지브롤터의 방어도 매우 견고하다고 보고했다. 또 이 계획을 실행시키기 위해서는 스페인의 독재자 프란시스코 프랑코(Francisco Franco)의 협조도 필요했는데, 카나리스에 따르면 프랑코는 충분히 도움이 되는 인물이 아니었다. 결론적으로 지브롤터는 공들일 가치가 없다는 얘기였다.

히틀러 주위 사람들 대부분이 지브롤터 침공이 대단히 현실적인 전략이며, 그것은 곧 영국과의 전쟁을 전반적인 승리로 이끌 견인차가 될 것이라고 보았다. 그들은 카나리스의 보고에 충격을 받아 그가 여태껏 제공해왔던 첩보에 대해 의구심을 표출했다. 카나리스의 비밀주의적인 성격(카나리스는 말수가 적었고 마음속을 읽기가 불가능한 인물이었다) 또한 그가 믿음직하지 못하다는 생각에 기름을 부었다. 히틀러는 부하들의 말에 귀를 기울였으나, 프랑코 총통과 지브롤터 계획을 논의한 결과, 카나리스의 말이 모두 옳다는 것을 알 수 있었다. 프랑코가 몹시 까다롭고 온갖 어리석은 요구를 남발하는 인물이라는 사실을 알게 된 것이다. 스페인은 쉽게 주무를 수 있는 상대가 아니었으며, 따라서 매우 복잡한 병참술이 필요했다. 히틀러는 결국 요들 장군의 계획을 철회했다.

그 후 수년에 걸쳐 제3제국에 대한 카나리스의 충성심을 의심하는 장교들이 늘어났지만, 아무도 구체적인 물증을 제시하지 못했다. 어쨌든 히틀러는 카나리스를 대단히 신임했으며, 급기야는 그를 일급 기밀 작전

다음 날 저녁까지 대기했다. …… 다음 날 새벽 녘에 트로이 정찰병들은 그리스인들이 해안에 거대한 목마를 남겨둔 채 떠났으며 적의 진지는 재로 남았다고 보고했다. 프리아모스와 그의 아들 몇 명은 얼른 달려 나가 그 광경을 보고는 깜짝 놀라 우두커니 서 있었다. 제일 먼저 침묵을 깬 사람은 티모이테스였다. "이는 아테나 여신께 바치는 선물이니 트로이로 끌고 가서 아테나 여신의 성채에 올리는 것이 좋을 듯합니다." "안 됩니다." 카피스가 소리쳤다. "아테나는 오래 전부터 그리스인들을 더 아꼈습니다. 그러니 당장 불태우든지 깨부수어 뱃속에 뭐가 들었는지를 확인해야 합니다." 그러나 프리아모스는 이렇게 단언했다. "티모이테스가 옳다. 굴림대로 이것을 옮기도록 하라. 어떤 자도 아테나의 소유물을 모독해선 안 될지어다." 그러나 목마는 폭이 너무 넓어서 성문을 쉽게 통과할 수 없었다. 성벽을 파손시키고도 네 번씩이나 문에 끼어버린 것이다. 엄청난 노력을 쏟아 부은 끝에 트로이인들은 목마를 아테네의 성채로 끌어올렸다. 그러나 파손된 성문을 보수하는 조치는 게을리하지 않았다. …… 한밤중에 …… 오디세우스는 에페이오스에게 들창문을 열라고 지시했다. …… 달빛이 깃든 거리로 조용히 쏟아져 나온 그리스인들은 무방비 상태의 기우 들로 들이닥쳐 잠들어 있는 트로이인들의 목을 땄다.
— 로버트 그레이브스, 《그리스 신화》 2권

에 투입하기에 이르렀다. 1943년 여름 이탈리아의 전 참모총장 피에트로 바돌리오(Pietro Badoglio) 원수가 히틀러의 가장 충실한 동맹자인 무솔리니를 체포하면서 독일에 긴장감이 감돌던 시기였다. 히틀러는 바돌리오가 비밀리에 아이젠하워 장군에게 이탈리아의 항복을 위한 협상을 개시하지 않을까 염려했던 것이다. 그것은 베를린-로마 추축(Berlin-Rome Axis, 1930년대의 독일과 이탈리아의 우호관계를 가리키는 말—옮긴이)에 대한 치명적인 타격으로서, 필요하다면 로마에 군대를 투입하여 바돌리오를 체포하고 로마를 점령하는 등의 조치를 강구해야 했다. 그러나 그런 조치가 과연 필요할까?

카나리스의 임무는 이탈리아가 항복할 가능성을 검토하는 것이었다. 그는 이탈리아 정보부의 체사레 아메(Cesare Amé) 장군을 만나 양국 정보부 고위층의 회의를 마련했다. 회의석상에서 아메는 바돌리오가 독일을 배반할 의도가 전혀 없음을 힘주어 강조했다. 실제로 바돌리오 원수는 '추축'의 대의를 충실히 따를 것이라고 했다. 게다가 아메의 말은 매우 설득력 있게 들렸으므로 히틀러는 이탈리아를 내버려두기로 결정했다. 그러나 몇 주 뒤 바돌리오는 아이젠하워에게 항복했으며, 소중한 이탈리아 함대는 연합군의 손아귀에 떨어졌다. 카나리스가 농간을 당한 것이다. 아니, 어쩌면 카나리스가 그 농간의 주모자였을 수도 있다. SS(나치 친위대, Schutzstaffel의 약자)의 대외 정보부장 발터 셸렌베르크(Walter Schellenberg) 장군은 은밀히 조사에 착수했다. 그리하여 곧 아메와 카나리스의 회의에 참석했던 아메의 부하 두 명을 찾아냈다. 그들이 보고한 바에 따르면, 카나리스는 연합군에 항복하려는 바돌리오의 의도를 진작부터 알고 있었으며, 아메와 공조하여 히틀러를 속여넘겼다.

이번이야말로 군사정보국장은 현장에서 발각된 것이며 목숨을 내놓아야 할 때였다. 셸렌베르크가 카나리스의 의혹에 관한 서류들을 모아 친위대 원수 하인리히 히믈러(Heinrich Himmler)에게 전달하자, 히믈러는 시기를 봐서 히틀러에게 보고할 터이니 절대 입을 열지 말라고 지시했다. 그러나 히믈러는 셸렌베르크의 기대를 저버리고 몇 달이 지나도록 아무런 조치도 취하지 않았다. 결국 카나리스를 명예 은퇴시키는 선에서 일이 마무리되었다.

카나리스가 은퇴한 뒤 얼마 되지 않아 그가 쓴 일기장들이 친위대의 손에 들어갔다. 그리하여 그가 군사정보국장이 되면서부터 히틀러에 대한 음모를 꾸몄으며, 미수에 그치긴 했지만 암살 음모까지 구상했다는 사실이 만천하에 드러났다. 카나리스는 강제수용소에 보내졌고, 1945년 4월에 고문받은 뒤 처형되었다.

해석 ——

빌헬름 카나리스는 독실한 애국자였으며 보수적인 남자였다. 나치정권 초기 그는 사랑하는 조국 독일을 히틀러가 파멸로 이끌 것이라고 믿었다. 그러나 그가 무슨 일을 할 수 있겠는가? 그는 일개 국민에 지나지 않았고, 히틀러에 저항할 경우 어느 정도 세간의 주목을 받긴 하겠지만 얼마 안 가 죽음을 맞게 될 게 분명했다. 카나리스는 오직 결과에만 초점을 맞추었다. 그래서 줄곧 침묵을 지키다가 군사정보국장직을 제의받았을 때 비로소 기회가 왔다고 생각한 것이다. 우선 그는 군사정보국에서의 활동으로 신임을 얻는 동시에 나치정권이 내부적으로 어떻게 돌아가는지를 파악하며 기회를 노렸다. 그러는 와중에 뜻이 맞는 사람들을 모아 비밀리에 '검은 오케스트라(Schwarze Kapelle)'를 조직하여, 몇 차례 히틀러를 살해하기 위한 음모를 꾸몄다. 군사정보국장이라는 지위를 이용하여 카나리스는 '검은 오케스트라'를 감시로부터 어느 정도까지 보호할 수 있었다. 또한 히틀러 같은 고위 인사들의 추악한 비밀 정보를 은밀히 수집해서, 그들이 자신에게 대항하는 움직임을 보이면 그 정보를 폭로하여 그들을 파멸시킬 수 있음을 일깨워주었다.

바다사자 작전을 위한 첩보활동을 할 때 카나리스는 영국이 실제보다 더 견고한 것처럼 보이도록 정보를 조작했다. 또 지브롤터 침공을 위한 조사를 맡았을 때는 스페인 측에 물밑 작전을 벌였다. 독일이 일단 스페인을 점령하고 나면 절대 스페인 땅을 떠나지 않을 거라고 통보한 것이다. 프랑코가 히틀러를 그토록 소원하게 대한 이유도 바로 이 때문이었다. 양쪽 사례 모두에서 카나리스는 빠르고 쉽게 승리를 거두고 싶어하는 히틀러의 조바심을 이용하여 전쟁을 유리한 국면으로 전환시킬 수 있는 기회를 좌절시켰다. 마침내 바돌리오 건에서 카나리스는 히틀러의 약점(남들의 충성심에 대한 편집증적 우려)을 간파하고 아메에게 이탈리아가 추축의 대의에 대해 굳건히 헌신하고 있는 것처럼 보이는 방법을 조언했다. 카나리스라는 내부로부터의 공격이 초래한 결과는 놀라웠다. 논란의 여지는 있겠지만 카나리스 한 사람이 영국과 스페인 그리고 이탈리아를 재앙으로부터 구출함으로써 전쟁의 흐름을 완전히 바꾸었던 것이다. 독일이라는 전쟁 기계의 자원들이 붕괴되고 온갖 노력이 수포로 돌아가고 말았다.

카나리스의 사례가 예증하듯이, 맞서 싸우거나 파괴시키고 싶은 것이 있다면 적대감을 행동으로 표출하고 싶은 욕구를 억눌러, 상대편에게 자신의 위치를 누설하지 말아야 한다. 드러내놓고 싸울 경우 어느 정도의 명성을 얻고 공개적으로 자신을 표명함으로써 마음이 편하기는 하겠지만, 적수가 막강한 권력자일 경우에는 현명한 전술이 아니다. 그럴 경우 적은 당신에게서 손쉽게 힘을 박탈하고 당신을 제거할 것이다.

궁극적인 전략은 적의 진영에 머물면서 그 심장부를 파고드는 것이다. 그곳에서 당신은 가치 있는 정보를 수집할 수 있다. 공격 가능한 취약 지점이나 공개될 경우 치명적인 증거 등을 얻게 될 것이다. 여기서는 허위 정보를 흘리거나 상대방이 자기 파괴적 정책을 수립하도록 몰고 가는 등의 교묘한 책략들이 커다란 효과를 거둘 수 있다. 이것은 외부에서라면 엄두도 내기 힘든 효과다. 적의 힘은 오히려 당신이 사용할 수 있는 무기, 당신의 재량에 달린 배신자의 병기가 되는 셈이다. 대부분의 사람들은 외견상 자신의 지지자나 친구 역할을 연기하는 사람들이 적으로 암약한다는 것을 상상하지 못한다. 따라서 이러한 역할을 활용하면 당신의 적대적 의도와 책략을 좀더 쉽게 감출 수 있다. 적에게 당신이 보이지 않는다면, 당신은 적을 마음껏 파괴할 수 있다.

겸손하게 말하고, 공손하게 경청하며, 그의 명령을 따르고, 모든 것을 그에게 맞추도록 하라. 그는 당신이 그와 투쟁하고 있다는 것을 꿈에도 모를 것이다. 우리의 배신 수단은 그 즈음에 확립된다.

— 〈태공육도〉, 기원전 4세기경

우호적 인수

1929년 여름 파리의 아방가르드 초현실주의 운동을 주도하던 서른두 살의 앙드레 브르통(André Breton)은 개인 시사실에서 영화 〈안달루시아의 개(Un Chien Andalou)〉를 보았다. 초현실주의자 그룹의 스페인 출신 루이스 부뉴엘(Luis Buñuel)이 감독한 이 영화는 한 남자가 한 여자의 눈을 칼로 갈라서 뜨게 만드는 장면으로 시작한다. 브르통은 이것이야말로 최초의 초현실주의 영화라며 감탄했다. 〈안달루시아의 개〉가 그토록 흥분을 자아낸 것은 신인 예술가이며 부뉴엘의 친구이자 공동작업자인 살바도르 달리라는 이름 때문이기도 했다. 부뉴엘 감독은 브르통 앞에서 그의 스페인 동료 달리를 칭송하면서 그의 그림은 확실히 초현실주의적이며 독특한 개성을 지니고 있다고 했다. 달리는 곧 많은 사람들의 입에 오르내리기 시작했으며, 달리가 이름 붙인 미술의 '편집증적 비평' 방법론에 대한 토론이 벌어지기도 했다. 달리는 자신의 꿈과 무의식을 깊이 탐구했으며 거기서 발견한 이미지들을 광적일 정도로 상세하게 해석해냈다. 달리는 여전히 스페인에 거주하고 있었지만, 어느 순간부터 브르통은 도처에서 그의 이름이 거론되는 것을 느꼈다. 이후 1929년 11월 달리는 스물다섯 살의 나이에 파리의 화랑에서 첫 번째 메이저 전시회를 열었고, 브르통은 그가 표현해낸 이미지들에 사로잡혀 꼼짝도 할 수 없었다. 그는 전시회에 대해 다음과 같이 썼다. "생애 처음으로 마음의 문들이 활짝 열린 순간이다."

1920년대 후반은 브르통에게 어려운 시기였다. 5년 전쯤 그가 토대를 닦아놓은 초현실주의 운동이 침체기에 접어들었고, 그룹의 구성원들은 지긋지긋할 정도로 끈질기게 이데올로기적 논쟁을 벌이고 있었다. 사실 초현실주의는 한물가기 직전이었다. 이런 상황에서 달리라면 신선한 피를 수혈해줄 수 있을 것 같았다. 그의 예술과 사상, 그리고 도발적인 성격이 자극제가 되어 사람들이 다시 한 번 초현실주의를 이야깃거리로 삼을 수도 있을 테니 말이다. 브르통은 이런 생각으로 달리를 끌어들였고, 달리는 그의 초대를 기꺼이 받아들였다. 곧이어 달리는 파리로 이사하여 그곳에서 자리를 잡았다.

이후 몇 년 동안 브르통의 전략은 잘 먹혀들어가는 듯 보였다. 달리의 도발적인 그림들이 파리에서 화제가 되고, 그의 전시회로 인해 폭동이 일어나기도 했다. 그리하여 갑자기 모든 이들이, 심지어 젊은 예술가들까지 초현실주의에 다시금 관심을 갖게 된 것이다. 그러나 1933년이 되자, 브르통은 달리를 끌어들인 것을 후회하게 되었다. 이 스페인 화가로부터 히틀러에 대해 대단한 관심을 표현한 편지들을 받기 시작한 것이다. 달리는 히틀러가 편집증적 영감의 원천이며, 오직 초현실주의자들만이 히틀러를 "주제로 예쁜 것들을 말할" 수 있는 것 같다고 썼다. 달리가 독재자에 심취했다는 소식이 초현실주의자들 사이에 퍼지자, 수많은 논쟁이 촉발되었다. 공산주의에 동조하던 대다수 초현실주의자들이 달리의 몽상에 혐오감을 느꼈던 것이다. 설상가상으로 그는 거대한 그림에 그로테스크한 자세의 레닌을 그려넣었다. 그림 속의 레닌은 (약 3미터 길이의) 비대한 맨살의 엉덩이를 버팀나무에 기대고 있었다. 초현실주의자들 대다수가 레닌을 숭배하고 있던 상황에서 말이다. 그렇다면 달리는 일부러 도발적인 태도를 취한 것일까? 브르통이 달리에게 사람의 엉덩이와 항문을 이런 식으로 해석한 데 대해 넌더리가 난다고 말하자, 그 이후부터 갑자기 달리의 그림에는 항문의 이미지들이 넘쳐나기 시작했다.

1934년 초 더 이상 참을 수 없게 된 브르통은 초현실주의자들 몇 명과 함께 서명한 공동 성명을 통해 초현실파에서 달리를 제명할 것을 제안했다. 그러나 브르통의 의지와는 반대로 제명 운동은 중간 지점에서 양분되었다. 달리에게는 적들도 있었지만 지지자들도 있었던 것이다. 마침내 이 문제를 해결하기 위한 회의가 소집되었지만, 때마침 달리는 고열과 인후염에 시달리고 있었다. 그는 옷을 다섯 겹이나 껴입고 입에는 체온계를 문 채로 회의에 참석했다. 브르통이 회의장을 거닐며 달리의 추방 이유를 늘어놓았다. 그러는 내내 달리는 열을 내리기 위해 계속해서 코

하산(니자리 이스마일파의 지도자)은 곳곳을 돌며 사람들을 선교하면서 셀주크 제국에 대한 저항 활동을 지휘할 난공불락의 요새를 모색했다. 1088년경, 마침내 그는 알라무트의 산성을 선택했는데, 그곳은 루드바르로 알려진 지역의 알부르즈 산맥 중심부 높은 바위산의 산등성이에 세워진 성이었다. 그 산성 안쪽으로는 길이 48킬로미터, 폭 5킬로미터, 해발 약 1,800미터 높이의 개간된 골짜기가 자리하고 있었다. 골짜기에는 마을 몇 개가 점점이 산재했으며, 주민들은 하산의 금욕주의적 경건함에 특히 우호적이었다. 그 산성에 접근하려면 알라무트 강의 비좁은 협곡을 어렵게 통과해야만 했다. …… 셀주크 술탄 말리크샤(Malikshah)가 마흐디(Mahdi)에게 하사한 그 산성을 점령하기 위해 하산은 주도면밀한 전략을 채택했다. 우선 하산은 총애하는 다이(dai, 이슬람 선교사) 후사인 쿠아이니(Husayn Qai-ni)외 두 명을 보내어 인근 마을의 개종자들을 포섭했다. 다음으로 알라무트의 거주자들과 병사들을 비밀리에 이스마일파로 개종시켰다. 마지막으로 1090년 9월, 하산은 비밀에 직접 산성 안에 들어갔다. 마흐디는 하산이 그의 요새를 사실상 점령했다는 사실을 깨닫고는 편안하게 그곳을 떠났다.
— 제임스 와서만(James Wasserman), 《성전기사단과 아사신(The Templars and the Assassins)》, 2001년

트와 재킷과 스웨터를 벗었다 입었다 했고, 그 바람에 사람들은 브르통의 말을 귀담아듣기가 힘들었다.

마침내 달리가 답변할 차례가 왔다. 그는 입에 체온계를 문 채로 침을 튀겨가며 말했다. "레닌과 히틀러 그림은 둘 다 꿈을 토대로 한 것입니다. 레닌의 일그러진 엉덩이는 모욕이 아니라 바로 초현실주의에 대한 제 충심의 증거입니다." 그는 계속해서 옷을 벗었다 입었다 하며 말을 이었다. "모든 터부는 금지된 것이지요. 그렇지 않으면 관찰 대상 목록에 포함돼야 합니다. 그러니 브르통 씨는 초현실주의 시(詩)의 영역은 풍기 사범 단속반, 즉 공산당의 감시하에서 유죄를 선고받은 중죄인들을 가택연금하기 위한 작은 영지에 불과하다고 공식적으로 발표해야 합니다."

회의 참석자들은 너무 당황해서 거의 아무 말도 하지 못했다. 달리는 그들이 옹호해온 창작의 자유를 풍자하는 동시에 그에 대한 자신의 권리까지 요구함으로써 그 회의를 일종의 초현실주의 퍼포먼스로 변모시켰다. 그를 제명하기 위한 투표는 바로 그가 그들을 향해 퍼부은 비난을 인정하는 셈이었다. 그들은 당분간 그를 내버려두기로 결정했지만, 그 회의로 인해 초현실주의 운동이 더 확연하게 분열되리라는 점은 명백했다.

그해가 저물 무렵 달리는 뉴욕행을 감행했다. 들리는 소문에 의하면 그는 아메리카 대륙의 예술계를 완전히 정복하여 초현실주의를 가장 인기 있는 예술운동으로 만들어놓았다. 몇 년 후 그는 아예 미국으로 이주하여, 〈타임〉의 표지인물로 선정되는 영광을 누렸다. 그의 명성은 뉴욕에서부터 세계로 뻗어나갔고, 그러는 사이 초현실주의자들은 대중의 관심 밖으로 조용히 물러나서 다른 예술운동의 들러리 신세로 전락했다. 1939년 참다못한 브르통은 마침내 달리를 제명시켰지만, 그 즈음에는 화젯거리도 되지 않았다. 달리는 이미 초현실주의의 동의어가 되어 있었고, 초현실주의 운동이 사그라지고 나서도 그 방정식은 오랫동안 지속되었다.

해석 ──

살바도르 달리는 야심찬 인물이었다. 아무리 좋게 보려 해도 괴짜처럼 여겨지긴 했지만, 그의 일기장을 보면 그가 원하는 것을 얻기 위해 얼마나 치밀한 전략을 사용했는지 알 수 있다. 경력 초기에 스페인에서 고달픈 생활을 할 즈음, 그는 출세하여 명성을 얻으려면 당시 현대 예술운동의 중심이던 파리 예술계를 사로잡아야 한다는 점을 간파했다. 그러고 난 다음에는 자신의 이름에 모종의 예술 사조를 덧씌울 필요가 있었다. 그래야만 그의 아방가르드적인 위치를 증명하는 동시에 공짜로 자신을 알릴 기회를 얻을 수 있을 테니 말이다. 그의 작품 성격과 '편집증적 비평' 방법론을 고려할 때, 초현실주의는 지극히 당연한 선택이었다. 물론 달리의 친구 부뉴엘이 이미 초현실파 일원이라는 것과 초현실주의 운동의 주요 작가이자 사상가인 폴 엘뤼아르(Paul Eluard)의 부인 갈라(Gala Eluard)가 달리의 애인이었다는 사실도 어느 정도 영향을 미쳤겠지만 말이다. 부뉴엘과 갈라, 그 밖에 몇몇 사람들(달리는 그들을 "심부름꾼" 혹은 "문지기"라고 불렀다)을 통해 그는 자신의 이름을 전략적으로 파리 예술계에 널리 알렸으며, 브르통을 표적으로 삼았다. 사실 달리는 종류를 막론하고 조직화된 집단 자체를 경멸했으며 특히 브르통을 아주 싫어했지만, 당시로서는 두 가지 모두 이용가치가 있었던 것이다. 달리는 영리하게도 다른 이들을 통해 자신의 존재를 넌지시 알리고 자신이 초현실주의자 전위임을 암시하는 방식으로 브르통이 자신을 그룹으로 초대하도록 종용했다.

이렇게 해서 진정한 초현실주의자이자 공식적인 인사이더의 자격을 부여받은 달리는 음험한 전쟁을 계속 해나갈 수 있었다. 처음 몇 년 동안 그는 그룹의 충실한 일원인 척 연기를 하면서, 조직을 발판 삼아 충격적인 그림을 선보이며 파리를 자기편으로 끌어들였다. 초현실주의자들은 그가 초현실주의 운동에 활력을 불어넣어준 것에 대해 감사했지만, 실제로는 달리가 자신의 출세를 가속화하기 위해 그들의 명성과 존재를 이용했던 것이다. 그 뒤 명성이 확고해지자, 그는 내부에서부터 그룹을 폭파시키는 작업에 착수했다. 초현실주의자들이 내부적으로 약해질수록 공공연하게 그들을 압도하기가 더 쉬워졌다. 그래서 달리는 주도면밀하게 히틀러와 레닌의 이미지를 선택했다. 그런 이미지라면 초현실파 다수가 혐오감을 느낄 것이며, 브르통의 전체주의적인 측면을 끌어내 공격하는 동시에 초현실주의자들 사이에 심각한 분열을 야기하는 데도 유용할 거라고 확신했기 때문이다. 제명 회의에서 달리가 보여준 '퍼포먼스'는 그 자체로 초현실주의의 걸작이자, 마지막 남은 조직의 단결성까지 깨부수는 전략적 일격이었다. 그렇게 해서 마침내 초현실주의 운동이 분열되자, 그는 서둘러 미국으로 떠남으로써 전쟁을 마무리 지었다. 이런 방식으로 초현실주의라는 매혹적인 이름을 갈취한 그는 가장 대표적인 초현실주의자로서 브르통보다 훨씬 더 큰 명성을 떨칠 수 있게 된 것이다.

혼자 힘으로 출세하기는 힘들다. 동맹을 맺으면 도움이 될 수 있겠지만 초심자라면 적절한 동맹 상대를 구하기가 쉽지 않다. 초심자와의 동맹 따위에 관심을 갖는 사람은 아무도 없을 테니 말이다. 이때 가장 현명한 전략은 당신의 장기적인 이익에 가장 부합하는 집단이나, 당신이 가장 선호하는 집단에 가입하는 것이다. 그 집단을 외부에서부터 정복하려 들지 말고, 그곳에 이르는 땅굴을 파야 한다. 인사이더가 되면 그 집단의 운용 방식에 대해, 무엇보다도 그 구성원들의 위선과 약점에 대해 귀중한 정보를 수집할 수 있다. 그리고 이렇게 얻은 정보를 활용하여 음험한 내부 전쟁을 벌일 수 있다. 해당 조직을 내부로부터 분열시켜 정복할 수 있다는 얘기다.

다른 구성원들과 달리 당신이 가진 이점은 해당 집단에 감정적 애착이 전혀 없다는 사실이다. 동맹자가 오직 당신 자신뿐이라는 얘기다. 이렇게 되면 당신은 자유롭게 다른 이들의 희생을 발판 삼아 당신의 전진을 가속화시킬 교묘하고 파괴적인 책략을 구사할 수 있다.

> 당신 개인의 완벽한 승리를 위해 전쟁을 벌이기로 했다면, 먼저 당신에게 가장 큰 호감을 갖고 있는 사람들을 냉혹하게 파멸시켜야 한다.
> ― 살바도르 달리(1904~1989)

전쟁의 기술 : 내부에 들어가 파괴하라

　재래식 전쟁에서 가장 흔한 방어 형태는 도시를 요새나 성벽으로 둘러싸는 것이었다. 군사 지도자들은 수 세기 동안 그러한 구조물을 점령하는 방법에 대해 전략을 짰다. 요새의 문제점은 간단했다. 요새는 침투가 불가능하도록 설계되었고, 따라서 그것을 점령하려면 엄청난 노력이 요구되었으므로 요새 점령이 전략적으로 필수불가결하지 않다면 군대는 그곳을 그냥 지나쳐갔다. 요새에 대한 전통적인 전략은 공성 병기와 파성퇴(破城槌)를 이용하여 요새의 성벽을 오르거나 깨뜨리는 것이었다. 먼저 요새를 포위하여 그 주위에 원형으로 이른바 '참호와 포루의 선'을 형성해서 물자와 병력이 안으로 들어가는 것을 막고 수비대를 가둔다. 그런 다음, 도시 주민들이 굶주림으로 인해 서서히 약해지기를 기다렸다가 성벽을 올라가서 성을 탈취하는 방식이다. 이러한 포위는 상당히 오랜 기간이 요구되었고 그 양상 또한 처절해질 가능성이 높았다.

　그러나 수 세기에 걸쳐 일부 깨어 있는 전략가들이 성벽을 무너뜨리는 다른 방법을 고안해냈다. 그들의 전략은 간단한 전제에 기반을 두었다. 요새는 겉으로 보기에는 견고하지만 그것은 허상에 불과하다는 것이다. 성벽 너머에 갇힌 사람들은 두려움과 생존의 절박함에 처해 있으며 그 도시의 지도자에게는 선택권이 거의 없기 때문이다. 따라서 외관상의 견고함을 그대로 믿고 성벽에 포위망을 치는 것은 명백한 실수다. 실제로 성벽 안에 커다란 약점이 감춰져 있다면, 성벽을 우회하여 내부를 겨냥하는 것이 적절한 전략이다. 말 그대로 성벽 밑으로 굴을 파고 들어감으로써 그들 전력(전통적인 군사 전략)의 토대를 무너뜨려야 한다는 얘기다. 더욱 치밀하고 훌륭한 방법은 내부에 첩자를 침투시키거나 민심이 이반된 주민들에게 작업을 거는 것이다. 이른바 '내부전선을 여는 것'이다. 내부에서 어떤 집단을 찾아내어 그들이 모종의 불만을 유포시키도록 조장하면 그들이 버린 요새가 당신의 수중에 떨어지도록 만들 수 있다. 그렇게 되면 언제 끝날지 모르는 포위 기간을 단축할 수 있다.

　1968년 1월 말 북베트남 군은 남베트남 군과 미군에게 저 유명한 구정 공세를 퍼부었다. 베트남의 고대 수도이자 베트남 민중에게 종교적 의미가 각별한 위에도 그들의 표적에 포함되었다. 위에의 중심부에는 '성채'라고 불리는 거대한 요새가 있었고, 그 성채 안에는 위에의 심장이자 영혼인 '금단의 황궁' 지구가 있었다. 성채 벽은 믿기 힘들 정도로 두텁고 높았으며 사방이 해자로 둘러싸여 있었다. 1968년 당시 그곳은 미군과 연합군이 지키고 있었다. 그렇지만 북베트남 군은 그토록 견고해 보이는 성채를 손쉽게 점령했다. 그리고 몇 주간 그곳을 지키다가 미군의 대규모 반격 후에 마술처럼 위에에서 사라졌다. 그들에게 성채는 전략적으로 중요한 곳이 아니었기 때문이다. 다만 그곳을 점령할 수 있음을 보여 줌으로써 미국이 천하무적이라는 근거 없는 통념을 깨뜨리고자 했던 것이다.

어쨌든 그들이 의도했던 대로 성채 점령은 주목할 만한 전과였다. 구정공세를 일으키기 몇 달 전, 북베트남 군은 위에에 병사들을 침투시키고 거주민들 가운데서 그들에게 동조할 사람들을 모아 성채 내부에서 일하게 했다. 그들은 요새의 세부 도면을 입수하여 성벽 밑으로 정교한 터널을 뚫는 데 성공했다. 또한 주요 지점에 무기들을 비축했다. 테트(음력설, 구정) 연휴 동안 그들은 농부로 위장한 병사들을 도시 안으로 침투시켰다. 성채 내의 공모자들이 그들을 도와 일부 초소를 쳐부수고 성문을 열었다. 그들은 철저히 지역 주민들 속에 녹아들어 있었으므로 성채 수비대는 적과 아군을 분간할 수 없었다. 마침내 성채 내부에 집중된 지휘부 건물의 위치를 정찰해둔 북베트남 군은 그곳을 즉각 점령하여 통신을 두절시켰다. 성채는 일대 혼란에 빠졌으며, 그 와중에 성채의 방어는 붕괴되었다.

북베트남 군은 이 전략을 '활짝 핀 연꽃'이라고 불렀다. 그것은 동양의 군사 사상에 깊이 뿌리를 둔 전략으로, 전쟁이라는 테두리를 넘어서까지 적용될 수 있다. 적의 견고한 전면이나 방어물 외면의 주요 지점을 함락하여 그곳을 통해 활로를 확보하는 데(전통적인 서구식 접근법) 집중하는 대신, 연꽃 전략은 중심부를 최우선 목표로 삼는다. 중심부야말로 가장 연약하고 취약한 부분이기 때문이다. 깔때기에 물을 붓듯 병력과 동조자들을 중심부에 투입하여 그곳을 우선 공격하는 것이 연꽃 전략의 목표

공격할 것인가, 중재할 것인가 — 우리는 어떤 풍조나 당파, 혹은 어떤 세대에 대해 단지 그 외적인 면이나 침전물, 또는 거기에 필연적으로 따르는 '그 효력의 결점'을 보게 됐다는 이유로, 그것을 적극적으로 거부하는 과오를 저지르곤 한다. 어쩌면 궁극적인 원인은 우리가 그 안에 너무 깊이 가담했기 때문인지도 모른다. 어쨌든 우리는 거기에서 등을 돌려 정반대 방향으로 나아간다. 그러나 결점을 찾기보다는 좋은 점과 강점을 찾는 편이, 우리들 스스로 그것을 진화시키거나 발전시키는 편이 바람직하다. 그 불완전성을 꿰뚫어보고 그것을 거부하기보다는 불완전해서 서서히 발전하고 있는 측면을 더욱 발전시키는 데 주력해야 하며, 그러기 위해서는 더 예리한 눈과 더 넓은 포용력을 갖춰야 한다.
— 프리드리히 니체, 《인간적인, 너무나 인간적인》

다. 여기에는 적군 병사와 장교들의 심리도 포함된다. 그들 마음속을 파고들고 이성적 사고능력을 흩어뜨려 내부로부터 약화시키는 전략을 짜는 것이다. 연꽃과도 같이 모든 것은 그 목표의 중심부로부터 열리게 마련이다.

이 전략의 기본 원칙은 어떤 구조물(성벽, 집단, 방어적인 인물)을 파괴하려면 안쪽에서 바깥쪽으로 와해시키라는 것이다. 어떤 것이 내부에서 썩어 들어가거나 균열이 생기기 시작하면, 그 무게를 이기지 못하고 무너지고 만다. 어떤 집단을 공격하려 할 때, '연꽃 전략가'들은 맨 먼저 내부전선을 여는 법을 궁리한다. 성벽 안의 동조자들이 적의 취약점에 대해 소중한 정보를 제공할 것이다. 그들은 조용하고도 교묘하게 적에게 사보타주를 가할 것이다. 그들은 내부 알력과 분열을 조장할 것이다. 그 전략은 당신이 예리한 일격으로 적을 끝장낼 수 있는 지점까지 적을 몰고 갈 수 있다. 결국 적은 제풀에 무너질 수도 있다.

연꽃 전략의 변주는 적을 친구로 삼고 환심을 사서 그들의 심중으로 파고들어가는 것이다. 표적의 친구가 되었으니, 당신은 그들의 결핍과 불안, 그토록 숨기려 애쓰는 허약한 내면 등을 자연스럽게 알게 된다. 그들은 친구인 당신에게 경계를 소홀히 할 것이다. 그리고 향후 당신이 배신하려는 의도를 한껏 펼칠 때도 당신과의 우정에 미련이 남아 여전히 혼란에 빠져 있을 것이다. 그러면 당신은 감정을 우롱하거나 과민반응을 유도하는 방식으로 그들을 조종할 수 있다.

연꽃 전략은 우리 삶의 여러 전투에서 광범위하게 적용할 수 있다. 어렵거나 까다로운 문제에 직면했을 때 주의가 산만해지거나 외견상의 견고함 때문에 주눅 들지 말라. 연약한 핵심부, 즉 문젯거리가 만개하는 그곳으로 파고들 길을 생각하라. 어쩌면 당신이 당면한 문제의 근원은 특정한 개인일 것이다. 어쩌면 그것은 한 집단의 구조적 문제일지도 모른다. 문제의 핵심을 알면 그것을 내부에서부터 변화시킬 엄청난 힘을 갖게 된다(사고에 있어서나 행동에 있어서나). 언제나 중심부에 침투해야지 외곽을 치거나 마구잡이로 벽을 두들겨서는 안 된다는 점을 잊지 말아야 한다.

내부에 제거하거나 좌절시켜야 할 사람이 있을 경우, 당신과 같은 생각을 가진 다른 이들과 공모를 꾀하는 것은 자연스러운 경향이다. 대부분의 공모에서 목표는 모종의 대규모 행동을 벌여 지도자를 끌어내리고 권력을 잡는 것이다. 하지만 이것은 위험부담이 매우 높다. 어떤 공모에서든 주된 약점은 인간의 본성이다. 공모자의 수가 많아질수록, 고의로든 실수로든 누군가가 비밀을 누설할 가능성이 높아진다. 벤저민 프랭클린(Benjamin Franklin)이 말했듯이, "세 사람이 비밀을 지키는 것은 그들 중 둘이 죽을 경우에나 가능한 일이다." 아무리 공모자를 신뢰한다고 해도 사람 마음속은 결코 알 수 없는 노릇이다.

당신이 취할 사전 대책이 몇 가지 있다. 공모자의 수를 가능한 한 줄여라. 음모의 세부사항에 꼭 필요한 만큼만 공모자를 연루시켜라. 그들이 아는 것이 적을수록 누설할 것도 적어진다. 행동에 돌입하기 전에 가능한 한 늦게 계획 일정을 밝히면 그들이 변절할 시간도 주어지지 않을 것이다. 일단 계획을 설명하고 나면 그것을 고수하라. 마지막 순간에 계획을 변경하는 것은 공모자의 마음에 의심의 씨앗을 뿌리는 지름길이다. 이렇게 모든 것이 보장되었다 하더라도 대부분의 공모는 실패로 돌아가기 쉬우며, 그 실패 속에서 온갖 종류의 의도하지 않은 결과들이 발생한다. 심지어 카이사르 암살 음모가 성공했을 때도 공모자들이 의도한 대로 로마 공화국이 부활하는 대신, 아우구스투스 대제의 비민주적 체제로 귀결되었다. 공모자의 수가 너무 적다면 그 결과에 대한 통제력이 부족해진다. 공모자의 수가 너무 많으면 그 공모는 열매를 맺기도 전에 누설되고 말 것이다.

어떤 것이든 내부에서부터 파괴하고자 한다면, 참을성을 갖고 대규모의 극적인 행동을 벌이고자 하는 유혹을 이겨내야 한다. 카나리스가 보여준 바와 같이 기계 장치 같은 조직 내에 작은 훼방꾼을 배치하는 것만으로도 장기적으로는 똑같은 효과를 얻을 수 있다. 게다가 추적하기가 힘들기 때문에 더욱 안전하다. 적이 공격적인 행동을 단념하도록 설득하거나, 그들의 계획이 불발탄이 되도록 만듦으로써 전투에서 승리하는 방법을 궁리하라. 물론 이런 방식을 사용하면 당신의 승리가 공개적인 영

> 군주는 민중이 호의적일 때는 음모를 염려할 필요가 거의 없지만, 민중이 적의에 차서 군주를 증오할 때는 모든 일들과 모든 자들을 두려워해야 한다.
> — 니콜로 마키아벨리

광을 얻지는 못하겠지만, 몇 번의 승리만으로도 당신의 적을 내부에서부터 붕괴시킬 수 있다.

　마지막으로 적군의 사기를 떨어뜨리는 일은 언제나 유용하다. 중국인들은 이를 가리켜 '솥 밑에서 장작 빼내기'라고 불렀다. 외부에서도 프로파간다를 통해 시도할 수는 있지만, 역효과를 내기 쉽다. 외부 병력을 동원해 그들을 꺾으려 들 경우 그들은 군인과 민간인을 응집시켜 그 어느 때보다 전투 의지를 굳건히 다질 것이다. 내부 동조자들을 찾아내어 그들이 불만을 전염병처럼 유포시키게 하는 편이 더 효과적이다. 한두 명이 싸움의 명분에 대해 의구심을 드러내기 시작하면 그것이 전체 병사들 사이에 퍼져나가 군대의 사기와 기강이 무너질 것이다. 그들의 지도자가 이러한 위협에 예민하게 반응하여 불평분자들을 처벌한다면, 그들은 완전히 당신 손안에서 놀아나는 셈이 된다. 스스로 부당하고 압제적이라고 선전하는 셈이니 말이다. 문제를 그냥 방치한다 해도 문제는 더욱 확산될 따름이다. 그리고 결국 그들이 도처에 적들이 깔려 있음을 깨닫게 된다 해도, 편집증에 사로잡혀 전략 능력을 제대로 발휘하지 못할 것이다. 내부전선을 이용하여 알력을 확산시키는 일은 적을 제압하고자 할 때 반드시 필요한 이점을 제공할 것이다.

| **이미지** | 흰개미. 흰개미는 집의 구조물 깊숙한 데서부터 조용히 목조를 먹어치워 끈질기게 대들보와 버팀목에 구멍을 뚫는다. 그 작업은 눈에 띄지 않지만 그 결과는 확연하게 눈에 띤다.

| **근거** | 최악의 군사 정책은 성벽이 둘러쳐진 도시들을 맹공략하는 것이다. …… 지휘관이 화를 참지 못하고, 부대를 성벽 위로 무리지어 올려 보내면, 사상자는 셋 중 한 명꼴이 될 것이요 여전히 도시는 점령하지 못할 것이다. …… 따라서 군사 전략가들은 전투에 돌입하지 않고도 적군 병력을 진압하며, 성벽으로 둘러쳐진 적의 도시를 공격하지 않고도 점령한다.

— 손자

뒤집어보기

당신이 속한 집단 내부에도 당신에게 등을 돌릴 만한 불평분자들이 도사리고 있을 가능성이 높다. 최악의 실수는 편집증에 빠져 사람들을 일일이 의심하고 그들의 일거수일투족을 감시하는 것이다. 음모와 파괴 공작을 극복할 수 있는 실질적인 수단은 오직 당신의 부대가 자신의 직무에 만족하여 스스로 전념하고 자의에 의해 결집하도록 만드는 것뿐이다. 이렇게 되면 부대원들은 스스로 치안을 유지하면서 내부 문제를 조장하려 드는 모든 불평분자들을 그냥 보아 넘기지 않을 것이다. 암세포는 허약하고 쇠잔한 육체에만 뿌리를 내린다.

STRATEGY

복종하는 것처럼 보이면서 조종하라

: 숨어서 공격하기

당신의 의지대로 사람들을 주무르려는 시도는 무엇이든 일종의 공격으로 봐야 한다.
그리고 정치가 가장 큰 힘을 갖는 세상에서 가장 효과적인 공격 형태는 숨은 공격이다.
순응하는 척, 심지어는 겉으로 좋아하는 척하며 공격하는 형태가 최상의 공격이라는 얘기다.
수동적 공격 전략을 수행하기 위해서는
사람들과 잘 어울리며 전혀 저항을 하지 않는 것처럼 비쳐야 한다.
그러나 실제로 상황을 지배하는 사람은 바로 당신이다.
당신은 뚜렷한 주관이 없고 심지어는 다소 무력해 보이기까지 하지만,
그것은 모든 상황이 당신을 중심으로 돌아간다는 의미다.
물론 당신의 꿍꿍이를 알아채고 분노하는 사람들도 있을 수 있다.
그러나 걱정하지 마라.
공격하려는 의도가 있었음을 부인할 수 있을 정도로 충분히 위장하기만 하면 된다.
그러면 그들은 오히려 당신을 비난한 데 대해 죄책감을 느낄 것이다.
사실 수동적인 공격은 가장 많이 행해지는 전략 가운데 하나다.
그러니 당신을 수동적으로 공격하려 드는 수많은 전사들로부터
자신을 방어하는 법을 배워야 한다.
그들은 일상에서 당신을 수시로 공격할 것이다.

죄책감이라는 무기

1929년 12월 인도를 통치하던 영국인들은 다소 긴장하기 시작했다. 대영제국 측에서 식민지 인도에 단계적으로 자치권을 돌려주는 문제를 놓고 토론을 제안했지만 인도의 주요 독립운동 단체인 인도국민회의(Indian National Congress)가 이를 거부한 것이다. 대신 국민회의는 즉각적이고 총체적인 독립을 요구했으며, 마하트마 간디에게 시민 불복종 운동을 이끌어 투쟁의 포문을 열어달라고 요청한 상태였다. 수년 전에 영국에서 법률을 공부한 간디는 1906년 남아프리카의 법정 변호사로 일하면서 수동적 저항이라는 형태의 투쟁을 창안했다. 그리고 1920년대 초에는 인도에서 대영(對英) 시민 불복종 운동을 주도하여 대단한 반향을 일으키고 투옥되어, 인도에서 가장 존경받는 인물이 된 터였다. 영국 입장에서는 그를 상대하는 일이 만만치 않았다. 물러 보이는 겉모습과 달리 비타협적이고 냉혹한 인물이었기 때문이다.

간디는 엄격한 형식의 비폭력 저항에 대한 믿음을 가졌고 그대로 실행했지만 영국 통치하의 식민지 경찰들은 걱정이 되기 시작했다. 영국 경제가 약화되면 간디는 영국 상품 불매운동을 조직화하고 인도의 거리 곳곳을 군중의 시위로 가득 메울 게 분명했기 때문이다. 경찰 입장에서 그것은 악몽과도 같았다.

독립운동을 막기 위한 전략 구축 책임자는 인도 총독인 에드워드 어윈 경(Lord Edward Irwin)이었다. 어윈은 개인적으로는 간디를 존경했지만 전력을 다해 신속하게 대응하기로 결정했다. 더 이상 수수방관할 수는 없었기 때문이다. 그는 초조한 마음으로 간디의 다음 행보에 촉각을 곤두세웠다. 3월 2일 드디어 어윈은 간디로부터 편지를 받았다. 편지는 오히려 놀라우리만치 솔직했다. 시민 불복종 운동의 세부사항을 낱낱이 공개한 것이다. 편지에 따르면, 간디는 소금세에 대해 저항을 펼칠 예정이었다. 해안에 거주하는 사람이라면 누구나 소금을 쉽게 채취할 수 있음에도 불구하고, 영국은 인도의 소금 생산에 대해 독점권을 행사하고 소금에 과다한 세금까지 징수하고 있었다. 이는 소금이 유일한 양념인 인도의 극빈층에게 과중한 부담이 아닐 수 없었다. 간디는 뭄바이 부근에

간디와 그의 동료들은 인도 민중이 조직적으로 불의와 폭정에 대해 효과적인 저항운동을 펼칠 능력이 없음을 거듭 한탄했다. 간디는 경험을 통해 인도의 모든 지도자들이 끊임없이 반복한 한탄을 다시 한 번 확인했다. 즉 인도는 실제로 적국과 물리적 전쟁을 벌일 수 없다는 한탄을 말이다. 이유는 수없이 많았다. 부실한 국력과 무기 부족, 지난날의 패배와 항복 등등 본질적으로 비슷비슷한 주장들이 수없이 쏟아졌다. …… 영국에 대해 그가 채택한 저항 수단을 생각해보면 앞서 언급한 또 다른 판단기준에 다다르게 된다. 선택해야 할 수단의 종류와 그 사용 방식은 적의 형세나 그들의 대항 성격에 크게 좌우되기 때문이다. 간디는 수동적 공격을 효과적으로 사용할 수 있었을 뿐 아니라 실제로 그런 방식을 사용하여 효과를 거뒀다. 그의 적은 유구한 역사와 귀족적 자유주의적 전통을 지닌 영국 정부였는데, 영국은 식민지 국가에 상당한 자유를 허용하는 동시에 피식민자에서 지도자로 부상한 자들을 아첨과 매수를 통해 흡수하거나 유혹하거나 무너뜨리는 방식으로 식민지를 통치했다. 이것은 바로 수동적 저항의 전술을 용인하여 궁극적으로는 그 앞에 무릎을 꿇게 되는 종류의 대항과 정확히 맞아떨어지는 성격이었다.
— 솔 D. 앨린스키, 《급진파의 원칙》, 1971년

있는 그의 아쉬람(수행공동체)에서부터 바닷가 마을인 단디까지 추종자들의 행진을 이끌었고 각지의 인도인들에게 동참하도록 부추겼다. 간디는 어윈에게 보낸 편지에서, 총독이 당장 소금세를 폐지한다면 행진을 중단하겠다고 밝혔다.

어윈은 이 편지를 읽고 오히려 안도했다. 기력이 쇠한 예순 살의 간디가 (많아야 80명 정도인) 오합지졸의 추종자들을 이끌고 대나무 지팡이에 의지하여 아쉬람에서부터 바닷가 마을까지 320킬로미터가 넘는 거리를 행진하기는 힘들 거라고 추측했기 때문이다. 간디는 바닷가 마을에 도착하면 모래사장에서 소금을 채취할 거라고 밝혔다. 하지만 어윈과 그의 참모들이 우려했던 것과는 달리 그 저항 시위는 우스울 정도로 작은 규모였다. 도대체 간디는 무슨 생각을 한 것일까? 현실 감각을 잃은 것인가? 인도국민회의 인사들마저도 그가 선택한 방식에 크게 실망했다. 어쨌든 이제 어윈은 전략을 재고해봐야 했다. 이 늙은 성자(聖者)와 대부분이 여성인 그의 추종자들을 체포하거나 공격해서는 안 될 것이다. 오히려 꼴사나워 보일 테니 말이다. 가혹하게 대응하기보다는 스스로 소멸되도록 내버려두는 편이 훨씬 나아 보였다. 결국 이러한 저항운동이 아무런 효과도 거두지 못한 채 간디는 불신을 받을 것이고, 인도 민중을 홀려온 그의 주문 또한 효력을 잃을 것이다. 독립운동은 타격을 입거나 최소한 추진력을 상실하여, 결국 영국의 식민 지배가 훨씬 수월해질 것이다.

어윈은 간디의 행진 준비 과정을 지켜보면서 자신이 현명한 선택을 했음을 더욱 확신했다. 간디는 이 행사를 거의 종교적인 것으로 만들고 있었다. 마치 깨달음을 얻으러 떠난 붓다의 행진이나, 서사시 《라마야나(Ramayana)》에 기록된 라마(Rama, 비뉴수 신의 일곱 번째 화신으로 서사시 라마야나의 주인공—옮긴이)의 피신처럼 말이다. 그의 말은 종말을 예언하는 듯했다. "우리는 사활이 걸린 성스러운 전쟁에 돌입할 것입니다." 이 말이 빈자들의 공감을 부추긴 듯 빈자들이 간디의 말을 듣기 위해 간디의 아쉬람으로 모여들기 시작했다. 간디는 또한 이것이 중대한 역사적 사건이라도 되는 양, 행진을 기록하기 위해 세계 각지의 영화인들을 불러모았다. 역시 신앙심이 깊고 자신을 독실한 문명국가의 표상으로 여기

> 무력한 상대와의 싸움에서는 이기는 일이 불가능하다. 설사 이긴다 해도 얻을 것이 전혀 없기 때문이다. 당신이 가격을 해도 반격이 돌아오지 않기 때문에 당신은 그 사람을 가격했다는 사실에 죄책감을 느끼는 동시에 그의 무력함이 사실은 계산된 것이 아닐까 하는 불안한 의심이 들 수 있다.
> — 제이 헤일리, 《심리치료의 전략》

던 어윈은 바닷가로 향하는 이 성자의 발길을 막지 않는 것이 영국의 명성을 드높이는 데 도움이 될 거라고 생각했다.

간디와 그의 추종자들은 1930년 3월 12일에 아쉬람을 출발했다. 한 마을을 통과할 때마다 무리가 불어나자 간디도 점점 과감해지기 시작했다. 그는 인도 전역의 학생들에게 학업을 중단하고 행진에 동참하라고 호소했다. 그러자 수천 명의 학생들이 무리에 합류하고 수많은 사람들이 그의 행진을 보려고 길가로 모여들었다. 그들을 향한 간디의 연설도 점점 더 격앙되어갔다. 마치 영국이 자신을 체포하지 않을 수 없도록 유인하는 듯했다. 4월 6일 그는 추종자들을 이끌고 바닷물에 들어가 정화의식을 치른 뒤, 바닷가에서 소량의 소금을 채취했다. 그러자 인도 전역에 간디가 소금세법을 어겼다는 소문이 빠르게 퍼져나갔다.

어윈은 사태의 추이를 지켜보면서 점점 경악했다. 간디에게 완전히 속았음이 분명해진 것이다. 바다로 향하는 이 행진은 겉보기에는 전혀 대수롭지 않은 것이었다. 그래서 어윈 총독은 신속하고 단호하게 대처하는 대신, 오히려 그들이 추진력을 얻도록 허용하고 만 것이다. 별다른 영향력을 발휘하지 못하리라고 생각했던 종교적 상징은 민중의 마음을 뒤흔들었고, 소금이라는 쟁점은 영국 정책에 대한 반발의 피뢰침이 되고 말았다. 간디는 주도면밀하게 영국에게 위협감을 주지 않으면서도 인도인들의 반항을 얻을 수 있는 쟁점을 선택한 것이었다. 즉시 간디를 체포했다면 별문제 없이 사태가 마무리되었을 것이다. 하지만 이제는 너무 늦어버렸다. 지금 와서 그를 체포하면 불에 기름을 붓는 격이 될 테고, 그렇다고 그대로 방치하면 약하게 보일 뿐만 아니라 그의 주도권을 인정하는 셈이 될 것이다. 게다가 도시와 시골을 막론하고 인도 전역에서 비폭력 시위가 다발적으로 일어나고 있었는데, 이를 폭력으로 진압한다면 온건한 인도인들까지 시위에 동참하도록 부추길 것이다. 어느 쪽을 택하든 사태는 악화될 수밖에 없었다. 어윈은 몹시 초조해하며 수차례 회의를 열었지만 끝내 아무 조처도 취하지 못했다.

이후 수일에 걸쳐 그 여파는 더욱 넓게 확산되었다. 수천 명의 인도인들이 간디처럼 소금을 채취하려고 바닷가로 떠나기 시작한 것이다. 대도시에서는 시위 인파들이 이 불법 소금을 나눠주거나 아주 싼값에 팔고 있었다. 한 가지 형태의 비폭력 저항은 또 다른 형태의 저항으로 이어져, 국민회의가 영국 상품 불매운동을 주도하는 등의 저항이 줄줄이 이어졌다. 마침내 어윈의 명령에 따라 영국인들은 무력 진압에 나섰다. 그리하여 5월 4일에 간디를 체포하여 투옥시키고 재판도 하지 않은 채 아홉 달 동안 그를 감금했다.

간디의 체포는 또 하나의 커다란 도화선이 되었다. 5월 21일 2,500명의 인도인들이 정부가 운영하는 다라사나(Dharasana) 제염소로 평화 행진을 했다. 인도인 무장 경찰들과 영국인 경관들이 그곳을 방어하고 있었으므로, 행진자들은 공장으로 전진하다 철로 도금한 곤봉에 맞아 쓰러졌다. 하지만 간디의 비폭력 원칙에 따라 시위대들은 스스로를 방어하려는 어떤 시도도 하지 않은 채 억수처럼 쏟아지는 곤봉세례에 몸을 내맡겼다. 그러면서도 마지막 남은 한 사람이 곤봉에 맞아 쓰러질 때까지 행진을 멈추지 않았다. 그 끔찍한 장면이 언론에 대대적으로 보도되고 인도 전역에서 비슷한 상황이 발생하자, 마침내 인도인들은 영국에 대해 지니고 있던 일말의 감상적인 애착마저 모두 걷어내게 되었다.

소용돌이처럼 휘몰아치는 소요사태를 종식하기 위해 어윈은 어쩔 수 없이 간디와 협상을 개시하고 몇 가지 쟁점을 양보했다. 대영제국의 총독에게는 전례 없는 일이었다. 영국의 통치는 몇 년 더 지속됐지만, '소금행진(Salt March)'은 분명 영국의 통치를 끝내는 시발점이었다. 이를 증명하기라도 하듯, 1947년 영국은 단 한 번의 전투도 치르지 않고 인도를 떠났다.

해석

간디는 교묘하고 영리한 전략가로, 성자처럼 보이는 여약한 외모로 적이 오판을 하도록 유도했다. 모든 성공적인 전략의 열쇠는 적을 알고 나를 아는 것이다. 이런 관점에서, 런던에서 교육받은 간디는 영국인을 제대로 파악하고 있었다. 그가 판단하기에 영국인들은 정치적 자유와 교양 있는 행동의 전통을 고수한다고 자부하는 자유주의자들이었으며, 그들 스스로 이러한 자아상을 무척 중요하게 여겼다. 물론 식민지에서 이따금씩 잔혹한 행위를 한 것을 보면 그것은 자가당착에 불과하지만 말이다. 반면 인도인들은 오랜 세월 동안 영국의 지배를 받으면서 굴종의 삶을 살아야 했다. 그들은 대부분 비무장이었기에 반란이나 게릴라전을 일으킬 처지가 아니었다. 만약 그들이 다른 식민지들처럼 폭력적으로 저항했다면 영국인들은 그들을 폭력으로 진압한 다음, 정당방위였다고 주장했을 것이다. 그러나 반대로 그들은 비폭력(간디의 이상이자 철학이었으며 인도의 유서 깊은 전통) 방식을 사용하여 무력 대응을 주저하는 영국인들의 심리를 완벽하게 활용했다. 평화롭게 저항하는 이들을 공격하는 것은 영국인의 도덕적 순결주의에 걸맞지 않았다. 따라서 영국인들은 곤혹감과 죄책감을 느끼며 아무것도 하지 못한 채 주저하고 있다가 전략적 주도권을 포기할 것이 분명했다.

소금행진은 아마도 간디의 전략적 탁월함을 보여주는 전형적인 사례일 것이다. 우선 그는 주도면밀하게 영국인들이 대수롭지 않게 여길 만한, 심지어는 우습게 여길 만한 쟁점을 선택했다. 소금행진에 무력으로 대처한다면 그들은 영국인의 문제, 즉 명분 없는 일은 하지 않는다는 딜레마에 빠지게 될 터였다. 간디는 어원에게 편지를 써서 자신이 벌이는 일이 대수롭지 않은 일임을 확인시키고, 진압의 우려 없이 행진을 전개할 여지를 확보했다. 그런 다음 그 여지를 활용하여 인도 실정에 맞는 호소력 있는 행진을 조직했다. 그리고 그것을 위해 모색한 종교적 상징 또한 적절하게 작용했다. 그것 때문에 나름대로 종교에 충실하며 종교 행사의 진압을 용인하지 못하는 영국인들은 더욱 아무런 조치도 취할 수 없었으니 말이다. 끝으로 어떤 훌륭한 흥행사 못지않게 간디는 행진을 극적으로 시각화했고 언론을 이용하여 노출을 극대화했다.

일단 행진이 추진력을 얻게 되자 더더욱 손을 쓸 수가 없게 되었다. 그러기엔 너무 늦었던 것이다. 대중은 이제 간디가 불을 붙인 투쟁에 깊이 몰두하고 있었다. 이 시점에는 어원이 어떤 조치를 취하든 상황이 악화될 수밖에 없었다. 소금행진은 미래의 저항 시위의 본보기가 되었을 뿐 아니라, 분명히 인도 독립 투쟁의 전환점 역할을 했다.

영국인들이 힘과 권위에 대해 양면적인 태도를 취했듯, 오늘날 수많은 사람들은 이처럼 양면적인 모습을 보이고 있다. 살아남기 위해 힘을 필요로 하지만 동시에 자신의 선에 대한 확신 또한 필요로 한다는 얘기다. 이런 점을 감안할 때 폭력을 행사하여 싸울 경우 당신은 공격적이고 추한 사람으로 전락할 수밖에 없다. 상대가 당신보다 강한 사람들이라면 당신은 사실상 그들의 손아귀에 놀아나 그들의 강경대처를 정당화해주는 셈이 된다. 그 대신 온화하고 부드러우며 심지어 수동적인 모습을 보임으로써 상대의 내면에 잠재된 죄책감과 자유주의적 성향의 양면성을 활용하라. 그것이 최상의 전략적 지혜다. 그리하여 그들을 무장해제시키고 그들의 방어를 무사통과하라. 그들에 대한 도전이나 저항은 도덕적이고 정당하며 평화적인 방법으로 수행되어야 한다. 그들이 참지 못하고 무력으로 대응한다면, 오히려 그들이 꼴사납게 보일 것이며 그들 스스로도 그렇게 느낄 것이다. 반대로 그들이 주저한다면, 당신은 우위를 점하여 전쟁의 총체적인 역학을 결정할 수 있는 기회를 얻게 된다. 적은 공격적인 방식으로 저항하려 하지 않고 두 손을 드는 사람들에게 결코 싸움을 걸지 못할 것이다. 그것은 적을 완전히 혼란에 빠뜨리고 무기력하게 만든다. 이런 식으로 작전을 수행하면 상대의 죄책감을 일종의 무기로 사용할 수 있다. 정치가 중요한 역할을 하는 세계에서는 수동적이고 도덕주의적인 저항이 적을 마비시킬 것이다.

> 저는 탄원과 대의제, 그리고 우호적 협상 등의 정치를 믿었습니다. 그러나 그 모든 것이 타락하고 말았습니다. 이제 이런 것들로는 이 정부를 되살릴 수 없습니다. 이제 선동은 나의 신앙이 되었습니다. 우리의 신앙은 비폭력 전쟁입니다.
> ─ 마하트마 간디(1869~1947)

수동적 권력

1820년대 초 스페인과 당시 오스트리아 제국에 편입된 도시국가였던 나폴리에서 몇 달 간격으로 혁명이 발발했다. 양국의 왕들은 약 30년 전

여러 일화를 통해 확인할 수 있듯이, 병사들이 그에게 보인 헌신은 틀림없이 사실일 것이다. (카이사르는 그들의 헌신 없이는 결코 과업을 이루지 못했을 것이다. 반란이 일어났을 때 그는 병사들에게 말을 건네며 그 중 단 한 마디로 반란을 진정시켰다고 한다. 병사들을 평소처럼 동료 병사라 부르지 않고 시민(citizen), 민간인(civilian)이라 부른 것이다. 이러한 일화는 그저 영리하고 교묘한 어법이 아닌, 그의 방법론 자체를 반영하는 것이다. 반란은 그에게 매우 중대한 시기에 일어났다. 폼페이우스를 무찌른 후 로마에 머물면서 아프리카 출정을 준비하던 시기였다. 그곳에서 강력한 원로원의 군대를 진압하려 했던 것이다. 로마에서 지독한 적들에게 둘러싸여 있던 당시, 그가 의지할 곳은 오로지 그의 군대뿐이었다. 그런데 그 중에서도 가장 신뢰하던 최고의 군단이 반란을 일으킨 것이다. 그들은 상관을 죽이려 들며 로마로 진군하여 제대시켜 줄 것을 요구하고, 더 이상 카이사르의 군대에서 복무하지 않겠다고 했다. 카이사르는 사람을 보내어 모두 검을 차고 오라고 전했다. 지극히 카이사르다운 지시였다. 그와 관련한 일화들을 보면 카이사르는 항상 자신이 처한 위험에 대해 초연한 자세를 보였으니 말이다. 카이사르는 그들과 얼굴을 마주한 채 하고 싶은 말을 해보라고 한 다음 그들의 말에 귀를 기울였다. 그들은 그토록 많은 일을 하며 고생을 했는데 그에 대한 보상이 너무 적다며 해산하겠다고 말했다.

의 프랑스 혁명을 본보기 삼아 어쩔 수 없이 자유주의 헌법을 받아들이고 1793년 혁명 기간 중에 참수된 루이 16세의 운명을 떠올리며 전전긍긍했다. 한편 나폴레옹의 패배로 최근 안정을 되찾은 유럽 열강(영국, 오스트리아, 프로이센)의 지도자들은 또 한 번 혁명이 몰고 온 급진주의의 여파가 자국에도 퍼지지 않을까 하는 두려움에 휩싸였다. 그리하여 자국을 보호할 수 있기를, 혁명의 파도가 멈추기만을 바라고 있었다.

전반적으로 불안이 감도는 가운데, 러시아의 차르 알렉산드르 1세가 갑작스럽게 내놓은 제안은 많은 사람들이 생각하기에 전염병보다도 더 위험해 보이는 해법이었다. 유럽에서 가장 규모가 크고 위협적인 러시아 군대를 스페인과 나폴리에 보내 반란을 진압해줄 테니, 그 대신 양국의 왕은 시민들에게 더 큰 자유를 허용하여 혁명에 대한 욕구를 잠재워줄 자유주의 개혁안을 법제화하라는 것이었다.

알렉산드르의 제안은 단지 유럽 군주국들을 보호하는 데 그치는 것이 아니었다. 그것은 그가 왕위에 오른 이래 키워왔던 꿈, 즉 위대한 십자군 전쟁의 일환이었다. 그는 모든 것을 선과 악에 준하여 판단하는 독실한 기독교 신자로서, 유럽 군주국들이 개혁을 하여 자신을 지도자로 앞세워 지혜롭고 관대한 통치자들끼리 일종의 기독교적 형제관계를 형성하기를 원했다. 사실 권력자들은 알렉산드르를 러시아의 미치광이쯤으로 간주했지만, 유럽 전역의 수많은 자유주의자들과 혁명가들은 그를 자신들의 대의에 동조하는 흔치 않은 지도자이자 친구이며 보호자로 여겼다. 심지어는 그가 여러 좌익 인사들과 접촉하여 음모를 꾸몄다는 소문까지 나돌았다.

차르는 계속해서 자신의 생각을 밀고 나가, 이제는 유럽의 주요 열강들이 회의를 열어 스페인과 나폴리, 그리고 유럽 대륙 전체의 미래를 논의해야 한다고 주장했다. 영국 외무장관 로버트 캐슬레이 경(Lord Robert Castlereagh)은 러시아 차르에게 거듭 편지를 보내 다른 나라의 내정간섭은 결코 현명한 일이 아니라며 회의의 불필요성을 인식시키려 애썼다. 영국이 자국의 맹방인 스페인의 불안 종식을 돕고, 오스트리아가 자국에 통합되어 있는 나폴리의 불안 종식을 돕도록 내버려둬야 한다고 말이다.

다른 장관들과 통치자들도 알렉산드르에게 기본적으로 비슷한 내용의 편지를 보냈다. 그의 계획에 대해 통일된 태도로 밀고 나가는 것이 중요했기 때문이다. 그러나 오직 한 사람, 오스트리아의 외무장관 클레멘스 폰 메테르니히 공만은 차르에게 전혀 다른 태도로 대응했다.

메테르니히는 유럽에서 가장 큰 힘을 갖고 있으며 가장 존경받는 장관이었다. 전형적인 현실주의자였던 그는 어떤 종류의 모험에든 오스트리아를 개입시키기를 주저했다. 안전과 질서를 최우선으로 생각했기 때문이다. 그는 보수주의자였고, 현상유지의 미덕을 신봉하는 사람이었다. 변화가 반드시 필요한 상황이라 해도 결코 급격한 변화는 취하지 않았다. 그러나 한편으로 메테르니히는 수수께끼 같은 인물이기도 했다. 고상한 각료답게 말수는 적었지만 언제나 목표한 바를 얻어내는 듯 보였다. 그런 그가 이제는 알렉산드르의 회의 요청을 지지하면서 심지어는 차르의 다른 생각들까지 받아들이려는 듯했다. 만년에 심경의 변화를 일으켜 좌익 쪽으로 옮겨간 것일까? 어쨌든 그는 그해 10월에 오스트리아 령(領) 트로파우(오늘날 체코 공화국의 오파바)에서 열리는 회의를 몸소 준비했다.

알렉산드르는 기뻐했다. 메테르니히가 자기편이 되어주었으니, 지금 자신이 품고 있는 야심은 물론 그 이상도 해낼 수 있을 것 같았기 때문이다. 하지만 그가 트로파우에 도착했을 때, 회의에 참석한 다른 나라의 대표들은 조금도 우호적인 태도를 보이지 않았다. 프랑스와 프로이센은 냉담했고, 캐슬레이 경 역시 공조하기를 거부했다. 알렉산드르는 다소 소외감을 느꼈지만 이번에도 메테르니히가 차르의 기분을 맞춰주었다. 둘이서 은밀하게 차르의 생각을 논의할 것을 제안했던 것이다. 며칠간 두 사람은 몇 시간씩 두문불출하며 논의를 계속했다. 말을 하는 쪽은 대부분 차르였다. 메테르니히는 늘 그랬듯 동의를 표하고 고개를 끄덕이며 그의 말을 경청했다. 정신상태가 불안정했던 차르는 자신이 생각하는 유럽의 전망과, 회의에 참가한 각국 지도자들이 도덕적 결속력을 발휘해야 한다는 점 등을 설명하느라 안간힘을 썼다.

며칠째 이런 토론을 벌인 끝에 마침내 메테르니히는 자신도 유럽에 움

그러자 그는 역시 카이사르답게 부드러운 어조로 간결하고도 핵심을 찌르는 답변을 했다. "잘 들었네, 시민들이여. 제군은 열심히 일했네. 고생도 많았지. 이제 해산을 바란다니 그렇게 하게. 모두를 제대시켜주겠네. 또 합당한 보상도 해주겠네. 내가 위험에 처했을 때 제군을 이용했는데, 위험이 지나니 배은망덕했다고 후대에 알려지긴 싫다네." 그의 대답은 간결했지만 듣고 있던 병사들은 그의 의지에 완전히 압도당하여 결코 그를 떠나지 않겠다고 외쳤다. 그들은 용서를 빌며 다시 그의 병사로 받아달라고 간청했다. 그가 한 말 속에는 그의 인격이 숨어 있었다. 그의 인격을 면면히 모두 되살릴 수는 없지만 절실히 필요한 순간에 병사들의 해산 요구에 차분히 대항하는 힘과 애원 혹은 비난의 말은 전혀 하지 않는 자긍심. 부하들을 파악하고 그들에게 아무것도 기대하지 않으려는 사람의 온화한 관용 등이 이 짧고 대담한 말 속에 잘 녹아 있다.
— 이디스 해밀턴(Edith Hamilton), 《로마의 길(The Roman Way)》, 1932년

트고 있는 도덕적 위험을 감지하고 있다고 차르에게 털어놓았다. 무신론적 혁명은 이 시대의 천벌이라고, 급진적인 사상에 굴복하거나 타협의 기미를 조금이라도 보이면 결국 이들 사탄 세력의 손아귀에 이끌려 파멸을 맞을 거라고 말이다. 또 트로파우 회의 도중에 러시아 근위연대에서 하극상이 벌어졌는데, 그 사건이야말로 러시아가 혁명에 감염되어 공격받는 첫 번째 징후라고 알렉산드르에게 경고했다. 신의 가호에 힘입어 도덕적 세력의 대들보인 차르는 결코 굽히지 않을 것이다. 알렉산드르는 반혁명 십자군의 선봉에 서야 할 것이다. 메테르니히는 바로 이런 연유로 자신이 그토록 차르의 생각에, 나폴리와 스페인에 대한 그의 태도에, 그리고 양국에 대한 그의 판단에 열광한 것이라고 말했다.

차르는 메테르니히의 열정 어린 말에 넋을 잃었다. 둘이 함께라면 급진주의자들에게 굳건히 맞설 수 있을 것 같았다. 물론 그렇다고 해서 두 사람의 대화가 나폴리와 스페인을 침공하는 계획으로 귀결된 것은 아니다. 사실 알렉산드르는 이들 국가의 왕들을 누르고 그 정부를 개혁하기에는 지금이 적기라는 생각을 품고 있었다. 하지만 메테르니히의 말을 듣고 보니 그렇게 되면 양국의 왕권이 오히려 더 약화될 것 같았다. 당분간은 각국 지도자들이 혁명의 조류를 막는 데 온 힘을 쏟아야 할 것 같았다. 차르는 자신의 자유주의 사상을 다소 후회하기 시작했고, 메테르니히에게 그 생각을 털어놓았다. 회의는 강대국들 사이의 원대한 공동 취지에 대한 (차르가 한 말이 대부분인) 성명과, 러시아 군대가 아닌 오스트리아 군대가 나폴리 왕에게 전권을 돌려주고 나폴리 왕이 스스로 정책을 선택하도록 한다는 내용에 합의함으로써 끝을 맺었다.

알렉산드르가 러시아로 돌아가자, 메테르니히는 그의 공로를 찬양하는 편지를 써 보냈다. 이에 차르는 흥분으로 가득 찬 답장을 보냈다. "우리는 사탄 왕국과의 전투에 휘말려들었소. 외교관들은 이러한 과업을 충족시키지 못합니다. 오로지 주님께서 백성들 머리 위에 자리 잡게 하신 고귀한 이들만이, 주님의 은총 아래…… 사악한 세력과의 싸움에서 살아남을 게요." 사실 차르는 더 전진하기를 바랐다. 러시아 군대를 행군시켜 스페인에서 혁명을 진압하려던 생각이 되살아났던 것이다. 메테르니히는 그럴 필요는 없다면서, 그 상황은 영국인들이 잘 처리하고 있다고 응답했다. 그러나 정 원한다면 내년 회의에서 그 문제를 다시 건의할 수 있을 거라고 덧붙였다.

1821년 초 이번에는 오스트리아의 통제권 밖에 있던 이탈리아의 왕국 피에몬테에서 혁명이 발발하여 피에몬테의 국왕이 폐위될 위기에 처했다. 이번에 메테르니히는 러시아 군대의 개입을 환영했고, 러시아의 9만 대군이 오스트리아 군의 예비 부대가 되어 피에몬테로 향했다. 러시아 군사들이 국경 가까이에 나타나자 반란군과 이탈리아 전역의 동조자들은 배신감에 치를 떨었다. 그들은 차르를 자신들의 친구이자 보호자로 여겨왔지만 이제는 아니었던 것이다.

오스트리아 군대는 몇 주 만에 혁명을 분쇄했고, 러시아는 메테르니히의 요청에 따라 정중하게 병력을 철수시켰다. 차르는 유럽에서 자신의 영향력이 커져가는 것 같아 자랑스러웠다. 그렇지만 그는 개혁의 십자군이라는 원래의 계획과는 정반대 방향으로 나아가고 있는 셈이었다. 진보와 개혁의 선봉장으로 서는 대신, 현상유지의 수호자로서, 메테르니히가 손수 짜놓은 거푸집 안에서 형체가 굳은 보수주의자가 되어 있었다. 그의 주변 사람들은 어떻게 이러한 일이 일어날 수 있는지 의아해했다.

숨은 적과 싸울 때는 실체도 없고 만질 수도 없는 힘이 어두운 구석으로 '획' 들어와서 암시를 통해 사람들에게 영향을 미친다. 이런 상황에 처하여 자신이 상대하고 있는 힘의 성질을 판단하려면 가장 은밀한 구석까지 추적해야 한다. …… 그러한 알 수 없는 계책에 대처하기 위해서는 아주 정력적이고 끈기 있는 노력을 들여야 하지만, 그럴 만한 가치가 있다. 그처럼 잡기 힘든 힘이 백일하에 드러나서 소인이 적히면, 사람들에게 행사했던 힘을 완전히 잃게 되기 때문이다.
— 《주역》

해석 ──

메테르니히 공은 아마도 역사상 가장 효과적으로 수동적 공격을 구사했던 사람일 것이다. 다른 외교관들은 종종 그가 조심스럽다고, 심지어 나약하다고 생각했지만, 그는 결국에는 마치 마술을 부리듯 언제나 원하는 바를 얻어냈다. 그 성공의 열쇠는 자신의 공격성이 눈에 띄지 않도록 적절하게 감추는 능력이었다.

메테르니히는 적에 대해 대책을 강구할 때 항상 신중을 기했다. 알렉산드르 1세의 경우, 그는 감정의 기복이 심한 사람에게 적절한 대책을 강구했다. 차르는 도덕주의적인 기독교인의 허울을 쓰긴 했지만, 공격적이고 야심적인 인물이었다. 개혁의 십자군을 이끌고 싶어 안달이 난 그는 메테르니히가 보기에 나폴레옹만큼이나 위험한 인물이었다. 그런 자는 유럽을 위해 선을 행한다는 미명하에 대륙 끝에서 끝까지 군대를 행진시켜 엄청난 소용돌이를 일으킬 수 있었다.

알렉산드르의 위력적인 군대를 막는 일은 그 자체로 매우 위험한 일이 될 수 있었다. 그러나 메테르니히는 사람을 다루는 데 노련한 사람이었다. 그는 차르가 틀렸다고 반박하며 공격한다면 오히려 우려했던 결과를 재촉할 수 있다는 것을 알았다. 그의 불안 심리를 부채질하여 좌파 쪽으로 몰아세울 경우, 그는 단독으로 위험한 행동을 취할 수 있었다. 따라서 메테르니히 공은 그를 어린아이처럼 다루어, 그의 정력을 반대쪽으로 전환시킬 필요가 있었다. 수동적 공격 전쟁을 통해서 말이다.

수동적 역할은 간단했다. 실제로는 의견이 정반대인 극단주의자들에게 동조하고 있는 듯한 모습을 보여주기만 하면 된다. 예를 들어 메테르니히는 알렉산드르의 회의 소집을 개인적으로 반대하면서도 그의 요청을 받아들였다. 그런 다음, 트로파우에서 차르와 은밀한 토론의 시간을 마련하여 처음에는 가만히 듣고 있다가 나중에 전적으로 동의를 표했다. 도덕적 결속력을 보여주는 것이 차르의 신념이라기에 메테르니히는 자신도 같은 신념을 갖고 있다고 말했다. 하지만 실제로 그는 도덕적이라기보다는 언제나 실리적인 정책을 추구했으며, '현실정치'의 대가로 알려진 인물이었다. 또 차르의 개인적 자질(예를 들어 도덕적 열정 따위)을 들먹이며 한껏 추켜올렸지만 실제로는 그러한 자질을 아주 위험한 것으로 생각하고 있었다. 그는 또한 차르가 자신의 생각을 더욱 밀고 나가도록 부추기기까지 했다.

이런 식으로 메테르니히는 알렉산드르의 의구심과 저항감을 무장해제시키는 동시에 공격적으로 움직였다. 트로파우 회의의 막후에 그는 차르를 다른 강대국들로부터 소외시켰고, 그리하여 차르는 그에게 의존하게 되었다. 다음으로 그는 영리하게도 장시간의 비공개 회의를 마련하여, 차르가 꿈꾸는 자유주의적 개혁은 '현상유지'보다 훨씬 위험하다는 생각을 교묘하게 주입시킴으로써, 그의 기독교적 급진개혁의 십자군이 방향을 틀어 오히려 자유주의를 공격하도록 만들었다. 그리고 마지막으로 알렉산드르의 넘치는 에너지와 기분, 열정, 언어를 한껏 이용하여 피에몬테의 반란 진압에 러시아 군대를 투입하도록 유인해냈다. 이러한 조처를 통해 알렉산드르는 보수주의적인 대의에 전념하는 동시에 유럽의 자유주의자들로부터 소외당하게 되었다. 그리하여 더 이상 알렉산드르는 좌파에 대해 애매모호한 의견을 피력할 수 없게 된 것이다. 그는 마침내 행동을 취했으며, 그 행동은 자신이 처음에 의도한 것과는 정반대 방향이었다. 메테르니히가 완벽히 성공을 거둔 셈이다.

'수동적 공격'이라는 말은 대부분의 사람들에게 부정적인 인상을 주지만, 사람들을 조종하거나 개인적인 전쟁을 벌일 때 고의적인 전략 못지않게 큰 위력을 발휘할 수 있다. 당신도 메테르니히처럼 두 얼굴로 움직여야 한다. 겉으로는 마치 프로테우스(Proteus, 그리스 신화에 나오는 바다의 신으로 변신술이 뛰어나다-옮긴이)처럼 갖가지로 모습을 바꿔, 다른 이들의 생각과 활력과 의지 등에 순응하는 듯 협조적인 모습을 보여야 한다. 사람들은 고집스럽다는 사실을 잊어선 안 된다. 대놓고 반대하거나 상대의 생각을 바꿔놓으려 애쓸 경우, 자신이 의도한 것과 정반대의 결과를 초래하기 쉽다.

그러나 수동적이고 고분고분한 얼굴로 대하는 사람에게는 맞서 싸우거나 저항하려 들지 않는다. 그들의 에너지와 조화를 이루면 당신이 원하는 대로 방향을 틀 수 있는 힘을 갖게 된다. 큰물을 댐으로 가로막는 대신 물길을 돌리는 것처럼 말이다. 그러는 사이, 당신 전략의 공격적인 부분은 사람들의 생각을 미묘하게 변화시키고 당신 뜻대로 행동하도록 부추기는 에너지로 사람들을 감염시키는 형태를 취한다. 그들이 당신의 꿍꿍이를 뚜렷이 보지 못할 정도로 무능하다면, 당신은 막후에서 작업하며 진척 과정을 수시로 확인하고, 그들을 타인들로부터 고립시켜서, 결국 당신의 도움에 의존하는 위험수를 두도록 유인할 수 있다. 그들은 당신이 자신의 동지라고 생각한다. 유쾌하고 고분고분하며 심지어는 약해빠진 얼굴로, 당신은 막후 조종을 하는 것이다.

　　메테르니히 정책의 진정한 성과는, 러시아의 자유주의를 말살했다는 점과 상대에게 굴종하는 듯한 위장술로 오스트리아에게 가장 위협적인 라이벌을 지배하는 힘

완력과 무력이 통하던 시절은 지나갔다. 그러나 도처에 여우 같은 자들이 넘쳐나서 충성심이 깊은 자나 고결한 자를 찾아보기 힘들도다.
— 엘리자베스 1세 (1533~1603)

을 확보했다는 점이다.

— 헨리 키신저, 《회복된 세계》, 1957년

전쟁의 기술: 복종하는 것처럼 보이면서 조종하라

우리는 어떤 사람을 생각할 때, 혹은 우리에게 벌어진 어떤 일을 생각할 때, 가장 단순하고 가장 쉽게 이해할 수 있는 쪽으로 해석하는 경향이 있다. 예를 들어 사람의 경우에는 착하다 혹은 나쁘다, 우직하다 혹은 교활하다, 숭고한 의도를 갖고 있다 혹은 사악한 의도를 갖고 있다는 식으로, 사건의 경우에는 긍정적이다 혹은 부정적이다, 이롭다 혹은 해롭다는 식으로 이분법적 사고를 한다는 얘기다. 하지만 실제로 인생의 모든 면면은 그리 단순하지 않다. 사람들은 언제나 좋은 자질과 나쁜 자질, 강점과 약점을 골고루 갖고 있다. 또 무언가를 행할 때도 거기에는 우리에게 이로운 의도와 해로운 의도가 공존할 수 있다. 그 행위자가 우리에 대해 좋은 감정과 나쁜 감정을 함께 갖고 있기 때문이다. 아무리 긍정적인 사건이라도 부정적인 측면이 존재하게 마련이며, 우리는 행복과 불행을 동시에 느끼는 경우도 많다. 사람이든 사건이든 단순화시킬수록 쉽게 다룰 수는 있지만, 그러한 단순화는 실상과는 거리가 멀기 때문에 결국 언제나 오해와 오독이라는 함정에 빠지고 만다.

좀더 단순한 관점을 견지하고자 하는 이러한 경향은 수동적 공격이 하나의 전략으로서 그토록 지독한 효과를 발휘하는 이유와 그토록 많은 사람들이 이 전략을 구사하는 이유를 설명해준다. 수동적 공격을 구사하는 사람들은 말 그대로 수동적인 동시에 공격적이다. 겉으로는 고분고분하고 다정하며 복종적일 뿐만 아니라 심지어 충성스럽기까지 한 동시에, 속으로는 음모를 꾸미며 적대적 조치를 취한다는 얘기다. 그들은 아주 작은 사보타주 행위들을 취하거나 상대의 화를 돋우기 위해 아리송한 말을 건네는 등 종종 미묘한 공격을 시도하지만 때로는 노골적인 공격을 시도하기도 한다.

우리는 이러한 행위의 희생양이 되면서도 복종과 공격이 동시에 일어

이 후기(後記)는 카이사르 문제의 해결책을 다룬 것으로서, 옥타비아누스가 권좌에 오른 과정을 추적하려는 의도는 없다. 옥타비아누스가 로마에 도착하여 카이사르 유언에 따라 왕위 계승을 요구한 뒤 기원전 31년에 이르러, 비프사니우스 아그리파의 도움으로 악티움 해전에서 안토니우스와 클레오파트라를 무찌르고 로마 세계의 주인이 된 과정을 장황하게 늘어놓지는 않겠다. 다만, 여기서는 그가 카이사르의 문제를 어떻게 해결했으며 향후 200년 넘게 지속될 평화를 어떻게 확립했는지를 간략히 묘사하려 한다.

옥타비아누스는 자신이 얻은 제국과 제국의 여러 지방 정부, 그리고 그 국민들을 깊이 생각해본 뒤, 로마 제국은 너무나 광대하고 복잡해서 한 도시국가의 의회가 다스리기는 버겁다는 사실을 깨달았다. 로마 제국은 일인통치의 형식이 필요했으며, 어떻게 그것을 위장하느냐가 옥타비아누스의 고민이었다. 애초에 그는 공화국 헌법을 간섭하지도, 군주제를 고려하지도 않기로 마음을 굳힌 상태였다. …… 첫째, 기원전 28년에 그는 로마인들에게 왕권을 연상시키는 모든 명예를 사절했다. 그 대신 프린켑스(princeps, 제1인자)라는 호칭을 채택하고, 그 체제를 '프린키파투스(Principatus, 원수정)'라고 불렀다. 둘째, 과거의 모든 관례들, 즉 집정관, 호민관, 정무관, 선거제도 등을 모두 포용했다. 셋째, 카이사르처럼 원로원을

난다는 것을 쉽게 자각하지 못한다. 기분에 따라 어제는 상냥하게 굴었다가 오늘은 좀더 심술궂게 구는 변덕쟁이라고 생각할 수는 있지만, 상냥한 동시에 심술궂을 수 있다는 것은 우리에겐 매우 혼란스러운 일이다. 따라서 우리는 이런 사람들의 수동적인 겉모습을 그 사람의 실상이라고 여기는 경향이 있다. 전혀 위협적이지 않은, 오히려 호감이 가는 겉모습에 감정적으로 말려들게 된다는 말이다. 이런 무방비 상태에서 무언가가 다소 잘못되고 있다는 낌새가 느껴지면 우리는 몹시 당황하고 혼란스러워한다. 그리고 이러한 혼란은 다시 이 수동적 공격형 전사에게 우리를 마음껏 조종할 수 있는 막대한 힘을 부여한다.

수동적 공격에는 두 종류가 있다. 첫째는 메테르니히가 구사한 의식적인 전략이고, 둘째는 어느 정도만 의식하고 있거나 전혀 의식하지 못하는 행동으로서, 사람들이 일상생활에서 늘 사용하는 것이다. 상대가 두 번째 유형을 구사할 경우, 당사자가 처음부터 그 행위의 결과를 알지 못한 듯하며 스스로도 어찌할 바를 모르는 것처럼 보이기 때문에, 당신은 무조건 용서하고 싶은 유혹이 들 것이다. 그러나 그런 사람들은 종종 당신이 추측하는 것보다 자신이 하고 있는 일을 훨씬 잘 이해하고 있다. 오히려 당신이 그들의 친근하고 안쓰러운 외관에 속기 쉬운 사람이라는 말이 더 맞을 것이다. 일반적으로 우리는 이 두 번째 유형에게 지나치게 관대하다.

수동적 공격을 의식적이고 긍정적인 전략으로 이용하기 위해서는 적에게 내보이는 당신의 모습에 주의를 기울여야 한다. 당신 내부에 꿈틀대는 음침하고 도전적인 생각들을 상대가 전혀 감지하지 못하게 해야 한다는 얘기다.

1802년 당시 프랑스령이었던 오늘날의 아이티는 투생 루베르튀르의 주도하에 흑인 노예들의 반란이 일어나 몹시 혼란스러운 상태였다. 그러나 그해 나폴레옹이 반란 진압군을 투입했고, 그들은 내부 반역자를 이용하여 투생을 체포한 다음 프랑스로 이송했다. 그리하여 투생은 결국 옥중에서 죽음을 맞이했다. 같은 해 투생 휘하의 장군들 중 가장 전공이 화려했던 장-자크 데살린(Jean-Jacques Dessalines)마저 프랑스에 항복하

무시하고 원로들을 모욕하는 대신, 원로원의 의견에 귀 기울이며 그들의 비위를 맞췄다. 마지막으로 기원전 27년 1월 13일, 원로원 회의에서 자신의 비상대권을 원로원과 민중에게 돌려주었다. 그러나 원로들이 비상대권의 재개와 그가 구해낸 공화국을 포기하지 말 것을 간청하자, 자신은 스페인과 골, 시리아, 시칠리아, 그리고 사이프러스를 포함하여 확장된 속주(屬州)를 관장하는 총독 권한을 맡고 나머지 지역은 원로원이 관장하자는 데 동의했다. 이러한 방식으로 원로원과 국민의 주권을 복원시킨 것이다. 그러나 사실상 대부분의 군단이 그가 통치하는 확장된 속주에 주둔했으며, 이집트에서 그는 왕으로 군림했다. …… 정치권력의 근간은 그의 손 안에 들어온 셈이었다. 사흘 후 원로원은 그에게 '아우구스투스(Augustus, 존엄한 자)'라는 칭호를 부여한다고 천명했다.
— J. F. C. 풀러, 《율리우스 카이사르》

고, 급기야는 프랑스 군에 편입해 반란군의 고립 지역을 처치하는 데 일조하여 프랑스의 환심을 샀다. 그러나 이것은 모두 계략이었다. 데살린은 반란군 생존자들을 진압하면서 그들에게서 무기들을 포획하여 프랑스 군에게 인도했지만, 언제나 비밀리에 그 중 일부를 빼돌려 상당히 큰 무기고를 빼곡히 채워두었다. 그와 동시에 그에게 할당된 외딴 지역에서 새로운 반란군을 조직하고 훈련시켰다. 그런 다음 황열병이 돌아 프랑스 군사들이 죽어나갈 때를 노려 교전을 재개했다. 그리하여 채 몇 년도 안 돼 그는 프랑스 군을 무찌르고 아이티를 식민지배로부터 해방시켰다.

데살린이 구사한 수동적 공격은 '거짓 항복'이라 할 수 있는 군사전략에 깊이 뿌리를 두고 있다. 이 전략을 구사할 경우, 적들은 당신이 무슨 생각을 하는지 결코 읽지 못한다. 당신의 겉모습만으로 눈에 보이지 않는 당신의 생각과 계획을 해독해내야 하기 때문이다. 일반적으로 적군이 항복을 하면 너무 감격해서 경계를 소홀히 하게 되는 경향이 있다. 물론 패한 부대를 주시하기는 하겠지만, 승리를 얻으려고 진을 뺀 나머지 예전과 같은 신중함을 유지하기가 몹시 힘들어진다. 그러나 총명한 전략가라면 정신적으로나 육체적으로나 자신이 패배했음을 선언하며 거짓으로 항복할 것이다. 적이 별다른 징후들을 포착하지 못하고 당신의 마음을 읽어내지도 못한다면, 그 항복을 액면 그대로 받아들일 가능성이 높다. 그렇게 되면 당신은 거짓 항복으로 인해 새로운 전투를 꾀할 시간과 여유를 벌게 된다.

인생의 수많은 전투에서 거짓 항복의 성패는 복종이 얼마나 그럴싸해 보이는가에 달려 있다. 데살린은 단순히 투항한 것이 아니라 적극적으로 과거의 적을 위해 복무했다. 이 전략이 먹히게 하려면 당신도 그래야 한다. 당신이 약해져 있으며 사기가 짓밟혔다는 점, 그들과 동지가 되고 싶어한다는 점 등을 부각시켜라. 이것은 상대의 주의를 흐트러뜨리는 데 큰 힘을 발휘하는 감정적 계략이다. 또한 약간의 배우 기질도 필요하다. 양면성의 징후를 조금이라도 내비치면 당신의 전략은 무너지고 말 것이기 때문이다.

1940년 프랭클린 D. 루스벨트는 딜레마에 처해 있었다. 그는 두 번째 임기의 끝자락을 보내고 있었는데, 미국 정계에서는 어떤 대통령도 세 번 연임이 불가능하다는 게 불문율로 통하고 있었던 것이다. 그러나 루스벨트에게는 아직 끝내지 못한 일들이 많았다. 대외적으로 전쟁에 깊이 빠져든 유럽에 개입하게 될 것이 거의 확실했고, 대내적으로도 어려운 시기를 겪고 있었다. 루스벨트는 자신이 계획한 대로 이런 문제들을 마무리 짓고 싶었지만, 계속해서 연임을 하겠다는 기미를 보이면 여당 내에서마저 반대여론이 비등할 것 같았다. 이미 많은 이들이 그의 독재적 성향을 비난해왔기 때문이다. 그래서 루스벨트는 수동적 공격의 형태로 원하는 바를 얻기로 결심했다.

대선 후보자를 지명하는 민주당 전당대회가 열리기 전까지 몇 달 동안, 루스벨트는 3선 대통령이 되고 싶은 의향이 전혀 없음을 거듭 표명하고, 당내 인사들에게 자신의 후임이 될 후보를 물색하라고 독려했다. 그러나 그러는 사이에도 어휘를 주의 깊게 선택하여 자신이 후보로 나설 가능성을 완전히 닫아두지는 않았으며, 여러 명의 후보를 경선으로 밀어 넣어 어느 한 사람이 두드러진 지지를 받지 못하게 했다. 전당대회가 열리자 루스벨트는 무대 뒤로 물러나서 자신의 존재감을 부각시켰다. 그의 부재로 대회 진행이 더할 나위 없이 지루해지자, 참석자들은 그의 이름을 연호하기 시작했다. 하지만 루스벨트는 참석자들의 바람이 극에 달할 때까지 모습을 드러내지 않고 기다렸다가 앨벤 바클리(Alben Barkley) 상원의원이 연설을 하는 도중에 그가 보낸 메시지를 읽게 했다. "대통령께서는 대통령직을 연임하거나 대통령 후보로 나서거나 전당대회에서 지명될 의향이 지금껏 한 번도 없었으며, 지금도 그 생각에는 변함이 없다고 하십니다." 잠시 침묵이 흐른 뒤 장내에 대의원들의 함성이 울려퍼졌다. "루스벨트! 루스벨트!" 이들의 간청은 한 시간 동안 지속되었다. 다음 날 대의원 투표를 앞두고 "루스벨트!"를 연호하는 함성이 다시금 홀을 가득 채웠다. 현직 대통령의 이름이 후보자 명단에 기입되었고, 그는 첫 번째 투표에서 압승을 거두었다.

권력이나 부, 명성에 집착하는 인상을 주는 것은 결코 현명하지 않다는 점을 기억하라. 야망이 당신을 정상까지 올려줄 수는 있지만 그와 동

세계문학에서 관용구는 하나의 전형이라고 할 수 있다. 중국 민요에서 얼굴에는 미소를 짓고 있지만 잔혹한 마음을 가진 사람을 '미소 짓는 호랑이'라고 부른다.
― 《전쟁의 비결: 고대 중국의 군사전략 36계》, 순 하이첸 번역

시에 당신에게서 사람들의 호감도와 지지도를 앗아갈 것이다. 따라서 당신은 힘을 얻기 위한 책략을 위장해야 한다. 당신은 원치 않았는데 사람들이 억지로 떠맡긴 것처럼 보이게 하라는 얘기다. 외관상 수동적인 자세를 견지하며 사람들이 제 발로 찾아오도록 만드는 것은 훌륭한 공격 형태 중 하나라고 할 수 있다.

수동적 공격은 일상생활에서 아주 흔하게 일어나기 때문에 공격하는 법만큼이나 방어하는 법을 아는 것도 중요하다. 이 전략을 구사하여 공격해야 하는 것은 두말할 필요도 없다. 당신의 무기고에서 배제시켜버리기엔 너무 효과적인 전략이니 말이다. 하지만 반쯤은 의식적인 수동적 공격이 현대사회에 만연해 있다는 점을 감안할 때, 그에 대처하는 방법 또한 알아두어야 한다. 당신의 살갗을 파고들기 전 어느 단계까지 도달했는지를 파악하여 이런 생소한 형태의 공격을 방어할 수 있는 능력을 갖춰야 한다는 얘기다.

첫째, 어째서 수동적 공격이 이토록 만연하게 되었는지를 이해해야 한다. 현대사회에서는 상대에 대한 노골적인 비판이나 부정적인 감정을 표출하는 행위가 크게 환영받지 못한다. 사람들은 비판을 지나치게 개인적으로 받아들이는 경향이 있다. 게다가 무슨 일이 있어도 갈등은 피해야 한다는 생각이 널리 퍼져 있다. 가능한 한 많은 사람들로부터 호감과 인지도를 얻어야 한다는 사회적 압력이 크게 작용하기 때문이다. 그러나 무릇 인간에게는 공격하고픈 충동과 부정적 감정, 타인에 대한 비판적 사고가 존재하게 마련이다. 하지만 이런 감정을 노골적으로 드러낼 경우 사람들의 호감을 잃을 수 있다는 우려가 따르기 때문에, 사람들은 점점 더 수가 얕은, 끈질긴 수동적 공격에 의존하게 된다.

사실 이런 반의식적 수동적 공격은 비교적 큰 피해를 입히지 않는 경우가 대부분이다. 기껏해야 상습적으로 지각을 하거나, 야유의 독침을 숨긴 채 칭찬을 떠벌리거나, 도움을 준다 해도 끝까지 책임지지 않는 등의 행위로 표출되기 때문이다. 이렇게 흔한 전술들은 무시하는 것이 최선이다. 현대사회에 존재하는 하나의 경향으로 치부하여 흘려 넘겨야지, 개인적으로 심각하게 받아들여서는 안 된다는 얘기다. 우리에겐 더 중요

한 전투들이 기다리고 있음을 잊어선 안 된다.

반면 좀더 강력하고 해로운 수동적 공격의 형태로, 실질적으로 해를 입히는 사보타주가 있다. 당신의 동료 한 명이 겉으로는 당신을 따뜻하게 대하는 척하면서 뒤에서 문제를 일으킬 만한 말을 하고 다닌다고 가정해보자. 그렇다면 당신은 그 사람이 당신에게서 매우 귀중한 것을 훔쳐가도록 허용하는 셈이다. 당신의 고용인에게 중요한 업무를 맡겼는데 그 일을 더디고 형편없이 한다고 가정해보자. 이러한 유형은 당신에게 해를 입히면서도 어떠한 비난이든 요령 있게 피해갈 수 있다. 그들의 수법은 그들이 공격적인 행위를 자행한 장본인이라는 가능성을 배제시키는 것이다. 따라서 그들은 무고하고 가엾고 의지가지없는 방관자이자, 전반적인 역학관계를 놓고 볼 때 진짜 희생당한 장본인이 된다. 그리고 그들이 책임을 회피함으로써 당신은 혼란을 겪게 된다. 모종의 물밑작업을 당했다는 의심이 들긴 하지만 증명할 길이 없기 때문이다. 설상가상으로 그들이 '진짜' 능숙하다면, 당신은 무고한 사람을 의심했다는 죄책감을 느낄 것이다. 죄책감이 든다면, 그것을 그들에게 제압당했다는 하나의 신호로 받아들여라. 사실 당신을 얼마나 강력하게 동요시켰느냐에 따라 해당 수동적 공격의 유해성 정도를 판단할 수 있다. 단순한 짜증이 아닌, 혼란과 편집증, 불안감, 분노 등이 얼마나 강력하게 유발되는지를 가늠해보라.

수동적 공격형 전사를 무찌르기 위해서는 먼저 자신을 면밀히 파악해야 한다. 그래야만 '비난 떠넘기기' 전술을 기민하게 자각할 수 있다. 따라서 죄책감이 조금이라도 느껴진다면 그 느낌을 짓눌러야 한다. 이러한 유형은 남의 비위를 맞추는 데 매우 능하기 때문에 아첨을 미끼로 당신을 자신이 쳐놓은 거미줄로 끌어들이며, 당신의 불안감을 먹이로 삼는다. 자신을 수동적 공격형 역학관계로 몰아넣는 것은 바로 당신 자신의 약점 때문인 경우가 많다. 그러니 이 점을 경계하라.

둘째, 이미 그렇게 위험한 부류를 상대하고 있음을 깨달았다면, 관계를 끊는 것이 가장 현명한 처사이다. 그를 당신의 인생에서 내쫓아버려라. 적어도 발끈하여 꼴사나운 상황을 연출하는 일은 피해야 한다. 그것

어떤 관계에서 통제권을 장악하려 시도하는 일 자체는 병적인 것이 아니지만, 통제권을 얻으려고 시도하면서도 그 사실을 부인한다면, 그것은 병적인 징후라고 할 수 있다. 부부관계처럼 안정된 관계에서는 두 사람이 해당 관계의 어떤 부분을 통제할 것인지에 대해 합의를 모색한다. ……그러나 둘 중 한 사람이 상대방의 행동을 속박하려고 책략을 쓰면서도 그렇지 않은 척할 경우, 그 관계는 정신 병리학적 문제를 떠안게 된다. 예를 들면, 아내가 남편에게 집안일을 강요하면서도 자신이 강요한다는 사실을 부정하는 경우다. 이 경우, 아내에겐 미미한 현기증이나 비누 알레르기, 혹은 정기적으로 자리에 누워 있어야 하는 모종의 이유가 있을 수도 있다. 그런 아내는 남편의 행동을 속박하면서도 자신이 그렇다는 것을 부정한다. 그리하여 결국 현기증이 인다는 착각에 빠지게 되는 것이다. 어느 한쪽이 상대를 속박하면서도 그 사실을 부정하면 그 관계는 다소 기묘해지기 시작한다. 아내가 자신은 혼자 있으면 불안하니 남편에게 매일 밤 집에 꼭 들어오라고 요구하는 경우, 남편은 아내가 원해서 하는 행동이 아니라고 생각하기 때문에 아내가 자신의 행동을 통제한다는 사실을 깨닫지 못한다. 그는 불안 급세와 그로 인한 그녀의 행동이 본의에 의한 것이 아니라고 생각한다. 따라서 같은 이유로 아내가 자신의 행동을 통제하는 것을 거부할 수도 없게 된다.
— 제이 헤일리, 《심리치료의 전략》

은 결국 그의 손바닥 안에서 놀아나는 셈이니 말이다. 절대 평정을 잃어선 안 된다. 관계를 끊을 수 없는 파트너라면, 당신에 대한 부정적인 생각을 남김없이 표출하도록 부추기는 것이 유일한 해결책이다. 처음에는 받아들이기 힘들겠지만, 그런 방식을 취한다면 상대는 더 이상 당신에게 무언가를 숨길 필요가 없어질 것이다. 그리고 공공연한 비판은 은밀한 사보타주보다 다루기가 훨씬 더 쉽다.

에르난 코르테스가 군대를 이끌고 멕시코를 정복했을 때, 그의 부대에는 수동적 공격형 병사, 즉 겉으로는 충성스러운 부하이지만 속으로는 믿지 못할 배신자들이 매우 많았다. 그러나 코르테스는 결코 맞대응을 하거나 비난을 하거나 욕설을 퍼붓지 않았다. 대신 그들이 정확히 어떤 사람들이며 무슨 꿍꿍이속인지를 침착하게 알아낸 다음, 다정한 태도를 유지하되 막후작업을 통해 그들을 고립시키는 방식으로 맞불을 놓았다. 그들이 미끼를 물고 공격을 개시하여 자신도 모르는 사이에 스스로 정체를 드러내도록 말이다. 수동적 공격에 대응하는 최선의 전략은 교묘하고도 비밀스럽게 받은 그대로 되받아쳐서 상대를 무력화시키는 것이다. 비교적 큰 해를 입히지 않는 사람들, 예를 들면 상습적으로 지각을 하는 사람들 등에게도 이 전략을 사용할 수 있다. 자신이 사용한 쓰디쓴 약을 맛보게 한다면 자신의 행동이 얼마나 상대의 신경을 거스르는지를 깨닫게 될 테니 말이다.

어떠한 경우에도 상대가 수동적 공격을 취할 만한 시간과 공간을 남겨놓아선 안 된다. 그들이 뿌리를 내리도록 방치한다면 온갖 교활한 방법으로 당신을 꼭두각시처럼 마음대로 조종할 것이다. 최선의 방책은 주변 사람들이 수동적 공격의 징후를 보이지는 않는지 기민하게 경계하고 그들의 음험한 영향력에 마음을 사로잡히지 않는 것이다.

| 이미지 | 강. 강은 언제나 세차게 흐르며 이따금씩 둑을 넘어 범람하여 막대한 손상을 입히기도 한다. 그러나 강의 흐름을 막으려 하면 오히려 흐르지 못하고 억눌려 있던 힘 때문에 당신의 위험은 더욱 커질 것이다. 그보다는 물길을 돌리고 수로를 내어 그 힘이 당신의 목적에 부합하도록 만들어라.

| 근거 | 떨어지는 물이 바위에 구멍을 뚫듯, 약하고 유순한 것도 단단하고 강한 것을 제압할 수 있다.

— 《전쟁의 비결: 고대 중국의 군사전략 36계》, 순 하이첸 번역

뒤집어보기

수동적 공격을 뒤집으면 공격적 수동성이 된다. 겉으로는 적대적인 표정을 지으면서 속으로는 평정을 유지하며 비우호적인 행동을 전혀 취하지 않는 것을 가리킨다. 공격적 수동성의 목적은 위협이다. 주로 상대에 비해 자신이 약하다는 것을 알고 난폭한 얼굴을 보임으로써 적의 공격 의지를 꺾으려 할 때 유용한 방법이다. 이러한 방법을 사용하면 적은 당신의 겉모습에 속아 당신이 모종의 공격을 해올지도 모른다고 생각할 것이다. 일반적으로 당신의 실상이나 당신의 진짜 의도와 정반대되는 모습을 보이는 것은 당신의 전략을 위장하기에 매우 유용한 방법이다.

STRATEGY 33

공포와 불확실성을 유포하라

: 테러와 혼란

테러는 상대의 저항 의지를 마비시키고
전략적 대응을 계획하는 능력을 파괴하는 최상의 방법이다.
테러의 힘은 간헐적 폭력 행위를 통해 얻어지며
그 폭력은 지속적인 위협감을 유발하고 그것을 공공 영역 전체에 확산시킨다.
테러의 목적은 전장에서 승리를 쟁취하는 것이 아니라, 상대 진영에 극도의 혼돈을 유발하여
상대가 필사적으로 과잉 반응을 하도록 유도하는 것이다.
테러 전략가들은 보이지 않게 사람들 속에 녹아 들어가서
대중매체에 걸맞게 폭력 행위를 연출함으로써
자신들이 어디에든 도사리고 있다는 착각을 불러일으킨다.
이런 방법을 통해 그들은 실상보다 훨씬 더 강력하게 보일 수 있기 때문이다.
이것은 일종의 신경전이다.
따라서 테러 대상자들은 평정을 유지해야만 가장 효과적인 대응 전략을 도출해낼 수 있다.
테러와 맞설 때는 이성이 최후의 방어선임을 잊어선 안 된다.

보이지 않는 공포의 힘

11세기 말경 이스파한(Isfahan, 오늘날의 이란)에서는 이슬람 제국의 통치자였던 술탄 말리크 샤의 고관 니잠 알 물크(Nizam al-Mulk)가 그리 크진 않지만 꽤 골치 아픈 위협을 느끼기 시작했다. 페르시아 북부에는 시아파 이슬람의 작은 분파로, 코란에 신비주의를 접목한 교리를 추종하는 니자리 이스마일파들이 살고 있었는데, 그들의 카리스마적인 지도자 하산 이 사바(Hasan-i-Sabah)가 종교적, 정치적으로 엄격한 제국의 통치에 염증을 느낀 사람들을 수천 명이나 개종시킨 것이다. 이스마일파의 영향력이 나날이 커져가면서 니잠 알 물크의 시름도 깊어갔지만 문제는 그들이 철저한 비밀주의를 고수한다는 것이었다. 누가 개종을 했는지조차 알아낼 수 없었다.

니잠 알 물크는 그들의 활동을 감시하다가 더 이상 방치하지 않고 행동을 개시하기로 결심했다. 몇 년에 걸쳐 이 비밀스러운 이스마일 신도들이 주요한 성들에 침투해왔는데, 이제는 하산 이 사바의 이름으로 그 성들을 점령했다는 소식이 들려온 것이다. 이로써 그들이 페르시아 북부 일부의 통제권을 장악하여 제국 내에 일종의 독립국가가 생겨난 것이었다. 니잠 알 물크는 자비로운 행정가였지만, 이스마일파 같은 종파가 번성하도록 방치했다가는 큰 위험이 닥칠 거라는 사실을 잘 알고 있었다. 산불 같은 혁명이 밀어닥치기 전에 촛불 상태일 때 심지를 눌러 불을 꺼야 했다. 1092년 알 물크는 성들을 파괴하고 니자리 이스마일파를 분쇄하기 위해 군대를 둘로 나누어 투입하도록 술탄을 설득했다.

성들은 철저하게 수비되고 있었고 주변 지역도 동조자들로 가득 차 있었다. 그리하여 결국 전쟁이 교착상태에 빠져들고 술탄의 두 군대는 귀환해야 하는 운명을 피할 수 없었다. 니잠 알 물크는 해당 지역에 주둔군을 배치시키는 등의 방도를 모색해야 했다. 그런데 얼마 후 알 물크는 이스파한에서 바그다드로 향하던 길에 암살을 당하고 말았다. 수피 성직자 하나가 그가 타고 가던 가마로 접근하더니 품속에서 단검을 꺼내어 그를 찔렀던 것이다. 살인자는 하산의 지시를 받아 평화로운 수니파로 위장한 이스마일파 신도임이 밝혀졌다.

> 이스마일파의 한 시인이 말했다. "형제들이여, 승전의 날이 오면, 양쪽 세계의 행운이 우리와 함께 하는 그날이 오면, 단 한 명의 전사가 서 있는 것만으로도 왕은 공포에 몸이 굳을 것이오, 그가 거느린 수천이 넘는 기병들도 아무 소용없을 것이니라."
> — 버나드 루이스(Bernard Lewis), 《아사신파(The Assassins)》에서 인용, 1967년

니잠 알 무크가 죽고 나서 몇 주 후 말리크 샤도 세상을 떠났다. 사인은 자연사였다. 그러나 알 물크처럼 후계자 문제를 관장할 만한 뛰어난 대신이 없는 상황에서 술탄이 죽자 제국은 몇 년간 혼돈에 빠졌다. 1105년경 어느 정도 안정기에 접어들자 다시금 이스마일파에 관심이 쏠렸다. 단 한 번의 암살로 제국 전체를 뒤흔들어놓은 이상, 그들은 반드시 섬멸해야 하는 적이 되었다. 출정에 대한 새로운 의욕이 제국 사람들을 사로잡았다. 그리고 곧 니잠 알 물크의 살해가 단순한 보복 행위가 아니라, 이스마일파가 전쟁을 벌이는 방식이라는 사실이 드러났다. 그것은 낯설고도 소름 끼치는 전쟁이었다. 그 뒤 몇 년에 걸쳐 새 술탄 무하마드 타파르(Muhammad Tapar)의 주요 각료들이 동일한 방식, 즉 살인자가 군중 속에서 홀연히 나타나 단검으로 치명상을 입히는 방식으로 살해되었다. 대개는 훤한 대낮에 많은 사람들 속에서 행해졌으며, 이따금씩 희생자가 잠든 사이에 그 집의 하인으로 침투해 있던 이스마일파 비밀결사 대원이 암살을 행하기도 했다.

공포의 물결이 제국의 지배층을 휩쓸었다. 도대체 누가 이스마일파인지 구분하기는 불가능했다. 그들은 참을성이 뛰어나고 철저하게 단련된 사람들로, 자신의 종파를 절대 누설하지 않은 채 어디에서든 잘 어울리는 데 능통했다. 암살자들은 체포되어 고문을 당하는 와중에도 술탄 내부조직의 사람들을 겨냥하여 이스마일파 첩자나 개종자라고 누명을 씌우기 일쑤였다. 어느 누구도 진실을 알 수 없는 상황이었기에 모두가 혐의자가 될 수밖에 없었다.

고위 대신들과 판사들, 지방 관리들은 여행을 할 때마다 목숨을 보전하기 위해 경비병들의 호위를 받아야 했으며, 그들 중 대다수가 겉옷 속에 두껍고 불편한 쇠미늘 갑옷을 껴입기 시작했다. 일부 도시에서는 이웃 간에도 허가 없이는 왕래를 할 수 없었는데, 이로 인해 주민들 사이가 소원해지자 이스마일파 사람들은 훨씬 더 쉽게 개종자를 모을 수 있게 되었다. 많은 이들이 밤잠을 설쳤고 가장 친한 친구조차 믿기 힘들어졌으며, 망상에 사로잡힌 사람들이 온갖 뜬소문을 퍼뜨렸다. 그리고 지배 계층 사이에서도 일부는 하산에게 강경 방침을 취할 것을 요구하고 또

> 익숙한 것에 패배하는 편이 우리에게는 영향을 더 적게 미친다.
> — 유베날리스(Juvenalis, 1~2세기)

일부는 화해만이 유일한 해답이라고 설교하는 등 격심한 의견 분열이 일었다.

제국이 이스마일파를 진압하려 안간힘을 쓰는 동안에도 암살은 끊이지 않았다. 그러나 너무나 산발적으로 일어났기 때문에 손을 쓰기도 힘들었다. 몇 달 무사히 지나가는가 싶으면 갑자기 한 주에 두 건씩 터지기도 했다. 언제 발생할지, 이번에는 어떤 고위관리가 표적이 될지 예측하기 힘들었을 뿐 아니라 마땅한 동기도 찾을 수 없었다. 관리들은 이스마일파의 행동을 면밀히 분석하며 일정한 패턴을 찾기 위해 끝없이 난상토론을 벌였다. 그들도 알지 못하는 사이에 어느덧 이 작은 종파가 그들의 사고를 지배하고 있었던 것이다.

1120년, 새로운 술탄 산자르(Sanjar)는 조치를 취하기로 결정하고, 압도적인 병력으로 이스마일파 성들을 점령하고 그 주변 지역을 무장 야영지로 전환시킨다는 군사작전 계획을 세웠다. 산자르는 그의 생명을 노리는 모든 시도를 차단하기 위해 각별히 주의를 기울였다. 침실 배치도 바꾸었고 최측근하고만 접촉했다. 산자르는 개인적으로 철저한 보안을 유지하고 있다고 믿으며 곧 이 같은 공황에서 벗어날 수 있을 거라고 생각했다.

전쟁 준비가 진행되자, 하산 이 사바는 산자르에게 외교관을 연달아 보내어 살인 종식을 의제로 한 협상을 제안했다. 산자르는 그들을 모두 돌려보냈다. 형세가 역전된 것 같았다. 이제 두려움에 떠는 쪽은 이스마일파였다.

출정을 앞둔 어느 날 아침, 술탄이 깨어나보니 침대에서 몇 발치 안 되는 방바닥에 단검 한 자루가 반듯하게 꽂혀 있었다. 이게 어떻게 들어왔을까? 이게 대체 무슨 뜻일까? 생각하면 할수록 몸서리가 쳐졌다. 이것은 분명히 어떤 메시지를 담고 있는 것이었다. 그는 아무에게도 이 일을 알리지 않았다. 대체 누구를 믿을 수 있단 말인가? 심지어 왕비조차 믿을 수 없었다. 그날 해질 무렵쯤에는 감정적으로 완전히 황폐해진 상태였다. 그리고 그날 저녁에 그는 하산으로부터 메시지를 받았다. "제가 술탄의 안녕을 바라지 않았다면, 단검은 딱딱한 바닥이 아니라 술탄의 무른 가슴팍에 꽂았겠지요."

산자르는 참을 수 없었다. 더 이상 이런 나날을 견디기 힘들었다. 불안과 의심, 끊임없는 공포 속에 살아가는 것은 끔찍한 일이었다. 이 악마 같은 자와 협상하는 편이 낫겠다는 생각이 들었다. 그는 출정을 취소하고 하산과 화해했다.

수년에 걸쳐 이스마일파의 정치력이 커지고 그 세력이 시리아까지 확장되면서, 그에 속한 암살자들은 거의 신화적인 존재가 되었다. 이들은 결코 도망가지 않았다. 살해한 뒤 묵묵히 체포되어 고문을 당한 다음 처형당하고 나면 또 다른 암살자가 뒤를 이었다. 그 무엇도 그들의 과업을 중단시킬 수 없을 것 같았다. 그들은 종교에 완전히 홀려서 그들의 대의에 전적으로 충실했다. 어떤 사람들은 그들을 대마초의 아랍어 '하시시(hashish)'에서 파생한 '하시샤신(hashshashin)'이라 불렀다. 그들이 마약을 복용한 것처럼 행동했기 때문이다. 성지를 찾아 떠난 유럽의 십자군 병사들이 이 악마적인 하시샤신 이야기를 듣고 구전을 거듭한 끝에 '하시샤신'이 '아사신(assassin, '암살'이라는 뜻)'으로 변형되어 지금에 이른 것이다.

해석

하산 이 사바의 목표는 단 하나였다. 페르시아 북부에 자신의 종파를 위한 국가를 개척하고, 그 국가가 이슬람 제국 내에서 살아남아 번영하도록 만드는 것. 하지만 신자 수가 상대적으로 적은 데다 권력자들이 버티고 있는 상황에서 더 이상은 세력을 확장시킬 수가 없었다. 그래서 정치권력에 대항하여 역사상 최초로 테러리스트 전쟁을 조직화하는 전략을 고안한 것이다. 하산의 계획은 지극히 간단했다. 이슬람 세계에서 존경받는 지도자의 권위는 대단했으므로 그만큼 그의 죽음은 혼돈을 부를 것이었다. 따라서 하산은 지도자들을 선택해서 습격했다. 대상 선택은 다소 임의적이었다. 다음 표적이 누가 될지는 아무도 예측하기 힘들었고, 그러한 불확실한 공포야말로 상대 진영을 공황에 빠뜨리는 최고의 효과를 발휘했다. 사실 이스마일파는 그들이 장악한 성을 제외하면 매우 취약했다. 그러나 부하들을 꾸준히 술탄 정부의 심장부 깊숙이 침투시킴으로써, 자신들이 어디에나 도사리고 있는 듯한 착각을 조장했다. 그리하여 생을 통틀어 총 50회에 불과한 암살 행위를 통해, 마치 수십만 대군을 거느린 것처럼 대단한 정치력을 거머쥔 것이다.

이러한 힘은 단순히 개인들을 두려움에 떨게 만드는 것으로 얻을 수 있는 것이 아니었다. 그보다는 살인 행위들이 전체 사회에 얼마나 큰 효과를 파급시킬 것인가가 관건이었다. 지배층에서 가장 심약한 관리들은 망상에 사로잡혀 의심을 드러내고 뜬소문을 퍼뜨려 비교적 강한 사람들까지 불안에 떨게 만들었다. 그 결과 파급 효과가 나타난 것이다. 사람들은 수십 번씩 분노와 항복 사이를 오르락내리락하는 감정의 기복을 경험하기 시작했다. 이처럼 공황 상태에 빠진 집단은 균형을 잡지 못해서 조금만 밀어도 넘어지게 마련이다. 아무리 강력하고 결단력 있는 사람이라도 결국에는 사회 분위기에 감염되고 만다. 술탄 산자르처럼 말이다. 자신을 보호하기 위해 갖은 노력을 기울이며 고된 삶을 살았던 것을 보면 술탄 산자르도 이 공황 상태에 완전히 압도되어 있었음을 알 수 있다. 바닥에 단검 하나를 꽂아놓는 것만으로도 그의 넋을 빼놓기에 충분했다.

우리는 모두 주변 사람들의 감정에 극도로 민감하다는 점을 기억해야 한다. 우리는 한 집단을 휩쓸고 가는 분위기에 얼마나 깊이 감염되는지 쉽게 자각하지 못한다. 바로 이런 점 때문에 테러가 그토록 효과적이고 위협적으로 사용되는 것이다. 소수의 암살자들이 적기에 몇 번의 폭력을 행사하는 것만으로도 온갖 종류의 망상과 불안감에 불을 붙일 수 있다. 목표 집단에서 가장 심약한 구성원들은 공포에 굴복하여 뜬소문과 불안감을 퍼뜨림으로써 나머지 구성원들까지 공포에 굴복하게 만들 것이다. 비교적 강한 사람들은 분노하며 좀더 폭력적인 방식으로 테러에 대응하겠지만, 그것 역시 그들이 얼마나 공황에 빠져 있는지를 보여주는 셈이다. 전략을 세우는 것이 아니라 단순히 반응하는 것이기 때문이다. 그것은 나약함의 징후이지 힘의 징후가 아니다.

대중의 상상력이 점점 제멋대로 흘러가면서 암살자들은 '전지전능하며', '어디에나 도사리고 있는' 것처럼 보이게 된다. 실상보다 훨씬 큰 존

항해 도중 페이산드로스 무리는 결심한 대로 [그리스] 도시들의 민주주의를 폐지시켰다. 그리고 몇몇 지역에서는 장갑 보병들까지 자신들의 병력에 합류시켜 아테네에 도착했다. [반민주주의] 당원들이 이미 대부분의 과업을 수행한 상태였다. 일부 청년들은 자체적으로 모임을 만들어 [민주주의] 당의 주요 지도자인 안드로클레스의 지지자를 암살했으며…… 눈엣가시 같던 다른 사람들까지 비밀리에 처단해놓은 것이다…… [아테네인들은] 그들 무리가 눈에 띌 때마다 몹시 두려워했으며, 그들에게 반대하는 말은 감히 꺼내지도 못했다. 만일 누군가가 용기를 내어 반대의지를 드러낼 경우, 머잖아 그를 살해할 방도가 마련되었다. 그러나 누구도 그 사건을 조사하거나 혐의자들에게 조처를 취할 엄두를 내지 못했다. 사람들은 그저 침묵을 지키고 있을 뿐이었다. 너무도 엄청난 공포에 시달리고 있었기 때문에 그저 무사하게 살아 있는 것만으로도 다행으로 여겼다. 그들은 자신감을 완전히 상실한 채로 혁명주의 당원들을 실상보다 훨씬 더 크게 생각하고 있었다. 그것은 아테네의 규모 때문이기도 했지만 서로를 충분히 알지 못했기 때문이기도 했다…… 민주주의 당원들 모두가 서로를 수상쩍어하며 현재 진행되는 일에 연관이 있다고 생각한 것이다.
— 투키디데스,
《펠로폰네소스 전쟁사》

재가 되는 것이다. 하산이 증명한 바와 같이, 한 무리의 테러리스트들이 한 집단의 영혼을 정확히 조준하여 몇 번 타격을 주면, 제국 전체를 볼모로 삼을 수 있다. 그리고 그 집단의 지도자가 (항복을 하거나 비전략적인 반격을 개시함으로써) 감정에 굴복해버리면 테러 전쟁은 완벽하게 성공을 거두게 된다.

> 승리는 사망자의 수가 아니라 겁에 질린 자의 수에 의해 판가름 난다.
> — 아랍 속담

전쟁의 기술: 공포와 불확실성을 유포하라

일상생활에서 우리는 온갖 종류의 두려움에 사로잡힌다. 이러한 두려움은 일반적으로 구체적인 상황과 관련된 것들이다. 이를테면 누군가가 해칠지도 모른다는 두려움, 까다로운 문제에 봉착할 거라는 두려움, 질병에 걸리거나 살해 위협을 받을지도 모른다는 두려움 등이 그것이다. 어떤 심각한 공포를 느낄 때 우리는 온갖 나쁜 상황을 상상하게 되고 그럴 때 우리의 의지력은 일시적으로 마비된다. 이런 상태가 너무 오래 지속되거나 그 강도가 너무 높아지면, 더 이상 참지 못하고 이런 생각을 피하고 두려움을 진정시킬 방도를 모색하게 된다. 그런 경우 대개는 일상생활에서 기분전환을 시도할 것이다. 일에 집중하거나 사교 모임에 참석하거나, 친구를 만나는 방식으로 말이다. 종교나 여타 신념체계, 즉 과학이나 기술에 대한 신념 등도 도움이 될 수 있다. 이런 기분전환과 신념이 우리의 토대가 되어 쓰러지지 않도록, 두려움으로 인한 마비증세를 겪지 않고 계속 나아갈 수 있도록 만들어주는 것이다.

그러나 이러한 토대마저 사라져서 어떤 것으로도 마음을 안정시킬 수 없는 상황도 있다. 역사 속에서도 대지진이나 끔찍한 전염병, 심각한 내전 등의 재앙 속에서 일종의 광기가 사람들을 무력화시킨 사례들을 찾아볼 수 있다. 그러나 이런 상황에서 우리를 괴롭히는 것은 끔찍한 사건 자체가 아니다. 인간에겐 아무리 끔찍한 일이라도 극복하고 적응할 수 있

| 상육(上六)이 뜻하는바, 충격은 파괴를 부르며 겁먹은 눈으로 주위를 두리번거리게 만든다. 행군하면 마침내 불운이 찾아올 것이다. 그 불운이 자신의 몸에 닿기도 전에 먼저 닿았다 해도 탓할 수는 없다. 그의 동무들에게는 이야깃거리가 생긴다. 내부 충격이 극에 달하면 사람의 깊은 생각과 명료한 시각을 앗아가버린다. 그러한 충격 상태에서는 평정심을 유지하기가 당연히 불가능하다. 그렇다면 침착성과 명료함이 제자리로 돌아오기까지 조용히 기다리는 것이 옳다. 그러나 이렇게 하기 위해서는 주변 사람들 모두가 불길한 영향의 여파를 뚜렷이 자각하고 있는 상황에서도 그러한 동요에 영향을 받지 않아야 한다. 만일 그가 적시에 철수를 한다면 어떠한 과오도 저지르지 않고 어떤 부상도 입지 않은 상태로 남을 것이다. 그러나 그의 동무들은 더 이상 어떤 경고에도 아랑곳하지 않고 흥분에 휩싸인 나머지 틀림없이 그에게 화를 낼 것이다. 그렇다고 해도 그는 절대 개의치 말아야 한다.
― 《주역》

는 능력이 있다. 우리를 괴롭히는 것은 바로 불확실한 미래, 끔찍한 일이 다가오고 있으며 곧 엄청난 비극을 맞게 될지도 모른다는 두려움이다. 이러한 두려움이 우리를 초조하고 불안하게 만드는 것이다. 이러한 생각들은 일상적인 기분전환이나 종교 등으로 몰아낼 수 있는 것이 아니다. 온갖 비합리적인 생각들이 우리의 마음속을 점령하면서 두려움은 만성화되고 강화되며, 앞서 말한 구체적인 두려움들이 좀더 일반적인 두려움으로 바뀐다. 그렇게 되면 집단 전체가 공황에 빠지는 것이다.

이것이 바로 테러의 본질이다. 감당하기 힘들고 일반적인 방법으로는 걷어내기도 힘든, 저항하기 어려운 강렬한 두려움. 모든 것이 너무도 불확실하며 수많은 나쁜 일들이 도사리고 있다는 두려움 말이다.

2차 세계대전 때 독일군이 런던에 폭격을 가하던 당시, 폭격이 빈번하고 다소 규칙적으로 가해지자 런던 시민들은 점차 그것에 무덤덤해지기 시작했다고 심리학자들은 기록했다. 소음과 불안, 살육에 점차 익숙해졌다는 얘기다. 그러나 일정한 규칙 없이 산발적으로 폭격이 가해지자 시민들의 두려움은 커졌다. 언제 또다시 폭격이 일어날지 모르는 불확실한 상황에 대처하기가 훨씬 힘들어진 것이다.

유리한 고지를 확보하기 위해서는 무엇이든 시도하고 시험해보는 것이 전쟁과 전략의 법칙이다. 따라서 테러가 인류에게 얼마나 막대한 영향을 미치는지 직접 목격한 집단과 개인들이 일종의 전략으로 테러를 사용하게 된 것은 자연스러운 일이라 할 수 있다.

테러 전략은 대규모 군대나 국가가 채택할 수도 있지만, 소수의 집단에 의해 실행되는 것이 가장 효과적이다. 그 이유는 간단하다. 테러 전략을 활용하기 위해서는 일반적으로 위대한 선(善)을 위해, 그리고 전략적 목표를 위해 기꺼이 무고한 시민들을 살해해야 하기 때문이다. 몽골 같은 예외가 있긴 하지만 몇 세기 동안 군사 지도자들은 테러 전략을 꺼려왔다. 한편 대규모 테러로 수많은 국민들을 잃은 국가에는 악령이 풀려나와 통제 불가의 혼돈이 야기되게 마련이다. 그러나 소집단들은 그럴 염려가 없다. 그들은 수적 열세 때문에 재래식 전쟁, 심지어는 게릴라전조차 엄두를 내지 못한다. 그들이 의지할 수 있는 최후의 전략은 테러뿐이다. 그들은 종종 절박하며 온몸을 불사를 대의를 갖고 규모가 훨씬 더 큰 적을 상대한다. 윤리적 고려 따위는 상대적으로 무색해지며 혼돈을 야기하는 것 또한 그들 전략의 일환이다.

수 세기 동안 테러리즘은 수단의 측면에서 크게 제약을 받았다. 기껏해야 검(劍)이나 도(刀), 대포, 특정인을 살해하는 데 사용하는 독약이 전부였다. 그러나 19세기에 이르러, 그 수단의 급진적인 개혁을 꾀하며 오늘날 우리가 알고 있는 테러리즘을 탄생시킨 혁명운동이 일어났다.

1870년대 후반 주로 인텔리겐치아로 구성된 러시아의 급진주의 조직이 농민혁명을 선동했다. 하지만 그들은 곧 대의가 이뤄질 가능성이 희박하다는 것을 깨달았다. 농민들은 아직 준비가 안 되어 있었고, 더 중요하게는 차르 체제와 그 체제의 억압적인 군대가 너무 강력했다. 차르 알렉산드르 2세는 모든 반체제 활동에 대한 무자비한 탄압, 이른바 '백색테러(White Terror)'에 돌입한 터였다. 급진주의자들은 세력을 확장하기는커녕 드러내놓고 활동하기도 거의 불가능했다. 그렇다고 망연자실 손놓고 있으면 차르의 세력은 더욱 커질 게 분명했다.

이러한 상황에서 두각을 나타내는 급진주의 조직이 있었다. '나로드나야 볼리아(Narodnaya Volya)', 즉 '인민의 의지'로 자처했던 그들은 비밀조직을 유지하기 위해 더 이상 규모를 키우지 않은 채, 눈에 띄지 않는 복장으로 군중 속에 섞여 들어가 폭탄을 제조하기 시작했다. 그들이 장관들을 여러 명 암살하고 나자, 차르는 궁에 갇힌 죄수나 다름없어졌다. 테러리스트를 색출하겠다는 욕망으로 혈안이 된 차르는 이 목표에 온 힘을 쏟아부었고, 그것은 통치력 마비라는 결과를 불러왔다.

1880년에 급진주의자들은 겨울궁전, 즉 상트페테르부르크 궁전에 폭탄을 터뜨리는 데 성공했다. 그리고 다음 해에 또 한 번 폭탄을 터뜨려 끝내 차르를 살해했다. 정부는 이에 대응하여 예전보다 더 가혹하게 탄압을 가함으로써 실제적인 경찰국가로 거듭났다. 하지만 암살 시도는 그치지 않았고, 급기야는 1888년에 알렉산드르 울리아노프(Alexandre Ulianov, 블라디미르 레닌의 형이자 '나로드나야 볼리아'의 일원)가 알렉산드르 2세의 후계자인 알렉산드르 3세를 살해하려 들었다.

> 몽골 전쟁의 토대는 순수한 공포였다. 강요를 통해서든 협상을 통해서든 패자는 대학살과 강탈, 고문이라는 대가를 치러야 했다. …… 공포라는 장치 자체가 희생자의 저항 의지를 무자비하게 꺾어버리는 데 적용되었으며, 실제로 이 같은 '위협' 정책으로 그들은 단기적인 배당금을 확실히 챙긴 셈이다. 투만(touman, 1만 명으로 이루어진 몽골 군 부대의 단위―옮긴이)이 접근한다는 소식만 들려도 군대 전체가 두려움에 싸여 뿔뿔이 흩어졌다고 한다. ……[몽골군이] 국경을 넘기도 전에…… 숱한 적들이 마비되었다.
> ― 데이비드 챈들러, 《육상전의 기술(The Art of Warfare on Land)》, 1974년

"이건 당신이 반드시 해야 할 일이야. 왕이나 대통령의 머리를 노리는 것도 세간의 관심을 끌긴 하지만, 예전만큼은 못하지. 그건 이제 모든 국가 원수가 당할 수 있는 일반적인 일이 되었거든. 거의 관습이 되어버린 셈이지. 특히 수많은 대통령들이 암살을 당한 후로는 더욱 그렇다고 할 수 있지. 교회를 공격한다고 해보자고. 물론 처음 볼 때는 끔찍하겠지. 하지만 일반인들이 생각하는 것만큼 효과적이진 않아. 애초의 의도가 아무리 혁명적이고 무정부주의적이었어도, 멍청하게도 거기에 종교적인 의미를 부여하려 하거든. 그렇게 되면 우리가 부여하려 했던 중요한 의미는 전혀 드러나지 않게 되지. 식당이나 극장을 무자비하게 공격하는 것도 그래. 아무도 정치적인 의미를 부여하지 않을 거라는 얘기야. 굶주린 자가 사회에 복수하기 위해 그랬다고 떠들어댈 걸세. 이런 수법들은 전부 고리타분해졌어. 혁명적 무정부주의의 교훈처럼 더 이상은 효과가 없다고. 신문마다 그런 일이 일어날 경우를 대비해 장황한 원고를 미리 준비해놓고 있지. 내가 폭탄 투척을 어떻게 보는지 설명해주지. 당신이 지난 11년 동안 그런 일을 했다니까 당신이 이해할 수 있는 수준에서 설명하겠어. 당신이 공격하는 계급적 감정은 곧 무너질 거야. 그들에게 재산은 파괴할 수 없는 것으로 보이기 때문이지. 그들이 동정이나 두려움 같은 감정을 오래 갖고 있을 거라 기대해서는 안 돼. 폭탄 투척이 여론에 조금이라도

울리아노프의 체포와 처형으로 나로드나야 볼리아의 활동은 종말을 고했지만 이미 국제적으로 테러 공격의 물결을 자극해놓은 터였다. 1881년과 1901년에 무정부주의자들의 테러로 제임스 A. 가필드(James A. Garfield)와 윌리엄 매킨리(William McKinley) 미 대통령이 살해되었다. 현대 테러리즘의 모든 요소는 나로드나야와 함께 자리를 잡았다고 해도 과언이 아니다. 나로드나야 볼리아는 총보다는 더 극적이고 더 위협적인 폭탄을 선호했다. 정부 요직자들을 살해하고 마침내 차르까지 살해하고 나면, 차르 체제는 완전히 붕괴되거나 자기 방어를 위해 극단으로 치달을 것이라고 믿었다. 정부의 강경 대처가 장기적으로는 급진주의자들에게 유리하게 작용하여, 결국 혁명의 도화선이 될 것이었다. 그러는 사이 이 폭격 행위는 언론에 대대적으로 보도되어, 세계적으로 그들의 대의를 간접적으로 홍보하는 효과도 얻을 수 있을 것 같았다. 그들은 이것을 '업적에 대한 프로파간다'라고 불렀다.

나로드나야 볼리아는 원칙적으로 정부를 노렸으나 그 과정에서 시민들까지 살해할 용의가 있었다. 전제주의 정부의 몰락이라는 대의명분은 소수의 희생쯤은 감수해도 좋을 만큼 고귀하며, 테러의 대안인 내전보다는 파괴력이 덜 할 거라는 생각에서였다. 조직 구성원들은 차르 체제가 자신들을 제거할 수도 있다는 점을 충분히 주지하고 있었지만, 대의를 위해 기꺼이 목숨을 바칠 각오가 되어 있었다.

나로드나야 볼리아는 폭탄 폭파와 같은 작은 사건 하나로도 충분히 연쇄반응을 일으킬 수 있다는 것을 깨달았다. 정부가 겁을 먹고 그들을 거세게 탄압할 경우, 조직은 인지도가 높아지고 동정을 얻게 되는 반면 정부의 인기도는 하락할 것이다. 그렇게 되면 급진주의가 더욱 널리 퍼지고 탄압은 더욱 강화되는 악순환이 이어질 것이었다. 그리고 종국에는 이러한 순환이 핵붕괴의 순간 같은 혼란 속에서 파국을 맞을 것이다. 나로드나야 볼리아는 작고 약했지만, 단순하고 극적인 폭력 행위를 통해 혼란과 불확실성을 유포함으로써 그 규모에 어울리지 않는 막대한 힘을 얻어 경찰과 대중에게 그 힘을 과시했다. 규모가 작고 눈에 띄지 않는다는 사실은 오히려 강점으로 작용했다. 경찰 병력은 수천 명이 합세하고

막대한 비용까지 들여 자그마한 비밀조직 하나를 수색해야 했던 반면, 이 조직은 기동성과 기습 점령, 비교적 눈에 띄지 않는다는 강점을 갖고 있었던 것이다. 게다가 경찰은 테러리스트들에게 영웅적인 패배자로 비쳐질 기회를 부여함으로써, 그토록 막대한 규모의 병력을 갖고도 거의 싸울 수 없는 상황에 이르렀다.

양쪽의 힘이 균형을 이루지 못하면 전쟁은 극단적인 양상으로 치닫는다. 거대한 힘에 대항하여 전쟁을 벌이는 소수의 사람들은 작은 규모와 절박한 심정을 강력한 무기로 끌어올린다. 모든 테러리즘이 드러내는 딜레마는, 그리고 그것이 그토록 많은 이들을 끌어들이며 그토록 강력한 힘을 발휘할 수 있는 이유는, 테러리스트들이 대치하고 있는 군대에 비해 잃을 것은 적은 반면, 테러를 통해 얻을 것은 많다는 사실이다.

나로드나야 볼리아와 같은 테러 집단은 반드시 패배한다고 주장하는 사람들이 있다. 그들은 혹독한 탄압을 초래하며 당국의 술수에 넘어갈 것이고, 당국은 이러한 위협에 맞서 싸울 자유재량을 효과적으로 주장할 수 있게 되어 결국 테러리스트들은 진정한 변화를 조금도 달성하지 못할 거라고 말이다. 그러나 이러한 주장은 핵심을 놓치고 테러리즘을 잘못 해석하는 것이다. 나로드나야 볼리아는 수백만의 러시아인들에게 그들의 대의를 일깨웠으며 그들의 기법은 세계적으로 모방되었다. 나로드나야는 또한 차르 전제체제의 평정을 심각하게 깨뜨렸고, 그 결과 차르 체제는 그들을 탄압하는 데 막대한 자원을 쏟아부으며 비합리적이고도 과격한 대응 조처를 택했다. 이 막대한 자원을 개혁에 적용했다면 체제는 더욱 오랫동안 존립할 수 있었을 텐데 말이다. 그들의 탄압은 또한 훨씬 더 강력한 혁명 조직을 배양하여 공산주의 운동을 싹틔우는 데 크게 일조했다.

본질적으로 테러리스트들은 산사태를 일으키려고 바위를 굴린 셈이다. 흙이 전혀 무너져 내리지 않았다 해도, 대의에 헌신하기 위해 기꺼이 목숨을 바친 경우를 제외하면 그들이 잃은 것은 거의 없다. 그러나 그 바위로 인해 소란과 혼돈이 야기된다면, 그들은 사태에 영향을 미치는 강력한 힘을 갖게 된다. 테러리스트들은 종종 어떤 식의 변화도 허용되지

영향을 끼치게 만들려면 복수나 테러리즘의 의도를 넘어서야 돼. 완전히 파괴적이어야 하지, 파괴적이어야 한다고. 그래야만 다른 어떤 목적이 있을 거라는 의심을 완전히 배제시킬 수 있어. 당신 같은 무정부주의자들은 반드시 인간 전체를 완전히 없애버린다는 결심을 굳혀야 돼. …… 너무도 부조리해서 이해할 수도 설명할 수도 없고 상상조차 할 수 없는, 사실상 미쳤다고밖에 할 수 없는 파괴적 만행을 벌인다면 누가 뭐라고 할 수 있겠어? 미쳤다는 건 그 자체로도 너무 무섭고, 협박이나 설득, 뇌물, 그 어떤 것으로도 달랠 수 없는 거니까. 게다가 나도 문명인인데. 결과가 아무리 타월하다고 해도 당신에게 학살 행위를 하라고 지시할 수는 없지. 그런 건 생각조차 할 수 없는 일이야. 그리고 내가 바라는 결과는 학살 행위를 통해 얻을 수 있는 것도 아니야. 살인은 우리 주변에 늘 함께 있지. 그건 거의 하나의 관습이나 다름없어. 물론 학문을 통해서는 그것을 증명할 수 없지. 일테면 과학을 통해서는 말이야. 하지만 모든 과학이 그런 건 아니야. 그러니까 공격은 근거도 없고 충격적이며 무시무시한 모독이 되어야 해…….”
— 조지프 콘래드, 《비밀요원》

않는 극도로 정적인 상황에 대항한다. 종종 자포자기의 심정으로 그러한 '현상유지'를 깨뜨릴 수 있다.

전쟁을 승리 아니면 패배로 판단하는 것은 실수다. 승리와 패배 모두 제각기 빛과 그림자가 있는 법이다. 역사상 완전한 승리나 영원한 평화는 없었다. 패배가 영구적인 파멸로 이어진 경우도 드물다. 테러리즘이 특히 상대적인 약자들에게 그토록 매력적으로 보이는 이유는 바로 모종의 변화를 야기할 수 있다는 사실, 제한적인 목표를 달성할 수 있다는 사실이다.

예를 들면, 테러리즘은 어떤 대의에 대한 인지도 확보라는 제한적인 목표를 달성하고자 할 때 매우 효과적으로 쓰일 수 있다. 일단 그 목표가 성취되고 나면 대중 사이에 존재감이 확립되고, 이러한 존재감은 정치력으로 전환될 수 있다. 팔레스타인 테러리스트들이 1968년에 엘알(El Al) 이스라엘 항공사 비행기를 탈취했을 때, 전 세계 대중매체의 관심이 그쪽으로 쏠렸다. 뒤이어 몇 년 동안 그들은 다른 테러 행위들을 연출하면서 텔레비전 전파를 탔다. 악명 높은 1972년 뮌헨 올림픽 사건도 그 중 하나다. 그런 행위 때문에 비(非)아랍 국가들의 미움을 샀지만 그들은 전혀 개의치 않았다. 그들이 추구하는 것은 자신들의 대의를 널리 알리는 것, 그것을 통해 힘을 얻는 것뿐이었다. 작가 브라이언 젠킨스(Brian Jenkins, 비영리 연구단체인 랜드 연구소의 테러 전문가—옮긴이)는 이렇게 썼다. "앙골라와 모잠비크, 그리고 포르투갈령 기니에서 반란군들은 14년 동안 전형적인 게릴라 전술을 사용하여 투쟁했다. 세계는 그들의 이러한 투쟁을 거의 모르고 있었지만, 그 사이 수적으로 거의 비슷한 규모의 팔레스타인 특공대들은 테러 전술을 사용하여 몇 년 만에 세계의 최대 관심사로 부상했다."

외양이 지배하는 세계, 대중적 존재감으로 평가되는 세계에서 테러리즘은 대중적 인지도로 향하는 극적인 지름길을 제공할 수 있다. 따라서 테러리스트들은 대중매체, 특히 텔레비전에 걸맞게 폭력을 재단한다. 그들의 존재는 너무 섬뜩하고, 너무 압도적이어서 그냥 무시해버릴 수가 없다. 기자들과 해당 분야의 권위자들도 매우 충격적이고 끔찍한 일이라고 떠들어대기만 할 뿐 달리 할 수 있는 일이 없다. 그들의 본분은 해당 소식을 전파하는 것이지만 실제로 그들은 테러리스트들의 존재를 부각시킴으로써 오히려 그들에게 도움을 주는 바이러스를 전파하고 있는 셈이다. 이러한 효과는 부지불식간에 작고 힘없는 사람들 사이에 퍼져나가며, 젊은 세대들에게 테러리즘의 효용성을 호소하는 역할을 하기도 한다.

이처럼 파괴적인 힘을 갖고 있긴 하지만 테러리즘에도 한계는 있다. 바로 그런 한계 때문에 수많은 폭력 운동이 실패로 돌아간 것이다. 따라서 테러에 반대하는 사람들은 그 한계를 주지하고 그것을 적절하게 활용해야 한다. 이 전략의 주된 맹점은 테러리스트들이 대중과의 결합력이나 실질적인 정치 토대를 갖기 힘들다는 점이다. 고립된 채 숨어 지내는 경우가 많다 보니 현실과 거의 접촉하지 못한 채 자신의 힘을 과대평가하고 역량을 과신하는 경향이 있다. 폭력의 행사가 성공을 위한 전략임에도 불구하고 대중과의 괴리 때문에 균형 감각을 유지하기가 힘들어진다는 얘기다. 미국의 '웨더멘(Weathermen)'이나 이탈리아의 '붉은 여단(Red Brigades)' 같은 집단들은 망상주의자라 불러도 될 정도로 대중과 크게 유리되어 있었다. 따라서 테러리스트들의 고립에 방점을 찍고 그들에게서 정치적 토대를 앗아버리는 것이 부분적으로는 효과적인 대응 전략이 될 것이다.

테러리즘은 대개 자신이 상대적으로 약자라는 느낌과 절박함, 그리고 자신이 주창하는 대의가 집단에게든 개인에게든 어떤 피해 혹은 고통을 주어도 될 만큼 고귀한 것이라는 확신, 이 세 가지가 결합되어 탄생하는 것이다. 힘을 가진 자가 더 거대하고 막강해 보이는 세상에서는 이러한 전략이 오히려 큰 호소력을 갖는 법이다. 이런 측면에서 볼 때, 테러리즘은 사회 속으로 스며드는 행동 양식이나 일종의 스타일이 될 수 있다.

스스로 약하고 힘이 없다고 생각하는 사람들은 종종 분노를 터뜨리거나 비합리적인 행위를 저지르고픈 충동을 느끼게 마련이며, 따라서 주변 사람들은 언제 다음번 발작이 터질지 몰라서 마음을 졸인다. 이런 식의 일시적인 발작은 상대방에게 냉각효과를 발휘하여 그들의 저항 의지를 무너뜨릴 수도 있다. "이런 사람들과 상대했다간 골치만 아프지. 긁어

> 두려움과 떨림이 무엇을 의미하는지를 마음속 깊이 익히면, 외부의 영향이 유발하는 어떠한 공포도 안전하게 막아낼 수 있다. 천둥이 쳐서 사방 수천 리 밖까지 공포가 퍼져나간다 해도, 그는 침착하고 경건한 영혼을 지녔기에 경건한 마음으로 의연하게 제사를 지낸다. 지도자들과 통치자들은 바로 이러한 영혼을 지녀야 한다. 모든 외부의 공포들이 해코지를 하지 못하고 그저 지나쳐버릴 만한 심오한 내면의 진지함을 지녀야 한다는 얘기다.
> — 《주역》

부스럼 만들지 말고 그냥 져주자." 이런 생각으로 상대방은 스스로 물러난다. 폭력적 기질이나 기이한 행동, 상대를 깜짝 놀라게 하는 격렬한 행동은 힘이 있다는 착각을 유발하여 약점과 불안감을 숨겨줄 수도 있다. 그리고 그에 대해 감정적으로 격렬하게 대응하는 것은 상대의 술수에 넘어가서 상대의 성공에 도움을 줄 만한 관심과 혼돈을 조장하는 셈이다. 배우자나 상사에게 테러리스트 기질이 있다면 단호하고도 냉정한 태도로 응수하는 것이 최선이다. 이것이야말로 그들이 가장 기대하지 않는 반응이기 때문이다.

조직화된 테러리즘은 진화를 거듭해왔고 더불어 테러의 기술 역시 그 폭력성을 높여왔지만, 그 기본적인 골격은 변하지 않은 듯하다. 나로드나야 볼리아가 발전시킨 바로 그 요소들이 여전히 효과를 발휘하고 있기 때문이다. 그럼에도 불구하고 오늘날 많은 이들이 더 치명적인 새로운 종류의 테러리즘, 고전적 형태를 압도하는 새로운 형태의 테러리즘이 발전하고 있지 않느냐는 질문을 던진다. 만약 테러리스트들이 핵무기나 생화학무기 같은 더욱 위력적인 병기를 입수한다면, 그리고 그들에게 그 무기를 사용할 배짱이 있다면, 그들 방식의 전쟁과 그것이 가져다줄 힘은 종말에 더욱 가까워진 새로운 형태로 질적인 도약을 이룰 것이다. 그러나 관점에 따라서는 더 파괴적인 결과를 창출하기 위해 더러운 무기로 위협할 필요도 없는 새로운 형태의 테러리즘이 이미 나타났다고도 할 수 있다.

2001년 9월 11일 이슬람의 알카에다(Al Qaeda) 조직과 연계된 한 무리의 테러리스트들이 지금껏 단일 사건으로서는 가장 치명적인 테러를 감행했다. 뉴욕의 세계무역센터와 수도 워싱턴 외곽의 펜타곤을 공격한 것이다. 그 공격에는 여러 가지 고전적인 테러리즘의 특징들이 포함되어 있었다. 작은 집단이 극도로 제한적인 수단으로 미국의 기술을 재량껏 사용하여 최대의 효과를 거둘 수 있었으니 말이다. 그들은 작은 규모를 이점으로 활용하여 수많은 사람들 속에서 눈에 띄지 않음으로써 쉽게 감지되지 않았다. 미국은 그 사건으로 인한 공포 때문에 공황 상태에 빠졌으며 아직까지도 완전히 회복되지 못한 상태다. 펜타곤과 세계무역센터의 극적인 효과와 상징성이 연출한 괴기스럽고도 압도적인 장관은 테러리스트들에게 최대의 노출 기회를 부여한 반면, 최근 몇 년 사이 세계 유일의 초강대국으로 묘사되던 미국의 취약성을 신랄하게 드러내주었다. 미국이 그토록 커다란 재앙을 당할 것을 예상한 사람은 거의 없었다. 하지만 미국이 틀렸다는 것을 알고 기뻐하는 사람들은 세계 곳곳에 분명히 존재했다.

많은 사람들이 9·11 테러가 새로운 형태의 테러리즘이라는 주장을 부인하고 있다. 그들은 9·11 테러가 희생자의 규모 면에서만 차이가 날 뿐이라고, 즉 양적인 변화일 뿐 질적인 변화는 아니라고 주장한다. 이런 의견을 가진 분석가들은 전통적 테러리즘과 마찬가지로 알카에다는 궁극적으로 실패할 운명이라고 말한다. 그 근거로 미국이 아프가니스탄을 침공해서 그들의 근거지를 파괴한 사실과 그들이 이제 미국 정부에게 불굴의 의지의 타깃이 된 점, 미국의 이라크 침공은 테러 지역을 전반적으로 제거하겠다는 원대한 전략의 일환이라는 점 등을 들고 있다. 그러나 이 공격에 대한 다른 관점도 존재한다. 즉 언제나 테러리스트들의 궁극적인 목표가 되는 연쇄반응을 염두에 두어야 한다는 관점이다.

9·11 테러가 경제에 미친 영향을 완전히 측정하기는 힘들지만, 어떤 기준에서 보더라도 그 파급 효과는 막대하며 부인할 수 없는 것이었다. 미국의 국가 안보 예산이 크게 증가했고, 두 국가를 침공하는 데도 막대한 군사비용이 들었으며, (공황 심리에 늘 영향을 받는) 주식시장이 침체되고 그에 따라 소비자 신용도 손상되었고, 여행 산업 등의 특정 산업이 타격을 받았다. 그리고 이러한 모든 것들이 다시 세계경제에 영향을 미쳤다. 9·11 테러는 또한 정치에도 막대한 영향을 미쳤다. 사실 2002년과 2004년의 미국 선거는 9·11 테러에 의해 결정되었다고 해도 과언이 아니다. 그리고 연쇄반응이 계속해서 효과를 발휘하는 동안, 미국과 유럽 동맹국들 사이에 간극이 커져갔다(테러리즘은 종종 암묵적으로 동맹국들과 여론의 분열, 즉 매파와 비둘기파의 극단적 대립을 노리기도 한다). 9·11 테러는 또한 미국인의 생활방식에도 뚜렷한 영향을 미쳐 미국의 상징이라고 할 수 있는 시민의 자유를 크게 제한하는 결과를 낳았다. 마지막으로 (정

확히 측정할 수는 없지만) 문화 전반에 걸쳐 우울하고 차가운 분위기를 조장했다.

어쩌면 알카에다의 전략가들은 이러한 영향을 전혀 의도하지 않았을지도 모른다. 아니, 상상조차 못했을지도 모른다. 그것은 아무도 알 수 없는 일이다. 그러나 테러리즘은 본질적으로 일종의 주사위 던지기이며, 테러리스트들은 항상 최대의 효과를 노린다. 혼돈과 불안, 공황을 최대한 많이 조장하는 것이 목표라는 얘기다. 이런 의미에서 9·11 테러는 테러리즘의 독성 측면에서 질적인 도약을 상징할 정도로 충분히 성공한 전략으로 간주해야 한다. 핵폭발이나 생화학무기만큼의 물리적인 파괴력을 갖지는 않았지만, 시간을 두고 거듭 울려퍼지는 여파는 이전의 모든 테러 공격을 능가하고 있다. 그리고 이러한 막대한 힘을 가능하게 한 것은 바로 변화된 세계의 성격이다. 상업적, 정치적, 문화적 측면에서 새로운 세계무대의 상호 접촉이 심화된 탓에 단 한 번의 강력한 공격으로 유도할 수 있는 연쇄효과는 초기 테러리스트들이 상상도 할 수 없는 수준에 이르렀다. 개방적인 국경과 네트워크를 기반으로 번영하는 상호 연결된 시장 시스템은 이러한 파급 효과에 매우 취약하다. 예전에는 이 같은 공황이 기껏해야 한 무리의 군중이나 도시 하나를 휘저어놓았겠지만 이제는 매체에 힘입어 전 세계로 퍼져나갈 수 있다.

알카에다의 궁극적 목표는 중동 지역에서 미국을 축출하고 범이슬람 혁명에 박차를 가하는 것이었다. 그러나 이것을 달성하지 못했다고 해서 9·11 테러를 실패로 간주하는 것은 전통적 전쟁의 기준으로 그들을 판단함으로써 큰 오류를 범하는 셈이다. 테러리스트들은 종종 원대한 목표를 품지만, 단 한 번의 공격으로 그 목표를 달성할 가능성은 희박하다는 사실을 잘 알고 있다. 그들은 단지 연쇄반응을 촉발하기 위해 할 수 있는 일을 할 뿐이다. 그들의 적은 '현상유지'이며, 그들의 성공은 테러 행동이 수년간 야기할 충격으로 측정될 수 있다.

고전적이든 새로운 형태든 테러리즘과 싸우려 할 때는 군사적 해결책에 의지하려는 유혹을 느끼게 마련이다. 폭력에 폭력으로 맞대응하면서 그들이 어떤 공격을 가하더라도 응분의 대가를 치르게 해주겠다는 의지와 당신의 불굴성을 보여주려는 충동을 느낀다는 얘기다. 여기서 문제는 테러리스트는 그 특성상 당신보다 잃을 것이 훨씬 적다는 사실이다. 반격을 가한다 해도 그들에게 상처를 입힐 뿐 그들을 저지하지는 못한다. 오히려 그 반격 때문에 상대가 인원을 늘리거나 더욱 대담하게 행동할 수도 있다. 테러리스트들은 적을 타도하기 위해 기꺼이 몇 년의 시간을 보내기도 한다. 그들에게 극적인 반격을 가하는 것은 오히려 당신의 급한 성격과 즉각적인 결과를 요구하는 조급성, 감정적인 반응 등을 그대로 드러내는 것이다. 이 모두가 강인함이 아니라 허약함의 징후다.

사실 테러리스트 전략에 적용된 극단적인 병력의 불균형 때문에 군사적 해결책은 무용지물인 경우가 많다. 테러리스트들은 뿔뿔이 흩어진 채 명확히 눈에 띄지 않으며 물리적으로 연계된 것이 아니라 과격하고 광신적인 사상에 의해 연결되어 있다. 나폴레옹은 프랑스에 맞서 테러 행동을 벌이는 독일 국가주의자(민족주의자) 조직들을 다루느라 애를 먹은 적이 있다. 당시 그는 몹시 좌절하여 이렇게 말했다. "분파 하나를 대포 여러 발로도 파괴시킬 수 없다."

프랑스 작가 레몽 아롱(Raymond Aron)은 테러리즘이란 그로 인한 심리적 충격이 물리적 충격을 능가하는 폭력 행위라고 정의했다. 그러나 이러한 심리적 충격은 결국 물리적 충격, 즉 공황, 혼돈, 정치적 분열 등으로 전이되며, 이 모든 것들이 테러리스트를 실제보다 위력적으로 보이게 만든다. 효과적인 대응 전략을 짜려면 이 점을 염두에 두어야 한다. 테러리스트 타격의 여파 속에서 가장 필수적인 것은 심리적 파급 효과를 중단시키는 것이다. 그리고 이러한 노력은 타깃이 되는 국가나 집단의 지도자들로부터 시작되어야 한다.

1944년 2차 세계대전이 끝나갈 무렵 런던 시는 독일의 V-1과 V-2 로켓에 의한 맹렬한 테러 공격에 시달렸다. 내부 분열을 확산시키고 전쟁을 계속하고자 하는 영국 국민의 의지를 마비시키려는 히틀러의 필사적 조처였다. 6천 명 이상이 죽었고, 그보다 훨씬 더 많은 사람들이 부상을 당했으며, 가옥 수백만 채가 손상되거나 파괴되었다. 그러나 처칠 수상은 낙담과 근심을 용납하지 않고, 오히려 국민들을 재집결하고 통합하는

> 일반적으로, 새로운 형태의 도발에 대한 가장 효율적인 대응은 최대한 대응하지 않는 것이다. 전장에 맞게 주의 깊게 조정된 행동만을 가능한 한 적게 행해야 한다. 어떠한 해도 입히지 마라. 사욕을 거부하고 많이 행동하기보다는 적게 행동하라. 이런 것들은 큰 병력을 신속히 배치하여 빠른 효과를 보고 싶어하는 미국인들의 성미에는 맞지 않는다. 필요한 것은 워싱턴 책임자들의 인식 전환이다. 작은 것이 더 큰 것일 수도 있으며, 다른 사람들은 우리와 다르다는 점, 말끔하고 조용한 세상이 전적으로 가치 있는 것은 아니라는 점을 인식해야 한다는 얘기다.
> — J. 보여 벨(J. Bowyer Bell), 《용의 전쟁(Dragonwars)》, 1999년

기회로 삼았다. 그는 세밀하게 계획된 연설과 정책을 통해 공황 상태를 진정시키고 불안을 누그러뜨렸다. V-1이나 그보다 더 무시무시한 V-2에서 눈을 돌려 단호한 자세를 유지할 것을 강조했다. 영국인들은 테러에 굴복하는 모습을 보임으로써 독일에게 만족감을 안겨주지는 않을 거라고 말이다.

여기에서 알 수 있듯 중요한 것은 대중의 감정을 두려움으로부터 긍정적인 것으로 돌려놓는 것이다. 처칠은 눈앞에 닥친 테러 공격을 균열된 대중을 재결집시키는 계기로 삼았다. 이것은 매우 결정적인 문제라고 할 수 있다. 테러리즘의 목표는 항상 분극화(分極化)이기 때문이다. 처칠은 극적인 반격을 개시하는 대신, 그들의 전략적 사고에 대중들을 끌어들여 시민들이 이러한 파괴적 세력에 대항하는 전투에 능동적으로 참여하도록 유도했다.

지도자들은 테러 공격으로부터의 심리적 손상을 저지하도록 노력하는 한편 향후 공격을 좌절시킬 수 있는 모든 시도를 해야 한다. 테러리스트들이 종종 어떠한 패턴도 없이 간헐적으로 작전을 개시하는 것은, 이 같은 예측 불가능성이 더 위협적이기 때문이기도 하지만 한편으로는 지속적으로 전력을 기울이기엔 너무 약하기 때문이기도 하다. 테러리스트들의 위협을 근절시키기 위해서는 끈질기게 시간을 투자해야 한다. 여기서 군사 부대보다 더 가치 있는 것은 충실한 첩보와 적의 내부 침투(내부에서 반체제 인물 모색), 테러리스트들의 자금줄과 자원을 서서히 끊임없이 고갈시키는 것이다.

동시에 도덕적 우위를 점하는 것도 중요하다. 테러 공격의 희생자라면 쉽게 우위를 점유할 수 있지만, 공세적으로 반격한다면 그러한 이점을 상실할 것이다. 도덕적 우위 점유는 작은 사치가 아니라 결정적인 전략적 책략이다. 세계의 여론과 다른 국가와의 동맹은 테러리스트들을 고립시키고 그들이 분열을 조장하지 못하도록 예방하는 데 중대한 역할을 하기 때문이다. 이 모두를 위해서는 수년에 걸쳐 주로 막후에서 진행되는 전쟁을 기꺼이 벌이겠다는 의지가 있어야 한다. 결심을 끈기 있게 유지하고 과민반응을 거부한다면 그 자체로 강력한 무기의 역할을 할 것이다. 정치적 목적으로 이용되는 허장성세가 아닌(이것은 결코 강인함의 징후가 아니다), 적을 코너에 몰아넣을 냉정하고 빈틈없는 전략을 통해 진지하게 임하는 모습을 보여주어라.

마지막으로 밀접하게 상호 연계되어 있으며 열린 국경에 의존하는 세계에서는 결코 완벽한 안보가 존재할 수 없을 것이다. 문제는 우리가 위협을 어느 정도까지 기꺼이 견디며 살아갈 것인가이다. 강한 사람이라면 일정 수준의 불안 요소들은 포용할 수 있을 것이다. 공황과 광분의 정도로 적의 성공 여부를 가늠할 수 있듯이, 얼마나 과도하게 방어하느냐 또한 그 척도가 될 수 있다. 방어가 지나칠 경우, 크게는 한 사회와 문화 전반이 소수의 사람들에게 볼모로 잡히는 셈이 된다.

| 이미지 | 해일. 지진이나 화산 폭발, 산사태 같은 무언가가 먼 바다를 휘젓는다. 물결이 조금 높아지는가 싶더니 파도가 점점 커지면서 깊은 수심을 동력 삼아 마침내 상상을 초월하는 파괴력을 동반하여 해변으로 밀어닥친다.

| 근거 | 늘 보초를 세워야 하는 삶은 최악이다. 그것은 당신이 언제나 두려움에 떤다는 것을 의미하기 때문이다.

— 율리우스 카이사르

뒤집어보기

테러리즘의 역은 직접적이고 대칭적인 전쟁이다. 그것은 전쟁 행위의 기원으로 회귀하는 것으로서, 정직하고 숨김없이 힘 대 힘으로 맞서는 단순한 겨루기에 불과하다. 현대에서는 본질적으로 구태의연하고 쓸모없는 전략이다.

그리고 그것이 바로 반전(反轉)이 지닌 통제 불능의 연쇄 효과로서, 테러리즘의 진정한 힘이라고 할 수 있다. 이러한 힘은 해당사건의 명백한 여파, 혹은 비교적 명백하지 않은 여파 속에서 찾아볼 수 있다. 체계 전반에 걸친 경제적, 정치적 후퇴뿐만 아니라, 그로 인한 심리적 위축, 가치체계와 자유주의의 이념과 운동의 자유 등의 위축 속에서도 찾아볼 수 있다는 얘기다. 이러한 요소들은 서구 세계의 자존심이자 타 세계에 권력을 휘두를 수 있는 원천이었다. 그 중 비교적 최근의 것이라고 할 수 있는 자유가 이미 우리의 관습과 의식 속에서 사라지기 시작했고, 자유주의 가치관의 세계화가 정반대의 형태로 구현되는 지경에 이르렀다. 경찰 병력의 세계화, 총체적인 통제의 세계화, 보안 수단에 대한 두려움의 세계화로 구현되고 있다는 얘기다. 최대한의 통제를 지향하는 이러한 반전의 양상은 근본주의 사회의 양상과 흡사하다.
— *장 보드리야르(Jean Baudrillard), 《테러리즘의 정신(The Spirit of Terrorism)》, 2002년*

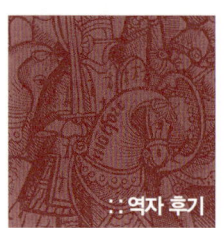

:: 역자 후기 **승패를 좌우하는 결정적인 열쇠**

이 책을 읽으려면 두 가지 전제에 대한 공감이 필요하다. 하나는 인생이 끊임없는 전쟁의 연속이라는 점과, 다른 하나는 평화도 전쟁의 한 형태라는 점이다. 이 두 가지 전제만 무리 없이 받아들일 수 있다면 이 책은 누구에게든 큰 도움이 될 것이다. 우리가 인생을 살면서 직면하는 크고 작은 경쟁 상황에서 승리를 이끌어내고 원하는 것을 가장 효과적으로 달성하는 데 필요한 전략들을 이 책을 통해 체계적으로 빠짐없이 습득할 수 있기 때문이다. 또 승리를 통해 얻은 평화 혹은 안위를 보존하는 기간을 최대한 길게 늘리는 방법 역시 배울 수 있기 때문이다.

전통적인(또는 일반적인) 의미에서 전쟁의 대립항은 평화이다. 하지만 오늘날 전쟁의 대립항은 '살아남기', 나아가 '번영하기'가 되었다고 해도 틀린 말이 아닐 것이다. 우리는 이제 전쟁 없는 평화가 가능한지, 전쟁이 필요악인지 따져보거나 평화의 도래를 위해 노력하기보다는 자신도 모르는 새 발을 들여놓은 전쟁터에서, 보이지 않는 총탄이 날아다니고 들리지 않는 비명소리가 가득한 그곳에서 생존할 수 있는 방법, 원하는 바를 성취할 수 있는 방법에 대한 해답을 모색해야 하는 세상에 살고 있다. 가만히 들어보라. 욕망과 욕망이, 이해와 이해가, 관계와 관계가, 타자와 자아가, 자아와 자아가 여기저기서 충돌하는 소리가 끊임없이 들리지 않는가.

우리가 살고 있는 현대사회의 가장 큰 특징은 복잡성과 급격한 변화다. 그런 만큼 단선적인 사고, 고정된 판단 방식으로는 이 사회에서 살아가기가 쉽지 않다. 오늘날 벌어지는 전쟁은 다차원적이므로 현상을 입체적으로 보고 판단해야 하며, 나무도 보고 숲도 봐야 하고 때로는 풍수지리학적인 지형까지 볼 줄 알아야 한다. 하지만 그게 쉬운 일인가.

이 책은 삶의 모든 전쟁을 위한 33가지 인생 병법을 소개하고 있다. 동서고금의 위대한 병법가와 전략가들의 지혜를 토대로 현대사회라는 전장(戰場)에서 살아남고 나아가 번영하는 데 필요한 무기와 전략들을 체계적으로 알려준다. 삶이라는 전쟁에서 승리하고 원하는 것을 성취하기 위해서는 전투의 열기 속에서 감정에 휘둘리지 않고 평정과 균형 감각을 유지하는 법을 알아야 하고, 때로는 절박함과 위기감을 의도적으로 조성하여 스스로 창의력과 순발력을 계발하는 방법도 배워야 한다. 또 때로는 자신이 이끄는 사람들에게 동기를 부여하고 조직 전체의 목표를 우선시하도록 자극함으로써 사기를 끌어올려야 한다. 때로는 선제공격만을 적의 격파를 위한 최선의 방책으로 삼을 것이 아니라 상대의 움직임을 신중하게 살펴 적시에 치고 빠지는 방법을 구사해야 한다. 때로는 적의 역량과 약점을 정확하게 꿰뚫는 데 심혈을 기울여야 하며, 때로는 적의 전체를 공격하는 것이 아니라 그 전체를 구성하는 작은 부분들에 주목하고 그것을 개별적으로 공략해야 한다. 또한 때로는 적이 외부에 있는지 나의 내면에 있는지 현명하게 판단하여 그에 맞는 전략을 취해야 한다. 물론 이 모든 경우에 '적'이란 총칼을 들고 덤비는 적군만이 아니라, 내가 경쟁에서 우위를 점해야만 하는 상대, 나의 목표 방향에 반(反)하는 모든 유무형의 상황들, 나의 마인드를 잠식하고 에너지를 고갈시키는 내면의 적들까지 전부 아울러 말하는 것이다.

이미 전작《권력을 경영하는 48법칙》,《유혹의 기술》을 통해 권력과 리더십의 관계, 고도의 심리전에 근거한 유혹의 기술과 위대한 역사적 리더들의 유형을 날카롭게 분석한 바 있는 저자는, 이 책에서도 역시 그 특유의 통찰력을 발휘하여 전쟁과 전략의 외연을 한층 확장함으로써 우리의 눈과 마인드를 넓혀주고 있다. 또한 본문 33계에 추가하여 중간 중간 소개돼 있는, 동서양의 고전에서 발췌한 인용문들 속에서 위대한 리더들의 목소리를 직접 듣는 재미도 쏠쏠하다.

하지만 이 책을 전투적이고 호전적인 사람으로 돌변하자는 취지로 이해하면 곤란하다. 당하지 않으려면, 원하는 것을 적극적으로 이뤄내려면, 알아야 하고 준비해야 한다는 뜻으로 이해해야 한다는 의미다. 모든 전쟁은 전략적이고 심리적이다. 전략이 있으면 현상을 바라보는 시각과 그에 대한 행동과 사고방식이 180도 달라진다. 이 말은 곧 우리가 마지막에 얻는 결과가 달라진다는 의미이기도 하다. 또 전쟁의 승패를 좌우하는 결정적인 열쇠는 정신적 무장 상태인 경우가 많다. 매일매일 겪는 수많은 경험과 도전 속에서 아무것도 얻거나 배우지 못한 채 그냥 흘려보내는 경우가 얼마나 많으며, 정신의 나약함과 혼란으로 인해 제대로 싸우지도 못하고 비틀거리며 쓰러지는 경우 또한 얼마나 많은가.

미국의 제3대 대통령 토머스 제퍼슨은 "끊임없는 경계는 자유를 위한 대가이다(The price of freedom is eternal vigilance)."라고 했다. 끊임없이 긴장과 경계를 늦추지 않고 준비해야만 승리와 자유를 얻고 평화를 만끽할 수 있다. 이 책을 읽는 독자들 모두 긴장과 경계를 긍정적으로 포용하는 가운데 '건전한' 승리자가 되기를 바란다.

끝으로 무한한 인내로 원고를 기다려준 웅진 지식하우스 관계자 여러분과 이 책의 번역에 도움을 준 인트랜스 번역원 식구들에게 감사의 말을 전한다.

2007년 1월
안진환, 이수경

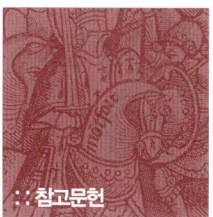

::참고문헌

Alinsky, Saul D. *Rules for Radicals*. New York: Vintage Books, 1972.

Beer, Sir Gavin de. *Hannibal*. New York: Viking, 1969.

Brown, Anthony Cave. *Bodyguard of Lies*. New York: Bantam Books, 1976.

Chambers, James. *The Devil's Horsemen: The Mongol Invasion of Europe*. New York: Atheneum, 1979.

Chandler, David G. *The Art of Warfare on Land*. London: Penguin Books, 1974.

―――. *The Campaigns of Napoleon*. New York: Macmillan, 1966.

Clausewitz, Carl von. *On War*. Michael Howard and Peter Paret, eds. and trs. New York: Everyman's Library, 1993.

Cohen, Eliot A. and John Gooch. *Military Misfortunes: The Anatomy of Failure in War*. New York: Vintage Books, 1991.

Creveld, Martin van. *Command in War*. Cambridge, MA: Harvard University Press, 1985.

Douglass, Frederick. *My Bondage and My Freedom,* New York: Penguin Books, 2003.

Dupuy, Colonel T. N. *A Genius for War: The German Army and General Staff, 1807~1945*. Englewood Cliffs, NJ: Prentice-Hall Inc, 1977.

Foote, Shelby. *The Civil War: A Narrative*(3 volumes). New York: Vintage Books, 1986.

Green, Peter. *The Greco-Persian Wars*. Berkeley: University of California Press, 1998.

Haley, Jay. *Strategies of Psychotherapy*. New York: Grune and Stratton, 1963.

Hammond, Grant T. *The Mind of War: John Boyd and American Security*. Washington, D.C: Smithsonian Institution Press, 2001.

Hart, B. H. Liddell. *Strategy*. New York: A Meridian Book, 1991.

Kissinger, Henry. *A World Restored*. Boston: Houghton Mifflin Co., 1957.

Kjetsaa, Geir. *Fyodor Dostoyevsky: A Writer's Life*. Siri Hustvedt and David McDuff, trs. New York: Viking, 1987.

Lawrence, T. E. *Seven Pillars of Wisdom*. New York: Anchor Books, 1991.

Leonard, Maurice. *Mae West: Empress of Sex*. New York: A Birch Lane Press Book, 1992.

Lewis, Bernard. *The Assassins: A Radical Sect in Islam*. New York: Oxford University Press, 1987.

Madariaga, Slavador de. *Hernán Cortés: Conqueror of Mexico*. Garden City, NY: Anchor Books, 1969.

Mansfield, Harvey C. *Machiavelli's Virtue*. Chicago: University of Chicaco Press, 1998.

Morris, Donald R. *The Washing of the Spears: The Rise and Fall of the Zulu Nation*. New York: Da Capo Press, 1998.

Musashi, Miyamoto. *The Way to Victory: The Annotated Book of Five Rings*. Translated and commentary by Hidy Ochiai. Woodstock, NY: Overlook Press, 2001.

Nietzsche, Friedrich. *Ecce Homo*. R. J. Hollingdale, tr. London: Penguin Books, 1992.

Picq, Colonel Ardant du. *Battle Studies: Ancient and Modern Battle*. Colonel John N. Greely and Major Robert C. Cotton, trs. New York: Macmillan, 1921.

Poole, H. John. *Phantom Solder: The Enemy's Answer to U.S. Firepower*. Emerald Isle, NC: Posterity Press, 2001.

Potter, Stephen. *The Complete Upmanship*. New York: Holt, Rinehart and Winston, 1971.

Schmitt, Carl. *The Concept of the Political*. Chicago: University of Chicago Press, 1996.

Spoto, Donald. *The Dark Side of Genius: The Life of Alfred Hitchcock*. New York: Da Capo Press, 1999.

Sugawara, Makoto. *The Lives of Master Swordsmen*. Tokyo: The East Publications, 1985.

Sun-tzu. *The Art of Warfare*. Translated and with commentary by Roger T. Ames. New York: Ballantine Books, 1993.

Sword and the Mind, The. Translated and with introduction by Hiroaki Sato. Woodstock, NY: Overlook Press, 1986.

Tomkins, Calvin. *Duchamp: A Biography*. New York: Henry Holt and Co., 1996.

Tsunetomo, Yamamato. *Hagakure: The Book of the Samurai*. William Scott Wilson, tr. Tokyo: Kodansha International, 1983.

Wilden, Anthony. *Man and Woman, War and Peace: The Strategist's Companion*. London: Rontledge & Kegan Paul, 1987.

Wilhelm, Richard. *The I Ching (or Book of Changes)*. Princeton, Nj: Princeton University Press, 1977.

Wiles of War: 36 Military Strategies from Ancient China, The. Compiled and translated by Sun Haichen. Beijing: Foreign Languages Press, 1991.

Xenophon's Anabasis: The March Up Country. W.H.D. Rouse, tr New York: A Mentor Classic, 1959.

Young, Desmond. *Rommel*. London: Collins, 1950.

ㄱ

게르트 폰 룬트슈테트(Gerd von Rundstedt) 427
구정공세(Tet Offensive) 233, 235, 580, 581

ㄴ

나로드나야 볼리아(Narodnaya Volya) 617~619
나폴레옹 2세(Napoleon II) 341
나폴레옹 보나파르트 44, 46, 53, 93, 114, 115, 118~120, 122~124, 127, 133, 146~149, 174, 178, 185, 215, 257~260, 330, 332, 333, 365, 368, 370, 416, 444, 482~484, 486, 558
너새니얼 뱅크스(Nathaniel Banks) 198
네이즈비 전투(Battle of Naseby) 139
뉴욕 양키스 128
니잠 알 물크(Nizam al-Mulk) 610
니콜라이 오르가코프(Nikolai Orgakov) 405
니콜로 마키아벨리(Niccolò Machiavelli) 84, 438, 468, 555, 556, 559, 560, 565

ㄷ

다리우스(Darius) 228
다윗 36
대장정(大長征) 213
더글러스 맥아더(Douglas MacArthur) 305
더들리 클라크(Dudley Clarke) 440
테드 윌리엄스 92
도스토예프스키 56, 84, 85, 87
도스트 모하마드(Dost Mohammad) 252
드미트리 쇼스타코비치(Dmitry Schostakovich) 73, 74, 523
드와이트 D. 아이젠하워(Dwight D. Eisenhower) 105, 106, 110, 572
디엔비엔푸 전투 232

ㄹ

레오 10세(Leo X) 466~471
로널드 레이건(Ronald Reagan) 358
로렌초 데 메디치(Lorenzo de' Medici) 466, 556
로버트 더 브루스(Robert the Bruce) 201, 203
로버트 돌(Robert Dole) 266, 530, 531, 529

로버트 E. 리(Robert E. Lee) 286

루이 11세 498~502, 512

루이 12세 555

루이 14세 524

루이 16세 330

룬트슈테트 430

리 애트워터(Lee Atwater) 266, 530, 531

리슐리외(Richelieu) 524, 558

린든 존슨(Lyndon B. Johnson) 89, 242, 410~413, 512

린뱌오(林彪) 35, 322, 323

ㅁ

마거릿 대처(Margaret Thatcher) 30~33

마렝고 전투(Battle of Marengo) 118

마르셀 뒤샹(Marcel Duchamp) 461~463

마르틴 루터(Martin Luther) 466, 468~471, 478

마르틴 판 크레벨트(Martin van Creveld) 113

마리아 테레지아 544

마오쩌둥(毛澤東) 35, 185, 197, 212~214, 306, 322, 323

마하트마 간디 590~593, 598

마호메트 216

매클렐런(George B. McClellan) 197, 198, 200

머리 보언(Murray Bowen) 504~507

무솔리니 572

무하마드 2세(Muhammad II) 270~272

무하마드 알리(Muhammad Ali) 39, 170, 307, 453, 456, 457

미야모토 무사시(宮本武藏) 48, 49, 314, 326, 527, 528

미하엘 멜라스(Michael Melas) 366~369

미하일 고르바초프(Mikhail Gorbachov) 408

미하일 쿠투조프(Mikhail Kutuzov) 174, 175, 177

밀턴 H. 에릭슨(Milton H. Erickson) 293, 294

밀티아데스(Miltiades) 311~313

ㅂ

발터 셸렌베르크(Walter Schellenberg) 572

배넉번 전투(Battle of Bannockburn) 203

배후 기동작전(manoeuvre sur les derrières) 333, 341

밴더빌트(Cornelius Vanderbilt) 492, 493

밴드왜건 효과(bandwagon effect) 277

버나드 몽고메리(Bernard Montgomery) 429, 432

벌지 대전투(Battle of the Bulge) 233

벤저민 프랭클린(Benjamin Franklin) 583

보 구엔 지아프 166, 231, 305

보스턴 레드 삭스 128, 185

브레즈네프 404

블라디미르 레닌(Vladimir Lenin) 184

비스마르크(Otto von Bismarck) 170

빈스 롬바르디(Vince Lombardi) 143~145

빌헬름 카나리스(Wilhelm Canaris) 570~574

ㅅ

사담 후세인(Saddam Hussein) 58, 399

사막의 폭풍 작전(Operation Desert Storm) 167

살바도르 달리(Salvador Dalí) 39, 306, 463, 513, 575, 576, 568

새뮤얼 애덤스(Samuel Adams) 315~319, 475, 476

샘 휴스턴(Sam Houston) 419

샤를 드골(Charles de Gaulle) 399, 400, 538~541

샤를(Charles) 498, 500

샤카 352

셈프로니우스 롱구스(Sempronius Longus) 449

소크라테스(Socrates) 562, 563

손빈 187

손자 88, 124, 151, 208, 219, 240, 328, 362, 445, 446, 584

《손자병법》 34, 51, 95, 130, 160, 179

솔 앨린스키(Saul Alinsky) 38, 194

수블라 작전 101, 103

스키피오 아프리카누스 245, 298, 299~301, 304

스탈린(Joseph Stalin) 74

스톤월 잭슨(Stonewall Jackson) 197, 198, 200

시어도어 루스벨트(Theodore Roosevelt) 180~183

신음류(新陰流) 186, 263, 264

쓰가하라 보쿠덴 380, 381

ㅇ

아돌프 히틀러(Adolf Hitler) 169, 266, 267, 357, 428~432, 478, 570, 571, 574

아르당 뒤 피크 321

아르콜라 전투 332

아리스토텔레스 226

아사신(Assassins) 356

아우스터리츠 전투 177, 178, 257

아치볼드 웨이블(Archibald Wavell) 283

안와르 사다트 438

알렉산드로스 133, 156, 226, 229, 230, 241, 306, 389

알렉산드르 1세(Aleksandr I) 176, 395, 396, 482, 486, 594~599

알카에다(Al Qaeda) 622, 624

알프레트 요들(Alfred Jodl) 571

앙드레 마세나(André Massena) 367

앙드레 보프르(André Beaufre) 474, 575,

576

앙리 지로 540

앤서니 윌리엄 던포드(Anthony William Durnford) 348~350

앨프 M. 랜던(Alf M. Landon) 371, 372, 374

앨프리드 히치콕(Alfred Hitchcock) 64~66, 246, 325, 545

야규 무네노리 263, 264

어빙 맥도웰(Irvin McDowell) 198

에드워드 1세(Edward I) 201~203

에드워드 3세 203

에드워드 4세(Edward IV) 499

에드워드 랜스데일(Edward Lansdale) 326

에드워드 어윈(Edward Irwin) 589~592, 598

에드윈 스탠턴(Edwin Stanton) 199

에르난 코르테스(Hernán Cortés) 37, 80~83, 89, 305, 343, 514, 606

에르빈 로멜(Erwin Rommel) 75, 76, 185, 267, 283~285, 408, 427, 430

에이브러햄 링컨(Abraham Lincoln) 112, 198, 200, 286, 474, 520, 522

엘리자베스 1세(Elizabeth I) 113, 160, 163, 324

예나 전투 46

예나-아우어슈타트 전투 444

엘리자베타(Yelizaveta) 218

《오륜서(五輪書)》 50

오클랜드 경(Lord Auckland) 252

올리버 크롬웰(Oliver Cromwell) 137, 138

요제프 알빈치(Joseph Alvintzi) 330~333

우드로 윌슨(Woodrow Wilson) 180

우스티노프(Dmitri Ustinov) 405~407

워런 G. 하딩(Warren G. Harding) 180

윈디고칸(Windigokan) 459, 460

윈스턴 처칠 357, 400, 430, 538~540

윌리엄 맥노튼(William Macnaghten) 252~255

윌리엄 맥두걸(William McDougall) 35

윌리엄 월리스(William Wallace) 201

윌리엄 웨스트모어랜드(William Westmoreland) 232, 234

윌리엄 테쿰세 셔먼(William Tecumseh Sherman) 129, 286~289, 307, 521

유진 매카시(Eugene McCarthy) 234

율리시스 S. 그랜트(Ulysses S. Grant) 58, 70, 286, 521~523

율리우스 2세(Julius II) 555

율리우스 카이사르(Julius Caesar) 40, 91, 151, 244, 275, 334, 336~338

이산들와나 전투 348, 352, 353

이스마일리 시아파(Ismaili Shiite) 356

이언 해밀턴(Ian Hamilton) 100~103

2차 세계대전 105

1차 세계대전 100, 126, 168, 217, 439

임무 중심 명령체계 125, 126

잉마르 베리만(Ingmar Bergman) 111

ㅈ

잔 스머츠(Jan Smuts) 217
장 모로(Jean Moreau) 366, 367
장 물랭(Jean Moulin) 539
장-자크 데살린(Jean-Jacques Dessalines) 601, 602
장제스(蔣介石) 212
《전쟁론》64
제갈량 41
제베(Jebe) 271
제이 굴드(Jay Gould) 492, 493
제이 헤일리(Jay Haley) 188
제임스 슐레진저(James Schlesinger) 206
제임스 캘러핸(James Callaghan) 31
제퍼슨 데이비스(Jefferson Davis) 287
조 디마지오(Joe Dimaggio) 128
조 프레이저 170, 307
조반니 데 메디치(Giovanni de' Medici) 466
조앤 크로퍼드(Joan Crawford) 91, 92, 511, 532, 534
조지 3세(George Ⅲ) 316
조지 부시(George Bush) 266
조지 크룩(George Crook) 189
조지 패튼 428, 430, 431
조지 C. 마셜(George C. Marshall) 105~108, 110

조지 H. W. 부시(George H. W. Bush) 529, 530
조지 S. 패튼(George S. Patton) 69
존 로크(John Locke) 315
존 보이드(John Boyd) 204, 205, 207
존 애덤스(John Adams) 558
존 존스턴(John Johnston) 286~288
존 후드(John Hood) 287, 288
존 A. 맥클러넌드(John A. McClernand) 520, 522, 523
존 D. 록펠러(John D. Rockefeller) 355, 356
존 F. 케네디(John F. Kennedy) 243
주치(Jochi) 271
진주만 공습 106

ㅊ

찰스 1세(Charles I) 137, 139
참모조직 125, 444
체사레 보르자(Cesare Borgia) 555
칭기즈칸 127, 270, 272, 321, 478

ㅋ

카를 5세(Karl V) 469
카를 마크(Karl Mack) 118~120, 174
카를 폰 클라우제비츠(Carl von Clausewitz) 48, 52, 64, 218, 236, 247, 261, 303, 304, 417
카스틸리오네 공작부인(Countess de

Castiglione) 341, 342

카포 디스트리아(Capo d'Istria) 391, 394~396

칸나이 전투 110, 141, 142, 453

캄파니아 450

코마르탱(Caumartin) 525, 526

크라수스(Crassus) 335

크세노폰(Xenophon) 26~28, 40, 105, 274

크세르크세스(Xerxes) 189, 239

클레멘스 폰 메테르니히(Klemens von Metternich) 257~260, 392~397, 513, 595~598, 601

키케로(Cicero) 564

ㅌ

타티셰프(Taticheff) 393, 394, 396

테드 윌리엄스(Ted Williams) 54, 128, 185

테렌티우스 바로(Terentius Varro) 451

테미스토클레스(Themistocles) 189

토머스 듀이(Thomas Dewey) 181

토머스 크롬웰 557

투키디데스(Thucydides) 240, 248

T. E. 로렌스(Thomas Edward Lawrence) 185, 376, 377

ㅍ

파블로 피카소 463

파비우스 막시무스(Fabius Maximus) 450, 451

펠리페 2세(Felipe Ⅱ) 161, 163, 164

포클랜드 전쟁 32

폰 레토-포르베크(Paul von Lettow-Vorbeck) 217

폼페이우스(Pompeius) 40, 91, 335, 336, 338

표트르 3세(Pyotr Ⅲ) 218

푸블리우스 클로디우스(Publius Clodius) 335

프란시스코 프랑코(Francisco Franco) 571, 573

프란츠 1세(Franz I) 176

프랜시스 드레이크(Francis Drake) 162

프랭클린 델러노 루스벨트(Franklin Delano Roosevelt) 41, 76, 105, 180, 276, 307, 371~373, 400, 540, 603

프레더릭 더글러스 289, 292

프리드리히 대왕(Frederich the Great) 44, 67, 544, 218, 444, 558

프리드리히 루트비히 호엔로에-잉겔핑겐(Friedrich Ludwig Hohenlohe-Ingelfingen) 44

프리드리히 빌헬름 3세(Friedrich Wilhelm Ⅲ) 45

프톨레마이오스 156

플라톤(Platon) 563

피로스(Pyrrhos) 156~158

피로스의 승리(Pyrrhic victory) 159

필리포스 226, 386, 388~390

필리포스 2세(Philippos II) 184

ㅎ

하산 이 사바(Hasan-i-Sabah) 610, 613

하인리히 히믈러(Heinrich Himmler) 572

하인츠 구데리안(Heinz Guderian) 267

하피줄라 아민(Hafizullah Amin) 405

한니발(Hannibal) 110, 133, 140, 141, 245, 298, 301, 304, 448, 450, 452, 453

해럴드 니콜슨(Harold Nicholson) 401

허버트 후버(Herbert Hoover) 180

헨리 8세(Henry VIII) 557

헨리 키신저(Henry Kissinger) 276

호레이쇼 넬슨(Horatio Nelson) 60, 61

호치민 루트(Ho Chi Minh Trail) 232

흐루시초프 404

전쟁의 기술

초판 1쇄 발행 2007년 1월 31일
초판 75쇄 발행 2025년 8월 18일

지은이 로버트 그린 **옮긴이** 안진환 이수경

발행인 윤승현 **단행본사업본부장** 신동해
편집장 김경림   **디자인** 이석운
마케팅 최혜진 이은미 **홍보** 반여진 허지호 송임선
국제업무 김은정 김지민 **제작** 정석훈

주소 경기도 파주시 회동길 20
문의전화 031-956-7366(편집) 02-3670-1123(마케팅)
홈페이지 www.wjbooks.co.kr
인스타그램 www.instagram.com/woongjin_readers
페이스북 http://www.facebook.com/woongjinreaders
블로그 blog.naver.com/wj_booking

발행처 ㈜웅진씽크빅
브랜드 웅진지식하우스
출판신고 1980년 3월 29일 제406-2007-000046호

한국어판 출판권 © 웅진씽크빅, 2007
ISBN 978-89-01-06303-4 03320

웅진지식하우스는 ㈜웅진씽크빅 단행본사업본부의 브랜드입니다.
이 책의 한국어판 저작권은 대니홍 에이전시를 통한 저작권자와의 독점 계약으로 ㈜웅진씽크빅에 있습니다.
저작권법에 의해 한국 내에서 보호를 받는 저작물이므로 무단전재와 복제를 금지하며,
이 책 내용의 전부 또는 일부를 이용하려면 반드시 저작권자와 ㈜웅진씽크빅의 서면 동의를 받아야 합니다.

*책값은 뒤표지에 있습니다.
*잘못된 책은 구입하신 곳에서 바꾸어 드립니다.